Antonio Monte Casablanca

Atractivismo

HISTORAMERICANA

Herausgegeben von
Debora Gerstenberger, Michael Goebel,
Hans-Joachim König und Stefan Rinke

Band 55

Antonio Monte Casablanca

Atractivismo

Historia de la institucionalización y naturalización del turismo en Nicaragua durante la dictadura somocista (1936–1979)

wbg Academic

Dissertation der Freien Universität Berlin (D 188)
Die Publikation wurde ermöglicht durch eine Ko-Finanzierung
für Open-Access-Monografien und -Sammelbände der Freien Universität Berlin.

wbg Academic ist ein Imprint der Verlag Herder GmbH

www.herder.de

Satz: Satzweiss.com Print, Web, Software GmbH
Umschlaggestaltung: Satzweiss.com Print, Web, Software GmbH
Umschlagmotiv: © wtondossantos – shutterstock

ISBN Print: 978-3-534-64088-1
ISBN E-Book (PDF): 978-3-534-64089-8

Parallele Veröffentlichung auf dem Refubium der Freien Universität Berlin:
http://dx.doi.org/10.17169/refubium-41188

Antonio Monte Casablanca

Atractivismo

Historia de la institucionalización y naturalización del turismo en Nicaragua durante la dictadura somocista (1936–1979)

wbg Academic

Dissertation der Freien Universität Berlin (D 188)
Die Publikation wurde ermöglicht durch eine Ko-Finanzierung
für Open-Access-Monografien und -Sammelbände der Freien Universität Berlin.

wbg Academic ist ein Imprint der Verlag Herder GmbH

www.herder.de

Satz: Satzweiss.com Print, Web, Software GmbH
Umschlaggestaltung: Satzweiss.com Print, Web, Software GmbH
Umschlagmotiv: © wtondossantos – shutterstock

ISBN Print: 978-3-534-64088-1
ISBN E-Book (PDF): 978-3-534-64089-8

Parallele Veröffentlichung auf dem Refubium der Freien Universität Berlin:
http://dx.doi.org/10.17169/refubium-41188

A Susana Casablanca

filóloga, comunicadora, consultora, cineasta

mi madre

Índice

Agradecimientos

El presente trabajo de investigación se realizó gracias a una beca doctoral proporcionada por el *Deutscher Akademischer Austauschdients* (DAAD), institución que financió los estudios de doctorado por parte del autor en el *Lateinamerika-Institut der Freien Universität Berlin* (LAI-FU Berlin). Sin el apoyo del DAAD y la infraestructura académica facilitada por la FU, junto con el acompañamiento del personal del LAI, este estudio hubiese sido imposible. El autor expresa su más sincero agradecimiento a ambas instituciones y a todas las personas que hacen su labor posible para incentivar la investigación sobre América Latina.

La búsqueda de fuentes, la consulta de documentos, la lectura de la bibliografía, las visitas de investigación, la escritura, y la revisión de la misma, son todas actividades que usualmente se llevan a cabo en una maravillosa soledad. Mas la labor completa que conlleva la realización de una tesis doctoral es el producto de un trabajo colectivo que une al doctorando con un sinnúmero de personas especiales cuyas ideas, apreciaciones y, sobre todo, su asistencia y ayuda incondicional, hacen posible la finalización del trabajo de investigación. Este trabajo no fue la excepción. Por tanto, menciono y agradezco particularmente a aquellas personas que en momentos claves brindaron sus apoyos y sus saberes al presente documento que aglutina todos sus aportes a la realización de la presente publicación.

En Alemania, el autor agradece al personal del *Ibero-Amerikanisches Institut* por asistir en cada paso de la revisión bibliográfica tan necesaria en los primeros años de esta investigación. En Estados Unidos, se agradece enormemente al personal de la *Latin American Library at Tulane*, Nueva Orleans, cuyas pesquisas señalaron la vía para seguir la documentación y establecer varias conexiones entre los archivos que terminaron estructurando este estudio. En especial, se agradece a Rachel Stein, cuya investigación y búsqueda de fuentes fue invaluable para realizar este estudio. También, la consulta en Maryland y Washington D. C. de los *National Archives*, *Library of Congress* y *Columbus Library* se benefició más allá de cualquier detalle de la colaboración del escritor nicaragüense Roberto Carlos Pérez, además de la compañía de su familia radicada en dicho país. En El Salvador, muchas gracias a Amy Escobar por permitir la consulta de los fondos de la SITCA.

Esta historia del turismo surgió como un proyecto ideado en el seno del grupo de estudios del Instituto de Historia de Nicaragua y Centroamérica de la Universidad Centroamericana (IHNCA-UCA) en Managua, Nicaragua. También se nutrió de los archivos resguardados en el IHNCA, así como de la guía de sus directoras y de los colegas una vez reunidos bajo esta institución. Margarita Vannini e Ileana Rodríguez merecen toda mi gratitud, porque fueron las primeras guías en este viaje de investigación por la historia del turismo en Nicaragua. Agradezco infinitamente a Juan Pablo Gómez, compañero, porque ayudó más de una vez con sus ideas, sus preguntas y, sobre todo, su oficio meticuloso. Este libro es parte de esa promesa de crecer juntos en este oficio de la investigación que tuvimos una vez en el IHNCA. Gracias a Myriam Rodríguez, directora de archivo, ya que siempre estuvo anuente a responder consultas y a indagar en los documentos más difíciles de encontrar. A Fernanda Zeledón, por digitalizar documentos importantísimos ubicados en la Biblioteca del Banco Central y del INCAE en Managua. Agradezco con mucho afecto a la fotógrafa y artista nicaragüense Claudia Gordillo, en aquel entonces curadora de la colección del IHNCA. Las fotografías facilitadas por Gordillo documentan e iluminan las historias más preciosas contenidas en estas páginas.

Este trabajo se realizó en cercanía con colegas doctorandos del LAI y participantes del coloquio de historia de la misma institución. Agradezco a cada una de las personas que asistieron con el papeleo, la consulta y con todas las tareas administrativas referentes a los estudios en Alemania, particularmente Claudia Daheim y Karina Kriegesmann. Especialmente, agradezco enormemente a Stefan Rinke, tanto por su tutoría como sus múltiples talentos que sobrellevaron lo mejor – y lo más confuso – de este largo esfuerzo. También, expreso todo mi aprecio a Ingrid Kummels, Werner Mackenbach, Debora Gerstenberger y Nino Vallen, por sus aportes finales y recomendaciones a la tesis doctoral. Es necesario siempre anotar que cualquier omisión, error o falta en este trabajo corre a responsabilidad del autor.

Por último, todas las labores requeridas para culminar los estudios y escritura de tesis coexistieron con la residencia en Berlín. Residencia, vale anotar, que se convirtió en exilio luego de 2018. Agradezco de todo corazón a las personas que me introdujeron, apoyaron y sostuvieron tanto durante la vida en Berlín, como en el día a día de la cultura, la burocracia y las sutilezas de la vida en Alemania. A Daniel Dilger, Jakob Stimpfl, Arundathi Sharma, Karin Wagenblatt, Francisco Soza, Lorena López, Diego González, Timur Stein, Rocío Zamora, Lucio Piccoli y Gabriela Camacho; Gracias de todo corazón, porque en ningún día hizo falta la comprensión, el afecto, el cariño, la amistad y la solidaridad.

Introducción

El editor del periódico nicaragüense *La Prensa*, Pedro Joaquín Chamorro Barrios, denomina al escritor estadounidense, Mark Twain, como el "primer turista moderno que vino a Nicaragua", en el número especial que publicó el periódico en 1997, año que conmemoraba el 130 aniversario del paso de Twain por la "Ruta de Tránsito".[1] Ruta a través de Nicaragua, cuya concesión compró el comodoro Cornelius Vanderbilt en 1849, gracias a las labores de George Ephraim Squier, cónsul estadounidense que negoció el contrato con el gobierno nicaragüense liderado por el Director Supremo, Norberto Ramírez Arias (1849–1851), a favor de la *American Atlantic and Pacific Steamship Company.* La Ruta facilitó el transporte entre California y Nueva York durante casi veinte años. Twain fue uno entre los 50,803 pasajeros que cruzaron Nicaragua desde el Océano Pacífico hacia el Atlántico, sumados los 56,812 que cruzaron el istmo en sentido inverso.[2] El *Resbalón* escrito por Twain formó parte de un movimiento literario que comenzaba a tomar relevancia en la segunda mitad del siglo diecinueve, la narrativa de viaje escrita para – y por – turistas.[3] Nicaragua, debido al paso transístmico, atrajo la atención especial de escritores y artistas como Gilbert Gaul y Richard Harding Davis, más otros autores anónimos, quienes publicaron sus apreciaciones e ilustraciones del país en revistas como *Harper's New Monthly Magazine* o *The Century Illustrated Magazine*, además de corresponsales del *New York Times*.[4]

---

1 Mark Twain, "La ruta del tránsito vista por Mark Twain", trad. Luciano Cuadra, *La Prensa suplemento especial*, 2 enero 1997, p. 2.

2 David I. Folkman Jr., *La ruta de Nicaragua: el tránsito a través de Nicaragua* (Managua: Fondo de promoción cultural del Banco de América. 1976), 68–69.

3 Harold Smith contabiliza más de dos mil libros de viaje publicados en los Estados Unidos antes de 1900; Harold Frederick Smith, *American travellers abroad: a bibliography of accounts published before 1900*, 2nd ed (Lanham: Scarecrow Press, 1999).

4 Un compendio de estos textos se encuentra en: Juan Carlos Vargas, *Tropical travel: the representation of Central America in the nineteenth century; facsimiles of illustrated texts (1854–1895)* (San José: UCR, 2008). En el *New York Times* se resaltaron los inconvenientes de la Ruta: "alojamiento deficiente, poca asistencia, mala tarifa, confusión general e incomodidad universal estaban a la orden del día": *New York Times*, 14 enero 1854, p. 2. Citado en: Karl Bermann, *Under the big stick: Nicaragua and the United States since 1848* (Boston: South End Press, 1986), 32. Por más relatos de viajeros estadounidenses a través de Nicaragua véase: Folkman Jr., *La ruta de Nicaragua*.

En la segunda mitad del siglo diecinueve, la Ruta promovió el rápido aumento del número de personas que llegaron al país. En cuestión de días, arribaron suficientes "emigrados (…) para formar una población importante", compuesta de "artesanos, mecánicos y agricultores frugales y de trabajo".[5] Nicaragua con sus espacios, paisajes, recursos naturales y poblaciones, pusieron en crisis a los primeros viajeros y turistas. En palabras de Roger Baldwin al llegar a Nicaragua en 1849: "Caminé unas cuatro o cinco millas hacia el bosque, y todo para mí era tan extraño, tan diferente de nuestros bosques de Nueva Inglaterra a través de los cuales me había acostumbrado a deambular, que me sentí realmente inclinado a dudar de mi propia identidad".[6] Twain, por su parte, describe poéticamente su viaje por Nicaragua y presta atención a todos los detalles que quizá motiven en mayor medida el uso de la Ruta. Con esto en mente, resume la primera mitad de su viaje a través del país de la siguiente manera:

> Alojados ya en el barco, nos sentamos bajo el toldo y comenzamos a almorzar. Fumamos, escribimos las notas de nuestro alegre resbalón a través del istmo, compramos hermosos bastones de caoba hechos por los nativos, y por fin quedamos abstraídos contemplando los rizos de las aguas del Lago de Nicaragua y los dos majestuosos conos volcánicos que surgen de las profundidades azules y entapujan sus verdes cumbres entre nubes.[7]

A semejanza de Twain, la mayoría de las descripciones sobre Nicaragua encadenan a los nativos y sus productos artesanales con la belleza del paisaje. No obstante, la prosa de Twain, considerada entre las varias publicaciones sobre el país en esos años, eleva la pregunta: ¿por qué fue considerado el "primer turista moderno" que visitó Nicaragua? Chamorro no esclareció el uso de este término.[8] Sin embargo, el corto lapso de tiempo, el interés de Twain por registrar – con sus escritos – sus observaciones de los paisajes, las personas, la infraestructura de viaje y

---

5 Tomado del periódico *Correo del Istmo*, 4 julio 1850. Citado en: Miguel Angel Herrera C., *Bongos, bogas, vapores y marinos: historia de los "marineros" en el río San Juan; 1849–1855* (Managua: Centro Nicaragüense de Escritores, 1999), 78.

6 Roger S. Baldwin, "Tarrying in Nicaragua. Pleasures and Perils of The California Trip in 1849", en Vargas, *Tropical Travel: The Representation of Central America in the 19th Century*, 474.

7 Twain, "La ruta del tránsito vista por Mark Twain", 6.

8 Aunque afirmar cuál fue el "primer turista" es un asunto difícil, existen textos anteriores a Twain que pueden ser catalogados de la misma manera. Además del escrito citado de Baldwin, para Mario Arce y *et. al*, la primera turista en la historia de Nicaragua fue Mary G. Childs, en 1851. Childs viajó por el río San Juan, el Lago Cocibolca (Lago de Nicaragua) y el departamento de Rivas. Vanderbilt había contratado a su esposo, Orville Childs, para estudiar y levantar los datos topográficos de la Ruta. No obstante, es cuestionable que los autores del libro, *Nicaragua, un destino turístico*, caracterizan el viaje de Mary Childs como "ocio" o "recreación", mientras que hombres que levantaron datos durante la misma época han sido usualmente catalogados como "misiones oficiales", "científicos" o "estadistas": Mario Arce Solórzano, Catalina Ruiz Muñoz, y Jimmy Membreño Rivera, *Nicaragua, un destino*

lo "pintoresco" del país, parece concordar con la principal definición del término. El sociólogo Eric Cohen afirma que el turista es: "un viajero voluntario y temporal, que viaja con la expectativa de placer de la novedad y la experiencia de cambio en un viaje de ida y vuelta relativamente largo y no recurrente".[9]

A pesar de la concordancia entre el viaje de Twain y el concepto de Cohen, la mirada del escritor estadounidense también eligió los elementos de Nicaragua de acuerdo con los trasfondos políticos y económicos que motivaron su viaje: los intereses de Vanderbilt y de los Estados Unidos. La nueva ruta agilizó la migración entre el Este y el Oeste de los Estados Unidos, a causa de la 'fiebre del oro' y de la expansión geográfica del mismo hacia la costa del océano Pacífico, impulsada por el Destino Manifiesto. Ese era el mismo interés de Squier. El cónsul, antropólogo y "viajero" recorrió el país y escribió extensivamente sobre "su gente, paisaje, monumentos, recursos naturales, condiciones y el canal propuesto".[10] También era el interés principal del filibustero William Walker, quien invadió – por invitación – Centroamérica y se declaró presidente de Nicaragua, entre 1855 y 1857, años denominados como la "Guerra Nacional Centroamericana". Walker, en concordancia con Squier o Twain, sin embargo, había sido en sus inicios invitado por las élites nicaragüenses, deseosas de construir un canal a través del país, lo que denominaron el "Destino Geográfico" de Nicaragua, para integrar al país a los mercados internacionales. Ese fue el sueño canalero por una nación cosmopolita, ideado por las élites nicaragüenses.[11]

En otras palabras, el "primer turista" en Nicaragua ya cargaba con, y no estaba exento de, dos de los ejes temáticos que comprenden esta investigación: el turismo y los intereses

turístico: breve historia del turismo y ecoturismo nicaragüense: 1936–2003 (Managua: CINTUR, 2004), 82.

9 Erik Cohen, "Authenticity and Commoditization in Tourism", *Annals of Tourism Research* 15, núm. 3 (1988): 374. Original en inglés, traducción del autor. Todos los textos en inglés citados en este trabajo han sido traducidos por el autor, al menos que se señale lo contrario. Cohen elabora más sobre los conceptos de "turista" y "turismo", así como del "guía turístico" en: Erik Cohen, "The Sociology of tourism. Approaches, issues and findings", en *The Sociology of Tourism. Theoretical and Empirical Investigations*, ed. Yiorgos Apostolopoulos, Stella Leivadi, y Andrew Yiannakis (London: Routledge, 2002), 51–71; Erik Cohen, "The Tourist Guide: The Origins, Structure and Dynamics of a Role", *Annals of Tourism Research* 12 (1985): 5–29.

10 Ephraim George Squier, *Nicaragua; its people, scenery, monuments, resources, condition, and proposed canal* (New York: AMS Press, [1852]1973); Terry A. Barnhart, *Ephraim George Squier and the development of American anthropology* (Lincoln: University of Nebraska Press, 2005). Existe un análisis minucioso sobre una novela escrita por Squier sobre la Mosquitia nicaragüense, véase: Juan Pablo Gómez, "Waikna, adventures on the mosquito shore, de E. G. Squier (1855)", *Carátula: Revista Cultural Centroamericana*, marzo de 2014, http://www.caratula.net/ediciones/58/critica-jpgomez.php.

11 Frances Kinloch Tijerino, *El imaginario del canal y la nación cosmopolita: Nicaragua, siglo XIX* (Managua: IHNCA-UCA, 2015).

geoestratégicos – políticos y económicos – de los Estados Unidos. A pesar de la conjunción entre Vanderbilt, Squier, Walker y Twain, las narrativas turistas no han sido estudiadas a fondo en Centroamérica, desde una perspectiva histórica. Por tanto, el tema central en este estudio es la historia del turismo en Nicaragua, la cual se entreteje y desenvuelve a lo largo del tiempo que enlaza los siglos diecinueve y veinte con los temas quizá más estudiados en la historiografía sobre el país, a saber: la creciente influencia de los Estados Unidos en Centroamérica; el inicio y consolidación del estado nacional y sus proyectos de desarrollo como el canal interoceánico y la inserción en los mercados internacionales; y, finalmente en el siglo veinte, la consolidación particular en Nicaragua de una dictadura y dinastía familiar encabezada por la familia Somoza, desde 1936 hasta 1979.

Con esto en mente, en este libro se historiza la cultura de viaje denominada como turismo en el caso concreto de Nicaragua, ya que responde a un vacío en la historiografía, tanto nicaragüense como centroamericana. Tomando en cuenta la confluencia y complicidad entre el gobierno estadounidense, el gobierno nicaragüense, Squier, Vanderbilt, Walker y, sobre todo aquí, Twain, sumado a la coincidencia entre la institucionalización del turismo con el auge, consolidación y ocaso de la dictadura somocista, aquí se plantea la siguiente pregunta principal que conduce la investigación: ¿Cómo emergió y se desarrolló la empresa del turismo en Nicaragua a través de su institucionalización durante el contexto histórico marcado por el auge agroexportador y la consolidación del Estado bajo la dictadura somocista?

Con esta pregunta principal, en esta introducción se delinea cómo se ha estudiado la narrativa de viaje y la inserción en los mercados internacionales en Centroamérica. La historiografía y corpus teórico, tanto centroamericano como específicamente nicaragüense, apuntan hacia los tres ejes temáticos que estructuraron este estudio: turismo, imperialismo y somocismo. Finalmente, a raíz de la delimitación del tema, su problemática y ejes temáticos, se describe y presenta la estructura del estudio determinado por las preguntas y los objetivos principales, además de presentar los archivos y documentaciones primarias que nutrieron la investigación.

Narrativas de viaje, mercados y naciones en la historiografía centroamericana

En lo que se refiere a la inserción de Centroamérica en el denominado “sistema mundo”, por un lado, las ciencias sociales se han concentrado en analizar el inventario de los países y territorios centroamericanos en términos de plantaciones, minerales, infraestructura comercial y de transporte; particularmente su relación con la ubicación geoestratégica del istmo centroamericano. Por ejemplo, Héctor Pérez Brignoli y Ciro Cardoso, y Héctor Lindo-Fuentes, coinciden en que la integración de cada país de la región en los mercados internacionales marca un parteaguas en la condición geopolítica de Centroamérica, cuyas raíces se desarrollan desde las reformas borbónicas iniciadas en 1760.[12] Más tarde, a partir del siglo diecinueve, la "reconfiguración de las relaciones de poder" durante el auge del mundo industrial, urbano y capitalista, ubicó a los países latinoamericanos en "la periferia sin más, y de hecho, y sin saberlo, se inscribieron en lo que ha sido llamado con propiedad, un nuevo 'pacto colonial'".[13] Los esquemas de desarrollo basados en cultivos y la explotación de recursos naturales como el café, el banano o la minería, han sido los principales temas historizados para dar cuenta de las grandes transformaciones de los países centroamericanos en la historia contemporánea. Incluso, la integración de Centroamérica en los mercados mundiales determina las temporalidades de la historiografía del istmo, a la vez que define las formas de mapear, comprender e inventariar los espacios de análisis. En esta línea, Rodrigo Quesada diferencia tres fases: a) "inserción formal" al mercado mundial (1821–1851); b) "inserción real" al mercado mundial (1851–1881); c) "inserción imperialista" (1881–1915).[14] Donald Castillo Rivas, desde la sociología política, documenta la influencia de las empresas transnacionales en Centroamérica y traza las continuidades entre los capitales pertenecientes a las élites hegemónicas y los cultivos tradicionales, con las nuevas empresas que seguían la "lógica de sustitución de importaciones", postulada por la Comisión Económica para América Latina y el Caribe (CEPAL).[15]

Por otro lado, al concentrarse en las narrativas de viaje, las representaciones de los países centroamericanos y sus poblaciones han sido analizadas en los textos pertenecientes a conquistadores, colonizadores, viajeros y científicos, quienes han merecido una mayor atención por parte de la academia centroamericana, sobre todo desde la antropología, los estudios literarios, los estudios culturales y la historia. Squier, Thomas Belt, John Lloyd Stephens, Wilhelm Marr o Walter Lehman, entre otros, han sido algunos de los viajeros más estudiados. En el estudio de los viajeros y su legado en Centroamérica existen dos tendencias bien marcadas. Una diferencia la "ciencia" de las "creencias de la época" en los textos de los viajeros, la cual hace hincapié en que las teorías de la raza, las formas particulares de juzgar la cultura y los hábitos de la población del país pueden ser separadas de los datos e información científica recaba por geólogos,

---

12 Ciro Cardoso y Héctor Pérez Brignoli, *Historia económica de América Latina*, vol. 2 (Barcelona: Crítica, 1979), 7–25; Héctor Lindo-Fuentes, "Economía y sociedad (1810–1870)", *Historia General de Centroamérica*, vol. 3: De la Ilustración al Liberalismo (España: Ediciones Siruela, 1993), 141–201.

13 Héctor Pérez Brignoli, *Historia global de América Latina: del siglo XXI a la Independencia* (Madrid: Alianza Editorial, 2018), 263.

14 Rodrigo Quesada, *Recuerdos del Imperio*, (Heredia: EUNA, 1998), 64–65.

15 Donald Castillo Rivas, *Acumulación de capital y empresas transnacionales en Centroamérica* (México: Siglo XXI Editores, 1990), 25–45.

naturalistas, etnólogos, etc.[16] La otra tendencia cuestiona si es tan fácil separar el "dato duro" de la "ideología" que acarreaba el sujeto viajero, el cual es considerado un sujeto con una "mirada imperial".[17] Más en sintonía con los giros post y decoloniales, esta última forma de estudiar a los viajeros argumenta que los geógrafos, naturalistas, arqueólogos y agregados culturales reproducen miradas librecambistas escritas positivamente dentro de una ideología que cataloga y comprende la naturaleza y los sujetos "con el fin de averiguar la utilidad que podían tener estas geografías" para los intereses imperiales y geoestratégicos del mundo contemporáneo.[18] En el caso de un turista como Twain, en vez de escapar al contexto político, económico y social,

---

[16] Jaime Incer Barquero, *Nicaragua, viajes, rutas y encuentros, 1502–1838: historia de las exploraciones y descubrimientos, antes de ser Estado independiente, con observaciones sobre su geografía, etnia y naturaleza* (San José: Libro Libre, 1990); Jorge Eduardo Arellano ed. *Nicaragua de océano a océano: cinco semblanzas de Squier*, Serie Viajeros, no. 7 (Managua: Colección Cultural de Centro América, 2005); Claudia Belli Montiel, *Thomas Belt: biografía somera y sus observaciones en Nicaragua sobre el maravilloso mundo natural*, Ciencias para jóvenes (Managua: Amerrisque, 2003); Ricardo Fernández Guardia, *Costa Rica en el siglo XIX: antología de viajeros*, 5a ed. (San José: Ed. Univ. Centroamericana, 1985); Gustavo Niederlein, "Nicaragua en la última década del siglo antepasado (Presentación y Notas de Róger Norori)", ed. Róger Norori, *Revista de la Academia de Geografía e Historia de Nicaragua* 75 (junio de 2014): 205–24; Paul Lévy, *Notas geográficas y económicas sobre la república de Nicaragua*, ed. Jaime Incer Barquero (Managua: Fondo de Promoción Cultural del Banco de América, [1873] 1976).

[17] Ileana Rodríguez, *Hombres de empresa, saber y poder en Centroamérica: identidades regionales, modernidades periféricas* (Managua: IHNCA, 2011); Ileana Rodríguez, *Primer inventario del invasor* (Managua: Editorial Nueva Nicaragua, 1984); Ileana Rodríguez, "Constitución de archivos naturales y culturales: Sensibilidades científicas e ideológicas", *Istmo: Revista virtual de estudios literarios y culturales centroamericanos*, núm. 14 (2007), http://istmo.denison.edu/n14/articulos/constitucion.html; María Dolores G. Torres, *Visión de Nicaragua y Centroamérica en el legado de Walter Lehmann: el archivo fotográfico de sus viajes: 1907–1909* (Managua: IHNCA-UCA, 2009); Werner Mackenbach, "De notas que uno ha copiado de otro… Nicaragua a mediados del siglo XIX, vista por dos viajeros alemanes", en *Memoria: política, cultura y sociedad en Centroamérica, siglos XVIII-XX*, eds. Margarita Vannini y Frances Kinloch Tijerino (Managua: IHNCA, 1998), 151–63; Christina Schramm, "'Colocando América en el mundo' - miradas y narraciones. El ejemplo de Wilhelm Marr: Viaje a Centroamérica", *Istmo: Revista virtual de estudios literarios y culturales centroamericanos*, núm. 14 (2007), http://istmo.denison.edu/n14/articulos/colocando.html; Ronald Soto-Quirós, "Viajeros, traducciones y autoelogios: el interés por los relatos de extranjeros, Costa Rica, 1871–1944", *Asociación para el Fomento de los Estudios Históricos en Centroamérica*, 2013, http://www.afehc-historia-centroamericana.org/?action=fi_aff&id=3503; Patricia Alvarenga Venutolo, Mauricio Menjívar Ochoa, y María Esther Montanaro Mena, *Miradas tramposas: visiones antropológicas de viajeros por Centroamérica y México, siglos XIX y XX* (Ciudad Universitaria Rodrigo Facio: UCR, 2018); Miguel Antonio Barahona, "A propósito del viaje. Analogía y subjetividad en Exploraciones y Aventuras en Honduras de William Vincent Wells", *Istmo: Revista virtual de estudios literarios y culturales centroamericanos*, febrero de 2007, http://istmo.denison.edu/n14/articulos/viaje.html; Miguel Barahona, "Literatura de viajes para la Honduras decimonónica: Visiones, invenciones e intervenciones. Representaciones, alteridad y contexto colonialista en exploraciones y aventuras en Honduras", *Revista Ciencia y Tecnología*, núm. 14 (2015): 99–114.

[18] Rodríguez, *Hombres de empresa, saber y poder en Centroamérica*, 14.

sus escritos son también un acto político decidor de su tiempo y las relaciones de poder que, en este caso, son desiguales. En acuerdo con Jeffrey Melton, Twain es un sujeto que enuncia dentro de un contexto de expansión imperial. Su mirada y su narrativa son actos de dominación, ya que expanden y esparcen la misma "cultura imperial".[19]

Con todo, las miradas y narrativas de viajes elaboradas por peregrinos, conquistadores, colonizadores, evangelizadores, migrantes, científicos, periodistas y, más recientemente, turistas, han formado algunos de los archivos principales para relatar la historia e ilustrar el espacio y el tiempo en América Latina y sus conexiones con el surgimiento del mundo moderno.[20] En Centroamérica, a partir de los años setenta, Brignoli y Cardoso justamente señalan el "parentesco metodológico" entre las historiografías redactadas por los viajeros del siglo diecinueve y los primeros libros de historia sobre el istmo.[21] Más recientemente, Brignoli utiliza una narrativa historiográfica sobre América Latina en perspectiva global influenciada por la figura del *flaneur*, propuesta por Walter Benjamin. Esto es, "enfocar la mirada en las cosas más diversas, a menudo aparentemente no relacionadas, para de este modo 'descubrir en el análisis del más pequeño elemento aislado el cristal entero del acontecimiento total'".[22] Y como afirma Zygmunt Bauman, junto con Benjamin, es en la transición desde el peregrino y el vagabundo hasta el *flaneur*, donde se lee la realización en el tiempo del sujeto moderno como un turista.[23]

En este libro se señala precisamente que las narrativas y representaciones de Nicaragua, escritas por turistas o, primordialmente, para atraer turistas e inversores, fueron parte de una empresa de modernización que se convirtió en un proyecto nacional durante la primera mitad del siglo veinte. En primer lugar, al igual que plantaciones y empresas extractivas, el turismo tomó base en las estructuras coloniales e imperiales del istmo. En segundo lugar, si bien los textos de Squier y las historias que se concentran en la invasión de Walker o las intervenciones

---

19 Jeffrey Melton, *Mark Twain, travel books, and tourism: the tide of a great popular movement* (Tuscaloosa: University of Alabama Press, 2002), 147.

20 Véase: Víctor Hugo Acuña, "Los viajeros y la Historia Económica de Centroamérica 1821–1850", *Boletín de Fuentes para la Historia Económica de México*, núm. 6 (enero-abril de 1992): 25–29. Sobre el debate acerca del valor de estas literaturas de viaje véase principalmente: Werner Mackenbach, "Entre Imperial Eyes e 'Información Fidedigna'. Reflexiones Sobre La Representación de América Central En Textos de Viajeros Alemanes", *Revista de Historia*, núm. 73 (el 31 de marzo de 2016): 61–89.

21 Héctor Pérez Brignoli y Ciro Cardoso, *Centroamérica y la economía occidental, 1520–1930*, (San José: Educa, 1977), XII.

22 Pérez Brignoli, *Historia global de América Latina: del siglo XXI a la Independencia*, 32–33.

23 Zygmunt Bauman, "From Pilgrim to Tourist-or a Short History of Identity", en *Questions of Cultural Idenitity*, eds. Stuart Hall y Paul du Gay (London: Sage, 1996), 30. Sobre la influencia del *flaneur* y Benjamin en la historiografía global actual véase: Ingrid Simson, "Los desafíos de la historiografía en tiempos globales: verdades, ficciones, anécdotas, el 'flaneur' y la obra maestra inacabada de Walter Benjamin", en *La historiografía en tiempos globales*, eds. Ingrid Simson y Guillermo Zermeño (Berlin: Walter Frey, 2020).

de los Estados Unidos, han realizado los aportes fundacionales a la historiografía centroamericana, no se debe de olvidar que el alcance de textos como los de Twain y las guías promocionales también estructuraron un discurso representativo de Nicaragua que delineó su lugar en el espacio y el tiempo. Los textos turísticos inventariaron y definieron las posibilidades de Nicaragua, comprendida como la suma de sus recursos naturales y sus poblaciones – catalogadas estas por su nivel de desarrollo, raza y género –, para integrarse a los mercados internacionales y desarrollar sus proyectos de nación; sobre todo para integrarse al inventario global de destinos turísticos que se consolidó en el siglo veinte durante el apogeo y ocaso del principal contexto político nicaragüense: la dictadura de la familia Somoza.

En el contexto de la dictadura y sus antecedentes inmediatos, en este trabajo se detallan las diversas formas en que la cultura de viaje turista toca tierra durante tres procesos principales que marcan la historiografía de Nicaragua durante el siglo veinte: a) La consolidación del Estado Nacional; b) el auge agroexportador y; c) la estructuración del orden autoritario dirigido por la familia Somoza durante 43 años. La información recabada demuestra que el turismo no fue ajeno a estos procesos, sino que se llevó a cabo de manera entrelazada a los mismos, teniendo una influencia marcada en la forma que el somocismo y los Estados Unidos se relacionaron entre los finales de la Segunda Guerra y durante la Guerra Fría.

En suma, la hipótesis central que dirige este estudio es que la implementación del turismo en Nicaragua requirió de la articulación de actores regionales y nacionales que formularon las políticas económicas necesarias para organizar, implementar e institucionalizar al turismo como proyecto de modernización de la nación. La articulación entre estos actores funcionó en base a los remanentes coloniales de la empresa del turismo y, posteriormente, a los intereses de los Estados Unidos, en aras de asegurar su influencia política y económica sobre el istmo en los periodos de las guerras mundiales y la Guerra Fría, misma influencia que estuvo articulada a la estructura de poder bajo la autoridad del régimen somocista. Turismo, imperialismo y somocismo son los nudos a desentrañar en esta investigación, y proporcionan los insumos para definir las preguntas específicas y los objetivos específicos.

Ejes temáticos: Turismo, imperialismo y somocismo

En acuerdo con la socióloga Judith Adler, para documentar las continuidades y rupturas en la cultura de viaje de un país y sociedad en particular, es preciso examinar los modelos imperantes en su momento con relación a las culturas anteriores al turismo. Con esto se refiere a que, para analizar la manera en que una forma de viaje construye el mundo para sus actores participantes, se debe mantener presente la forma en que prácticas anteriores y adyacentes crearon y sostuvieron las distintas culturas de viaje y su manera de comprenderlas.[24] La metodología utilizada en este estudio toma en cuenta los postulados de Adler y se estructura alrededor del análisis de dos áreas fundamentales. Como apunta Kristin Semmens en su estudio sobre el turismo durante el régimen del Nacionalsocialismo en Alemania, el estudio del turismo toma en cuenta la infraestructura de viaje en la temporalidad que se analiza y las variedades de la literatura de viaje que permiten leer la 'ideología de viaje', en cuanto a la función societal del turismo en un momento y espacio determinado.[25]

En el caso de América Latina, James Clifford y Caren Kaplan señalan que las culturas de viaje anteriores y adyacentes al turismo estuvieron íntimamente interconectadas con el movimiento o desplazamiento de las personas propias del continente, como la historia del tráfico transatlántico de esclavos, cimarrones, deportación y desarraigo, entre otras.[26] Y como se señala aquí, la cultura de viaje turista estuvo influenciada en Nicaragua por las literaturas de viaje y los desplazamientos de colonizadores, viajeros, filibusteros, Marinos estadounidenses, inversores y turistas que llegaron al país. En esta línea, la infraestructura de viaje en Nicaragua estuvo determinada por el proyecto canalero y la construcción de la Carretera Panamericana a través del istmo centroamericano.

Debido a los planteamientos metodológicos postulados por Adler y Semmens, más los señalamientos de Clifford y Kaplan, en esta investigación fue necesario en primer lugar, esbozar las principales contribuciones historiográficas y teóricas sobre el turismo. En segundo lugar, se muestra cómo estas contribuciones pueden ser utilizadas o no al caso de Nicaragua. En tercer lugar, tomando en cuenta las culturas de viaje que influenciaron a Nicaragua, se desarrollan los conceptos principales que se utilizan en esta investigación para leer el turismo en los principales proyectos de infraestructura y en las narrativas de viaje durante la dictadura somocista.

1 Turismo: historias, teorías y epistemologías

El turismo es comprendido esencialmente como una forma y una cultura de viaje, entre muchas o varias formas y culturas de viaje. La peregrinación, la exploración organizada, la

---

24 Judith Adler, "Travel as Performed Art", *American Journal of Sociology* 94, núm. 6 (mayo de 1989): 1374–75.

25 Kristin Semmens, "'Travel in Merry Germany': Tourism in the Third Reich", en *Histories of Tourism: Representation, Identity and Conflict*, ed. John K. Walton (Clevedon: Channel View Publications, 2005), 149.

26 James Clifford, *Routes: travel and translation in the late twentieth century* (Cambridge: Harvard University Press, 1997), 35; Caren Kaplan, *Questions of travel: postmodern discourses of displacement* (Durham: Duke University Press, 1996), 30.

colonización, los viajes de trabajo de campo académico o el tour aristocrático, son algunos ejemplos de formas y culturas de viaje.[27] Por una parte, el término 'turismo' apareció por primera vez en el texto que Richard Lassels's escribió sobre su viaje a Italia.[28] Por otra parte, la palabra turista aparece registrada por primera vez en el año 1800.[29] La definición del término en aquellos años hacía referencia a lo que se ha denominado el "*Grand Tour*". Una forma de viaje generalmente atribuida a la nobleza y aristocracia europea, el viaje a través del continente europeo era considerado un ejercicio efectivo para inculcar en los jóvenes lo que la aristocracia en ese tiempo denominaba como "buen gusto" y era considerado una actividad beneficiosa para la salud.[30]

Partiendo desde un punto cero definido por el *Grand Tour*, y en acuerdo con Cohen, John Urry y Jonas Larsen esbozan las principales características del turismo en contraste con las otras formas y culturas de viaje: a) es una actividad de ocio que presupone su opuesto, tiempo de trabajo regulado y organizado; b) el ocio es producto del trabajo remunerado que permite el disfrute del tiempo libre; c) es un viaje que visita un lugar o lugares determinados por un lapso de tiempo definido.[31] O como afirma Robert Hunter, previo al turismo, "las personas viajaron por exploración, aventura, comercio, aprendizaje o por inspiración religiosa, pero no principalmente por placer y recreación y, sobre todo, no en masa".[32]

Siguiendo los patrones para diferenciar al turista, Adler señala las diferencias entre los viajeros pertenecientes a la aristocracia europea, propia del mercantilismo, y los viajeros pertenecientes a la clase media burguesa, instaurada durante el auge del capitalismo en Europa. Esta socióloga diferencia al turista del viajero, el agregado diplomático, el colonizador, al etnógrafo o al peregrino. El rasgo fundamental es que la actividad de viaje fue paulatinamente dominada

---

[27] John Urry y Jonas Larsen, *The tourist gaze 3.0*, 3a ed. (Los Angeles; London: SAGE, 2011), 147.

[28] Uno de los primeros diarios de viajeros, su viaje por Europa fue incentivado después del Matrimonio de Carlos I (Inglaterra) y Henrietta María (Francia) en 1625. Con la paz en España, Inglaterra y Francia, los ingleses viajaron con mayor facilidad.

[29] Christopher Hibbert, *The Grand Tour* (London: Methuen, 1987), 18.

[30] El "buen gusto" estaba conformado por: conocimiento, seguridad en sí mismos y buenos modales. También, los viajes a las montañas y los balnearios fueron las formas en que la nobleza mostraba su distinción y, con el paso del tiempo, formaron parte de las actividades que realizaban para mantener una buena salud: Judith Adler, "Origins of sightseeing", *Annals of Tourism Research*, núm. 16 (1989): 14 y 24.

[31] Ibid., 4. Thorsten Vleben postuló el primer elemento que diferenció al turismo, el 'tiempo de ocio' gozado por las clases trabajadoras inglesas: Thorstein Veblen, *The Theory of the Leisure Class* (Waiheke Island: Floating Press, [1899] 2009), http://public.eblib.com/choice/publicfullrecord.aspx?p=441290. Véase también: John Myerscough, "'The Recent History of the Use of Leisure Time'", en *Leisure, Research and Policy* (Edinburgh: Scottish Academic Press, 1974), 3–16.

[32] Robert Hunter, "Tourism and Empire: The Thomas Cook & Son Enterprise on the Nile, 1868–1914", *Middle Eastern Studies* 40, núm. 5 (septiembre de 2004): 29.

por el "placer de la mirada" (*sightseeing*), más que por su valor discursivo. Así, Adler diferencia al turista del viajero aristocrático, quien, como agregado cultural y representante de la corona, se vinculaba con sus pares en otros países, aprendía la lengua y desarrollaba una "relación discursiva" con el lugar que visitaba y que estimulaba en mayor medida su "oído y su lengua". Desprovisto del lenguaje como herramienta para entrar en contacto con el universo simbólico del otro, y sin los artefactos científicos para inventariar los espacios, el turista depende absolutamente de su "mirada penetrante".[33]

Asimismo, John Walton establece que el contexto de tránsito entre el siglo dieciséis al dieciocho presenta este cambio sensible – supremacía de lo visual – en la cultura de viaje europea que distingue entre el viajero y el turista. El primero viajaba 'más allá del camino habitual' ('*beyond the beaten track*') y estaba mejor equipado para relatar sus impresiones desde una "mirada objetiva". El segundo, según esta distinción, es un "ser inferior", porque solamente sigue el paso de las guías de viaje que lo llevan a través de una infraestructura delimitada para su placer.[34]

Como afirma Tzvetan Todorov al final de su trabajo sobre la *Conquista de América y el encuentro con el otro*: "la posición del antropólogo es fructífera; mucho menos es la del turista cuya curiosidad por los caminos extraños lo lleva a Bali o Bahía, pero que limita la experiencia de lo heterogéneo en el espacio de sus vacaciones pagadas. Es cierto que, a diferencia del antropólogo, paga su viaje de su propio bolsillo".[35] En el mismo sentido, a mitad del siglo veinte, Claude Lévi Strauss se refirió a este cambio al repasar sus viajes y la naciente tendencia hacia la promoción del turismo en los lugares que él una vez visitó en Brasil para sus investigaciones. "La gente solía arriesgar sus vidas en India y América en aras de los retornos que ahora nos parecen irrisorios", afirma Lévi Strauss, viendo como turistas regresaban con muestras de tintes alusivos al "árbol de Brasil" y se pregunta si los turistas son "los Marco Polos de nuestros días que traen [especímenes] de esos mismos territorios, en la forma, esta vez, de fotografías".[36] Lévi y Todorov apreciaron los cambios en las culturas de viaje, sobre todo el dominio cada vez mayor de una cultura de viaje turista sobre aquella concentrada en la investigación antropológica. Mas, quizá sin proponérselo, ambos notaron una continuidad o relación entre los colonizadores, investigadores y los turistas.

Los cambios en la cultura de viaje que ilustran Todorov y Lévi han sido ubicados en momentos claves de la historia europea, de manera que habilitan la determinación de las temporalidades para analizar el surgimiento y consolidación del turismo. En este orden, se han definido

---

33 Adler, "Origins of sightseeing", 9.

34 John K. Walton, "Prospects in tourism history: Evolution, state of play and future developments", *Tourism Management*, núm. 30 (2009): 787.

35 Tzvetan Todorov, *The Conquest of America: The Question of the Other*, trad. Richard Howard (New York: Harper Perennial, 1992), 251.

36 Claude Lévi-Strauss, *Tristes tropiques*, trad. John Russell (New York: Criterion Books, 1961), 39–40.

cuatro grandes temporalidades para su estudio: a) El antecedente inmediato, época del '*Grand Tour*', entre los siglos dieciséis y diecinueve; b) el inicio del "turismo de masas" (1840–1915); c) auge y consolidación del turismo (1919–1980); d) la liberalización del turismo como agente de la globalización (1980–presente).[37]

Dichas temporalidades narran una historia gradual del desarrollo del turismo como cultura imperante de viaje. El desarrollo del ferrocarril en Inglaterra y su despliegue masivo en el siglo diecinueve habilitó la democratización de los viajes por placer. En esta historización del turismo desempeña un papel principal Thomas Cook, quién es señalado como el primer organizador de planes de viaje en masa. Cook utilizó los beneficios de la reducción en las tarifas de viaje, la expansión de los mercados y el alza de los salarios de la clase trabajadora en Inglaterra, entre los siglos diecinueve y veinte, para promocionar distintos lugares y atracciones turísticas, tanto en su país como en el resto de Europa y, en ese entonces, las colonias británicas.[38] Luego, el turismo se desarrolló ampliamente gracias al crecimiento económico propiciado por el fin de la Segunda Guerra y los patrones de producción industrial del Fordismo, durante los años cincuenta. Finalmente, entre los años sesenta y ochenta del siglo veinte, el auge de las corporaciones trasnacionales y de las rutas globales, llevadas a cabo por la aeronáutica y el crecimiento del capital financiero, incluyeron al resto del mundo en los planes del turismo.[39]

En dicha historiografía sobre el turismo, existe el consenso en utilizar el "turismo de masas" como el momento inicial luego del *Grand Tour*, ubicado en el año de 1840 en Inglaterra.[40] A partir de este momento, y siguiendo las temporalidades mencionadas, se han elaborado los principales conceptos para definir y estudiar las particularidades del turismo como cultura de viaje, sobre todo en cuanto a las relaciones espaciales que habilita. De acuerdo con Urry y Larsen, en el siglo diecinueve el turismo se convierte en un elemento clave para explicar el tránsito a la modernidad porque permitió que los viajeros "consumieran lugares", particularmente a través

---

37 Urry y Larsen, *The tourist gaze 3.0*, 147; Walton, "Prospects in tourism history: Evolution, state of play and future developments", 784; Alexandre Panosso y Marcelino Castillo, eds., *Turismo: perspectiva crítica: textos reunidos* (Assis: Triunfal Gráfica e Editora, 2016), 100.

38 John Pudney, *The Thomas Cook Story* (Stuttgart: Tauchnitz, 1953), 30; John K. Walton, "Railways and Resort Development in Victorian England: The Case of Silloth", *Northern History* 15, núm. 1 (1979): 191–209.

39 Shelley Baranowski et al., "Tourism and Empire", *Journal of Tourism History* 7, núm. 1–2 (mayo 2015): 102.

40 Piers Brendon, *Thomas Cook: 150 years of popular tourism* (Michigan: Secker & Warburg, 1991); Lynne Withey, *Grand Tours and Cook's Tours: A History of Leisure Travel, 1750 to 1915* (London: Aurum Press, 1998); Shelley Baranowski y Ellen Furlough, eds., *Being elsewhere: tourism, consumer culture, and identity in modern Europe and North America* (Ann Arbor: University of Michigan Press, 2001); Stephen Williams, ed., *Tourism: critical concepts in the social sciences* (London: Routledge, 2004).

de la mirada (*sightseeing*). Urry define esta característica de las sociedades modernas como la "mirada del turista" o *"the tourist gaze"*.[41] Mirada que define la "peculiar combinación de los medios de viaje colectivo, el deseo de viajar y las técnicas de reproducción fotográfica". A partir de 1840, afirman Urry y Larsen "el turismo y la fotografía fueron juntamente ensambladas".[42]

Cohen añade que esos lugares consumidos con la vista son generalmente "espacios comodificados". El término se refiere a aquellas áreas de la vida de una comunidad que, antes de la penetración del turismo, habían estado reguladas por los criterios generales de intercambio.[43] El principal paradigma es la problematización que surge al describir un espacio como "atracción turística" en aras de convertirlo en un bien económico. Urry muestra que, si bien los lugares han sido consumidos de distintas maneras en distintas épocas, la llamada mirada moderna delimita que la principal forma de "consumir lugares" es a través del imperio de lo visual.[44] Toda atracción turística comodifica el espacio, pero ofrece una "autenticidad escenificada", o lo que Dean McCannell denomina *"staged authenticity"*, que satisface el goce por ver lugares nobles o únicos, ya sean "pintorescos" o "exóticos", mismos que presentan una imagen y un discurso sobre una población y una nación.[45]

Para McCannell, una atracción turística es: "Una relación empírica entre un turista, una vista y un marcador (una información sobre una vista)".[46] El turista (tourist) es el visitante, la persona que ha viajado con el propósito singular de visitar un lugar. A su vez, el lugar (sight) es el espacio que ha sido representado y comodificado como un lugar de turismo. El marcador (marker) es toda la maquinaria simbólica elaborada para transformar dicho espacio en una atracción turística, ya sea a través de guías, literatura, videos promocionales, historias, entre otros medios. Chris Ryan agrega que la puesta en escena realizada en un lugar turístico es un acto de interpretación, tanto de la historia de un lugar o población determinada, como del presente y su proyección de futuro.[47]

Las conceptualizaciones teóricas de Cohen, Urry y MacCannell, dominan las concepciones y planteamientos de las ciencias sociales y las humanidades sobre el turismo, desde una

---

41 Hollinshead hace una crítica a este concepto, al mismo tiempo que define los elementos que comprenden la mirada del turista, véase: Keith Hollinshead, "Surveillance of the worlds of tourism: Foucault and the eye-of-power", *Tourism Management* 20 (1999): 10.

42 Urry y Larsen, *The tourist gaze 3.0*, 165.

43 Cohen, "Authenticity and Commoditization in Tourism", 372.

44 John Urry, *Consuming places* (London: Routledge, 1995).

45 Dean MacCannell, *The tourist: a new theory of the leisure class* (Berkeley: University of California Press, 1999); Dean MacCannell, "Reconstructed Ethnicity Tourism and Cultural Identity in Third World Communities", *Annals of Tourism Research* 11, núm. 3 (enero de 1984): 375–91.

46 MacCannell, *The tourist*, 41.

47 Chris Ryan, ed., *Battlefield Tourism: History, Place and Interpretation* (Amsterdam: Elsevier, 2007), 1.

perspectiva reflexiva y crítica.[48] Sin embargo, como se pregunta Joseph Gilbert en su ensayo sobre los encuentros imperiales entre los Estados Unidos y América Latina: "¿qué constituyó el 'Grand Tour' para las élites latinoamericanas?".[49]

La pregunta de Gilbert señala los vacíos sobre las conceptualizaciones de las culturas de viaje en América Latina. Usualmente, América Latina se considera dentro de dos grandes formas de abordar el tema del turismo. Una de ellas es mayormente influenciada por la política económica, cuya premisa es que el turismo se ha desarrollado mediante patrones que denotan el devenir histórico del colonialismo y la dependencia económica.[50] La otra forma de acercarse al tema se preocupa por discernir los elementos que producen y habilitan el turismo, como la evolución de la infraestructura de viaje o el crecimiento de los destinos de vacaciones y la inserción de los países latinoamericanos en estos.[51]

En América Latina, lo más importante que se resalta de estos aportes es que la relación entre el sujeto, el paisaje y la mirada – y sus formas de inventariar o dar significado a los espacios – es tejida por una influencia liminal entre ciencia, viaje y, más tarde, turismo. En este sentido, Amy Cox demuestra la articulación entre la ciencia y la cultura de viaje mediante las técnicas y desarrollo de la fotografía en Perú. Mientras Urry encuentra la fotografía como un elemento decidor del placer visual en la cultura de viaje europea, Cox encuentra que, para principios del siglo veinte, la fotografía era considerada indispensable para el trabajo de campo científico y antropológico, llevado a cabo por académicos europeos y estadounidenses en América Latina.[52]

El "descubrimiento" de Machu Picchu, afirma Cox, fue catapultado por la fotografía a un fenómeno global mediante la revista *National Geographic*, la cual publicó las fotos capturadas con las cámaras Kodak portadas por Hiram Bingham como parte del patrocinio que recibió para realizar sus viajes de "exploración". A través del lente de la cámara, los paisajes fueron negociados y las escenas representativas del Perú, los Incas y Machu Picchu fueron establecidas como narrativas convincentes y populares del pasado y presente indígena de la nación

---

48 Cohen, "The Sociology of tourism. Approaches, issues and findings", 53; Panosso y Castillo, *Turismo: perpectiva crítica: textos reunidos*, 61 y 123.

49 Joseph Gilbert, "Toward a New Cultural History of U. S.-Latin American Relations", en *Close Encounters of Empire: Writing the cultural history of U. S.-Latin American Relations*, ed. Joseph Gilbert, Catherine LeGrand, y Ricardo D. Salvatore (Durham: Duke University Press, 1998), 19.

50 John P. Lea, *Tourism and development in the Third World* (London: Routledge, 1988), 10–11.

51 Véase por ejemplo: Alexandre Panosso Netto y Luiz Gonzaga Godoi Trigo, eds., *Tourism in Latin America: Cases of Success* (Cham: Springer International Publishing, 2015).

52 Amy Cox Hall, *Framing a Lost City: Science, Photography, and the Making of Machu Picchu* (Austin: University of Texas Press, 2017), 257. Sobre este tema véase también: Nancy Leys Stepan, *Picturing Tropical Nature* (Londres: Reaktion Books, 2001).

peruana.[53] Parecido al análisis de Cox, John Mackenzie argumenta que la construcción narrativa de lo "exótico" y la jerarquización de los niveles de civilización, mediante los cuales Europa catalogó al resto del mundo, fueron partes integrales del desarrollo de la cultura de viaje turista. Su estudio de las guías de viaje enfatiza esta simbiosis entre el turismo y la visión imperial. Mackenzie advierte que, si bien la empresa del turismo puso en contacto a distintas culturas y personas a través de largas temporalidades, dichos contactos sucedieron dentro de una jerarquización y ordenamiento del mundo de acuerdo a presupuestos coloniales e imperiales. El turismo fue una parte integral en el fomento de la distinción entre lo civilizado y lo "exótico".[54] Construir simbólicamente un lugar como "pintoresco" o "visualmente apetecible", significa desentrañar las estrategias discursivas y representacionales de las estructuras de poder vertrebadas mediante la jerarquización de la estética en el lenguaje y la comunicación que permiten "consumir" los espacios del turismo.[55]

En esta línea, Sarah Mills, en acuerdo con Charles Batten y Marie Louise-Pratt, señala la construcción de sentido del placer y del goce que realiza la literatura de viaje mediante la descripción del paisaje como un "panorama". Mills escribe que el panorama "siempre es un dispositivo para ver al país como un futuro país colonizado y, por lo tanto, la narradora que incluye una escena panorámica se arroga el poder a sí misma de la posición colonial".[56] Tomar posesión de un panorama asume que la naturaleza, los recursos y los cuerpos en dicho espacio pueden ser medidos, catalogados e inventariados de manera inteligible a la mirada del sujeto que ejerce el mismo acto de posesión. Específicamente, entre los siglos dieciséis y diecinueve, una nueva cultura de viaje surgió entrelazada con un sistema mundo de relaciones mercantiles y capitalistas mediante los viajes que trajeron al resto del mundo a la "vista" de los imperios europeos. Los escritos de los viajeros ayudaron a sedimentar la noción, parafraseando a Adler, de que ese nuevo mundo listo para ser descubierto era "continuo, regulado y empíricamente conocible".[57] O como diría Gayatri Spivak, durante la "gran era del imperialismo", el sujeto

---

53 Amy Cox Hall, "Latin America as Laboratory: The Camera and the Yale Peruvian Expeditions", en *Beyond Imported Magic: Essays on Science, Technology, and Society in Latin America*, ed. Eden Medina, Ivan da Costa Marques, y Christina Holmes (Cambridge: MIT Press, 2004), 245–46.

54 John M. Mackenzie, "Empires of Travel: British Guide Books and Cultural Imperialism in the 19th and 20th Centuries", en *Histories of Tourism: Representation, Identity and Conflict* (Clevedon: Channel View Publications, 2005), 34–35.

55 Tim Coles y Dallen J. Timothy, eds., *Tourism, diasporas, and space* (London: Routledge, 2004); David L. Hume, *Tourism art and souvenirs: the material culture of tourism* (London: Routledge, 2014).

56 Sara Mills, *Discourses of difference: an analysis of women's travel writing and colonialism* (London: Routledge, 1991), 79.

57 Adler, "Origins of sightseeing", 24.

europeo se diferenció del colonizado mediante la "mundialización" de lo que hoy es llamado el "Tercer Mundo".[58]

Por tanto, las imágenes de los países y naciones americanas viajaron por el mundo para atraer turistas e inversores. El Espacio donde dichas imágenes mundilizadas, inventarios y narrativas fueron desplegadas en conjunto fue en las "exhibiciones mundiales". Miembros de gobierno, empresarios, viajeros y turistas buscaron en las exhibiciones nuevos horizontes donde estudiar, descubrir, invertir o vacacionar.[59] En las exhibiciones, afirma Peter Hoffenberg, productos, naturalezas, paisajes, culturas y poblaciones fueron puestas en escena como parte de una gran taxonomía de mercancías y nacionalidades comprendidas dentro del gran mercado mundial de destinos turísticos inventariados en escala de modernidad y civilización, "premoderno" o "exótico".[60] En dichas exhibiciones mundiales, las naciones latinoamericanas, entre ellas Nicaragua, mostraron sus productos agrícolas, sus poblaciones, leyes migratorias y recursos naturales por aprovechar. En la exposición de París (1899) y en Nueva York (1964), por ejemplo, los casi quinientos puestos sobre Nicaragua se concentraron exclusivamente en mostrar productos disponibles para ser extraídos y exportados, entre ellos, cacao, café, bananos, minerales y caucho.[61]

Los trabajos de Cox comprendidos en conjunto con los aportes de Mackenzie y Mills – y estos influenciados por Spivak y Pratt – son importantes porque muestran la política económica detrás de la ciencia y del "entrenamiento de la mirada" que elige qué ver y cómo retratarlo. Sobre estas bases se estructurará la mirada del turista en América. Si bien en Nicaragua también se creó un inventario de "escenas paisajísticas" para ser consumidas por la mirada y se puso en escena una versión de la historia y la cultura del país para el turista, en este país no se vivió una historia de auge de ferrocarriles e industrialización, sino de la influencia de la Ruta de Tránsito y el proyecto canalero; Ruta y proyecto que más bien atrayeron a inversores, filibusteros y viajeros como Squier, Walker y Twain al país. Estas personas marcan los contrastes en las culturas de viaje que se diferencian del turismo, pero que comprenden las prácticas sobre las cuales se implementó esta empresa en Nicaragua. Estas características conectan a Nicaragua con las investigaciones sobre el turismo en América Latina, sobre todo en cuanto

58 Gayatri Spivak, "Three Women's Texts and a Critique of Imperialism", *Critical Inquiry*, "Race," Writing and Difference, 12, núm. 1 (otoño de 1985): 243.

59 Paul Greenhalgh ed., *Ephemeral Vistas: The Expositions Universelles, Great Exhibitions and World's Fairs, 1851–1939* (Manchester: Manchester University Press, 2017); Peter Hoffenberg, *An Empire on Display: English, Indian, and Australian Exhibitions from the Crystal Palace to the Great War* (Berkeley: University of California Press, 2001).

60 Hoffenberg, *An Empire on Display*, 243.

61 Arturo J. Cruz Sequeira, *La república conservadora de Nicaragua: 1858–1893* (Managua: Fundación Vida, 2003), 40–41. Sobre la exhibición de 1964 véase: Pan American Union, *Nicaragua*, American Republics Series 15 (Washington, D. C.: Pan American Union, 1964).

a temporalidades marcadas por la relación entre los países de la región y la influencia de los Estados Unidos en el istmo centroamericano.

2 Imperialismo: viajeros, filibusteros, marinos y turistas

En América Latina el turismo se comprende como uno de muchos proyectos de modernización que iniciaron en el siglo veinte, y se sumó a otros proyectos que venían desarrollándose desde el siglo anterior, como la agroindustria y las plantaciones pertenecientes a la economía de enclave, junto con las empresas de extracción como la minería. Generalmente, el turismo ha ocupado un lugar marginal como proyecto de modernización en América Latina. Sin embargo, las contribuciones recientes muestran que, si bien el turismo nunca superó a los productos primarios de exportación en materia de generación de divisas, sí ha tenido una repercusión considerable en los imaginarios, las narrativas y representaciones de los países para atraer turistas e inversión, así como en la comodificación de espacios o naturalezas, y ubicar a los países del continente dentro de los mercados mundiales. Sobre todo, las narrativas del turismo desempeñaron un papel fundamental en la configuración de los imaginarios constituyentes de la identidad y de la ciudadanía en el siglo veinte.

En semejanza a la historiografía europea, en América Latina se delinean convenciones historiográficas en cuanto a las temporalidades del auge y consolidación del turismo. Un rasgo compartido en el continente es la similitud de haber comenzado a promocionar el turismo como modelo de desarrollo y política pública durante los años veinte y treinta del siglo veinte. En el caso ilustrativo de Chile, es en la década de los treinta que inicia la promoción de "actividades recreativas" por parte del Estado, a través de la Empresa Nacional del Ferrocarril. Las políticas públicas del gobierno en esa época tenían un doble propósito. Uno era obtener divisas de los turistas internacionales. El otro era promocionar una identidad nacional de Chile al fomentar que los propios habitantes "conocieran el país". Rodrigo Booth afirma que la articulación entre "el paisaje" y la "identidad" suman el fin mayor de la promoción del turismo en Chile: producir un "'sitio de interés para el turista' (…) con la finalidad de explotar su riqueza paisajística montando un 'negocio visual' centrado en la explotación de las espectaculares vistas propiciadas por la conformación natural del lugar".[62]

En la cita anterior se denota como el estudio de Booth concuerda con las líneas investigativas que definen el turismo desde Europa: tiempo de ocio, desarrollo de infraestructura

---

62 Rodrigo Booth, "Turismo y representación del paisaje. La invención del sur de Chile en la mirada de la Guía del Veraneante (1932–1962)", *Nuevo Mundo Mundos Nuevos*, 2008, 7, http://nuevomundo.revues.org/25062.

como el ferrocarril, comodificación de un espacio por medio del valor visual y la unión entre un espacio (paisaje) y la identidad. Argentina y Chile, simultáneamente, fomentaron en los años treinta campañas para "mercantilizar" los lugares turísticos mediante la promoción de "escenas paisajísticas" pertenecientes a sus territorios nacionales. Aunque "el vínculo entre el paisaje y la identidad nacional tenían una larga tradición", anota María Piglia sobre Argentina, la "novedad en la década de 1930 fue que este atractivo, dirigido a sectores de clase media [argentina], se generalizó en la opinión pública y constituyó una especie de sentido común sobre el turismo".[63] El turismo significó "una forma de promover el patriotismo, la cultura y la salud pública de la población y, al mismo tiempo, llevar la modernidad y la civilización al interior del país".[64] Estos casos ilustrativos enseñan que es en la década de los años treinta cuando las élites de poder latinoamericanas "inventan" paisajes y lugares de visita para atraer turistas masivamente a sus respectivos países. Además, es el momento en que el turismo se institucionaliza en distintos estados mediante oficinas, institutos y juntas de turismo.

En el acápite anterior se señalaron las cuatro grandes temporalidades que sistematizan el estudio del turismo. América Latina interviene dichas temporalidades al advertir que entre el paso del *Grand Tour* al turismo de masas persiste una colonialidad en las descripciones del espacio y de las identidades latinoamericanas que se evidencia en el resto de países ubicados en la periferia del sistema capitalista. Waleed Hazbun, por ejemplo, concluye que los "patrones de desarrollo turístico dentro de la patria nacional, o en toda la frontera estadounidense, a menudo siguieron patrones similares que buscaron promover la integración nacional (al mismo tiempo que se asimilan las etnias locales) y la modernización en las regiones 'atrasadas'".[65]

El objetivo de poner el imperialismo en "el centro de los patrones del turismo" supone una iniciativa encaminada a no ignorar el papel desempeñado por las jerarquías políticas y económicas en el desarrollo de la cultura de viaje turista. En este sentido, un rasgo de los estudios del turismo, como el "desarrollo de la infraestructura", muestra los entrelazamientos entre colonialismo e imperialismo con la historia del turismo. Por una parte, antes se señaló que el desarrollo de las vías de comunicación ha sido considerado un elemento que habilitó la cultura de viaje del turismo, debido a la reducción de riesgos, tiempo y costos que permitió a la clase asalariada europea disfrutar del tiempo de ocio. Por otra parte, Trevor Simmons argumenta que el caso de Kenia es ilustrativo de otra historia, una que recuerda las maneras en que el desarrollo de estas vías de comunicación fue, en un primer momento, puesto en marcha con

63 Melina Piglia, "The Awakening of Tourism: The Origins of Tourism Policy in Argentina, 1930–1943", *Journal of Tourism History* 3, núm. 1 (abril de 2011): 60.

64 Ibid., 73.

65 Baranowski et al., "Tourism and Empire", 104.

fines de extraer materias primas y recursos naturales de África para abastecer a los imperios coloniales.[66]

La relación entre las bases coloniales e imperiales del turismo se evidencia en la historia de Cook y sus paquetes de viaje. Hunter demuestra que Cook, al organizar sus paquetes turísticos para visitar el río Nilo en Egipto, contó con la protección militar y económica del imperio británico, ya que alquiló y subarrendó barcos y botes de Inglaterra. Más importante aún, Hunter afirma que las estrategias utilizadas por Cook para fomentar las rutas del turismo fueron imponer cuotas de mecenazgo a los líderes egipcios y vender la idea del turismo como forma de desarrollo a una nación endeudada con el imperio británico.[67]

En cuanto a América Latina, el turismo es analizado como parte de la mecánica estética del imperialismo estadounidense. El turismo de las clases medias de los Estados Unidos tuvo su periodo de auge especialmente después de la Segunda Guerra. Múltiples trabajos muestran la conexión entre las estrategias escriturarias y representacionales que utilizaron los promotores del turismo estadounidense con los usos del turismo para expandir el dominio de los Estados Unidos hacia el oeste del continente, en las campañas para anexar Nuevo México, Texas y California. La consolidación del gobierno estadounidense sobre el oeste americano, también extrajo imágenes turísticas para promover las campañas anexionistas que llevaron a los anglosajones a reclamar territorios pertenecientes a pueblos indígenas y campesinos mexicanos.[68]

Posteriormente, el auge del fascismo y la guerra en Europa incentivó que el gobierno estadounidense, según Dina Berger, llamara a su población a "redescubrir América".[69] Dennis Merrill, por su parte, analiza los casos ejemplares de México, Cuba y Puerto Rico durante el periodo de los años cuarenta y cincuenta. Merrill traza líneas investigativas sobre cómo el turismo desempeñó un papel fundamental en las relaciones entre estos países y los Estados Unidos. Christine Skwiot, a su vez, desentraña "los propósitos del paraíso" en las políticas anexionistas de los Estados Unidos con respecto a Hawái y Cuba, entre finales del siglo diecinueve y principios del veinte. Berger, finalmente, analiza el desarrollo de la empresa del turismo

---

66 Baranowski et al., 108. Véase también: Waleed Hazbun, *Beaches, ruins, resorts: the politics of tourism in the Arab world* (Minneapolis: University of Minnesota Press, 2008).

67 Hunter, "Tourism and Empire", 33.

68 Victoria De Grazia, *Irresistible Empire: America's Advance through Twentieth-Century Europe* (Cambridge: Belknap Press of Harvard University Press, 2006); Paul A. Kramer, "Power and Connection: Imperial Histories of the United States in the World", *The American Historical Review* 116, núm. 5 (diciembre de 2011): 1348–91; Jenifer Van Vleck, *Empire of the air: aviation and the American ascendancy* (Cambridge: Harvard University Press, 2013).

69 Dina Berger, *The development of Mexico's tourism industry: pyramids by day, martinis by night* (New York: Palgrave Macmillan, 2006), 14. Véase también la edición sobre estudios del turismo en México: Dina Berger y Andrew Grant Wood, eds., *Holiday in Mexico: Critical Reflections on Tourism and Tourist Encounters* (Durham: Duke University Press, 2010).

como un componente central en las relaciones entre Estados Unidos y México, sobre todo al inicio de la revolución mexicana. Las políticas de Estados Unidos, cuyo fin era la promoción del turismo, estuvieron fuertemente influenciadas por sus políticas anexionistas, en el caso de Cuba y las Filipinas, por ejemplo; o sustentaron nuevas formas de "poder suave" en las relaciones comerciales y financieras con los países latinoamericanos, como fue el caso de México.[70] Skwiot secunda los hallazgos de Merrill y añade que las políticas del Banco Mundial en 1950, las cuales incentivaron la construcción de hoteles e infraestructura turística en Cuba y Hawái, no pueden ser entendidas sin analizar el largo historial de instituciones dedicadas al turismo desde finales del siglo diecinueve, que fomentaron los Estados Unidos, como estrategias para expandir sus intereses político-económicos sobre la región. El "propósito del paraíso", afirma Skwiot, fue precisamente otorgarle un rol central al turismo y al turista en un proyecto específico: "(...) que incorporar el mundo en desarrollo y descolonizar a una economía mundial capitalista liderada por Estados Unidos representaba la ruta más segura hacia la modernización, la seguridad colectiva y la 'era de alto consumo masivo' que el teórico de la modernización, W.W. Rostow, consideró el fin de la historia".[71]

Según las investigaciones de Berger, Merrill y Skwiot, América Latina resalta los informes imperiales y los escritos de viajeros decimonónicos como inventarios y narrativas de viajes producidas por sujetos quienes vieron, pensaron y actuaron el mundo dentro de una estructura y jerarquía de poder acorde a una visión del desarrollo y la modernidad, cuyos discursos fueron articulados cercanamente a las nociones de raza y género en los Estados Unidos, y sus textos posteriormente sirvieron de base para las futuras guías de turismo latinoamericanas. De esta manera, debido a la influencia del colonialismo y el imperialismo en el turismo, las investigaciones desde América Latina deconstruyen los tropos y metáforas del "paraíso" o de lo "exótico", para evidenciar lo político en el ocio del turismo que habilita la edificación del marcador – en términos de MaCcannell – de la atracción turística. El "paraíso" y lo "exótico" no solo son distinciones de lo "familiar" y "civilizado", definido desde Europa y Estados Unidos, son tropos que definen el objeto de placer dominado e incluido en una estructura de poder que se articula narrativamente en la guía turística.

Como señala Stefan Rinke, la prensa y la cultura popular mostraron los rasgos del discurso que paulatinamente medió las representaciones del otro estadounidense o, por el otro lado, latinoamericano. En este sentido, las narrativas del turismo aquí analizadas parecen continuar con las genealogías de los viajeros europeos y de las representaciones mediáticas

---

[70] Dennis Merrill, *Negotiating paradise: U. S. tourism and empire in twentieth-century Latin America* (Chapel Hill: University of North Carolina Press, 2009), 90.

[71] Christine Skwiot, *The purposes of paradise: U. S. tourism and empire in Cuba and Hawai'i* (Philadelphia: University of Pennsylvania Press, 2010), 171.

estadounidenses. Este fue un discurso "cargado de racismo y en el que los latinoamericanos eran representados a los ojos de los yanquis como femeninos, blandos y débiles, como salvajes, infantiles e incivilizados".[72] La raza y el género, leído en clave de escalas de modernidad, presentan el paradigma de la identidad del turista como un reconocimiento ante el otro que, si bien da primacía a las narrativas de hombres blancos, es maleable y está en constante negociación.[73] El hombre blanco, con tiempo para viajar y pasar a través de aventuras para reflexionar sobre su mundo es parte de una larga narrativa colonial. Mills afirma que este rasgo del turismo occidental es fundamental: "Los rasgos de carácter como la fuerza y la fortaleza frente a la adversidad se consideraron importantes como una de las formas de hacer claras demarcaciones entre la masculinidad blanca y los 'machos nativos'".[74]

Tomando en cuenta los puntos anteriores, esta investigación atiende a las preguntas y vacíos que señalan los autores que forman parte de los volúmenes titulados *Close Encounters of Empire: writing the cultural history of U. S.-Latin American relations* y *Hybrid Americas: Contacts, Contrasts, and Confluences in New World Literatures and Cultures*, en cuanto a las formas y cuestiones alrededor de la construcción y narración de la historia cultural imbricada entre Estados Unidos y América Latina.[75] En acuerdo con este corpus, el turismo es un tema central que permite contestar preguntas y rellenar vacíos sobre la historia cultural de las relaciones Norte-Sur, sobre todo la cuestión que plantea Gilbert, al llamar la atención sobre las estrategias investigativas para comprender la forma en que las élites locales internalizaron la influencia de la cultura estadounidense, mediante los cambios en los hábitos y la cultura de consumo de dichos grupos, o como se señala aquí, la cultura de viaje del turismo.

Siguiendo estas ideas, la presente investigación sobre el turismo en Nicaragua se inserta en los puntos 4 y 5 propuestos en el libro de *Close Encounters*. Estos puntos son: a) la relación entre fronteras/cuerpos y; b) la articulación imperialismo/subalternidad. Ambas son las cuestiones

---

72 Stefan Rinke, *América Latina y Estados Unidos: una historia entre espacios desde la época colonial hasta hoy* (México, D.F.: El Colegio de México, 2015), 96.

73 Sobre estos temas véase: Anne Breezer, "Women and 'adventure Travel' Tourism", *New Formations*, núm. 21 (1993): 119–30; Alison Blunt, *Travel, gender, and imperialism: Mary Kingsley and West Africa* (New York: Guilford Press, 1994); Bonnie Frederick y Susan H. McLeod, eds., *Women and the Journey: the Female Travel Experience* (Pullman: Washington State University Press, 1993); Margaret B. Swain, "Gender in tourism", Annals of Tourism Research 2, núm. 22 (1995): 247–66; Jessica Carey-Webb, "Gendered Politics of Empire: The Female *Explorateur* and Natural Histories of the Amazon Basin 1899–1901", *Gender, Place & Culture* 24, núm. 4 (abril 2017): 465–81.

74 Mills, *Discourses of difference*, 70.

75 Joseph Gilbert, Catherine LeGrand, y Ricardo Donato Salvatore, eds., *Close encounters of empire: writing the cultural history of U. S.-Latin American relations* (Durham: Duke University Press, 1998); Josef Raab y Martin Butler, eds., *Hybrid Americas: Contacts, Contrasts, and Confluences in New World Literatures and Cultures*, Inter-American Perspectives, v. 2 (Münster: Tempe, AZ: LIT; Bilingual Press, 2008).

subyacentes a las relaciones entre el imperio y el subalterno y las formas en que tejen relaciones/confrontaciones entre los cuerpos que acarrean identidades, proyectos, políticas y visiones del mundo de manera desigual; cuyos contactos producen "transformaciones recíprocas", sobre todo en las identidades sociales significadas mediante los códigos y significantes de nacionalidad, clase, etnicidad, género, religión y raza.[76] Sumado a esto, Steve Stern especifica que en los "encuentros transnacionales" existen tres grandes áreas que, a su vez, se encuentran interconectadas: a) aquellos pertinentes a la política económica; b) los valores morales y la evaluación del "yo y el otro"; y c) "*cultural venturousness*", donde incluye el turismo junto con los museos o las revistas de viaje.[77]

Es en esta última gran área propuesta por Stern que se vuelve de vital importancia analizar las literaturas de viaje turistas, ya que también se suman a las cadenas de equivalencias articuladas por la raza y el género, de manera que delinean la diferenciación y la distancia con respecto al Otro latinoamericano. En el mismo volumen de ensayos, Helmbrecht Breinig señala puntualmente que la alteridad étnica – en términos de género, sexualidad y raza – se convirtió en una práctica generalizada a partir de la colonia y se cristalizó en los movimientos literarios estadounidenses entre los siglos diecinueve y veinte, entre estos el movimiento literario liderado por Twain en adelante, el cual comprende la narrativa turista.[78]

Los trabajos de Rinke, Ricardo Salvatore y Deborah Poole, comprendidos en los volúmenes citados, sumado a las contribuciones de María Josefina Saldanña, permiten cuestionar la copia intertextual de las representaciones – tanto en narrativas como imágenes – de Nicaragua como un paraíso y un Destino Geográfico del canal interoceánico, entre otras. Dicho intertexto de larga duración, se postula aquí, afianzó una imagen de la nación que se suturó íntimamente al proyecto de desarrollo impulsado por la dictadura somocista, cuyo régimen fue respaldado militar, política y financiaeramente por los Estados Unidos. En los capítulos siguientes, se aborda el asunto que tanto las políticas nacionales de turismo nicaragüense, como las representaciones y proyectos elaborados por la Unión Panamericana y la *Alianza para el progreso*, mostraron ciertos atributos del país y crearon itinerarios de visitas a esos lugares, pero también definieron el papel desempeñado tanto del Estado como de las poblaciones que habitaban – y habitan – el país junto con los recursos naturales definidores de las oportunidades de inversión y desarrollo en Nicaragua.

---

76 Ibid., xii.

77 Steve J. Stern, "The Decentered Center and the Expansionist Periphery: The Paradoxes of Foreign-Local Encounter", en *Close Encounters of Empire*, 50.

78 Helmbrecht Breinig, "The Interdiscursive Creation of Transdifference: Gendered Perceptions of Latin America in U. S. Literature", en *Hybrid Americas: Contacts, Contrasts, and Confluences in New World Literatures and Cultures*, 216 y 222.

Continuando con la Unión Panamericana, Rinke encuentra que, entre 1898 y 1910, la forma de implementar la hegemonía estadounidense sobre la región "fue reformulada discursivamente", ya que "en vez de declararse abiertamente imperialistas, se adoptó una postura paternalista", en cuya visión los Estados Unidos estaban "obligados" a "ser un guía para conducir a los *atrasados* latinoamericanos hacia la civilización".[79] En estos años, un gran número de nicaragüenses – y latinoamericanos en general – experimentaron el expansionismo estadounidense a través de intervenciones militares y/o económicas. Pero dicha postura paternalista también se evidencia en la narrativa turista, especialmente durante la ocupación de los Marinos estadounidenses en Nicaragua, como se documenta en los capítulos 2 y 3 de este estudio.

A su vez, Rinke evidencia el papel que desempeñó la concepción del "*ugly american*" en los encuentros entre la población chilena y estadounidense, y cómo la ciudadanía chilena conoció y comprendió a la población estadounidense que comenzó a vacacionar en su país. Y su opuesto, como la ciudadanía chilena comprendió sus viajes hacia los Estados Unidos. La información proveída previamente a estos encuentros por periódicos, revistas, películas, guías de viaje, y otros medios y mediaciones, afirma el historiador: "se transformaron en imágenes caleidoscópicas que formaron el encuentro y fueron parte integral del mismo: imágenes compuestas de fragmentos de experiencias multicolores y mezcladas al azar, conocimiento superficial, estereotipos y prejuicios".[80] Como se verá más adelante en cuanto a Nicaragua, la "animosidad" que turistas estadounidenses experimentaron de la población nicaragüense hace alusión a la forma en que la población comprendió al "*ugly american*" más como un Marino o un filibustero.

A nivel de discurso, Saldaña proporciona las herramientas para deconstruir la cadena de equivalencias estructurante del turismo que imbrica a Nicaragua como parte del proyecto civilizatorio y de desarrollo promovido por los Estados Unidos. En concordancia con Rinke, Saldaña identifica la noción "paternalista" del desarrollo elaborada en los Estados Unidos. Así como Skwiot encuentra la cercanía entre las empresas de turismo y el proyecto delineado por W.W. Rostow, Saldaña agrega – en línea con Spivak – que a partir del siglo veinte la nueva forma de "mundializar el tercer mundo" no se preocupa por salvar las almas de los "salvajes", sino por extraer negocio, en "hacer al pre-industrial, industrial, el pródigo en prolífico".[81] En el caso del turismo, se busca "comodificar" al otro en las representaciones de indígenas y sobre todo de las "poblaciones mestizas", puestas en escena en las guías turísticas que el

---

79 Rinke, *América Latina y Estados Unidos*, 96.

80 Stefan Rinke, "Imagining the Yankee: Stereotypes, Representations, and Realities in Chile", en *Hybrid Americas: Contacts, Contrasts, and Confluences in New World Literatures and Cultures*, 145.

81 María Josefina Saldaña-Portillo, *The revolutionary imagination in the Americas and the age of development* (Durham: Duke University Press, 2003), 65.

somocismo – como se verá más adelante – implementó en los años convulsionados de 1967 a 1979.

Saldaña une a Rostow junto con los planteamientos señalados anteriormente de Adler, Mills y Breinig, ya que las narrativas del desarrollo impulsado por los Estados Unidos articularon por su lado un discurso 'homoeróticamente generizado' (*homoerotically gendered*). Por ejemplo, Rostow utilizaba palabras como el "deseo de progreso" que "penetraba" en los territorios menos desarrollados. Casi medio siglo antes, ese lenguaje ya era utilizado por las élites nicaragüenses para atraer el desarrollo y progreso formulado por Rostow. El Dr. Jorge Bravo brinda un ejemplo ilustrativo en el texto que le fue encargado por el gobierno conservador de 1892, con el fin explícito de "promover la inmigración extranjera". Nicaragua, "para cumplir su destino", afirma Bravo, "pide el auxilio generoso de razas inteligentes, y abre de par en par sus puertas para que en cualquier hora, en cualquier momento, penetren en nuestro territorio, nos comuniquen su actividad, saquen provecho y pueblen nuestras vírgenes selvas".[82] Las descripciones paradisíacas de los recursos naturales y las distinciones raciales, como elementos del progreso en el país, son una característica principal de la cultura de viaje turista en Nicaragua, ya que se mantienen incólumes hasta el final del somocismo. Por ejemplo, según la *Guía general ilustrada de Nicaragua*, publicada en 1940, este era un país "eminentemente agricultor", por ello necesitaba de una inmigración "selecta, no sólo por cuestión racial, y por usos y costumbres, sino alfabetizada, de tal modo que aporte no solamente brazos".[83] La guía daba "a conocer el país y sus recursos" en aras de atraer "agricultores con técnicas", los cuales definía como "hombres blancos, oriundos de países latinos, con pequeño capital".[84]

La atracción de inmigración blanca y capitales, como fundamento de los imaginarios turistas de la nación, se evidencia a lo largo de este estudio. Este rasgo de las políticas públicas y narrativas de viaje es la característica principal que define el turismo en Nicaragua, según las fuentes consultadas. Consecuentemente, las élites nicaragüenses pensaban en acuerdo con las políticas de desarrollo del Panamericanismo y las instituciones internacionales que vendrían después, como el Banco Mundial y la *Alianza para el progreso*, en cuanto a su visión de un modelo de desarrollo basado en la atracción de capitales e inmigración para la extracción de materias primas. Este modelo de desarrollo prometía liberar a los países 'subdesarrollados' de la "necesidad", al mismo tiempo que promovía la "necesidad de ayuda" para dichos lugares, en aras de desarrollar sus industrias, mercados y economías en general. Para incentivar esa

---

82 Jorge Bravo, *Breves noticias de la República de Nicaragua: mandadas a publicar de orden del honorable señor ministro de relaciones exteriores Dr. Don Jorge Bravo con el objeto de promover la inmigración extranjera* (Managua: Tipografía Nacional, 1892), 4.

83 Ángel María Pérez y Ernesto Barahona López, eds., *Guía general ilustrada de Nicaragua* (Managua: Talleres Gráficos Pérez, 1940), 29.

84 Op. Cit.

necesidad, Saldaña argumenta que el discurso "liberador" del progreso crea un "placer/deseo por la modernidad".[85] No obstante, la 'necesidad de desarrollo' que expone Saldaña fagocita la empresa extractivista de recursos naturales y materias primas llevada a cabo por las inversiones estadounidenses en los territorios latinoamericanos. Este estudio agrega que el placer de la mirada, o de las atracciones turísticas, utilizó las mismas construcciones discursivas para promocionar el turismo como una empresa modernizadora.

Ricardo Salvatore profundiza en el aspecto de la representación, articulada a partir de las prácticas escriturarias del discurso por parte de instituciones gubernamentales y académicas de Estados Unidos, ya que las representaciones contribuyeron y fueron parte integral del imperio informal. Precisamente, Salvatore propone que la Unión Panamericana, entre otras agencias e instituciones de los Estados Unidos, se dio a la tarea de hacer a América Latina inteligible para la población estadounidense. Entre 1890 y 1930, los Estados Unidos ampliaron sus bibliotecas, compraron artefactos e incrementaron sus programas de estudios sobre América Latina exponencialmente. Revistas, empresas, diarios académicos y las mismas publicaciones de la Unión Panamericana se dieron a la tarea de investigar y de comprender a los países latinoamericanos, en aras de construir relaciones más cordiales y de promover los intereses políticos y económicos de los Estados Unidos. Salvatore denomina al trabajo de este conjunto de instituciones y agencias como una "máquina representacional". Concepto tomado de Stephen Greenblatt, explica que la empresa por legitimar la influencia de los Estados Unidos en la región tuvo como principal producto la creación de una noción general sobre qué era América Latina, cuáles eran sus capacidades y qué podía ofrecer para el resto del mundo en términos de recursos, oportunidades de inversión y seguridad geopolítica.[86] Su concepto es clave porque introduce la narrativa de viaje como un elemento fundamental del engranaje productor y sostenedor de la "empresa de conocimiento" que sustentó las relaciones imperiales, tanto formales como informales.[87]

Desde los viajeros mercantes del siglo diecinueve, hasta las formas de viaje industriales como el turismo, las descripciones de estas personas, acompañadas de bocetos a mano, pinturas y más tarde de fotografías y videos, fueron las técnicas de compilación de información que contribuyeron al mapeo e inventario que los Estados Unidos realizó de los países latinoamericanos. La narrativa de viaje y la guía turística aquí fueron los géneros – y métodos – escriturarios preferidos para dar cuenta de América Latina a una población joven, educada, blanca y

---

85 Saldaña-Portillo, *The revolutionary imagination in the Americas and the age of development*, 34.

86 Ricardo D. Salvatore, "The Enterprise of Knowledge: Representational Machines of Informal Empire", en *Close Encounters of Empire*, 71–73; Ricardo D. Salvatore, "Libraries and the Legibility of Hispanic America: Early Latin American Collections in the United States", en *Hybrid Americas*, 191–212.

87 Salvatore, "The Enterprise of Knowledge: Representational Machines of Informal Empire", 71.

masculina.[88] América Latina, expuesta en los materiales producidos por la "máquina representacional", estaba en el proceso constante de ser redescubierta.[89]

Poole, por su parte, encuentra que, en la producción de imágenes, dicha "máquina representacional" articuló las visiones de Estados Unidos y de las élites latinoamericanas alrededor de sus visiones racializadas del mundo. Según Poole, la visión de América Latina establecida por las imágenes de paisajes, pueblos, individuos y particularidades que "flotaron de un lugar a otro" a través de las múltiples misiones científicas y publicaciones, tejieron las relaciones societales en cuanto a la estructura racial heredada de la colonia y los proyectos de modernidad elaborados por las repúblicas independientes. Esta fue una nueva "economía de la visión" que entrelazó a inversores, científicos, viajeros y élites letradas latinoamericanas. Poole, para finalizar, en su libro *Visón, Rasa y Modernidad*, demuestra las formas en que las tecnologías de representación de los espacios y de las personas fueron apropiadas por los fotógrafos peruanos tanto estudios fotográficos como artistas individuales.[90]

Junto a Poole, esta investigación se interesa en documentar y mostrar las distintas maneras a través del tiempo en que se creó ese "mundo de imágenes", en el cual se insertó Nicaragua mediante la representación del país como un destino turístico. En sintonía con Salvatore y Poole, en esta investigación se añade la instrumentalización del mito del mestizaje y el folklor nicaragüense como atractivo turístico entre los años sesenta y setenta, que añadió a las poblaciones subalternas y la cultura nacional al mundo de imágenes de Nicaragua para el turismo. Para ello se siguen los lineamientos señalados por Poole: "por un lado, estas relaciones de referencia e intercambio entre las propias imágenes y, por el otro, aquellas de carácter social y discursivo que vinculan a quienes elaboran las imágenes con quienes las consumen, lo cual da forma a un 'mundo de imágenes'".[91]

Tomando esto en cuenta, primero se documenta el uso de las imágenes y las maneras en que dichas representaciones "flotan de un lugar a otro". Es decir, se analizan las formas en que las imágenes de los espacios elegidos en Nicaragua para el turismo fueron copiadas intertextualmente hasta el punto que abarcaron no solo a las publicaciones estadounidenses que hicieron a Nicaragua "inteligible" a los Estados Unidos, sino que identificaron los espacios y poblaciones en las imágenes como objetos comodificados aptos para para ser visitados y fotografiados por turistas, tanto extranjeros como nacionales.

---

[88] Ibid., 77.

[89] Salvatore, "Libraries and the Legibility of Hispanic America: Early Latin American Collections in the United States", 203.

[90] Deborah Poole, *Vision, raza y modernidad: una economía visual del mundo andino de imágenes*, trad. Maruja Martinez (Lima: Sur Casa de Estudios del Socialismo, 2000), 15.

[91] Op. Cit.

Los aportes combinados de Rinke, Salvatore, Poole y Saldaña se delimitan mediante dos preguntas secundarias que ayudan a cuestionar los archivos de los cuales se sustenta esta investigación, haciendo hincapié en el gran complejo de narrativas e imágenes que comprenden a Nicaragua en la temporalidad elegida: a) ¿de cuáles discursos se nutrió el turismo para ofertar los espacios, los recursos, las personas y la cultura nicaragüense y desarrollar una tradición identitaria relacionada a los recursos naturales y los lugares designados como destinos turísticos?; b) ¿de qué modo ha configurado el turismo los espacios, las rutas y las ciudadanías que habitan los lugares señalados como destinos turísticos o 'atracciones turísticas'?

3 Somocismo: Nicaragua desde la colonia, entre la intervención y Guerra Fría, y hasta la dictadura

John Elliot, en su historia sobre los "imperios atlánticos", cuenta que las "primeras imágenes europeas de América eran imágenes de abundancia", sobre todo para católicos y protestantes en particular, ya que para estos América era un lugar sagrado, el cual "ocupaba un lugar especial en el diseño providencial de Dios".[92] Colonizadores viajaron hacia América en búsqueda de riquezas o, muchos otros, solo en búsqueda de los medios materiales necesarios para sobrevivir. Misioneros o profesantes de la fe viajaron a América para circunscribirla a la nueva "cristianografía" y, mediante la evangelización de los indígenas, preparar el territorio para la segunda venida de Cristo. Las rutas comerciales y de migración eran también rutas de peregrinación. Por paraíso se entiende, según el diccionario de Oxford (OED), citado por Ian Strachan en su libro titulado *Paradise and Plantation*, que "el término 'paraíso' fue utilizado por los griegos para describir 'un parque persa cerrado, un huerto o un placer'". "Paraíso", continúa Strachan, "se refiere también al 'Jardín del Edén', que es un paraíso 'terrenal', y al 'cielo', que es la 'morada de Dios y sus ángeles y la morada final de los justos', en la tradición judeocristiana y el 'elíseo' de la fe musulmana. Es el Jardín del Edén pre-civilizado".[93]

Los diarios de Colón son mayormente comprendidos como los textos fundacionales que aplicaron la idea de paraíso, definida anteriormente, al continente americano.[94] En las descripciones escritas por Fernández de Oviedo sobre Nicaragua en el siglo dieciséis, por ejemplo,

[92] J. H. Elliott, *Empires of the Atlantic world: Britain and Spain in America, 1492–1830* (New Haven: Yale University Press, 2006), 88 y 186.

[93] Ian G. Strachan, *Paradise and plantation: tourism and culture in the anglophone Caribbean*, New World studies (Charlottesville: University of Virginia Press, 2002), 5.

[94] María Teglia, "América en el Diario de Cristóbal Colón: ¿utopía o paraíso?", en *El viaje en la literatura hispanoamericana*, ed. Sonia Mattalia, Pilar Celma, y Pilar Alonso (Frankfurt a. M., Madrid: Vervuert Verlagsgesellschaft, 2008), 236.

el paraíso como recurso humano se desarrolla entrelazado con los productos naturales a ser explotados en beneficio de la dominación colonial:

> Nicaragua es un gran reino, de muchas y hermosas provincias, siendo las llanuras de Nicaragua una de las tierras más hermosas y suaves que se encuentran en las Indias; son extremadamente fértiles en campos y hortalizas; de frijoles de diversos tipos; de muchos y variados frutos; de mucho cacao, que es ese fruto parecido a la almendra que pasa entre la gente como moneda y con el que se compran todas las demás cosas. Hay mucha recolección de miel y cera, mucha caza de jabalíes y ciervos, conejos y otros animales salvajes y muchas buenas pesquerías, tanto en el mar como en los ríos y lagos; abundancia de algodón y mucha ropa fina que los indios de la tierra hacen hilando y tejiendo.[95]

Las descripciones de Oviedo, según Alfredo Rodríguez, pueden ser comprendidas también como la mirada de un "empresario capitalista", que detallaba recursos y poblaciones para mostrar sus posibilidades y valores a la corona española durante la colonización de América.[96] Es por esto que el tropo del "paraíso", argumenta Ileana Rodríguez, es fundamental para comprender la historia de América Latina, porque todos "los tropos fundacionales de América sostienen la misma idea de América como el paraíso, una Arcadia utópica fundada en la naturaleza como un recurso humano".[97] El tropo es un significante vacío llenado por elementos que conforman el "primer inventario del invasor", mediante el cual se repartieron tierras y poblaciones, se evangelizaron indígenas y se establecieron rutas de extracción, comercio y dominación en las colonias.[98]

Religión y ciencia marcan el tránsito de una colonización a la otra, de conquistadores a viajeros, en palabras de Rodríguez. En el siglo diecinueve el significado de Centroamérica articuló las tecnologías del saber producidas por el trinomio "ciencia, desarrollo y errancia".[99] La cadena de equivalencias que iguala la riqueza natural y paisajística con las razas y su nivel de civilización es lo que Rodríguez define como la creación de un edificio significante sobre América Latina de vastas proporciones. En sus palabras, "implícita en el tropo de paraíso, un jardín

95 Gonzalo Fernández de Oviedo y Valdés, citado en: Francisco Pérez Estrada, *Historia Precolonial de Nicaragua: Síntesis* (Managua: Editorial Nueva Nicaragua, 1980), 10.

96 Gonzalo Fernández de Oviedo y Valdés, *Sumario de la historia natural de las Indias*, ed. Alfredo Rodríguez López-Vázquez (Madrid: Cátedra, 2016), 77.

97 Ileana Rodríguez, *Transatlantic topographies: islands, highlands, jungles* (Minneapolis: University of Minnesota Press, 2004), 4.

98 Rodríguez, *Primer inventario del invasor.*

99 Ileana Rodríguez, "en ecos de su pluma, los gemidos", en *Miradas tramposas*, x.

de bienestar, está la idea de una armonía entre la naturaleza y las personas".[100] Dichas ideas también mantienen su "continua relación con la historia de la colonización y su perseverancia como fantasía en la modernidad capitalista tardía, que ahora opera dentro de los discursos del turismo y de lo exótico postcolonial", en palabras de Sharae Deckard.[101]

Cuando se habla del tropo del paraíso, no se refiere simplemente a "la definición de mito de M. H. Abrams, 'la religión en la que ya no creemos'", como apunta Deckard, "sino más bien el producto de un discurso cargado de valores relacionado con el beneficio, el trabajo y la explotación de recursos, tanto humanos como medioambientales".[102] Lo que se resalta en este estudio es que la larga duración de estas formas de inventariar y narrar Nicaragua también proveyeron los significantes fundacionales del discurso político mediante el cual se estructuró la imagen de la Nicaragua somocista como un lugar ideal para inversiones en el siglo veinte. Para ello, primero es preciso vislumbrar cuáles son estas largas duraciones en las narrativas y representaciones del país. Luego, se introduce aquí la conexión con los patrones de autoridad que el turismo sustentó mediante la larga duración de narrativas de viaje en el "orden" y "progreso" que representó la familia Somoza según el turismo.

La importancia del tropo del paraíso es seminal para la comprensión de la historia del turismo en Nicaragua y es decidor de la larga duración de las narrativas y representaciones del país. Esto se evidencia en las descripciones que Twain estructura para mostrar el país y vender la Ruta de Tránsito. El escritor diferencia entre un "paraíso despoblado" y "un paraíso poblado". El primero hace referencia a las vastas extensiones de selvas y recursos naturales. El segundo describe las ciudades, particularmente San Juan del Norte, pueblo que no era "gran cosa que se diga" y donde "la tierra sobraba por todos lados".[103] De esta manera, el *resbalón* de Twain a través de Nicaragua termina con un inventario sobre la población y los recursos naturales, donde se encuentran "muchas minas de oro y de plata", las cuales recientemente habían sido adquiridas por "empresas californianas", cuyos dueños eran "residentes en el país que no se metían en política y tenían propiedades". Es decir, termina con la naturaleza que compone el paraíso inventariado como un recurso humano.

Twain, al finalizar su texto, invita a aprovechar las lagunas y fuentes sulfurosas producidas por los volcanes. A su vez, detalla las oportunidades para producir hule, junto con la

---

100 Rodríguez, *Transatlantic topographies*, 6.

101 Sharae G. Deckard, "Exploited Edens: Paradise Discourse in Colonial and Postcolonial Literature" (Coventry: University of Warwick, 2007), 1.

102 Ibid., 2. Sobre el tropo del paraíso desde una perspectiva de los estudios literarios y desde una perspectiva histórica véase: Ingrid Daemmrich, *Enigmatic bliss: the paradise motif in literature*, Studies on themes and motifs in literature, v. 25 (New York: P. Lang, 1997); Alessandro Scafi, *Mapping Paradise: A History of Heaven on Earth* (London: British Library, 2006).

103 Twain, "La ruta del tránsito vista por Mark Twain", 12.

especificación de los costos de la mano de obra. El escritor asegura que el salario no superaba los 20 o 40 centavos de dólar al día, incluyendo la alimentación que, según el autor, no le cuesta nada al "patrón", ya que "no les da más que plátanos verdes, remaduros o podridos; en esto no son melindrosos los jornaleros nicaragüenses que se los comen a como sea".[104] Las estrategias escriturarias de Twain para dar cuenta de Nicaragua en todas sus historias y potencialidades son las bases narrativas y representacionales del turismo y comparten un entramado escriturario con las estrategias descriptivas utilizadas por viajeros decimonónicos, filibusteros, Marinos estadounidenses y, finalmente, turistas en el siglo veinte.

Las guías de turismo e inversión en Nicaragua tomaron sus narrativas de los informes imperiales redactados por conquistadores, evangelizadores y colonizadores españoles, además de los textos escritos por viajeros y científicos decimonónicos como: Squier, Thomas Belt y Paul Lévy, entre otros.[105] Paul Lévy ocupa lugar especial en esta lista de viajeros y científicos. Contratado por el gobierno conservador de Vicente Cuadra (1871–1875), el libro de Lévy se convirtió en el compendio estadístico sobre Nicaragua más influyente del siglo diecinueve, y fue subsecuentemente utilizado por las guías de viaje y de turismo publicadas por nicaragüenses y estadounidenses por igual.[106] A usanza de Lévy, por ejemplo, la guía elaborada por Bravo 1892 utiliza casi en su totalidad la información recopilada y publicada en su libro.[107]

Viajeros como Lévy o Belt escribieron apreciaciones sobre Nicaragua y su población, muy parecidas a las apreciaciones de otros viajeros, como Twain y los filibusteros. Más importante aún, sus escritos compartieron dichas visiones con las élites gobernantes en Nicaragua. Belt, por su parte, afirmó con mucha insistencia la necesidad de promover el desarrollo civilizatorio en Nicaragua por medio de la migración para "mejorar la raza", en aras de explotar mejor los recursos naturales abundantes. Belt se refiere a Nicaragua como un "Jardín del Edén", pero no recomendaba la migración de ingleses a Nicaragua, porque se verían afectados por la "pereza" que inculca, según él, la abundancia de los recursos y la "vida fácil"; más bien promovió la inmigración de estadounidenses y razas latinas.[108] William Walker, durante su fugaz gobierno, atrajo casi 12,000 "colonos" al país. Colonos "interesados en crear una nueva sociedad en Centroamérica", quienes llegaron luego de leer la publicidad del decreto promulgado por Walker en 1855, el cual ofrecía tierras y la posibilidad de "ganar un montón de plata"

---

104 Twain, "La ruta del tránsito vista por Mark Twain", 13.

105 Antonio Monte Casablanca, *Paisaje/Sujeto/Nación: Turismo e Inversión en Nicaragua (1892–1940)* (Managua: IHNCA-UCA, 2017), 43–68.

106 Cruz Sequeira, *La república conservadora de Nicaragua*, 90–91.

107 Bravo, *Breves noticias de la República de Nicaragua*, passim.

108 Thomas Belt, *The naturalist in Nicaragua* (Chicago: University of Chicago Press, [1874] 1985), 327–28.

en Nicaragua.[109] David Deaderick, filibustero bajo el pseudónimo de Samuel Absalom, criticó duramente a Walker en sus memorias por no "cumplir su promesa" de brindarle "salario" y "tierra". En el último pasaje de su escrito, expresa su descontento al irse de Nicaragua sin su hacienda de "doscientas cincuenta hectáreas" y "arboleadas de especias".[110] Deaderick calificaba a la población nicaragüense de las "clases bajas" como "perezosa" y "cobarde", que simplemente quería "abanicarse en su hamaca" y "comer sus plátanos".[111]

La historia del turismo en Nicaragua, en la larga duración, facilita los insumos para estudiar la transición entre la forma en que el país como "arcadia" pasó de ser un territorio ideado para la colonización, la influencia geoestratégica y la inversión, la investigación naturalista y antropológica, a ser un lugar para ser "visitado por placer" por distintas comunidades humanas, primordialmente estadounidenses y europeos. En términos de los estudios del turismo, esta historia cristaliza la forma en que los espacios mismos fueron "comodificados" y añadidos al inventario de riquezas y posibilidades de desarrollo de la nación, entendida esta por las élites gobernantes. Por ende, viajeros como Twain, Squier, Belt o los filibusteros, constituyen los fundamentos de la cultura de viaje en Nicaragua, los cuales sirven de base para leer las estrategias escriturarias utilizadas por los incipientes turistas que llegaron al país a principios del siglo veinte.

En este sentido, los "viajeros del río" que pasaban por la casa del poeta y escritor, José Coronel Urtecho, le parecían al nicaragüense "los últimos viajeros rezagados de la corriente humana que seguía esa ruta cuando la fiebre del oro de California, en los barcos del río del comodoro Vanderbilt, hace cien años, los últimos *fortyniners*".[112] Desde la hacienda San Francisco del Río ubicada a las orillas del Río San Juan, Coronel Urtecho entró en contacto con diplomáticos, Marinos, turistas e inversores estadounidenses. En múltiples ocasiones, los comparó con Squier o Twain, a quiénes nunca conoció. "Muy pocos norteamericanos que pasan por el río he podido tratar", lamenta el poeta, "porque generalmente son reservados con los nativos y van de prisa"; y lamenta con mayor énfasis que "muy pocos se quedan", al tiempo que

---

109 Michel Gobat, "La vida cotidiana en Granada, Nicaragua, durante el régimen filibustero de William Walker (1855–57)", en ed. Víctor Hugo Acuña, *Filibusterismo y Destino Manifiesto en las Américas* (Alajuela: Museo Histórico Cultural Juan Santamaría,2010), 106. Para un análisis de la cultura de viaje filibustera y su conexión con la elaboración de los discursos sobre la masculinidad estadounidense desplegada en Nicaragua véase: Amy S. Greenberg, *Manifest manhood and the Antebellum American empire* (Cambridge: Cambridge University Press, 2005), 135–169.

110 Samuel Absalom, "The Experience of Samuel Absalom, Filibuster", en *Tropical travel: the representation of Central America in the nineteenth century; facsimiles of illustrated texts (1854–1895)*, 321.

111 Ibid., 342.

112 José Coronel Urtecho, *Rápido tránsito (al ritmo de Norteamérica)* (Managua: Nueva Nicaragua, 1985), 11.

menciona algunos inversores cuyos negocios madereros no rindieron frutos a las orillas del río.[113] Coronel Urtecho compartía su sueño y la visión de futuro para Nicaragua. "Tal vez el río se pueble un día", concluye, y "naveguen barcos y gasolinas; pasten caballos y ganados de raza en sus llanos y en los gramales de las lomas; se miren en sus orillas hermosas casas tropicales y en muchas de ellas libros americanos y retratos de poetas (…) Tal vez la selva vuelva a cubrirlo todo. Todo depende".[114]

El texto de Urtecho muestra que, a principios del siglo veinte, la Ruta de Tránsito y los viajeros formaban todavía la base sobre la cual las élites letradas nicaragüenses formulaban las genealogías y equivalencias del turismo. En sintonía con los conceptos de Urry y MacCannell, el "marcador" (marker) utilizado para darle sentido a la puesta en escena de Nicaragua para potenciales turistas e inversores se ensambla mediante la interpretación de un conjunto de significantes basados en tropos constitutivos de América. Tropos como paraíso, arcadia, *tierra nulis*, raza, joyas arqueológicas y subdesarrollo, son relaciones indirectas con los objetos que ordenan y hacen inteligible al país como producto turístico. Esta investigación permite vislumbrar las estrategias escriturarias y representacionales que fueron puestas en práctica en las narrativas del paraíso en Nicaragua. De aquí se postula la cuestión central de averiguar si: ¿Acaso estas narrativas fueron institucionalizadas? Si fue así, ¿cómo? Y ¿qué actores gubernamentales, nacionales, regionales e internacionales participaron en dicha institucionalización?

Por tanto, una de las conclusiones principales de este estudio es que la historia del turismo en Nicaragua es decidora de la larga duración intertextual del tropo del paraíso. Sobre todo, este estudio presenta la forma en que el paraíso sutura al paisaje y los cuerpos a través de una construcción narrativa que estableció jerarquías entre las razas y el género, delimitando las posibilidades y proyectos de desarrollo imaginados por las élites nicaragüenses. Las posibilidades de la nación definida como paraíso para la atracción de capitales e inversión sirvieron de fondo para la estructuración de un orden autoritario-patriarcal encabezado por el dictador Anastasio Somoza García (1936–1956) y continuado por los gobiernos de sus hijos, Luis Somoza Debayle (1957–1961) y Anastasio Somoza Debayle (1967–1972 y 1974–1979). Tomando en cuenta este contexto particular, esta investigación no solo añade insumos al estudio del turismo, sino que a través de este llena vacíos en la historiografía nicaragüense en cuanto al estudio del somocismo.

Sobre este periodo se ha investigado la construcción del Estado, junto con una amplia historización de la violencia política y de las manipulaciones constitucionales y electorales del

[113] Ibid., 21–22.

[114] Ibid., 28.

régimen.[115] Un estudio reciente se concentró en desvelar el patrimonialismo de la dictadura, al concentrarse en las propiedades y las empresas que fueron parte del grupo económico liderado por los Somoza.[116] Otras investigaciones se han concentrado en la articulación entre imperialismo y dictadura.[117] Existe una investigación sobre las políticas culturales del somocismo, pero esta se concentra mayoritariamente en las telecomunicaciones, como la televisión y la radio, así como las resistencias de artistas e intelectuales a la represión somocista.[118] En cada una de estos trabajos mencionados, las relaciones entre la familia Somoza – o el gobierno somocista – y los Estados Unidos ha ocupado un lugar central para analizar el devenir autoritario y dictatorial, ya que demarcan la influencia del contexto de Guerra Fría durante la mayor parte del somocismo en el país.[119] Sin embargo, en este trabajo se propone que los imaginarios del turismo, sus narrativas y representaciones, pusieron en comunicación directa tanto a la dictadura como sus funcionarios – y las élites letradas y económicas nacionales en general – con las instituciones regionales, públicas y privadas del turismo, con el plan de instaurar una nueva empresa de desarrollo nacional a partir del siglo veinte. En estas comunicaciones, sus encuentros y desencuentros, así como sus acuerdos y desacuerdos, muestran las concordancias entre las élites nicaragüenses para imaginar las posibilidades de desarrollo de la nación en términos de paisajes, recursos, culturas y poblaciones. Sobre todo, se muestra que el deseo de modernidad expresado por funcionarios nicaragüenses estaba en sintonía con muchas de las formas que funcionarios, empresarios y turistas estadounidenses utilizaron para delinar sus propias políticas exteriores y formas de invertir en el país.

Esta investigación añade insumos al estudio de la cultura política del somocismo. También, propone entender mejor no solo la articulación entre la Nicaragua somocista y los proyectos de modernización que se ejecutaron en esos años. Las narrativas y puestas en escena de Nicaragua para el turismo ayudan a comprender mejor al somocismo como pensamiento e ideología. El turismo proporciona el material cultural para averiguar los mecanismos mediante los cuales

---

115 Antonio Esgueva Gómez, *Elecciones, reelecciones y conflictos en Nicaragua (1821–1963)*, vol. 2 (Managua: IHNCA-UCA, 2011); Knut Walter, *El régimen de Anastasio Somoza, 1936–1956* (Managua: IHNCA, 2004).

116 María Dolores Ferrero Blanco, *La Nicaragua de los Somoza, 1936–1979* (Managua: IHNCA, 2010).

117 Michael D. Gambone, *Eisenhower, Somoza, and the Cold War in Nicaragua, 1953–1961* (Westpor: Praeger, 1997); Jaime Wheelock, *Imperialismo y dictadura* (Managua: Editorial Nueva Nicaragua, 1985); Jaime Wheelock y Luis Carrión, *El Desarrollo Económico y Social de Nicaragua* (Managua: DEPEP, 1981).

118 David E. Whisnant, *Rascally signs in sacred places: the politics of culture in Nicaragua* (Chapel Hill: University of North Carolina Press, 1995).

119 Paul Coe Clark, *The United States and Somoza, 1933–1956: a revisionist look* (Westport, CT: Praeger, 1992).

se imaginó la nación con el propósito de atraer turistas, residentes e inversión. Es decir, se vislumbra las maneras en que el somocismo y los sectores sociales cercanos a su proyecto imaginaron el país para venderlo al exterior con el fin de modernizarlo e insertarlo en los mercados internacionales, con el objetivo de sustentar un modelo económico y político aglutinado en la estructura de poder dictatorial ejercido por la familia Somoza.

En este estudio se demuestra la cuestión central sobre la forma en que, desde 1936 hasta casi la caída de la dictadura en 1979, el turismo siempre fue ideado por el gobierno nicaragüense como un apéndice a su interés principal: atraer inversores y hombres de negocio al país para invertir en el canal interoceánico y en la agroindustria. Finalmente, la especificidad de Nicaragua de articular los ejes temáticos de turismo, imperialismo y somocismo, se intenta dilucidar y conceptualizar mediante la propuesta de un concepto singular. En la presente investigación se delimita esta especificidad del turismo como parte de una política económica de mayor alcance denominada como "atractivismo". Con este término se refiere a que el turismo era parte de un engranaje de imaginarios constituido narrativa y representacionalmente con el fin principal de atraer inversores y capitales para desarrollar la agroindustria. Dichos imaginarios cristalizan la larga duración de copias intertextuales de las estrategias escriturarias y representacionales del país en clave de paraíso que suponen el uso sistemático de ciertos rasgos culturales, históricos, políticos, económicos y raciales, con el propósito de abrir al país con una imagen favorable a los mercados internacionales. Como se verá más adelante, el "atractivismo" ubica a Nicaragua en un lugar y en un tiempo en el mundo, dentro de la escala que define estados de modernización y detalla la forma de imaginar cómo desde tal lugar pueden llevarse a cabo los proyectos de desarrollo y modernización. Si el paraíso es virgen, pre-civilizado y salvaje, la guía turística presenta la autoridad de Somoza como el gobierno ideal para modernizar la nación. Especialmente, una diferencia entre el turismo y demás proyectos de modernización es que se fomentaba mediante la creación de un discurso de placer por la modernidad. Esto se refiere al aspecto que el turismo sublima la historia, la cultura, los recursos naturales y la identidad para desarrollar el país. Empero, por parte del gobierno nicaragüense, estos bienes comodificados tiene el fin particular de crear orgullo en la población nacional, para que conozca y promueva las riquezas del país. Sin embargo, el progreso es ofrecido mediante la corporalización de este deseo en la necesidad de autoridad proyectado en la figura del hombre militar: Somoza. Con todo, y en términos generales, se postula este concepto para englobar la gubernamentalidad del turismo en Nicaragua, en concordancia con el concepto introducido por Michel Foucault. Como se verá en los próximos capítulos, los actores, instituciones, imaginarios, narrativas y representaciones conforman el grueso de, en palabras de Faucault, "los procedimientos, análisis y reflexiones, los cálculos y las tácticas que permiten ejercer esa forma bien específica, aunque muy compleja, de poder que tiene por blanco principal la población, por forma mayor de saber la economía política y por instrumento técnico esencial los dispositivos de seguridad".[120] En este caso específico, la política-económica del turismo en Nicaragua se articuló a la política exterior de los Estados Unidos y las organizaciones internacionales, mediante la estructuración de los inventarios de paisajes, recursos, culturas y poblaciones como atracciones turísticas ideadas para atraer turistas, inmigración e inversiones. Al final de los años setenta, como se discute en los capítulos 6 y 7, esta ya no era una política económica entre varias otras, sino que era 'la política económica' para el progreso y desarrollo natural de la nación nicaragüense.

La metodología elegida que se centra en la infraestructura y la narrativa de viaje, en conjunto con los ejes temáticos de turismo, imperialismo y somocismo, determinaron que la estructura del estudio se dividiera en dos partes para dar cuenta de la historia sobre la institucionalización y la naturalización del turismo en Nicaragua. La primera parte, titulada "Antecedentes: Marinos y Panamericanismo (1899–1936)" se concentra principalmente en definir y mostrar las culturas de viaje imperantes en Nicaragua previas a la creación de las instituciones de turismo en el país. En esta línea, el capítulo 1, "Filibusteros, Marinos y turistas", se concentra en la influencia que colonizadores, viajeros y, especialmente, filibusteros y Marinos estadounidenses tuvieron sobre las primeras narrativas de viaje, las formas de representar el país y la forma en que las autoridades nicaragüenses imaginaron la empresa nacional de turismo en base a las culturas de viajes anteriores. En este capítulo se describe la ocupación de los Marinos estadounidenses y la reacción de la población que atizó la visión que los nicaragüenses tenían del "yanqui". El "ugly american" y/o el "yanqui invasor", fueron evidencia de una aparente "animosidad" de la población nicaragüense hacia los turistas.

Si bien el principal contexto inmediato que se vivió en el país estuvo marcado por la ocupación de los Marinos (1912–1934), en el capítulo 2, "Las topografías e itinerarios del Panamericanismo", se demuestra los entrecruces entre el auge del panamericanismo en América Latina y la intervención en Nicaragua. El entrelazamiento entre inmigración blanca y el Destino Geográfico en la empresa del turismo en Nicaragua son dos insumos que muestran cómo el panamericanismo a su vez institucionalizó las miradas raciales y en clave de paraíso para promover el turismo hacia los países latinoamericanos, en los tiempos que Estados Unidos resguardaba su "zona de influencia" de la injerencia europea atizada por las guerras mundiales. Al finalizar este capítulo, se resalta la característica de que estas formas de inventariar, describir, narrar y representar el paisaje, los recursos y los cuerpos, fueron formas articuladas de conocimiento puestas a funcionar por hombres. Si el turismo creó un placer para visitar las vistas seleccionadas para la atracción de inmigración e inversión, este fue un placer masculino. No se pasa por alto en esta introducción, por ejemplo, que los textos de Twain, Squier, Walker

[120] Michel Foucault, *Seguridad, territorio, población: curso en el Collège de France (1977–1978)*, trad. Horacio Pons (México, D.F.; Buenos Aires: Fondo de Cultura Económica, 2018), 136.

o de los Marinos, así como las políticas de Somoza o de la Unión Panamericana, fueron ideadas casi exclusivamente por hombres.

En dicho contexto, y subrayando la importancia de la infraestructura de viaje en la metodología, principalmente se sigue la historia de la Carretera Panamericana, en cuanto a la forma en que los archivos e imágenes escritos y capturados por los Marinos edificaron la "maquinaria representacional" sobre Nicaragua que se estructuró en las oficinas de la Unión Panamericana. El capítulo 3, "Infraestructura y narrativas de viaje", reconstruye la forma en que Marinos y turistas compartieron archivos y visiones sobre Nicaragua, además de cómo sus viajes por Nicaragua siempre se encontraron en una zona liminal entre turista y ocupante. Sobre todo, este capítulo muestra la influencia de la infraestructura de viaje en las descripciones de los turistas para gradar y evaluar al país mediante categorías de progreso y civilización. La conjunción del panamericanismo y la ocupación son las bases sociales, políticas, económicas, pero especialmente estéticas y narrativas, que muestran la constitución de la mirada turista en Nicaragua con respecto al mundo de imágenes que se estableció sobre la nación y sus posibilidades de desarrollo.

Consecuentemente, la segunda parte, "Institucionalización y naturalización del turismo en Nicaragua (1936–1979)", continúa con el rastreo de la influencia del panamericanismo en la constitución de las instituciones de turismo y la edificación de la dictadura somocista en Nicaragua. El contexto de América Latina y las temporalidades demarcadas por las investigaciones en la región muestran que una historia del turismo en Nicaragua entra en diálogo con la mayoría de las temporalidades que tratan la institucionalización del turismo en el continente latinoamericano, desde los años treinta del siglo veinte. En el capítulo 4 se describe en detalle la institucionalización del turismo a partir de 1936, año en que se crea la primera institución estatal dedicada al turismo, la Junta Nacional de Turismo (JNT), y se redactan los primeros planes y las primeras leyes en cuanto a la función de esta institución en la política económica del país.

En el capítulo 4, "Panamericanismo, el Buen Vecino y Somocismo", se anota la relación entre el contexto internacional y nacional, de manera que esclarece las articulaciones entre la construcción de la Carretera Panamericana y el gobierno de Anastasio Somoza García. La Panamericana no solo supuso el mayor proyecto de infraestructura de transporte y viaje en la primera mitad del siglo veinte, sino que suturó la influencia de la política del Buen Vecino y las prácticas políticas de Somoza García para afianzar su régimen entre 1936 y 1956 con las narrativas del turismo para visitar Nicaragua y fomentar la imagen de Somoza como el gran desarrollador; el presidente que aseguró orden y progreso en el país.

En dichos años treinta y cincuenta del siglo veinte, la Carretera Panamericana sustituyó el proyecto del canal interoceánico y, con ello, cambió radicalmente la forma de viajar a través del país, concentrando el tráfico de turistas y el comercio en la región Pacífica de Nicaragua. Esta zona, usualmente dominada por la cordillera volcánica y los dos lagos principales del país (lago Xolotlán y Cocibolca), se elevó a ser la representación total de la nación y su "marca" principal para integrarse a los inventarios del turismo. Debido a esto, en el mismo capítulo se analiza cómo los lagos y los volcanes fueron una parte integral del "disciplinamiento de la mirada" turista, que une las estéticas y enfoques de Twain, Squier, Walker, los Marinos, *la National Geographic*, la Unión Panamericana y, finalmente, la mirada de los y las nicaragüenses, en la definición de Nicaragua como una "marca país" comodificada para el turismo la: "Tierra de Lagos y Volcanes". De esta manera, siguiendo a Salvatore, Nicaragua fue sistematizada de manera inteligible a la mirada estadounidense, la 'mirada del turista'. Este imperialismo informal articuló el trabajo de asesores del Departamento de Estado, instituciones y agencias del gobierno, revistas científicas y artistas, y de funcionarios empleados en la misma Nicaragua, engranando un mundo de imágenes del país para ser ofrecido a los turistas.

A su vez, en el capítulo 5 se enumeran los principales proyectos de turismo en Nicaragua durante los años iniciales del somocismo, entre 1936 y 1960. Como se verá más adelante, estos proyectos usualmente se ubicaron cerca de la Carretera Panamericana o en alguna de las rutas adyacentes dónde se encontraban las plantaciones. En estos años, Somoza utilizó tanto los fondos de la Carretera como la oportunidad de las campañas turísticas para mostrar una versión de su gobierno atenta a los lineamientos de "Comercio, Viaje y Defensa" de la política del Buen Vecino y los fondos habilitados desde Washington. De esta manera, el trabajo en la Carretera y la empresa de turismo demuestran en tales proyectos la visión de las élites en cuanto a la división del trabajo en términos de raza, y sus visoines de las posibilidades de desarrollo del país. Al mismo tiempo, la falta de interés de Somoza por la institucionalización y promoción del turismo se pone en evidencia en este capítulo, además se documenta la forma en que la noción de "seguridad" de la dictadura más bien perjudicó el desarrollo del turismo. Preocupado por el paso de opositores o invasiones desde el extranjero, Somoza García, y sus descendientes en el poder, fueron reacios a abrir al país al tránsito turista.

En los dos últimos capítulos se aborda la tecnificación y naturalización del turismo (1960–1979), ya que se trazan las continuidades y cambios entre el Panamericanismo, la política del Buen Vecino y la *Alianza para el progreso* de Kennedy, en cuanto a sus relaciones con la dictadura somocista y la forma de promocionar el turismo en la región. En dichos años, las organizaciones internacionales y los proyectos regionales, tales como el Mercado Común Centroamericano (MCCA), tecnificaron la mayoría de proyectos de desarrollo nacional, asimismo se especializó el turismo. En este sentido, el capítulo 6 enumera las políticas del MCCA y la Secretaría de Integración Turística Centroamericana (SITCA), la cual seguía los lineamientos del turismo enunciados por la Organización de las Naciones Unidas para el Turismo (OMT). Las consultorías y asistencias técnicas para el turismo fomentaron unas "pedagogías del turismo", impartidas por dichas organizaciones internacionales y regionales. Estas terminaron de sedimentar la marca país para el turismo al sumar actividades de recreación, como la caza y la pesca, junto con las artesanías y la identidad mestiza – basada en los estudios folkloristas – a los inventarios del turismo en Nicaragua.

Por último, el capítulo 7 vincula las consultorías técnicas a uno de sus principales fines expuestos: la creación de una "conciencia turística" en Nicaragua. En el mismo sentido que Urry propone la "mirada turista", en estos años las organizaciones, empresas privadas e instituciones gubernamentales del turismo, apelaron a "educar" a la población para que pudiesen ver sus recursos y aprender sobre las utilidades del turismo para "mejorar su calidad" de vida. Las pedagogías para inculcar una consciencia turista afectaron de manera circunstancial las relaciones espaciales y poblacionales en el país. Tomando como ejemplos centrales los proyectos de turismo elaborados y evaluados por el principal naturalista del país, Jaime Incer Barquero, y utilizando una pequeña muestra de un álbum familiar, se propone que la mirada turista en Nicaragua, en términos de comodificar el espacio para la mirada y la puesta en escena de la cultura y la naturaleza, se terminan constituyendo al finalizar los años setenta. Se concluye que la consolidación del turismo llegó "a destiempo", en el ocaso de la dictadura, justo cuando Anastasio Somoza Debayle intentó ubicar al turismo en el centro de sus planes de desarrollo para obtener divisas. En este capítulo final se analiza la forma en que las autoridades de turismo confeccionaron una imagen de la Nicaragua "auténtica" a ser visitada por turistas, la cual fue puesta en escena en los años que escaló la guerra civil y la represión del régimen somocista en Nicaragua, entre 1967 y 1979. A diferencia de otros países de la región, como Costa Rica y Guatemala, la Nicaragua somocista llegó tarde a este impulso y no logró concretar sus planes debido al triunfo de la revolución sandinista en 1979.

Las preguntas y objetivos de investigación, así como las principales conclusiones expuestas en cada capítulo, surgieron de una revisión bibliográfica y archivística concentrada principalmente en las instituciones y actores generales que participaron en la implementación del turismo en Nicaragua y Centroamérica. En Alemania, se consultaron los textos de viaje, fotografías y libros sobre Nicaragua y Centroamérica que se encuentran en el Instituto Iberoamericano en Berlín. En los Estados Unidos se revisaron los Archivos Nacionales, los documentos pertenecientes a los grupos 59 (Departamento de Estado), 84 (Comunicaciones diplomáticas), 229 (Oficina de Asuntos de Interamericanos) y 286 (Agencia de los Estados Unidos para el Desarrollo Internacional). También se consultaron los documentos concernientes a la Unión Panamericana en la *Columbus Memorial Library* de la Organización de Estados Americanos; fotografías, textos y proyectos de turismo encontrados en la Biblioteca del Congreso (LOC); y la colección de textos y narrativas de viaje, junto con periódicos, disponibles en la *Latin American Library* de la Universidad de Tulane. En Nicaragua, se revisó el archivo y biblioteca del Instituto de Historia de Nicaragua y Centroamérica (IHNCA); la Biblioteca del Banco Central y la Biblioteca del INCAE en Managua; los documentos disponibles en línea de la Biblioteca Bolaños y en el sitio de Memoria Centroamericana. En El Salvador se consultaron los documentos pertenecientes a la Secretaría de Integración Turística Centroamericana (SITCA), resguardados en el fondo ODECA (Organización de Estados Centroamericanos) del Sistema de Integración Centroamericano (SICA), ubicado en San Salvador.

I Antecedentes Marinos y Panamericanismo (1899–1936)

Inventarios, narrativas, proyectos e itinerarios fundacionales del turismo en Nicaragua

1 Filibusteros, Marinos y turistas: historias y genealogías entrecruzadas

La escritora y periodista inglesa, Lilian Elwyn Elliott, viajó a lo largo del istmo centroamericano durante "un número de años", dónde encontró que "todavía era una aventura alejarse de la carretera".[1] "Todavía", porque, según la autora, no muchas cosas habían cambiado en esta región desconocida y poco visitada por el "hombre blanco". Más, incluso, que en el siglo diecisiete, cuando bucaneros eran atraídos por esa "tierra prohibida" poseída por España. Al llegar a Corinto (puerto ubicado en el Pacífico, Noroeste de Nicaragua), constató la imagen general del país que ya había descrito "Fray Bartolomé de las Casas (...) la fertilidad del suelo, la excelencia del aire, y el vasto número de habitantes".[2] Arthur Ruhl, de manera parecida, al salir de Nicaragua a través del mismo puerto en Corinto, afirmó que el "viajero" abandonaba "Nicaragua y sus problemas" tan "desierta como al llegar los españoles".[3]

En concordancia con las convenciones de la literatura de viaje detalladas en la introducción, a su paso por Nicaragua – y el resto del istmo –, Elliott y Ruhl tomaron nota sobre los paisajes, las personas, la infraestructura, la historia y cultura del país. Entre las descripciones, también se animaron a compartir sus reflexiones personales acerca de la política y la economía de Nicaragua, además de sus oportunidades para desarrollarse. Ruhl había visitado anteriormente Centroamérica en 1913 y en 1927, debido a su cargo en el servicio exterior estadounidense. Elliot, por su parte, fue empleada por la Unión Panamericana (UP). Misma institución que ya había utilizado los servicios de otros escritores para viajar por el continente con el fin de escribir guías de viaje que mostraran América Latina a los Estados Unidos, como fue el caso de Hamilton Wright, quién escribió *Nicaragua: Land of Enchanted Vistas*, publicado en 1918.[4] Los viajes de Wright y Elliott a través de Centroamérica, particularmente, cumplían un doble propósito: conocer y dar a conocer esta región a la población estadounidense, en singular al hombre blanco. Sus tareas iban en línea con los propósitos de su empleador, la UP.

---

1 Lilian Elwyn Elliott, *Central America: New Paths in Ancient Lands* (London: Methuen & Co. LTD, 1924), 5.

2 Ibid., 153.

3 Arthur Ruhl, *The Central Americans: adventures and impressions between Mexico and Panama* (New York: Scribner, 1928), 132.

4 Hamilton M. Wright, *Nicaragua: Land of Enchanted Vistas*, ed. Pan American Union (Washington, D. C.: Government Printing Office, 1918); Hamilton M. Wright, *El Salvador of the Magic Table Lands*, ed. Pan American Union (Washington, D. C.: Government printing office, 1918); Hamilton M. Wright, *Through the marvelous highlands of Guatemala ...*, ed. Pan American Union. (Washington, D. C.: Government Printing Office, 1917).

A partir de 1923 Elliott trabajó como editora de las revistas de la UP.[5] El continente americano no le era extraño a Elliott, ya que había viajado y escrito sobre otros países latinoamericanos.[6] A su vez, la autora cumplía con las expectativas del Panamericanismo. Una vez terminada la Primera Guerra, los viajeros y turistas se animarían a visitar esas "tierras encantadas". A diferencia de Mark Twain, quien fue empleado por la compañía de Vanderbilt para cruzar exclusivamente la Ruta de Tránsito a través de Nicaragua, Elliott viajó a través de Centroamérica con el propósito de mostrar las posibilidades de viajes y aventuras, sumadas a las oportunidades para invertir en la extracción de materias primas, como el café, el azúcar y el caucho.

Sin embargo, como afirma Hernán Robleto en su novela *Los Estrangulados* de 1935, "Malos vientos soplaban desde que los yanquis entraron al país".[7] Ciertos sectores de la sociedad nicaragüense no mostraban simpatía con la idea de ser turistas o de recibir turistas e inversores estadounidenses en Nicaragua. Robleto pone en boca de uno de sus personajes que no iría de turista a Estados Unidos o Europa con el dinero ganado de su hacienda porque era un carácter de "burguesía tonta". El hecho que se piense sobre el turismo en Nicaragua, lleva a Robleto a afirmar que "Se concreta el caso sobre la conquista yanqui, sobre la ignominia de la extorsión económica".[8] La reacción de Robleto al turismo, la cultura de viaje que él identificaba como burguesa, se comprende mejor al contextualizar las formas en que algunos sectores de las élites nicaragüenses experimentaron e interpretaron la intervención de los Estados Unidos, entre 1912 y 1934. Robleto escribió su novela en tiempos de la ocupación, cuando la presencia de los Marinos atizó las relaciones entre ambos países, aunque la influencia estadounidense crecía sobre Nicaragua y la región centroamericana en general.

A pesar que no existían instituciones nacionales, regionales o internacionales de turismo, en este y los próximos dos capítulos se establece que la cultura de viaje turista ya existía de manera incipiente en Nicaragua. Un rasgo especial es que la ocupación de los Marinos tuvo una influencia determinante en la edificación de una cultura de viaje turista en Nicaragua. Además, que ante la ausencia de instituciones, los remanentes de las narrativas de viaje anteriores a la ocupación ya funcionaban como los archivos referenciales de los primeros turistas y las primeras guías de viaje escritas para la Unión Panamericana. Dicha característica

---

5 Elliott basó muchas de sus publicaciones en sus lecturas y contactos con latinoamericanistas o americanistas de la época, como Max Uhle. Las cartas que intercambió con el arqueólogo alemán se encuentran en el Instituto Iberoamericano.

6 Lilian Elwyn Elliott, *Brazil: today and tomorrow* (New York: The Macmillan Co., 1917); Lilian Elwyn Elliott, *Chile today and tomorrow* (New York: The Macmillan Company, 1922); Lilian Elwyn Elliott, *The Argentina of to-day* (London: Hurst & Blackett, 1925).

7 Hernán Robleto, "Los estrangulados", *Nicaragua, revista mensual*, abril de 1935, 3.

8 Robleto, "Los estrangulados", 5.

entrecruza en Nicaragua las genealogías de viaje escritas por filibusteros, Marinos y turistas, como se abordará con mayor detalle en los próximos dos capítulos de la primera parte.

Por tanto, si el turismo se nutre de las culturas previas de viaje, se pregunta ¿cuáles son esas culturas previas? Y si el turismo fue una de varias empresas de progreso y desarrollo, ¿dentro de cuáles circunstancias políticas y económicas se inició la empresa del turismo en Nicaragua? Para contestar estas preguntas primero se describe a grandes rasgos el contexto político de las relaciones entre Estados Unidos y Nicaragua que terminó con la ocupación de este último país por parte de los Marinos. En este contexto, se establece en concordancia con la literatura académica sobre los modelos de producción y desarrollo en Centroamérica, que el turismo se articuló a los proyectos de desarrollo nacional demarcados por las plantaciones, la agroindustria y la inserción de sus productos en los mercados internacionales. Dichos proyectos nacionales de desarrollo supusieron un imaginario de progreso delineado por la clasificación de la población en términos de raza, clase y género. Seguidamente, se especifican las formas en que turistas comprendieron la ocupación y las formas en que las mismas narrativas sobre el paisaje, la población, los recursos naturales y el progreso mediaron estas mismas comprensiones de las personas turistas de las relaciones entre Estados Unidos y Nicaragua. La tercera sección incluye que dichas comprensiones de las narrativas de turismo e inversión agregan insumos para comprender mejor los márgenes de maniobra que gobernantes nicaragüenses y la población en general tenían a disposición para contestar o resistir la influencia de los Marinos en el país, así como la violencia que se vivía. Sobre todo, se señala la "animosidad" de las personas nicaragüenses hacia los turistas, registrada en las narrativas de viaje. El tema de la "animosidad" se retoma en los siguientes dos capítulos, ya que abarca las resistencias de distintos sectores de la población. Sin embargo, se anota que en las narrativas turistas esta animosidad también era explicada en términos tanto geopolíticos como raciales y étnicos, para explicar los "problemas políticos" que impedían, a ojos de los turistas, el progreso en Nicaragua. Con esto, la voz de los nicaragüenses es silenciada y la violencia de la ocupación y la guerra desatada en el norte del país, entre 1927–1933, es matizada para dar coherencia a la visión imperial que los turistas sostuvieron de la ocupación.

La coherencia de este relato escrito por turistas en Nicaragua se denomina aquí como una "historia en clave turista", en la cual los recursos naturales son contrastados con la pobreza y subdesarrollo del país. En esta historia, la cultura política, la "capacidad racial" de la población y el lugar que ocupaba Nicaragua son los elementos elegidos para explicar la "falta de progreso" en el país. A su vez, este capítulo demuestra que los imaginarios de Nicaragua como una tierra paradisíaca lista para integrar las inversiones internacionales en las plantaciones o el canal interoceánico, también conformó una forma de comprender el país por parte de las élites de poder nicaragüenses.

1.1 La ocupación de los Marinos estadounidenses en Nicaragua (1912–1934)

En 1909, luego de crecientes tensiones tanto dentro como fuera del país, José Santos Zelaya renunció a la presidencia de Nicaragua, inmediatamente después de recibir una carta exigiendo la misma renuncia, por parte del Secretario de Estado de los Estados Unidos, Philander Knox.[9] Zelaya había logrado constituir un régimen dictatorial desde 1893, año en que asumió la presidencia del país producto de una revolución que rápidamente buscó legitimación en las urnas. La caída de Zelaya y el inicio de la ocupación en Nicaragua combinó raíces profundas de la política nicaragüense y las relaciones con Estados Unidos, a la vez de una combinación de factores inmediatos. Entre las tensiones internas y externas, resaltan las constantes rebeliones lideradas por los caudillos de los partidos conservador y disidentes del partido liberal.[10]

En 1909, Juan Estrada lideró una rebelión que inició con la toma de la ciudad de Bluefields, ubicada en el Caribe, y recientemente incorporada por la fuerza al Estado nicaragüense. Los Estados Unidos, motivados por la presunta disposición de Zelaya en otorgar la concesión del canal a intereses japoneses y alemanes, se movilizó a favor de la rebelión de Estrada.[11] En añadidura, las recientes cancelaciones que Zelaya aprobó en contra de compañías estadounidenses atizaron las relaciones con los Estados Unidos. La *Emory Lumberg Co.* compañía maderera donde trabajó Philander Knox, por ejemplo, fue despojada de su concesión para explotar la madera en la región Caribe-norte del país.[12] La anexión forzada del Caribe al gobierno de Managua también afectó los intereses comerciales de las empresas mineras, bananeras y madereras de capital estadounidense ubicadas en esa región. Encima de los problemas anteriores, la orden de ejecución aprobada por Zelaya de dos mercenarios estadounidenses quienes, en el marco de la rebelión, intentaron explotar un puente, fue la excusa principal

---

9 Antonio Esgueva Gómez, "Lo que dice y no dice la nota Knox" (IHNCA-UCA, 2007), Biblioteca CLACSO, http://biblioteca.clacso.edu.ar/Nicaragua/ihnca-uca/20120808030206/esgueva1.pdf.

10 Antonio Esgueva analiza los conflictos entre los partidos políticos tradicionales y el gobierno de Zelaya, sobre todo en referencia a las cuestiones constitucionales y electorales que Zelaya y su gobierno ejecutaron para mantenerse en el poder. Véase: Esgueva Gómez, *Elecciones, reelecciones y conflictos en Nicaragua (1821–1963)*, 2:184–220.

11 No hay evidencia de una concesión canalera a Japón o Alemania. Zelaya sí negoció un préstamo con un grupo británico-francés para construir un ferrocarril al Atlántico en contrato con una empresa alemana. Estas concesiones y contratos con potencias europeas fueron interpretadas como "violaciones" a la Doctrina Monroe.

12 Michael Gismondi y Jeremy Mouat, "'La Enojosa Cuestión de Emery': The Emery Claim in Nicaragua and American Foreign Policy, C. 1880–1910", *The Americas* 65, núm. 3 (2009): 375–409.

que permitió la intervención directa de los Estados Unidos. Este hecho en particular aceleró la caída del régimen.[13]

La caída de Zelaya, tomando en cuenta los elementos mencionados, fue promovida por los intereses geoestratégicos de los Estados Unidos, en íntima relación con los intereses políticos y económicos de sus opositores políticos y de los intereses comerciales de las élites nicaragüenses y centroamericanas en general.[14] En palabras de Pérez Brignoli, la caída de Zelaya se debió al final a una combinación de varios factores, como "los asuntos canaleros, la particular situación geopolítica de Nicaragua y la política del presidente".[15] La rebelión contra el régimen zelayista no estaba particularmente apoyada por un gran sector de la población y no contaba con la simpatía de parte de un gran grupo de miembros pertenecientes a los dos partidos dominantes. Ciertamente, fueron el apoyo de los Marinos y la presión estadounidense los que catalizaron los eventos. Los gobiernos de Juan José Estrada (liberal) en 1911 o de Adolfo Díaz (conservador) en 1912, no lograron establecerse o estabilizar las relaciones entre los partidos políticos, entre el gobierno y la población, y entre el gobierno y los Estados Unidos. Luego de perder el control del país, debido a una revolución, Díaz solicitó nuevamente la asistencia de los Marinos. Esta vez, las fuerzas estadounidenses desembarcaron en el país e iniciaron la ocupación que duraría hasta agosto 1925 y que volvería a reestablecerse en 1927, para terminar oficialmente en 1934.[16]

Al inicio de la ocupación, los Estados Unidos buscaron principalmente proteger las inversiones de sus ciudadanos, así como aliviar la inestabilidad económica. En este marco se firmaron los Pactos Dawson, los cuales fueron llevados a cabo mayoritariamente por el enviado del

---

13 Thomas M. Leonard, *Central America and the United States: the search for stability* (Athens: University of Georgia Press, 1991), 60–62.

14 Bermann, *Under the big stick*, 149–50.

15 Héctor Pérez Brignoli, "Crecimiento agroexportador y regímenes políticos en Centroamérica: Un ensayo de historia comparada", en *Tierra, café y sociedad: ensayos sobre la historia agraria centroamericana*, ed. Héctor Pérez Brignoli y Mario Samper (San José: FLACSO-Costa Rica, 1994), 49. Este tipo de consenso se encuentra en varios autores. Además de Benjamin Teplitz que da mayor importancia a la rebelión iniciada en el Caribe, otros autores otorgan mayor influencia a la geopolítica y el comportamiento particular de Zelaya hacia la oposición política nicaragüense y hacia los Estados Unidos. Ver: Dana Gardner Munro, *The United States and the Caribbean Republics 1921–1933* (Princeton: Princeton University Press, 1974); Dana Gardner Munro, *Intervention and dollar diplomacy in the Caribbean 1900–1921* (Princeton: Princeton University Press, 1964); Lester Danny Langley, *The United States and the Caribbean 1900–1970* (Athens: University of Georgia Press, 1980).

16 Munro, *The United States and the Caribbean Republics 1921–1933*, 197; Richard Millett, *Guardianes de la Dinastía: Historia de la Guardia Nacional de Nicaragua, creada por Estados Unidos, y de la familia Somoza* (Managua: UCA, 1979), 40–43.

gobierno norteamericano, Thomas Dawson.[17] Estos pactos asentaron el control estadounidense de las finanzas públicas. Entre las medidas establecidas destacan: el registro del Banco de Nicaragua en los Estados Unidos, el apropiamiento de las aduanas y de las compañías navieras y de exportación.

Dawson logró pactar con el presidente del Partido Liberal, Juan José Estrada, y tres líderes del conservadurismo: Adolfo Díaz, Luis Mena y Emiliano Chamorro.[18] El funcionario del gobierno estadounidense ideó los pactos en base a dos juicios. Uno de ellos era su percepción de los nicaragüenses como personas incapaces de sostener las finanzas públicas o un gobierno favorable a los Estados Unidos. La segunda, Dawson pensaba de manera similar al resto de funcionarios estadounidenses – y como se verá más adelante turistas estadounidenses – que los problemas políticos en Nicaragua se debían mayoritariamente a diferencias entre familias y caudillos. Por ello se dio el rechazo al gobierno de José Madriz por parte de los Estados Unidos, el cual contaba con mayor apoyo ciudadano, debido a la sospecha de los funcionarios estadounidenses de que el gobierno estaba "lleno de zelayistas".[19]

Ambas interpretaciones no comprendían la compleja red de jerarquías y de poder que los caudillos tejían entre sí, además de las jerarquías entre las familias de élite y los sectores artesanos o las comunidades rurales. A la llegada de Dawson al país, Nicaragua se encontraba en una convulsión política manifiesta que se expresaba públicamente en distintas partes del país.[20] A pesar de haber sido aconsejado por los firmantes y otras figuras políticas nicaragüenses, como Adán Cárdenas y Carlos Cuadra Pasos, Dawson insistió en las partes nodales de los pactos – control de finanzas y aduanas – y se mostró enfurecido con respecto a las observaciones de los nicaragüenses.[21]

Si los Pactos Dawson cancelaron las salidas democráticas a la grave situación política en Nicaragua, dos hechos más complejizaron la situación. En primer lugar, el tratado Chamorro-Bryan de 1914 otorgó la concesión exclusiva a los Estados Unidos de cualquier construcción del canal interoceánico por Nicaragua. El tratado prometió la suma de 3 millones de dólares anuales que Nicaragua recibiría a cambio de la concesión, pero esta nunca fue depositada.[22]

---

17 Lars Schoultz, *Beneath the United States: a history of U. S. policy toward Latin America* (Cambridge: Harvard University Press, 1998), 192.

18 Esgueva Gómez, *Elecciones, reelecciones y conflictos en Nicaragua (1821–1963)*, 2:241–42. Los Convenios estipulados en los Pactos Dawson están disponibles en la Biblioteca Enrique Bolaños: https://sajurin.enriquebolanos.org/docs/Pactos%20Dawson%201911%20-%20los%204%20convenios.pdf.

19 Frances Kinloch Tijerino, *Historia de Nicaragua*, 4a ed. (Managua: IHNCA, 2012), 229.

20 Michel Gobat, *Confronting the American dream: Nicaragua under U. S. imperial rule* (Durham: Duke University Press, 2005), 75–76.

21 Carlos Cuadra Pasos, *Obras Completas*, vol. II, 4 (Managua: Banco de América, 1977), 283–84.

22 Gregorio Selser, *Cronología de las intervenciones extranjeras en América Latina: 1899–1945* (México: UNAM, 1994), 171; Salvador Rodríguez González, *El Golfo de Fonseca y el tratado Bryan-Chamorro celebrado entre los Estados Unidos de Norte América y Nicaragua* (San Salvador: Imprenta Nacional, 1917).

Más bien, el tratado tensó las relaciones diplomáticas entre Nicaragua y el resto de los países centroamericanos. En segundo lugar, la "diplomacia del dólar" significó para el país ceder el control de aduanas, el banco nacional, el ferrocarril y, en mayor medida, las políticas fiscales y monetarias del gobierno que pasaron a ser elaboradas y administradas por bancos estadounidenses.

La Comisión Mixta, integrada por dos estadounidenses y un nicaragüense, operó dentro de este contexto con el propósito de pagar por los daños ocasionados a las propiedades, haciendas y plantaciones durante las guerras civiles de 1912 y 1926–1927, además de daños relacionados a los disturbios civiles posteriores.[23] Los efectos negativos de la diplomacia del dólar sobre el comercio del café y las políticas fiscales eran palpables en 1931, cuando un cafetalero le escribió al Secretario de Estado, Henry L. Stimson, que la intervención había "probado ser una calamidad para los plantadores de café" y que la población los "odiaba y aborrecía" por haber "contratado a los Marinos Americanos para cazar y matar a nicaragüenses en su propio país".[24] No obstante, para los funcionarios estadounidenses, la estabilidad fiscal y el control de las finanzas nacionales significaron pasos decisivos para la restauración del orden en Nicaragua.[25]

Aunque este efecto quizá no fue deliberadamente intencionado, la ocupación en Nicaragua produjo resultados distintos a otras formas de intervención en América Latina. En vez de fortalecer y expandir el dominio de las élites agroexportadoras, la "diplomacia del dólar" mostró la resistencia de los pequeños productores (maíz y ganado, mayoritariamente). El boom económico característico de la primera mitad del siglo veinte ha sido generalizado por Pérez Brignoli como "el crecimiento empobrecedor", el cual tuvo repercusiones sociales concretas en Nicaragua.[26] Fomentó un "crecimiento sin desarrollo", fortaleciendo los mecanismos y formas de vida más tradicionales, en vez de las grandes empresas modernizadoras basadas en el monocultivo o la extracción.[27]

El resultado final de estas intervenciones fue la mayor dependencia de Nicaragua del mercado estadounidense. Las exportaciones de Nicaragua a Estados Unidos alcanzaron la cifra de 17 millones de dólares en 1929, a diferencia de los 7 millones registrados en 1919. Estas cifras

---

23 Esta comisión tuvo varios nombres, pero fue básicamente la misma organización a lo largo de toda la ocupación. También fue titulada como la "Comisión de Crédito Público" o la "Alta Comisión". De los 19.1 millones de córdobas reclamados, 18 millones fueron agregados a la deuda interna. Al final de 1934, cuando cerró operaciones la Comisión, solo había pagado 0.9 millones. Víctor Bulmer Thomas, *La Economía política de Centroamérica desde 1920* (San José: BCIE-UCA, 1989), 133.

24 Walter LaFeber, *Inevitable Revolutions: The United States in Central America* (New York: W.W. Norton & Company, 1983), 67.

25 Leonard, *Central America and the United States*, 68–78.

26 Héctor Pérez Brignoli, *Breve historia de Centroamérica*, 3a ed. (Madrid: Alianza Editorial, 2018), 144.

27 Gobat, *Confronting the American dream*, 151.

ocultan el fin de tales ganancias. Primero, la cifra del tratado Chamorro-Bryan se utilizó en su mayoría para pagar la amortización de la deuda con los banqueros estadounidenses. Segundo, la mayoría de los ingresos que recibió el Estado de las exportaciones se utilizaron para saldar deudas de la guerra, pagar préstamos y para mantener la burocracia instalada durante la ocupación.[28]

Los efectos de la diplomacia del dólar, en conjunto con la ocupación de los Marinos, alteró también las relaciones sociales y culturales entre Estados Unidos y Nicaragua.[29] Un rasgo particular que se identifica aquí, es la alta convulsión política que las guías y narrativas estadounidenses sobre Nicaragua relatan en este periodo. La ocupación abría un puente directo con el antecedente inmediato de la Guerra Nacional, como ejemplos vivos del pasado violento de las relaciones entre Nicaragua y Estados Unidos.

1.2 La ocupación de Nicaragua comprendida por los turistas

El componente histórico, político y económico en los textos de turistas, de la UP, los Marinos y nicaragüenses, evidencian que el turismo también se dio a la tarea de comprender la realidad inmediata. En muchos casos, los propios turistas escribieron que dicha situación era inevitable. Sin embargo, la ocupación se vivía encarnadamente en Nicaragua y esta, a su vez, se proyectaba al resto del mundo. Ante este contexto, Ruhl comienza sus descripciones de Nicaragua con una aclaración. Su libro, explica el autor, es "primordialmente una narrativa de las cosas observadas, pero, en vista de las relaciones inusuales entre los Estados Unidos y Nicaragua, será bueno insertar aquí una especie de línea de tiempo de los eventos, antes de resumir la historia individual del viajero".[30] La política internacional de los Estados Unidos

---

[28] Rodolfo Cardenal, *Manual de historia de Centroamérica* (San Salvador: Ed. Univ. Centroamericana José Simeón Cañas, 1996), 276.

[29] A diferencia de la mayoría de posturas críticas que dominan la historiografía contemporánea sobre la intervención estadounidense en Nicaragua, es importante mencionar que la intervención tuvo un amplio apoyo de la prensa y de varios sectores de la academia estadounidense durante la primera mitad del siglo veinte. Muchos de los artículos y publicaciones sobre el tema influenciaron la forma en que turistas observaron y enjuiciaron la ocupación. Sobre las posturas más favorables a la intervención véase: Joseph Baylen, "American Intervention in Nicaragua, 1909–33: An Appraisal of Objectives and Results", *The Southwestern Social Science Quarterly* 35, núm. 2 (1954): 128–54; Philip Marshall Brown, "American Intervention in Central America", *The Journal of Race Development* 4, núm. 4 (1914): 409. Esta última publicación sobre el "desarrollo de las razas" fue citada por turistas y escritores que visitaron Centroamérica posterior a la ocupación para resumir la historia y los "resultados" de la misma. Véase por ejemplo el resumen sobre la ocupación en: Charles Morrow Wilson, *Central America Challenge and Opportunity* (New York: Henry Holt and Company, 1941), 68.

[30] Ruhl, *The Central Americans*, 19.

parece ineludible en estos años, y Ruhl, por cuanto más desea evitar dar "una charla de ventas" (*sales talk*) sobre las intenciones estadounidenses, comienza su libro convencido – *a priori* – de que la representación estadounidense en Nicaragua y Panamá "ocupa una posición estratégica de cuyas posibilidades no son plenamente consideradas".[31] De la misma forma, Alfred Batson, quien luego desertará de la Marina y viajará de regreso por su cuenta hacia los Estados Unidos, inicia el "increíble relato" de su viaje aclarando el panorama para los "opositores de la política Americana", y afirma que "los Marinos" estaban "haciendo un gran trabajo" y solo podía esperar "que lo continúen".[32]

La intromisión de la política y las tensas relaciones entre ambos países, en la descripción de paisajes, poblaciones y placeres del viaje en Nicaragua, es un elemento presentado de manera ambivalente a lo largo del tiempo en las narrativas y guías de viaje. No obstante, es importante resaltar cómo la articulación entre las narrativas del tiempo de Walker y aquellas de la ocupación mantenían varias convenciones escriturarias para representar a Nicaragua y cómo estas repercutieron directamente en las representaciones del turismo en el país. Con esto en mente, primero se repasa la significación de la ocupación para la creciente "norteamericanización" de Nicaragua, hasta principios del siglo pasado, y cómo las guías de turismo y las narrativas de viaje interpretaron estos hechos.

1.2.1 Norteamericanización: Tierra, trabajo, mercados y placer

El primer tema sobre el desarrollo y progreso en Nicaragua que articula los intereses estadounidenses con los proyectos de nación ideados por las élites conservadoras y liberales es la cuestión de la población y el trabajo. El turismo estuvo supeditado al principal interés de los gobiernos centroamericanos establecidos durante la primera mitad del siglo veinte. El plan principal de desarrollo y modernización fue la "consolidación y expansión del modelo impulsado por las exportaciones conducentes a la modernización de Centroamérica".[33] El café y el banano fueron

31 Op. Cit.

32 Alfred Batson, *Vagabond's Paradise* (Boston: Little, Brown, and Company, 1931), 14. Dicha visión de la labor de los Marinos en construir un ejército profesional sin afiliaciones partidarias, en miras a asegurar la estabilidad en la zona cercana al canal de Panamá, fue una idea central que justificó tanto la intervención en Nicaragua como en Cuba, Haití, República Dominicana y Panamá. Sobre esta visión y justificación de las intervenciones ver: Marvin Goldwert, *The Constabulary in the Dominican Republic and Nicaragua: Progeny and Legacy of United States Intervention* (Gainesville: University of Florida Press, 1962).

33 Víctor Bulmer Thomas, *La Economía política de Centroamérica desde 1920*, 139; Héctor Pérez Brignoli, *Breve historia de Centroamérica*, 240–60; Susanne Bodenheimer, Xavier Gorostiaga y Alfonso Torres, *La inversión extranjera en Centroamérica*, 3a ed. (San José: EDUCA, 1981), 120–60.

los principales productos de exportación que se consolidaron y significaron el mayor ingreso por exportaciones para la región. En el caso de Nicaragua, y en el contexto de la economía influenciada por la Primera y Segunda Guerra, el caucho desempeñó un papel primordial y la extracción del mismo estuvo directamente relacionada con los viajes y el turismo en el país.[34]

Dentro de esta tendencia regional, Nicaragua presentaba sus especificidades que demarcan la historia política y económica del país entre los siglos diecinueve y veinte. Misma historia que, como se verá más adelante, contextualizó los encuentros y tensiones entre turistas y población nicaragüense durante la ocupación. En acuerdo con la historiadora Frances Kinloch, en el caso de Nicaragua, el Destino Manifiesto estadounidense entró en contacto con el Destino Geográfico ideado por las élites nicaragüenses. Pero, "en vez de capital y tecnología, el proyecto canalero atrajo las ambiciones geopolíticas de las potencias".[35] El deseo imperioso por construir el canal a través de Nicaragua, afirma Kinloch, mantuvo latente la admiración de las élites ante la expansión territorial de los Estados Unidos e, incluso, de la creciente influencia de la raza anglosajona. Por ejemplo, las élites nicaragüenses interpretaron la expansión estadounidense sobre los territorios mexicanos a partir de 1840 como un "merecido castigo" sobre la "raza derrotada" y recibieron "con júbilo a los enérgicos 'americanos del norte'".[36] Ni el tratado Clayton-Bulwer (1850), ni la ocupación de Walker y los filibusteros, lograron extinguir totalmente el deseo por atraer el capital estadounidense y las concesiones a las empresas que lograran alcanzar, a la nación nicaragüense, su Destino Geográfico.[37] Cabe aclarar que tanto Kinloch como JanGeert van der Post, entre otros, apuntan que el mito del canal y de la nación cosmopolita fue

34 Frances Kinloch Tijerino, *Historia de Nicaragua*, 166–81.

35 Frances Kinloch Tijerino, "El primer encuentro con los filibusteros en Nicaragua: antecedentes y contexto", en *Simposio Internacional Filibusterismo y Destino Manifiesto en las Américas*, ed. Víctor H. Acuña Ortega (Alajuela: Museo Histórico Cultural Juan Santamaría, 2007), 29.

36 Kinloch Tijerino, *El imaginario del canal y la nación cosmopolita*, 226–27.

37 Ibid., 246–47; Mario Rodríguez, *A Palmerstonian diplomat in Central America: Frederick Chatfield, Esq.* (Tucson: University of Arizona Press, 1964); Alejandro Montiel Argüello, "Chatfield y Nicaragua: 1834–1852", *Revista del pensamiento centroamericano* 29, núm. 143 (1972): 26–41. El tratado Clayton-Bulwer entre los Estados Unidos y el Reino Unido fue firmado el 19 de abril de 1850. Mediante este tratado, ambos países acordaron entre sí, sin tomar en cuenta a Nicaragua, los términos sobre la posible construcción del canal, sobre todo en lo referente a la no exclusividad por parte de ningún Estado sobre el canal o sobre su ruta; además de la soberanía del territorio de la Mosquitia (Caribe centroamericano), clave para el paso del canal y para la influencia del Reino Unido en Centroamérica. El tratado fue visto con recelo por la élite nicaragüense y por los países vecinos, ya que mostró que ambas potencias estaban más interesadas en resolver los asuntos de sus áreas de influencia, sin tomar en cuenta a los países incluidos en éstas. Véase también: Marine Corps Schools, *The Nicaraguan canal, a study in American diplomatic history from the beginning of Trans-Istmian canal discussions to 1926* (Vermont: Quantica, 1930).

"una idea creada por los poderosos del país".[38] Bradford Burns también asegura que el sueño de la "nación cosmopolita" era un proyecto particular de los "patriarcas" a la luz de la experiencia de la Ilustración europea, a diferencia de la experiencia y forma de vida de "el pueblo".[39]

Entre finales del siglo diecinueve y principios del veinte, según Arturo Cruz, las élites nicaragüenses se estaban "re-norteamericanizando". La época conocida como los "treinta años conservadores" (1857–1893) estuvo influenciada por las ideas de los jóvenes que regresaron al país, luego de estudiar en el extranjero.[40] Particularmente, los jóvenes identificados como los "conservadores-liberales" o "conservadores-progresistas" representaron una facción del conservadurismo que fue paulatinamente obteniendo mayor participación dentro de este partido político. Una pareja estadounidense que vivió en Granada durante estos primeros años de gobiernos conservadores notó este cambio generacional. En diez años de poseer una libertad de prensa y una universidad en Granada, afirman los autores, una nueva generación de las "familias principales" se estaba preparando para "tomar el lugar de los viejos brumosos con las ideas del pasado".[41] Asimismo, John Kendall, un viajero que pasó por Nicaragua en aquellos años, atestigua la gran influencia de las empresas estadounidenses, así como el patrón de consumo de las élites nicaragüenses por los productos importados de este país.[42] Al momento del gobierno de Vicente Cuadra (1871–1875), esos jóvenes obtuvieron una mayoría considerable en la Asamblea que les permitió empujar varias reformas gubernamentales.[43]

Por una parte, en la segunda mitad del siglo diecinueve, varios jóvenes pertenecientes a las élites liberales y conservadoras eligieron los Estados Unidos para realizar sus estudios universitarios. Luego regresaron al país con la intención de implementar nuevas estrategias de modernización, a través de negocios y conexiones comerciales o actividades culturales para disfrutar del tiempo libre. Deportes como el beisbol, la música jazz, el baile del foxtrot, y espacios como

---

38 JanGeert Van der Post, *El largo y sinuoso camino: Razones por las que no ha sido construido el canal de Nicaragua* (Managua: IHNCA UCA, 2014), 11.

39 E. Bradford Burns, *Patriarch and Folk: The Emergence of Nicaragua, 1798–1858* (United States: Harvard University Press., 1991), 24–25. Esta proyección prometedora del progreso en Nicaragua, atada al canal interoceánico, venía siendo enunciada desde mucho antes. Autoridades de la corona española, como José de la Plata, recomendaban la separación de la provincia de Nicaragua de la Capitanía General de Guatemala, en los años anteriores a la independencia (1812). De la Plata aseguró que la participación del país en el comercio internacional, junto con sus recursos naturales tan abundantes, sostenía la "mayor esperanza" para el desarrollo de esa región perteneciente a España: Ibid., 10.

40 Cruz Sequeira, *La república conservadora de Nicaragua*, 96–99.

41 *New York Times*, 24 diciembre 1878, p. 2. Citado en: Bermann, *Under the big stick*, 125.

42 John S. Kendall, *A Midsummer Trip to Nicaragua* (New Orleans: Picayune, [1874]1905), 20–22.

43 Algunas de las leyes implementadas fueron la educación gratuita, la secularización parcial del Estado, la inversión en infraestructura y comunicaciones (el ferrocarril, barcos a vapor y el telégrafo) y la institucionalización de la banca.

los clubes sociales, fueron algunas de las formas de esparcimiento y recreación que introdujeron los nicaragüenses que regresaron del exterior. Ruhl menciona su encuentro con el "doctor Deshon, cuyo hijo había ido a estudiar a Cornell y se había convertido en un gran pitcher de béisbol".[44] Por otra parte, dichos sectores sociales interpretaron a los Estados Unidos como el modelo a seguir para implementar un proyecto de desarrollo democrático, moderno y liberal.[45] Idea siempre amarrada a la promesa que los Estados Unidos finalmente construirían el canal a través de la ruta de Nicaragua.[46]

En línea con lo anterior, por un lado, el historiador Walter LaFeber afirma que Centroamérica se diferenció de los países del cono sur (Argentina, Brasil, Chile, etc.) porque usualmente miraban al Norte y no al Este (Europa) para tomar ejemplos de desarrollo, progreso y modernización.[47] Por otro lado, Cruz Sequeira demuestra que, durante los treinta años conservadores (1857–1893), los líderes del Partido Conservador "coincidían con los liberales más moderados en temas programáticos claves, tales como el libre comercio, el desarrollo sólido de infraestructura, la promoción generalizada de la educación y la provisión eficaz de salud pública".[48]

Al interior del país, la introducción del cultivo del café avigoró el proyecto de nación de los conservadores. La ley agraria de 1862 y sus subsecuentes modificaciones atendieron un tema puntual: la "escasez de brazos" para trabajar. La campaña de las clases gobernantes contra la "vagancia", o la "indolencia de los nicaragüenses" que describen los viajeros y turistas, respondía a las constantes quejas de hacendados y finqueros por la "escasez" de la mano de obra. Las élites gobernantes reconfiguraron la sociedad nicaragüense, en cuanto a mercados, trabajo y tierra se refiere, con el propósito de desarrollar la economía de exportación. Esto no solo sucedió en Nicaragua a partir de la segunda mitad del siglo diecinueve, El Salvador y Costa Rica habían iniciado similares procesos más tempranamente.[49]

Justin Wolfe argumenta que la construcción del proyecto liberal de agroexportación requirió más que la división del trabajo, la tierra y los mercados. Requirió enfáticamente la división de clase, de trabajo y étnica entre los hacendados y agricultores, por una parte, y los jornaleros e indígenas, por otra. Tanto conservadores como liberales coincidían con viajeros y turistas en la necesidad de asegurar y sostener una fuerza laboral barata y abundante para trabajar la

---

44 Ruhl, *The Central Americans*, 127.

45 Benjamin I. Teplitz, "The political and economic foundations of modernization in Nicaragua: The administration of José Santos Zelaya 1893–1909" (Doctoral Thesis, Washington, D. C., Howard University, 1981), 8.

46 Gobat, *Confronting the American dream*, 62.

47 LaFeber, *Inevitable Revolutions*, 8.

48 Cruz Sequeira, *La república conservadora de Nicaragua*, 11.

49 Jeffery M. Paige, *Coffee and power: revolution and the rise of democracy in Central America* (Cambridge: Harvard University Press, 1997), 14–15.

riqueza natural del país.[50] Las formas de sostener una clase trabajadora asalariada o, en otros casos, empleada mediante endeudamiento o coerción, varió a lo largo del territorio.[51] Los casos de Granada y Matagalpa, analizados por Wolfe y Jeffrey Gould en distintos momentos, cuentan con sus propias especificidades. El endeudamiento y la coerción fue más propensa en la zona cafetalera del norte.[52] Elizabeth Dore, por su parte, documenta los casos particulares en Diriomo (parte de Granada) a principios del siglo veinte, donde la tierra y el peonaje todavía desempeñaban un papel especial en las relaciones entre hacendados y comunidades indígenas; entre el Estado, las élites y las clases subalternas. Dore argumenta que no solo la coerción o la condición étnica y de clase desempeñaron un papel fundamental, el género también desempeñó un papel en la "modernización" de Diriomo mediante la introducción de los cultivos de exportación en esa zona.[53]

El liberal José Santos Zelaya compartía esta visión junto con el resto de las élites liberales y conservadoras. Educado en Francia, su régimen aceleró o incrementó las tendencias que ya venían desarrollando sus antecesores. La ley laboral de 1894 iba acorde a estas tendencias. Más conocida como la ley sobre la "vagancia", estipulada por el régimen de Zelaya en Nicaragua, dicha ley tuvo un carácter coercitivo mayor que el de otras leyes similares publicadas en el resto de las repúblicas centroamericanas. Los "jefes políticos" tenían la facultad de "perseguir, capturar y remitir" al trabajo a las personas identificadas bajo el término de "vagancia". Personas "fugitivas" que abandonaban su trabajo o rompían sus contratos de endeudamiento, cumplían con los parámetros del término y estaban sujetas a ser apresadas.[54]

Para fines de este estudio, se resalta que estos fueron los recursos y las condiciones que nicaragüenses ofrecieron a los posibles inmigrantes y turistas. También, la "indulgencia" o la

---

50 Justin Wolfe, "'Those that live by the work of their hands: Labour, Ethnicity and Nation-State Formation in Nicaragua, 1850–1900'", *Journal of Latin American Studies*, febrero de 2004, 81–82.

51 Historiadores como Jeffrey Gould y Elizabeth Dore sostienen que la proletarización del trabajo en el campo, sobre todo en las haciendas cafetaleras, se basó tanto en cuestiones económicas y de infraestructura, como en cuestiones étnicas, raciales y de género. Véase: Jeffrey L. Gould, "El café, el trabajo y la comunidad indígena de Matagalpa, 1880–1925", en *Tierra, café y sociedad*, 279–376; Elizabeth Dore, "La producción cafetalera nicaragüense, 1860–1960: Transformaciones estructurales", en *Tierra, café y sociedad*, 377–436.

52 Justin Wolfe, *The Everyday Nation State: Community and ethnicity in Nineteenth-Century Nicaragua* (Lincoln: The University of Nebraska Press, 2007); Jeffrey L. Gould, *To die in this way: Nicaraguan Indians and the Myth of Mestizaje 1880–1965* (Durham: Duke University Press, 1998); Jeffrey L. Gould, "'¡Vana Ilusión!' The Highlands Indians and the Myth of Nicaragua Mestiza, 1880–1925", *Hispanic American Historical Review* 73, núm. 3 (1993): 393–429.

53 Elizabeth Dore, *Mitos de modernidad: tierra, peonaje y patriarcado en Granada, Nicaragua*, trad. Frances Kinloch Tijerino (Managua: IHNCA-UCA, 2008).

54 James Mahoney, *The legacies of liberalism: path dependence and political regimes in Central America* (Baltimore: Johns Hopkins University Press, 2001), 186.

"pereza" fueron los comportamientos que señalaron los viajeros y turistas de aquellos años. "Vagancia" o "indulgencia", fueron significantes abiertos mediante los cuales, extranjeros y élites intentaron explicar, científica y objetivamente, las razones que frenaban el progreso en Nicaragua. Por tanto, el discurso decidor de la articulación del poder colonial delimitado por la raza, clase y el género demuestra que la empresa inicial del turismo compartía las bases narrativas y representacionales de las empresas de desarrollo nacional, como el café o el canal interoceánico. Como se desarrolla a continuación, dichas narrativas y representaciones mediaron la comprensión de los turistas de la ocupación e, incluso, la forma en que los gobernantes nicaragüenses contestaron a la ocupación en el contexto de sus ideas del progreso delineadas por la inmigración y atracción de inversiones. Ideas, se postula aquí, fundacionales del turismo en Nicaragua.

1.2.2 El discurso racial en las guías y narrativas de viaje

La mención constante sobre la cantidad y la calidad de la mano de obra es una característica especial de las narrativas de viaje, desde los informes de viajeros decimonónicos hasta los escritos de los turistas. La valoración de la mano de obra es estructurada tomando en cuenta elementos que articulan la raza, el género y la clase social. La descripción de la población en este sentido se concentra usualmente en la "indulgencia" del trabajador, de lo "fácil" que es la vida sin mucha ambición en el trópico, junto con la mano de obra – barata – que debía ser disciplinada, según turistas. Como se señaló en la introducción, Mark Twain y Thomas Belt apuntaron, en el siglo diecinueve, que los trabajadores no costaban más que 40 centavos al día más una ración de plátanos y que la migración era difícil para los europeos porque la "pereza" asociada a la abundancia de recursos y la "vida fácil" podría alterar la ética laboral de los inmigrantes.

Durante las primeras décadas del siglo veinte, turistas como Elliott detallaron con mucha atención el aspecto racial, el precio de la mano de obra y lo "difícil" que era promover las ansias de progreso en los indígenas o los mestizos. Por eso Elliot describió con mucho detalle y poesía los casos en que las plantaciones parecían haber logrado resolver estos dilemas, como fue el caso del ingenio azucarero San Antonio; uno de los lugares más habituales para promover la inversión en las guías de turismo. Siguiendo esta línea de pensamiento que encadena a Twain con los viajeros y filibusteros, Elliott señala que "la población nativa mayoritaria es tímida, algunas veces semi-nómada, de personas del bosque, cazadores y hombres del río; pero algunos están disponibles para trabajo regular (…) las plantaciones de banano han encontrado conveniente introducir cientos de miles de manos Negras".[55]

[55] Elliott, *Central America: New Paths in Ancient Lands*, 3.

Ante las dificultades que representaba dicha población para Elliott, su placer se plasma en sus descripciones al encontrar las casas de los trabajadores en el ingenio San Antonio. Así, en el siguiente pasaje, paraíso, mano de obra y producción son suturados para mostrar la imagen idílica del país para su progreso, en acuerdo con la abundancia de recursos naturales "bien trabajados":

> En un país ideal para la caña de azúcar como es Nicaragua, la replantación anual es impensable (...) he visto muchos cañaverales en Nicaragua que no han sido replantados en veinte años. No se utilizan fertilizantes. La maquinaria continúa siendo un misterio para un laico, y resulta en un hermoso azúcar blanco cristalizado en un espacio de tiempo sorprendentemente corto; y cuando hay un excedente después de la demanda interna de Nicaragua se encuentra un mercado tan al Norte como Vancouver. A mí me gustó la atmósfera fresca y soleada de San Antonio, y observé con placer las cabañas ordenadas de los trabajadores nicaragüenses, cada una con unos arbustos de hibiscos y algunas plantas de bananos en la puerta. En la época de corte, cuando cargas de caña corren la línea de la plantación día y noche hacia el molino ocupado en la puerta de la plantación, y el aroma a azúcar llena el aire, una plantación de azúcar parece definitivamente y felizmente removida de las aventuras políticas; y sin embargo, no lo está del todo.[56]

En la cita anterior se encuentran suturados todos los siguientes elementos: paisaje, recursos naturales, población y progreso. Primero, Elliott afirma la alta productividad de la tierra que no necesita ni ser replantada, ni necesita el uso de fertilizantes. Asegura la alta productividad de la misma y menciona los mercados más lejanos que puede alcanzar el excedente, al indicar que la producción puede comerciarse con Vancouver, en Canadá. Segundo, los "nativos" aquí son "trabajadores", quienes, a pesar de contar con árboles frutales en sus propias casas, salen a trabajar día y noche para alimentar el molino hambriento de caña que, de manera misteriosa, produce el "hermoso azúcar cristalizado". Las casas están "ordenadas". La productividad y el orden, que no dejan rastro de indulgencia y pereza, desracializa a la población y se concentra en su clase. El trabajo y la producción complementan la atmósfera fresca del ingenio azucarero. En ese aroma dulce la producción casi se desprende de la vida política. La vida política de los nicaragüenses que obstaculizaba el progreso, según la autora que observa la plantación. Los aspectos delineados por Elliott sobre la plantación azucarera son instrumentalizados en

---

56 Ibid., 163. Gould documenta que en estos mismos años se había reestablecido la producción en dicho ingenio gracias a que "los mecanismos de control contaban con el poder militar del Estado"; Jeffrey L. Gould, "Por su persistencia y pericia: las relaciones laborales en el ingenio San Antonio, Nicaragua (1912–1936)", *Anuario de Estudios Centroamericanos* 13, núm. 1 (1987): 25–42.

cualquier plantación o puerto bien organizado para la producción y extracción. La autora describe un cuadro similar sobre el puerto ubicado en Bluefields:

> Bluefields es una pequeña ciudad atareada hoy en día, punto de reunión para los corazones de banano que descienden río abajo del Rama y Recreo; los vapores de Nueva Orleans esperan este cargamento de racimos verdes, y durante toda la noche, las líneas de negros sudorosos de las Indias Occidentales británicas se arrastran, descalzos, arriba y abajo de las pasarelas, cada uno con un gran montón en la espalda; aquí, o Limón, o en Tela, o Bocas del Toro, en cualquier lugar a lo largo de este plátano humeante, los negros indios británicos, trabajadores duros, nacidos con manos que hacen crecer las plantas y almas alegres; se equivocaría si, al escucharlos cantar sus solemnes himnos desde la puesta del sol hasta el amanecer mientras trotan hacia adelante y hacia atrás con sus cargas interminables, los considera melancólicos.[57]

Además de subrayar la similitud entre el puerto de Bluefields y el ingenio azucarero, en cuanto a que articulan paisaje, recursos naturales, raza, trabajo y placer, se denota la simetría entre la descripción de Elliott con la propuesta teórica de Ileana Rodríguez sobre la invención del paraíso en América, cuando afirma que: "la producción misma de la región, como conocimiento positivo, es una especie de roza o limpia del terreno para dejarlo listo para la siembra, sobre todo en la forma de vías de comunicación, transporte, y productos agrícolas".[58] Efectivamente, las descripciones de Elliott encuentran un paraíso bajo el orden de la plantación. En este lugar, la autora articula paisaje, recursos naturales y población en términos de la promesa de modernidad. El placer a su vista, es apreciar la maquinaria de producción a la cual se somete el cuerpo de los "negros sudorosos". Los "pies descalzos", el trabajar "toda la noche" y las "manos que hacen crecer las plantas" son cualidades que aseguran una mano de obra barata altamente productiva. Elliott agrega el valor que se obtiene en el placer de ver esta línea de ensamblaje escondida en un lugar recóndito del trópico. La conexión de los bananos con Nueva Orleans, presenta un cuadro con varios elementos en los cuales se romantiza la entrada de la naturaleza, la producción y la población, al mercado internacional concentrado en una ciudad de Estados Unidos. Se subraya, con énfasis, que el placer de Elliott está en la vista, en la escena misma de la plantación. Así, "plantación y turismo" o el "hotel y la plantación" son negocios o empresas que se necesitan mutuamente. Su interdependencia articulada por la necesidad de estimar la naturaleza como un recurso medible, cuyo valor depende del acto de posesión y modificación. Incluso, la descripción de Elliott valida que la plantación y sus trabajadores pueden ser

57 Elliott, *Central America: New Paths in Ancient Lands*, 195.

58 Rodríguez, *Hombres de empresa, saber y poder en Centroamérica*, 27.

"sometidos a una explotación intensa y despiadada", precisamente porque es un paraíso donde no hay sufrimiento.[59]

La visión de la raza, como un objeto de placer a la mirada del turista, vira hacia términos distintos una vez que se concentra en las clases gobernantes. Otra característica de la "norteamericanización", que marca la continuidad entre el periodo conservador y el subsecuente régimen liberal de Zelaya, fue el cambio en los hábitos de consumo en las élites liberales y conservadoras. Sobre todo, con respecto a actividades de esparcimiento. Los clubes sociales, salones de baile y de billares, dan cuenta de la importancia que el tiempo libre tenía para las actividades no solo de las élites, sino de varios sectores sociales que habitaban los centros urbanos de Nicaragua. Viajeros como Belt y Wallace Thompson, en los siglos diecinueve y veinte, respectivamente, dan cuenta de esta tendencia. Belt resalta la abundancia de mercadería proveniente de Estados Unidos e Inglaterra que solo las clases altas podían consumir en la ciudad de Granada.[60] Y en palabras de Thompson, en su libro publicado en 1927, casi al iniciar el segundo ciclo de la intervención de los Marinos en Nicaragua:

> Las clases gobernantes en Nicaragua han sido usualmente de la mejor sangre, como en toda Centroamérica, y el grupo Conservador incluye algunos, aunque lejos de todos, de las viejas familias más cultivadas y encantadoras. En todas las oficinas de gobierno, uno encuentra hombres de estatura y habilidad, la mayoría de la vieja cepa Criolla, y casi todos cercanamente relacionados por lazos u otros intereses, con los Estados Unidos.
>
> Granada, por ejemplo, es una ciudad de mercaderes, y las viejas familias se han dedicado orgullosamente al comercio por generaciones. Esto les ha proveído de nexos con el exterior, pero en adición, los hijos de estas familias han, muchos de ellos, sido educados en los Estados Unidos o Inglaterra. El inglés, de hecho, es tan común en una fiesta de moda en Granada a como lo es en Washington. Un joven que regresa de años en un internado estadounidense lucha por recuperar su español con la persistencia (aunque con mejor suerte) de un turista que busca adquirirlo a conciencia por primera vez.[61]

En esta cita, las clases gobernantes se encuentran en el club social o aparecen en la ciudad. Lejos de las plantaciones o sus propiedades. Su "cepa Criolla" y su "buen gusto", definido este por sus facilidades para obtener productos de consumo estadounidenses, constituyen los elementos que las definen a estas personas propiamente como "gobernantes" con las cuales se

---

59 Strachan, *Paradise and Plantation*, 7 y 20.

60 Belt, *The naturalist in Nicaragua*, 342.

61 Wallace Thompson, *Rainbow countries of Central America*, 2a ed. (New York: Dutton, 1927), 46.

pueden entablar negocios. Esas mismas élites que conoció Thompson viajaban a su vez para dar a conocer el país y sus posibilidades. De esta manera entraban en contacto con instituciones, gobiernos y personas que abrían y reforzaban sus redes comerciales en apoyo a sus proyectos de nación: tierras abundantes y trabajadores baratos.

El debate en las guías y narrativas de viaje sobre la relación entre las clases sociales ubicadas en la ciudad y en la plantación, estuvo influenciada por el tema del "mestizaje" o las "razas mezcladas". El debate principal, era si las "razas impuras" o "menos desarrolladas" que las "razas puras", podrían alcanzar el progreso de los países industrializados. Paul Lévy, en este tema, abogaba directamente por incrementar la inmigración blanca, ya que "la Providencia no propaga las razas mestizas" y los indígenas, según su cálculo, podrían llegar "a dominar por la fuerza de las circunstancias".[62] En 1929, un turista como Samuel Crowther, entre otros, continuaba con esta apreciación de las "razas mixtas" en preferencia de los "tipos puros". Crowther en especial afirma categóricamente la primacía del "hombre blanco" en este sentido y agrega que, en la costa Caribe de Nicaragua, existía un tipo de personas cuya "nación" era "solo en el sentido de que su gente era muy diferente a la gente de cualquier otra nación".[63] Esta población la describe de la siguiente manera: "Los africanos se casaron con los indios, se unieron negros jamaicanos y esclavos escapados, y estos junto con unos pocos blancos renegados se combinaron para formar una raza políglota de inutilidad absoluta".[64]

En contraste con la posición de Lévy o Crowther, las guías y los textos producidos en Nicaragua exaltaban la "fusión de la antigua raza americana con la sangre española" que "resultó [en] este tipo característico que sí contiene las energías del soldado, la tenacidad del agricultor y los ensueños del poeta".[65] La naturaleza, continúa la *Guía Ilustrada de Nicaragua* de 1898, no inculca la "indulgencia" o la "pereza" en el mestizo, si no "habla directamente á[sic] los corazones de los hombres volviéndolos generosos, sencillos y hospitalarios".[66] Los textos oficiales de la UP acordaban con esta visión y aseguraban que la "nación de Nicaragua, nacida antes de la llegada de Colón y fortalecida por el vigor de España", estaba habitada "por razas cuyo patrimonio histórico va más allá de los siglos de descubrimiento y conquista".[67]

---

[62] Lévy, *Notas geográficas y económicas sobre la república de Nicaragua*, 180.

[63] Samuel Crowther, *The Romance and Rise of the American Tropics* (Garden City: Doubleday, Doran & Company, Inc., 1929), 113.

[64] Op. Cit.

[65] H. Facinelli Graziosi, *Guía ilustrada de Nicaragua* (Milan: Oficina poligráfica romana, 1898), 210.

[66] Teplitz, "The political and economic foundations of modernization in Nicaragua", 182; Facinelli Graziosi, *Guía ilustrada de Nicaragua*, 210.

[67] Pan American Union, *Nicaragua*, vol. 284, Bulletin 67 (Washington, D. C.: Pan American Union, 1933), 284.

Por tanto, y en línea con Wolfe, Gould y Dore, la división laboral en Nicaragua requirió la determinación no solo de clase, sino étnica de la población. Las guías de turismo y las narrativas de viaje, en cuerdo con estas circunstancias, ofrecieron y representaron la tierra y el trabajo como bienes a ser comodificados y aprovechados por una clase de personas en particular: el inmigrante blanco europeo y estadounidense. La "indulgencia" o la "pereza" fueron términos comunes, al mismo tiempo que el pasado de las familias de abolengo de cierta manera aseguraba el patrimonio de los terratenientes y patriarcas de la sociedad. El turismo bajo estos términos no era la principal empresa de desarrollo o modernización. Era utilizado como un eslabón para atraer y dar testimonio del proyecto de nación ideado alrededor de la hacienda y la plantación. En esta línea, las guías y narrativas cumplieron una doble operación. Una fue promocionar la privatización de la tierra y los recursos mediante la atracción de capitales al ofrecer estos acompañados de manos de obra barata y racializada. "Barata" y "racialmente inferior" son significantes que suturan la inversión extranjera con el proyecto de "mejoramiento racial" compartido por inversores, turistas y élites nicaragüenses por igual. La segunda fue dar un testimonio vívido y poético de cómo estas empresas desarrollaban el país, en total acuerdo con la forma en que el gobierno estadounidense y las élites nacionales comprendían la realidad política nicaragüense.

En última instancia, tanto los intereses estadounidenses como de las élites acordaban que el progreso de la nación debía extenderse, hacia las tierras y comunidades indígenas. También acordaban que esto se lograría mediante concesiones, préstamos o acuerdos de explotación de los recursos naturales pertenecientes – o no pertenecientes – al Estado nicaragüense. Las concesiones otorgadas por Zelaya a empresas extranjeras, particularmente estadounidenses, fueron un eje principal del régimen liberal. Antes de ser derrocado en 1909, Zelaya había sido muy "amistoso" con las compañías estadounidenses que ganaron concesiones en una gama amplia de proyectos y sectores económicos: extracción de madera, caucho, construcción de puertos, caminos, ampliación de iluminación pública, hoteles, telégrafos, etc.[68] Richard Harding Davis, en su encuentro con el entonces presidente, lo describe como "casi un filósofo" que "creía en la selección natural", por eso "le daba la bienvenida a los gringos" y "si ellos eran capaces de gobernar mejor Nicaragua que su propia gente, él [Zelaya] aceptaría el hecho como inevitable".[69]

El tema de la tierra fue de especial interés para el régimen liberal, en especial la expansión del Estado hacia el Caribe y las tierras comunales indígenas. En 1895, Zelaya extendió una ley de apropiación elaborada durante los treinta años conservadores. En ella se estipuló que todos los usuarios de las tierras tenían que acordar el permiso mutuo para utilizar las tierras

[68] Teplitz, "The political and economic foundations of modernization in Nicaragua", 235 y 244–45.

[69] Richard Harding Davis, *Three gringos in Venezuela and Central America* (New York: Harper, 1896), 182.

comunales. Sabiendo que cada comunidad tenía sus divisiones y diferencias, la ley permitió que la disyuntiva fuese arreglada mediante la apertura de la tierra para la venta. Esto benefició mayoritariamente a los terratenientes e inversores. El esfuerzo por avanzar sobre las tierras comunales fue robustecido con las leyes agrarias de 1902 y 1906, en cuyo cuerpo, Zelaya expresó explícitamente que los sistemas comunales de tierras eran "muy defectuosos" para el progreso y la modernización del país.[70] En 1906, Zelaya abolió las tierras comunales indígenas, completando varios intentos realizados desde los gobiernos conservadores. En palabras de Gould, la "ley presagiaba la disolución virtual de las tierras ancestrales indígenas, junto con la fortaleza económica, la unidad cultural y su identidad".[71]

El turismo y las guías de viaje, que promovían la atracción de turistas como posibles inmigrantes e inversores, iban acorde a esta visión liberal de la nación. En 1905, año que Zelaya promulgó la nueva constitución nacional conocida como la "autocrática", se publicó la *Guía General de Nicaragua*. Siguiendo la estructura general de las guías – estadísticas económicas y comerciales, datos geográficos y demográficos, junto con leyes de inmigración y obtención de tierras –, en el texto se incluyó la ley agraria de 1902, seguido de la "Sección de Tierras" cuyos registros se encontraban en el Archivo General de la Nación. En esta sección, las tierras indígenas eran presentadas como "terrenos baldíos", abiertos a ser apropiados según las garantías que contemplaba la ley.[72] Estos intereses eran evidentes en las solicitudes que los potenciales turistas referían constantemente al consulado de los Estados Unidos en Managua. Blake Cockrum resume muy bien las dos principales interrogantes que repiten los turistas y posibles inversores con interés de visitar Nicaragua: "¿Las armas de fuego están permitidas o prospectadas por los estadounidenses y, si es el último, qué cantidad de tierra está abierta? ¿Cuál es la naturaleza de los nativos y el interior?".[73]

En la siguiente sección se describen las formas en que los gobernantes nicaragüenses negociaron la ocupación con estos mismos términos decidores del progreso en términos de turismo e inversión – con sus matices raciales y étnicos. Al mismo tiempo, se muestra por qué posibles turistas como Cockrum imaginaban un viaje por Nicaragua con armas y con la advertencia de averiguar la "naturaleza de los nativos" en términos de seguridad para el viajero.

---

70 Teplitz, "The political and economic foundations of modernization in Nicaragua", 214–17.

71 Gould, *To die in this way*, 38–39.

72 Daniel S. Meléndez, *Guía General de Nicaragua* (San Salvador: Tipografía La Unión, 1905), 4.

73 Carta de Blake Cockrum al Consulado de los Estados Unidos en Managua. 24 octubre 1936. *Archivos Nacionales de los Estados Unidos* (NA). Record Group (RG) 84. Records of the Foreign Service Posts of the Department of State. General Records of the Managua Consulate, 1936–1939, NND 775091, Caja 1, vols. 16–19.

1.3 La(s) "reacción(es)" ante la ocupación

Al caer el régimen de Zelaya algunos sectores de las élites cambiaron su percepción o, al menos, su valoración de los Estados Unidos. La reacción de las élites letradas e intelectuales nicaragüenses se desarrolló al mismo tiempo que otras élites latinoamericanas mostraban – o reaccionaban – ante la creciente influencia de los Estados Unidos. Lo que José Enrique Rodó tildó de "nordomanía" en 1900.[74] A través del continente, distintas élites pertenecientes a contextos y países diferentes tuvieron estrategias y tácticas para comprender el fenómeno mencionado. En México, cuyo caso influenció directamente en Nicaragua, intelectuales como Emilio Rabasa, Daniel Cosío Villegas, Leopoldo Zea y Edmundo O' Gorman, debatieron sobre la influencia de los Estados Unidos en su país, tanto en materia legal, constitucional o económica, como cultural e intelectual.[75] Todos los autores compartieron el denominador común de concentrarse en la cuestión de la influencia estadounidense y cuestionaron los cimientos e historia de la identidad mexicana con respecto al proceso de modernización influenciado parcialmente por los Estados Unidos en su país, principalmente en el contexto de la recién triunfante revolución mexicana.

El saldo del filibusterismo llevado a cabo por Walker afectó gravemente las relaciones entre Estados Unidos y América Latina a pesar que, para un sector considerable de la sociedad estadounidense, los filibusteros fueron vistos "como aventureros y héroes que personificaban con gran fidelidad el espíritu del '*Manifest Destiny*'".[76] Como señala Rinke, el sentimiento "antiyanqui" fue un elemento constitutivo desde la independencia en México y se fue esparciendo durante el siglo diecinueve hacia toda América Latina, entre 1830 y 1860. A lo largo del siglo diecinueve, afirma Rinke, "Los inter-espacios de contacto entre el norte y sur, que se desplegaron (…) a través de comerciantes, inversores, aventureros, exiliados y viajeros, estuvieron marcados por los estereotipos y la violencia, manteniéndose como zonas problemáticas en los años posteriores".[77]

Encadenado a tal cuestionamiento, las élites nicaragüenses reflexionaron y "reaccionaron" ante la modernización influenciada por la cultura y los intereses económicos estadounidenses en la región centroamericana. Las élites, particularmente de la ciudad de Granada, "reaccionaron" contra la ocupación y el programa modernizador que la diplomacia del dólar impuso

---

74 Charles Hale, "Globalization and Americanization in Historical Perspective. The Case of Mexico", en *Localismo y Globalización. Aportes para una historia de los intelectuales en Iberoamérica*, eds. Mariano Plotkin y Ricardo González Leandri (Madrid: Consejo Superior de Investigaciones Científicas Instituto de Historia, 2000), 117.

75 Ibid., 130–31.

76 Rinke, *América Latina y Estados Unidos*, 69. Cursivas agregadas por el autor.

77 Ibid., 73–74.

al país. Michel Gobat describe la forma en que las élites granadinas optaron por una postura "contra el espíritu burgués", en acuerdo con el artículo publicado por el intelectual y poeta granadino, José Coronel Urtecho.[78] Gobat analiza los artículos y ensayos publicados por los miembros pertenecientes al grupo denominado como los "Caballeros Católicos". En su mayoría constituido por élites granadinas, o la élite conservadora, dicho grupo promocionó la hacienda ganadera y los valores católicos del patriarca como modelo de nación ante "el supuesto impacto debilitante de la modernidad sobre la autoridad de la élite", introducido por la cultura estadounidense durante la ocupación.[79]

Juan Pablo Gómez profundiza más en esta cuestión y se concentra en el periodo que va de 1930 a 1943, justo cuando el país vivió la transición entre el fin de la ocupación y el inicio de la dictadura somocista. El autor estudió a otro grupo compuesto por las élites letradas granadinas, especialmente al "Movimiento Reaccionario".[80] En "reacción" a la influencia de los Estados Unidos, los integrantes de dicho movimiento formularon un discurso que logró suturar no sólo a las élites letradas en su apoyo a Anastasio Somoza García y la imagen del "hombre fuerte", también sumó a los miembros del partido liberal y los soldados de la recién formada Guardia Nacional. El discurso de los Reaccionarios a favor de Somoza, en palabras de Gómez, "robusteció el encadenamiento entre hombres-armas-política-estado como la condición de posibilidad de gobernar lo nacional nicaragüense".[81]

En concordancia con Gobat y Gómez, la especificidad de la ocupación tuvo sus propias repercusiones en los encuentros turistas de la época. A manera ilustrativa, la historia narrada por Robleto, citada al inicio de este capítulo, trata sobre los cambios en una hacienda, luego que fuese vendida a "los amos gringos (…) el patrón yanqui: uno de esos seres gigantescos, toscos, de morro colorado y ojos azules, con altas botas con clavos de hierro y que no se dignan hablar con los peones".[82] La hacienda había sido vendida debido a la crisis económica, de la cual los peones responsabilizaban a los "nuevos amos norteamericanos". Algunas partes de la novela condenan varias características de la cultura estadounidense y el "espíritu burgués". Por ejemplo, en un episodio los personajes escuchan a la banda de los Marinos tocar jazz en el parque central, "en honor de los nativos". Aunque reconocen la calidad de la música, los personajes

---

78 Michel Gobat, "'Contra el espíritu burgués': la élite nicaragüense ante la amenaza de la modernidad, 1918–1929", *Revista de Historia*, núm. 13 (I semestre de 1999): 17.

79 Ibid., 22.

80 El Movimiento Reaccionario estuvo integrado por: José Coronel Urtecho, Bruno Mongalo, Luis Castrillo, Joaquín Pasos Argüello, Pablo Antonio Cuadra, Octavio Rocha, Luis Alberto Cabrales, Manolo Cuadra y Joaquín Zavala Urtecho.

81 Juan Pablo Gómez, *Autoridad, cuerpo, nación: batallas culturales en Nicaragua (1930–1943)* (Managua: IHNCA, 2015), 15.

82 Robleto, "Los estrangulados", 2.

describen que las circunstancias no permitían escuchar o admirar el jazz. Al finalizar la presentación, "en vez de aplauso se oyen silbidos ofensivos", encabezados por "la manifestación de descontento" de "los arrapiezos, que de esa manera denuncian su protesta (...) con un instinto de hosquedad hacia el uniforme de los marinos yanquis".[83]

A pesar de esto, no es posible afirmar que hubo una reacción unísona por parte de la sociedad nicaragüenses ante la ocupación. En el mismo número de la revista donde se encuentra el cuento de Robleto, Emilio Quintana describe el viaje y el placer de los "Balnearios Nicaragüenses" durante la semana santa, en aras de promover dichos lugares para que fuesen visitados por nicaragüenses y turistas internacionales.[84] De la misma manera, el ingeniero Raymundo Valencia publicó individualmente una guía de la ciudad de Managua en 1918, para dar a conocer la ciudad y sus lugares de esparcimiento, tanto a turistas nacionales como extranjeros.[85] La postura de Robleto pertenece a una amalgama de distintas reacciones y negociaciones que la población nicaragüense sostuvo durante la ocupación con la cultura estadounidense. Los encuentros entre los Marinos y turistas estadounidenses con la población nicaragüense, especialmente evidenciadas en las narrativas de viaje, muestran las variantes caleidoscópicas de dichos encuentros. Por ejemplo, el jazz mencionado por Robleto indica un elemento de la cultura estadounidense que produjo formas contrastantes de recibimiento por parte de los distintos grupos, clases y comunidades que integran la sociedad nicaragüense. Si bien en la década de los años veinte el género fue bienvenido por algunos sectores de la sociedad, la danza de este género musical no estuvo exenta de controversias. Entre los años de 1926 y 1928, la prensa celebró la intención de abrir una academia de música y danza del jazz llamada la *International Dancing Orquesta*, a cargo del guatemalteco Rafael Castellanos.[86] Meses más tarde, las autoridades de la ciudad de Managua movilizaron a la policía de distintas maneras para cerrar los lugares en donde se presentaba y bailaba el jazz. En la nota de prensa, tales lugares fueron definidos como "auténticos centros de inmoralidad o de bataclanes de barriada" y la población exigió a la policía impedir "más ensayos de bailes", mientras que "las mujeres que se ganaban la vida por bailar al compás de un miserable jazz" se les exhortaba a "ir a buscar trabajo en forma decorosa y honesta".[87]

A diferencia de editores de periódicos o intelectuales, la comunidad de músicos y artistas recibió la influencia del género musical con mayor apertura. En 1928, el compositor nicaragüense

---

83 Ibid., 3.

84 Emilio Quintana, "Balnearios Nicaragüenses", *Nicaragua, revista mensual*, abril de 1935, 17.

85 "La guía de Managua", *El Comercio*, el 23 de mayo de 1918.

86 "Se trata de establecer una 'Internacional Dancing Orquesta' en la capital", *La Prensa*, 22 abril 1926, p. 4.

87 "El cierre de los establecimientos públicos a las diez de la noche", *La Prensa*, 8 julio 1926, p. 1.

Luis A. Delgadillo compuso arreglos de jazz en el teatro variedades con su "Jazz Tiendita".[88] El jazz había entrado directamente en el país, mediante la radio y giras de músicos. También, había llegado directamente con los Marinos y la ocupación. En 1912, una vez que los Marinos habían desembarcado y tomado la ciudad de Bluefields, el Mayor Smedley Butler, a cargo de los barcos de guerra *Dubuque* y *Paducah*, decidió enviar a la banda de la Marina, la cual armó y tocó varios conciertos durante las dos semanas que los Marinos ocuparon la ciudad y el puerto.[89] Según Larry Montenegro, la inserción del jazz en Bluefields coincidió con un momento importante en la historia de la ciudad, porque marca la transición entre el final de la reinserción forzada del Caribe a manos de la administración política de Managua y la reconstrucción de la autonomía mediante el financiamiento de las compañías estadounidenses que reactivaron el comercio entre Bluefields y Nueva Orleans.[90] Montenegro afirma que la "música Jazz tuvo una recepción promisoria desde principios del siglo XX, y los descendientes de la aristocracia creole de Bluefields" desarrollaron el gusto por esta música.[91]

En esta línea, otra reacción diferente a la de los intelectuales granadinos provino de distintas clases y sectores de la sociedad nicaragüense que entraron en contacto con las influencias culturales que traían los Marinos. Sobre todo a través del béisbol, cuenta Clifford Ham, los "artesanos", quienes eran "desfavorables y resintieron la presencia de los soldados estadounidenses", encontraron un pasatiempo común que alivió la "animosidad" entre ocupantes y ocupados. "Bajo la dirección de los oficiales y soldados de los marines", afirma el mismo autor, "se formaron 'nueves' locales para jugar entre ellos. Luego ellos y el equipo de marines empezaron a jugar".[92]

Un último aspecto singular de las reacciones a la ocupación en Nicaragua es que hubo una resistencia armada, principalmente contra la ocupación. Augusto Calderón Sandino lideró al

---

88 "Se estrenó el jazz Tiendita", *La Prensa*, 11 diciembre de 1928, p. 1.

89 George Bransfield Clark, *With the Old Corps in Nicaragua* (Novato: Presidio Press, 2001), xxii.

90 En 1894, el general Rigoberto Cabezas, bajo órdenes de Zelaya, disolvió el gobierno y "reincorporó" el territorio perteneciente a la reserva de la Mosquitia bajo la jurisdicción de Nicaragua. Sobre el tema véase: Kinloch Tijerino, *Historia de Nicaragua*, 196; Volker Wünderich, "La unificación nacional que dejó una nación dividida. El gobierno del Presidente Zelaya y la 'reincorporación' de la Mosquitia a Nicaragua en 1894", *Revista de Historia*, núm. 34 (julio de 1996): 9–44.

91 Larry Montenegro Baena, "Navy Jazz Band: la arqueología del Jazz en Bluefields", *Larry Montenegro Baena* (blog), 1ero febrero 2017, http://montenegrobaena.blogspot.com/2017/02/navy-jazz-band-la-arqueologia-del-jazz.html.

92 Clifford Ham, "Americanizing Nicaragua: How Yankee Marines, Financial Oversight, and Baseball Are Stabilizing Central America,", *Review of Reviews* 59, February 1916. Citado en: Brian A. Ross Major, U. S. Marine Corps, "The U. S. Marines of the legation guard, Managua, Nicaragua, 1912–1925: A case study in leadership, professionalism, and cultural awareness" (Master of Arts, U. S. History, Milwaukee, Wisconsin: Marquette University, 2006), 14.

Ejército Defensor de la Soberanía Nacional (EDSN) entre 1927 y 1933, en una campaña militar de resistencia contra la ocupación que alcanzó una atención casi mundial. Los dos principios expresados por Sandino para integrar su ejército y, más tarde, la nueva nación nicaragüense, reflejan el espíritu antiburgués y la preocupación de la modernización vía Estados Unidos que expresaban las élites nacionales. Estos principios eran: 1) pertenencia a la raza Indo-Hispánica; 2) oposición al imperialismo norteamericano y al "invasor yanqui".[93] La postura antiimperialista de Sandino y su concepción de la raza, condensaron el pensamiento del sandinismo durante la primera mitad del siglo veinte.[94]

El pensamiento de Sandino y de su movimiento armado fue el producto de varias influencias. La más destacada fue el pensamiento de la Revolución Mexicana. Sandino, que vivió en México entre 1923 y 1926, en pleno proceso revolucionario, siguió el pensamiento de José Vasconcelos, entonces Secretario de Educación Pública del gobierno mexicano. Al mismo tiempo, la preocupación de Sandino por "desnorteamericanizar" Nicaragua hizo ruido y encontró eco en las élites granadinas. Dicha postura fomentó, en un momento, el acercamiento de las élites conservadoras a su causa, aunque no rindió frutos.[95]

En los inicios de la resistencia, el antiimperialismo de Sandino fue expresado visceralmente. El líder guerrillero tildaba a las fuerzas que ocupaban el país como "criminales", "asesinos a sueldo" o "bestias".[96] El momento fundacional de la revolución liderada por Sandino fue el ataque a la mina de oro en San Albino, propiedad de un inversor estadounidense, donde el general lanzó su primera proclama contra "los cobardes y felones" yanquis.[97] Todas estas reacciones comprenden el cristal caleidoscópico que medió los encuentros entre turistas y nicaragüenses durante la ocupación. Fue en este contexto atizado en que turistas y nicaragüenses se encontraron, entre los sueños de progreso y desarrollo por parte de las élites, y la realidad de la guerra en las montañas. Huéspedes y anfitriones se encontraron entre la ocupación y la

---

93 Michael Schroeder, "The Sandino Rebellion Revisited: Civil War, Imperialism, Popular Nationalism, and State Formation Muddied Up Together in the Segovias of Nicaragua, 1926–1934", en *Close Encounters of Empire*, 229.

94 Sobre el pensamiento político de Sandino véase: Volker Wünderich, *Sandino, una biografía política* (Managua: IHNCA, 2009); fuentes sobre el pensamiento de Sandino encontrado en cartas y manifiestos han sido recopiladas por el escritor Sergio Ramírez, véase: Sergio Ramírez, *El pensamiento vivo de Sandino*, vols. 1 y 2 (Managua: Nueva Nicaragua, 1984). Sobre la influencia de la revolución mexicana y el pensamiento de Sandino véase: Alejandro Bendaña, *Sandino: patria y libertad* (Managua: Anamá Ediciones, 2016), 42–52.

95 Gobat, *Confronting the American dream*, 232–66.

96 Michael J. Schroeder, *To Defend Our Nation's Honor: Toward a Social and Cultural History of the Sandino Rebellion in Nicaragua, 1927–1934* (University of Michigan, 1993), 63.

97 Michael Schroeder, "'Los malditos pájaros de hierro': la guerra aérea en Nicaragua durante la Rebelión de Sandino", *Revista de la Academia de Geografía e Historia de Nicaragua* 75 (2014): 139.

creciente influencia cultural de los Estados Unidos, marcada por el jazz y el béisbol. A este caleidoscópio de reacciones y contestaciones en las narrativas turistas se le dedica mayor atención a continuación.

1.3.1 Contestaciones de los turistas a la(s) reacción(es)

Los temas y posturas señalados en cuanto a las reacciones frente a la influencia de los Estados Unidos en América Latina, a principios del siglo veinte, tanto de intelectuales como líderes revolucionarios o académicos contemporáneos, muestran que la comprensión de este fenómeno responde a la definición de Charles Hale. Este autor comprende la "norteamericanización" como "la penetración involuntaria de capital, productos, cultura popular y, quizá el más amenazador de todos, de los valores norteamericanos".[98] La pregunta que todavía subyace es ¿cómo influenció este proceso las experiencias de las mismas personas que viajaron a la región durante esos años? Imbuido en la influencia del capital y la cultura de masas, el turismo muestra como Nicaragua también pensaba en aras de atraer dicho capital y como la población estadounidense, a su vez, organizaba e imaginaba a la región para promover este proceso.

En este sentido, las referencias críticas hacia los Marinos – y la cultura estadounidense en general – abundan en los artículos y archivos del turismo pertenecientes a esa misma época. La animosidad hacia las personas provenientes de Estados Unidos no pasa desapercibida en las narrativas de viaje. A veces, toda la ciudad, según el turista, parecía sostener tal animosidad:

> Managua no era solo la capital de Nicaragua, una ciudad de treinta y cinco mil anti-blancos establecidos sobre la llanura marrón y polvorienta que parecía un pastel de chocolate en una hoja de lechuga. ¡También fue parte del escenario en que conmovió a ese estadounidense cuya personalidad y las hazañas eran tales que debían vivir tanto como los niños y hombres! (…) William Walker, mal llamado "filibustero".[99]

En *Gypsing Through Central America*, Eugene Cunningham se queja varias veces de la falta de hospitalidad de los nicaragüenses con los que entró en contacto. En sus palabras: "Personalmente, en Nicaragua, donde los nativos miran a cualquier hombre blanco con un odio casi fanático, prefiero tener mi Colt que un salvo-conducto firmado por todos los presidentes desde William Walker hasta Chamorro".[100] Este al parecer no fue siempre el caso. Dana

[98] Hale, "Globalization and Americanization in Historical Perspective. The Case of Mexico", 117.
[99] Eugene Cunningham, *Gypsying through Central America* (New York: EPDutton and Co, 1922), 127.
[100] Ibid., 114.

Munro afirma que "los 'americanos' eran tratados con respeto en Nicaragua en 1915".[101] El autor resalta el año en que hace la observación debido a que nota el cambio en el ánimo de la población nicaragüense a medida que la ocupación se fue profundizando en los años posteriores al desembarco de 1912.

La ocupación parece ser el verdadero catalizador de esta "animosidad", más que eventos anteriores. Antes de la Ruta de Tránsito, la guerra conta Walker o la ocupación de los Marinos, la presencia de estadounidenses no era regular y, sin estas historias de por medio, la cordialidad y la hospitalidad eran más usuales. Así lo relata Baldwin en 1849, a quién las personas nicaragüenses solo se referían como el "Norte-Americano". Dichas personas más bien interpretaban el paso de grupos como el de Baldwin como una buena señal, luego de las "revoluciones", y la "presencia de un número tan grande de estadounidenses en el lugar parece haber dado a los habitantes una mayor sensación de seguridad".[102] Baldwin y compañía paseaban por el lago junto con sus "amigos de Granada", donde tocaban la guitarra y bailaban al compás de un violín. La escena termina con esta descripción de las nicaragüenses y la hospitalidad:

> Las damas nicaragüenses, al menos las de Granada, son muy hermosas y parecen inclinadas a hacer todo lo posible para que nuestra estadía sea agradable. De hecho, somos una gran novedad para ellos, ya que este es un país por el que rara vez pasan extranjeros, y casi todas las casas están abiertas para nosotros y a nuestro servicio.[103]

Empero, en los años de la ocupación, en línea con Cunningham, la hospitalidad seguía existiendo, pero iba filtrada por la desconfianza que la población nicaragüense le expresaba. Elliott, por su parte, también señala la misma animosidad, pero se da a la tarea de intentar explicarla. En su texto constata lo siguiente: "Las razones de la indiferencia de los nicaragüenses con respecto al Tío Sam datan desde los días de Walker; mientras que la posesión de una posible ruta del canal interoceánico ha demostrado ser un agudizador de sospechas y, en el caso, una maldición en lugar de una bendición".[104]

Elliott intenta explicar este comportamiento de sus anfitriones mediante un análisis personal de la historia reciente del país hasta ese momento. La autora aborda directamente el tema inmediato sobre la salida de Zelaya, con el fin de dar una explicación a los sentimientos de animosidad por parte de los nicaragüenses. Más allá del reconocimiento de algunas fallas por parte de la

---

[101] Dana Gardner Munro, *A student in Central America, 1914–1916* (New Orleans: Middle American Research Institute, 1983), 31.

[102] Baldwin, "Tarrying in Nicaragua. Pleasures and Perils Of The California Trip in 1849", 481.

[103] Op. Cit.

[104] Elliott, *Central America: New Paths in Ancient Lands*, 155.

política de Washington, la autora deposita la "mala reputación" de la intervención estrictamente sobre los latinoamericanos. Crowther, a semejanza de Elliott, culpaba a la "vigorosa propaganda imperialista" y "anti-americana", que difamaba y creaba "las historias más locas sobre el imperialismo en Nicaragua", "fomentada industrialmente" por México y Alemania.[105]

Cada autor dedicó un espacio de su relato a formular su propio recuento de los hechos e interpretación de la historia reciente de Nicaragua para explicar la necesidad de la intervención y la justificación de la misma. Hay extremos en cada versión de estas historias, pero todas llegan a un acuerdo sobre justificar la intervención en aras del progreso del país. La forma de relatar esta historia se encarrilla con una de las narrativas que Acuña identifica como sedimento de la Guerra Nacional, aquella sustentada en el positivismo y las visiones raciales de Walker en el contexto de la doctrina del Destino Manifiesto.[106] Acuña apunta que las "representaciones de desigualdad" en cuanto a las diferencias raciales y civilizatorias entre norteamericanos y centroamericanos sirvieron en las narrativas filibusteras como apologías de Walker y los integrantes del ejército.[107]

En un extremo, Crowther resume la historia de Centroamérica en el siglo diecinueve como "dictadores sabios – dictadores locos – legiones de cosmopolitas sinvergüenzas – los descartados del mundo" y las revoluciones y guerras "más sangrientas que la Guerra de los Treinta Años y duraron tres veces más. El suelo en todas partes se ha sembrado con los muertos".[108] En medio de la violencia, Crowther resalta a Vanderbilt, que enseñó "a los tontos" como se podía navegar los rápidos del Río San Juan para iniciar su compañía de transporte; y "el pequeño William Walker", quién sostuvo su "propio andrajoso gobierno" hasta que fue "aplastado por un cordón de americanos y buques de guerra británicos".[109] Los años de la ocupación de los Marinos, en esta narrativa interpretativa de la historia, "han sido años de surgimiento de la esclavitud a la naturaleza, los años en que el hombre ha estado aprendiendo a conquistar la naturaleza en lugar de sus amigos".[110]

Elliott, en su propia reconstrucción histórica e interpretativa, reconoce que Zelaya realizó sus mejores esfuerzos por asegurar que el canal fuese construido por los Estados Unidos. También, su texto menciona el incidente que atizó las relaciones entre Zelaya y los Estados Unidos, la ejecución de dos mercenarios norteamericanos por hacer explotar un puente cerca

105 Crowther, *The Romance and Rise of the American Tropics*, 319 y 324.

106 Víctor Hugo Acuña, "Filibusteros y memorias: Nicaragua, Costa Rica y Estados Unidos (siglos XIX–XXI)", en Víctor Hugo Acuña ed. *Centroamérica: filibusteros, estados, imperios y memorias* (San José: Editorial Costa Rica, 2014), 68.

107 Víctor Hugo Acuña, "Introducción", en *Centroamérica: filibusteros, estados, imperios y memorias*, 11.

108 Crowther, *The Romance and Rise of the American Tropics*, vi.

109 Ibid., vii.

110 Op. Cit.

de la región Caribe de Nicaragua. Entre líneas, Elliott afirma que Zelaya salió del país con las "manos no tan vacías" y que, a pesar de haber dejado el poder a cargo del Dr. José Madriz, del partido liberal, éste no pudo contener la rebelión que estalló en la ciudad de Bluefields. La solución, según la autora, fueron los "*remarkable*" (notables o extraordinarios) Pactos Dawson.

Aunque Elliott menciona el incumplimiento de los pactos, en su relato todos los acontecimientos aparecen limpios de controversia. Cada pacto aparece como si hubiese sucedido por mutuo acuerdo entre las partes involucradas. Si bien no ofrece una fecha definitiva para la salida de los Marinos – los "cañoneros americanos todavía decoran las afueras de los puertos nicaragüenses" –, Elliott asegura que, en ese momento futuro, la población nicaragüense tendrá que enfrentar "con el mejor coraje y recurso de sus mejores cerebros sus antiguos problemas políticos".[111] Es decir, la ocupación había logrado detener o, por lo menos, interrumpir esos problemas. No obstante, la autora afirma al final que, lastimosamente, en "lo que respecta a la reputación en América Latina, el equilibrio está en contra del interviniente".[112]

Esos "antiguos problemas políticos" son presentados reiteradamente en las narrativas de viaje entre el siglo diecinueve y veinte. Belt afirma directamente que en Centroamérica no había rastros de patriotismo, únicamente "partidismo egoísta" en constante guerra debido al régimen de unas "oligarquías tiránicas". Belt afirma que habían "hombres de bien", pero que estos eran opacados por una mayoría corrupta que únicamente lograba cambiar de gobierno mediante revoluciones. "Los pobres indios" que producían la tierra, afirma Belt, eran "utilizados como ganado" cada vez que los partidos los llamaban a la guerra".[113] Ruhl, en su libro publicado en 1929, también afirma que las revoluciones en Centroamérica eran "más o menos, endémicas".[114] Thompson, repite ese "antiguo problema político" en su texto: la "costumbre" de los centroamericanos por cambiar "gobiernos mediante revoluciones en lugar de elecciones".[115]

La "costumbre" señalada por los turistas citados fue mencionada a través de todo el espectro letrado y académico. Uno de los primeros periodistas en compilar la información sobre la ocupación, Harold Norman Denny, naturalizó el "problema" como un carácter propio de la idiosincrasia nicaragüense que promovió la invitación extendida a Walker por parte de los liberales. Denny afirmó que en "Nicaragua, los gustos y odios partidarios se trasladan incluso a las relaciones sociales y comerciales de la gente. Un hombre de circunstancias es primero un liberal o un conservador, luego un nicaragüense".[116] De esta línea también se extrae que,

---

111 Elliott, *Central America: New Paths in Ancient Lands*, 157–58.

112 Op. Cit.

113 Belt, *The naturalist in Nicaragua*, 344.

114 Ruhl, *The Central Americans*, 23.

115 Thompson, *Rainbow countries of Central America*, 52.

116 Harold Norman Denny, *Dollars for bullets: the story of American rule in Nicaragua* (New York: The Dial Press, 1929), 59. Denny fue un periodista del *New York Times* que fue enviado a Nicaragua para

en la mayoría de recuentos sobre la ocupación por parte de la prensa y narrativas turistas, la violencia más desencarnada siempre parece perpetrada por la población nicaragüense dividida en bandos irreconciliables. Whiting Williams, enviado por el *New York Times*, cuenta la visión de pescadores estadounidenses quienes, desde el bote, observaron "los destellos" del enfrentamiento entre liberales y conservadores en una playa cerca del puerto ubicado en Corinto, solo para despertar con el conteo de muertos, "cuyos cuerpos fueron atados debajo del tren".[117]

Thompson tuvo una visión más condescendiente con respecto a la historia de las relaciones entre Nicaragua y Estados Unidos. Todavía sin prever el segundo desembarco de los Marinos en 1927, resumió la intervención de Walker y de los Marinos como parte del "trabajo conjunto" que ambas naciones realizaban para resolver uno de "los grandes problemas de su tiempo: la ayuda a una nación débil por parte de una más fuerte sin ser absorbida, física, comercial o moralmente".[118] El autor se inclinó por presentar la intervención de los Marinos como una mejora en esta historia. Si Walker dejó "guerra y saqueo, los Marinos trajeron paz y progreso" afirmó Thompson en su texto. En términos generales, la expulsión de Zelaya, mediante una nota antes que la intervención, era la prueba general de la "cortesía" del gobierno de los Estados Unidos, como afirmó Frederick Palmer en 1910.[119]

La comparación entre la intervención de los Marinos con Walker permite un último elemento que muestra donde el filibustero "fracasó" y donde los Estados Unidos lograron, finalmente, "triunfar": el establecimiento de una zona de seguridad alrededor del Canal de Panamá. Zona de seguridad que los Marinos mantenían en orden en Nicaragua. Así lo interpreta Ruhl y concluye:

> Cualesquiera que sean las críticas a nuestras políticas y comportamiento en América Latina, el propio Canal y la Zona del Canal conforman un espectáculo que conmueve tanto a extranjeros como a nativos. Aquí tienes el genio peculiar de estos Estados Unidos,

cubrir la guerra. Algunos de sus artículos aparecen en: *New York Times*, 2 enero 1928, p. 1; 4 enero 1928, pp. 1 y 3; 10 enero 1928, p. 33.

117 Whiting Williams, *New York Times*, 21 Agosto 1927, sección VIII, p. 5; citado en: Goldwert, *The Constabulary in the Dominican Republic and Nicaragua: Progeny and Legacy of United States Intervention*, 23.

118 Thompson, *Rainbow countries of Central America*, 50–51.

119 Frederick Palmer, *Central America and its problems: an account of a journey from the Rio Grande to Panama, with introd. chapters on Mexico and her relations to her neighbours* (London: Laurie, 1910), 330–40. Frederick Palmer fue un periodista del *New York Times* que se encontraba en Nicaragua durante los últimos años del gobierno de Zelaya. Su postura anti-zelayista y pro intervención es evidente en el libro citado, así como en sus artículos. Palmer contribuyó a establecer el mito sobre las concesiones canaleras de Zelaya a Japón y Alemania, entre muchos otros, que abonaron a elaborar una imagen de Zelaya como una "amenaza para Centroamérica". Sobre Palmer y sus artículos véase: Karl Bermann, *Under the big stick*, 143.

> o en cualquier caso, lo que la mayoría de los latinoamericanos consideran nuestro genio característico: energía, ahorro de tiempo, saneamiento, la magia de la maquinaria, etc., están mejor representados.[120]

Apreciaciones como las de Ruhl y el resto de las narrativas de viaje aquí citadas, muestran un común denominador: la necesidad de evaluar el grado de desarrollo del país y explicarlo mediante el análisis de su historia política. Esta característica desenvuelve dos formas de comprender a Nicaragua. Una es que las narrativas del turismo, durante la intervención, parecen convenir en una animosidad casi irracional o, por lo menos, parcialmente justificada por la "mala fortuna de Walker". El "acto consensuado" de la intervención, los arreglos fiscales y monetarios de los Pactos Dawson, el tratado Bryan-Chamorro, la diplomacia del dólar y la "presencia decorativa" de los Marinos atenúan este tema que se vivía a flor de piel en la Nicaragua de principios del siglo veinte.

La segunda se refiere a la mirada de los viajeros y turistas quienes, desde su punto de vista autodenominado del "mundo desarrollado", se dieron a la tarea de mostrar el placer de su mirada sobre una geografía cuya conflictividad y grado de desarrollo parecía, a primera vista, indescifrable. El turista en Nicaragua se asume como participe de una empresa, el turismo. Esta puede ser – y debe ser – una oportunidad para llevar los elementos constitutivos de la modernidad a esta región "atrasada" del mundo, como el conocimiento, la inversión, y el "genio característico" de los estadounidenses, como anota Ruhl. El desarrollo aparece aquí como una fuerza inevitable de la naturaleza. Misma fuerza que se cuela discursivamente en las descripciones de la naturaleza y la población, cuyos elementos están ya inventariados y listos para ser puestos en el orden que marcha hacia el progreso. Los "antiguos problemas políticos", referidos a las incapacidades políticas de las élites nicaragüenses, son menciones necesarias dentro de esta narrativa para explicar por qué el paraíso de la abundancia puede ser habitado por una pobreza abundante que, en vez de dar la bienvenida, era inamistosa hacia el turista o al capital estadounidense y su fuerza interventora. La cuestión que esta historia en clave turista resolvía para el extranjero, en palabras de Denny, era la dicotomía entre una Nicaragua "bendecida por la naturaleza con riquezas inconcebibles", pero una "Nicaragua [que] ha vivido en la pobreza desde el día de los primeros invasores".[121] Al parecer, eran Walker, México o Alemania, los "verdaderos invasores".

En concordancia con lo anterior, esta cultura política se agregaba en las narrativas turistas al aspecto ya identificado de la "indulgencia" de los habitantes, debido a sus "discapacidades raciales", como la otra gran explicación que fundamenta la intervención de los Estados

[120] Ruhl, *The Central Americans*, 19.

[121] Denny, *Dollars for bullets*, 48.

Unidos en esas tierras lejanas, subdesarrolladas, pero llenas de promesas que brindan placer al consumidor proveniente del mundo ubicado en una mayor jerarquía de la civilización. Las estructuras que producen y establecen las inequidades del mismo sistema y orden mundial quedan, convenientemente, silenciadas en el trasfondo de la topografía articulada para el disfrute del turista. Sin embargo, en las guías de viaje y narrativas generales de o sobre el turismo, "los antiguos problemas políticos" que enervaban el progreso y la modernidad en Nicaragua fueron singularizados y puestos sobre los hombros de las élites políticas y económicas propias del país. Finalmente, y en concordancia con esta apreciación general de la cultura política, económica y racial del país, el Departamento de Estado y los Marinos concentraron sus esfuerzos en erradicar el "caudillismo" que imposibilitaba la sucesión democrática y la vida republicana en Nicaragua. Las elecciones de 1928 y la creación de la Guardia Nacional (GN) fueron las dos medidas principales implementadas con ese fin en mente.[122]

Al final de los años treinta, la misma interpretación de la historia y la cultura política nicaragüense figuró a través de un amplio espectro de informes, publicaciones, narrativas y discursos. Turistas pagados por las oficinas panamericanas, como Elliott, o autofinanciados como el caso de Cunningham, corroboraban ese mal del "caudillismo" y de la "indulgencia" o la "pereza" de la población nicaragüense, como los principales padecimientos sociales que impedían el desarrollo natural de la modernidad y la civilización, en la Nicaragua abundante de recursos naturales. Pero mientras las oficinas o las organizaciones militares compartían sus apreciaciones en cartas privadas o en informes publicados en medios oficiales de circulación limitada, las apreciaciones turistas alcanzaron al público en general, ya que sus relatos entraron en circulación mediante libros, ferias, artículos en periódicos, revistas, programas de radio y, más tarde, películas.

A la mirada del turista, la intervención era un paso necesario en el trayecto hacia el progreso. En palabras de Ruhl, luego de presenciar a la población "sorpresivamente sana, alegre y llena de esperanza" luego de la firma del Pacto del Espino Negro en 1927 – el cual Sandino se negó a firmar e inició su lucha armada – el autor concluye que la ocupación "difícilmente hubiese podido vestir un pañuelo de seda más suave".[123]

1.3.2 *¿Animosidad o resistencias silenciadas?*

Habían otras razones tras de la "animosidad" de los nicaragüenses para con los estadounidenses. Las medidas fiscales implementadas por la "diplomacia del dólar" afectaron a casi todo el

[122] Gobat, *Confronting the American dream*, 205–31.

[123] Ruhl, *The Central Americans*, 95.

espectro social nicaragüense cuando restringió la importación de alimentos, debido a la sequía que produjo problemas de abastecimiento de granos básicos para la alimentación. La crisis del país llegó hasta el punto de la revolución liderada por Luis Mena y Benjamín Zeledón, de los partidos conservador y liberal respectivamente, contra el gobierno impuesto por Washington de Adolfo Díaz.[124]

Al arribar Philander Knox a Nicaragua, en 1912, fue recibido con la misma actitud que se quejaron Elliott y Cunningham, incluso por parte de conservadores y liberales por igual. Líderes de los sectores artesanos liberales salieron a las calles en protesta por la llegada de Knox al país. El presidente de la Asamblea Nacional, Ignacio Suárez, conservador, también criticó públicamente al Secretario de Estado estadounidense.[125]

Una última razón que vale la pena resaltar, ausente en las narrativas de viaje y en las versiones explicativas de la "animosidad" de la población nicaragüense, es el hecho que la guerra fue sumamente cruenta en distintos momentos. Al final de la revolución de Mena, en 1912, el cuerpo de Benjamín Zeledón, líder liberal, fue desmembrado públicamente a través de las calles de Masaya y pueblos aledaños, al ser arrastrado en la parte trasera de un auto. Sandino, muchos años después, contó haber presenciado ese suceso.[126] En las Segovias, la guerra de los Marinos y la Guardia Nacional contra Sandino fue un enfrentamiento cuya violencia caló en todos los sectores de la sociedad y fue sumamente mediatizada.

La guerra alcanzó su punto más aciago entre 1930 y 1933, cuando el ejército de Sandino logró esparcir sus ataques a la zona del Caribe y el Pacífico del país. En estos años, fotografías como la del teniente O. E. Pennington, sosteniendo la cabeza lacerada de Silvio Herrera, guerrillero sandinista, hablaba volúmenes del horror que la guerra contra Sandino había desatado. La fotografía llegó a manos de los miembros del ejército de Sandino y, en 1932, había sido reproducida a lo largo del continente latinoamericano.[127] En añadidura, la fotografía de Marinos conduciendo a campesinos de las Segovias que fueron amarrados y "reclutados forzosamente

---

124 Kinloch Tijerino, *Historia de Nicaragua*, 229.

125 Gobat, *Confronting the American dream*, 82.

126 Benjamín Zeledón fue nombrado héroe nacional durante el primer gobierno del FSLN, entre 1979 y 1990. Desde entonces, la conexión entre Sandino y Zeledón ha formado parte de las genealogías constitutivas del sandinismo y el antiimperialismo en Nicaragua. Véase: Gregorio Selser, "El presandino: Benjamin F. Zeledón", *Casa de las Amércias* 20, núm. 117 (1979): 57–61; Gregorio Selser, *La restauración conservadora y la gesta de Benjamín Zeledón: Nicaragua-USA, 1909–1916* (Managua: Aldilà Editor, 2001).

127 Neill Webster Macaulay, *The sandino affair* (Chicago: Quadrangle Books, 1967), 229. La fotografía sería utilizada como parte de la historia relatada por el FSLN. Fue una de las formas de trazar la lucha antiimperialista como uno de sus principios de la lucha del FSLN contra Somoza. Véase el apéndice del libro: Humberto Ortega Saavedra, *50 años de lucha sandinista* (La Habana: Ed. de Ciencias Sociales, 1980).

para pelear contra Sandino" muestran solo una parte de la violencia que se vivió en aquellos años.[128] Meses antes al bombardeo de Ocotal, en octubre 1927, y apenas iniciada la guerra, miembros del ejército de Sandino derribaron un avión y colgaron de un árbol al teniente Earl A. Thomas. La fotografía de la ejecución fue enviada directamente a los infantes de la Marina en Nicaragua.[129]

Si bien la violencia no era ajena a la zona de las Segovias, la presencia de los Marinos exacerbó el empleo y uso gráfico de la misma.[130] No obstante, las leyes agrarias y laborales, sumadas a la presencia desestabilizadora de los Marinos y las economías de enclave estadounidenses, fueron razones de peso por las cuales Sandino fue capaz de conseguir el apoyo singular de los campesinos y trabajadores que residían tanto en las zonas rurales en las Segovias como en aquellas cerca del Caribe nicaragüense.[131]

Entre 1927 y 1933, la segunda ola de la ocupación estuvo marcada por la lucha entre los Marinos y la recién fundada Guardia Nacional contra el ejército de Sandino. En esta nueva etapa de la ocupación, la violencia se atizó, en parte debido a las nuevas maquinarias de guerra que fueron desplegadas en el país. Entre ellas, los aviones desempeñaron un papel fundamental. Nicaragua fue sujeta a bombardeos y redadas ejecutadas desde el cielo, lo que los nicaragüenses apodaron esos "malditos pájaros de hierro".[132] A su vez, los aviones piloteados por los infantes de Marina eran utilizados para fumigar el lago y reducir los casos de malaria y a veces ofrecían espectáculos para la población de Managua.[133]

En 1928 ocurrió la confluencia de tres eventos paradigmáticos. Al inicio de la conferencia Panamericana en la Habana, Charles Lindbergh llegó en su avión, el *Espíritu de San Luís*, a la misma conferencia como parte de su gira de "paz y buena voluntad" en las américas.[134] El aviador tuvo que cambiar su trayectoria de vuelo para evitar el espacio aéreo a través de Managua, porque era una "zona de guerra". Sin embargo, alcanzó llegar a Managua, donde el diario *La Prensa* reportó el primero de enero que el "famoso piloto americano que cruzó el Atlántico"

---

128 Véase apéndice con imágenes en: Ortega Saavedra, *50 años de lucha sandinista*.

129 Schroeder, "The Sandino Rebellion Revisited: Civil War, Impearialism, Popular Nationalism, and State Formation Muddied Up Together in the Segovias of Nicaragua, 1926–1934", 297–98. La fotografía y el reporte de la marina se encuentran en: http://www.sandinorebellion.com/PCDocs/1927/PC271012-OShea.html.

130 Michael Schroeder, "Horse Thieves to Rebels to Dogs: Political Gang Violence and the State in the Western Segovias, Nicaragua, in the Time of Sandino", *Journal of Latin American Studies* 28, núm. 2 (mayo de 1996): 383–434.

131 Mahoney, *The legacies of liberalism*, 232.

132 Schroeder, "Los malditos pájaros de hierro".

133 Macaulay, *The sandino affair*, 228.

134 Los vuelos de "buena voluntad" de Lindbergh fueron seguidos activamente por el *New York Times*. Véase referencias en: *Bermann, Under the big stick, 202 y 320.*

fue recibido por una gran multitud entre quiénes se destacaba "el alcalde de Managua, José María Zelaya" junto con "la Marina Norteamericana y el Embajador".[135]

Simultáneo al arribo de Lindbergh a la conferencia panamericana, los aviones de la Marina estadounidense bombardearon El Chipote, supuesto centro de mando de Sandino. La confluencia de la conferencia con el vuelo de "buena voluntad" y el bombardeo en Nicaragua enfatizan, según el historiador Michael Schroeder, "la enmarañada historia del imperialismo estadounidense en el ámbito del Caribe, y el papel de los aviones en la guerra moderna".[136] Sin embargo, la buena recepción de Lindbergh contrasta con el recibimiento que la población nicaragüense había ofrecido a los "vuelos de buena voluntad" anteriores al del "famoso piloto que cruzó el Atlántico".

La Ciudad de México, Buenos Aires y Managua, fueron algunas de las ciudades que recibieron los vuelos de la que sería más tarde la Fuerza Aérea estadounidense. También, en las tres ciudades los aviadores estadounidenses reportaron recepciones "poco amigables" y "frías", por parte de la población local.[137] Las comunicaciones de la embajada y de la Marina culparon a la difamación provocada contra ellos debido a la propagación de la imagen tildada como el "*ugly american*". Los mexicanos y argentinos, tanto en privado como públicamente, se manifestaron en contra de la ocupación de los Marinos en Nicaragua, además de los efectos nocivos para sus economías que habían tenido las tarifas alzadas por las autoridades comerciales estadounidenses.[138] Estas eran solo algunas de varias quejas que la población latinoamericana alzó en reacción a la presencia tanto de fuerzas ocupantes como de los mismos turistas estadounidenses. En Chile, algunos miembros de la sociedad chilena subrayaron la "complacencia" y "arrogancia" de los turistas que visitaban su país.[139]

Las noticias provenientes desde Nicaragua sobre la guerra contra Sandino atizaron estos recibimientos tensos en el continente. En 1928, luego del ataque de las tropas de Sandino al puesto de los Marinos en la ciudad de Ocotal, cinco biplanos De Havilland fuertemente armados atacaron la ciudad, dejando un saldo de 300 personas muertas. La noticia del bombardeo fue publicada en los periódicos de Managua, Estados Unidos y, paulatinamente, en el resto del continente.[140] Como recuerda el Teniente Vernon E. Magee, esta acción aérea fue "el primer bombardeo en picada organizado y el primer ataque aéreo a baja altitud hechos en apoyo

---

135 "El audaz aviador Lindbergh aterrizó en Managua a las 2:20 pm", *La Prensa*, 1ero julio 1928.

136 Schroeder, "Los malditos pájaros de hierro", 141.

137 Eric Paul Roorda, "The Cult of the Airplane among U. S. Military Men and Dominicans during the U. S. Occupation and the Trujillo Regime", en *Close Encounters of Empire*, 285.

138 Wesley Phillips Newton, *The Perilous Sky. U. S. Aviation Diplomacy and Latin America 1919–1931* (Coral Gables: University of Miami Press, 1978), 91 y 95.

139 Rinke, "Imagining the Yankee: Stereotypes, Representations, and Realities in Chile", 149.

140 Schroeder, "Los malditos pájaros de hierro", 139–40.

de tropas terrestres", cuya repercusión a largo plazo fue que estableció "a la aviación de los Marinos como un sazonado participante en lo que más tarde habría de cobrar tanta fama como el conjunto aéreo-terrestre de los Marinos".[141] La experiencia de Ocotal, recuerda Sandino, fue el evento que lo llevó a replantear el enfrentamiento concentrado en las montañas y en lugares pequeños, en vez de ataques a gran escala en las ciudades. El cambio de su objetivo de la guerra frontal por guerra de resistencia fue transcendental en la lucha de Sandino, como le cuenta al periodista José Román, porque alargó el conflicto indefinidamente.[142]

La violencia llevada a cabo por los aviones en Nicaragua fue desplegada sobre una población mayoritariamente rural. Esto significó un gran cambio con respecto a las luchas y enfrentamientos propias a la violencia regular en las Segovias, que estaban marcadas por el enfrentamiento cuerpo a cuerpo. La maquinaria de guerra que aterrorizó sobre las montañas y pueblos en la zona norte fue interpretada como una forma de muerte "más aborrecible que la más brutal y deliberada muerte cara-a-cara".[143]

El contexto de guerra y violencia esclarece las complejidades de la "animosidad" de la población nicaragüense, en las guías y narrativas del turismo. Esta actitud es mostrada como una particularidad del carácter de la población nicaragüense, cuya capacidad de comprensión de la geopolítica y de las medidas financieras implementadas era puesta en cuestión por la mirada del turista. Sandino, y las múltiples reacciones de las élites conservadoras y liberales, solo demuestran que a través de todo el espectro social existían características políticas que contestaban tanto a la ocupación, como a los modelos de desarrollo y progreso que la intervención y los turistas imaginaban para el país.

Además de la cruenta violencia física y armada desatada en las montañas y las zonas rurales en la región nororiental de Nicaragua, las élites nicaragüenses luchaban contra otra forma de violencia que fue juzgada de manera muy distinta por los turistas. La "diplomacia del dólar" afectó a las élites agroexportadoras de distintas maneras. En su mayoría, los grandes productores de café fueron afectados por las restricciones monetarias y fiscales, debido a la escasez de créditos. Los pequeños productores, usualmente dedicados a la cosecha de productos tradicionales, lograron adaptarse mejor a las medidas impuestas por los bancos estadounidenses.[144]

---

141 Vernon E. Magee, "Contra las guerrillas de Sandino en Nicaragua nació un conjunto aéreo terrestre del cuerpo de Marinos de los Estados Unidos", *Revista Conservadora*, Agosto 1970, 47 y 48. Dichas maniobras y formas de ataque, afirma Magee, fueron utilizadas por las fuerzas estadounidenses en las "guerras del Pacífico" (Segunda Guerra Mundial) y más tarde en Corea y Vietnam.

142 José Román, *Maldito país* (Managua: Amerrisque, 2007), 89–91.

143 Macaulay, *The sandino affair*, 117.

144 Gobat, "'Contra el espíritu burgués': la élite nicaragüense ante la amenaza de la modernidad, 1918–1929", 19–20.

Los informes de diplomáticos, viajeros, turistas, fuesen financiados por el Departamento de Estado, la UP o iniciativas privadas, no registraron estos detalles de la realidad nacional que se vivía en aquellos años. En claro contraste, algunos turistas, como Cunningham, afirmaron que los "efectos de la intervención estadounidense [eran] muy perceptibles" en los "billetes bellamente engravados" emitidos por el Banco Nacional regulado por "banqueros americanos" mientras los Marinos mantienen una "paz no deseada en el país".[145] En estos términos se refiere Cunningham al alcance que tenía su dinero tomando como referencia el tipo de cambio regulado por el banco:

> Cuatro reales que la cocinera estableció como el precio de nuestro alojamiento y comida de la noche anterior, y por la misma cantidad (en Nicaragua, desde la intervención estadounidense, un real es el equivalente a diez centavos y el centavo es igual al centavo americano) que nos trajo huevos fritos, carne de venado picada y arroz, nueces azucaradas y excelente café, ¡con azúcar blanco y leche fresca![146]

Es importante cuestionar, entonces, la supuesta animosidad de la población nicaragüense, una vez comprendido el contexto de ocupación, guerra y violencia que envolvía los encuentros entre turistas y población, entre huésped y anfitrión. En el capítulo 3 se profundizará sobre la forma en que estas respuestas de la población nicaragüense parecen contestar en su mayoría a las formas que implementaron para protegerse de dicha violencia en todos sus ámbitos, incluyendo la violencia sexual. En el próximo capítulo, a su vez, se muestra como los vuelos y las intervenciones de los Marinos no solo se incluyeron en las narrativas turistas, sino que propiciaron la estructuración de los archivos representacionales del turismo, así como de los itinerarios de viaje.

Para concluir este capítulo, se resalta la importancia de las miradas comunes que tanto funcionarios de los Estados Unidos, como élites nicaragüenses, y sobre todo turistas, compartían sobre Nicaragua en lo que puede denominarse una "historia en clave turista". La preocupación por atraer inversiones de las élites nicaragüenses iba en concordancia con los intereses estadounidenses de asegurar la protección de sus capitales en su zona de influencia. La interpretación del progreso mediante una comprensión positivista y racial también se evidenció fuertemente en las narrativas de viaje y en los contactos entre nicaragüenses y turistas. Asimismo, en concordancia con viajeros decimonónicos y filibusteros, los primeros turistas buscaron ver plantaciones, puertos o haciendas, secundariamente buscaban volcanes, lagos o balnearios. Esto cambiará sustancialmente a partir de los años sesenta.

---

145 Cunningham, *Gypsying through Central America*, 129.

146 Ibid., 103.

A diferencia de Baldwin en 1849, quién cuestiona su identidad al adentrarse en Nicaragua, turistas como Elliott, Thompson, Cunningham, Crowther o Denning, entre otros, ya no sobrellevan dichas interrogantes. La historia en clave turista les afirma tanto el papel desempeñado por Estados Unidos en Nicaragua, como les facilita las herramientas para entender el presente de las relaciones entre ambos países. Estos turistas entienden los espacios y poblaciones de manera muy parecida a conquistadores y filibusteros, pero también entienden su lugar como estadounidenses en Nicaragua, en un país "atrasado", tanto material como racialmente. La historia fue un catalizador en estos encuentros, pero fue una historia vertebrada para introducir a Nicaragua en los mercados internacionales de materias primas, primero, y del turismo, en segundo lugar.

En concordancia con la introducción a este trabajo, vale la pena resaltar que los encuentros narrados entre nicaragüenses y estadounidenses estuvieron mediados por las historias que estructuraron la identidad de una nacionalidad con respecto a la otra. En dichos encuentros se destaca la relación "fronteras/cuerpos" y la articulación "imperialismo/subalternidad", en cuanto a la forma en que la historia en clave turista era el terreno discursivo mediante el cual las interacciones entre anfitrión y huésped dan cuenta de la historia y la identidad como mecanismos para tejer relaciones o confrontaciones entre nicaragüenses y estadounidenses. Orden y producción en la plantación, pero una clase política incapaz de controlar u ordenar el país, fueron los significantes adheridos al imaginario de Nicaragua conforme al tropo del paraíso. Solo así se podía explicar, a mirada de los turistas, la pobreza entre tanta riqueza.

Comprender la historia en clave turista es fundamental para indagar en la forma en que tanto turistas como promotores del turismo estructuraron un discurso de progreso, en base a los remanentes coloniales e imperiales, que ubicó tanto a Nicaragua como a los mismos turistas en un espacio y tiempo, y justificó todos sus placeres y crueldades. De esta manera, Cunningham solo ve los billetes de la ocupación y lo barato de la vida. Elliott solo ve la hermosura de la plantación o del enclave bananero. Al cuestionarse por qué hay pobreza, la culpa recae en las élites nicaragüenses quienes necesitan de la intervención para resolver los "antiguos problemas" y se convencen que atraer más turistas es su contribución a la modernización del país. Los turistas no solo se adentraban a conocer Nicaragua, sino que en estas topografías se encontraban a sí mismos como ciudadanos estadounidenses, con el peso de su historia y de su influencia en otras regiones. No entraron en contacto únicamente con el otro nicaragüense, sino con el otro, el extranjero, dentro de sí mismos. Este elemento en particular es muy importante y se evidencia a lo largo de la temporalidad que abarca este estudio. Por ello se le presta atención en los siguientes capítulos 3, 5 y 7, para marcar qué cambia y qué se mantiene en la mirada turista de Nicaragua.

2 Las topografías e itinerarios del Panamericanismo

Una vez delimitada en el capítulo anterior la influencia de la ocupación de los Marinos en los imaginarios y narrativas fundacionales del turismo en Nicaragua, se subraya que, paralelamente a la intervención, el Panamericanismo se abría paso por el continente. Ambos actores, la UP y la Marina estadounidense, se encontraron en medio de estas formas de comprender Nicaragua, mediante los significantes articulados por la larga duración de imaginarios, narrativas y representaciones acorde al tropo del paraíso que, como se señaló en la introducción y el primer capítulo, provienen desde mediados del siglo diecinueve. El Panamericanismo da cuenta de que la cultura de viaje propia del turismo fue parte del nuevo espíritu de los tiempos. En 1928, luego del segundo desembarco de los Marinos en Nicaragua, alrededor de 400,000 ciudadanos estadounidenses habían viajado fuera de sus fronteras. Luego de la segunda guerra mundial, el número incrementaría hasta un millón.[1] Las nuevas generaciones estaban estructurando una necesidad en la sociedad estadounidense: el placer de viajar a lugares desconocidos. Nicaragua fue uno de esos lugares "desconocidos" que fueron preparándose para su arribo, y con ellos, nuevas oportunidades comerciales y de empleo surgieron para satisfacer las necesidades de los turistas. En este sentido, los cambios en la cultura nicaragüense a principios del siglo veinte fueron influenciados por los mismos cambios en la cultura de viaje estadounidense y, en esta última, el panamericanismo desempeñó un papel nodal.

Por tanto, entre los años veinte y treinta del siglo veinte, Nicaragua fue un escenario muy singular en el que la ocupación de los Marinos coexistió con el auge y apogeo del Panamericanismo. Los Marinos y clases medias-blancas estadounidenses fueron los sujetos que se encontraron en el país en medio de este contexto sumamente complejo. En el capítulo anterior se dio cuenta de cómo las narrativas de viaje y turismo se colaron en las historias que se vivían en Nicaragua entre la diplomacia del dólar, las rebeliones, golpes de Estado y, finalmente, durante la resistencia del EDSN y Sandino.

En este capítulo se esboza primero el contexto entrelazado por el auge del Panamericanismo y la influencia de los Marinos en la región, para vislumbrar como ambas instituciones respondían a la política de expansión e influencia de los Estados Unidos en Centroamérica y el Caribe. Aquí se resalta el contexto regional y el auge del turismo en países como Hawai, Cuba y México, como los casos que mayor influencia tuvieron en las instituciones estadounidenses para imaginar la empresa del turismo en Centroamérica. Seguido a esto, se muestra como los saberes, narrativas e imágenes del turismo, y de la ocupación, cristalizan esta relación entre Marinos y Panamericanismo, sobre todo en la constitución de los archivos del turismo y en la continuidad de las narrativas y

---

1 Horace Sutton, *Travelers, the American tourist from stagecoach to space shuttle* (New York: Morrow, 1980), 134.

representaciones del turismo en Nicaragua. Incluso, se menciona a continuación como algunos Marinos se enlistaron precisamente debido a la propaganda que ofrecía visitar "lugares lejanos". Especialmente, las vistas panorámicas, las fotografías de la población y de las ciudades, formaron los primeros archivos transculturizados entre Nicaragua y Estados Unidos que conformaron el primer mundo de imágenes del país en clave turista. Esta forma de ver, inventariar y catalogar Nicaragua durante la ocupación tuvo la característica particular de crear vistas panorámicas del país decidoras de la voluntad masculina por dominar, modificar y dar valor a la naturaleza. Debido a lo anterior, en este capítulo se sugiere el postulado de que el turismo vertebró una maquina representacional de Nicaragua acorde al deseo de dominación masculino, expresado este por Marinos y turistas, especialmente con influencia de Walker y los viajeros decimonónicos. Finalmente, se sugiere que dichas estrategias de dominación masculina evidenciadas en los archivos fundacionales del turismo en Nicaragua dan a entender un mundo estructurado en concordancia con la tríada de "turismo, visión y raza". Esto es, una cultura de viaje turista que comodifica paisajes, recursos, culturas y población para la vista, mediante escalas raciales particularmente utilizadas para la población local.

Si, en acuerdo con Salvatore, en estos años se estructuró una máquina representacional sobre América Latina y Nicaragua, ¿Cuál información y hemerografía nutrió estas primeras políticas, guías y narrativas del turismo abiertas por la UP para promocionar el viaje hacia Centroamérica? ¿Cómo encontraron y documentaron en sus inicios esos "lugares inusuales" para el turismo? En lo que respecta a Nicaragua, el inventario del turismo fuer armado mediante la combinación de varios elementos, instituciones y actores, entre los cuales destaca la presencia de los Marinos en concordancia con los primeros turistas que visitaron el país durante los años de la ocupación.

2.1 Primeros inventarios panamericanos del turismo: anexiones y ocupaciones

Al final de los años veinte, los efectos de la 'Gran Depresión' sobre la economía de los Estados Unidos, junto con el auge del fascismo y la inestabilidad política en Europa, incentivó el interés de los estratos medios de la sociedad estadounidense a viajar dentro de América. Inicialmente concentrado en la promoción del turismo dentro de los Estados Unidos y Canadá, la apertura de carreteras y nuevas conexiones hacia México y Centroamérica llevaron a nuevos turistas más allá de la frontera con México.[2] Inmediatamente después de

2 Harvey A. Levenstein, *We'll always have Paris: American tourists in France since 1930* (Chicago: University of Chicago Press, 2004), 14. Levenstein afirma que las clases altas fueron las únicas que continuaron viajando a Europa.

la Primera Guerra, el gobierno estadounidense abrió la campaña de "*See America first*" (Ver primero a América) para promover el turismo hacia los estados del sur estadounidense y México.[3] Más que fines económicos, el gobierno en Washington pensó que dicho programa ayudaría a promover la simpatía del pueblo estadounidense para apoyar las medidas de política exterior que fomentaban la influencia de los Estados Unidos en México, Centroamérica y el Caribe. Al mismo tiempo, la iniciativa tomó en cuenta que las relaciones entre Nicaragua y Estados Unidos se intensificaban debido a la ocupación. Entonces, el ascenso del Panamericanismo, por encima de otras tendencias integracionistas, como el pan-hispanismo o el indo-hispanismo, tuvo una influencia directa en la edificación de la empresa del turismo en Centroamérica.[4]

La Unión Panamericana fue fundada en 1890, luego del primer congreso convocado por el Secretario de Estado de los Estados Unidos, James Blaine. El propósito principal de la organización fue promover la cooperación entre los países de América Latina y los Estados Unidos.[5] La Conferencia Interamericana de Washington decidió abrir oficialmente la oficina de la organización en 1899. Ese mismo año, el término "Panamericanismo" fue oficialmente acuñado por la comunidad internacional y se convirtió en un elemento fundamental de las relaciones políticas y comerciales entre los países del continente americano.[6] Desde sus inicios, el Panamericanismo fue visto con cierto escepticismo por parte de los gobernantes latinoamericanos. Algunos indicaban que el Panamericanismo "apuntaba hacia la dominación de los Estados Unidos" del continente.[7] En Nicaragua, la ocupación misma hacía dudar a la población sobre los "sentimientos de confraternidad panamericana", apuntó el diario *La Tribuna*, el cual denunció la "conducta censurable" de los Marinos que atacaron las instalaciones del periódico

---

3 Ricardo Pérez Montfort, "'Down Mexico Way': Stereotypes and American Tourism in Mexico from 1920 to 1940", en *North Americanization of Latin America? Culture, Gender, and Nation in the Americas*, 237.

4 Muchas de las decisiones tomadas por los Estados Unidos fueron comprendidas dentro de lo que Richard Salisbury titula la "lucha internacional" por la influencia sobre Centroamérica, particularmente de México, Estados Unidos y Europa. Ver: Richard V. Salisbury, *Anti-Imperialism and international competition in Central America: 1920–1929* (Wilmington: SR Scholarly Resources Books, 1989), 67–98. Edmundo Heredia documenta como el Panamericanismo se impuso sobre el pan-hispanismo español en: Edmundo A. Heredia, *La guerra de los congresos: el Pan-Hispanismo contra el Panamericanismo* (Córdoba: Junta Provincial de Historia, 2007).

5 Cada publicación de la UP venía acompañada por una breve reseña de la institución. Véase el apéndice en: Pan American Union, *Report on the Activities of the Pan American Union* (Washington, D. C.: Pan American Union, 1928), 63. También véase: John Edwin Fagg, *Pan Americanism* (Florida: Robert E. Krieger Publishing, 1982), 26.

6 Heredia, *La guerra de los congresos*, 68.

7 LaFeber, *Inevitable Revolutions*, 52.

para, luego, entrar "por la fuerza al Club de Managua" donde "insultaron y ultrajaron a varios miembros de la sociedad nicaragüense".[8]

Las intervenciones estadounidenses en Cuba, Haití, República Dominicana y Nicaragua no eran los únicos eventos que fundamentaron las dudas sobre el panamericanismo. En la primera conferencia Panamericana de 1899, el delegado argentino – y futuro presidente – Roque Sáenz Peña, se quejó públicamente y directamente hacia Blaine, al señalar que la política exterior estadounidense parecía desear la creación de un mercado en América Latina, en el cual los "estados soberanos" eran tributarios de los Estados Unidos. Sáenz atacó la doctrina Monroe por comandar el hemisferio unilateralmente, ya que tomaba medidas de protección sin haberlas consultado antes y parecía "hablar por todo el continente sin haber pedido permiso".[9] Consecuentemente, en las reuniones realizadas durante los años veinte, los cuestionamientos de los representantes latinoamericanos usualmente se centraban en el unilateralismo de los Estados Unidos y en el cierto significado "hueco" del Panamericanismo, cuando todavía promovían "lazos de hermandad" en medio de ocupaciones militares en Centroamérica.[10]

A pesar de las declaraciones públicas y las oposiciones planteadas por los líderes latinoamericanos, la UP continuó abriéndose paso por el continente de distintas maneras, sobre todo mediante proyectos de infraestructura. Por una parte, el automóvil y la promoción general de la industria automotriz, fueron los principales medios de transporte y propulsores del turismo dentro del continente. Por otra parte, los aviones pasaron a complementar el transporte y acarreo que durante años llevaron los vapores y barcos pertenecientes a compañías estadounidenses. En Centroamérica, la *United Fruit Company* (UFCO) había controlado un monopolio de barcos y vapores en la región. A partir de 1920 las bases navales de Estados Unidos, ubicadas en la zona del canal de Panamá y en la bahía de Guantánamo (Cuba), aseguraron la influencia militar marítima de las fuerzas estadounidenses en Centroamérica y el Caribe. La dominancia del mar y el cielo se adjudicó a esta tendencia por controlar el espacio considerado como la "zona de influencia" de los Estados Unidos. El recién electo gobierno republicano de Warren Harding le otorgó el monopolio de la aviación en Centroamérica con base en Panamá a la compañía *Pan American Airways* (Pan Am) en aras de combatir cualquier competencia de las aerolíneas francesas o alemanas.[11] Así, Pan Am y UFCO fueron los pilares de la infraestructura de viaje para el turismo en Centroamérica y Nicaragua.

El caso de Centroamérica concuerda con Dennis Merrill, ya que el turismo en América Latina muestra la mezcla del "poder duro" y el "poder suave" en las relaciones políticas,

8 "Conducta censurable", *La Tribuna*, 23 julio de 1921, p. 2.

9 Schoultz, *Beneath the United States*, 283.

10 Rinke, *América Latina y Estados Unidos*, 139 y 150.

11 LaFeber, *Inevitable Revolutions*, 60.

económicas y militares entre Estados Unidos y América Latina. Invasiones, intervenciones y ocupaciones, por parte de las fuerzas armadas estadounidenses, iban entretejidas con el surgimiento de la empresa y la industria de viaje que construía carreteras, abría hoteles y cambiaba sensiblemente la forma en que ambas poblaciones se relacionaban.[12] En 1934 la UP abrió oficialmente la "*Pan American Union Travel Division in the Americas*" (Oficina de Turismo de la Unión Panamericana).[13] Casi simultáneo al nacimiento y esparcimiento del Panamericanismo, el cuerpo de Marina creció en número e importancia política a partir de la guerra. De seis mil efectivos en 1899, el total de Marinos reclutados y activos aumentó tres décadas después a casi veinte mil.[14] La unión propuesta por los Estados Unidos iba en esta doble dirección, mediante conferencias y políticas de entendimiento, paralelamente implementadas con ocupaciones y desembarcos de las fuerzas armadas.

Esta doble dirección de la política y la inversión estadounidense fue puesta en práctica en varios países. En la década de los veinte, la "danza de los millones" que supuso la diplomacia del dólar introdujo varios proyectos de infraestructura seguidos de artefactos de la cultura estadounidense en América Latina. Los turistas y, en Nicaragua, la presencia puntual de los Marinos, fueron los sujetos puestos en contacto personal, quienes negociaron las políticas y medidas multi-sectoriales definidoras del nuevo papel a desempeñar por parte de los Estados Unidos en la región.[15] Más allá de las diferencias entre el poder suave y el poder duro, ambos persiguen el fin de afirmar la dominancia de los Estados Unidos sobre la región que la doctrina Monroe había definido para los (norte)americanos. A su vez, ambas formas de poder estaban estructuradas discursivamente mediante una comprensión política, económica, así como racial e imperial. Estas simetrías reflejan el bagaje colonial e imperial de la expansión territorial de los Estados Unidos entre la segunda mitad del siglo diecinueve y principios del veinte.

En primer lugar, entre 1890 y 1893, la promoción del turismo hacia Hawái incentivó la imagen del país como un lugar propicio para la intensificación de las inversiones estadounidenses. Conjuntamente con establecer la representación del país como un lugar donde los "nativos morían rápido", y donde las poblaciones blancas aumentaban paulatinamente, la promoción del turismo ayudó a cambiar la percepción de Hawái como un país de "bárbaros y salvajes" que no ameritaban ser parte de los Estados Unidos. En segundo lugar, una vez incorporado el territorio en 1900, los líderes del movimiento anexionista en los Estados Unidos organizaron el Comité de Promoción de Hawái (HPC, siglas en inglés) en aras de atraer turistas, inversores

12 Merrill, *Negotiating paradise*, 11.

13 Esta fue la traducción oficial de la Unión Panamericana.

14 Allan Millett, *Semper Fidelis: The History of the United States Marine Corps* (New York: The Free Press, 1991), 150 y 261.

15 Rinke, "Imagining the Yankee: Stereotypes, Representations, and Realities in Chile", 145 y 147.

y colonos al país, para que se asentaran e invirtieran en sus "paradisíacas" tierras. Para ello, el comité utilizó el texto titulado *Hawaii, Its People and Their Legends*. Escrito por Emma Kaili Metcalf Beckley Nakuina, hija de plantadores de azúcar de clase alta, el texto incluía las genealogías de los matrimonios entre las élites ali'i y haole. Para usos del proyecto de anexión, el HPC enfatizó la narrativa de matrimonios entre las élites, como forma de presentar la asimilación pacífica y "consensuada" de los anglosajones que llegaron a la isla desde mitad del siglo diecinueve. Asimismo, el comité reescribió la historia reciente del país, omitiendo la oposición que la mayoría de la población en la isla expresó ante la anexión a los Estados Unidos. De esta manera, el HPC reforzó la noción de una anexión deseada por la población hawaiana y por los estadounidenses.[16]

La expansión territorial de los Estados Unidos hacia el oeste y las islas del pacífico marcó un punto de inflexión en el pensamiento de Blaine – el mismo que propuso la Unión Panamericana – con respecto a Centroamérica. A su parecer, dicha expansión removió la necesidad de adherir nuevos territorios a la nación del norte. El gobierno estadounidense sería, bajo este esquema, el "protector natural del territorio norteamericano", cuyo principal mandato estaba definido por la necesidad de asegurar "paz política y comercio rentable". A diferencia del imperio británico o del estado mexicano, Blaine se concentró en "anexar el comercio" de los países latinoamericanos.[17]

Estrategias similares a aquellas utilizadas en Hawái fueron empleadas en otros países latinoamericanos, como fue el caso de Cuba. Los textos de turismo e inversión generalmente fueron elaborados por escritores asociados al gobierno militar de los Estados Unidos en la isla. Entre 1899 y 1909, las narrativas de viaje para incentivar el viaje a la isla enfatizaron los "lazos de hermandad", en vez del "matrimonio" entre países, como fue el caso de Hawái. Los escritores subrayaron en sus textos los lazos de hermandad como bases fundacionales de la "unidad panamericana" entre los latinoamericanos y los "anglo-americanos". Robert Hill, en uno de los textos sobre Cuba, se refirió a las clases altas cubanas, educadas en los Estados Unidos y angloparlantes, como personas que merecían la ciudadanía estadounidense, muchos más que "millones de inmigrantes" en los Estados Unidos.[18] Hill fue uno de varios escritores de guías de viaje y turismo invitados por el gobierno cubano, quienes en sus registros alabaron "la historia, la cultura y los rasgos únicos del interior" del país.[19] Con el auge del turismo, Cuba sería resignificada como el gran receptor de aquellos turistas que buscaban un "escape tropical" de

---

16 Skwiot, *The purposes of paradise*, 49–50.

17 LaFeber, *Inevitable Revolutions*, 33.

18 Skwiot, *The purposes of paradise*, 50–51.

19 Rosalie Schwartz, *Pleasure Island: Tourism and Temptation in Cuba* (Lincoln: University of Nebraska Press, 1997), 72.

"playas y casinos". La "tentación y el placer" de Cuba atrajeron, para 1930, más de ochenta mil turistas al año y generaron para la economía casi veintinueve millones de dólares.[20]

A la luz de los ejemplos provistos por Hawái y Cuba, se vislumbra que, entre estos primeros años del siglo veinte, el turismo se abrió paso y se instaló como política pública y proyecto de desarrollo. Al mismo tiempo, el turismo se abrió paso subterráneamente a las últimas campañas anexionistas por parte del gobierno de los Estados Unidos. En México, el presidente Portes Gil oficialmente declaró en 1929 que México entraba a "la carrera por el dólar del turista".[21] En ese mismo año, México había organizado una Comisión Nacional de Turismo que incluía miembros del sector estatal, privado y agencias de viaje estadounidenses y europeas. El propósito de la comisión se fundamentaba en la necesidad del gobierno revolucionario por captar divisas, durante y después de la Gran Depresión. Tres años después, se fundó la Asociación Mexicana de Automóviles (AMA), la cual, junto a otras organizaciones, instituciones y actores, promovió el proyecto de la carretera de Laredo a Monterrey, concluida en 1936.[22] Ricardo Pérez Montfort, añade que es en este período – desde la renovación de las relaciones diplomáticas entre Estados Unidos y México en 1923 hasta la culminación de las conexiones principales de la Carretera Panamericana en 1940 – en que México formuló su política pública del turismo afín a la idea de representar una "aventura exótica y paradisíaca para el Americano promedio, es decir: el turista = consumidor".[23] Desde entonces, a partir de 1936 la Carretera Panamericana unió el sur de los Estados Unidos con el centro de México. Subsecuentemente, y en línea con los planes de la UP, la carretera continuó extendiéndose al sur del continente, incluyendo Centroamérica y Nicaragua.[24] De ahí se desprendieron los boletines titulados *Motoring in Central America*, los cuales estaban especialmente dirigidos a promover el viaje en automóvil desde los Estados Unidos hacia Centroamérica.[25]

Ante estos avances del turismo como empresa y como política internacional, definida por los intereses manifiestos de los Estados Unidos en el Panamericanismo, Nicaragua mantenía una línea de supeditación del turismo a la agroindustria y el extractivismo, en conjunto

20 Ibid., 88.

21 Berger, *The development of Mexico's tourism industry*, 11.

22 En Nicaragua se creó una asociación de automóviles diez años después, en 1946. También fue promocionada por la Unión Panamericana. Esto se aborda en el capítulo 4.

23 Pérez Montfort, "'Down Mexico Way': Stereotypes and American Tourism in Mexico from 1920 to 1940", 237.

24 Al tramo de esta carretera que unía México y Centroamérica se le llamaba también la "Carretera Inter-Americana". Aquí solo se utiliza el término "Carretera Panamericana".

25 Véase por ejemplo: Pan American Union, *Motoring in Central America and Panama; a compilation of information on the Pan American Highway from the Mexico-Guatemala border to the border between Panama and Colombia* (Washington, D. C.: Pan American Union, 1961).

con la ocupación de los Marinos y las medidas de la diplomacia del dólar. El tipo de medidas implementadas por el gobierno mexicano no estaban totalmente en las manos del gobierno nicaragüense, debido a los Pactos Dawson en el marco de la diplomacia del dólar. A diferencia de México, Nicaragua no contaba con una institución que orientara ciertos tramos de la carretera a lugares o destinos absolutamente turísticos. La carretera conectó principalmente los puertos y los centros de producción de café y azúcar, entre otros. Las denominadas "atracciones turísticas" a lo largo de esta carretera eran un bien adicional que se presentó en las guías de viaje y en las narrativas de los turistas. La ocupación misma, entonces, fue una condición especial que influenció la manera de narrar, poner en práctica y desarrollar el turismo en Nicaragua. Como se anotó en la introducción, el turismo se desarrolló en esta íntima relación con Panamericanismo, ocupación y anexión de nuevos territorios. Rasgos que denotan el aspecto imperial de esta empresa en América Latina con respecto al papel que desempeñó Estados Unidos en la región y el istmo centroamericano en particular. Es en este sentido que se evidencia la influencia de las culturas y narrativas de viaje tanto en el Panamericanismo como en la actividad de los Marinos en Nicaragua.

En 1980, en el exilio luego del triunfo de la revolución sandinista, Anastasio Somoza Debayle le cuenta al periodista Jack Cox que, en 1933, muchos Marinos se quedaron en Nicaragua, porque a "muchos de los Infantes de Marina Norteamericanos les gustaba mucho Nicaragua".[26] Ciertamente, los Marinos que llegaron a Nicaragua provenían de una nueva cultura de viaje incentivada en la misma institución. La guerra española-norteamericana y la revolución mexicana cambiaron tanto la geopolítica continental como la naturaleza de las fuerzas armadas estadounidenses. Allan Millett afirma que el significado y la misión de la marina estadounidense estuvieron alineados al lugar cada vez más hegemónico que ocupó Estados Unidos en el continente americano. Los Marinos hicieron valer con sus armas el corolario de Roosevelt a la Doctrina Monroe y exportaron con sus actividades las reformas que el gobierno estadounidense consideraba "necesarias" para las "naciones menos desarrolladas".[27]

Luego del involucramiento de las fuerzas estadounidenses en Cuba, el servicio y trabajo en el Cuerpo de Marina iba acompañado por más que los slogans típicos de "¡Los primeros a la lucha!".[28] Subsecuentemente la oportunidad de ver lugares "exóticos" era parte del aparato de reclutamiento de los Marinos, quienes eran invitados a luchar "*From the Spanish Main to the*

26 Anastasio Somoza, *Nicaragua traicionada*, ed. Jack Cox (Boston – Los Angeles: Western Islands Publishers, 1980), 103.

27 Millett, *Semper Fidelis: The History of the United States Marine Corps*, 148 y 164.

28 Christian Laupsa, "Encountering Nicaragua. United States Marines Occupying Nicaragua 1927–1933" (Master Thesis in History, Oslo: University of Oslo, 2011), 27.

Orient" (desde Tierra Firme hacia el Oriente). El Marino, en estos términos, era un "guerrero" que luchaba contra "nativos" y "bandidos" a través de los trópicos.[29]

Así lo imaginó Alfred Batson, al leer los relatos de Richard Harding Davies. Las razones que lo llevaron a enlistarse fue una combinación de los relatos "exóticos" sobre Centroamérica y la necesidad monetaria. El "rol de un vagabundo tropical" (*tropical tramp*) le fue "forzado por las circunstancias" y no por su "elección", y se enlistó en el Cuerpo de Marina por "tres buques de guerra", su "deseo por cambiar de dieta" y porque "estaba en la quiebra".[30] En añadidura, los cuentos de Davis inclinaron a Batson a "aceptar la profesión de las armas", luego que su lectura lo "convenciera" que "Centroamérica era un criadero de héroes. Todo lo que uno tenía que hacer era ponerse un uniforme brillante y rescatar a la hija del *presidente*".[31]

A finales de la década de los veintes, los Marinos desembarcaron por segunda ocasión para proteger al gobierno inestable de Adolfo Díaz. La segunda arribada de los Marinos ocurrió el 6 de mayo de 1926, luego de la crisis política desatada por el caudillo conservador Emiliano Chamorro, quién se alzó contra la victoria electoral de la coalición liberal-conservadora encabezada por Díaz. Los Marinos se movilizaron rápidamente hacia la ciudad de Bluefields, para salvaguardar las propiedades de los empresarios e inversores estadounidenses.[32] Entre tales episodios que marcaron la vida política, económica y social durante las próximas las primeras tres décadas del siglo veinte en Nicaragua, los Marinos contribuyeron a uno de las misiones principales de la UP: recopilar información de los países con el fin de proveerla y facilitarla a los y las turistas que esperaba incentivar.

Los archivos de la Unión Panamericana son uno de los principales aservos que identifica Salvatore para proponer su concepto de máquina representacional. En 1918, la *Columbus Memorial Library* albergaba más de cuarenta mil volúmenes, veinte mil fotografías y una amplia colección de mapas sobre América Latina.[33] En 1935, el número de volúmenes con información sobre los países latinoamericanos había ascendido a noventa mil tomos.[34] Al finalizar el mismo año, la Oficina de Viajes de la UP envió un cuestionario en aras de incrementar la información en su biblioteca exclusivamente con información sobre y para el turismo. El cuestionario formulado en español y portugués fue circulado junto con una carta firmada por el

---

29 Millett, *Semper Fidelis: The History of the United States Marine Corps*, 175; Schroeder, *To Defend Our Nation's Honor*, 382.

30 Batson, *Vagabond's Paradise*, 3.

31 Ibid., 11.

32 William Kamman, *A search for stability: United States diplomacy toward Nicaragua, 1925–1933* (Notre Dame: Notre Dame University Press, 1968), 84.

33 Wright, *Nicaragua: Land of Enchanted Vistas*, 20.

34 Pan American Union, *Nicaragua*, American Nation Series 14 (Washington, D. C.: Pan American Union, 1935), 1.

director general de la UP, L. S. Rowe. En este documento se les solicitaba a varios actores, pero principalmente a las oficinas gubernamentales de turismo, que rindieran información sobre varios temas: tarifas de viaje, trámites para entrar y salir del país, carreteras, hoteles, lugares "para ver" (*sightseeing*) y compañías que organizasen viajes para visitarlos, agencias de viajes, sitios arqueológicos, lugares con "vistas escénicas", información sobre tarifa e itinerario de trenes, y "recomendaciones especiales para el prospectivo visitante".[35] Nicaragua fue uno de los últimos países en contestar el cuestionario. Quizá porque la Junta Nacional de Turismo fue inaugurada un año más tarde, en 1936.

Sin embargo, la UP ya había almacenado un inventario considerable de información sobre América Latina y, en especial por la intervención, sobre Nicaragua. En 1933, la UP tenía lista una política y una narrativa de turismo que respondía a los intereses de Estados Unidos y, al menos en cuanto a la situación financiera, a los países latinoamericanos. En el documento *Latin American Attractions for the Tourist* (atracciones latinoamericanas para el turista), la UP formuló los elementos que condensaban las guías y textos de viaje previos a la creación de la División de Viajes de la organización. De nuevo, el sentido del texto es unilateral, ya que el singular "turista" es estadounidense. El texto eligió aquellos elementos "inusuales" del paisaje y la cultura latinoamericana y los resumió dentro de un inventario elaborado alrededor de un itinerario de viaje de norte a sur, y de regreso. En la introducción, el documento establece:

> Dentro de las fronteras de las naciones latinoamericanas, estirándose sobre un área tan basta de la superficie de la tierra, se encuentran multitudes de maravillas naturales. Y se encuentran otras atracciones – atracciones donde la Naturaleza y el hombre han combinado esfuerzos para producir lo útil y lo bello para el beneficio de las presentes y futuras generaciones. Es sobre algunos de estos temas, singulares o combinados, que nos interesan en esta historia incompleta de vistas inusuales. Con algunas excepciones, el espacio no ha sido sujeto a descripciones de lugares naturales o bellezas de ciudades y pueblos de estas naciones crecientes. Sus historias son contadas en otras publicaciones de la Unión Panamericana.[36]

En este *Grand Tour* a través de América Latina, cada lugar elegido para incentivar el viaje fue fotografiado e inventariado con su propia historia. Durante la segunda ocupación de

[35] Travel Division of the Pan American Union, "Report of the Activities of the Travel Division of the Pan American Union for the Period January 1 – December 31, 1935" (Pan American Union, 1935), 4, Columbus Memorial Library.

[36] Pan-American Union. *Latin American Attractions for the Tourist*. Organization of American States. Columbus Memorial Library. General Archive. Washington D. C.; 1933. Document call number: JX1980.53. T61 L17; 1.

Nicaragua, las imágenes proveídas a este tour imaginario contribuyeron al establecimiento de las rutas aeronáuticas y de las vistas panorámicas, fenómeno que sucedía a lo largo del continente. La guerra, los aviones y los archivos fundacionales de las vistas panorámicas colapsan la presencia del Panamericanismo y los Marinos en Nicaragua y, ocasionalmente, borra las líneas de diferenciación entre Marinos y turistas.

2.2 Vistas Panorámicas

Fotógrafos y artistas que habían documentado Nicaragua y otros países pasaron a engrosar con sus producciones el archivo de la UP. Este fue el caso ilustrativo de William V. Alford. Inicialmente ingeniero que trabajó en las inconclusas obras del canal por Nicaragua (1887), su colección de fotografías que tomó de Nicaragua en ese trabajo lo hizo virar hacia el viaje y la etnografía.[37] Sus fotografías, junto con las vistas panorámicas y fotos generales del paisaje, la arquitectura y la gente de Nicaragua capturadas por los Marinos, fueron los principales archivos visuales utilizados por la UP en sus primeras guías de viaje. Es decir, la empresa del canal y la ocupación estructuraron los archivos visuales constitutivos del turismo en Nicaragua.

En las fotografías del archivo recabado por Michael Schroeder y la misma utilizada en la guía de la UP, se muestra como las imágenes capturadas por Marinos nutrían a su vez el archivo de la UP con el fin de ilustrar una invitación a los estadounidenses a visitar Nicaragua. Sumado a esto, en sus misiones, los aviones también capturaron imágenes del país (imágenes 1 y 2). Ciudades, plantaciones, puertos, ríos y posibles campos de aterrizaje formaron parte de la colección de imágenes. También, volcanes, lagos, costas y otras partes de la geografía del país fueron capturadas desde una vista panorámica por primera vez.

Las fotografías y vistas panorámicas capturadas por Marinos demuestran la relación entre la aeronáutica estadounidense y las nuevas formas de ejercer su influencia en los países de la región centroamericana. Un año después de la guerra en Cuba, 1899, Arthur Bird había ideado el plan de acercar a los países de América bajo la influencia estadounidense mediante el desarrollo de las aeronaves. En esta línea, con Cristóbal Colón como el "santo patrón" del Panamericanismo, el *U. S. Army Air Service* inició en 1924 una serie de vuelos de "buena voluntad" concentrados en varias ciudades capitales del continente. Vuelos que se mencionaron en el capítulo anterior.

[37] Jeffrey Weidman, *Artists in Ohio, 1787–1900: a biographical dictionary*, en eds. Mary Sayre Haverstock, Jeannette Mahoney Vance, y Brian L. Meggitt (Kent: Kent State University Press, 2000), 11.

Imagen 1: Fotografía de Managua capturada por un Marino. Fuente: Archivo de fotografías recopilado por Michael Schroeder: http://sandinorebellion.com/PhotoPgs/1USNA2/PGS/pg7.html.

Imagen 2: La fotografía capturada por la marina, impresa en una guía de la UP. Fuente: Pan American Union. Nicaragua. Vol. 284. Bulletin 67. Washington, D. C.: Pan American Union, 1933, 285.

La tendencia expansiva de las conexiones aéreas quedó confirmada cuando Pan Am fue establecida formalmente y expandió el "imperio del aire".[38] En el mismo año de los vuelos de buena voluntad y la apertura de Pan Am, Nicaragua fue el primer país bombardeado en la historia del continente. Eric Paul Roorda afirma que, desde ese momento fundacional, la doble naturaleza de la aviación que oscila entre transporte y destrucción era doblemente simbólica de la política Panamericana de integración estadounidense.[39] Para la empresa del turismo en Cuba, la conferencia y el vuelo de Lindbergh tuvieron otra significación en esos momentos. La llegada de Lindbergh selló el inicio de la ruta aérea ofrecida por Pan Am hacia la Habana. El evento incrementó la cantidad de turistas y empresarios que vieron el nivel de "confianza" y el "desarrollo" de la ciudad.[40]

En el caso de Nicaragua, a inicios de la ocupación, el Primer Teniente Levy Beery fue puesto a la atarea de reemplazar el mapa de Centroamérica dedicado a las rutas aéreas y posibles lugares de aterrizaje. Beery voló varias veces sobre el istmo. A medida que sus vuelos se desplazaron sobre la geografía, Beery tomó tiempo especial para capturar imágenes y dejar descripciones vívidas de los "gordos y majestuosos" volcanes. Las tormentas más fuertes no evitaron que apreciara las junglas y pantanos, las cuales, vistas desde el cielo, parecían una "vasta extensión de lana".[41]

La información mapeada por Berry tendría usos más allá de los propósitos militares. Entre 1926 y 1927, cuando Pan Am propuso unir el continente y llevó los vuelos de la "buena voluntad", los pilotos comerciales hicieron uso de las rutas y planes demarcados por Beery sobre Centroamérica y el Caribe, así la empresa comprendía la geografía, aeropuertos y lugares de aterrizaje, junto con velocidad de los vientos y variaciones del clima, entre otros indicadores. Así, como afirma el historiador Wesley Newton, fue sobre la experiencia de las ocupaciones en Haití, República Dominica y Nicaragua que Pan Am basó el inicio de sus rutas comerciales entre Estados Unidos, el Caribe y Centroamérica.[42]

Debido a lo anterior, las representaciones aéreas y militares que reforzaron la imagen de Nicaragua, vista desde Estados Unidos, como un paisaje "inhóspito", "salvaje" y "sumamente exótico", donde no había rastros de civilización, fueron llevadas a Hollywood. Nicaragua fue presentada en el cine acorde a otras películas que la industria cinematográfica estadounidense realizó sobre múltiples y distintos lugares de América Latina. En la película *Flight*, de Frank

---

38 Schwartz, *Pleasure Island: Tourism and Temptation in Cuba*, 66–67.

39 Roorda, "The Cult of the Airplane among U. S. Military Men and Dominicans during the U. S. Occupation and the Trujillo Regime", 270–71.

40 Schwartz, *Pleasure Island: Tourism and Temptation in Cuba*, 66–67.

41 Newton, *The Perilous Sky*, 51.

42 Ibid., 320.

Capra, estrenada en 1929, el país fue representado como una secuencia de selvas y montañas, con casas rústicas que albergaban una vida tradicional muy pintoresca. En la película, los Marinos ganan muy fácilmente las batallas y refuerzan la idea de que brindaban paz, orden y progreso al país. En una escena, el Sargento del cuerpo de Marina, "Panama" Williams (Jack Holt), instruye a sus oficiales sobre el posible encuentro con "los bandidos" bajo el comando del líder "General Lobo" – se supone Sandino – y cómo defenderse ante la "crueldad" y la "bárbaras" formas de violencia de estos.[43] Capra contó que parte de la inspiración para realizar la película provino de los reportes publicados en los periódicos sobre el bombardeo a la ciudad de Ocotal en 1927, de ahí que se mencione en el film el "bombardeo en picada" y al naciente cuerpo de aviones de la Marina.[44]

Las descripciones y las imágenes del país equilibraron el "poder duro" y el "poder suave" en el hecho que la información y las imágenes utilizadas por la UP provenían en su mayoría de los propios Marinos que ocupaban el país; y las publicaciones promovidas por ambas instituciones iban en línea con el sueño canalero promovido por las élites nicaragüenses. En particular, el inventario de la UP singularizaba todavía el mito del canal. En la lista de atracciones, la historia del canal no solo seguía vigente como proyecto de modernización inconcluso, sino que todavía definía la ruta que seguían viajeros y turistas en el país:

> Panamá y Nicaragua son famosas como presente y prospectivo canales interoceánicos. Pasando por Panamá, uno cuenta con facilidad desde la mitad de las cienes de montañas y colinas, muchas adornadas con cubiertas de realeza, añadiendo belleza pintoresca a un curso patrocinado por barcos y carga de todas las naciones.
>
> (...) años antes que comience de hecho el trabajo para cortar un canal (...) el turista omnipresente puede ser visto en el Lago de Nicaragua. El viaje comenzando desde el puerto de Granada, un pueblo rico en historia (...) uno puede disfrutar de algunos días en esta tierra maravillosa punteada de islas. El gobierno recientemente completó 24 millas de rieles desde el puerto de San Juan del Sur en el Pacífico hacia San Jorge, en el Lago, es un corte pequeño hacia esta parte de Nicaragua. A lo largo del mismo curso, hombres y máquinas cortarán sin duda una segunda ruta de océano a océano en una década o un poco más.[45]

[43] La película fue filmada en California para representar el paisaje de Nicaragua. Frank Capra, *Flight* (Columbia Pictures, 1929). Otra película sobre el mismo tema, y casi la misma trama, se estrenó en 1940 con el título de *The Marines Fly High*, sobre esta véase: Karly Gaitán Morales, *A la conquista de un sueño: historia del cine en Nicaragua* (Managua: FUCINE, 2015), 107.

[44] Joseph McBride, *Frank Capra: The Catastrophe of Success* (New York: Simon & Schuster, 1993), 88–90.

[45] Pan-American Union. *Latin American Attractions for the Tourist.* Organization of American States. Columbus Memorial Library. General Archive. Washington D. C.; 1933. Document call number: JX1980.53.T61 L17; 2–3.

En la cita anterior, Panamá muestra el presente casi 'desarrollado'. La ruta bajo jurisdicción estadounidense mostraba "realeza" (*royalty*) a lo alto de sus colinas y montañas. Desarrollo "patrocinado" por los barcos y la carga comercial que pasaban a través del canal. Nicaragua se encuentra, de nuevo, en espera de ese 'desarrollo', siempre a unos diez años o más y en dependencia absoluta de la capacidad de los Estados Unidos de construir un canal a través del país.

En este contexto de "ataques aéreos en picada" y "vuelos de buena voluntad", en complemento del Destino Geográfico del canal interoceánico, se inspiró a una clase exclusiva de turistas una vez terminada la ocupación. Este fue el piloto de avión que siguió también las rutas delimitadas por Beery, como se señaló arriba. Al menos así lo constata el señor William Barclay Harding. En agosto de 1936 escribió directamente al Bureau de Comercio Aéreo en el departamento de Comercio de los Estados Unidos solicitando obtener permisos para volar sobre varios países de Centro y Sur América. Entre estos países, estaba Nicaragua.

La solicitud de Harding llegó al cónsul estadounidense en Managua, Boaz Long, quien se refirió directamente al Ministro de Relaciones Exteriores de Nicaragua, el Doctor Luis Manuel Debayle.[46] Según el itinerario de vuelo, Harding volaría desde Tegucigalpa a Managua y de Managua a San José entre el 10 y 11 de enero de 1937. Su propósito era ver y tomar fotos de los paisajes panorámicos en América Latina que ya se habían vuelto reconocidos en Estados Unidos. Harding menciona el caso de otro piloto que había viajado un año antes que él y le había dado la información necesaria para llevar a cabo sus vuelos por el continente. El propósito del viaje era, en sus palabras, "solo por placer".[47]

Harding pidió permiso para llevar los siguientes ítems consigo: "una escopeta, un rifle o un revólver, una cámara Leica, una camera móvil 'simplex', una maleta personal, herramientas y botiquín de emergencia".[48] Las armas de fuego y la cámara son utensilios que llaman la atención. Como se señaló anteriormente, las narrativas de turistas como Cunningham recomendaban constantemente portar armas. La cámara móvil y personal, en concordancia con el poco tiempo que estaría Harding en cada país, denota que su interés principal era capturar las imágenes de cada país sin necesidad de adentrarse en el territorio de estos. Este no fue un caso aislado, los pilotos William Ebel y Walter Bass solicitaron permisos similares para volar sobre

---

46 Carta de Luis Manuel Debayle, Ministro de Relaciones Exteriores, a Boaz W. Long, Ministro Plenipotenciario de los Estados Unidos de América en Nicaragua. 27 agosto 1936. NA, RG 84, NND 775091, 1936–1939, Caja 1, vol. 30. Doc. 122.

47 Op. Cit.

48 Carta de William Barclay Harding a Robert R. Reining del Bureou de Comercio Aéreo, Departamento de Comercio de los Estados Unidos. 24 agosto 1936. NA, RG 84. NND 775091, 1936–1939, Caja 1, vol. 30. Doc. 70.

y aterrizar en Managua portando armas y cámaras, entre otras solicitudes que aparecen hacia el final de la década.[49]

El crecimiento de Pan Am y las conexiones a través de Centroamérica hicieron que tales vuelos "por placer" llevados a cabo por pilotos particulares se volvieran cada vez más raros. También, el incremento de los vuelos de Pan Am y su forma de agilizar la movilización y transporte de pasajeros residentes y turistas alentó a las repúblicas centroamericanas a otorgar tarjetas especiales de circulación exclusivos para los "pasajeros en tránsito" con la aerolínea. En Nicaragua, a raíz de esta tendencia, se aprobó en 1937 la "Reglamentación para el uso de la tarjeta de pasajeros en tránsito de la Pan American Airways Co., Inc.", mediante la cual se les permitía a los pasajeros provenientes o en vía a un país centroamericano hacer escala sin pagar el requisito de visa en el aeropuerto donde se encontrase en tránsito.[50]

También, los primeros turistas que viajaron por Centroamérica, mediante la aerolínea estadounidense, publicaron sus relatos e impresiones del istmo y de sus vistas panorámicas. Esta fue la *Odisea Aérea* (*Aerial Odyseey*) escrita por E. Alexander Powell, libro publicado en 1936.[51] Por más que su vista panorámica pudo haberle dado cierta ventaja o al menos la oportunidad de ver paisajes y vistas usualmente no registradas en las narrativas o guías de turismo, Powell detalló los mismos elementos. Incluso, vió lo que no se ve desde el avión. Paisaje, recursos naturales, posibilidades de negocios y razas dominan su relato y titula su paso por Centroamérica en dos capítulos. Uno se titula "*Banana Republics and Coffee Kingdoms*"(Repúblicas bananeras y reinos del café); el siguiente lleva el título de "*Dictators, Filibusters and Soldiers of Fortune*"(Dictadores, filibusteros y soldados de la fortuna).[52] Así comienza su primera impresión de Centroamérica:

> Ante los ojos del viajero aéreo se despliegan las páginas de un atlas con mapas e ilustraciones vivientes. Él ve ciudades blancas con nombres mágicos que brillan bajo el sol, aldeas indias encaramadas en pilotes, sobre lagunas bordeadas de palmeras y puertos ocultos en cuyas brillantes aguas azules se precipitaban las anclas de los navegantes, selvas humeantes, ríos infestados de cocodrilos, café y plantaciones de cacao y banano,

49 Véase cartas de William Ebel y/o de Walter Blass en: NA, RG 84. NND 775091, 1936–1939, Caja 1, vol. 30. Docs. 91, 92 y 96.

50 "Reglamentación para el uso de la tarjeta de pasajeros en tránsito de la Pan American Airways Co., Inc.". *La Gaceta Diario Oficial*, 19 julio 1937. Disponible en: http://legislacion.asamblea.gob.ni/normaweb.nsf/b92aaea87dac762406257265005d21f7/23191620d62c5173062572d4005ff962.

51 Alexander Powell, *Aerial Odyssey: Cuba, Haiti, Dominican Republic, Porto Rico, Virgin Islands, the Lesser Antilles, Trinidad, the Guianas, Venezuela, Colombia, Panama, Costa Rica, Nicaragua, Salvador, Honduras, Guatemala and Mexico* (New York: Macmillan, 1936).

52 Ibid., capítulos XIV y XV.

> volcanes envueltos en humo y vapor. Y en ningún otro lugar la geografía está tan simplificada como al volar sobre Centroamérica, donde desde un avión se pueden ver con frecuencia ambos océanos al mismo tiempo y donde los países se suceden en una sucesión desconcertante.[53]

Sobre Nicaragua en particular, los recursos naturales abundantes, que no han sido aprovechados porque se encuentran durmientes, al lado de la eterna promesa del canal, vuelven a dominar la narrativa desde el aire. El autor escribe que al "volar de San José a Managua, es fácil visualizar el Canal de Nicaragua propuesto, ya que la región que sería atravesada por tal vía fluvial se extiende debajo de uno como un mapa".[54] "Nicaragua es el país más grande de Centroamérica, rico en bosques, minerales y tierras aptas para la agricultura", cuyo subdesarrollo, según Powell, solo podía explicarse por la "indolencia, la apatía y la ignorancia de sus habitantes, de los cuales el noventa por ciento son de sangre india o mestiza y al menos el sesenta por ciento son analfabetos, y en parte al poco envidiable historial de turbulencias políticas del país, que ha retrasado muchos años las manos del progreso".[55]

Su descripción de la naturaleza, a través de la cual pasaría el canal, se adentra en los árboles e, incluso, en las personas y la constitución de su raza. La mirada aquí ve desde la tierra hacia el cielo y vuelve a encadenar la misma constante que explica el eterno letargo del país como una combinación de la indulgencia de la raza y los problemas políticos. Esto se evidencia particularmente en la descripción de Powell sobre el Caribe:

> Esa porción de Nicaragua vista desde un avión es desolada y monótona, sin la belleza escénica, la frescura o el color de Costa Rica. Toda la mitad oriental del país es baja, calurosa, húmeda y palúdica, llamándose con gran propiedad la costa caribeña Costa de los Mosquitos. Sin embargo, no por los enjambres de voraces Culícida, sino por los indios miskitos, una raza degenerada y semisalvaje en cuyas venas se mezcla la sangre de los habitantes aborígenes, negros antillanos y bucaneros.
>
> La selva nicaragüense forma una barrera casi impenetrable de vegetación tropical, los árboles y la maleza están tan entrelazados con lianas y otras enredaderas que es imposible ver más de unos pocos pies en cualquier dirección. En él prevalece una penumbra permanente y opresiva, pues poca luz penetra en el espeso dosel de verde sobre nuestras cabezas. Los pantanos están infestados de serpientes, lagartos, escorpiones, pulgas,

53 Ibid., 202.

54 Ibid., 215.

55 Ibid., 217.

> garrapatas, mosquitos y otros insectos malsanos que los caimanes hacen que bañarse en los ríos sea peligroso y los tiburones en las aguas costeras.[56]

El autor acepta que sus observaciones son "superficiales" y se reserva varias opiniones debido a que "no estuvo suficiente tiempo" en cada uno de los países. Powell describe y analiza Nicaragua según su conocimiento común, sin interés por adentrarse en el territorio más allá del hotel o el aeropuerto. No obstante, eso no le impide a sus ojos documentar las selvas, ver la piel de las poblaciones y adentrarse en su sangre para explicar el "letargo" de sus vidas que afectan, a su juicio, el desarrollo de la nación. Suspendido en el aire, Powell es capaz de ejercer su autoridad para articular su dominio sobre la geografía. A semejanza de la mirada turista, su interés no era dar un recuento minucioso, sino en mostrarle a "las personas interesadas en visitar lugares las formas de alcanzar esos lugares y qué ver en ellos".[57] De esta manera, Powell miró desde el avión el mismo inventario de paisajes, recursos naturales y razas e incluyó su narrativa en la gran taxonomía imperial que dividió el mundo en el sentido de desarrollo y subdesarrollo. Lo más interesante, es que desde el aire también ve la historia, así como el paisaje y la población, en clave turista. Aún cuando selvas y enredaderas bloquean su mirada desde el avión.

Finalmente, narrativas como las de Powell, y las vistas panorámicas descritas por turistas y pilotos fueron reproducidas por los Marinos estadounidenses. Una de las primeras publicaciones promocionada por estos en la revista *National Geographic* se concentró específicamente en la recolección de datos para vislumbrar una posible ruta canalera a través de Nicaragua. Si bien el artículo escrito por el Teniente Coronel Dan Sultan muestra la información técnica pertinente a los trabajos del canal interoceánico, su pluma vira hacia otros elementos del paisaje y la población. El canal, en este sentido, sigue siendo el punto de referencia que sutura paisaje y población a un modelo de desarrollo. También, Sultan hace uso de las convenciones narrativas que hemos detallado, de manera que se concentra en la belleza del paisaje, la dificultad del medio ambiente antes de ser puesto a trabajar, y las bellezas "inusuales" o "pintorescas" de la naturaleza y la población.

El artículo de Sultan en *National Geographic* puede ser leído bajo la luz de estas tendencias en las descripciones de los estadounidenses y de las intenciones de la política monetaria implementada por la diplomacia del dólar en Nicaragua. Las fotografías e información que utiliza son también el cúmulo de un inventario que se había organizado y sistematizado para comprender e inventariar Nicaragua durante la ocupación. De la misma manera en que Beery compartió su inventario con las apreciaciones del paisaje, las imágenes que acompañan el artículo de Sultan fluctúan entre el conocimiento técnico y la recolección de datos – principal propósito de Sultan

---

[56] Ibid., 216.

[57] Op. Cit.

y compañía – con el esparcimiento y el ocio. Y cómo la película de Capra, Sultan comparte las imágenes de un país majestuoso, "salvaje" y "exótico". Así, la cámara y la pluma de Sultan viran hacia cuentos sobre la pesca en Nicaragua, fotografías de los Marinos comprando en los mercados o sus historias y fotografías de mascotas "inusuales" como monos y cuatíes. Entre tanto, sus apreciaciones de la población y del estado de progreso en Nicaragua se cuelan entre la información técnica y los datos científicos. De esta manera, la prosa desglosa el poder duro y el poder suave, al mismo tiempo que difumina la frontera entre el turista y el ocupante.

Son estas conexiones intertextuales de las narrativas, y los saltos de las imágenes entre varios medios de comunicación, las que unen a los Marinos con el Panamericanismo mediante la articulación que habilita el turismo en el caso de Nicaragua. Al mismo tiempo, proporcionan los insumos para ver la concordancia entre el concepto de "máquina representacional" de Ricardo Salvatore y el "mundo de imágenes" de Deborah Poole. En primer lugar, las imágenes capturadas por los Marinos fueron utilizadas directamente en las guías de turismo elaboradas por la UP y por el gobierno e instituciones nicaragüenses. El Brigadier General Dion Williams estuvo en nicaragua entre el 18 de abril de 1929 y el 4 de junio de 1930. En su paso, piloteó aviones desde los cuales tomó fotografías de los volcanes en Nicaragua. Una fotografía en especial llegó a las guías de la UP publicadas en 1933 y en 1947. En esta última su nombre es borrado y se le implanta únicamente el slogan de "*Visit Nicaragua*" (Visite Nicaragua), como se puede apreciar en las imágenes 3 y 4.[58] Más adelante en el artículo, estas imágenes son utilizadas por la *National Geographic* junto con los artículos escritos por las mismas fuerzas ocupantes de Nicaragua. Se denota que el archivo de los Marinos y el Cuerpo de Ingenieros del Ejército, su forma de documentar el paisaje, el espacio y las poblaciones, es el mismo archivo representacional de las vistas panorámicas y paisajísticas que promueven el turismo.

En segundo lugar, el salto de estas imágenes, de informes y documentos confidenciales, a revistas oficiales de la Marina, guías turísticas y artículos etnográficos, demuestra la manera que el archivo de los Marinos fue armando un mosaico de representaciones sobre el mundo que significaba Nicaragua para turistas, miembros del cuerpo de Marina e ingenieros del ejército, así como pilotos de Pan Am, en las primeras décadas del siglo.[59] Un mosaico armado a forma de palimpsesto, sobre la larga duración de narrativas y representaciones e imágenes de Nicaragua que venían sedimentándose desde el siglo diecinueve, encadenando a filibusteros, viajeros, científicos y Marinos como las culturas de viaje estructurantes del turismo en este país.

58 Pan American Union, *Nicaragua*, 1933, 284–86; Pan American Union, *Visit Nicaragua* (Washington, D. C.: Travel Division of the Pan American Union, 1947), 2.

59 El capítulo 6 se trata el caso particular del volcán Momotombo y su instrumentalización en este mundo de imágenes para sedimentar la noción de Nicaragua como un país de "lagos y volcanes".

Imagen 3: Fotografía aérea del Brig. Gen Dion Williams. Fuente: Nicaragua. Vol. 284. Bulletin 67. Washington, D. C.: Pan American Union, 1933, 286.

Imagen 4: Pan American Union, Visit Nicaragua (Washington, D. C.: Travel Division of the Pan American Union, 1947), 2.

En una fotografía al final del artículo de Dan Sultan se encuentra una vista panorámica del lago Cocibolca junto con los volcanes e islas alrededor y dentro de sus aguas. Capturada desde un avión, la fotografía extiende el agua del lago, la isla Zapatera y las isletas de Granada en contraste con el alzamiento de los volcanes Concepción y Madera en el fondo. El título lee: "En la isla de Zapatera, los habitantes precolombinos adoraban a sus dioses extraños" y debajo de la imagen se lee el siguiente texto descriptivo:

> Es un lugar salvaje e impresionante de bosque denso, con el volcán Ometepe de pie contra el horizonte a través de un tormentoso estrecho del lago de Nicaragua, y Mombacho, Santiago, Momotombo y Momotombito elevándose en la niebla púrpura hacia el noroeste. Los templos, que eran de madera con techos de paja, han desaparecido hace mucho tiempo, pero la meseta en la cima está cubierta de monumentos, altares e ídolos de piedra. Las urnas funerarias, la cerámica primitiva y los huesos humanos se pueden encontrar cavando en la ladera hacia el lago.[60]

Vale la pena preguntarse, ¿dónde se encuentra el pasado "precolombino", los templos de madera y los "ídolos de piedra" en la fotografía? La vista panorámica esparce y extiende la mirada hacia la riqueza natural del país. Una vez más, los cuerpos de agua, las selvas y los volcanes profundizan la representación de Nicaragua y ahondan en todos los elementos que la mirada de Marinos-Turistas-*National Geographic* sutura con el paisaje y con el pasado, de manera que vuelve a la fotografía un vehículo de invitación inteligible para el lector imaginado de NetGeo: la clase media blanca estadounidense. Esto es, visitar Nicaragua con sus vistas panorámicas tan hermosas, que ocultan secretos y pasados "salvajes" en sus selvas. A su vez, las fotografías aéreas rellenan las páginas de las narrativas de viaje escritas por turistas en aquellos años. Tales fotos se encuentran, por ejemplo, en la visión sobre Centroamérica y Nicaragua que escribe Samuel Crowther en su texto publicado en 1929.[61] Así, los intertextos y los saltos de imágenes son decidores de un mundo de imágenes que construyó el escenario de Nicaragua para ser visitado por posibles turistas.

Las apreciaciones de Sultan no estuvieron absueltas de controversia. El escritor y poeta, José Coronel Urtecho, publicó una crítica directa al artículo. En *El Diario Nicaragüense* (Conservador), la editorial acusó a Sultan de representar incorrectamente el baile de la

---

[60] Lieut. Col. Corps of Engineers of US Army Dan I. Sultan, "An Army Engineer Explores Nicaragua: Mapping a Route for a New Canal Through the Largest of Central American Republics", *National Geographic*, mayo de 1932, 583.

[61] Crowther, *The Romance and Rise of the American Tropics*, 106–7.

Gigantona y otras prácticas culturales, para mostrar una Nicaragua "salvaje" y "exótica".[62] La crítica se concentraba en una fotografía que Sultan utilizó para acompañar su artículo, en la cual se mostraba a las personas de Granada practicando el baile del *Enano Cabezón y la Gigantona*. A los ojos de Sultan, y de muchos otros miembros del ejército y Cuerpo de Marina, "los granadinos se ponen un atuendo fantástico para exorcizar espíritus malignos en Nochebuena".[63] Coronel Urtecho habrá estado singularmente molesto porque no tuvo un contacto directo con Sultan y compañía, a pesar que los ingenieros llegaron "a la hacienda a cazar venados y una vez aterrizaron en un avión anfibio", según recuerda el poeta.[64]

Artículos parecidos y escritos por ingenieros o especialistas contratados por la Marina estadounidense fueron publicados también en periódicos y semanarios. Además, libros de viaje sobre Nicaragua también contaban con reseñas en los periódicos de gran circulación. El libro de Batson por ejemplo, mereció una crítica positiva en *Los Angeles Times*.[65] En concordancia con la tendencia demarcada aquí, dichas publicaciones reforzaban la visión del país en términos "pintorescos", "exóticos" o "salvajes". O como el Teniente Joe Le Fors tituló su artículo publicado en el mismo periódico de Los Ángeles: "Mis increíbles aventuras EN LAS SELVAS DE NICARAGUA: una gran serpiente se metió en nuestro bote, vi un extraño ser cara a cara y tuve peleas con cocodrilos, pero, lo más extraño de todo, ¡un solo comentario condujo a mi matrimonio involuntario con una belleza nativa!".[66] De la misma manera que Sultan viajó para reconocer las posibilidades del canal, y a ello sumó sus aventuras de viaje, Le Fors viajó inicialmente en aras de sustentar el otro gran proyecto de desarrollo: la extracción de materias primas. Las aventuras de por medio, al final, es lo que llega a la prensa escrita.

Las órdenes de Le Fors eran subir "el río Wanks lo más lejos posible, luego caminar por la jungla y, sobre la espina dorsal rocosa del país hasta la costa oeste, recolectar especímenes de minerales".[67] Lo curioso de su relato es que, en cuatro meses o más, Fors evitó cualquier encuentro con los Marinos, incluso, con las fuerzas de Sandino. Aunque estuvo en territorio Sumo y logró entrar en contacto tanto con estadounidenses y nicaragüenses en zonas pobladas, la

---

62 Gobat, *Confronting the American dream*, 257.

63 Dan I. Sultan, "An Army Engineer Explores Nicaragua: Mapping a Route for a New Canal Through the Largest of Central American Republics", 564.

64 Coronel Urtecho, *Rápido tránsito*, 20.

65 "Travel Thrills Exploited: Alfred Batson Tells of His Long Hike in Tropics; Titayna Records Her World-Wide Wanderings", *Los Angeles Times*, 5 abril, 1931, p. 17.

66 Joe Le Fors, "My Incredible Adventures IN NICARAGUAN JUNGLES: A Great Serpent Crawled into Our Boat, I Saw a Strange Ape-Being Face to Face and Had Fights with Crocodiles--but, Strangest of All, a Single Remark Led to My Unintentional Marriage to a Native Beauty!", *Los Angeles Times*, 12 marzo 1933. Mayúsculas en original.

67 Ibid., 7.

ocupación pasa desapercibida u oculta en sus "increíbles aventuras" por Nicaragua. No pasa desapercibida la producción de caucho, los recursos naturales, las anacondas, cocodrilos, malaria o simios fantasmas. En el texto de Le Fors, al igual que en las guías de la UP publicadas en 1918, 1921, 1927, 1933 y 1935, la ocupación no existió.

En un último grado de asimilación, las fotografías aéreas y las vistas panorámicas se incluyen en las guías turísticas elaboradas en Nicaragua, como fue el caso del *Anuario Nicaragagüense* publicado en 1934. Las imágenes que lo acompañan son muy pequeñas, pero varias de ellas son las vistas aéreas tomadas por Pan Am y por los Marinos. En otras, se presenta el avance de la Carretera Panamericana y las facilidades para el viaje y el comercio que representaba. Una imagen de "un avión de la 'panair' en vuelo sobre Nicaragua" es acompañada por las tomas aéreas de Puerto Corinto visto "desde un avión de la 'panair'".[68] Asimismo, un mapa topográfico del Volcán Masaya es incluido en el *Anuario*, tomado del archivo acumulado por los Estados Unidos.[69]

En concordancia con Poole, las fotos de los Marinos saltan a otros medios de reproducción, como las guías de la UP, diarios de turistas, publicaciones de *National Geographic* y el *Anuario Nicaragüense*, y sus descripciones del paisaje y las personas van en concordancia con la larga duración de narrativas de viaje sobre el país, muestran la relación entre "las tecnologías representacionales, la vigilancia y el poder".[70] La tecnología de la fotografía, particularmente aérea, instrumentada inicialmente para inventariar los lugares del país en aras de controlarlos y derrotar a Sandino, responden al esquema de poder entrelazado por las relaciones desiguales entre Estados Unidos y Nicaragua. En un momento posterior, la fotografía le da un nuevo significado y valor al espacio, una vez que la visión sobre Nicaragua no es solo inventariada para el dominio, sino para el goce y placer del turista. El saber-poder de la mirada imperial comodifica el espacio y le otorga un valor específico para ser consumido por el sujeto imperial. La tecnología de vigilancia genera un placer por la dominancia sobre paisaje, recursos y poblaciones por fines estratégicos. Mismo placer se traduce al placer de la mirada incentivada para el turista con relatos increíbles de las hazañas de Marinos e ingenieros, encadenadas estas en la relación pasado-presente con ocupaciones pasadas, como la campaña de Walker en Centroamérica

Los ejemplos denotados en este capítulo indican que la maquinaria de la ocupación ha catalogado e inventariado el espacio, ha encuadrado el paisaje a las fotografías y rellenado sus significantes vacíos con elementos decidores del dominio o saber-poder estadounidense. Los elementos son: a) el dato duro, la información recabada por Sultan para construir el canal; b) el

---

68 Hermenegildo Aliprandi y Virgilio Matrini, eds., *Anuario Nicaragüense* (Managua: Tipografía Robelo, 1934), 27 y 48.

69 Ibid., 97.

70 Poole, *Visión, raza y modernidad*, 15.

inventario de recursos naturales encontrados en las posibles zonas cerca al canal; c) el inventario de imágenes y narrativas; y d) las descripciones "pintorescas" de Nicaragua y sus habitantes. Lo que resalta en el turismo es que todo este inventario – maquina representacional – aglutinado en la imagen panorámica del país tiene un fin primordial: crear placer y goce en el lector. Tanto Marinos, funcionarios de la UP, personal del Departamento de Estado y, finalmente, élites gobernantes en Nicaragua, esperaban que este mosaico de información, imágenes y textos lograran atraer turistas y, por encima de ellos, inversores.

En este sentido, y resumiendo el primer y segundo capítulo, la 'norteamericanización' ocurrida en Nicaragua fue una experiencia multi-sectorial que negoció constantemente el sentido de la ocupación, bombardeos, pactos y dominio de la política fiscal y monetaria, junto con la llegada del jazz, turistas y los proyectos de infraestructura como carreteras y líneas aéreas. Las guías de turismo e inversión, a partir de las fotografías y los archivos que constituyeron esta empresa en Nicaragua, hablan de una parte más en este proceso dinámico de negociación. Este es un elemento más para reflexionar sobre las "interacciones materiales y simbólicas" en el "centro de lo que trata la norteamericanización".[71]

Como se mencionó en la introducción, Sarah Mills argumenta que la vista panorámica es un "dispositivo para ver un país como un futuro país colonizado".[72] El inventario de Nicaragua en clave de turismo, realizado por fuerzas ocupantes, miembros y turistas pagados por la UP, y élites letradas nicaragüenses, crea un consenso sobre la forma de visitar y viajar a través del país. Con ello, el turismo crea un itinerario en base a la topografía del progreso que fuerzas ocupantes y gobernantes crean, y delinean, para Nicaragua. Fuese lo que haya sido Nicaragua para las variadas y distintas personas comprendidas dentro de la población nicaragüense, sus significados propios del paisaje, la naturaleza y la nación son significados perdidos en la cadena de equivalencias tejida por los significantes y las estéticas fundacionales del turismo en este país.

Las fotografías de la población disfrazada rindiendo culto a los dioses para expulsar los demonios, apiladas al lado de fotografías de los Marinos comprando baratijas en los mercados y estudiando los minerales, sumado a las fotos de sus mascotas, construcciones en la jungla y apreciaciones de la historia, paisaje y población, convergen en la estructuración de la imagen del país establecida para la ocupación, la atracción de inversiones y el turismo. La autoridad del ocupante y su visión del país son lo político aquí porque configuran un sistema de poder, el cual obedece al orden tabulado e inventariado por el hombre blanco, bajo cuyo mandato descansa

[71] Hans-Joachim König y Stefan Rinke, "Between 'Moral Conquest' and Global Integration: North Americanization in Latin America?", en *North Americanization of Latin America? Culture, Gender, and Nation in the Americas*, 10.

[72] Mills, *Discourses of difference*, 79.

el desigual sistema de relación imperial entre Nicaragua y Estados Unidos. Finalmente, dichas imágenes suturan paisaje, recursos naturales y población mediante una narrativa que se estructura en base a los significantes usuales de las prácticas escriturarias de viaje. Las mismas imágenes muestran dicha sutura en los textos descriptivos de las mismas. Así como el texto sobre la Gigantona hace alusión a una condición de ritual "exótico" o "salvaje" – en palabras de Urtecho – el mismo paisaje capturado por los Marinos es descrito utilizando esos elementos, incluso cuando no aparecen.

2.3 Máquinas de representación – estrategias de dominación masculina

Los textos de Le Fors y Sultan iluminan el siguiente punto a resaltar en este capítulo. Los Marinos y Soldaos Ingenieros salieron y entraron de su condición de ocupantes para vestirse de turistas en ciertas ocasiones o, por lo menos, de escritores de viaje. A veces, como afirma Michael Brodhead, "Cuando no estaban trabajando en la encuesta, los hombres eran libres de explorar las ciudades y pueblos en el camino y observar festivales, procesiones religiosas y otras actividades".[73] En su mayoría, Soldados y Marinos se dieron oportunidad de recorrer el país, comprar y enviar tarjetas postales y escribir sus apreciaciones directas sobre el paisaje y su gente. En las postales los Marinos preguntaban "¿Cómo se ve este país para ti?" o se animaban a invitar a alguien a pasar su "luna de miel" en las costas cercanas a Puerto Corinto.[74] Los hombres, exclusivamente blancos del cuerpo de Marina, también publicaron sus anécdotas y viajes en los medios disponibles, como la revista no-oficial *Leatherneck*.[75]

Allan Millett relata que durante las primeras décadas del siglo veinte los Marinos fueron la única fuerza militar que reclutó especialmente personas que consideraban "americanas", término que se refería a personas blancas, usualmente de ascendencia de Europa occidental.[76] En sus artículos y diarios o cartas, los Marinos compartían las visiones racializadas y civilizatorias que se han detallado aquí. En varias ocasiones resaltaban los recursos naturales y las oportunidades que estos representaban. Un oficial afirmó a un compañero en armas que: "el

[73] Michael J Brodhead, "'A Wet, Nasty Job': Army Engineers and the Nicaragua Canal Survey of 1929–193", *Federal History* 1, núm. 5 (2013): 26.

[74] La colección de postales enviadas por los Marinos son parte del archivo resguardado en el Instituto de Historia de Nicaragua y Centroamérica. Ver: Antonio Monte Casablanca, *Paisaje/Sujeto/Nación: Turismo e Inversión en Nicaragua (1892–1940)*, 24 y 160.

[75] En español "cuello de cuero", es un término que se utilizaba para referirse a los Marinos, debido al cuello de la camisa elaborado de cuero de los uniformes.

[76] Millett, *Semper Fidelis: The History of the United States Marine Corps*, 175.

país en sí mismo es encantador y tiene tremendas posibilidades en agricultura y minería"; al tiempo que la carta dejaba una invitación abierta: "desearía que vieras este país".[77]

En concordancia con lo anterior, si hay poder hay una jerarquía. Y si la mayoría de ocupantes, ingenieros y turistas fueron hombres, es preciso señalar que la jerarquía esbozada en estos documentos otorga primacía a la autoridad masculina dentro de un contexto de ocupación. El segundo ejemplo de las continuidades narrativas de la cultura de viaje, en las cuales se insertan ocupación y turismo en Sultan o Le Fors, es la negociación entre paraíso e infierno como contexto para reforzar la fortaleza y autoridad masculina, leída aquí como la autoridad de los Estados Unidos, en cuanto a país "más desarrollado" se refiere, sobre la población todavía no desarrollada de Nicaragua.

En acuerdo con el postulado de Becky Boling sobre el tropo de la naturaleza en relación al paraíso, "el proyecto de modernización exige el dominio del hombre sobre la naturaleza, y la naturaleza – que ya no es un Paraíso sino la imagen del hombre caído – se asocia con el mal, con el primitivismo, y constituye un obstáculo para el progreso".[78] En este caso particular ambos tropos – paraíso e infierno – vigorizan una noción positiva de una masculinidad singular, aquella referente al valor y el coraje del Marino. Dos párrafos del escrito de Sultan esclarecen esta afirmación:

> Temprano en la mañana, la primera vista de Nicaragua desde la costa era impresionante. El extremo norte de la línea de los volcanes en Nicaragua – Viejo, Santa Clara, Telica, y otros – se puso de pie en valiente alivio contra el amanecer, y en la nebulosa distancia se levantó el cono perfecto del Momotombo, marcando la ubicación del Lago de Managua, cuyas aguas casi lo rodean. Corinto es uno de tantos lugares que el turista promedio ve en Nicaragua. Uno adquiere aquí el aroma inequívoco de los Trópicos, y, aunque es un puerto común, tiene una atmósfera propia.
>
> (…) Las tropas nunca estuvieron secas; pero afortunadamente, aunque estar mojado constantemente no es cómodo, en Nicaragua esta condición no conduce a resfriados o neumonía, como sería el caso en los Estados Unidos. Trabajar en un casi continuo aguacero en una jungla tan gruesa que difícilmente se puede ver más allá de diez pies en cualquier dirección, donde la vegetación es tan densa que pervive en penumbra, donde el equilibrio es siempre inseguro, y donde largas áreas están cubiertas de pantanos sin fondo, no es una existencia muy feliz para el Soldado Americano. Si se aumenta la incomodidad al añadir mosquitos; insectos por millones, de tan variados tamaños y formas,

[77] Carta del teniente F.G Roach, 1931. Citada en: Laupsa, "Encountering Nicaragua. United States Marines Occupying Nicaragua 1927–1933", 31.

[78] Becky Boling, "The Trope of Nature in Latin American Literature: Some Examples", *Studies in 20th & 21st Century Literature* 30, núm. 2 (el 1 de junio de 2006): 254. Mayúscula en original.

> mordida, y método de locomoción que la clasificación es imposible; y luego se le añade lagartos, serpientes, y escorpiones, sin dejar de mencionar las pulgas y garrapatas, se tendrá una imagen de las condiciones en las que trabajó el personal del Ejército en Nicaragua. Los hombres mostraron coraje, determinación y estamina para salir adelante que ganaron grandes elogios.[79]

En el primer párrafo de la cita anterior, el paraíso invita la mirada del sujeto que se dispone a adentrarse al territorio ocupado – Nicaragua. En el siguiente párrafo citado, correspondiente al final de la introducción del artículo, las dificultades presentadas por la naturaleza, si bien abundante, refuerzan la visión que los Marinos y las fuerzas estadounidenses tenían sobre sí mismas: ser agentes paternales que enseñaban el progreso a la población ocupada. El ingeniero, Sultan, realiza la última sutura, esta es la infraestructura que la técnica puede desarrollar en el país de recursos abundantes representado como un paraje "paradisíaco" y "exótico", pero lleno de problemas que incitan al ingenio del hombre.

El turista Samuel Crowther, entiende que cada paso por Centroamérica durante los años veinte iba insertado en esta narrativa. Esa es su forma de introducir su relato de viajes por los países del trópico. Al inicio de su libro, *The Romance and Rise of the American Tropics*, el autor hace explícito su comprensión del desarrollo lineal de la historia y sitúa al hombre blanco estadounidense como la expresión máxima de éste. Así inicia su relato:

> Durante cuatro siglos y medio, el hombre blanco ha luchado contra la naturaleza y contra sus semejantes en esa región entre Cáncer y Capricornio, que forma los trópicos americanos. Y la naturaleza hasta hace poco siempre ha ganado. Solo ahora sí el hombre gana un poco de dominio. La maldición de los trópicos es la pobreza, una pobreza sorprendente que existe en medio del esplendor.[80]

La lucha y el forcejeo contra la naturaleza exuberante o desafiante no es exclusiva al relato de los Marinos. En acuerdo con todas las pautas y convenciones de la narrativa de viaje presentes en el artículo de Dan Sultan, la supremacía del intelecto y la fuerza del hombre blanco sobre la naturaleza va también encauzada en esta larga duración. Tampoco es exclusivo de los viajeros

---

79 Dan I. Sultan, "An Army Engineer Explores Nicaragua: Mapping a Route for a New Canal Through the Largest of Central American Republics", 592. Este es uno de varios ejemplos en que Marinos y soldados detallan la lucha del "hombre con la naturaleza". El capitán P. C. Geyer Jr. describe todas las peripecias y todos los sufrimientos sobrevividos por su batallón en su viaje a través del río Coco. Hace mención al hecho que las tropas "nunca estaban secas" y las enfermedades tropicales que atacaron a sus tropas. El texto de Geyer aparece citado en: Bermann, *Under the big stick*, 204.

80 Crowther, *The Romance and Rise of the American Tropics*, v.

y turistas estadounidenses, o de aquellos que viajaron a América Latina. Esta forma de narrar y dar sentido a la experiencia del viaje es quizá una de las motivaciones principales del viaje desde sus inicios. Y singularmente en Estados Unidos, dicha narrativa fue de la mano con la expansión de la unión hacia el oeste del continente.

Walker, al llegar a Nicaragua, se comprendía a sí mismo como una parte de esta historia estadounidense que se esparcía hacia el oeste: "Los estadounidenses, con esa fe en sí mismos que los ha llevado en un período maravillosamente corto de un océano a otro, consideraban su establecimiento en Nicaragua como algo fijo", afirmó el filibustero.[81] Walker era la corporalización de una creencia diseminada en los Estados Unidos que creía en la certeza de la "americanización" del resto del continente. Luego de las primeras victorias de los filibusteros, los medios de comunicación se sintieron en la seguridad de afirmar que "la americanización de Nicaragua puede considerarse casi un hecho establecido".[82]

Las apreciaciones de los filibusteros sobre la población también fueron parecidas a aquellas de los turistas y escritores de viaje que pasaron por Nicaragua, al igual que los escritos de los Marinos. Así como Walker enjuiciaba a las élites y la población trabajadora como "incapaces de gobernarse" y, como se detalló arriba, turistas y escritores como Ruhl o Cunningham también valoraron, los Marinos se consideraban a sí mismos como figuras paternas cuyo fin era enseñarle a la población nicaragüense a gobernarse a sí misma. Generalmente, "la gente muy buena" en Nicaragua era la que colaboraba con la misión de los Marinos y que, en concordancia con ellos, "esperaban que Nicaragua pudiese estar en pie por su propia cuenta algún día".[83] Visto desde el otro lado, los Marinos dependían de los y las nicaragüenses para realizar incontables actividades, servicios, logísticas y tareas del día a día, desde obtener "comida, caballos y mulas" hasta "lavandería, cocina" o "parejas sexuales".[84] La remuneración y la seguridad que obtenían las personas nicaragüenses construía una relación ambivalente con los ocupantes. Schroeder destaca que algunos Marinos reconocían que las personas del área cercana a Nueva Segovia los "odiaban y despreciaban", pero que la presencia de las fuerzas ocupantes significaba "más riqueza y mayor seguridad personal y libertades personales" para la población nicaragüense.[85]

La contradicción que los Marinos no resuelven es cómo interpretar el acto de absorción y asimilación de saberes, prácticas y tecnologías que tomaron de la población local. Sobre todo al adentrarse en el Caribe del país, donde las fuerzas de Sandino atacaron y saquearon minas de

81 William Walker, *The war in Nicaragua* (Detroit: Blaine Ethridge-Books, [1860] 1971), 213.

82 *Blackwood's Magazine*, marzo 1856, 314. Citado en: Bermann, *Under the big stick*, 76.

83 Op. Cit.

84 Schroeder, "The Sandino Rebellion Revisited: Civil War, Impearialism, Popular Nationalism, and State Formation Muddied Up Together in the Segovias of Nicaragua, 1926–1934", 237.

85 Op. Cit.

oro pertenecientes a compañías estadounidenses, los Marinos dependieron cada vez más de la población para sobrevivir y para comprender la forma de batallar en esas regiones. La población Miskita en especial, "les enseñaron a los Marinos mucho sobre la guerra en la selva", además de formas de sobrevivir en el territorio como la construcción de "casas de bambú o camas hechas de hojas de bananos (…) y a navegar con piraguas".[86] El conocimiento local que utilizaron para abrirse paso por el territorio no funcionó para cambiar la perspectiva generalizada que los integrantes de la Marina tenían sobre la mayoría de la población. Esta generalmente fue retratada mediante adjetivos despectivos de su condición racial o de su aparente "indulgencia", "pereza" y "tendencia a la corrupción" que los inclinaba a optar por el "desorden" y las "revoluciones".[87] "Al ser una mezcla de sangre latina e india" explica un Marino, los y las nicaragüenses eran "bastante tumultuosos".[88]

Las casas de bambú y demás formas de habitar Nicaragua, que los Marinos aprendieron de la población local, quedan reducidas en la prosa de Sultan a un mero dato pintoresco del paisaje que complementa el artículo al mostrar las casas donde habitaban los estadounidenses en Nicaragua. "Dos Tenientes del cuerpo de Ingenieros construyeron una casa pasa sus familias" lee el título de la foto. Y, aunque "los dos oficiales construyeron ellos mismos el edificio", el artículo menciona que "la arquitectura, particularmente el techo, es del tipo nativo".[89] Esta forma de presentar la casa construida denota la particularidad del edificio, pero mantiene la distancia entre los constructores y los nativos, cuyo contacto íntimo es matizado, sino ocultado, en la foto que muestra, apenas, las siluetas de la familia que la habita.

El tipo de encuadre de la foto y la forma en que se valoriza y se presenta el intercambio de saberes muestra el proceso de negociación constante al que se sometieron los soldados del Cuerpo de Ingenieros y las personas nicaragüenses. Al mismo tiempo, las percepciones racializadas de la población, que tanto Marinos como turistas utilizaban para comprender a la población nicaragüense, expresan la forma en que ambos sujetos provenían de una sociedad marcada por la diferenciación racial. Sobre la forma en que los turistas coincidían con la apreciación racial expresada por los Marinos, Cunningham, en su viaje por Nicaragua llegó a la siguiente conclusión:

> El centroamericano no puede ser tratado como un adulto; él está en la misma clase que el niño pequeño que se enfurece y rompe todo a la vista en un frenesí inexplicable para

---

86 Clark, *With the Old Corps in Nicaragua*, 77.

87 Carta de R. D. Webb. Citada en: Laupsa, "Encountering Nicaragua. United States Marines Occupying Nicaragua 1927–1933", 32.

88 Schroeder, *To Defend Our Nation's Honor*, 395.

89 Dan I. Sultan, "An Army Engineer Explores Nicaragua: Mapping a Route for a New Canal Through the Largest of Central American Republics", 595.

sus mayores. El gobierno, para los latinoamericanos, es simplemente la máquina para recompensar al mayor [*top-dog*], y para él es perfectamente apropiado derrocar a un régimen existente con fuegos artificiales emocionantes por la única razón de su deseo de una porción del melón gubernamental.[90]

En concordancia con las citas de Marinos y turistas, los artículos y textos representan un vívido reflejo de los códigos, temas y símbolos utilizados generalmente para educar a la población estadounidense sobre América Latina. Sobre este rasgo, Emily Rosenberg demuestra que los principales libros de texto utilizados en colegios y universidades, en las primeras dos décadas del siglo veinte, para enseñar historia de América Latina, estructuraron su conocimiento dentro de los parámetros raciales de diferenciación cultural que los Marinos y turistas, además del Panamericanismo, reproducían en Nicaragua. La visión de los textos de educación continuaba con las aserciones "científicas", las cuales argumentaban los aspectos "sentimentales", "impulsivos" e "inestables de las poblaciones africanas, indígenas y mestizas", cuya "única esperanza" para desarrollarse dependía de su capacidad para "aceptar la cultura de los Estados Unidos a través del Panamericanismo".[91] O en palabras del turista Eugene Cunningham:

> En mi humilde opinión, Nicaragua sería otro México si se retiraran los Marinos. Si hubiéramos tomado medidas similares y decididas para proteger las vidas y propiedades de los estadounidenses inmediatamente al sur del Río Grande, no habría necesidad de tragar tantos insultos acusadores, ni razón para la transmisión de notas diplomáticas educadas para decorar las cestas de papel de los diversos bandidos que se han turnado para gobernar el país.[92]

Las reflexiones de Cunningham, al pasar por Nicaragua como turista, realizan una conexión entre el pasado y el presente, donde filibusteros y Marinos son sopesados. Al final, el turista estadounidense se convence de la necesidad de ambas intervenciones y, a su juicio, el progreso de una intervención filibustera a una operación dirigida por los Marinos son los marcadores de un desarrollo en la política exterior estadounidense. Estas aseveraciones se sustentan, sobre todo, por la comprensión del turista de estar frente a "niños" o frente a "razas degeneradas". En esta reflexión, no es solo la autoridad de los Estados Unidos y de los Marinos la que se justifica, sino también la del hombre blanco.

Amy S. Greenberg ha analizado cómo los ideales marciales de la virilidad asociados con la conquista del oeste en los Estados Unidos influenciaron expediciones filibusteras hacia el sur

90 Cunningham, *Gypsying through Central America*, 130.

91 Emily S. Rosenberg, "Turning to Culture", en *Clore Encounters of Empire,* 500.

92 Cunningham, *Gypsying through Central America*, 130–31.

del continente a mediados del siglo diecinueve. En sus palabras, "Walker prometió explícitamente la 'regeneración' de América Central, pero implícitamente ofreció la posibilidad de una regeneración personal a los hombres marciales que le siguieron".[93] Greenberg establece que los cambios en la economía estadounidense a favor del comercio y el desarrollo industrial influenciarpn el apoyo de los hombres que se enlistaron para apoyar a Walker o emigraron a Nicaragua para establecerse en el país. "Los relatos heroicos de Walker, como 'El hombre del Destino' en el *Sunday Delta* de Nueva Orleans", afirma la autora, imaginaban a Walker "como la antítesis del hombre comedido, que centraba su energía en las preocupaciones domésticas y la prosperidad financiera"; el filibustero era "un hombre de voluntad, un hombre por encima de las preocupaciones pecuniarias, un hombre que ofrecía la promesa de salvación a través de la acción varonil a pesar de una apariencia poco impresionante".[94]

En su lectura de los textos escritos por Deaderick (Samuel Absalom), mencionados en la introducción de este trabajo, Greenberg comprueba que un incentivo importante para la causa filibustera fue cumplir con las expectativas de una "hombría marcial triunfante sobre el dinero, la apariencia y los inferiores raciales". Deaderick, entre otros, buscaron en Nicaragua la forma de hacer "manifiesta" su hombría mediante la campaña filibustera para obtener un uniforme, armas, tierras y regenerar el país. Incluso después de 1857, postula Greenberg, los hombres siguieron sintiéndose atraídos por el filibusterismo tras el destierro de Walker, "esto se debió principalmente a que el expansionismo territorial en América Latina prometía inmensas recompensas a sus exponentes".[95] Los postulados anteriores guían a Greenberg a concluir que:

> Las negociaciones culturales que dieron forma a la narrativa de Deaderick – lo que significaba ser un hombre en una época de transformación económica y social, cómo manifestar la hombría y la naturaleza mutuamente constitutiva del género y las relaciones exteriores estadounidenses – son elementos centrales de la mayoría de los escritos estadounidenses sobre el expansionismo en el periodo anterior a la guerra [civil de 1861–1865]. Los tratados políticos, los cuadernos de viaje de los promotores y los diarios y cartas de los viajeros ordinarios revelan la naturaleza controvertida de las cuestiones gemelas de la hombría y el éxito en América.[96]

---

[93] Amy S. Greenberg, *Manifest manhood and the Antebellum American empire* (Cambridge: Cambridge Univ. Press, 2005), 147.

[94] Ibid., 159. Greenberg y Gobat resaltan que no todos los colonos o los hombres que se unieron a Walker eran filibusteros o promotores del sur esclavista o del Destino Manifiesto.

[95] Ibid., 138 y 148.

[96] Ibid., 157.

Merrill enfatiza cómo esas mismas tradiciones de "bravuconadas" ciertamente permanecieron vivas en la cultura de viajes masculina durante los años veinte, en evidencia de las narrativas de viaje escritas por los turistas en México. Las referencias a los lugares "remotos" y "desconocidos", que encuentra Merill, mencionan, a su vez, la admiración que algunos turistas expresaban por William Walker y el periodo del filibusterismo en la historia estadounidense. Admiración construida en base a preceptos raciales y de género e interpretaciones maniqueístas de la historia. Algunos turistas criticaban que las campañas por "esclavizar el sur" fueron abortadas por "antiesclavistas bolcheviques como Lincoln", mientras disfrutaban de la presencia de la seguridad y el capital estadounidense en territorios fronterizos como Mexicali.[97] Como se ha señalado anteriormente, en el viaje por Nicaragua, los espacios y la "aventura" de Walker aparecen constantemente y, a veces, son fuente de inspiración misma. Batson experimenta un momento romántico al desertar de las fuerzas ocupantes de los Marinos con un par de sus compañeros y sueña con liderar a "un puñado de hombres, sostenidos solo por un sueño de libertad, contra un pulpo gigante del exterior – esa era la vida. Garibaldi, Sun Yat-sen, William Walker. Yo sería uno de ellos".[98]

La figura heroica masculina necesita un contrincante hombre a vencer. El otro opuesto a esta figura viril del hombre blanco es el contrincante o adversario en la guerra o la ocupación. En los años veinte y treinta del siglo veinte en Nicaragua, el enemigo era Sandino y su ejército. Al igual que filibusteros o turistas, en sus escritos, los Marinos constantemente catalogan a los guerrilleros y simpatizantes de Sandino no solo en términos de "asesinos" o "bandidos", sino que esa misma condición iba suturada a la caracterización racial de los individuos. En esta línea, Sandino y los miembros de su ejército eran definidos como "indios merodeadores" o "pieles rojas", "mezclados" o de "las razas roja, negra o café".[99] Los textos escritos por los miembros del Cuerpo de Marina se concentraron en explicar la violencia de Sandino y su ejército en términos raciales para resaltar la humanidad de los ocupantes a diferencia de los "salvajes". Los Marinos diferenciaban su auto-control en contraste con los métodos utilizados por el EDSN. "Sus cualidades de combate", explica el Mayor Ross Rowell en el Manuel de "*Aircarft in Bush Warfare*", "varían ampliamente, pero su moral, comparada a la nuestra, tiene la tendencia a ser menos sensible a las víctimas".[100]

La reafirmación de su estadio superior en términos de "humanidad" con respecto al otro – en este caso el enemigo o "bandido" – funciona y es comprensible como parte de una duración

97 Merrill, *Negotiating paradise*, 42.

98 Batson, *Vagabond's Paradise*, 9–10.

99 Schroeder, "Los malditos pájaros de hierro", 190–91.

100 Major Ross Rowell, "Aircraft in Bush Warfare," *Marine Corps Gazette*, September 1929. Citado en: Schroeder, "Los malditos pájaros de hierro", 191–92.

más larga que la simple condición racista de la sociedad estadounidense de donde provenían los Marinos en esa época. Es decidora de la ruta genealógica sobre la cual las narrativas de viaje se iban hilvanando y sedimentando desde el siglo diecinueve.

La moral de tener compasión por el "enemigo" de guerra y las personas menos afortunadas, así como la sensibilidad estética para apreciar el paisaje, van mano a mano en las narrativas de viaje decimonónicas. En sus palabras, Belt encontró que existía "una gran indiferencia entre los nativos por las necesidades de sus camaradas golpeados por enfermedades o accidentes, y se desconocen los hospitales y asilos".[101] El hecho más interesante que lleva a Belt a esta conclusión se desprende de un episodio que describe el cuerpo de un hombre que padecía de elefantiasis. El hombre, al que Belt únicamente se refiere como un "pobre lisiado", había "sido un soldado en una de las revoluciones, cuando John [sic] Chamorro era presidente, y atribuyó el comienzo de la enfermedad a un resfriado que pescó luego de bañarse [en agua fría] con el cuerpo caliente".[102] El hombre anónimo, definido únicamente por sus condiciones de "pobre" y "esclavo", corporaliza los problemas políticos de Nicaragua. Su padecimiento producido por "una de las revoluciones" desfigura su cuerpo y lo reduce a la condición que activa la compasión de Belt. La historia de la nación se introduce en el cuerpo y su reflejo proyecta la superioridad humana del viajero. Mezclado en esta narrativa va el impulso final de unir esta indiferencia moral a la condición de vida "natural" que era característica de Nicaragua, en su paisaje y su gente. Belt reflexiona sobre su condición para admirar su propia capacidad de sentir lástima por él, ante la supuesta indiferencia de las personas nicaragüenses. Entonces, es la cercanía con la naturaleza, o la proximidad de la población con el mundo salvaje, lo que parece justificar la falta de empatía de la población local.[103] Belt se entiende a sí mismo en la misión de civilizar no solo en técnica y conocimiento, sino en gusto, estética y humanidad. En esta misma misión se sentían los Marinos y los turistas que llegaron a Nicaragua y dejaron rastro de sus apreciaciones sobre la población.

Siguiendo esta línea narrativa, la "crueldad" que provocaba la constitución política y cultural de la población nicaragüense terminaba por encarnarse también en el cuerpo de sus gobernantes. Fredrick Palmer lo constata en Zelaya. El turista que pasó en Nicaragua durante los años de la ocupación se une a la genealogía de Marinos y del viajero decimonónico al afirmar lo siguiente:

> Zelaya puede presumir de un sentido del humor. Disfrutaba de las farsas de sus reelecciones, y en una ocasión puso a tres candidatos en el campo, Señores José, Santos y Zelaya,

---

101 Belt, *The naturalist in Nicaragua*, 160–61.

102 Op. Cit.

103 Op. Cit.

> y anunció solemnemente que José Santos Zelaya había sido elegido (...) Sus métodos de pacificación eran típicos de otros dictadores, con la diferencia de que, como método de tortura, sustituía los azotes habituales por un enema de chile y alcohol.[104]

Las apreciaciones de Palmer, junto con los escritos de Marinos y turistas que hablaban sobre las "crueldades" realizadas por el ejército de Sandino, daban a entender que la ocupación y la empresa de civilización, era sobre todo una intervención humanitaria. Sin embargo, el deseo por inculcar en la población nicaragüense los valores y conocimientos necesarios para alcanzar la estabilidad política y el desarrollo económico no era patrimonio exclusivo de los de viajeros, turistas y Marinos. El proyecto singular que fue empleado en el país fue llevado a cabo mayoritariamente, en sus inicios, por los bancos norteamericanos. Estos esbozaron un plan cuyo principal fin fue la esperanza de inculcar en las élites nicaragüenses los ideales del progreso desde la perspectiva del sector privado: conocimiento tecnocrático y apolítico. Si bien el país alcanzó la estabilidad fiscal requerida, la estabilidad política que desearon los agentes de la diplomacia del dólar estuvo lejos de realizarse durante la ocupación del país.

En clara oposición, las políticas y medidas económicas implementadas en Nicaragua fueron interpretadas por las élites nicaragüenses como "feudales", ya que limitaban el acceso a créditos por parte de las élites. Estas tildaron a las políticas de la diplomacia del dólar como "primitivas" o "subdesarrolladas".[105] Jeffrey Paige afirma que la diplomacia del dólar repercutió directamente en la "estagnación de la economía del café" que no lograría recuperarse hasta la década de los años cincuenta. Mientras que el control de la banca y del sistema de exportación de café fue un punto circunstancial en el desarrollo de la economía cafetalera y, paralelamente, de las reformas liberales en El Salvador y Costa Rica, en Nicaragua dichas reformas fueron detenidas abruptamente.[106]

Pero los turistas, al igual que los Marinos y el Cuerpo de Ingeniería del Ejército, se reconocían a sí mismos como parte de un gran movimiento que avanzaba con la civilización y el progreso estadounidense. Sus experiencias y escritos de viaje, reafirmaban y confirmaban este estatus constantemente. Una vez más, dicha estrategia retórica fue encadenada a una larga tradición escrituraria de la cultura de viaje y expansión de los Estados Unidos. En este sentido, William Goetzmann, apunta que en la gran expansión del Destino Manifiesto hacia California, los bosquejos, inventarios y análisis del Cuerpo de Ingenieros Topográficos – luego reemplazado por el Cuerpo de Ingenieros del Ejército al que pertenecía Sultan (*Army Engineers*

104 Palmer, *Central America and its problems*, 177–78.

105 Gobat, *Confronting the American dream*, 126–27.

106 Paige, *Coffee and power*, 166–67.

Corps) – documentaron los paisajes, las dificultades de viaje, y las particularidades de la población o de la naturaleza.[107]

Poole argumenta que esta narrativa iniciadora del inventario y dominancia sobre el paisaje es un elemento que encadena el Destino Manifiesto con el Panamericanismo. El relato y la representación del paisaje donde "ningún hombre blanco ha estado" es el inicio de la narrativa de conquista. La antropóloga presta atención a la "preocupación a veces obsesiva con la fisiología y la disciplina física (…) por el sacrificio, el placer y el dolor" con que Squier arma su relato sobre la naturaleza y el espacio.[108] Según Poole, es posible desentrañar en el texto de Squier la "convergencia entre la preocupación del montañista (o modernista) con el cuerpo y la disciplina física, y el triunfante sentido de geografía y conquista del imperialista".[109]

Squier ciertamente escribió de manera similar en Nicaragua. En su relato acerca de la "aventura" de escalar el volcán Mombacho, ubicado cerca de la ciudad de Granada, Squier va esbozando la misma estructura que Poole analiza en su estudio sobre el relato de éste en los Andes. La invitación inicial a subir el volcán presenta el peligro que él asume, a diferencia de los marineros y habitantes locales, además de su "criado", Ben. Como los marineros del lago, quienes "raras veces se aventuran a cruzarlo en sus rústicos bongos, mas [sic] bien bordean por la costa norte, evadiendo a veces las pequeñas bahías, pero más frecuentemente apegándose a la curva del terreno", o "los nativos", que "son muy pocos los que lo han escalado, aunque casi todos tienen alguna historia que cuenta sobre la espléndida laguna que hay en su cumbre y las cosas maravillosas que encuentra el viajero en su ruta hacia ella".[110]

La población aparece en su relato para cumplir la función de guía y Squier cuestiona directamente sus saberes basados en lo que han escuchado y no en lo que han visto. Anónima la población, pues, solo una persona obtiene una mención con la inicial de su apellido "Z", quién se desmaya por la fatiga. "Por fortuna", Squier logra evitar su desplome al sostenerlo en sus brazos antes de caerse y perder el conocimiento.[111] A partir de ese momento, Squier asume la responsabilidad de ser el líder de la expedición. Justamente, según él, lidera la expedición en el momento y el trecho más difícil del Mombacho. Los pasajes acerca de su ascenso del volcán sacan a relucir los percances de la empresa. La naturaleza se describe únicamente en términos dramáticos. Los "profundos riscos", y las nubes que los envolvían en sus "pliegues húmedos y

[107] William H. Goetzmann, *Army exploration in the American West, 1903–1863* (New Haven: Yale Univ. Press, 1960).

[108] Deborah Poole, "Landscape and the imperial Subject: U. S. Images of the Andes, 1859–1930", en *Close Encounters of Empire, 124.*

[109] Op. Cit.

[110] Squier, *Nicaragua de océano a océano: cinco semblanzas de Squier*, 14 y 27.

[111] Squier, *Nicaragua de océano a océano: cinco semblanzas de Squier*, 32.

oscuros, pero refrescantes", hacían del Mombacho un asunto de vida o muerte. En la parte más elevada, "un solo paso en falso hubiera sido fatal".[112]

Squier sobrevive a la altura, al terreno sinuoso y la gran desilusión de creer haber alcanzado la cima, cuando en realidad estaba lejos de ella. Cada vez la prosa se concentra más en el "yo", mientras que las personas que lo acompañan son más anónimas. A lo largo de esta travesía la disciplina impuesta en el cuerpo es extenuante: levantarse temprano, andar y descansar poco para ahorrar agua. Y la disciplina moral y ética es más exigente, como no dejar atrás a los heridos, ser un buen líder y cuidar de las vidas anónimas, son valores que Squier acompaña con otro rasgo de autocontrol que se impone a sí mismo: no voltear a ver el paisaje hasta haber alcanzado la cima del Mombacho. Esa gracia y recompensa la reserva para el final y solo su apreciación y su voz celebran la cúspide de la mirada panorámica:

> Me había abstenido de ver el panorama mientras ascendíamos, ansioso por contemplar el portentoso paisaje que sabía que habría de extenderse ante mis ojos, en toda su vastedad y belleza. Agotado, desfalleciente, lastimado y sangrante, ¡aún así, esa sublime vista compensó todo ello![113]

Las historias orales y viejos itinerarios de viaje sobre el Mombacho escritos anteriormente a su llegada no eran suficientes para Squier. En palabras de Poole, Squier deseaba "experimentar por sí mismo la visión de objetos que ya se habían constituido como 'lugares de interés'".[114] El propósito inicial de su "aventura" hacia el Mombacho era lograr captar un buen panorama de la ciudad de Granada. Squier afirma "en ningún sitio de los alrededores puede el viajero obtener un panorama satisfactorio de la ciudad" de Granada. El grabado que acompaña esta afirmación se concentra en las casas y los habitantes de Granada que no le causan mayor impresión, son apenas "largas hileras de monótonos tejados rojos y las torres de las iglesias".[115]

Squier, al igual que el resto de viajeros decimonónicos, encuentra recompensa en la vista misma del país.[116] Quizá los Marinos y Pan Am llenaron ese viejo deseo, de ver por fin un panorama completo del paisaje que había dado sentido a su conocimiento sobre el mundo a dominar. Mientras las personas que guiaron y acompañaron a Squier, Belt y los Marinos en sus

[112] Op. Cit.

[113] Op. Cit.

[114] Poole, "Landscape and the imperial Subject: U. S. Images of the Andes, 1859–1930", 128–29.

[115] Squier, *Nicaragua de océano a océano: cinco semblanzas de Squier*, 22–23.

[116] Thomas Belt escribe un relato parecido sobre su llegada a las minas en Nicaragua, véase: Belt, *The naturalist in Nicaragua*, 105–6.

aventuras, quedaron por siempre en el segundo plano de su relato, sin nombre en la mayoría de las veces, pero con las historias que contaban de un Mombacho que no conocieron igual que el diplomático estadounidense, el naturalista o el soldado.

En los años veinte, los turistas también escribieron sobre las dificultades que significaba viajar a través de los parajes inhóspitos de Nicaragua. Le Fors, en correlación con las tendencias narrativas de dominación masculina que exaltan el sacrificio y la conquista de dificultades, resume su viaje por Nicaragua, o los "*highlights*" como:

> Batallas con serpientes enormes y ataque de un cocodrilo, encuentros diarios con jaguares feroces, salvado de la última etapa de la fiebre por los habitantes más extraños de la jungla: estos son algunos de los aspectos más destacados de un viaje que hice por Nicaragua, penetrando regiones que, estaba seguro, ningún hombre blanco había visto antes.[117]

Una y otra vez las peripecias de la naturaleza son mencionadas con lujo de detalles en los relatos escritos por los hombres, donde guías o, como en el caso de Le Fors, las personas que lo salvan de la fiebre eran "los habitantes más extraños de la jungla". Un turista como Cunningham, hace mención constante sobre los senderos, colindantes al proyecto de la Carretera Panamericana, los cuales eran "los peores", donde el "calor era como de un horno" o, más aún: "la temperatura de un tórrido día de agosto en el suroeste de Texas, agregue el silencio opresivo del mediodía en un día de verano en los campos, y el resultado será una imitación justa de nuestro entorno esa tarde bochornosa".[118]

La recompensa, para parafrasear a Squier, es el portentoso paisaje desplegado en toda su belleza, una vez alcanzada la cima. O en palabras de Cunningham:

> Los amaneceres y los atardeceres fueron nuestras únicas compensaciones. Cada mañana giramos, al estilo mahometano, hacia el este. Allí el estuario yacía en curvas suaves y relucientes entre sus paredes de selva baja, verde y húmeda; lejos, a través de las copas de los árboles, el más suave y rosado rubor marcaba una línea entre cielo y agua; hacia el sur, el cono truncado de El Viejo estaba revestido de un púrpura real contra la delicada lavanda de los cielos. Por un momento o dos fue así, como si toda la Naturaleza se hubiera detenido por un momento; luego, con una magnífica ráfaga, el borde llameante del sol se disparó sobre el horizonte, y los colores del cielo se profundizaron, palidecieron y cambiaron en una maraña de torsiones retorcidas que abarcaban el espectro, fusionándose

[117] Fors, "My Incredible Adventures IN NICARAGUAN JUNGLES", 7.
[118] Cunningham, *Gypsying through Central America*, 95.

> al final en una sólida hoja de naranja que se extendió en todo el dosel. El descarado día había vuelto.[119]

La vista panorámica de las junglas, el volcán El Viejo y los lagos, reconfortan por un momento al turista. Al ascender el sol y el calor, el día se vuelve descarado porque la naturaleza pasa a representar la prueba a la que somete su cuerpo Cunningham, en su "travesía" por el istmo Centroamericano. Vale recordar en este momento que se afirma que este tipo de narrativas pertenecen a hombres porque estas desaparecen tajantemente en los textos escritos por mujeres. Elliott, la única escritora del compendio aquí analizado no recurre a esta épica. A veces su relato menciona "las pequeñas dificultades del viaje" sin relatar cómo conquistó o batalló con la naturaleza del país. En esta misma línea, la contra narrativa que problematiza la gran lucha de Sultan y compañía la proporciona el mismo informe que envió al Congreso de los Estados Unidos para evaluar la posibilidad de construir el canal en Nicaragua y, primordialmente, otro artículo escrito por su esposa, Florence Sultan.

En el informe, el ingeniero del ejército, Dan Sultan, menciona el apoyo particular de médicos y la maquinaria de resguardo que lo acompañó en la misión junto con su batallón. En el reporte menciona que la "conexión con el mundo exterior por radio, el conocimiento de que se cuidaría rápidamente a los enfermos, el servicio de suministro semanal y la excelencia de la comida provista por el intendente" mantuvo la "moral alta de las tropas" a pesar del "pésimo entorno" y el "arduo trabajo".[120] Este tipo de comodidades y beneficios se las menciona Sandino a José Román, como formas de mostrar la guerra desigual que libraba contra los Marinos.[121]

Florence Sultan, por su parte, publicó un pequeño artículo en la revista oficial del Cuerpo de Ingenieros, *Military Engineer.* El artículo comienza con las palabras de los Marinos hacia la autora, definiendo a Nicaragua en tres palabras "Serpientes, aburrimiento y bandidos". Sin embargo, Florence Sultan cuestiona estos tres términos al final de su artículo y escribe:

> De los tres puntos enfatizados por los amigos Marinos, las serpientes son pocas, afortunadamente, pero las mortales río abajo tienen algunos de sus parientes aquí. El aburrimiento nunca ha habido. Sabemos que hay bandidos, los Infantes de Marina nos cuentan historias de sus peleas desagradables y de disparos con los bandidos emboscados, que se han llevado a muchos jóvenes muy buenos, pero nunca he conocido uno. En nuestros

119 Ibid., 159–60.

120 United States Army Interoceanic Canal Board, Message from the President of the United States Transmitting Report with Appendices and Maps of the Chief of Engineers, United States Army, and the Interoceanic Canal Board, 72nd Cong., 1st sess., 1932, H. Doc. 139, 48. Citado en: Brodhead, "'A Wet, Nasty Job': Army Engineers and the Nicaragua Canal Survey of 1929–193", 22.

121 Román, *Maldito país*, 189.

> largos viajes por este país vamos armadas, siempre listas para sacar un arma. Más allá de escuchar que, probablemente, muchos de los ciudadanos que pasan y que se apartan para darnos más que nuestra parte del camino, son esos nobles que se dedican a sus negocios legales detrás de algunos bueyes pacientes, nunca nos han molestado ni siquiera en el país principal de los bandidos, las montañas.[122]

Florence Sultan menciona las dificultades y los desafíos que presenta el trabajo bajo condiciones tropicales. Pero la mención de estas particularidades siempre las detalla como percances que experimentaban "los hombres". En este aspecto menciona que, "el hombre" toma mucha quinina para combatir los mosquitos y la malaria, o sobre cómo la jungla es agotadora para "cualquier hombre". El dolor y la adversidad, son depositados en los cuerpos de sus "amigos Marinos". Aún cuando Florence Sultan y las mujeres que la acompañaban – cónyugues del resto de los soldados ingenieros – iban en las misiones hasta las estaciones en medio de la jungla, donde los oficiales extraían información, la autora afirma que de las seis mujeres no se escucharon "ni una palabra de penurias, soledad o los largos, largos días; pero mucho sobre las experiencias humorísticas por una espléndida deportividad. Es solo una aventura".[123]

Mas Elliott y Florence Sultan sí aseveran algunos rasgos similares que anotaron los hombres en sus viajes, la tierra inhóspita congelada en el tiempo y que no ha sido vista completamente por el hombre blanco. Elliott, al inicio de su viaje por Centroamérica, escribe que es una región "poco conocida y menos visitada [hoy] por el hombre blanco que en el siglo diecisiete".[124] Los lugares que "ningún hombre blanco había visto" están sujetos a ser explorados, medidos, inventariados y, finalmente, conquistados. Esta es la línea que, sugieren Rosenberg y Poole, entrelaza el Destino Manifiesto con el Panamericanismo, en el sentido que es un privilegio y un rasgo de la narrativa estadounidense.

De esta manera inicia la historia de Nicaragua en la versión en inglés de la guía de turismo de la UP, "El primer hombre blanco en ver Nicaragua fue Gil González de Ávila, que desembarcó en la costa de Chirique en 1522".[125] La versión en español lee en la misma sección: "Aunque Nicaragua fué [sic] descubierta por Cristóbal Colón en 1502, durante el cuarto y último viaje que el Gran Navegante realizara al Nuevo Mundo, no fué [sic] explorada sino hasta 1522, año en que Gil González de Avila desembarcó en suelo nicaragüense y penetró hacia el interior

---

122 Florence Sultan, "Snakes, Bandits, Boredom", *The Military Engineer* 23, núm. 128 (marzo de 1931): 148–51.

123 Ibid., 149.

124 Elliott, *Central America: New Paths in Ancient Lands*, 1.

125 Pan American Union, *Nicaragua*, American Nation Series 14 (Washington, D. C.: Pan American Union, 1927), 5.

del país desde la costa del Caribe".[126] La historia del país inicia así con las acciones de "ver" en inglés, y "descubrir", "explorar" y "penetrar" en español. El "ver" del hombre blanco tiene un valor en sí. La "conquista" y "exploración" concuerdan con los puntos esbozados en este acápite y los cuales guían hacia el siguiente capítulo dedicado a la infraestructura y las narrativas de viaje.

Recapitulando, la mirada de los viajeros decimonónicos, turistas y Marinos exaltan la conquista masculina sobre la naturaleza, opacando a los habitantes al reducirlos a meras referencias despojadas de nombres, singularizados como "niños" o predestinados por su raza. Como se mostró anteriormente, el catálogo e inventario de los recursos y de la población son escritos tanto en términos geológicos y biológicos como raciales. El paraíso sirve de tabula de recursos naturales a ser extraídos, la población blanca de aliados – todavía no aptos para gobernarse – y el resto de la población es descrita como apta para trabajar. Las dificultades que el hombre blanco puede padecer son expuestas como un escalón, o una prueba, para demostrar la superioridad intelectual y racial que asume sobre los "nativos".

Las imágenes panorámicas de Nicaragua en conjunto con los relatos de viaje reproducidos arriba articulan archivos, saberes, imágenes y narraciones en una larga duración, entrelazando al viajero, científico, filibustero y turista. Las mismas imágenes y narraciones se suman a esta cadena de itinerarios de viaje que denotan las dificultades del camino y las adversidades de la naturaleza para rendirse en última instancia a la contemplación sublime, donde el lenguaje del sujeto observador se adueña del placer de ver el panorama. El goce de la vista panorámica es decidor de las conexiones coloniales e imperiales que la narrativa de viaje entrelaza y evidencia en los textos turistas iniciales en Nicaragua. Estas características de la narrativa de viaje son parecidas a aquellas analizadas por Todorov, Pratt y Poole.

Todorov analiza un patrón similar de contemplación y calificación del paisaje en los escritos de Cristóbal Colón. La "observación atenta de la naturaleza", afirma el autor, se trifurca. Una concierne a los temas de la navegación. En el caso de viajeros y turistas, estos son los mapas aéreos, las rutas marítimas (inclusive potenciales, como el canal), los caminos al Mombacho o el estado de la Carretera Panamericana. La segunda es la "interpretación finalista", aquella concerniente a haber visto las riquezas naturales y los elementos desconocidos para el hombre blanco de la naturaleza ante sus ojos. En clave decimonónica y turista, estos son los volcanes, el agua cristalina del Mombacho o las selvas impenetrables llenas de riquezas. Finalmente, viene el "rechazo de la interpretación constituida por la admiración intransitiva", esto es la rendición ante la belleza despojada de significantes adyacentes. El volcán es bonito porque es un

126 Unión Panamericana, *Nicaragua*, Serie sobre Naciones Americanas 15 (Washington, D. C.: Unión Panamericana, 1935), 3.

volcán, la vista panorámica es bella por sí misma.[127] Los últimos dos párrafos citados de Squier y Cunningham dan muestra del posible café o caucho escondido en el panorama o el amanecer, o su posible desarrollo una vez abierto el canal, mas ambos hombres se sujetan al placer de haber vencido a la naturaleza momentáneamente para alcanzar lo sublime.

Ahora bien, el punto que agrega la teoría sobre el turismo a este análisis de Todorov es que la vista panorámica misma, la belleza *per se*, puede ser una mercancía también o, en términos de Urry, un "espacio comodificado" para el placer de la "vista del turista" como un marcador de *sightseeing*. Al agregar este último significante a la mirada de conquista, se aprecia que la adjetivación misma del paisaje y las imágenes buscan crear placer cuyo valor es directamente proporcional a la atracción de inversores y turistas que esperan generar. La adjetivación funciona gracias a los marcadores de la puesta en escena de la atracción turística que se imbrican gramatical y estéticamente a través de las cadenas de equivalencias configuradas por los significantes usuales de los tropos constitutivos de América ante la visión imperial –el paraíso. En un segundo plano oculto, el paisaje y la población obtienen el valor que puede agregar a la política exterior de influencia estadounidense en la región, ya sea llevada a cabo por la UP o por los Marinos. Es el placer del sujeto que ve, pero también el placer del lector. ¿Es entonces casual que la UP haya decidido llamar a su primera guía turística sobre Nicaragua la "Tierra de vistas encantadas" (*Land of Enchanted Vistas*)? ¿O que haya contratado a Elliott para encontrar "Nuevas rutas en tierras ancestrales" (*New Paths in Ancient Lands*)? Ver y explorar son actos conjuntos de comprensión cuyos inventarios hacen inteligible a Nicaragua para comodificar sus vistas.

La narrativa de conquista no es ajena o ignorada por los turistas de principio de siglo. Elliott esclarece que sigue pasos y caminos ya abiertos por conquistadores y colonizadores antes que ella. No hay espacio para ocultar el deseo de ser continuadora ella misma de esa larga historia. Solo que asume su lugar en ella desde un punto más avanzado de la civilización. Solo Nicaragua permanece igual a como la vio Bartolomé de las Casas. Esa es la invitación que la autora deja abierta al inicio de su libro:

> La historia de la aventura y el descubrimiento español en el Nuevo Mundo sigue siendo deslumbrante, casi increíble, como lo fue hace 400 años. Y aquí el aventurero, el descubridor, atravesó la tierra del volcán vivo; de palmeras y orquídeas que crecen en ninguna otra región; de un verdadero pájaro de libertad como el quetzal, que no vive en ningún otro aire; o gente tímida de habla antigua, bienes antiguos. Una sensación de misterio está aquí. El mundo siempre ha estado ansioso por las cosas de los sueños. Todavía puede encontrar esa gasa en las tierras de América Central, justa hijastra de España.[128]

---

127 Todorov, *The Conquest of America*, 25.

128 Elliott, *Central America: New Paths in Ancient Lands*, 13.

Entonces, Todorov argumenta que la triada que compone la mirada del conquistador ante el otro desencadena tres operaciones: "comprender, tomar posesión y destruir".[129] En la tercera parte del libro *Imperial Eyes*, Pratt complementa y postula una variación de esta mirada imperial en las narrativas de viaje entre los siglos diecinueve y veinte. Las narrativas de viajes son articuladas por las estrategias escriturarias de "estetización, densidad de significado y dominación".[130] Evidentemente, en las narrativas aquí analizadas se ha visto un intenso y dramático uso de la estetización del paisaje, los recursos y las poblaciones, que han intentado profundizar el significado de Nicaragua durante la ocupación y en su inserción a los mercados internacionales, por medio de la agroindustria, la minería y el canal interoceánico. Sin embargo, los textos turistas sugieren que, en vez de destruir, el ejercicio de comprender y tomar posesión en la mirada del turismo conlleva la tercera acción de comodificar.

Es en este espacio del placer donde se postula la hipótesis de este estudio, porque desempeña un papel fundamental para separar la mirada del conquistador y el científico decimonónico al servicio todavía del proyecto imperial europeo, e irrumpe el sujeto imperial moderno o turista. El sujeto que estructura las bases del turismo a principios del siglo veinte en Nicaragua. Como específica Reid en su guía de viaje *Seeing the Latin Republics of North America*, la diferencia entre Colón y los turistas, es que Colón y su tripulación no viajaban para hacer "*sightseeing*".[131] Es el placer de la vista y la posible inyección de capital sobre el espacio lo que diferencia a este viajero.

La capacidad de poder ver lo bello, de tener la mirada para apreciarlo y darle un valor directo, en el gran esquema de lugares por ver en el mundo, prepara el proyecto imperial para una fase distinta: el consumo de los lugares a través de la mirada. De esta manera termina Reid su escrito sobre Nicaragua, colapsando las vistas, la historia y los lugares a la posible inversión de los hombres de negocios y turistas que abandonan Nicaragua, al lado del mapa elaborado por Sultan con la posible ruta del canal:

> Al salir de Nicaragua, uno probablemente se lleva más pensamientos sobre el peculiar funcionamiento geológico y volcánico de la naturaleza que cualquier otra cosa. La montaña, las curiosas islas de Ometepe, Medera[sic, (Maderas)] y los otros lagos, despiertan un interés inusual. También existe el atractivo histórico de toda esta región de Nicaragua. Pero para el hombre de negocios existe la característica agradable de la producción y exportación de alimentos y la importación de bienes de muchas tierras

[129] Todorov, *The Conquest of America*, 127–44.

[130] Pratt, *Imperial eyes*, 217.

[131] William A. Reid, *Seeing the Latin Republics of North America*, ed. Pan American Union (Washington, D. C.: Pan American Union, 1935), 28.

> extranjeras. Por lo tanto, los negocios proporcionan un campo de actividad en constante crecimiento, impulsado por la introducción de capital extranjero.[132]

Reid ve pasado, presente y futuro. El placer de su mirada yace en las ansias de progreso que su mirada y su narrativa podrá facilitar a Nicaragua, en concordancia con las posibles inversiones imaginadas por el mismo Reid. Elliott, por su parte, hace hincapié en el valor visual de los objetos que definen las vistas de Nicaragua. No desea destruir o profundizar el conocimiento de las orquídeas o los quetzales, los volcanes o palmeras, desea que sean vistas por más personas, sobre todo si son personas estadounidenses. Las palmeras y orquídeas no crecen en otra región, el quetzal no puede vivir en otro aire. Es necesario ir a estos lugares para "ver" dichos paisajes y elementos del mismo. Elliott no escatima en este esfuerzo y cada lugar que visita tiene un valor en "sí mismo" por el placer que da verlo. Sobre la capital de Nicaragua dice:

> La vista más alegre en Managua es el lago en sí, una capa de agua demasiado grande para la belleza íntima pero limpia, clara y fresca. Con una brisa que agita remolinos en la orilla arenosa, una puesta de sol escarlata y violeta detrás del antiguo cono de Momotombo, colinas azules tenuemente delineadas al otro lado del agua, el lago tiene cualidades.[133]

Si Managua tiene algo lindo es "el lago en sí" y el lago "tiene cualidades", porque hay una belleza íntima en él gracias al cuadro que compone con el Momotombo pintado por colinas azules de trasfondo. La visión de Elliott, y el resto de turistas y Marinos citados aquí, muestran que la capacidad de apreciar la belleza en sí y percatarse de su potencial valor, es otro acto que ubica al turista a diferencia del otro nicaragüense, el cual no tiene la empatía – o la humanidad – para ver los mismos elementos del paisaje.

Antes de terminar este acápite, se subraya que el placer de la mirada y de los objetos que ordena en un inventario de vistas es parte de una maquinaria de dominación masculina sobre las representaciones de los cuerpos y los paisajes. Los encuentros con los paisajes y los cuerpos nicaragüenses se alinean con los parámetros señalados por Saldaña, en el sentido que Reid o Elliott encuentran placer en la mirada mediante un lenguaje 'homoeróticamente generizado' (*homoerotically gendered*) para expresar su deseo de progreso. Sin embargo, como se afirmó en la introducción, las descripciones escritas por turistas y escritoras de viaje como Reid y Elliott, fueron parte de un corpus literario y representacional anterior a Rostow y las instituciones de ayuda o cooperación al desarrollo que analiza Saldaña en su libro. De este modo, se postula que las narrativas de viaje aquí expuestas nutrieron las futuras políticas regionales de desarrollo

132 Ibid., 139.

133 Elliott, *Central America: New Paths in Ancient Lands*, 169.

y progreso mediante sus imaginarios de las vistas de recursos, paisajes y poblaciones en clave turista para comodificar dichos elementos como objetos compresivos de las "vistas del país". Vistas deseosas de penetración de capital en aras del progreso de la nación.

Como se especificará en mayor detalle en el siguiente acápite y, particularmente, en el siguiente capítulo, la irrupción o invasión de las vistas o cuerpos en otros espacios denotan la forma en que los encuentros entre huésped y anfitrión se ordenaron y produjeron sentidos el uno del otro. Con esto se refiere a que la población fuera de la plantación, en el tren o en el autobús, y en sus propias casas –donde la animosidad reinaba –, se escribió como una forma de demostrar el atraso y la falta de cultura política de las poblaciones nicaragüenses. Así se tejieron transformaciones recíprocas, como señalan Poole, Salvatore y Saldaña, en que los encuentros detallaron la articulación entre imperialismo/subalternidad en las guías turísticas y de viaje, donde el visitante se identificó a sí mismo como proveniente de un lugar más avanzado y temporalmente más desarrollado, con el derecho de inventariar, enjuiciar y comodificar para tomar posesión en fin de un plan de progreso delineado por los Estados Unidos, el Departamento de Estado y proyectado en la práctica mediante la Carretera Panamericana que uniría las plantaciones y puertos a los mercados internacionales.

2.4 Turismo, visión y raza

Una idea que se puede extraer de las conclusiones del acápite anterior es que el lenguaje racial y sexualizado fue un terreno discursivo dentro, y en el cual, las élites gobernantes nicaragüenses y las instituciones de los Estados Unidos se encontraron con muchas simetrías para formular y articular la naciente empresa de turismo en Nicaragua. Esto se aprecia en las solicitudes de información por parte de los potenciales turistas estadounidenses al consulado de su país en Managua. A su vez, se ha detallado que las guías de turismo e inversión nicaragüenses, desde 1892 hasta 1940 siempre estipulaban explícitamente el tipo de turista e inmigrante que esperaban atraer: hombres blancos de países desarrollados. Este deseo de atracción de hombres va más allá de la guía y va colado con el aparato institucional y legal del país. Ese fue el caso del "Reglamento de la Ley de Inmigración" sancionado por el Poder Ejecutivo el 29 de diciembre de 1930 y que entró en vigor el 3 de abril de 1933.[134]

El reglamento prohibía el ingreso al país de las nacionalidades "China, Turka, Árabe, Siria, Armenia", así como de las razas "Negra y Gitana (estos de cualquier nacionalidad)", además del

[134] Justamente en esos años se dio una gran inmigración a Centroamérica por parte de trabajadores de las Antillas y provenientes del sudeste asiático, sobre todo con contratos para trabajar en las bananeras o en las vías férreas. Mención de esto se encuentra en: Brignoli y Cardoso, *Centroamérica y la economía occidental, 1520–1930*, 283–84.

grupo de personas denominados con el adjetivo en inglés de "coolie".[135] Según correspondencia del consulado, la tendencia inmigratoria hacia Nicaragua hasta 1925 había estado marcada por el incremento de "inmigrantes negros" provenientes de las Indias Occidentales, debido al auge en esos años de las compañías bananeras y madereras.[136] La ley pretendía regular esa migración en favor de otra, como estipula el artículo 31, ya que no afectaba "los convenios, arreglos o leyes que regulen en el presente y en lo futuro la inmigración para fines de colonización siempre que los inmigrantes no sean de los comprendidos en los artos. 4, 5 y 6 [que excluía a las personas y nacionalidades expuestas arriba]".[137]

El acápite que molestó a la legación estadounidense fue el cobro de una visa valorada en seis córdobas (moneda nacional de Nicaragua), más un pago de un impuesto por cien córdobas y un certificado de contar con quinientos córdobas para "mantenerse" durante su estadía en el país. El embajador, Matthew Hannah, escribió al Ministro de Finanzas de Nicaragua, Dr. Guerrero Montalván, para indicarle que los incisos de la ley donde se estipulaban los cobros e impuestos "significaría[n] una gran molestia para los turistas, los viajeros comerciales y otros visitantes temporales a Nicaragua" y que el cobro de visa contradecía la ley de 1925, año de ocupación de los Marinos, en la cual se exceptuaba de cobros de visa a los nacionales de Estados Unidos y Nicaragua para visitar ambos países.[138] El Ministro, según Hannah, aseguró que el presidente agregaría al proyecto de ley una disposición para eximir a los estadounidenses de estos cobros.

Debito a esto, a la ley se le agregó el mencionado "Reglamento de la Ley de Inmigración". En dicho reglamento, se estipulaba por primera vez una conceptualización que diferenciaba al "inmigrante", "los turistas" y "los transeúntes". Según el artículo cinco, se consideraban "como 'turistas' para los fines de esta Ley, a los individuos que entran al país en grupos mayores de doce personas, para recorrerlo o para permanecer en él un tiempo corto, que no exceda de diez días" y que las compañías de transporte estaban obligadas a suministrar la información de este

135 "Ley de Inmigración". *La Gaceta Diario Oficial*, números 117 y 118 del 30 y 31 de mayo 1930. Disponibles en: http://legislacion.asamblea.gob.ni/normaweb.nsf/($All)/28B8EB9BC47BDB900625737C005E7D48.
"Coolie" es un término despectivo que generalmente se utilizaba para referirse a la población trabajadora originaria del sudeste asiático. Véase el "Reglamento a la Ley de Inmigración". *La Gaceta Diario Oficial*, No 81, 7 abril 1933. Disponible en: http://legislacion.asamblea.gob.ni/normaweb.nsf/($All)/1A383DCA3A434BF9062572C2005C84E0.

136 Earl T. Crain, Vice Consul de los Estados Unidos al Secretario de Estado. "Trend of Migratory Movements in Nicaragua". 21 diciembre 1934. NA, RG 59: Department of State. 1930–1939. Caja 5551. Doc: 817.111/27.

137 "Ley de Inmigración".

138 Matthew Hannah al Secretario de Estado. 10 julio 1933. NA, RG 59. 1930–1939. Caja 5551. Doc: 817.111/24.

grupo de personas como "nombre, apellido, nacionalidad, raza, etc".[139] Los "transeúntes" eran definidos como "todos los demás extranjeros que vengan al país".[140] En el espíritu de la ley de inmigración que inspiró el reglamento citado, los artículos siete y ocho especificaban que habían tipos de personas que no tenían permiso para ingresar al país, "ni como simples turistas o transeúntes.[141] Si bien el Reglamento publicado en 1933 solo explicita que las personas descritas el artículo 4 no podían entrar "ni como turistas o simples transeúntes", el reglamento dejaba siempre a discreción del gobierno nicaragüense permitir el ingreso de las razas descritas en el artículo 5 de la ley de inmigración de 1930.[142]

Así, en 1935, el Consulado de Nicaragua respondió a un posible turista que, para ingresar a Nicaragua, los requisitos eran los certificados de identificación, salud, "buena moral" y pasaporte, y no había "cobros de visas consulares para los ciudadanos Americanos".[143] Con todo, el concepto de "turista", en Nicaragua, fue un término elaborado en base al tiempo de estadía, de un viaje no recurrente y por placer, además constituyó una categoría racial imaginada cercanamente con la figura del inmigrante blanco poseedor de capital para invertir.

La visibilidad del discurso racial en cuanto al turismo se evidencia tanto en las narrativas de viaje como en las expectativas de viaje expresadas por los posibles turistas. No solo los turistas que dejaron largas y extensas narrativas sobre su viaje en el país se concentraron en los aspectos raciales de la población. Anticipadamente, en las solicitudes de información al consulado en Managua, un buen número de posibles turistas esperaban obtener información de antemano sobre la población nicaragüense. Con respecto a las solicitudes de información que los estadounidenses enviaron al consulado estadounidense en Managua aparece la creciente tendencia de preguntar por lugares "bellos" y por "datos interesantes" sobre la población. S. J. Carruthers, solicitó al consulado si era posible enviarle una "Guía para turistas" sobre Nicaragua o información concerniente a:

---

139 "Reglamento de la Ley de Inmigración". *La Gaceta Diario Oficial*, 7 abril 1933. Disponible en: http://legislacion.asamblea.gob.ni/normaweb.nsf/($All)/1A383DCA3A434BF9062572C2005C84E0.

140 Op. Cit.

141 Op. Cit.

142 El artículo 4 regulaba el ingreso de personas mediante criterios de "salud", como personas evaluadas según su salud corporal y mental. Por esto prohibía el ingreso de personas con enfermedades venéreas o con fiebre amarilla y cólera, entre otras, además de personas con "discapacidades". Sin embargo, es de notarse que entre estas cualidades de "salud", también se incluía la siguiente prohibición de ingreso al país en el acápite "e": [personas] "Que sustenten o propaguen doctrinas peligrosas para el bienestar social, la moral y el orden público; o que por sus antecedentes o por motivos étnicos, fueren conocidamente peligrosos para el orden social existente". Véase: "Reglamento a la Ley de Inmigración".

143 T. Vaca Seydel, Consul General Nicaragua en Nueva York a Señor Ira/ F. Hoyt. 2 noviembre 1935. NA, RG 59. 1930–1939. Caja 5551. Doc: 817.111/30.

> los puntos de interés para un viajero en esa república, como volcanes, montañas, reliquias antiguas, razas, ruinas, castillos viejos, y otras cosas de interés sobre la historia, como también de la industria, el comercio y la vida general de Nicaragua. Y por último, lugares de belleza, paisajes y vistas atrayentes.[144]

Es de notarse en el requisito de información anterior que la "raza" se encadena al inventario de expectativas que el posible turista pretendía ver y experimentar en Nicaragua. La raza de las personas forma parte de un inventario de información importante, así como de atracciones, que le permiten al turista formarse un itinerario de viaje a través del país. La raza aparece en el primer orden de cosas por ver o inventarir en la lista solicitada por Carruthers, articulando una equivalencia entre la la raza y los volcanes, las montañas y las reliquias antiguas. Dichos "puntos de interés" son los significantes que articulan el inventario de expectativas de viaje de los turistas antes de viajar hacia Nicaragua.

Similarmente, la búsqueda de novedad de los turistas en Nicaragua podía pasar desapercibida durante el viaje. Muchos turistas se dieron cuenta de que les faltaba notas inusuales, novedosas o "peculiares" sobre la población nicaragüense que no lograron captar durante su visita. Por ejemplo, Robert Reynolds solicitó información al consulado estadounidense después de su viaje a través de Centroamérica, para un artículo que estaba preparando. Entre varias solicitudes, Reynolds especificó que necesitaba "información sobre ciertas costumbres peculiares del país" de manera que lograse hacer "leíble" el artículo que llevaba información "legal y estadística". Para aclarar a qué se refería con el término "peculiar" utilizó ejemplos de otros países latinoamericanos, como las "carreras diarias de perros en Perú" en las cuales "pintaban a los perros de colores diferentes todos los días para que los espectadores no se dieran cuenta que eran los mismos perros"; u otro ejemplo sobre Buenos Aires, donde la "hora de la cena es acostumbrada a las diez de la noche".[145] En esta tendencia, un buen número de solicitudes sobre información para viajar por "placer" a Nicaragua también mencionaban que las personas tenían la intención de escribir un "libro de viajes" sobre el país. Fred Greene escribió al consulado por información sobre Nicaragua en aras de "obtener una descripción muy extravagante de la ciudad y sus alrededores", ya que deseaba "incluir dicha información en [su] nuevo *World Travel Book*, 'itinerario'".[146]

---

144 Cartas de S. J. Carruthers al Consulado de Estados Unidos en Managua y al Ministro de Instrucción Pública. 11 Mayo 1936. NA, RG 84. NND 775091, 1936–1939, Caja 1, vol. 30.

145 Carta de Robert R. Reynolds a Boaz W. Long. 28 diciembre 1936. NA, RG 84, 1936–1939, NND 775091, Caja 1, vol. 20.

146 Carta de Fred Green de Itinerary a el Consulado de los Estados Unidos en Managua. 3 agosto 1936. NA, RG 84, 1936–1939, NND 775091, Caja 1, vols. 16–19.

Las solicitudes de información escritas por los y las posibles turistas muestran la particularidad de sus intereses. Las solicitudes de lugares interesantes a la vista denotan que la importancia radicaba en el consumo de tales lugares a través de la mirada. La raza de las personas y las "peculiaridades" de los habitantes hablan de un encuentro con el otro imaginado en términos de la diferencia ideada como pintoresca e inofensiva. Pero este encuentro era anticipado, imaginado y controlado mediante estas solicitudes de informaciones y, después, en la forma de narrarlos para hacer „leíbles" a los artículos.

Raza, migración, "vistas atrayentes" y "peculiaridades" de la población fueron los significantes del terreno discursivo donde se negoció la atracción de turistas. En Nicaragua se suma el caso excepcional que dicho terreno discursivo se sumó a la triada que formularon las élites del país para imaginar el desarrollo de la nación: inmigración blanca, extracción de materias primas y el canal interoceánico. El mejor ejemplo para ver cómo este terreno discursivo se trasladó a otros medios de comunicación lo proporcionan – además de las narrativas de Marinos, turistas y guías de turismo e inversión nicaragüenses expuestas hasta aquí – las imágenes reproducidas masivamente en las tarjetas postales sobre Nicaragua que arreglaron *Underwood and Underwood* primero, y la *Keystone Company* después.

El 12 de octubre de 1936, el tesorero de *Underwood and Underwood News*, rama dedicada al foto-periodismo de la compañía que llevaba el mismo nombre, escribió al consulado de los Estados Unidos solicitando fotos actualizadas de Nicaragua debido a que su colección se mostraba "bastante mermada", y enfatizaba que la compañía debía estar en la posición de "mostrar a los editores y publicaciones fotografías características de Nicaragua a como ella es hoy".[147] Al mismo tiempo, subrayó si era posible contactar a las autoridades en Managua que estarían "satisfechas con la publicidad que podemos asegurar para Manogua [sic] y Nicaragua en general mediante la publicación de buenas fotografías".[148] El cónsul estadounidense en Managua, John Willard Carrigan, contactó al Oficial Luis Felipe Hidalgo, de la recién fundada Junta Nacional de Turismo, solicitándole las fotos en nombre de la compañía con base en Nueva York.[149] Hidalgo rápidamente envió cuatro fotografías, las cuales fueron enviadas el 11 de diciembre del mismo año y arribaron el día 30 a la oficina de *Underwood and Underwood News*.[150]

Underwood and Underwood inició la producción de tarjetas postales estereoscópicas en 1882. Esta técnica permitía ver una imagen en tres dimensiones mediante la combinación de

[147] C. R. Abbott a Consulado en Managua. 12 Octubre 1936. NA, RG 84. NND 775091, 1936–1939, Caja 1, vol. 20.

[148] Op. Cit.

[149] John Willard Carrigan a Luis Felipe Hidalgo. 6 Noviembre 1936. NA, RG 84. NND 775091, 1936–1939, Caja 1, vol. 20.

[150] Luis Felipe Hidalgo a John Willard Carrigan. 12 Noviembre 1936; C. R. Abbott a John Willard. 30 Diciembre 1936. NA, RG 84, NND 775091, 1936–39, Caja 1, vol. 20.

dos imágenes vistas mediante un lente especial (postales 1, 2 y 3). Entre 1896 y 1901, la compañía dominaba el mercado de estas postales, produciendo 25,000 postales al día y vendiendo más de 300,000 postales al año.[151] La edad de oro de las postales inició en 1895, según Kristin L. Hoganson, a "principios del siglo veinte *Underwood y Underwood*, con oficinas en Nueva York, Londres, Ottawa, Kansas y Toronto, tenía unos 250,000 negativos estereográficos en su inventario. Ofrecía más de 300 recorridos pre-empaquetados y muchos más montados por encargo".[152] Esta compañía creció en paralelo a su principal competidor, la *Keystone View Company*. Ambas compañías iniciaron series de postales para la "educación" en 1895 y 1897, respectivamente. En estas postales se agregaban textos al reverso de la tarjeta, explicando su contenido.[153] *Underwood* lentamente viró hacia la venta de imágenes para noticias y publicaciones sobre países externos a los Estados Unidos y, en 1920, vendió parte de sus acciones y su colección de postales a la *Keystone View Company*.[154] Ambas compañías reunieron una cantidad masiva de fotografías que mostraban, catalogaban y, a veces, explicaban el mundo a la población estadounidense. En cuanto a Nicaragua, las postales mostraron y explicaron al país en torno a los grandes significantes del inventario que hizo al país inteligible a la mirada de los Estados Unidos: el canal, el paraíso, la extracción de materias primas y las razas.

Sus primeros archivos fotográficos provenían de personas como William V. Alford, quién capturó las fotografías sobre los trabajados iniciados en 1887 para construir el posible canal a través de Nicaragua. Los Marinos y turistas que llegaron durante la ocupación engrosaron sus materiales y, finalmente, las propias fotografías capturadas por nicaragüenses pasaron a funcionar en concordancia con la forma en que *Underwood and Underwood* sentían que era "favorable" para el país y sus intereses: atraer inversiones para la extracción o construir el posible canal.

Las tarjetas postales, o *carte de visite*, significaron la producción a gran escala de imágenes que podían ser fácilmente circuladas. Como el caso de las compañías señaladas, muchas de sus ventas iniciales fueron realizadas gracias al empleo de vendedores ambulantes que vendían las imágenes casa por casa. Esta forma de producción y comercialización a gran escala de imágenes portables fue denominada por Benedicte Anderson como "capitalismo impreso".[155] Deborah Poole, por su parte, argumenta que las *cartes de visite* cumplen un doble propósito de

[151] Edward W. Earle et al., *Points of View, the Stereograph in America: A Cultural History* (Rochester: Visual Studies Workshop Press, 1979), 60.

[152] Kristin L. Hoganson, *Consumers' imperium: the global production of American domesticity, 1865–1920* (Chapel Hill: University of North Carolina Press, 2007), 175.

[153] Earle et al., 60 y 68.

[154] William Culp Darrah, *The World of Stereographs* (Gettysburg: Darrah, 1977), 47–48.

[155] Benedict Anderson, *Imagined Communities. Reflections on the Origin and Spread of Nationalism* (London - New York: Verso, 2006), 62–65.

mercancía y representación, en cuanto a que las imágenes repetidas masivamente propagaron un "canon estético" de juicios morales, de gustos y de distinción, mediante el cual las clases burguesas modelaron una forma específica de "autoimaginación" y "estética personal" que ayudaron "a modelar los sentimientos de comunidad o igualdad entre las burguesías metropolitanas, los comerciantes provinciales ambiciosos, y las clases alta – y media – de las colonias esparcidas por todo el planeta".[156]

Postal 1: "Lago de Nicaragua en la ruta del canal nicaragüense". IHNCA, Archivo Histórico, Colección de Postales de Nicaragua.

Postal 2: "Rejuntando Cacao". IHNCA, Archivo Histórico, Colección de Postales de Nicaragua.

---

[156] Poole, *Vision, raza y modernidad: una economía visual del mundo andino de imágenes*, 140.

Postal 3: "San Carlos y el Río San Juan": IHNCA, Archivo Histórico, Colección de Postales de Nicaragua.

293—(12911)

LAKE NICARAGUA ON NICARAGUAN CANAL ROUTE

Lat. 11° N.; Long. 86° W.

Lake Nicaragua (nĭk'ȧ-rä'gwȧ is the largest body of fresh water in North America south of the Great Lakes. It is 110 miles long, its maximum width is forty-five miles and it covers an area of about three thousand square miles. A large part of the lake, however, is less than fifty feet deep. It is drained by the San Juan (hwän') River into the Caribbean Sea. Undoubtedly Lake Nicaragua formerly was much higher and drained into the Pacific Ocean, but disturbances, probably volcanic, have uplifted the land and forced it to flow eastward. In the background of the picture may be seen Ometepec (ō-mā'tā-pĕk') Volcano which stands upon an island of the same name. It is an active volvano.

This lake is a part of the so-called Nicaraguan Canal route which would join the Atlantic and Pacific oceans. This route is estimated to be 170 miles long, of which only twenty-eight would need excavation after utilizing Lake Nicaragua and the San Juan River. It was difficult to decide whether this or the Panama route would be better. The Panama route was followed, as the active volcanoes will always be a danger in Nicaragua.

But two canals may be desirable when the world recovers from the war. To provide for this the United States Senate in March, 1919, ratified a treaty with Nicaragua by which it is agreed that for a payment of $3,000,000 the United States shall have the right to build a canal and establish a naval base on Point Coseguina (kō'sä-gwē'nä) on the southern shore of the Bay of Fonseca (fōn-sā'kä). Also, the United States is to have the ownership of two islands in the Caribbean Sea.

The people are mixed Spanish and Indian. Notice the soldier in the foregraiund.

12837

GATHERING CACAO, NICARAGUA, C. A.

Lat. 12° N.; Long. 87° W.

The cacao, or cocoa tree, grows wild in Central America and it appears to have been orginally a native of the coast lands of the Gulf of Mexico and tropical South America as far south as the basin of the Amazon river. It grows best between the 15th parallels of latitude, but can be cultivated in suitable situations within the 25th parallels. Within the 15th parallels it does best at elevations ranging from near the sea level to about 2000 feet in height. Although it has been introduced into a number of countries in which it is successfully cultivated, tropical America and the West Indies, with Ecuador and Brazil leading, still produce about three-fourths of the world's supply. The natives in our view are gathering the pods which contain from 50 to 100 beans each.

The value of cocoa was known to the natives of Mexico and Central America before Europeans came to those countries, and in Mexico it appears to have been a favorite drink of Montezuma. It was also used in that country as currency, the bags treated in this way containing a specified number of cocoa beans.

Two varieties seem to be native to Nicaragua and grow wild there, yet Nicaragua is not one of the great cacao exporting countries although she produces considerable quantities for domestic consumption. The best method of raising the cacao tree is by cultivation, the young plants being shaded until they reach considerable size. The young plants are set out between bananas, cassava, or other useful crops, which shade them until they attain sufficient growth to render the shading unnecessary. From the cacao bean are manufactured chocolate and cocoa.

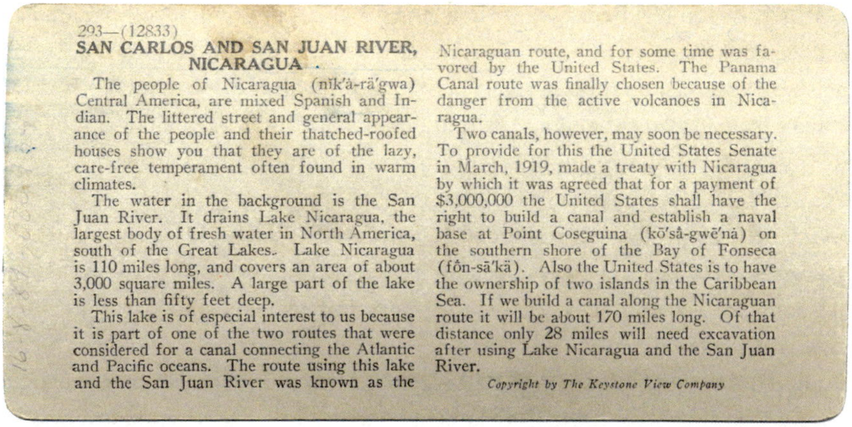

293—(12833)

SAN CARLOS AND SAN JUAN RIVER, NICARAGUA

The people of Nicaragua (nĭk'ä-rä'gwa) Central America, are mixed Spanish and Indian. The littered street and general appearance of the people and their thatched-roofed houses show you that they are of the lazy, care-free temperament often found in warm climates.

The water in the background is the San Juan River. It drains Lake Nicaragua, the largest body of fresh water in North America, south of the Great Lakes. Lake Nicaragua is 110 miles long, and covers an area of about 3,000 square miles. A large part of the lake is less than fifty feet deep.

This lake is of especial interest to us because it is part of one of the two routes that were considered for a canal connecting the Atlantic and Pacific oceans. The route using this lake and the San Juan River was known as the Nicaraguan route, and for some time was favored by the United States. The Panama Canal route was finally chosen because of the danger from the active volcanoes in Nicaragua.

Two canals, however, may soon be necessary. To provide for this the United States Senate in March, 1919, made a treaty with Nicaragua by which it was agreed that for a payment of $3,000,000 the United States shall have the right to build a canal and establish a naval base at Point Coseguina (kō'sâ-gwē'nä) on the southern shore of the Bay of Fonseca (fôn-sä'kä). Also the United States is to have the ownership of two islands in the Caribbean Sea. If we build a canal along the Nicaraguan route it will be about 170 miles long. Of that distance only 28 miles will need excavation after using Lake Nicaragua and the San Juan River.

Copyright by The Keystone View Company

Reverso de postales 1, 2 y 3, respectivamente. IHNCA, Archivo Histórico, Colección de Postales de Nicaragua.

En el caso de Nicaragua, las imágenes del canal, el paraíso y sus recursos naturales, poblados por "razas indulgentes" constituyen el terreno discursivo e imaginario en donde las clases sociales de donde provenían Marinos, diplomáticos, turistas y funcionarios de los Estados Unidos coincidían con las clases pertenecientes a la élite nicaragüense. Las tarjetas postales 1, 2 y 3 mostradas en este acápite coinciden con el postulado de Poole, en el sentido que las imágenes reproducidas en las postales definen el "terreno del otro" mediante un "vínculo conceptual específico entre la raza, la fotografía y los sistemas de mercantilización e intercambio asociados con el capitalismo".[157] Estas tarjetas cristalizan la corporalización del atraso racial en las personas retratadas sin nombre y definidas étnica o racialmente. En la postal 1 se sutura la naturaleza exuberante a su capacidad productiva, al mostrar un pequeño soldado, una familia con muchos hijos y mencionar el proyecto canalero junto con la belleza de los volcanes. Incluso, cuando estos dos últimos elementos no aparecen en las postales. En la postal 2, se muestra la plantación de cacao con mano de obra infantil y la mirada vigilante del capataz. En el reverso se provee toda la información de la capacidad de producción de la tierra, mientras las personas que trabajan la tierra permanecen anónimas. En la postal 3, se muestra el desamparo de esta producción, del paraíso, si no es dirigida hacia el proyecto canalero o la plantación.

De esta manera, las postales de Nicaragua manufacturadas por la *Keystone View Company*, parte de *Underwood and Underwood*, instrumentaron la visión de la Nicaragua ideada para los mercados internacionales. Una visión hegemónica porque fue reproducida masivamente. Las postales introducen un "Paraíso de Nicaragua", sigue con las plantaciones de cacao, obras

[157] Ibid., 173.

de infraestructura como el puerto, la misma ruta del canal por Ometepe y se suma a la representación de la población en San Carlos, departamento de Río San Juan. La población, a diferencia del "terror humeante Momotombo", la isla de Ometepe, o la ciudad de Granada, carece de nombre o, incluso, a veces aparece definida únicamente por su oficio o actividad, como el "soldado", o rellenan el cuadro que cuenta la historia de "utilizando la propia bañera y tablas de lavar de la naturaleza en el lago de Nicaragua".[158]

Al reverso de las postales, "Rejuntando Cacao", "San Carlos y el Río San Juan" y "Lago de Nicaragua en la ruta del canal nicaragüense", se encuentran los textos pertenecientes a la serie de "educación" de la compañía. En la primera postal se explica como el "cacao crece salvajemente en Centroamérica", aunque su siembra y cultivo requiere de planear bien y controlar la sombra que requiere el crecimiento del árbol. La información técnica va acompañada de los datos "peculiares" de que el cacao era "la bebida favorita de Moctezuma", que su "valor era reconocido en México y Centroamérica antes de la llegada de los europeos" y que se utilizó como moneda. En la postal tres cuyo reverso se detalla en la imagen anterior, se especifica que la "población de Nicaragua, Centroamérica, son una mezcla de Español e Indio", a lo cual agrega la descripción de los alrededores: "La calle llena de basura y la apariencia general de las personas y sus casas con techo de paja muestran que son del temperamento perezoso y despreocupado que a menudo se encuentra en climas cálidos". De ahí la postal se concentra en el "Lago de Nicaragua" y resume su importancia para la posible ruta canalera, mencionando el tratado Chamorro-Bryan y que quizá una "segunda ruta" transístmica sea necesaria. El mismo

---

158 Las postales han sido digitalizadas por la Biblioteca del Congreso de los Estados Unidos y pueden consultarse en los siguientes enlaces: "Steamboat Landing on Beautiful Lake Nicaragua, Granada, Nicaragua, C. A.", image, Library of Congress, Washington, D. C. 20540 USA, consultado el 26 de febrero de 2020, https://www.loc.gov/item/89715959/; "Using Nature's Own Tub and Washboards on Lake Nicaragua, Granada, C. A.", image, Library of Congress, Washington, D. C. 20540 USA, consultado el 26 de febrero de 2020, https://www.loc.gov/item/89715955/; "Canal Route--Ometepe Volcano and Lake Nicaragua from Boat Landing, San Jorge, Nicaragua, C. A.", image, Library of Congress, Washington, D. C. 20540 USA, consultado el 26 de febrero de 2020, https://www.loc.gov/item/89715953/; "Good Friday Celebration, Franciscan Church and Monastery, Granada, Nicaragua, C. A.", image, Library of Congress, Washington, D. C. 20540 USA, consultado el 26 de febrero de 2020, https://www.loc.gov/item/89715952/; "The Breezy Heights of Saratoga, Looking across Apoya Lagoon to Lake Nicaragua, Nic., C. A.", image, Library of Congress, Washington, D. C. 20540 USA, consultado el 26 de febrero de 2020, https://www.loc.gov/item/89715949/; "The Smoking Terror, 'Momotombo,' Volcano, Nicaragua, C. A.", image, Library of Congress, Washington, D. C. 20540 USA, consultado el 3 de mayo de 2018, https://www.loc.gov/item/89715958/; "Gathering Cacao for Chocolate Manufacturing, Nicaragua, C. A.", image, Library of Congress, Washington, D. C. 20540 USA, consultado el 26 de febrero de 2020, https://www.loc.gov/item/89715954/; "San Carlos and San Juan River, Nicaragua, C. A.", image, Library of Congress, Washington, D. C. 20540 USA, consultado el 26 de febrero de 2020, https://www.loc.gov/item/89715948/.

texto sobre el canal es copiado en la tercera postal y se le agrega la descripción al final de "La población es una mezcla de Español e Indio. Nótese el soldado en el primer plano".[159]

Las tarjetas postales, comprendidas en el gran inventario y el enorme archivo representacional sobre Nicaragua que ya existía al terminar los años treinta, permiten concluir este capítulo con el postulado de definir esta maquinaria representacional mediante la triada de "turismo, visión y raza", la cual engloba la principal actividad de la mirada turista en Nicaragua: viajar, inventariar y comodificar. Las postales, artículos de Marinos, fotografías aéreas, y narrativas turistas, reafirman que, cuanto más existe algo, más opinión sobre él se unifica.

Los actores que integran las sociedades puestas en contacto mediante el turismo forman un discurso y luego lo sedimentan. En concordancia con las ideas de Michel Foucault, la producción de discurso está "controlada, seleccionada y redistribuida por cierto número de procedimientos que tienen por función conjurar sus poderes y peligros, dominar el acontecimiento aleatorio y esquivar su pesada y temible materialidad".[160] En este segundo capítulo se ha intentado descifrar cómo se estructuró el discurso y la estética del turismo en Nicaragua en miras a establecer la forma en que el paisaje, los cuerpos y los recursos naturales de la nación nicaragüense funcionaron acorde a la empresa de modernización del turismo. Sobre todo, el capítulo muestra que el itinerario para ver paisajes y entrar en contacto con el otro se desplegó como una maquinaria de dominación en función del placer de dominación masculino. Para ello, la maquinaria y las tecnologías discursivas y representacionales se basaron en genealogías que venían tejiéndose en una larga duración de narrativas de viaje que encarrilan los escritos e intenciones de colonizadores, viajeros, filibusteros, Marinos, turistas y las élites nicaragüenses. A este gran entramado de producción de representaciones se le denomina "máquina representacional", la cual muestra el aspecto muy importante que la relación entre la estética y la ciencia, suturada por la narrativa – es decir el lenguaje – es una articulación política-económica. La máquina representacional entrelaza la cadena de equivalencia del saber-poder con las imágenes decidoras de una realidad en clave turista del país. Esto es, la dominancia del paisaje, los recursos y las poblaciones – o cuerpos cuando no tienen nombre– mediante el acto de conocer, catalogar, inventariar y, para el turismo, crear placer, sobre todo a la mirada, mediante la comodificación del espacio.

Esto fue una Nicaragua abundante en recursos naturales cuya producción requería de la intervención avanzada y del capital de los países desarrollados. La vista panorámica y las

159 Las postales digitalizadas por la Biblioteca del Congreso no contienen la información al reverso, aunque pueden ser consultadas en su original. También, pueden consultarse en el archivo del Instituto de Historia de Nicaragua y Centroamérica (IHNCA): IHNCA, Archivo Histórico, Colección de Postales de Nicaragua.

160 Michel Foucault, *El orden del discurso*, 1era ed, Últimos Fábula 126 (Barcelona: Fábula Tusquets, 1999), 14.

"cualidades" del paisaje son introducidas a esta lógica, barriendo la presencia de las personas que lo habitan mientras son objetivadas específicamente para darle valor al espacio acorde a los intereses políticos y económicos de los actores e instituciones involucrados. Las razones de esta necesaria inversión e intervención no era el sistema imperial y capitalista desigual, sino las condiciones raciales que sustentaban un sistema corrupto y reproductor de los "antiguos problemas políticos".

La socióloga Judith Adler afirma que, entre 1600 y 1800, el viaje de las élites europeas se definió cada vez más como una práctica visual, basada primero en "una ideología científica general que incluía incluso al turista más humilde como parte de ... la encuesta imparcial de toda la creación".[161] Urry agrega que el placer de "consumir lugares" en toda esta creación es a través de la vista, misma que mantiene una separación 'saludable' o 'segura' entre el "yo" y el objeto o el otro. En el caso del turismo en Nicaragua, el goce de Crowther, Reid, Cunningham, Elliot, Palmer, Dan y Florence Sultan o Le Fors, más el deseo explícito de los potenciales turistas estadounidenses por "paisajes y vistas atrayentes", se refiere a que su intervención en Nicaragua a través de las narrativas y las imágenes mantiene dicha distancia y denominación a salvo.

Sus conocimientos hacen al turista y su mirada formar parte de una larga tradición civilizatoria que da significado y valor al paisaje, la naturaleza y las poblaciones mediante la "tipificación, comparabilidad y equivalencia" de todos los objetos y sus posibilidades en Nicaragua.[162] Lo "peculiar" y "atrayente" del país hace "leíble" el inventario porque genera placer a través de la imaginación. En palabras de Spivak, el mundo ha sido "mundializado" ante sus ojos. Los significantes que mundializan a Nicaragua son muy específicos, como lo detallan las narrativas, las fotografías y la reproducción de ambas en las postales o *cartes de visites*. En línea con Spivak, a través de este acto de diálogo entre Estados Unidos y América Latina se considera al "nativo" como un "un objeto para la recuperación entusiasta de información" al que se le niega su propio acto de dar sentido al mundo, o mundialización.[163]

En este capítulo se repasó la manera en que las narrativas y las guías de viaje comenzaron a dispersarse y mezclarse en distintos medios de comunicación pertenecientes a las culturas de viajes entrelazadas por viajeros, filibusteros y Marinos. Por último, en este capítulo se documentó cómo estas largas conexiones intertextuales y representacionales nutrieron los itinerarios imaginados por el Panamericanismo que coexistió paralelamente a la ocupación estadounidense de Nicaragua. Primero se esbozó y se siguió la forma en que los distintos archivos de distintas culturas de viaje se copiaron intertextualmente entre el siglo diecinueve y veinte, con

161 Adler, "Origins of sightseeing", 24.

162 Poole, *Vision, raza y modernidad: una economía visual del mundo andino de imágenes*, 24.

163 Spivak, "Three Women's Texts and a Critique of Imperialism", 245.

ellos también se extendió en el tiempo sus formas de comprender y dar sentido-valor al espacio, la naturaleza y la población. Además, que dichas formas de inventariar los lugares, para incentivar el viaje, igualmente se entremezclaron fuertemente con la promoción y reclutamiento de los mismos cuerpos de Marina.

Sumado a esto, la asimilación de las fotografías y narrativas turísticas en los textos producidos por escritores y funcionarios del gobierno nicaragüense demuestran finalmente que todas estas maquinarias representacionales y mundo de imágenes no solo fueron reproducidos intertextualmente, sino que fueron archivos transculturizados mediante los cuales turistas y nicaragüenses – huésped y anfitrión – lentamente formaron una noción de sus mundos encontrados. En otras palabras, conjunta y transculturalmente, mundializaron sus epistemes a una empresa de desarrollo denominada turismo.

La infraestructura y los medios de transporte utilizados por los Marinos en Nicaragua, y por turistas después, produjo sus propios archivos de vistas panorámicas que, entrelazados con las narrativas de viaje, crearon su propio sentido de los elementos elegidos del paisaje, incluso cuando estos no eran visibles. Las fotografías aéreas y las descripciones de Marinos y turistas formaron una maquinaria de representación para hacer inteligible a Nicaragua, tanto en términos de intervención y dominación, como en términos de placer y gusto por el viaje que se proyectaron sobre una Nicaragua vista como un "panorama" apropiable y comodificable. Por tanto, aquí se argumentó que dichas maquinarias de representación son decidoras de las estrategias de dominación masculina, en el sentido que la valorización de los mismos espacios, naturalezas y cuerpos obedecían a las narrativas de exploración, conquista y dominación imperiales, por un lado, y por las élites nicaragüenses en el otro.

En este encadenamiento de imágenes y textos, la raza no es solo una creencia de la época o una externalidad, sino que se establece como parte nodal de la maquinaria representacional y del mundo de imágenes construido para ofrecer a Nicaragua como un destino de inversiones y turismo. Por consecuencia, el turismo es una unión de la visión y de la raza y, como todo proyecto de nación alusivo al progreso y el desarrollo, compone un régimen espacial mediante jerarquías geopolíticas y raciales, en las cuales los Marinos, funcionarios del Departamento de Estado y las élites gobernantes de Nicaragua se encontraban para negociar los proyectos de la nación, como fue el turismo en estos años germinales. Dichos actores, concurrieron en la idea que estas formas de describir y representar Nicaragua podrían atraer capital e inversión al país, tanto para desarrollarlo en términos económicos como introducirlo a una nueva era de progreso en términos políticos, sociales y, especialmente, raciales y de género. Este discurso fue codificado legalmente al ser incluido en las leyes de migración y en las definiciones que dicha ley estableció de turismo y turista. Son elementos de una idea de progreso en base al ejercicio de inventariar y tomar posesión mediante la comodificación de los elementos para ser consumidos por la vista. Por tanto, el "atractivismo" de dichos elementos descritos en términos de género, raza y posible explotación, imaginado por los actores regionales y nacionales, gubernamentalizó dichos imaginarios en políticas de inversión y desarrollo concretas, puestas en marcha por élites nacionales y funcionarios de gobierno estadounidenses en conjunto con viajeros y turistas.

En el siguiente capítulo se demuestra como estas configuraciones decidoras de lo político en el turismo no solo se limitan al dato burocrático y a las instituciones, sino que se cristalizan y encarnan en la practicidad de dicha cultura de viaje. El trasfondo económico, político y racial del turismo aparece en la mediación en los encuentros de los turistas y nicaragüenses, sobre todo en los lugares e infraestructuras de transporte presentes en Nicaragua a inicios de siglo.

3 Infraestructura y narrativas de viaje

En los dos capítulos anteriores se ha esbozado una historia en la cual Nicaragua fue inventariada mediante los significantes de paraíso, extracción, raza y canal interoceánico como equivalentes del proyecto de modernización al cual el turismo, supeditado al canal y la agroindustria, se agregó en concordancia a los preceptos de dichos proyectos imaginados por las élites nacionales y los intereses de los Estados Unidos. Esto supuso que los turistas que llegaron a Nicaragua compartieron una historia, mediante la cual dieron sentido al país. Esta historia en clave turista se estructuró mediante la copia y reproducción de textos de viaje anteriores y, sobre todo, de los itinerarios y experiencias de la ocupación de los Marinos y del Panamericanismo. Un elemento final que se incluye aquí es que esta cadena de equivalencias define una Nicaragua específica, una nación femenina que esperaba la inyección o penetración del progreso, ya que "la Nicaragua" se encuentra en un estado virginal, primitivo y salvaje. Esta operación retórica ubica al país en el espacio y el tiempo, y determina las vistas o los lugares del itinerario planeado para el turista. Añadido a las narrativas, discursos e imaginarios del turismo detallados hasta ahora, la infraestructura de viaje, y su estado casi inexistente a principios de siglo, desempeñó un papel importante en las descripciones y relatos del país. A este aspecto exclusivo se le dedica el presente capítulo, debido a que termina de esclarecer lo expuesto anteriormente, que las representaciones turísticas funcionan como maquinarias representacionales de dominación masculina.

Con esto en mente, este capítulo utiliza los señalamientos de Semmens, en el sentido que la infraestructura de viaje y la narrativa – o ideología – de viaje están íntimamente entrelazados. Si es así, ¿Qué infraestructura de viaje existía en Nicaragua? ¿Cómo determinaba esta las rutas e itinerarios de viaje? ¿Cómo influyó esta en las narrativas turistas? Tomando en cuenta los primeros dos capítulos, y a la luz de la documentación recabada, se demuestra que la infraestructura fue un elemento más que se incluyó en la categorización del país en escala de civilización, en conjunto con las cualidades raciales que los turistas y élites utilizaron para imaginar y elaborar los proyectos de desarrollo de la nación nicaragüense. En esta línea, la infraestructura de viaje siempre estuvo determinada y, a veces, perjudicada por la dominancia del proyecto del canal interoceánico y por el interés principal de desarrollar las fincas de café, la minería o las haciendas ganaderas. No obstante, en este capítulo se concluye que la infraestructura de viaje, los espacios que habilitó para los encuentros entre huésped y anfitrión, y estos interpretados mediante los tropos de paraíso y las maquinarias de dominación masculina, terminó estableciendo los imaginarios fundacionales de la nación en clave turista. Estos imaginarios serán precisamente los materiales discursivos y representacionales que se institucionalizarán a partir de 1936.

La infraestructura de viaje del siglo diecinueve y principios del siglo veinte –particularmente durante la ocupación de los Marinos – señala que en dichos años era usual viajar a través de

Nicaragua de Este a Oeste, y viceversa. Estos viajes usualmente conectaron los puertos en el Pacífico y el Caribe. Gracias a la Ruta de Tránsito y al descubrimiento de oro en California, Nicaragua contó con una red de barcos y vapores. En el Caribe, los viajeros se embarcaban o desembarcaban usualmente en el puerto de San Juan del Norte; en el Pacífico, en el puerto de El Realejo. Los puertos comunicaban y mantenían las redes comerciales entre Nicaragua, Europa y los Estados Unidos, además del resto de países del continente americano.[1]

La compañía de tránsito de Vanderbilt produjo un enclave exclusivo que perjudicó a muchos dueños de negocios a lo largo de la Ruta, también benefició a otros comerciantes, como los vendedores de materiales de madera y artesanías, aquellos a los que Twain les compró un "bastón de caoba", por ejemplo.[2] Los productores y artesanos de algodón y cordelería, pertenecientes a la ciudad de Masaya, fueron uno de los grupos que se benefició del incremento en la demanda de velas y jarcias, lonas y mecates, comprados por los viajeros de la ruta de tránsito.[3] Comerciantes centroamericanos y estadounidenses ofrecían un sinnúmero de servicios como comida, leña o alojamiento. Incluso, las personas que trabajaron en las áreas relacionadas a la Ruta cambiaron sus hábitos de trabajo debido a la influencia de las normas exigidas por la empresa de Vanderbilt. Las personas fueron empleadas para ejercer oficios que hasta entonces no eran habituales – marineros, estibadores, conductores, guías, comerciantes, entre otros – tanto a lo largo del río como en los puertos y en la navegación en el mar Caribe y el océano Pacífico.[4]

El primer viaje a través de la ruta de tránsito inició en 1849 y duró 7 meses para conectar Nueva York y San Francisco. La introducción de barcos a vapor, el cambio de la ruta a través de Nicaragua y la mejora en los caminos dentro del país, lograron reducir el viaje a 21 días. Atravesar Nicaragua fue reducido, en 1854, a apenas 21 horas.[5] No obstante, los bongos, las canoas y pangas continuaron ejerciendo una gran influencia en las comunicaciones y los viajes que se realizaban a través del río San Juan y el lago Cocibolca. Los puertos y los lugares de reabastecimiento a lo largo de la ruta incentivaron la creación de hospedajes, restaurantes y centros de almacenamiento. Según Herrera, el concepto mismo de "hospedaje" surgió en esta época, con el establecimiento de hoteles y posadas en los puertos de El Realejo, La Virgen y San Juan del Sur, y en ciudades como Granada y León. En esta última ciudad, afirma el historiador, las "cinco posadas" no eran suficientes para la demanda de pasajeros.[6]

---

1 Burns, *Patriarch and Folk*, 53.

2 Burns, *Patriarch and Folk*, 180–84.

3 Herrera C., *Bongos, bogas, vapores y marinos*, 106 y 113.

4 Ibid., 193–201 y 224–25.

5 Ibid., 183.

6 Ibid., 104–5.

Las principales rutas en el siglo diecinueve eran, desde y hacia los Estados Unidos: Nueva York- San Juan del Norte, San Francisco-San Juan del Sur; desde y hacia Europa las principales rutas eran: Southampton, San Nazario o Hamburgo a Colón (Panamá) y San Juan del Norte. Desde Colón podía viajarse al Pacífico nicaragüense, esto dependía en mayor medida de las temporadas en que había vapores y botes para cruzar el Río San Juan y el Lago Cocibolca, si se entraba al país desde el Caribe.[7] Debido a esas rutas e infraestructuras de viaje, los puertos y embarcaciones ocupan un lugar central en ls narrativas de viaje. A finales del siglo diecinueve, Richard Harding Davis encontró otro tiempo en puerto Corinto, un pasado lejos de las comunicaciones y el ajetreo de la vida industrializada. En 1896, el escritor y periodista describe sus diez días en Corinto de la siguiente manera:

> Siempre consideraré los diez días que pasamos en Corinto, en el lado del Pacífico de Nicaragua, mientras esperamos que el barco nos lleve al sur a Panamá, como tantos días de inexistencia, como tanto tiempo dedicado al mero ejercicio de vivir, cuando no éramos más de este mundo que los prisioneros en las minas de sal en Siberia.[8]

El párrafo citado de Harding registra la centralidad y duración de la estadía en los puertos como una parte fundamental en las primeras narrativas de viaje sobre Nicaragua. Las rutas mencionadas en los capítulos anteriores y la infraestructura de puertos, vapores, barcos y bongos, todavía funcionaban al terminar la ocupación de los Marinos en Nicaragua. Descripciones o valoraciones como las de Harding fueron usuales para estimar el grado de placer en el viaje, en conjunto con el grado de civilización y progreso del país. Sin embargo, a estas formas de transporte se les agregaron el ferrocarril y los aviones. En el siglo veinte, en 1935 específicamente, la UP y las guías de turismo elaboradas en Nicaragua aconsejaban dos formas principales para arribar al país:

> Medios de aproximación. Hacia la costa oeste en vapores desde el sur y el norte hasta Corinto, el principal puerto del Pacífico, y desde allí a Managua, la capital, por ferrocarril a 145 kilómetros (90 millas). La costa este es alcanzada por barcos de vapor desde Nueva Orleans hasta Bluefields y Puerto Cabezas. Varias líneas de barcos de vapor que navegan al norte y al sur a lo largo de la costa del Pacífico de América Central llaman a Corinto. Los barcos más pequeños comercian con San Juan del Sur. Los servicios de avión también están disponibles para viajar hacia y desde ciudades nicaragüenses.[9]

---

7 "Cómo se viajaba a Nicaragua hace un siglo", *Revista Conservadora*, julio de 1961, 14–15.

8 Davis, *Three gringos in Venezuela and Central America*, 160–61.

9 Pan American Union, *Nicaragua*, 1935, 2.

La cita anterior describe que el escenario de la infraestructura de viaje había cambiado poco al finalizar la ocupación de los Marinos. Bien entrados en el siglo veinte, mucho después que el sueño del canal quedara fuera de la agenda, muchos turistas y viajeros seguían en búsqueda de los lugares cercanos o a través de la ruta de tránsito.[10] Todavía se mantenían las mismas formas de viaje que se mezclaban con la nueva infraestructura de viaje. Bongos y piraguas, típicos de la mitad del siglo diecinueve, ahora ofrecían sus servicios sumados a barcos y vapores que transportaban a los viajeros en su paso por el Lago Cocibolca y el Río San Juan.[11] Sin embargo, hasta finalizar los años treinta del siglo veinte, la influencia de la Ruta Tránsito es visible en el hecho que el itinerario de viaje a través de Nicaragua todavía se definía de Oeste a Este y viceversa, conectado dicho itinerario por los dos puertos principales del país. Como se verá en el próximo capítulo 4, dicha ruta cambiará radicalmente una vez terminada la Carretera Panamericana y, con ella, cambiará el imaginario del país para el turismo.

3.1 Barcos y puertos o aviones y aeropuertos

Usualmente, si el turista ingresaba por Corinto (Pacífico), se le recomendaba viajar en ferrocarril hasta Granada o Rivas, donde podría tomar un vapor a través del Lago Cocibolca y viajar hacia el Caribe. El itinerario de viaje armado por el consulado estadounidense en Managua seguía dichos parámetros y elaboró un itinerario de viaje para "visitar Nicaragua por unos días desde Corinto hasta San Juan del Sur".[12]

En este itinerario, las ciudades iban acompañadas con su respectiva descripción, lista de hoteles y algunos datos curiosos sobre lugares a visitar y para ver. Sumado a esto, el interés de las personas por visitar y "posiblemente invertir en el país" era respondido por el consulado con una lista de las ciudades en Nicaragua rankeadas según importancia comercial y acompañada cada una por los productos principales para ser sembrados, extraídos y explotados. Managua, en este inventario, contaba con "cinco estrellas", y se la recomendaba para "asuntos bancarios, centros de negocios; bajo la capital, León y Granada" seguían debido a "su importancia para

[10] Anastasio Somoza García y su comitiva viajaban mediante la misma ruta a los Estados Unidos, vía Nueva Orleans, antes que se construyera el aeropuerto y se regularan los viajes en avión. Somoza viajó en los barcos de la compañía maderera Bragmann Bluff. Véase referencia en: Knut Walter, *El régimen de Anastasio Somoza, 1936–1956*, 172–73.

[11] Herrera C., *Bongos, bogas, vapores y marinos*, 14.

[12] "Itinerary proposed as eventual route for tourists who desire to spend a few days in Nicaragua en route from Corinto to the Port of San Juan del Sur". NA, RG 84, NND 775091, 1936–1939, Caja 1, vols. 16–19.

producir y comerciar azúcar, cereales y café".[13] La lista se debió, en parte, al interés que expresaron las personas que pretendían visitar para ver y, quizá, invertir en el país. En una carta, el vicecónsul John Willard Carrigan proveé varias informaciones a un posible turista, que había expresado su interés por ver el país e indagar sobre posibilidades de invertir en minería. El cónsul respondió que "podía darle mayores consejos en este asunto" en caso que fuese necesario, pero le advertía que las condiciones al interior del país eran "extremadamente difíciles para viajar debido a la falta de medios de transporte y comunicación".[14]

Otro dato que indica la forma en que el turismo estaba supeditado a la agroexportación y la economía de enclave es que la mayoría de la infraestructura de transporte que utilizaban los mismos turistas estaba destinada principalmente a la extracción y exportación de los productos primarios. Casi todas las narrativas mencionan la llegada al país mediante vapores o barcos pertenecientes a compañías bananeras o a barcos pertenecientes a compañías que transportaban café y otros productos de Nicaragua y Centroamérica hacia Estados Unidos, y de regreso. La conexión con Nueva Orleans (Compañías bananeras como la United Fruit y la Zemurray) y San Francisco, era la forma más usual para llegar a Centroamérica y Nicaragua.[15] En el caribe nicaragüense, la *Bluefields Steamship Company* dominaba ambos, el comercio de banano y de bienes con Nueva Orleans, así como proveyó el principal medio de transporte a los pasajeros que visitaban Nicaragua e iniciaban su viaje desde la ciudad y puerto de Bluefields.[16]

A partir de 1927, Pan Am, y el resto de líneas aéreas que iniciaron operaciones después, comenzaron a competir por el dominio de los puertos como los principales puntos de ingreso al país. Dos años después, Pan Am inauguró los vuelos regulares de su servicio de correo, iniciando la "ruta más larga de correo en el mundo que cubría seis mil millas".[17] El 23 de mayo de 1929, el avión anfibio modelo Sikorsky arribó a Managua donde lo esperaba una comitiva de personas encabezada por el presidente José María Moncada. El piloto Edwin Musick recalcó las adversidades de volar sobre "las junglas centroamericanas" en medio de una tormenta tropical que, incluso, los Marinos reconocieron como un alto grado de peligrosidad, alabando al piloto de la Pan Am. En 1937, una década después del primer vuelo de Pan Am, existía un flujo regular de pasajeros que se repartían entre cuatro aerolíneas que llegaban o hacían escala en Managua. Según un reporte de Pan Am el flujo de pasajeros en 1936 fue el siguiente:

13 Op. Cit.

14 Op. Cit.

15 Cardenal, *Manual de historia de Centroamérica*, 235–39.

16 Paige, *Coffee and power*, 160.

17 "Pan American first air mail: Miami to Nicaragua, May 21, 1929: Pan American World Airways Records", consultado el 27 de febrero de 2020, http://merrick.library.miami.edu/cdm/ref/collection/asm0341/id/123408.

Pan American Airways	Entrada	931
	Salida	1,000
TACA (Transportes Aéreos Centro-americanos)	Entrada	325
	Salida	269
Empresa Macaya (Aerovías Nacionales)	Entrada	105
	Salida	144
ENTA (Empresas Nacionales de Transportes Aéreos)	Entrada	138
	Salida	113

Tabla 1: Entradas y salidas de vuelos hacia y desde el aeropuerto Las Mercedes en Managua. Fuente: Carta de R. E. Frizell, representante Pan Am Managua a H. Bartlett Wells, Vice-Cónsul de los Estados Unidos en Managua. 6 Agosto 1937. NA, RG 84, NND 7750, 1936–1939, Caja 7, vols. 17–18, 000–127.

Si bien algunos turistas y viajeros de negocios pasaron o llegaron a Nicaragua mediante esta ruta, poco detallaron sobre sus viajes en avión. Roland Hall Sharp, del *Christian Science Monitor*, es un ejemplo ilustrativo de las personas que viajaron en avión y estuvieron en Managua por algunos días solamente (dos días) mientras se dirigían al sur del continente.[18] El mismo año de 1936, la competencia de las cuatro aerolíneas había reducido tanto los precios que "casi todas las personas viajaban por avión. Pollos, cerdos, terneros, mantequilla, manteca y otros productos nicaragüenses se envían por vía aérea a otros países", reportó el *New York Times*.[19] Powell, enviado por la UP y Pan Am, menciona explícitamente lo largo que era el viaje por mar, con barcos o vapores, mientras que el avión "aniquilaba el tiempo y la distancia" y le permitió viajar por toda la región en unas semanas por un costo total de 750 dólares de la época.[20]

Este último autor también describe a los pasajeros que encontró usualmente en los vuelos de Pan Am hacia América Latina, y de regreso a los Estados Unidos. Su lista incluye a "soldados duros de la fortuna que se dirigen a las pequeñas guerras y revoluciones"; "ingenieros de minas bronceados por el sol en su camino hacia los campos petroleros de Venezuela"; "arqueólogos destinados a las ruinas incas en Perú o las ruinas mayas en Yucatán"; "brasileños ricos y argentinos que regresan de Nueva York y París a Río"; "embajadores de locomotoras y maquinaria

18 Carta de J. R. Boyson, Consejo editorial de Christian Science Monitor, a Reginal S. Castleman, Cónsul de los Estados Unidos en Managua. 17 Diciembre 1937. NA, RG 84, NND 775091, 1936–1946, Caja 7, vols. 17–18,

19 "Planes Lead in Nicaragua For Travel and Freight", *New York Times*, 7 diciembre 1936, p. 9.

20 Powell, *Aerial Odyssey*, 6.

minera y algodoneros y armas de fuego y whiskies"; y "turistas que han huido del frío y la nieve del Norte y bajan para encontrarse con la primavera".[21]

Los medios de transporte denotan el paso del viajero entre el hogar y el lugar de destino. Las peculiaridades del viaje y las personas que acompañan el viaje aparecen con regularidad en sus descripciones de la llegada o salida de Nicaragua. Descripciones concentradas en las personas que comparten el medio de transporte, y las impresiones de la llegada a tierra nicaragüense, también se encuentran en la mayoría de relatos escritos por turistas que ingresaban al país por medio de la vía marítima. Los turistas arribaban al país desde San Francisco, Nueva York y Nueva Orleans, vía El Salvador u Honduras en barcos a vapor que atracaban en Corinto o en San Juan del Norte (Greytown). Según comunicaciones de la embajada estadounidense, en 1936 solamente las compañías estadounidenses amarraban regularmente en estos puertos. La *Grace SS Line* y la *Pacific Steam Navigation Company* tenían un servicio regular, mientras que las líneas inglesas, francesas, japonesas y alemanas amarraban en "ciertas temporadas". Algunas compañías, como *Grace SS Line* de San Francisco, comenzaron a publicitar "cruceros por Centroamérica y el Caribe" en los periódicos estadounidenses a principios de los años treinta.[22] El itinerario de viaje que ofrecían era desde Nueva York a San Francisco – igual que la Ruta de Tránsito – vía el canal de Panamá con paradas en México, Guatemala, El Salvador, Nicaragua, Costa Rica y la Habana. Al entrar por el Caribe a Nicaragua, varias empresas bananeras, mineras o madereras ofrecían transporte con sus propias infraestructuras. *La Atlantic Navigation Company*, por ejemplo, ofrecía el servicio de sus goletas "Sunbeam", "Albertina" y "Esfuerzo", entre Bluefields y San Juan del Norte, vía Barra del Colorado, haciendo conexión con los vapores de la *Compañía Limitada de Ferrocarriles*, sus viajes incluían "todos los puertos del Norte, incluyendo Cabo Gracias a Dios".[23]

A través del Lago Cocibolca también se recomendaba el transporte con el Vapor Victoria para viajar entre el Pacífico y el Caribe.[24] Palmer, quien arribó en Corinto mediante un vapor de la *Pacific*, describe el "corto viaje a vapor" como unas "zambullidas en la civilización e, incidentalmente, en bañeras de verdad".[25] En el vapor iba acompañado por un grupo "cosmopolita" de personas, "españoles, franceses, italianos, chilenos, chinos y americanos", los cuales iban acompañados por un gran número de centroamericanos.[26] Las apreciaciones de Palmer del

---

21 Ibid., 6–7.

22 "Travel", *Los Angeles Times*, 2 octubre 1932, p. D4.

23 "Anuncio", *El Litoral Atlántico*, 18 julio 1907, p. 1.

24 Carta de John Willard Carrigan, Vice-Cónsul de los Estados Unidos en Managua, a Fred Greene representante de la guía mundial de viajes *Itinerary*. 7 octubre 1936. NA, RG 84, Records 1936–1969, NND 775091, Caja 1, vols. 16–19.

25 Palmer, *Central America and its problems*, 149.

26 Op. Cit.

puerto, sus facilidades y las personas que lo habitaban contrastan entre aquellas encontradas en las publicaciones oficiales de la UP y las guías de turismo escritas en Nicaragua. La guía de la UP escrita por Wright, *Land of Enchanted Vistas*, describe el puerto y los hoteles así:

> Corinto en el Pacífico, es el principal puerto marítimo de Nicaragua. Es uno de los puertos más prácticos entre Panamá y los Estados [Unidos]. A través de Corinto pasa más de dos tercios del comercio exterior de Nicaragua. Una playa, baja pero a la vez muy por encima del límite de la marea alta, da paso a arboledas de altas palmeras que rodean esta pintoresca comunidad. Los hoteles y las tiendas se enfrentan a un amplio paseo por la playa que se curva hacia el muelle. Tiene buenos alojamientos en Corinto para aquellos que tomen el tren al interior por la mañana.[27]

La temperatura y el estado de las casas o los edificios en el puerto no provocaron la misma reacción en Palmer, quien escribió sobre Corinto:

> Es una cuenca de agua caliente, con pantanos para el borde y las colinas demasiado distantes para romper el horizonte de un paisaje típico, tropical y de campo bajo. En primer plano, algunos techos de hierro corrugado brillaban bajo el sol en contraste con las tejas y el grupo de casas que se derriten entre las palmeras y los arbustos. El muelle fue el tema de mi primera información sobre las condiciones nicaragüenses.[28]

El puerto en la narrativa de viaje siempre marcaba el inicio de las impresiones sobre el país y la población. Y en general, tal impresión siempre enardecía la aventura que el turista estaba a punto de comenzar contra las adversidades de la casi nula infraestructura de viaje. Le Fors, el ingeniero contratado por la Marina que "luchó con serpientes" y demás, menciona su propio arribo en un barco a vapor y su primer encuentro con la población:

> El Capitán Moore, del barco de vapor en el que hice el viaje a Gracias a Dios, no fue reconfortante cuando las cuatro explosiones del silbato de su barco llamaron a dos largas canoas desde la orilla, porque se volvió hacia mí y sonrió, "Prepárate. Aquí vienen los demonios a los que te voy a entregar ". Parecían los personajes, esos indios Sumos, morenos, desnudos, excepto por los calzones, cada uno con la cabeza afeitada, excepto por una dura cucaracha de cabello negro en la corona.[29]

---

27 Wright, *Nicaragua: Land of Enchanted Vistas*, 3–4.

28 Palmer, *Central America and its problems*, 151.

29 Fors, "My Incredible Adventures IN NICARAGUAN JUNGLES", 7.

En las descripciones de los vapores y su arribo a los puertos se evidencia que el vapor, perteneciente a las compañías estadounidenses, representaba el último reducto de civilización al que se sujetaba el turista en su viaje hacia Nicaragua. Una vez que la vista se posa sobre el paisaje y los cuerpos nicaragüenses, la narrativa de viaje tiende a contrastar el cambio que va desde lo convencional hacia la entrada del sujeto a un estado natural y en contacto cercano con lo "salvaje". El calor, la población "morena" y las palmeras, inician la entrada del turista al territorio desconocido.

El transporte por mar o por el lago de Nicaragua son temas constantes en las narrativas de viaje escritas en los primeros años del siglo veinte. El caso de Cunningham que espera un barco a "gasolina" en Playa Grande, Chinandega (Noroeste de Nicaragua, frontera con Honduras) rumbo al puerto La Unión en El Salvador, detalla en largas páginas su espera por un barco que siempre iba a venir "el próximo día", pero que nunca aparece. En esos días habla de la monotonía de la vida, lo difícil que fue para él comer "arroz y frijoles todos los días" y la amarga espera, otra vez, por un barco que nunca llegaba. Finalmente, un día llega y la descripción del barco es la siguiente:

> Como Al Jolson podría decirlo: "¡hay botes y luego hay botes!" Nuestro oficio era de la última variedad. Fue el viejo *ballahou* más deteriorado y decrépito en el que he sido pasajero, a unos seis metros de altura, con un dosel sucio y harapiento que pretende albergar en el interior, y propulsado por un antiguo motor de gas de un solo golpe de los fabricantes. Número uno, decidimos después del examen asegurado a su cama por un tornillo, un clavo de hierro retorcido, dos horquillas y los calcetines de "llegada al puerto" del ingeniero.[30]

Así como este bote, el estado del Vapor Victoria, principal medio de transporte a través del Lago Cocibolca, es caracterizado constantemente como un barco viejo y en condiciones poco seguras, según los ojos y las descripciones turistas.[31] Florence Sultan cuenta que, al viajar desde Bluefields a Managua, vía el río Rama, "uno atraviesa el lago de Nicaragua en el barco de vapor Victoria, de cuarenta y siete años, construido por la misma persona que hizo un 'One-Hoss Shay'", en referencia a un carruaje tirado por caballos.[32] Otro miembro del grupo de ingenieros del Ejército que acompañó a la pareja Sultan, B. B. Talley, también expresa su preocupación

---

[30] Cunningham, *Gypsying through Central America*, 166.

[31] El Vapor Victoria fue adquirido en 1882 por la administración del presidente conservador Joaquín Zavala. Concuerda con el dato de Luis Marden, quien lee en la placa del Vapor "Pusey & Jones, Wilmington, Delaware, 1882": Luis Marden, "A Land of Lakes and Volcanoes", *National Geographic*, agosto de 1944, 185.

[32] Sultan, "Snakes, Bandits, Boredom", 150.

sobre el estado del Victoria y describe con mucha precisión el viaje en el vapor, en su texto *From Corinto to San Juan del Norte*, publicado en la revista oficial de *Military Engineer*. A las diez de la mañana, el pasajero se embarcó desde Granada y viajó entre 18 y 24 horas en el vapor, en dependencia del oleaje, el viento y si el Victoria tenía problemas técnicos. Los "nativos" subían con "pollos, huevos, plátanos, semillas de cacao y muchos otros artículos" que comerciaban en San Carlos y se pagaba veinte centavos por una silla de madera o 25 centavos por una lona o hamaca.[33]

En el puerto también entraban en contacto el turista y la población nicaragüense. Raras son las veces que la narrativa de viaje presta atención al agente de aduanas o al oficial migratorio. No obstante, Ruhl ofrece un pasaje interesante sobre su negociación – o falta de ella – con un oficial de la Guardia Nacional encargado de controlar el tránsito a través de Corinto. Al llegar al puerto para tomar un vapor hacia El Salvador, en un "calor abominable", Ruhl relata que el comandante a cargo de la migración no le permitía abordar porque no cargaba un permiso otorgado por la oficina de relaciones exteriores en Managua. "¿Cómo iba a saber esto el viajero?", pregunta y exclama Ruhl al comandante, y le explica que es lo mismo que viajar de "Seattle a Washington" por un permiso. Pero "la lógica no era su reino", afirma el autor encolerizado. Finalmente, el "momento trágico" y "absurdo" se resuelve con una llamada al consulado y al ministerio en Managua. Ruhl logra obtener el permiso. Al abordar al oficial de la Guardia sucede el siguiente intercambio:

> "Los pequeños países", dijo el *comandante* con dulzura, vengándose hasta cierto punto de todos esos extraños barcos que se encuentran en el puerto y de todos los jóvenes soldados de ojos azules y cara roja que abarrotan su pequeña ciudad, "también tienen sus leyes como los grandes. La oficina extranjera le da permiso para que navegue, pero esta es la última vez. ¡*La ul-ti-ma vez*!" concluyó, rodando las palabras lentamente y con cierto gusto.[34]

Podría cuestionarse si el comandante – sin nombre – tenía alguna otra opción para ganar o salir sin ser enjuiciado de dicha situación. Si le hubiese permitido pasar, ¿acaso Ruhl no hubiese afirmado la falta de creencia en la ley de los nicaragüenses? Si lo dejaba pasar, era ejemplo de la corrupción, poca civilización y de la falta de Estado de derecho en el país. Y si refuerza la ley, impuesta por la misma ocupación, como lo hizo, es descategorizado como un insolente que aplica leyes que no tienen sentido. El ocupado siempre pierde la partida ante el ocupante.

33 B. B. Talley, "From Corinto to San Juan del Norte", *Military Engineer* 22, núm. 124 (agosto de 1930): 349.
34 Ruhl, *The Central Americans*, 130.

El escritor, el viajero y turista, gana en cualquier circunstancia, aunque da a entender que el comandante, por esa vez, le había ganado la partida.

En una segunda lectura subtextual, comprendida dentro de la ocupación y las relaciones imperiales y desiguales entre Estados Unidos y Nicaragua, el encuentro entre Ruhl y el comandante anónimo puede ser leída como una alegoría de las mismas relaciones imperiales de poder. Esto es, Ruhl quiere que las leyes funcionen, siempre y cuando funcionen a su favor.

3.2 Ferrocarriles

Casi simultáneamente con el resto de los países centroamericanos, Nicaragua inició la construcción y mantenimiento de una red ferroviaria a partir de 1870. A diferencia de Costa Rica o El Salvador, dicha vía de transporte no se conectó con las principales zonas cafetaleras, ubicadas en la región nororiental del país, como los departamentos de Matagalpa y Jinotega. Menos aún, el ferrocarril no logró conectar el Pacífico y el Caribe nicaragüense. La zona del Pacífico fue la principal beneficiada con el ferrocarril, ya que unió el puerto de Corinto con las ciudades de León, Managua y Granada. El gobierno de Zelaya dejó un incremento no tan sustantivo en cantidad de rieles y expansión del ferrocarril. Al final del régimen liberal existían en Nicaragua 200 millas de rieles.[35] La compañía *Ferrocarril del Pacífico de Nicaragua* fue propiedad del Estado hasta el año 1913, año en el que los bancos estadounidenses compraron el 51 % de las acciones. En 1920, la compañía contaba con 165 millas de línea férrea.[36] A la llegada de los Marinos, existían en Nicaragua alrededor de 267 kilómetros de líneas férreas en el país.[37]

Durante la ocupación hubo un crecimiento casi nulo de la infraestructura de transporte, solo 2 %, comparado con 43 %, 89 % y 845 % de crecimiento en Guatemala, El Salvador y Honduras, respectivamente.[38] En 1920 un informe del Departamento de Estado resumió que, en Nicaragua, "no se hicieron obras de infraestructura y tampoco hubo una política económica para estimular el desarrollo agrícola" (en 1928, tampoco se había añadido "ningún kilómetro de línea férrea al ferrocarril").[39] A diferencia de la intricada historia que las narrativas de viaje escritas por turistas realizaron de la ocupación y la diplomacia del dólar, en ningún momento aparece alguna referencia acerca de la influencia de los bancos estadounidenses en el desarrollo,

35 Teplitz, "The political and economic foundations of modernization in Nicaragua", 260.

36 Bulmer Thomas, *La Economía política de Centroamérica desde 1920*, 40 y 42.

37 Cruz Sequeira, *La república conservadora de Nicaragua*, 207.

38 Gobat, *Confronting the American dream*, 155.

39 Cardenal, *Manual de historia de Centroamérica*, 276.

o estancamiento, del ferrocarril en Nicaragua. Vale la pena recordar en este asunto que el ferrocarril fue entregado junto con el control de aduanas a los bancos estadounidenses, en los Pactos Dawson descritos en el primer capítulo de esta primera parte. Bolívar Juárez considera que los bancos mejoraron sustancialmente la administración de la empresa, convirtiéndola en "una de las empresas más sólidas y poderosas del país", cuyos "ingresos y utilidades iban a parar a las arcas de los banqueros de Nueva York".[40]

El Ferrocarril también siguió la lógica de supeditar el turismo a la extracción de productos primarios y conectarlos rápidamente con los puertos para integrar la producción nicaragüense con los mercados internacionales. El presidente José María Moncada (1929–1933), una vez reincorporada la empresa del Ferrocarril, expandió las vías hacia los puertos de San Jorge (Rivas-Lago Cocibolca) y San Juan del Sur (Pacífico), y añadió la ruta León-El Sauce-Estelí destinada a unir los puertos con la producción cafetalera ubicada en los Departamentos del norte de Nicaragua. La nueva ruta del ferrocarril conectaba con la Carretera Panamericana en aras de agilizar el tráfico entre las zonas productivas del país.[41]

Cuando la compañía del Ferrocarril en Nicaragua se propuso construir un tramo que uniría la capital de Managua con Nagarote-Tamarindo (Salina Grande) dónde se ubicaba un "magnífico balneario", los oficiales estimaron que sería más útil construir el tramo por Diriamba-San Rafael (una zona cafetalera). Según la editorial del periódico, *El Eco de Managua*, uno de los argumentos en contra de la expansión ferroviaria hacia el balneario fue que el ferrocarril solo se utilizaría en las "épocas de playa" y quedaría "subutilizada" el resto del año.[42] A pesar que otro editor del periódico llamó la atención por "darle importancia al turismo en Managua", esta empresa todavía no captaba la cantidad de divisas y no empleaba a tantas personas como la producción de café.[43]

El ferrocarril, al igual que los puertos y los vapores, fue un lugar donde el turista entró en contacto directo con el paisaje y la población a través de topografías que cambiaban repentinamente al ritmo acelerado de los rieles. Los niveles de desarrollo, modernización y civilización simbolizados en el tren, entran en contacto con lo "pintoresco" o "exótico" del país, usualmente ilustrado por la población, sus culturas y costumbres. Estas características particulares del viaje en tren por Nicaragua eran ofrecidas al turista en las guías de viaje de la UP y las guías del ferrocarril escritas en Nicaragua, además que los viajes siempre eran detallados con mucha

---

40 Orient Bolívar Juárez, "Sinopsis histórica del Ferrocarril de Nicaragua", en *El Ferrocarril de Nicaragua: Historia y Liquidación* (Managua: Comisión de Liquidación del Ferrocarril en Nicaragua, 1997), 33.

41 Ibid., 36.

42 "A propósito del ferrocarril", *El Eco de Managua*, 3 marzo 1935, p. 1.

43 "Se piensa llevar la línea férrea de Nagarote al puerto del Tamarindo", *El Eco de Managua*, 24 febrero 1935, p. 1.

atención por parte de turistas como Elliott o Cunningham. Wright, por su parte, describe el viaje en tren de esta manera:

> Es una tierra de ensueño, a primera vista; una donde maravillosas luces y sombras, espejismos y efectos de niebla imbuyen incluso las características familiares del paisaje con la calidad mutable del panorama cambiante. Pero tome el tren hacia Granada y el lago de Nicaragua [Cocibolca]. Pronto se descubre que, a pesar de su apariencia soñadora, sus majestuosas revelaciones de la naturaleza, Nicaragua es un país activo y progresista con un pueblo más emprendedor. El ferrocarril conduce a través de las ciudades más grandes. Chinandega, centro agrícola, está a solo 12 millas de Corinto; Managua, la capital, está a unos 65 kilómetros de Corinto; León, la antigua capital, está a este lado de Managua. Aquí, como en otras partes de América Central, hay multitudes en cada estación y niñas y mujeres que venden dulces y frutas a los viajeros y, a veces, cerámica nativa.[44]

En la cita anterior, la descripción del viaje en tren sutura la geografía, el paisaje, los cultivos y las poblaciones en una narrativa que se desliza, simultáneamente, a través del pasado-presente. Durante las nueve horas que le tomaba al tren en viajar desde Corinto a Granada, la modernidad, tradición y los proyectos de desarrollo de la nación se colapsaban en el desplazamiento que el sujeto turista experimenta en el vagón del ferrocarril.[45] Cada ciudad en la cita del texto de Wright está delimitada por su cercanía al puerto de Corinto, lugar dónde Nicaragua se conecta con los mercados. Las ciudades y las plantaciones, a distancia del puerto, están rodeadas por las características "pintorescas" de la población que se suben o se acercan al tren que va conquistando la distancia.

De esta misma manera se describe el viaje en tren en las guías publicadas por la empresa del *Ferrocarril del Pacífico*. El relato escrito por el gerente de la compañía del ferrocarril nicaragüense, José de la Luz Guerrero, asistido por el poeta José Somoza, describe cómo el tren recorre el espacio y la historia del país desde Corinto. "Poco a poco el tren se desliza", cuenta la *Guía Ilustrada de Turismo de Granada*, entre los recuerdos, desde las "ruinas del reducto de Guadalupe" hasta las "residencias de los Gobernadores" en León.[46] El tren se desplaza, entonces, al antiguo puerto de El Realejo y describe la historia alrededor del volcán San Cristóbal, donde "el cacique Agateyte" tuvo "luchas terribles con los 'Montezumas'".[47] Así, el tren pasa por los departamentos de Masaya, Managua y Granada, al ritmo del progreso que va

44 Wright, *Nicaragua: Land of Enchanted Vistas*, 4.

45 Bolívar Juárez, "Sinopsis histórica del Ferrocarril de Nicaragua", 33.

46 Guerrero, *Guía ilustrada de turismo de Granada*, 30.

47 Op. Cit.

enumerando los cultivos y las bellezas naturales que se ubican en cada lugar, y termina el viaje cerca de las isletas en el Lago Cocibolca, bajo la sombra del volcán Mombacho y dónde se encuentran cienes de "joyas arqueológicas".[48]

La historia de Nicaragua narrada desde el tren, en clave turista, sigue las convenciones usuales mediante las cuales recursos naturales, paisaje y población son hilvanados por una historia unidireccional hacia el progreso designado al país gracias al canal y la organización eficiente de sus materias primas para la exportación, alrededor del orden establecido en las plantaciones y minas. Los turistas que viajaron por Nicaragua en estos años también cuentan relatos similares, solo que a veces los mismos elementos pueden funcionar como el escenario en el cual se construirá la nación o, en contraste, como las mismas razones que evitan el desarrollo del país. Este contraste se ilustra con los relatos de Elliott, Florence Sultan y Cunningham. Elliott, sobre el viaje en tren, escribe:

> La línea entre Managua y Granada es una pista curva que conecta el extremo sureste del lago más pequeño al noroeste del lago más grande; corre más o menos paralelo al río Tipitapa. Aquí hay una antigua región poblada, donde las ciudades siguen siendo predominantemente "indias". Nindirí es sexy e informal, pero Masaya, como Chinandega, siempre está ocupada y divertida. La estación del ferrocarril bulle de vida, y si los vendedores atrevidos y sonrientes de jícaras llenas de tiste (calabazas talladas, utilizadas como vasos para beber varias bebidas nativas, con azúcar, chocolate en polvo y algunas especias aromáticas como la base más habitual), de mangos y nísperos y naranjas y un sinfín de otras cosas, ahora no se les permite ingresar a los vagones del tren y empujar un mapache bebé gruñendo o un montón de caramelos pegajosos en la cara, puedes bañarte y probar estas mercancías por ti mismo. Puedo resistir las bebidas rosadas y marrones, y los animales vivos, y las tortillas y los frijoles, y rechazo los pares de pequeños loros verdes, aunque mi corazón es cera para ellos, pero siempre soy la víctima del vendedor de las calabazas talladas y de pequeños pedazos de cerámica. Tanto Masaya como Chinandega ofrecen los pequeños patos de arcilla negra, pulidos, formados como silbatos, que ciertamente se han hecho de esta manera durante siglos.[49]

Elliott viaja en tren y es invadida por las peculiaridades del país, representadas por los vendedores ambulantes que le ofrecen animales, artesanías, dulces, bebidas y frijoles, entre otros. Esta colisión entre modernidad y lo "exótico" o "pintoresco" domina las narrativas del viaje en el tren de Nicaragua. Pero el tren, símbolo del progreso, no llamaba mucho la atención a los y

---

[48] Guerrero, *Guía general de turismo*, 18–20.

[49] Elliott, *Central America: New Paths in Ancient Lands*, 173–74.

las turistas de principios del siglo veinte. Eran las particularidades de la idiosincrasia nicaragüense alrededor de la máquina lo que mereció la atención y anotación de la mirada del turista. El arribo de vendedores y vendedoras, el ruido, el atraso o el encuentro con animales sobre los rieles interrumpen siempre el viaje del tren hacia el progreso.

En el escrito de Florence Sultan, la llegada del tren a Managua no merece muchas observaciones, salvo su cuestionamiento sobre la ciudad que "es sede de los Marinos" y "se jacta de ser la ciudad de las mejoras modernas", dichas mejoras – edificios y la casa presidencial – no brindan "beneficios especiales y les quita la naturalidad de un pueblo simple".[50] León y Masaya, cuenta la autora, sí cumplen con las expectativas de "la naturalidad de un pueblo simple". Al llegar el tren a la estación encuentra una "parada interesante". Los elementos que la vuelven interesante son: a) "aparentemente toda la población acudió a ver el tren"; b) los vendedores y vendedoras que le ofrecen "cestas y cerámica cruda teñida con los brillantes tintes caseros"; c) "un ruido confuso, los vendedores de fruta, pasteles y cerveza levantan sus mercancías".[51] Al final, la distancia entre ella y las personas que se acercan en el tren es de clase y no parece indicar alguna relación con la raza de las personas, a diferencia del resto de narrativas turistas que siempre subrayan esta diferenciación racial con el otro. Así, Florence Sultan afirma que "bajo su deseo de vender, hay una reserva, un orgullo, cierto para todas estas personas de la clase peón".[52]

Cunningham no menciona el estilo o el estado del tren, la velocidad, la hora o el tiempo de viaje. Su atención singulariza el "molote" de personas que intentan comprar su boleto en la estación, "sosteniendo el dinero en la mano y gritando su lugar".[53] Cuenta la forma en que tuvo que "codear" su paso y como salió desarreglado del molote de gente, luego de obtener un boleto que costó "un centavo por cada uno de los 64 kilómetros" que iba a recorrer de Granada a Managua. Su curiosidad vuelve a aparecer para ver la razón por la que el tren se detuvo para esperar un "cerdo que se había detenido en medio de los rieles", solo para ser acarreado por un hombre "desarrapado".[54] En Masaya, vuelve a mencionar la salida tardía del tren debido a los "pasajeros atrasados", mientras en la ciudad las personas bailaban con "máscaras de madera" y realizaban "danzas raras" (*queer dances*) en las calles, en celebración de una "fiesta religiosa".[55] Luego vuelve a poner atención a una señora que subió al vagón de primera clase con un boleto de segunda, quien se reusó a tomar otro

---

50 Sultan, "Snakes, Bandits, Boredom", 148.

51 Op. Cit.

52 Op. Cit.

53 Cunningham, *Gypsying through Central America*, 118.

54 Ibid., 124–26.

55 Ibid., 128–32.

lugar. El episodio, junto con el del cerdo en los rieles, le llaman la atención porque "psicológicamente" no puede explicar la "perfecta calma" de la población nicaragüense.[56] Al final concluye sobre el ferrocarril:

> El centroamericano ha tomado el ferrocarril de corazón. Es tan familiar para él hoy en día como la mula humilde, y él lo monta, creo, más para recreación que cualquier otra cosa. En una tierra donde el tiempo es el elemento menos importante de muchos elementos sin importancia, el nativo levanta la nariz con desdén al que ofrece un viaje de diez millas en un carro de bueyes. En cambio, él gasta centavos ganados con dificultad para el boleto que le permite ponerse en cuclillas en el pasillo de un vagón lleno de gente para el mismo viaje.[57]

Es curioso que Cunningham se atreva a valorar la actitud nicaragüense con respecto al dinero y sus hábitos de consumo. En la cita anterior, el turista cuestiona la ética laboral de la población nicaragüense al referirse a la abundancia de tiempo con que cuentan las personas en el país. Esa abundancia de tiempo es el indicador de las cosas sin importancia. Para terminar su reflexión, Cunningham enjuicia la falta de coherencia entre trabajo, riqueza y hábitos de consumo del nicaragüense con el estado poco desarrollado de la infraestructura de viaje. El autor cuestiona de qué vale guardar los centavos, si se utilizan solo para viajar incómodo en un tren repleto.

Ruhl sigue esta tendencia y su relato sobre el viaje en tren a Managua incluye la incomodidad de abandonar la brisa fresca que soplaba del horizonte hacia su vagón, por el calor y el polvo de la ciudad de Managua, a la que cataloga, como casi todo lo que encuentra en Nicaragua, como la "peor de todas las capitales".[58] Lo que perciben Cunningham, Ruhl, Elliott y Sultan es el fuera de lugar del subalterno. Como se anotó en las conclusiones del capítulo 2, es tajante la diferencia entre la población ubicada en las plantaciones o cargando bananos, de aquella que se acerca a vender mercancías o comparte el viaje en tren con el turista. Al igual que el vapor, el turista espera encontrar en el tren un espacio usual a su nivel civilizatorio, pero las personas interrumpen dicha familiaridad esperada. En este espacio, sus formas de vida se presentan como un dato exótico, como algo fuera del orden que llama la atención, y quizá la reacción en disgusto o sorpresa, del turista. Si la población nicaragüense en la plantación es hermosa y diligente, en el tren es ociosa y malgastadora.

---

[56] Ibid., 135.

[57] Ibid., 137.

[58] Ruhl, *The Central Americans*, 84.

3.3 Caminos y Carreteras

La otra forma de entrar y viajar a través del país era por tierra. Antes que se completara la Carretera Panamericana, la mayoría de los caminos eran de tierra y se atravesaban mayormente con caballos o mulas. Si bien las condiciones de los caminos eran bastante complicadas a nivel centroamericano, Nicaragua se destacaba en esta categoría. Palmer afirma que, en cuanto a transporte y estado de los caminos, las "comparaciones en estos países son odiosas si alguna vez estuvieron en el mundo; pero creo que encontrarás a Nicaragua como el peor de todos".[59] Wallace Thompson reafirma esta tendencia quince años más tarde. Asegura que "tal como están las instalaciones de transporte en Nicaragua son peores hoy que en 1850".[60] Samuel Crowther hace la misma observación al anotar, en sus propios términos, que poco había cambiado en Centroamérica desde el viaje de John Lloyd Stephens en la segunda mitad del siglo diecinueve; a Stephens "le resultaba difícil ir a todas partes", y escribe Crowther en 1929 que "la marcha sigue siendo difícil si uno deja los caminos trillados".[61] Para este último autor, la razón principal por la que persistía el problema de los malos caminos era que "muchas partes de la región no están todavía bajo influencia Americana".[62] El mal estado de los caminos, pues, fue otro marcador de la falta de desarrollo que garantizaba la inversión estadounidense mediante la Carretera Panamericana que comenzaba a construirse.

La situación de los caminos y carreteras parecía ser la misma a finales de la década de los años treinta. Jack Parks, quien había recién revisado el estado de la Carretera Panamericana desde Dallas, Texas, hasta la Ciudad de México para la compañía *Dallas Dispatch*, escribió al consulado estadounidense en Managua para solicitar información de la posibilidad de hacer un viaje en motocicleta desde México hasta Panamá, y a través de Nicaragua. Cita el artículo de Sultan en *National Geographic* para preguntar si las condiciones seguían siendo las mismas, sin ningún camino asfaltado. Parks también pregunta si el consulado podía proveerle información sobre la actitud "de los nativos hacia los americanos".[63]

El Vice-Cónsul en Managua, Willard Carrigan, le informó que sería casi imposible durante la temporada lluviosa y que quizá podría realizar el viaje en motocicleta entre noviembre y marzo, meses de la temporada seca. En la carta, Carrigan mencionó que había una "especie de

59 Palmer, *Central America and its problems*, 151–52.

60 Thompson, *Rainbow countries of Central America*, 43.

61 Crowther, *The Romance and Rise of the American Tropics*, 69–70.

62 Op. Cit.

63 Carta de Jack Parks de *Dallas Dispatch* al Consulado de los Estados Unidos en Managua. 21 diciembre 1936. NA, RG 84, NND 775091, 1936–1939, Caja1, vols. 16–19.

rastro entre Choluteca y Chinandega" y que "de Chinandega a Managua hay caminos a lo largo de las vías del tren que puede navegar", "de Managua a Granada el camino es factible aunque no agradable" y, desde Granada hacia la frontera sur, "se pueden cruzar los senderos", aunque "le resultará extremadamente difícil".[64] La misma información le responde el Vice-Cónsul a Jean Helverson, a quien le afirma que, en ese momento, en Nicaragua "prácticamente" no había "caminos para vehículos a motor".[65]

A pesar de las dificultades enumeradas por el cónsul, la falta de medios de transporte públicos como automóviles y autobuses habilitaban otras formas de viaje por tierra que escaparon a los análisis e inventarios de las oficinas principales de los Estados Unidos y de las comisiones que revisaron el estado de la Panamericana. Dana Munro, por ejemplo, detalla el sistema de renta de mulas y caballos entre Liberia (Costa Rica) y San Juan del Sur (Nicaragua), el cual era largo y complicado, además de un poco confuso para el turista que se perdió un par de veces.[66] En esta línea, muchos pasajes de las narrativas de viaje señalan la gran regularidad de los paseos y viajes en mula o en carretas. Ruhl, por ejemplo, menciona constantemente los lugares para rentar y las condiciones de las mulas que utilizó para viajar a través del país. Atravesó los departamentos de León y Chinandega, además que ascendió a los volcanes mediante mulas arrendadas junto con un guía que lo acompañaba en casi todas sus "aventuras". El guía siempre permaneció anónimo.

El arrendamiento de mulas era usualmente contratado con alguna persona de la élite, como el "doctor Deshón".[67] Si se tenía un poco de suerte – o imaginación – las dificultades del camino propiciaban el encuentro con Sandino en persona. Eso afirma Batson, el que describe a Sandino como una persona "tan feroz como un saco de papas" y que recibía "mala prensa" en los Estados Unidos. Sandino, según el autor, le facilitó un arma "Colt calibre 45, una 'kayuka', una canoa nativa, hecha de un tronco de caoba ahuecado (…) y dos nativos fueron[le] proporcionados" para acompañarlo.[68]

Consideradas las dificultades, los caminos y carreteras no solo estaban sujetos a la valoración técnica y conveniente de su desarrollo. Siguiendo los juicios de los turistas sobre el ferrocarril, a veces esta condición de "atraso" de Nicaragua, o de todavía no estar sujeta al ajetreo del tráfico y la presión de la vida desarrollada, era precisamente lo que resultaba "pintoresco" o "peculiar"

---

64 Carta de John Willard Carrigan, Vice-Cónsul de los Estados Unidos en Managua, a Jack Parks de Dallas Dispatch. 31 diciembre 1936. NA, RG 84, NND 775091, 1936–1939, Caja 1, vols. 16–19.

65 Carta de John Willard Carrigan, Vice-Cónsul de los Estados Unidos en Managua, a Jean Halverson. 11 diciembre 1936. NA, RG 84, NND 775091, 1936–1939, Caja 1, vols. 16–19.

66 Munro, *A student in Central America, 1914–1916*, 15 y 19.

67 Ruhl, *The Central Americans*, 127.

68 Batson, *Vagabond's Paradise*, 18. Este encuentro es muy poco probable y no cuenta con otras referencias.

del país. En este asunto en particular, Florence Sultan señala el valor de las circunstancias llamativas para ella de los caminos y de los pocos automóviles que encontraba en Granada:

> El muelle de Granada está construido en parte sobre los restos del antiguo fuerte español, que se encuentra en un estado notablemente bien conservado. Ningún turista llega hasta aquí. Pocos automóviles molestan a los cerdos, gallinas y perros que monopolizan las carreteras, o los hombres, mujeres y niños que nunca caminan en línea recta. Al igual que los barcos de finales de la guerra, "zigzaguean". Los pocos automovilistas no se preocupan por la velocidad, ya que cualquier ritmo de más de diez millas por hora es peligroso, debido a los baches en el camino y los bueyes que se mueven lentamente y que requieren tiempo y pensamiento para salir. No hay velocidad, ni ruido, y ahí reside el encanto de esta vieja ciudad. Excepto por las victrolas y las pobres luces eléctricas, nada es moderno. Las casas, tan a menudo arrasadas en los muchos tiempos turbulentos de las revoluciones, vuelven a subir.[69]

En línea con Florence Sultan, la nostalgia por un tiempo pasado, por la calma y la simpleza de la vida de días más lentos son algunas de las líneas que siempre intervienen las descripciones sobre la infraestructura de viaje y del país en general. Los animales sin control, el mal estado de las calles y los pocos automóviles son claros significantes de la denotada "falta de progreso". No obstante, su conexión con el antiguo fuerte español y la superposición de este con las victrolas, manejan la negociación entre la falta de modernidad y la nostalgia. Si han pasado revoluciones y tiempos turbulentos, el fuerte español continúa ahí. La victrola y la luz eléctrica prometen que todo se podrá reconstruir y, quizá, con estas luces de modernidad, se reconstruirán un poco mejor. Los parámetros del número de automóviles, el comportamiento de las personas en los lugares de esparcimiento, sobre los caminos y carreteras, o cuando viajan y se acercan en el tren, pasan a formar parte de las vistas y escenas que conforman la representación de Nicaragua como un lugar paradisíaco.

También, la mayoría de los turistas que conforman el corpus de este capítulo viajaron tanto por Nicaragua como por Centroamérica en su totalidad, por ello la comparación entre Nicaragua y Costa Rica aparece en repetidas ocasiones. La raza siempre aparece como un elemento, entre otros, para explicar el contraste entre las infraestructuras de viaje de los países vecinos. Palmer, en alusión a la comparación entre Costa Rica y el resto de Centroamérica, en su libro afirma que era "más agradable describir el oasis que el desierto, y más al gusto de cualquier autor de mente correcta escribir sobre la felicidad y el progreso que sobre la miseria y el retroceso"; la "excepción de Costa Rica" en este sentido,

69 Sultan, "Snakes, Bandits, Boredom", 150.

según Palmer, era agradecida por el turista "abofeteado en los senderos centroamericanos", porque "encontró un encanto que las lluvias torrenciales no podían borrar".[70] La marcada diferencia entre Nicaragua y Costa Rica es ilustrada por Cunningham, quien describe el camino de tierra a través de la frontera entre ambos países con mucha atención a las dificultades que presentaba:

> El camino se convirtió en *El Camino Real* a primera hora de la tarde, y solo podemos afirmar que, si ese sendero es un camino real, los monarcas se satisfacen fácilmente cuando están en marcha. Su centro inspeccionado, si tenía tal cosa, estaba flanqueado por el cable del telégrafo; pero una docena de senderos retorcidos penetraban en la jungla a ambos lados, marcando el desprecio de los viajeros que nos habían precedido por la "Autopista Real". El camino en sí era en su mayor parte solo un pantano profundo.[71]

El estado de los caminos al cruzar la frontera vuelve a sugerir la forma en que Cunningham entendía el progreso en términos de raza e infraestructura. Al cruzar la frontera, Cunningham sigue la línea del telégrafo para "no perderse", ya que no había letreros o algún tipo de señalización.[72] Ni se da cuenta del momento en que realmente pasa de un país a otro. La condición de las casas tampoco lo ayuda a diferenciar entre Nicaragua y Costa Rica. Entre Guanacaste (Costa Rica) y Rivas (Nicaragua), el turista encuentra siempre "la miserable colección de chozas con paredes de retoños donde cerdos, gallinas, perros y garrapatas se acuestan con los nativos de sangre mixta costarricense-nicaragüense en una sola habitación miserable".[73] Al adentrarse en Nicaragua, la situación de la infraestructura continúa pareciendo "ruinosa" a los ojos de Cunningham quién, una vez dejada atrás la mezcla entre nicaragüense y costarricense, puede determinar que es la influencia del primero lo que puede explicar el "atraso" que encuentra en este país:

> En las casas que visitamos a media mañana fue interesante observar que las características raciales de las personas estaban cambiando. El costarricense lindo, de ojos azules o grises, productos de la mezcla de sangre extranjera con el stock nativo, que habíamos

70 Palmer, *Central America and its problems*, 186.

71 Los "Caminos Reales" fueron las vías de comunicación terrestres abiertas y mantenidas por la Corona Española durante la colonización de Nicaragua y Centroamérica. El más importante Camino Real era el que conectaba la ciudad de Granada con el puerto del Realejo. Cunningham, *Gypsying through Central America*, 99–100.

72 Munro utiliza la misma estrategia de seguir las líneas de telégrafo, una vez que no puede contar con un guía o el Camino Real no es tan evidente. Munro, *A student in Central America, 1914–1916*, 15.

73 Cunningham, *Gypsying through Central America*, 94.

> encontrado en el país cafetero, estaba dando paso al tipo indio moreno y de nariz de gancho que generalmente se encuentra en Nicaragua.[74]

En su paso entre países, la raza y la infraestructura – graduada ésta en términos de civilización – ayudan a Cunningham a comprender el espacio, en la ausencia de cualquier otra señal o cualquier otro marcador. Se anota entonces que los caminos utilizaron los mismos significantes para ser inventariados, evaluados y enjuiciados. A la mirada del turista el camino logra articular una narrativa sobre el espacio y el tiempo que ocupa Nicaragua. El grado de civilización y desarrollo que sugerían los caminos también se argumentaban con animales, escalas raciales y sugerencias a la capacidad política de la población nativa en dicha escala racial. En el capítulo 5 se retoman estas ideas porque es importante anotar que las observaciones de los turistas y demás viajeros se difundieron en el mismo tiempo que precisamente los Estados Unidos se encontraban en medio de las negociaciones internas para fomentar la construcción de la Carretera Panamericana. Descripciones como las de Cunningham, Sultan, Thompson y Palmer demostraron la necesidad de caminos y carreteras en la región, tanto para el comercio como para la influencia cultural sobre las razas que describen.

A diferencia del ferrocarril, las carreteras y los caminos serían en los años por venir el centro de atención de la industria automotriz estadounidense, por lo cual sí recibieron apoyo y financiamiento sustancial. El propósito principal para justificar y construir caminos o carreteras fue siempre la extracción y comercialización de los productos primarios, pero cuando estos se encontraban cerca de balnearios, volcanes o miradores, el turismo favorecía sus proyectos de construcción y empleo. Por ejemplo, en 1920 se construyó un puente que unió por camino la ciudad de León y el balneario de Poneloya, en el Pacífico nicaragüense.[75] Ricardo Echeverría, remarcó las diferencias entre los viajes que realizaba con su familia a las playas del pacífico a principios de siglo con las comodidades que disfrutaba en 1926. En su infancia viajaba "en carretas de bueyes o caballo, por malos caminos que hacían larga la travesía", debido a que realizaban "paradas muy a menudo para hacer sus necesidades o para comer". En su escrito, Echeverría resalta el contraste veinticinco años después, cuando viajó en "raudos automóviles" a través de "buenos caminos" hacia las playas favoritas de los managuas, Poneloya, Casares y San Juan Sur. Las dos últimas playas mencionadas luego estarían conectadas al ferrocarril.[76]

En años lluviosos, el viaje hacia los balnearios se veía perjudicado, reduciendo el número de personas que viajaban hacia playas como Masachapa, también en el Pacífico, como constata

---

74 Ibid., 98.

75 "Terminan de construir el puente de Poneloya", *El Diario Nicaragüense*, 18 julio 1920, p. 2.

76 Ricardo Echeverría, "Los paseos al mar", *Nicaragua informativa*, 31 marzo 1926, p. 2.

una noticia publicada en el periódico el *Eco de Managua*, en 1935.[77] El viaje a Poneloya desde la ciudad de León, descrito en la *Guía General de Turismo* publicada por El Ferrocarril del Pacífico en 1936 lee:

> [...] las sirenas echan al aire sus sonidos al contemplar desde la altura los techos color terracota que surgen pintorescos en los bajos del poblado de las casas de Poneloya. Hemos llegado ya a la ciudad poneloyesca, el carro se ha parado; cada uno de los visitantes salta a tierra [...] Allí los pasajeros sorben a bocanadas el aire salino empapado de yodo, y se bañan en la luz de plata de la luna, en las mágicas noches maravillosas de la bella ciudad de Poneloya.[78]

Según datos de los ingenieros que dirigieron la construcción de la Carretera Panamericana en Nicaragua, el país había "progresado considerablemente" en 1935. El país contaba con novecientas millas de carreteras, de las cuales cuatrocientas estaban "graduadas y drenadas" para ser usadas durante todo el año".[79] La UP informó en ese año que 214 kilómetros de la carretera, que unirían los Estados Unidos con Panamá y el resto del continente, tendrían especial atención en Nicaragua, al recalcar que la "ruta recomendada atraviesa las secciones más cultivadas de la República".[80]

En los periódicos estadounidenses se resaltaba la sugerencia de que las carreteras "reabrían el campo comercial" entre los Estados Unidos y los países latinoamericanos, y si bien el aspecto del "turismo" era el "más espectacular al considerar las posibilidades de la Autopista", ésta a la vez "creaba nuevos mercados para la industria automotriz".[81] Para ello, el estado de las obras, las millas o kilómetros de las calles y los números de automóviles por habitante comenzaron a ser indicadores importantes para medir el desarrollo de los países. En este acápite, Nicaragua aparecía también "rezagado" con respecto al resto de los países de la región, al contar con "800 carros para 1,134 millas" de carreteras, mientras que Guatemala y Costa Rica contaban con 1,500 y 2,500 carros respectivamente.[82]

De acuerdo con la idea de impulsar el comercio y mercado de automóviles, además de la conexión con Panamá, el plan de construcción de carreteras se concentró en atravesar el Pacífico

---

77 David García, "Los días de la Semana Santa, en el alegre balneario de Masachapa", *El Eco de Managua*, 28 abril 1935, p. 3.

78 Guerrero, *Guía general de turismo*, 27.

79 Pan American Union, *Nicaragua*, 1935, 25.

80 Ibid., 27.

81 Chapin Hall, "International Highway to Reopen Trade Field: Completion of Central America Link to Create New Market for Auto Industry", *Los Angeles Times*, 22 noviembre 1935, p. 7.

82 Op. Cit.

nicaragüense lo más rápido posible. La carretera entre el Pacífico y el Caribe fue tomada en cuenta en este plan, la cual era de mayor importancia para el gobierno nicaragüense. En consecuencia, la maquinaria que se utilizaba para construir la carretera de Managua a Bluefields fue trasladada al Pacífico del país para concentrarse en los trabajos de la ruta delineada por la Carretera Panamericana.[83] La ruta elegida para esta carretera comenzaba desde la frontera con Costa Rica, en el departamento de Rivas, Nandaime, Granada y Masaya, antes de llegar a Managua. Desde la capital, el documento sugería continuar el viaje por Nagarote, León y Chinandega para conectar con Honduras y seguir hacia este país o continuar directo hacia El Salvador. Según el *New York Times*, los primeros estadounidenses en cruzar la ruta desde Nueva York a Managua fueron Arthur Lyons y Joseph Lyons, en aquél entonces de 21 y 25 años. Los dos jóvenes viajaron 4,562 millas en veintiséis días, "sin cargar armas y sin problemas a través de México, El Salvador, Honduras y Nicaragua".[84] Esta ruta, antes utilizada para el mercado y transporte de mulas y ganado, pasó a ser la ruta de viaje a través del istmo centroamericano.

Sin embargo, Ruhl sí encuentra sutiles diferencias entre la primera vez que visitó Nicaragua en 1913 y su segunda visita, en 1928. En su libro compara su viaje inicial entre Managua y Masaya con el último realizado en automóvil. Aunque el camino no es todavía una carretera, Ruhl afirma que había sido acomodado para que los automóviles transitaran. Así, entre "la hora del té y la cena" Ruhl visitó la plantación de café perteneciente a la familia Vaughn. Lo que antes era una "expedición" que "tomaba la mayor parte del día en mula", el automóvil lo hacía "fácilmente".[85] Familias como Vaugh, Deshón o Bernard, propias de la élite nicaragüense, hospedaron y tenían un contacto directo con algunos turistas que pasaban por el país. Y son los únicos que son nombrados por los turistas. En la siguiente sección se verá que, en cuanto a hospedaje se refiere, todas las clases y poblaciones que habitaban el país ofrecieron alojamiento y entraron en contacto directo con varios tipos de turistas. Y quizá fue el hospedaje ofrecido por toda la población lo que realmente sostuvo la empresa del turismo en sus primeros años. Como afirma poéticamente la *Guía Ilustrada de Nicaragua* al describir el paisaje y la población mestiza de Nicaragua: "Cada casa está abierta al pasajero y la hacienda le ofrece el descanso, y el espectáculo de las fecundas fiestas del trabajo".[86] El hospedaje en la hacienda era una ventana hacia las posibilidades de producción ofrecidas al potencial inversor.

A diferencia de los barcos o los ferrocarriles, el mal estado de los caminos, y los pocos automóviles, en Nicaragua no eran solo un indicador del atraso del país. En los años treinta del

---

83 "Refuerzan la carretera", *El Eco de Managua*, 8 agosto 1937, p. 4.

84 "End Unique Auto Trip: Two Americans Motor From Here to Nicaragua in 26 Days' Driving.", *New York Times*, 2 junio 1930, p. 13.

85 Ruhl, *The Central Americans*, 121.

86 Facinelli Graziosi, *Guía ilustrada de Nicaragua*, 210.

siglo veinte, las incipientes inversiones en las carreteras y caminos, junto con el inicio de las inversiones en la Carretera Panamericana, dotaron a las descripciones de esta infraestructura de viaje con un matiz de tenue promesa. Una promesa de los mejores años por venir facilitados por la creciente industria automotriz y el progreso de una conexión más eficiente con los mercados internacionales.

3.4 Hoteles y hospitalidad

La última parte importante de la infraestructura de viaje corresponde a los hoteles. En el período aquí analizado, se destaca el lento proceso mediante el cual la "posada" y la "chichería" fueron dando lugar a hoteles que cumplían con los "requisitos" solicitados por los y las turistas provenientes de países europeos o de los Estados Unidos. Por una parte, la mayoría de dueños eran personas extranjeras. Como fue el caso del Hotel Lupone, "mantenido por un italiano", relata Palmer en 1910, que "alguna vez fue camarero en uno de los famosos hoteles de Londres, donde su esposa era camarera", había "prosperado enormemente en esta y otras empresas bajo patrocinio presidencial al adherirse a la mayor escala de precios de Londres".[87] Los precios a los que se refiere Palmer eran de cinco dólares la noche, cuando, según la JNT y el consulado estadounidense, el precio por noche en un hotel "recomendado" variaba entre uno y dos dólares por noche. Por otra parte, el Hotel Estrella era propiedad del nicaragüense Mercedes Matus de Sándigo.[88] Este hotel también era parte de aquellos recomendados por la embajada estadounidense y por las guías de turistas realizadas por la UP, la empresa del ferrocarril, el gobierno y la JNT.

Al inicio, el requisito para formar parte de la lista de alojamientos recomendados era tener una "cama limpia", a lo cual se le agregó las exigencias de tener agua y electricidad. Palmer relata que, a su llegada a Managua, tanto "la plaza como las calles no estaban iluminadas" y, por ello, en "la oscuridad total y la lluvia torrencial" que encontró al descender del tren, "tuvo la suerte de conseguir el pasaje al hotel en el único 'truco oceánico' que estaba de servicio".[89] Mas obtener acceso a agua y luz eléctrica dependía de varios factores. De igual manera que la infraestructura de vapores, ferrocarriles y carreteras, los hoteles dependían de su cercanía a los puertos, estaciones de tren o lugares de inversión para adquirir importancia en los planes nacionales. El propietario del hotel ubicado en el balneario de Masachapa, Gonzalo Cuadra

87 Palmer, *Central America and its problems*, 159.

88 Félix Navarrete, "Un vistazo a la vieja Managua: Hotel Estrella cumple 100 años", *La Prensa*, 1 febrero 1992, p. 1.

89 Palmer, *Central America and its problems*, 159.

García, por ejemplo, recibió financiamiento para ampliar sus instalaciones en una "moderna Masachapa", luego que el proyecto de desarrollo del ingenio azucarero en Montelimar obtuvo los fondos para instalar una turbina para "abastecer de agua y luz al puerto de Masachapa".[90]

Como en todos los casos detallados aquí, el estado, la comodidad y la situación general de los hoteles varía entre las guías de la UP, las guías nicaragüenses y los relatos turistas o, incluso, aquellos referidos por el consulado estadounidense. En el itinerario de viaje por el Pacífico, el consulado recomendaba el "mejor hotel reportado" en Corinto, el Hotel Continental, seguido del Hotel García y otro sin nombre, ubicado frente al Parque Zelaya.[91]

Los tres actores articulados en este inventario de hoteles y lugares de hospedaje en Nicaragua – UP, JNT y turistas estadounidenses – compartían el interés de ofrecer espacios en los cuales los turistas pudiesen visitar e intercambiar experiencias de inversiones, negocios y perspectivas de desarrollo. Principalmente en Managua, el itinerario para los turistas iba acompañado de los lugares de recreación, esparcimiento y reunión habituales de las élites y miembros de la clase empresarial. La lista incluía hoteles, cines, clubes sociales, restaurantes y cafés. Los hoteles Grand, Palace y el Anglo-Americano resaltan en esta lista; los cines González y Margot, famosos en la historia de la ciudad de Managua; y los clubes sociales de Managua y el club de Golf van acompañados de los restaurantes y cafés Gambrinus, Shangai, la Geisha y Prio's.[92]

Wright, en su escrito para la UP a principios del siglo veinte, afirma que en "las ciudades [de Nicaragua], el que viaja encontrará excelentes hoteles. En las tiendas se pueden comprar productos de fabricación estadounidense y europea … Si el viajero desea ingresar al interior, podrá proporcionarse todo lo necesario para el viaje".[93] Elliott, cuyo viaje también fue financiado por la UP, pinta un cuadro distinto sobre los hoteles. Sobre el Hotel Intercontinental que recomendaba Wright, escribe: "No voy a fingir que hay buenos hoteles en Corinto. Sus pecados son de omisión, no de comisión, y la lista de cosas que no se pueden obtener comienza con camas cómodas y termina con té de verdad. Quizás el calor los hace no esenciales".[94] Y sobre el "mejor hotel de Nicaragua", en referencia al Gran Hotel, Elliott afirma:

> En lo que supuestamente era el mejor hotel de Managua, en mi primera visita, me ofrecieron una cama que tenía un colchón de musgo, de un par de pulgadas de grosor,

---

90 "agua, luz y hoteles para la Masachapa moderna", *El Eco de Managua*, 23 mayo 1937, p. 2.

91 "Itinerary Proposed as Eventual Route for Tourists Who Desire to Spend a Few Days in Nicaragua En Route from Corinto to the Port of San Juan del Sur, Nicaragua, The Port and City of Corinto, Nicaragua", p. 2. NA, RG 84, NND 775091, 1936–1939, Caja 1, vols. 16–19.

92 Ibid., p. 1.

93 Wright, *Nicaragua: Land of Enchanted Vistas*, 13.

94 Elliott, *Central America: New Paths in Ancient Lands*, 161.

> colocada modestamente sobre el marco de una tabla. Intercambié colchones, después de una hora de experimento, pero no me salvó de los mosquitos.[95]

Otro turista, Reid, intentó sopesar un poco los pro y contras de los lugares que visitó y donde se hospedó en Nicaragua. Sobre Corinto, este turista vuelve a señalar la falta de ventilación y el ruido que escuchaba en todos los cuartos. Sin embargo, otra turista con la que se encuentra en el mismo hotel le ayuda a ver otra cara del mismo lugar donde se encontraba:

> "Este lobby abierto es un lugar encantador", dijo una turista que había llegado a tierra en Corinto, Nicaragua. Había encontrado cómodas mecedoras en un piso de baldosas limpias, una brisa fresca barría el patio y la calle, había ventiladores eléctricos en el trabajo, algunas revistas y papeles para el uso de los invitados estaban en las mesas, flores florecientes y enredaderas estaban cerca, limonadas o licores estaban a la llamada de un asistente.[96]

Los hoteles eran los lugares donde se encontraban turistas, residentes e inversores. En el Hotel Lupone, Managua, se encontraban muchas de las personas que habían sido atraídas para invertir y hacer negocios en Nicaragua. Al igual que en el vapor, el grupo de personas era vasto y lleno de singularidades. Muchos turistas relatan haber tenido el mejor tiempo de su estadía en los hoteles de Managua. Cunningham, el turista que más subrayó las "dificultades" y la "imposibilidad" de viajar por Centroamérica, relata su tiempo en el "*Grand Hotel Lupone*" con mucha exaltación:

> De todas las ciudades de América Central, nuestros recuerdos más agradables, a pesar de la hosquedad de la gente del pueblo, son de Managua. Era el único [lugar] en el que realmente queríamos quedarnos. Las charlas amistosas en las tardes, cuando descansamos cómodamente en el jardín sombreado sobre limonadas heladas y observamos a las personas que pasaban por el hotel; la hora anterior al "desayuno", cuando todos los extranjeros en la capital se reunieron en este lugar para reír e intercambiar anécdotas de los eventos del día y los dados de póker recorrieron la mesa mientras nos sacudíamos para tomar algo. Todo fue como la reunión de una gran familia agradable. Estoy dispuesto a aventurar la afirmación de que al menos entre los estadounidenses; los ingleses sobrios están más obligados por la costumbre, la mayoría de los negocios de la colonia extranjera

95 Ibid., 170–71.

96 Reid, *Seeing the Latin Republics of North America*, 23.

> se realizaban en la larga mesa debajo de los árboles, y el hábito reaccionaba en beneficio tanto del [Hotel] Lupone como de los negocios.[97]

Sus mejores días en los hoteles de Managua fueron en compañía de las demás personas que visitaban el país. La piscina y la calidez de los jardines tropicales que encuentra en el hotel lo ayudan a "soportar" el polvo y el calor de la ciudad. En cada hotel, Cunningham tenía el hábito de contar el número de personas blancas que estaban en ese momento. Sobre estas personas, el turista relata:

> Pero muy pocos de la colonia extranjera, ni el uno por ciento, eran asnos. Había hombres sentados alrededor de esa larga mesa que habían hecho y perdido media docena de fortunas cada uno por métodos que leerían de manera más interesante que la ficción, si pudieran ser contados. Había otros que habían sido los asesores de confianza de la mitad de los revolucionarios de América Central; hombres que habían llegado a Guatemala por el *Old Trail* desde Arizona hasta Vado Ancho con sus propios pies; exploradores petroleros e ingenieros mineros para quienes el mundo era su patio trasero; cruceros de madera y semillas de Ismael que no podían "quedarse" en un solo lugar; y de estos no teníamos más que consejos amistosos e interés comprensivo. Eran "personas reales", según el hablado del sudoeste [de los Estados Unidos].[98]

Los diálogos y conversaciones entre las "personas reales" pudieron haber tratado de varios temas. Ruhl sostuvo uno de esos diálogos en el Hotel Lupone de Managua con el entonces expresidente conservador de Nicaragua, Adolfo Díaz, a quien conoció durante su primera estadía en el país en 1913, y con una pareja estadounidense que había logrado enriquecerse en el país gracias a su plantación de café.

Era 1928 cuando se encontraron, la segunda llegada de los Marinos comenzaba con la guerra aérea y la búsqueda de Sandino en las montañas. El mundo se inclinaba hacia una recesión global y en Nicaragua las finanzas estaban estrictamente controladas a favor de las personas más agraciadas por la intervención: los bancos estadounidenses y las personas cercanas a la Alta Comisión. En el patio del Hotel Lupone, estos eventos están suspendidos, o momentáneamente en pausa. Al encontrarse con Díaz, ambos hombres repasan la historia del país que los unía. Comenzaron con un recuento de los Pactos Dawson, pasaron a la inauguración del gobierno

---

97 Cunningham, *Gypsying through Central America*, 132. Cunningham afirma que viajar por Centroamérica le pareció una "aventura apropiada" una vez que los cónsules en San Francisco le insistieron sobre la "dificultad" e "imposibilidad" de lograrlo. Ibid., 5.

98 Ibid., 127.

de Moncada, para finalizar con la postura de Adolfo Díaz, el líder conservador depuesto de la presidencia y "condenado por todos los medios latinoamericanos por ser el que vendió el país a los gringos".[99] En vez de encontrar críticas, Ruhl cita las palabras de Díaz que demuestran, en su versión de los hechos, la simpatía general de los Conservadores para con los estadounidenses. Díaz expresa los deseos de su partido y de Ruhl para el país:

> ¿Tierra? ¡Oh, hay mucha tierra! No hay problema de tierra en Nicaragua; siempre puedes comprar un terreno si lo deseas. ¿Escuelas? ¡Oh sí, muchas escuelas! No todas las que debería haber, por supuesto, especialmente con el país alborotado así, pero muchas escuelas, ¡sí! Y ahora tendremos paz y prosperidad, esperemos. Lo que más necesitamos es capital, transporte, más ferrocarriles. Ah, sí, y automóviles también; ¡Los automóviles son de gran ayuda! ¿Estadounidenses? Oh, no, no hay peligro de eso, damos la bienvenida a la influencia y ayuda estadounidense. Paz, capital, transporte, eso es todo … muchas gracias … si hay algo que pueda hacer por usted … y espero que vuelva a llamar…[100]

Seguido al diálogo con Díaz, Ruhl resume otro encuentro fortuito en el Hotel Lupone, donde habla con una pareja estadounidense sobre su experiencia produciendo café en Nicaragua. Según Ruhl, eran "pioneros tropicales que habían venido a Nicaragua con poco, tuvieron éxito y vivieron los altibajos de más o menos treinta años de la política nicaragüense".[101] Solo el hombre habla en esta conversación. Cuenta su viaje para hacer una fortuna que lo llevó de Boston a Minneapolis, donde padeció de la ciática y se vio obligado a buscar un clima cálido. Posteriormente viajó a Nueva Orleans y abordó el vapor que lo llevó a Bluefields, para luego ir definitivamente a "denunciar una propiedad" en las montañas de Matagalpa que produjo café en "menos de cinco años". Desde ahí vivió las vicisitudes de la vida nacional que lo llevan a afirmar que no existe tal cosa como el "animal nicaragüense", son solo "liberales o conservadores" que tilda de "*scamps* regulares".[102] En su casa había albergado a simpatizantes de ambos partidos, porque si escogía un lado, fuese conservador o liberal, sufría al no favorecer al gobernante de turno y quemarían su propiedad. Ruhl termina el diálogo y relato del mismo afirmando que dicho productor "consiguió 1,300 bolsas [de café] en su lugar el año pasado" y pregunta si "¿podría haber conseguido tanto como eso en casa [Estados Unidos]?"

---

99 Ruhl, *The Central Americans*, 95.

100 Ibid., 95–96.

101 Ibid., 96.

102 Ibid., 97. *Scamp* es un término que se utiliza para describir a una persona, especialmente un niño, que es travieso de una manera agradable o divertida. El término hace hincapié en la manera que el hacendado miraba a la población nicaragüense, sobre todo la clase política, como niños o en minoría de edad.

La familia Díaz cuenta con otros encuentros relatados en las narrativas de viaje de la época de la ocupación. Denny, en su viaje de investigación por Nicaragua para esclarecer los efectos de la diplomacia del dólar en Nicaragua, se encuentra en el Club de Managua con la hermana de Adolfo Díaz, Carmen Díaz, a quien describe como una "filósofa cínica con una intensa antipatía por la política".[103] Juntos repasan la historia de Nicaragua, en semejanza a Ruhl y Adolfo Díaz, pero en esta ocasión repasan las relaciones entre Estados Unidos y Nicaragua desde la llegada de Walker. Denny, por su parte, condena y diferencia la intervención de Walker con respecto a la de los Marinos al afirmar que Walker solo dejó "muerte y destrucción" en el país.[104] Carmen Díaz, empero, intenta concentrarse en las "cosas buenas que los hombres de Walker hicieron por el país"; en sus palabras: "Alrededor de Rivas encuentras muchas personas con cabello rubio y ojos azules. Y eso es bueno para nuestro país".[105]

En todos estos diálogos citados de Ruhl y Denny existe una selección de palabras y frases que es marcada por los puntos suspensivos y las oraciones que comienzan con la reafirmación "*Yes*" (Sí). Esto también señala que las personas contestaban preguntas; las preguntas de Ruhl o Denny. Al mismo tiempo, los fragmentos demuestran una selección por pate de los escritores de los relatos de viaje. Ruhl eligió las partes del relato que le parecían más interesantes y deja otras por fuera. Nótese los elementos elegidos para relatar la historia de vida de la pareja estadounidense: la capacidad para sobrevivir; la utilidad del clima más cálido para mejorar el padecimiento de la ciática; solamente "denunciaron" un lote de tierra para comenzar a producir; lograron llevarse bien con Liberales y Conservadores por igual y; finalmente, el clima en Matagalpa, donde se produce 1,300 bolsas de café, no es tan cálido. Por su parte, Ruhl pone en boca de Díaz la invitación para que los estadounidenses lleven automóviles, capital y ferrocarriles a Nicaragua, al mismo tiempo que el inversor estadounidense propicia la receta para sobrevivir a los alborotos políticos de los *scamps* liberales y conservadores. En ambos casos, se pone en boca de nicaragüenses el deseo de atraer más estadounidenses y de haber superado los malos sentimientos debido a las tensas relaciones históricas entre Nicaragua y Estados Unidos, de Walker a la ocupación. En el relato de Denny, eso fue lo "bueno para el país" que dejó el filibusterismo, las personas con cabello rubio y ojos azules.

El hotel y el club social, lugar donde los turistas entran en contacto con la población, se convierte en un relato de atracción de más turistas e inversiones, en aras de promover un proyecto de nación: agroexportación, automóviles, ferrocarriles y, sobrevivir a los "antiguos problemas políticos", sutilmente siendo solucionados por los Marinos. En la aparente paz y tranquilidad que ofrecen los hoteles, la colonia extranjera, los turistas y las élites nicaragüenses pueden

103 Denny, *Dollars for bullets*, 56–57.

104 Op. Cit.

105 Op. Cit.

hablar cómodamente sobre los planes y las ideas que sacarán a Nicaragua de la pobreza. En la zona de contacto del hotel, narrada por los turistas y viajeros estadounidenses, lo que se transculturiza es el lenguaje empresarial de inversión, capital y mejoramiento racial. En los encuentros relatados por Ruhl, Denny, Cunnigham y Elliott, se esclarece que la inversión de capital en café, ferrocarriles y automóviles son los elementos idóneos para superar las diferencias políticas y la falta de madurez política de las élites nicaragüenses. El ejemplo de la pareja estadounidense, que se lleva bien con Conservadores y Liberales, supone la lección primordial de que los negocios bien dirigidos están más allá de la política.

La riqueza, tener tierras y lugar para hospedar con todas las comodidades requeridas por un viajero proveniente de los Estados Unidos, también aseguran ser nombrado para resaltar el apellido y los negocios que se pueden realizar. Todos los turistas siempre mencionan a las familias de abolengo y a los residentes extranjeros con nombre y apellido, no así a la mayoría de personas que, si bien ofrecen hospedaje y guía a través del país, generalmente permanecen desconocidas, definidas solo por el lugar que habitan o la profesión que ejercen. Denny, Ruhl y Munro siempre resaltan los apellidos de sus anfitriones (Vaugh, Deshón, Bernard). Munro, por ejemplo, viaja a través de Liberia hacia la frontera con Nicaragua con un guía anónimo y es hospedado en la playa del Ostional (Costa Pacífica de Nicaragua) por una familia de "pescadores". A diferencia de estas personas denominadas solo por ser "pescadores", Munro nombra a sus anfitriones Favilli o Frixione, un comerciante italiano residente en Rivas y Granada, y cafetalero de Managua, respectivamente, como sus guías y anfitriones, así como a la familia o a las familias inversoras Borrows y Whitford en el norte del país, entre otras personalidades que conoció en su viaje de dos años por Nicaragua y Centroamérica.[106]

Por último, nótese que una vez que el turista entra en el hogar del nicaragüense, las mismas jerarquías políticas, sobre todo imperiales, acompañan sus interacciones con los anfitriones nicaragüenses. Si la población nicaragüense se cataloga por sus excentricidades o su comportamiento exótico una vez que se encuentra en el tren, o espacios distintos a la plantación o el trabajo de servicio, en el hogar es el turista el que invade el espacio de la población. En añadidura, son las jerarquías de género las que parecen determinar la cordialidad de las relaciones y los temas mediante los cuales huésped y anfitrión se relacionan. Esto se demuestra en la diferencia que hacen de su interpretación del espacio familiar los escritores y escritoras de narrativas de viaje.

En el caso de los hombres, es evidente que los temas referentes a la nación, así como de las relaciones entre Estados Unidos y Nicaragua, son los que dominan las cordialidades y animosidades entre huésped y anfitrión. Ruhl, en su viaje por Nicaragua, visitó la ciudad de Granada y, acorde con la costumbre de turistas, viajeros y Marinos, tuvo contacto con las "familias de

[106] Munro, *A student in Central America, 1914–1916*, 17 y 24 y 31.

abolengo" que le ofrecieron posada en su casa. Así narra el turista, a quien el "barón del azúcar, Adolfo Benard", le ofreció "hospedarse en su casa". Ruhl rechazó la invitación y se dirigió a un "hotel" en Granada cuyo nombre no registra, pero resalta que este iba acorde con la arquitectura colonial de la ciudad:

> La habitación del hotel, vasta, alta y desnuda, que se abría dentro del balcón que rodeaba el patio y sin el largo balcón que abarca todo el edificio, también sugería una antigua "gran casa" sureña. Como la mayoría de los hoteles de campo cálido, era principalmente algo para evitar la lluvia y el sol, y entre el techo, hecho de postes de bambú cubiertos con hierro corrugado, y las paredes laterales había un espacio para dejar pasar la brisa. La cama también estaba en el estilo campestre antiguo: simplemente un marco con dosel con lienzo estirado firmemente sobre él, una sábana extendida sobre esto y otra para cubrirse, con un dosel de mosquitera sobre todo.[107]

Ruhl rechaza la invitación de Benard debido a dos razones fundamentales. Una era que su objetivo era documentar el estado de los hoteles en Nicaragua. Otro motivo – el principal – era que su interés no radicaba en mostrar la belleza y el "desarrollo" de las casas portentosas de la élite. Su búsqueda por lugares "pintorescos" y "exóticos" requería detallar los elementos que, a la mirada del turista estadounidense, podrían parecer interesantes y particulares. Es por ello que las invitaciones y la necesidad de buscar hospedaje en otros sitios generalmente no era rechazada por los turistas. Uno de los elementos comunes en la narrativa de viaje, hasta casi la segunda mitad del siglo veinte, es el hospedaje ofrecido por las "clases más humildes" a los viajeros y turistas, cuando estos se encuentran en lugares muy alejados de la capital, Managua, o de ciudades portuarias. El hospedaje ofrecido por la población nicaragüense a los y las turistas nunca aparece en las guías de turismo o en los planes del gobierno, solo se encuentran en las narrativas de viajes.

Ahora bien, de la misma manera en que muchos de los intercambios entre nicaragüenses y extranjeros respondían a las jerarquías imperiales de larga duración, leídas en las genealogías que hilvanan a los turistas con los filibusteros, viajeros y científicos decimonónicos, en las narrativas turistas se lee este punto de contacto que une al "invitado" y al "huésped" enmarañados por las relaciones desiguales de poder. Cunningham y Ruhl describen encuentros distintos en este sentido. Cabe destacar, que Ruhl visitó a varias personas que conoció mientras trabajó en el consulado estadounidense en 1913 y contaba con mejores contactos a lo largo del país. Cunningham no contaba con la experiencia o el manejo del idioma español que tenían el resto de turistas aquí analizados. Este último, describió ampliamente sus experiencias con el

[107] Ruhl, *The Central Americans*, 119–20.

hospedaje ofrecido por la población nicaragüense, de los cuales se eligen dos casos ilustrativos. En Rivas, luego de pasar la frontera con Costa Rica, Norm (el fotógrafo que lo acompañaba) y Cunningham solicitan alojamiento a una señora cuya casa estaba cerca del Camino Real que seguían junto con la línea del telégrafo. El encuentro se desenvolvió así:

> Trotamos a través de las treinta y pico chozas que componen la ciudad, y en la tienda de una mujer nicaragüense de ojos amorosos regateó el desayuno y el maíz para los caballos. Nuestra anfitriona abofeteó sus pies anchos y vendados con coquetería sobre el piso de tierra mientras ponía nuestra comida sobre la mesa, deteniéndose de vez en cuando para mirar los hombros anchos de Norm desde debajo de los párpados caídos, mientras yo escondía mi rostro de trabajo, detrás del cuaderno. El efecto de su coquetería fue algo disminuido por sus doscientas libras en la parte de adelante.[108]

La ciudad de "chozas" y el tamaño de la mujer son los elementos contrastantes aquí. De la simpleza de la comida y de la arquitectura, su mirada se posa en el "coqueteo" de la mujer, quien es enjuiciada más duramente que el estado del camino o del alojamiento. La comida y demás objetos quedan supeditados a la actitud de su anfitriona, la cual el turista no encuentra amigable. Entonces, el turista decide dar una explicación a esto, al supuesto desinterés hacia su compañero fotógrafo. Más adelante en su camino hacia Managua, Cunningham vuelve a pedir hospedaje a una familia nicaragüense y, repetidamente, vuelve a buscar razones para explicar el "trato hosco" de la gente:

> Al anochecer nos desviamos a una casa al lado del sendero, cerca del río Tenedor, y pedimos hospedaje. El hombre de la casa dio su consentimiento hosco, así que apilamos sillas de montar y alforjas en la veranda, y la mujer de la casa, tan hosca y taciturna como su hombre, nos preparó el arroz, los frijoles negros y las tortillas habituales, con calabazas, pinole frío y espumoso.
>
> A lo largo de Nicaragua, salvo en la misma frontera de Costa Rica, la gente ofreció hospitalidad a regañadientes, pero nunca se negó de plano. La clase más pobre del país es pobre y, a pesar de su odio a las caras blancas, que parece ser el instinto más arraigado en todos los nicaragüenses, la codicia superó la animosidad racial.[109]

En esta última parte, es curioso notar que la "animosidad racial" es expresada por la familia nicaragüense que es extrapolada a toda la población. La "hospitalidad a regañadientes", de la

---

[108] Cunningham, *Gypsying through Central America*, 93.

[109] Ibid., 111.

cual depende el turista en esta parte del país, sitúa a Cunningham en una repentina situación de vulnerabilidad y precariedad. Él y su acompañante a duras penas podrían pasar la noche o sobrevivir en este ambiente por sí mismos. Sin embargo, este trato "hosco" mantiene la distancia entre el anfitrión y el huésped, de manera que Cunningham todavía conserva un elemento de superioridad sobre las personas a las cuales él, en distintos pasajes de su viaje descritos arriba, considera racialmente inferiores. En un esquema mayor de las cosas, la hospitalidad a regañadientes es un elemento aleatorio que quiebra las expectativas del turista con respecto a las convenciones de las narrativas de viaje. Pratt, establece que la "hospitalidad" del "buen salvaje", "ese escenario burgués del duro y humilde campesino alegremente compartiendo su subsistencia con el hombre iluminado de la metrópolis" queda arruinado, en ese momento "hosco" quebrado e incomprensible.[110]

Parecido al valor moral de sentir "compasión" por los demás, el turista que respeta el mal ánimo de su anfitrión se encuentra siempre en la posición de poder para describir el mal carácter de la población "inferior". Población que hace las cosas por "codicia", según Cunningham. Este comportamiento, descrito y representado en una "choza" y donde duermen en "sillas de montar" o "alforjas", contienen el comentario sutil de justificar el mal comportamiento a la pobreza y al ambiente en el que las personas viven. La pobreza, en estos términos, une la infraestructura con la raza y con el mal comportamiento del anfitrión, nunca del huésped. A un nivel un poco más profundo cabría preguntarse si Cunningham culpa a sus anfitriones por el racismo que media sus interacciones y transacciones.

Por tanto, es en el espacio del hotel o en el hospedaje donde suceden estos contactos íntimos. Ruhl, por encima de todos los turistas, contiene pasajes muy interesantes de su interacción con las personas que vivían en Nicaragua, a quiénes consideraba amigos o conocidos de confianza, y quiénes le abrieron las puertas de sus casas. En la intimidad, lo que estas personas cuentan va en acuerdo con muchas de sus ideas y muchos de sus pareceres sobre el país. La ocasión del hospedaje se convierte, en la prosa de Ruhl, en el momento ideal para poner en boca de la población nicaragüense sus apreciaciones de la historia del país, y de las oportunidades de inversión y desarrollo para el mismo.

En este contexto, Ruhl presenta los casos de inversores y terratenientes quienes, según sus criterios, fueron "exitosos" y muestra ejemplos de aquellos que no lograron enriquecerse a como lo esperaban en Nicaragua, debido a las razones que reiteradamente mencionaban turistas en acuerdo con Ruhl: la cultura política, indulgencia y la raza de las personas.

Entre los casos exitosos, Ruhl menciona particularmente su estadía en la finca cafetalera de la familia Vaughn, ubicada en el departamento de Carazo. El autor cuenta sobre la ascendencia británica de la familia y del "patriarca Vaughn", al mando de un grupo de

---

[110] Pratt, *Imperial eyes*, 53 y 89.

personas que "quisieron hacerse bien" y dejaron crecer de manera natural los árboles de café alrededor de su finca que "producían y producían" constantemente.[111] La casa en medio de la plantación, el hospedaje del turista, se convierte en esta narrativa en la arcadia abundante de recursos que simboliza el tropo del paraíso. El texto menciona como la casa estaba "tan pulcra como *un man-o'-warsman*", y en la sala se podía leer el "*Punch*, *The Weekly Times* y *The Illustrated London News*" que "estaban en la mesa central, y las pipas del padre y el hijo yacían en una fila inclinada, una detrás de la otra, como soldados".[112] Alrededor de la casa, se encontraban los árboles de café y el Edén tropical junto con los trabajadores referidos solo como "hombres":

> No había un palo ni una piedra en la franja negra y suave que los hombres limpiaban y cepillaban constantemente. Por encima de las hileras de cafetos bajos se alzaban los grandes y reforzados troncos de ceibas y guayabas de monte; más cerca del suelo se extendió la delgada sombra de maderas negras y mangos, fruta de pan, aguacates y zapotes. Aquí y allá, las peras cocodrilo se extendían por el suelo como las manzanas en casa.[113]

En sintonía con los diálogos que Ruhl sostiene en casas de sus amigos y en el Hotel Lupone de Managua, la antítesis a los valores del buen empresario también es representada mediante el ejemplo de un nicaragüense que no fue tan afortunado. Antes de partir, Ruhl recuerda a su amigo, "el doctor y cafetalero Paniagua" y su finca ubicada cerca del volcán El Viejo, Chinandega, desde la cual recuerda haber visto al barco de la marina, Denver, anclado en Corinto, catorce años antes (1913).[114] El doctor Paniagua había perdido su finca y su casa. Los "Chamorristas" (Partidarios conservadores de Emiliano Chamorro) habían quemado toda su propiedad durante el alzamiento de Emiliano Chamorro en 1926. Como sospechaban que era partidario de los Liberales, a pesar de trabajar para la Cruz Roja, cuenta Ruhl, los "Chamorristas" lo secuestraron y lo aprisionaron, le robaron sus caballos y mulas y le pidieron "muchas bolsas de arroz", las cuales Paniagua no tenía, porque no sembraba arroz. "Así son las revoluciones", dijo el "pequeño doctor" a Ruhl, "con una sonrisa amarga; 'Si te quedas donde estás, te encarcelan. Si huyes, dicen que estás conspirando contra ellos'".[115] Antes de partir, el doctor Paniagua le confía sus esperanzas a Ruhl: "ahora que la disputa había terminado y los estadounidenses

111 Ruhl, *The Central Americans*, 122.

112 Ibid., 123.

113 Op. Cit. El Denver, fue el barco de la Marina que fue designado para iniciar la ocupación de Nicaragua y en donde se firmaron los Pactos Dawson.

114 Ibid., 130–31.

115 Ibid., 131–32.

estaban a cargo, esperaba que el país se calmara", la "elección 'libre y justa'", supervisada por los Marinos en 1928, "sonaba bien en la medida de lo posible".[116]

Esos eran los temas de los que hablaban los hombres y, en esta circunstancia particular, el turista y el nicaragüense, el anfitrión y el huésped. No hay verdadera intimidad entre ellos, en el lugar más profundo que habita el nicaragüense, el turista-hombre nunca desnuda o revela alguna de sus barreras. El tema que los une es la nación y la historia de las relaciones entre Nicaragua y Estados Unidos: la historia en clave turista. El Destino Geográfico, el Destino Manifiesto, el Panamericanismo, la agroexportación y extracción, todo relatado en código de raza y civilización, son los terrenos simbólicos y discursivos de larga duración mediante los cuales nicaragüenses y turistas estadounidenses logran encontrarse en el hogar.

La relación cordial entre Ruhl y sus anfitriones siempre está enmarcada en el común acuerdo de aceptar las circunstancias de la ocupación y en la visión compartida del desarrollo agroexportador de la nación. Orden en la finca, empresarios y agricultores apolíticos, ajustes auspiciados por los Estados Unidos, esos son los significantes que articulan al agroexportador y al funcionario, vestido en este relato de turista. Las jerarquías y estructuras del poder parecen funcionar como la calma que se respira en un hotel o la abundancia productiva de la hacienda. El turismo creaba en ciertos episodios ese paraíso, en que ocupante y ocupado, en común acuerdo, intercambiaban sus opiniones similares mientras el orden productivo, con "paz y tranquilidad" cortesía de los Marinos, finalmente podía funcionar a como los hombres lo habían planeado.

Como se ha señalado anteriormente, los grandes temas de la nación y del desarrollo son exclusivamente masculinos. Quizás es debido a esto que una narración que cuestiona o, por lo menos, revela la funcionalidad de las jerarquías y estructuras del poder patriarcal en las casas pertenecientes a la élite nicaragüense proviene de la mirada y voz de las escritoras. Una vez más, el quiebre con las narrativas del hombre blanco se encuentra en el texto de Florence Sultan. Su observación sobre la forma en que hombres y mujeres se relacionan en los momentos de placer y esparcimiento en las casas de la élite abre una ventana a una intimidad diferente a aquella articulada por el placer de dominación masculina.

Primero, Florence Sultan diferencia la hacienda o la choza de las casas del grupo al que ella denomina "El Groupo Aristocrático", "los conservadores", quienes "siempre han tenido Granada".[117] Las casas de los conservadores de Granada son "las más hermosas, y hay más de ellas que en cualquiera de las otras ciudades nicaragüenses" y las describe con mucho detalle al señalar los patios floreados, los muebles antiguos o los "modernos techos de cedro rojo", los "pisos pulidos" y los jardines internos que hacen "creer en 'rosas y romance'".[118] Segundo, los

116 Op. Cit.

117 Floren, Sultan, "Snakes, Bandits, Boredom", 150.

118 Op. Cit.

grandes espacios de los jardines, los patios y las habitaciones le dan espacio a Florence Sultan para proponer una reflexión y explica que, en la "antigua casa española", "no hace muchos años, rara vez se les permitía salir a las hijas de la casa. Ha habido casos en que tales reclusiones se prolongaron durante un período de tres años".[119] Su pareja, Dan Sultan, también señala en su artículo que las mujeres raras veces salían de la casa y lo señala mediante la fotografía de una procesión religiosa en Granada, en la cual apunta que solo los hombres podían asistir a tal procesión, mientras las mujeres observan desde las casas.[120]

En la ocasión de una reunión social organizada por Florence Sultan, la autora lee entre las líneas y ve entre los espacios de la "hospitalidad generosamente ofrecida" por las élites en las casas de Granada y desteje con su mirada el dominio sobre las mujeres jóvenes. Hay dos extractos claves que permiten ver esta cuestión en su texto. Una vez que plantea las pocas oportunidades que tenían las mujeres nicaragüenses de la élite para salir de sus casas con amplios espacios, flores y jardines, Florence Sultan parece entender los sucesos de la fiesta en su casa durante su estadía en Granada y cuenta:

> No es de extrañar que la abuela jadee al enterarse de que la niña granadina de hoy va al club el domingo por la noche a bailar desde las seis en punto hasta las ocho, bajo estricto acompañamiento. De hecho, por primera vez en la historia social, a un pequeño grupo de estos jóvenes se les permitió venir a mi casa y bailar durante unas horas sin padres, tíos o tías; un honor que al principio no pude apreciar, sin darme cuenta de cuán rígidamente se mantiene la regla. Aun así, los hermanos deben estar presentes.[121]

El segundo pasaje en su texto continúa con esta investigación de la autora y su mirada pasa a leer a los "guardianes" y el control sobre las mujeres jóvenes en las festas y eventos sociales en Granada. Más allá de la "fiestas con flores hechas en guirnaldas y racimos rígidos", cuenta la autora, lo que llama la atención era una "hilera ininterrumpida de vastas mecedoras" donde las mujeres mayores se sentaban y se mecían con la "mirada lejana en sus rostros" con poco interés en "chisme o en el baile".[122] El interés de la "mirada lejana" está en las "jóvenes señoritas" que se encuentran "bailando y coqueteando", "bajo una gran variedad de guardianes".[123] Entonces resume el fin de la fiesta:

---

119 Op. Cit.

120 Dan I. Sultan, "An Army Engineer Explores Nicaragua: Mapping a Route for a New Canal Through the Largest of Central American Republics", 608.

121 Florence Sultan, "Snakes, Bandits, Boredom", 151.

122 Op. Cit.

123 Op. Cit.

> Se sirve mucho vino, luego un hielo, seguido de una cena, luego pronto debemos irnos a casa. Los *Papas* que se desvanecen por completo después de depositar cada uno su *Mammita* en su mecedora, aparecen, muy alegres, y la ayudan. Las señoritas, que nunca están lejos, están reunidas, la fiesta ha terminado.

Florence Sultan no desvía sus descripciones a las bondades o los indicadores de riquezas que poseen dichas familias. Su lectura de los grandes espacios y los lujosos jardines no destacan el éxito empresarial o los apellidos de abolengo que lograron enriquecerse en Nicaragua. Su texto profundiza y se adentra entre los recovecos de las grandes narrativas y propone otra lectura. Aquí las grandes casas quizá funcionan para mantener a las mujeres jóvenes bajo control. La hospitalidad y la separación entre hombres y mujeres en las fiestas sirve, otra vez, para controlar el coqueteo de las mujeres jóvenes. La orden para terminar la fiesta viene de los padres que, sin palabras, simplemente depositan y recogen a las mujeres mayores de sus mecedoras que casi no parecen hablar entre sí. Entre la cortesía y la belleza, la fortuna y el éxito, Florence Sultan detalla un sistema de dominio que se reproduce, incluso, mediante el control de las mujeres mayores hacia las jóvenes.[124]

La fiesta de la pareja Sultan fue duramente criticada por la prensa local que llamó a las "damas y caballeros de la sociedad" nicaragüense a recordar que los organizadores de la fiesta eran los Marinos "que habían repartido culata" y "engañado mujeres en la corrupción del sexo".[125] De todas formas, la pareja Sultan tuvo una sensibilidad muy especial con respecto a este tema. El ingeniero del Ejército, y pareja de Florence Sultan, Dan Sultan, al final del artículo que publicó en *National Geographic* sobre la consulta para construir el canal dedica un acápite especial para explicar que, en Nicaragua, "el hombre es supremo".[126] Dan Sultan sostiene que el "mozo trabajador" gasta su sueldo en aguardiente primero y ropa para sí mismo después, y si queda algo, para proveer a su familia, aunque es "la mujer la principal encargada de proveer comida para los hijos y su esposo".[127] También, Dan Sultan se refiere a las diferencias del trabajo que realizan las mujeres y los hombres y cómo muchas mujeres tienen varios hijos no reconocidos

124 Una forma de organización de los espacios públicos para las mujeres también fue documentada por Munro en Managua. El autor menciona en dos ocasiones el "cuido" y "observación" que los "chaperones" mantenían sobre las mujeres jóvenes en reuniones o en salidas al cine y bailes entre jóvenes; particularidad que no vivió en Costa Rica y en otros países centroamericanos. Munro, *A student in Central America, 1914–1916*, 19 y 29.

125 "Cinismo y frescura reinan en Nicaragua", *Sandino, Revista Anti-imperialista*, agosto de 1930, Año 2, No 6. Citado en: Alejandro Bendaña, *Buenas al pleito: mujeres en la rebelión de Sandino* (Managua: Anamá Ediciones, 2018), 231.

126 Dan I. Sultan, "An Army Engineer Explores Nicaragua: Mapping a Route for a New Canal Through the Largest of Central American Republics", 625.

127 Op. Cit.

por sus padres. Las mujeres, encuentra Dan Sultan, trabajaban de costureras o arreglaban una pequeña "tiendita" cerca de su casa para vender frutas, pasteles y verduras, pero las ganancias, afirma el autor, siempre iban a parar a las manos del hombre.[128]

Otros autores, como Ruhl, al experimentar circunstancias similares solo apuntan la "maravillosa forma" en las mujeres siguen a sus "maestros", "A pie, sobre las montañas, y cargando a sus bebés, ollas y sartenes".[129] ¿Puede ser el relato sobre el control del cuerpo de las mujeres otra narrativa de nación? En el siguiente acápite se analizan las narrativas de viaje sobre la forma en que el atraso, lo "pintoresco" y la representación de Nicaragua como un país "salvaje", "paradisíaco" y "abundante", precisamente feminiza la nación y sugiere, en línea con los "Papás" que controlan la fiesta, un dominio dictatorial y patriarcal del país en aras de desarrollarlo. El turismo en este orden, cumple una función específica: la atracción de capitales, pero para ello la seguridad de las inversiones recae sobre la autoridad corporalizada en el dictador.

3.5 Narrativas de viaje: imaginarios de la nación

En este capítulo se han detallado las particularidades de las narrativas turistas sobre Nicaragua en función de los cambios en la infraestructura de viaje entre el inicio del siglo veinte y la década de los treinta. Los y las turistas se dieron a la tarea de interpretar la historia del país, enjuiciar la ocupación de los Marinos, inventariar los recursos naturales, brindar esperanzas sobre la construcción del canal, catalogar las razas y su inclusión en los recursos naturales y empleo en las plantaciones, además de mostrar el grado de desarrollo del país mediante una exposición de la infraestructura de viaje. Colado entre todos estos elementos se encuentra, en repetidas ocasiones, la descripción de las mujeres nicaragüenses.

La fijación por describir a las mujeres del país también se encadena a una genealogía de larga duración. Belt, Squier, Stephens o Lévy, todos los viajeros y científicos del siglo diecinueve dedicaron porciones sustanciales de sus textos sobre Nicaragua y Centroamérica a catalogar, describir y enjuiciar a las mujeres que habitaban las tierras de su interés. Squier menciona que "Managua se distingue también por sus bellas mujeres; circunstancia que sin duda se debe en gran parte a una mayor infusión de sangre blanca", así como menciona a las "indias" de Nindirí, "sentadas bajo los árboles de los patios, desnudas hasta la cintura, hilan sus níveos copos de algodón o sus moños de cabuya".[130] Lévy se extiende varias páginas para explicar los cruces posibles entre las razas y describir a las mujeres disponibles en Nicaragua para dicho

128 Ibid., 626.

129 Ruhl, *The Central Americans*, 96–97.

130 Squier, *Nicaragua de océano a océano: cinco semblanzas de Squier*, xxiii y 58.

cruce, las cuales también diferencia por clase. Las "pobres" a mirar de Lévy, son las que "dejan ver sus pechos sin indiferencia", mientras que hay otras mujeres de la "más distinguida sociedad" que portan vestidos.[131] El viajero decimonónico francés luego explica como los hombres tendían a elegir a las mujeres mestizas más blancas o las "blancas puras" pero, al agotarse estas, Lévy recomendaba elegir a las mujeres indígenas por encima de las negras, porque era "más deseable a los ojos del blanco".[132]

Por tanto, el interés de los viajeros por describir a las mujeres del país en términos de belleza graduada por la raza, clase social y ocupación fue una convención unánime.[133] Incluso filibusteros, como afirma Víctor Hugo Acuña, en las primeras historiografías sobre la Guerra Nacional escritas por estadounidenses, mencionan y describen la "belleza de las mujeres blancas de la élite nicaragüense", como fue el caso de Albert Z. Carr.[134] Catalogar y apreciar el número, actividad, belleza y cortesía de las mujeres se convirtió con el tiempo en un significante de Nicaragua que se utilizó para diferenciar y apreciar al país en las narrativas de viaje, con distintos usos y propósitos. Como se describe a las mujeres en la guía del ferrocarril en 1934, presentes en el paseo por Granada alrededor del Lago Cocibolca: "Qué espíritu no siente una transformación cuando sentado en la gasolina ve pasar frente a sus ojos aquellos pechos macizos de mujer morena ofreciendo a las bocas jugosas sus rosados pezones de icacos maduros?"[135] En concordancia con Judith Adler, estas narrativas anteriores al turismo delinearon una forma de viajar y anotar Nicaragua, desde los viajeros hasta los turistas. El cuerpo de las mujeres es parte del gran inventario decidor de la cultura y las prácticas de viaje en Nicaragua.

Richard Harding Davis, a quien citan varios turistas como Cunningham o los Marinos, tenía su propia forma de comparar a las mujeres entre las clases sociales y las nacionalidades que, a su vez, incluía en un gran catálogo no especificado de mujeres "de clase baja de cualquier país". Las mujeres "del pueblo en Honduras y Nicaragua", subraya Davis, "eran más atractivas que las mujeres de las clases bajas de cualquier país que haya visitado. Eran individualmente más hermosas, y la proporción de mujeres hermosas era mayor".[136] La capacidad de estas mujeres para cargar cosas y trabajar le llaman la atención, a lo que le agrega un fin estético: "Una mujer allí está acostumbrada desde su infancia a llevar cargas pesadas sobre su cabeza, y esto les da a todos un carruaje erecto y una elevación valiente de la cabeza cuando caminan o se paran".[137]

---

131 Lévy, *Notas geográficas y económicas sobre la república de Nicaragua*, 218.

132 Ibid., 188.

133 Ernesto Mejía Sánchez, "La mujer nicaragüense en los cronistas viajeros", *Cuadernos del Taller San Lucas*, 1942, 167–72.

134 Acuña Ortega, *Centroamérica*, 127.

135 Guerrero, *Guía ilustrada de turismo de Granada*, 28.

136 Davis, *Three gringos in Venezuela and Central America*, 177.

137 Op. Cit.

El contraste entre las "mujeres de pueblo" y las mujeres de "clase alta" es, en palabras de Davis, "lamentable".[138] Las mujeres de clase alta no le causan una buena impresión, porque son parecidas a "la mayoría de las mujeres hispanoamericanas", a las que describe como: "mal vestidas (…) con polvo sobre sus rostros, y con el pelo rizado con profusión ridícula".[139]

Munro siempre anota la blancura de las mujeres costarricenses y documenta sus encuentros con mujeres estadounidenses o europeas en el país. Una vez encuentra a dos mujeres jóvenes, una de ellas, anota para su pesar, "ya estaba comprometida". En sus vacaciones de Semana Santa que pasó en la playa de Montelimar, junto a familias liberales nicaragüenses, Munro pone atención a la división entre hombres y mujeres para bañarse juntos.[140] Otra vez, su mirada siempre documenta y menciona la compañía y la belleza de las mujeres jóvenes. En otro pasaje que documenta cerca de la mina La Libertad (norte de Nicaragua), Munro sale a bailar junto con inversores ingleses, ente ellos el señor Whitford, quien se enoja con las mujeres nicaragüenses por no mostrar "más entusiasmo" ante los jóvenes ingleses, porque así, les aseveró, "nunca se iban a casar".[141]

Como ha sido el caso con la mayoría de los tropos que conforman las descripciones de Nicaragua y Centroamérica en clave de paraíso para el turismo, la repetición de los catálogos de las mujeres "bonitas" y las que no cumplen con estos parámetros se repite en todos los textos, desde aquellos financiados por la UP, como los textos escritos por turistas y por funcionarios nicaragüenses y, además, por los Marinos estadounidenses. El cuerpo de la mujer y la sexualidad son temas que se negocian constantemente en el encuentro entre turistas y nicaragüenses, entre ocupantes y ocupados, entre anfitrión y huésped. En la guía *Land of Enchanted Vistas* que Wright escribió para la UP, una de las "vistas encantadoras" que documenta es la siguiente:

> Nos fuimos mientras las sombras de la tarde se alargaban a través del carril sombreado. Conducía sobre un puente arqueado de mampostería que atravesaba una corriente de baile, donde las mujeres se arrodillaban golpeando sus ropas en una blancura inmaculada. Algunas de ellas llevaban el pintoresco güipil y la faja, y todas vestían de manera atractiva. Las muchachas bonitas llevaban agua, reían y conversaban sobre su tarea.[142]

Junto con la apreciación de la belleza y las ropas de las mujeres, algunos encuentros entre hombres y mujeres sugieren el cortejo por parte del hombre. Cunningham es uno de los que pone

---

[138] Davis, *Three gringos in Venezuela and Central America*, 178.

[139] Op. Cit.

[140] Munro, *A student in Central America, 1914–1916*, 29.

[141] Ibid., 24.

[142] Wright, *Nicaragua: Land of Enchanted Vistas*, 17.

mayor atención a este aspecto, aunque, para su desagrado, constantemente encuentra el rechazo de las "mujeres bonitas". Rechazo que atribuye al odio "irracional" de la mujer nicaragüense por el hombre blanco. En el tren, por ejemplo, narra el siguiente (no)encuentro:

> Entre las chicas y mujeres más jóvenes en el tren se encontraban algunas de las más bellas que he visto. Se parecían y rivalizaban con las muchachas *hapi haoli* de Honolulu. Eran tan bellas como cualquier hija de nuestra propia tierra, de rasgos regulares, con cabello rizado azul-negro en un simple y atractivo giro que caía hasta la cintura, o una bobina igualmente efectiva en la nuca. ¡Pero sus ojos oscuros no eran agradables para nosotros! La [mujer] leonesa se destaca por su odio hacia los hombres blancos, e incluso Norm, el rompecorazones, reconoció la derrota cuando ignoraron sus miradas más admirables.[143]

No se sabe si Cunningham y su fotógrafo Norm acaso tuvieron encuentros con las mujeres locales. Ningún turista o Marino dejó algún registro escrito sobre su interacción directa con las mujeres en los textos que comprenden las narrativas de viaje. Solo mediante los informes de la Marina se tiene registros sobre el contacto y los servicios que las mujeres nicaragüenses tuvieron y ofrecieron a los Marinos, respectivamente.

En el ámbito privado, una de las principales "dificultades" o "problemas" enfrentados por los Marinos para su bienestar fueron las enfermedades venéreas. "Tanto la gonorrea como la sífilis se generalizaron en Nicaragua, afectando incluso a las 'mejores clases'" de Marinos, lee un informe presentado ante la comisión para evaluar la construcción del canal presentado por los ingenieros del ejército.[144] El informe detalló que "los soldados no siempre usaban los paquetes de profilaxis", debido a que "pensaban erróneamente que las relaciones con las criadas, en lugar de las prostitutas, eran seguras".[145]

El problema de las enfermedades venéreas y de transmisión sexual solo tenían una explicación para los médicos que formaban parte del cuerpo de la Marina: la higiene y moralidad de las mujeres nicaragüenses. El teniente comandante B. S. Davies así lo reportó y afirmó que las nicaragüenses no poseían "la disciplina para evitar entablar relaciones sexuales con los Marinos".[146] Así como los Marinos eran víctimas del trópico, la selva, los mosquitos y las ad-

143 Cunningham, *Gypsying through Central America*, 139.

144 Records of the Interoceanic Canal Board, caja 47, folder 2341, citado en: Brodhead, "'A Wet, Nasty Job': Army Engineers and the Nicaragua Canal Survey of 1929–193", 25.

145 Op. Cit.

146 "Sanitary report of the Campo de Marte, Fifth Regiment, Managua, Nicaragua, 1 January, 1929," p. 4, USNA/RG127/E204/Caja7/File No. 560 "Sanitation" 2 of 2, citado en: Laupsa, "Encountering Nicaragua. United States Marines Occupying Nicaragua 1927–1933", 36.

versidades del terreno, para los ojos de los médicos, los Marinos eran "víctimas" de las nicaragüenses y de las circunstancias que los hacían acercarse a ellas. Como explica el informe:

> Teniendo en cuenta el deber extenuante y monótono que la mayoría de los hombres deben realizar, la gran cantidad de infecciones de malaria, disentería y venéreas, la oportunidad limitada de asociación con personas blancas y la escasez de diversiones saludables, se considera que ningún hombre debería hacer más de 18 meses en este país.[147]

El reporte enfatizó que la falta de contacto con mujeres blancas, fuesen estas nicaragüenses o norteamericanas, sumado al entorno físico, fue la razón expuesta por los médicos para fundamentar el problema de la sexualidad y las enfermedades venéreas. Igual a Lévy en su texto que argumentaba la primera necesidad de los hombres blancos por encontrar mujeres blancas y, ante la escasez de estas en Nicaragua, elegían mujeres indígenas.[148] En ambos casos, el deseo masculino es naturalizado mientras que la responsabilidad de la falta de dicho control sexual recae en las mujeres nicaragüenses.

Una de las medidas tomadas por el gobierno de ocupación fue precisamente reglamentar y regular las actividades y la salud de las trabajadoras del sexo en Nicaragua, mediante los reglamentos y las leyes de profilaxis publicadas oficialmente en 1918.[149] En dicha ley se reglamentaba que las trabajadoras del sexo debían pagar cuarenta centavos a la alcaldía de la ciudad y someterse a un chequeo médico para obtener un "boleto de sanidad válido por ocho días" y, si no aprobaba el chequeo, la mujer era detenida hasta que obtuviese una "cura completa".[150] La denominada "ley de profilaxia" provocó una gran conmoción en la sociedad nicaragüense, particularmente en la ciudad de Managua.

Al cabo de algunos meses, las autoridades habían logrado levantar un inventario de las "mujeres del mal vivir" que totalizaba más de trescientas personas, de las cuales "solo diecisiete se habían presentado al chequeo".[151] Debido a esto, la alcaldía de Managua decidió ubicarlas y concentrarlas en la calle Colón, cerca del Campo de Marte y de los hoteles que frecuentaban turistas y Marinos. El "alto número" de trabajadoras del sexo en Managua impresionó a las autoridades y los editorialistas de la ciudad alertaron sobre la capacidad de esta "terrible plaga" de "desmoralizar y desorganizar la sociedad (…), quebrantar la salud del individuo, aniquilar

---

147 "Sanitary report of the Campo de Marte, Fifth Regiment, Managua, Nicaragua, 1 January, 1929," p. 6, USNA/RG127/E204/Caja7/File No. 560 "Sanitation" 2 of 2, citado en: Laupsa, 37.

148 Lévy, *Notas geográficas y económicas sobre la república de Nicaragua*, 188.

149 "Reglamentación de la ley de profilaxia". *La Gaceta Diario Oficial*, 8 octubre 1918, disponible en: http://legislacion.asamblea.gob.ni/normaweb.nsf/($All)/20CC67E90F077C44062573DB006875D1.

150 "Al fin se estableció la profilaxia", *La Tribuna*, 4 septiembre 1917, p. 2.

151 "Más de 300 prostitutas en Managua", *La Tribuna*, 17 junio 1919, p. 3.

la vitalidad y la de su descendencia y degenerar la especie, prestando así gran número de energías para el desarrollo moral, intelectual y material del pueblo".[152] Los medios liberales publicaron que este tipo de reglamentación era "típica" de los países desarrollados e iba encaminada a resguardar la salud pública. Sin embargo, sectores conservadores consideraban la ley "injusta e inmoral" porque atentaba "contra la dignidad de la mujer" y fomentaba "la prostitución en vez de combatirla".[153]

El debate y la conmoción llevó a revocar la ley en 1921, solo para ser reestablecida en 1928, siempre durante la presencia de los Marinos en Nicaragua.[154] La nueva ley era puesta en práctica cerca de los "destacamentos de la Guardia", donde se encontraban a su vez los Marinos.[155] La ley, siguiendo la percepción del cuerpo médico y de las narrativas de los Marinos, siempre iba direccionada a controlar los cuerpos de las mujeres, quienes, según la perspectiva de los Marinos y las autoridades nicaragüenses, no contaban con la higiene o la moralidad para contener ambos, su deseo sexual o el trabajo del sexo sujeto a las normas de higiene necesarias para la salud del ocupante.

En oposición a los relatos del cuerpo de Marina y las leyes de profilaxia, las versiones de la población y de los seguidores de Sandino, quienes libraron la lucha de resistencia contra la ocupación de los Marinos, mencionaron las violaciones sexuales por parte de los Marinos contra el cuerpo de las mujeres nicaragüenses; hechos que fomentaron el odio hacia los ocupantes y el apoyo a las fuerzas de Sandino. Como afirmó el líder guerrillero, que intentó imponer un rígido código para regular el comportamiento de sus comandantes con las mujeres, "los ladrones y los violadores son los yanquis".[156]

Los archivos producidos por la Marina y por la Guardia Nacional no dan cuenta de violaciones o de los servicios de las trabajadoras del sexo en Managua para los Marinos estadounidenses. Los casos de violaciones irrumpen en los testimonios de las fuerzas de Sandino, en las memorias de las y los integrantes de su ejército y en algunos casos en que la justicia nicaragüense logró intervenir y denunciar a los agresores. En todo caso, hay evidencia sustancial que incluye la violencia contra las mujeres como una de varias razones que motivó a la población nicaragüense a apoyar la causa de Sandino. Entre varios de los ejemplos y testimonios que recopila el historiador Alejandro Bendaña, el testimonio de William Gandall asevera que – entre otras ocasiones – el

---

152 "Plaga terrible", *La Tribuna*, 10 junio 1919, p. 2.

153 "Una ley injusta e inmoral", *El Diario Nicaragüense*, 13 septiembre 1917, p. 2.

154 "Se deroga el reglamento de profilaxia". *La Gaceta Diario Oficial*, 13 diciembre 1921; "Reglamento sobre la prostitución y profilaxia venérea" publicdo en *La Gaceta Diario Oficia*l del 10 y 11 de Julio de 1928, disponible en: http://legislacion.asamblea.gob.ni/normaweb.nsf/($All)/7CFAED8EA3B35A9306257330006D7A61.

155 "La Ley de Profilaxia Venérea en vigor", *La Tribuna*, 19 julio 1928, p. 1.

156 Bendaña, *Buenas al pleito: mujeres en la rebelión de Sandino*, 61.

pelotón encontró a "una muchacha bañándose o lavando la ropa en el río" y era luego atacada por el líder, seguido del resto del pelotón. La mujer, "usualmente moría luego de tanto abuso".[157] ¿Era esta la transformación que vivía el sujeto al ver los pechos morenos y los icacos en miel que describe Guerrero en las guías financiadas por la empresa del ferrocarril? O, ¿se puede comprender la indiferencia de la mujer hacia Cunningham y Norm como un acto de auto-cuido ante la presencia de hombres que, en el contexto de guerra, se habían ensañado con las mujeres? Quizá las personas nicaragüenses, en su indiferencia o animosidad, se protegían de este tipo de violencia.

Las descripciones de mujeres lavando ropa, cargando víveres o bañándose en las aguas son siempre la descripción elaborada por la mirada del hombre en clave de deseo masculino. La guía turística y las narrativas de viaje escritas por turistas son en este periodo, salvo un par de excepciones, textos decidores del mismo deseo. Encima de esto, las leyes de profilaxis, los reportes de Marinos y las narrativas de viaje dan crédito a la visión de los ocupantes. La mujer, en esta narrativa, es la depositaria del deseo masculino, como el paraíso. Se dice masculino porque las pocas narrativas escritas por mujeres, Elliott y Florence Sultan principalmente, no describen sus encuentros con mujeres en estos términos, a como se detalló previamente la observación de Sultan sobre las mujeres granadinas en su fiesta.

El deseo sin control, o el consentimiento siempre disponible de la mujer nicaragüense para con el hombre blanco queda registrado en un relato de viaje en Nicaragua. Le Fors, en su artículo publicado en *Los Angeles Times* termina su historia haciendo referencia al suceso que casi lo compromete en matrimonio con una "belleza local". El autor cuenta que se involucró, "por accidente", con la hija de un comandante nicaragüense. La familia del comandante Ambro recibió a Le Fors y, la hija del comandante, Juana, lo curó de su malaria durante algunas semanas. En los días que padeció la enfermedad, Le Fors describe sus cuatro meses en una zona "muy interesante", llena de recursos como "oro" y "hule" que, lastimosamente, son todavía "imposibles de extraer" debido a la "espesa jungla", misma que quizá le impediría salir porque sus mulas estaban flacas.[158]

Cuando estaba por retirarse, Le Fors notó que una de sus mulas tenía una pezuña herida y decidió no colocar peso sobre ella. Cuando Juana le pregunta a Le Fors por qué no puso equipaje sobre la mula, él contesta, "en broma", que esa mula es para ella, "¿acaso no vienes conmigo?", afirmó y preguntó.[159] Esta simple "broma" inicia una serie de hechos relampagueantes que terminan con el comandante Ambro declarando a todo el pueblo su beneplácito con

157 "Rattlesnake Dreams: An American Warrior's Story", Interview with Bill Gandall, http://rattlesnakedreams.blogspot.com/2014/09/interview-with-bill-gandall.html. Citado en: Bendaña, 154.

158 Fors, "My Incredible Adventures IN NICARAGUAN JUNGLES", 14.

159 Op. Cit.

el matrimonio de Juana y Le Fors. Sin embargo, y "para no correr peligro" Le Fors indica que no tiene transporte para su prometida. El estadounidense deja un par de "monedas de plata" en las manos de Ambro y su hija, y promete regresar pronto por ella con un buen medio de transporte. La última línea del relato solo indica que Juana y su familia, en el peor de los casos, quizá siguen esperando al prometido que nunca regresó.

Los elementos del pasaje escrito por Le Fors muestran la combinación de la infraestructura de viaje y el deseo masculino, y cómo estos elementos habilitan el encuentro y abandono de la mujer nicaragüense. Le Fors se enferma de malaria, debido a las condiciones adversas de la jungla y necesita de los servicios de la población local. Debido a los malos caminos, alista las mulas que alquila al comandante y son estas las que abren la escena para que se produzca el "mal entendido". El arreglo, fue el dinero y "un mejor medio de transporte" para la prometida, mientras que el autor guarda el suceso y lo publica como un dato interesante de sus "aventuras en Nicaragua". El dominio sobre su sexualidad que predica Le Fors, para resistir la "belleza local" de Juana y la promesa de riqueza que simbolizan los recursos naturales sobre los que viven, demuestra que los cuerpos y los recursos del país no son suficientes para atraer el interés completo y el compromiso absoluto del hombre estadounidense. Le Fors estaba ahí para cumplir un trabajo en un lapso de tiempo determinado, como encargado de evaluar las condiciones del caucho y, a veces, como un turista. En una última lectura subtextual, podría imaginarse que Le Fors relata una metáfora de la ocupación. Llegó al país a inventariar sus recursos para la exportación, convivió con los locales que salvaron su vida y, al final, se retiró con una promesa de mejores relaciones pactadas con unas monedas de plata, solo para no volver.

3.6 La autoridad de la Nación necesaria para el turismo

Hasta aquí es preciso aclarar que hay dos temas que se han estado articulando alrededor del paisaje, los recursos y las poblaciones descritos o representados bajo la dominancia de máquinas de representación en base al goce masculino: el paraíso y el estado de excepción durante la ocupación en Nicaragua. Por una parte, el cuerpo de la mujer – en particular su fecundidad y virginidad – son elementos fundacionales de la literatura sobre América Latina desde los diarios de Colón. El argumento de Teglia con respecto a este postulado, es que el paraíso – y su cercano equivalente la utopía – se proyectan a futuro. Dicha proyección sutura el paraíso con un lugar donde abundan mujeres o la tierra es virgen. "El final del Diario" de Colón, cuenta Teglia, "relata la vuelta de las carabelas hacia España, [y] promete encontrar, en los próximos viajes, la isla de los caribes y la de Matinino o isla de las mujeres, porque, afirma, 'hay mucho oro en Carib y en Matininó'". Teglia concuerda con Sergio Buarque de Holanda al interpretar que este deseo a futuro de Colón se lee como una "promesa de un lugar bienaventurado: 'la creencia peregrina de que, donde había esas naciones de mujeres sin hombres, también existían grandes riquezas minerales' y, también, 'el Edén justamente se encontraba en las señales de abundantísimas riquezas'".[160]

Por otra parte, Irene Agudelo afirma que, en el contexto de guerra, los cuerpos de las mujeres se desplazan metonímicamente a significar un territorio a manera de funcionar como un botín de guerra – territorio conquistado.[161] El secuestro y la violación por parte de fuerzas armadas es una de varias tecnologías de apropiación y domesticación del cuerpo-territorio que el ocupante o el agresor utiliza para dominar y vencer al enemigo. En cuanto al turismo, el cuerpo de la mujer – objeto de deseo masculino – se desplaza metonímicamente a la nación. El cuerpo de la mujer, junto con el paisaje feminizado en clave de paraíso, abundante en recursos naturales y 'virgen', definen las atracciones que las guías y las narrativas de viaje ofrecen al turista. Virgen, en este contexto, autoriza la apropiación porque se incluye en una cadena de equivalencias que significan el atraso del país y la apertura del mismo para la inversión extranjera. Como afirma Jaime Incer Barquero en su prólogo a la obra de Lévy, la Nicaragua encontrada por Lévy en el siglo diecinueve era de "un atraso casi virginal".[162]

Por un lado, en el caso de Nicaragua, al turista – comprendido a su vez como potencial inversor para las plantaciones, la minería y el canal interoceánico – se le ofrecían las tierras y recursos vírgenes para ver e invertir. Como se describe a Nicaragua en la *Guía Ilustrada*, el comercio del mundo concurriría como un "polo magnético sobre las costas del País [sic], y fecundar estas tierras que tantas riquezas encierran y ocultan aún bajo la lozanía de sus florestas vírgenes y bajo la azulada bóveda de su cielo tropical".[163] Por otro lado, en el contexto de guerra que vivía el país, la comprensión de la Nicaragua como una nación femenina que debía ser protegida o comandada con fuerza era parte del discurso de resistencia ante la ocupación estadounidense elaborado por Sandino. Michael Schroeder analiza las proclamas de Sandino en las que estructura una definición de una "Patria" femenina, que debía ser protegida del invasor. Para ello, Sandino definió la dicotomía entre patriota y traidor. El patriota defendía el "honor de la patria", mismo honor puesto en riesgo por el invasor estadounidense. Este último

160 Teglia, "América en el diario de Cristóbal Colón", 239. Lemuel Johnson asevera lo mismo sobre el mito de El Dorado en América Latina: "una colonia de alegrías entregada por completo a los cuidados [de los conquistadores]. Se convierte entonces en cuerpo y mujer, en un nativo de su persona al que 'alguna tiranía del amor había condenado a su necesidad'". Lemuel A. Johnson, "Inventions of Paradise: The Caribbean and the Utopian Bent", *Afro-Hispanic Review* 10, núm. 2 (mayo de 1991): 5.

161 Irene Agudelo Builes, *Contramemorias: Discursos e imágenes sobre/desde La Contra, Nicaragua 1979–1989* (Managua: IHNCA, 2017), 79.

162 Prólogo de Jaime Incer Barquero a: Lévy, *Notas geográficas y económicas sobre la república de Nicaragua*, xi.

163 Facinelli Graziosi, *Guía ilustrada de Nicaragua*, 57.

"violaba la patria". El honor masculino que defiende la nación femenina estaba en el centro del discurso de Sandino para imaginar la nueva nación nicaragüense. Bajo este esquema, políticos como Emiliano Chamorro o Adolfo Díaz habían "asesinado su derecho a la nacionalidad", mientras que Sandino era "el viejo" o el patriarca de la nueva nación.[164]

La nación feminizada aparece tanto en las narrativas turistas como en las de Marinos y los primeros intentos por sistematizar la historia de la ocupación. A su vez, la esperanza de ver a una mujer realizada domina la narrativa turista y de viaje sobre Nicaragua. Batson, por ejemplo, el autor que desea la continuación del "buen trabajo que los Marinos hacían en el país", expresa su deseo simultáneo por "darle a Nicaragua la oportunidad que es legítimamente de ella. Poder ser por sí misma".[165] Elliot, en particular, utiliza la representación de Nicaragua, y Centroamérica en su totalidad, como una mujer para explicar cómo la influencia de los Estados Unidos pasó a sustituir la autoridad del imperio anterior, el imperio español. Elliot afirma que "todo esto [Centroamérica] fue más de lo que España podía manejar (…) Nueva España era la mujer velada del globo. No se supo de ella, ningún extranjero podría entrar por sus puertas; el señuelo era irresistible, aparte de la posibilidad de grandes premios".[166]

La autora continúa su relato en aras de justificar la creciente influencia de Estados Unidos que pasa a "aconsejar" a esa mujer que define como toda la Nueva España. En esta misma línea comprende Denny su evaluación de la diplomacia del dólar en Nicaragua, justificando el interés de los Estados Unidos en el país al asegurar que:

> Ha sido el destino de Nicaragua, a menudo un destino maligno como el de una mujer demasiado encantadora como para ser deseada por muchas naciones. Las fuerzas geológicas trazaron el área que sería Nicaragua en un punto destinado a ser de enorme importancia estratégica para las grandes potencias del mundo. La existencia en el territorio de Nicaragua de una ruta favorable para que un canal transístmico se uniera a los dos grandes mares del mundo hizo de Nicaragua una potencial Gibraltar del Oeste que una nación fuerte inevitablemente dominaría algún día.[167]

La abundancia de recursos, el Destino Geográfico propiciado por la topografía favorable al canal y el estado subdesarrollado del país, son los significantes que estructuran el domino del hombre sobre la nación nicaragüense feminizada, a su vez, por las descripciones decidoras del

---

[164] Schroeder, "The Sandino Rebellion Revisited: Civil War, Impearialism, Popular Nationalism, and State Formation Muddied Up Together in the Segovias of Nicaragua, 1926–1934", 229.

[165] Batson, *Vagabond's Paradise*, 14.

[166] Elliott, *Central America: New Paths in Ancient Lands*, 8.

[167] Denny, *Dollars for bullets*, 14.

deseo masculino. Descrita por el poeta y escritor nicaragüense, Coronel Urtecho, era "tierra nueva, virgen, desconocida, de tierra incógnita" que atrajo a los viajeros desde la fiebre del oro en adelante.[168]

Por su parte, Elliott y Denny justifican la dominación de los Estados Unidos sobre una Nicaragua que, como una mujer indefensa, necesita de una autoridad más desarrollada y fuerte. En el caso de la *Guía Ilustrada*, la autoridad que se sugiere fue la del dictador, en ese momento, de José Santos Zelaya. Paulatinamente, las guías de turismo postrarán las tierras vírgenes y recursos de Nicaragua a favor de otro dictador, Anastasio Somoza García, al que se le dedica una guía turística entera a menos de un año después de su elección y lo describe como el hombre que iba a poner a la "República en el lugar digno de país civilizado".[169] O como reitera la *Guía general ilustrada* tres años después, Somoza era el hombre quien "con amplia visión del porvenir y enérgico empeño propulsa acertadamente el progreso del país y fortalece con su política exterior el prestigio del Estado".[170]

Mientras la figura de Somoza tomaba forma, en los contactos entre turistas y nicaragüenses ya era común acordar que el mejor tipo de autoridad para una nación femenina como Nicaragua era la dictatorial. Una de las aseveraciones más comunes de los turistas, Marinos e, incluso, de las élites letradas nicaragüenses era que la población nicaragüense se encontraba en un estado de "infancia" o que eran "niños" desorganizados y enfrentados constantemente en guerras civiles. Ruhl, por ejemplo, aprovecha el encuentro con un sacerdote, profesor de inglés, para dialogar sobre el tipo de autoridad que necesitan los "estudiantes" nicaragüenses:

> El joven sacerdote iba a nadar al lago todos los días a pesar de las historias locales de tiburones comedores de hombres. Dijo que era una pena que no pudiéramos pasar un tiempo navegando por el lago: si construían un canal, sería uno de los paseos más bonitos del mundo. No se podía tratar a los escolares nicaragüenses como niños ingleses de la misma edad, dijo, ni tampoco a la gente. Ambos eran de alguna manera más bien como "niños". Las escuelas primarias nicaragüenses eran muy pobres, dijo, y los indios habían sido dejados para velar por sí mismos. Solo un dictador, o un gobierno "fuerte", pensó, podría manejar a los nicaragüenses en su etapa actual. En la escuela intentaron enseñar a sus alumnos que deben hacer más por la clase de peones, a menos que quieran algún tipo de "bolchevismo", más tarde, para hacerlo por ellos, de manera costosa.[171]

---

168 Coronel Urtecho, *Rápido tránsito*, 11.

169 Xavier Amézaga, *Nicaragua Monumental* (Managua: Tipografía Nacional, 1937), 7.

170 Pérez y Barahona López, *Guía general ilustrada de Nicaragua*, 26.

171 Ruhl, *The Central Americans*, 121.

La cita ofrece varios elementos que terminan decantándose por la presencia de un dictador en Nicaragua. La escena comienza con el sacerdote bañándose en el lago con tiburones. A pesar de los rumores, la naturaleza indomable del país no parece atemorizarlo y, junto a esta imagen, se vuelve a señalar lo "bonito" que sería el paseo por el lago con el canal establecido. "Bonito", otra vez, porque el placer para el posible turista será verlo. El párrafo continúa inmediatamente con el estado infantil de los estudiantes y de la población nicaragüense en general, la cual no está tan desarrollada o "madura" como los estudiantes ingleses. Al final viene la advertencia, o las élites que aprenden inglés se civilizan y cuidan a los peones en este proyecto de nación o pronto aparecerá la influencia bolchevique. Por tanto, los recursos naturales, el canal y la población, son encadenados en el párrafo para exponer la necesidad de una autoridad firme.

En los años previos a la dictadura de Somoza, un turista como Crowther también pensaba que una dictadura favorecería la situación del país y su punto de referencia era el mexicano Porfirio Díaz. A su pesar, dicha figura no la encuentra en el presidente que conoce directamente durante su estadía en Nicaragua, el conservador Adolfo Díaz. En su texto, Crowther vuelve a describir los paisajes y la naturaleza, además de la minoría de edad en la que él juzga la población nicaragüense, pero agrega a la configuración misma de la capital, Managua, a este entramado de elementos favorables para una dictadura:

> El escenario para un dictador de película está perfecto. Managua, que es la capital de Nicaragua, es fácilmente la ciudad más polvorienta del mundo y puede ser una de las más populares. Ahora se encuentra, con volcanes en cada horizonte, y en lugar de polvo ordinario, común y cotidiano, las calles sin pavimentar están llenas de seis a ocho pulgadas de un fino polvo volcánico que penetra en cada poro. El lugar más polvoriento en Managua es el Campo de Marte, que contiene el Palacio Presidencial, los cuarteles, y el de La Loma, que es la fortaleza al mando de la ciudad. Todas las capitales centroamericanas se centran en una fortaleza, y si tú tienes la fortaleza, tienes al gobierno. En la técnica de la revolución, el primer paso es siempre tomar la fortaleza.[172]

Dictadura y revolución van dictados por el polvo de la ciudad de Managua, con los volcanes al fondo y las fortalezas alrededor de la ciudad. Comenzando por el Campo de Marte, sede del ejército que ocuparon los Marinos, y el Palacio Presidencial, todavía vacío de una figura parecida a Porfirio Diaz. "El primer paso es tomar la fortaleza", asegura el autor, porque si se posee este lugar se tiene el gobierno, entre dictadura y revolución, "los mismos problemas políticos" a los que hacen referencia los turistas.

---

[172] Crowther, *The Romance and Rise of the American Tropics*, 324–25.

El turismo pensado como una forma de atracción de posibles hombres blancos inversores, supeditado a la agroexportación, minería y el proyecto canalero, es una práctica discursiva más en este entramado estructurante de la nación nicaragüense que se arregla bajo la autoridad patriarcal y autoritaria de un dictador, y se agrega a varios discursos que también iban a favor de dicha forma de gobernar Nicaragua. En palabras de Juan Pablo Gómez, el discurso se "sedimenta a través de agencias que le sirven de soporte" y una de esas agencias fue el turismo organizado por la UP, el Departamento de Estado de los Estados Unidos, y las élites nicaragüenses.[173]

Gómez argumenta que las élites letradas granadinas contribuyeron al reforzamiento de un "patrón de autoridad católico y patriarcal", cuyo orden se estructuró alrededor a la figura del "hombre fuerte".[174] En su análisis de los escritos elaborados por los intelectuales granadinos entre los años veinte y treinta del siglo veinte, Gómez encuentra que este patrón de autoridad fue articulado como un discurso nacional, principalmente mediante las prácticas escriturarias de las élites letradas pertenecientes al Movimiento Reaccionario. Los integrantes de dicho movimiento formularon un discurso que logró suturar no sólo a las élites letradas en su apoyo a Somoza y la imagen del "hombre fuerte", también sumó a los miembros del partido liberal y los soldados de la recién formada Guardia Nacional. El discurso de los Reaccionarios a favor de Somoza, en palabras de Gómez, "robusteció el encadenamiento entre hombres-armas-política-estado como la condición de posibilidad de gobernar lo nacional nicaragüense".[175]

En la construcción del discurso Reaccionario, Gómez encuentra dos rutas genealógicas singulares: la colonialidad y la masculinidad. La colonialidad y la masculinidad son decidoras de los ejes sobre los cuales se ancla la estructuración de la autoridad en Nicaragua. Primero, la autoridad y el poder heredado de la colonia española como mito fundacional de la nación "otorgó una posición específica de género que fue la de la dominancia masculina", ya que el poder del hombre se derivó, según el discurso de los Reaccionarios, de la "autoridad del conquistador y del gobernador [que] procede de una ruta genealógica que los conduce a dios".[176] Segundo, el mito fundacional de la nación católica producto de la colonia, cuya autoridad descansa en el hombre fuerte, "se extiende desde la familia hasta el estado, atraviesa lo público y lo privado, y permea la cultura y las relaciones interpersonales".[177]

Los dos puntos prestados de la reflexión de Gómez recuerdan que ambas rutas genealógicas – colonialidad y masculinidad – se establecen mediante contrastes, exclusiones y dominancias.

[173] Gómez, *Autoridad, cuerpo, nación*, 15.

[174] Ibid., 141.

[175] Ibid., 15.

[176] Ibid., 78.

[177] Ibid., 79.

La familia católica de la hacienda a cargo del hombre fuerte excluye otras formas de convivencia, personas y ciudadanías con sus propios proyectos de nación. En el caso de Nicaragua, convierte en otredad al indígena o elabora un intricado sistema de mestizaje que incluye/excluye a la multiplicidad étnica bajo un estricto código de jerarquía racial que, en el caso de las mujeres representadas en las guías y narrativas turísticas, diferencia entre las mujeres blancas y las mujeres "nativas", "mestizas" o "indias".

En las guías de turismo, las mujeres no-blancas son usualmente representadas o capturadas en fotografías mientras realizan actividades de trabajo, cuido del hogar o de la familia. Cuando ellas se bañan o van a lavar ropa al lago u ofrecen "icacos en miel" a los turistas y veraneantes en el lago, todavía despojadas de nombre u otra calificación más que su cuerpo y ocupación, son descritas y representadas como un elemento más del paisaje exótico. En las fotografías de William V. Alford, tomadas de la guía con información general sobre Nicaragua, redactada y compilada por la UP, muestran a mujeres posando en descripción de sus actividades laborales y definidas por las mismas. "Un simple dispositivo para moler maíz" y "moliendo una preparación de quequisque para elaborar pan nativo", leen las descripciones. Las mujeres miran a la cámara y mantienen la pose congelada. Sus vestidos blancos resaltan en la composición de las fotos y, en la segunda foto, algunas personas se asoman con timidez desde la puerta de la casa, curiosas por ver al fotógrafo, más que a la persona encuadrada. Se aprecia una cierta incomodidad de las personas en el centro de la foto, como si se estuviese presenciando un evento de invasión a su vida normal. Misma vida que es capturada y utilizada para dar cuenta del día a día en Nicaragua que espera al posible turista e inversor.[178] Para dar fe de ello, el fotógrafo consideró que detallar los recursos y el oficio, así como el aparato utilizado para el trabajo, fue información suficiente para describir a las personas retratadas.

En contraste, las mujeres blancas – en especial a partir de los años treinta – son retratadas de cerca, aparecen con sus nombres y se les resalta como parte de la belleza de la nación. Pero aquella belleza que, según los editores de las guías, atraían al turista especificado en el reglamento a la ley de inmigración publicado en 1933 que se analizó en el capítulo anterior: hombres provenientes de países desarrollados. Los hombres de la nación son también retratados en todas las guías y ocupan un gran espacio del *Anuario Nicaragüense* publicado en 1934 y de *Nicaragua Monumental* publicada en 1937, además de todas las guías publicadas anteriormente.[179] A diferencia de las mujeres, los hombres son representados como figuras del Estado, su ocupación va acompañada de una breve biografía y, en el caso de aquellos hombres que son parte de la primera o segunda generación de inmigrantes europeos o estadounidenses, se

---

[178] Pan American Union, *Nicaragua: General Descriptive Data* (Washington, D. C.: Pan American Union, 1921), 15.

[179] Xavier-Amézaga. *Nicaragua Monumental*, s. n.

les utiliza como ejemplo de la prosperidad y éxito empresarial posiblemente alcanzable en el país. Las mujeres, como muestra la fotografía en la guía *Nicaragua Monumental*, son un rostro con un nombre, sin biografía y sin trabajo para la nación. Además, son presentadas mediante el diminutivo "damitas" y singularizadas como "señoritas" o, en el caso de Blanca Debayle Portocarrero, también se le presenta con el diminutivo "Blanquita". Estos títulos también aluden al hecho que las "señoritas" habían cumplido los 15 años y se encontraban solteras. Quizá también especifica que, "Blanquita", era menor de edad. Sus poses en las fotos, mostrando los hombros o con la mirada más allá del lente de la cámara, contrasta con las poses de los hombres que miran a la cámara con el cuerpo completo hacia el espectador. Si el empresario enfrenta la cámara, la mujer aquí se postra o mira tímidamente.

Las mujeres tenían pocas opciones para contestar o intervenir en estos discursos. Como afirma Florence Sultan en su propio recuento sobre su viaje a través de Nicaragua, las oportunidades no solo para viajar, sino de dar cuenta de sus viajes, eran muy escasas para las mujeres. La autora escribe: "Siempre ha habido 'un largo y largo camino sinuoso' para la mujer del Ejército. Desde las primeras que siguieron a sus hombres hasta esos puestos fronterizos lejanos, están esas mujeres sombrías cuyas historias de coraje y devoción se transmiten, una herencia invaluable para nosotras hoy".[180]

Todas las solicitudes de información de cara a un viaje por Nicaragua que realizaron los ciudadanos estadounidenses al consulado de su país en Managua eran hombres solteros o en parejas, pero el hombre hablaba por ambos. En un caso singular, tanto el consulado estadounidense como las autoridades nicaragüenses se movilizaron y se pusieron de acuerdo para rastrear los pasos de una mujer estadounidense que se encontraba viajando sola por Nicaragua. El 23 de julio de 1936, el secretario del consulado estadounidense en Managua, Fletcher Warren, acudió al llamado del Ministro de Relaciones Exteriores nicaragüense, Luis Manuel Debayle, con respecto a la mejor forma de manejar el caso de la señora Louise Gouchie, ciudadana estadounidense nacida en Nueva Orleans. Casada, Gouchie se encontraba viajando por Nicaragua, siguiendo la misma ruta que otros turistas. De puerto Corinto a Managua en tren, luego voló en un avión de la compañía TACA a Bluefields, donde fue hospedada "con lujo" por el Capitán Policarpo Gutiérrez y el doctor Julio Portocarrero.

Gouchie despertó la preocupación de las autoridades. Warren sospechó que podía ser una "espía". Debayle aseguró en el documento que la señora "quizá tenía un desbalance sexual y, sentía el ministro, que su presencia no era deseada". La señora Gouchie fue puesta bajo vigilancia por la Guardia Nacional y, pronto, se le "aconsejó" que abandonara el país. Warren y Debayle, acuerdan que "aparentemente no hay ninguna razón válida para que una mujer casada, con aparentemente suficientes fondos, encontraría especialmente interesante hacer un tour

180 Sultan, "Snakes, Bandits, Boredom", 148.

por Nicaragua y Centroamérica". Gouchie protestó e increpó a los oficiales de la GN sobre por qué estaba siendo vigilada, a lo cual no encontró respuesta. "Sin muchas ganas de dar información sobre ella", decidió partir hacia Costa Rica el 26 de julio de 1936.[181]

¿Era realmente la señora Gouchie una espía? En las comunicaciones del consulado parece que el principal problema era su "desbalance sexual" y el hecho que era una mujer viajando sola. El caso reluce las dificultades que sobrellevaba una mujer para viajar por su cuenta en aquellos años iniciales del siglo veinte. Sin embargo, no se debe descartar el hecho que Florence Sultan y Elliott, a pesar de sus descripciones íntimas de la vida nicaragüense, estaban también imbuidas en las miradas imperiales de su época.

En términos de Pratt, las mujeres turistas también miraban el mundo a través de una "mirada imperial". Como afirma Dennis Merril en cuanto al turismo, "si bien la retórica muscular del Destino Manifiesto sonó fuerte y clara en la literatura de viajes de la década de 1920", esta se unió y se vio cada vez "más eclipsada por la marca menos agresiva y más suave del internacionalismo, a menudo promovida por las mujeres viajeras".[182] Internacionalismo que fue escrito en guías de viaje o publicado en revistas al lado de los diarios de viaje de hombres que visitaron los mismos lugares, el escrito de Sultan – o de Elliott – posee autoridad para catalogar, dar valor y enjuiciar. En acuerdo con Sarah Mills, "para escribir con autoridad, las mujeres se alinean con las fuerzas coloniales y, por lo tanto, potencialmente con una fuerza predominantemente masculina, pero en ese movimiento no llevan un disfraz masculino", su "escritura parece más bien una contienda entre los discursos masculino y femenino, y otros determinantes textuales".[183] Los espacios privados y las relaciones de género no deberían de inclinar la balanza hacia una lectura magnánima de estas descripciones o algún determinismo biológico de que la narrativa escritas por mujeres es más inclusiva. Mills advierte esta característica en la mayoría de estudios sobre las narrativas de viaje escritas por mujeres. La autora propone leer la complicidad entre una cultura de viaje imperial imaginada mediante tropos de una autoridad patriarcal – que toma posesión del espacio – como un contexto en el cual se desarrolla dicha narrativa, incluso escrita por las personas que se asumiría también viven la dominancia u opresión de la misma.

Consecuentemente, Hoganson ha analizado los importantes vínculos entre la domesticidad estadounidense de fin de siglo y el creciente contacto de la nación con el mundo exterior. Los muebles para el hogar, la moda femenina y la mercantilización de la cultura popular inmigrante significaron la creciente "producción global" de la domesticación estadounidense.[184]

---

181 Carta de Boaz Long al Departamento de Estado, Presence in Nicaragua of Mrs. Lousie Gouchie, American Citizen, 25 julio 1936. NA, RG 84, NND 775091, 1936–1946, Caja 1, Vol 30.

182 Merrill, *Negotiating paradise*, 44.

183 Mills, *Discourses of difference*, 46.

184 Hoganson, *Consumers' imperium*, 14.

Hoganson resalta que el siglo diecinueve no fue ajeno a narrativas de viaje escritas por mujeres que viajaron por todo el mundo, sus múltiples publicaciones, especialmente en la segunda mitad del siglo, formaron un "símbolo de la valiente independencia de la Nueva Mujer Victoriana de finales de siglo y de la compresión del tiempo y el espacio en la era del ferrocarril, los barcos de vapor y los cables transoceánicos".[185] Según la autora, en el siglo veinte, los clubes de viaje organizados por mujeres viajeras popularizaron el viaje turista y, vale recalcar, contradijeron la asunción que el viaje y la vida doméstica eran actividades opuestas. Hoganson afirma que, en los clubes de viaje frecuentados por mujeres estadounidenses, "el movimiento de los viajes imaginarios contribuyó a la creciente conciencia global de la época, e influyó en la naturaleza de dicha conciencia al promover valoraciones consumistas del mundo"; así concluye que una "mujer que pudiera reclamar la experiencia de una turista podría hacer algo más que demostrar sus propias alineaciones y su posición. La capacidad de viajar atestigua la fuerza y el poder nacionales. Una viajera podía incluso ayudar a su país a avanzar en sus intereses".[186]

La popularidad generalizada de los clubes de viajes de mujeres de clase media y alta, y los viajes turísticos, también hablaron de la sensibilidad internacional inherente a la cultura de las mujeres de los Estados Unidos. Un viaje más allá de los límites geográficos de la nación permitió a las mujeres trascender los límites de las restricciones culturalmente prescritas sobre el comportamiento femenino y unirse a sus homólogos masculinos para disfrutar de los frutos del imperio.[187] Para algunas mujeres, viajar internacionalmente significó identificarse con el privilegio blanco y el poder nacional. Pero para otras, ofreció un tutorial sobre internacionalismo.[188]

En los casos analizados aquí se puede apreciar que Gouchi no viajó con la protección del ejército estadounidense o como empleada de la UP. Ser una mujer casada, con sus propios fondos para viajar, parecen ser las principales características que llaman el cuestionamiento de las autoridades nicaragüenses. Florecen Sultan viajó con su esposo y acuerpada por los ingenieros del ejército, mientras que Elliott contó con el financiamiento y apoyo de la UP. Sin estas instituciones o acompañamientos, la mujer turista, aquella dueña de sus recursos y de su tiempo, era tan extraña que levantaba sospechas. De igual forma, los escritos de Florence Sultan y Elliott dan cuenta de la sociedad nicaragüense, de los esfuerzos de los Marinos, de los modelos de poder y muestran al público estadounidense, las intervenciones necesarias para moldear a las familias de abolengo nicaragüense al ideal de empresariado según los Estados Unidos. En este sentido, los escritos de estas autoras dan una lección de internacionalismo que apoya su lugar en el mundo y el lugar que ocupaba los Estados Unidos en el mismo.

---

185 Hoganson, *Cosumers' imperium*, 153.

186 Ibid., 155 y 188.

187 Merrill, *Negotiating paradise*, 45.

188 Blunt, *Travel, gender, and imperialism*, 110.

Los clubes de viaje y las narrativas o guías de viaje descritas anteriormente resaltan el esparcimiento general de la cultura de viaje turista en los Estados Unidos y Europa a finales del siglo diecinueve y principios del veinte. Incluso, resaltan que el viaje turista no obedecía a diferenciaciones de la sexualidad, sino a las construcciones sociales del género que influenciaron la posibilidad de viajar a Nicaragua.

Para finalizar este tercer capítulo y la primera parte del presente estudio, se subrayan todas las prácticas y narrativas del turismo que se encontraban sedimentadas en Nicaragua, al llegar Somoza en 1936 al poder de la Guardia Nacional y el gobierno nicaragüense. Al momento de su llegada a la presidencia ya existía toda una maquinaria industrial de representación y promoción de Nicaragua sobre la cual su régimen también elaboraría políticas y planes de desarrollo específicos. En un nivel narrativo y representacional, también se encontraban sedimentadas las formas para pensar, narrar, representar, promocionar e implementar la empresa del turismo en el país.

Para las instituciones y actores involucrados en el desarrollo del turismo – La Unión Panamericana, la Marina estadounidense, el gobierno nicaragüense y turistas – Nicaragua era el resultado de la puesta en escena mediante marcadores unificados a los tropos de larga duración sobre la representación de América. Nicaragua era el resultado del paraíso abundante en recursos, infiernos de dificultades para ser conquistados por hombres, mano de obra barata, mujeres laboriosas, mujeres para reproducirse, "los antiguos problemas políticos", "revoluciones y rebeliones", "niños incapaces de gobernarse", población "indulgente" y "perezosa", malos caminos, el canal interoceánico, indígenas y "nativos" anónimos, costumbres extrañas y, finalmente, un país necesitado de una autoridad fuerte, dictatorial. Esa era la Nicaragua atrasada en el tiempo, "exótica", "salvaje" y "virgen" que hombres estadounidenses querían visitar y élites nicaragüenses deseaban vender. Del lado de Nicaragua, se estableció como narrativa, representación y ley, que el turista era uno o un grupo de hombres blancos y que el "turismo" era una forma de incentivar la inmigración de los mismos al país para atraer capitales e inversión. Con todo, la conjunción de los elementos anteriores conforma la nervadura característica de la Nicaragua acorde al proyecto de desarrollo de la nación basado en la atracción de capitales y la extracción de recursos naturales.

En las guías de turismo, así como en las políticas y reglamentos regionales y nacionales, Nicaragua fue ubicada en un tiempo atrasado anterior a la civilización y con una economía que solo podía ofrecer sus recursos o un posible canal interoceánico. Desde la periferia de la economía mundial y desde el tiempo pasado, Nicaragua fue explicada en términos de "problemas políticos" y "razas indulgentes" incapaces de domar la naturaleza como el hombre blanco. Esta fue la explicación fundamental para justificar la invasión de Walker en el siglo diecinueve, la ocupación de los Marinos en el siglo veinte y las primeras políticas de la UP. El entrelazamiento entre las culturas de viaje coloniales, de exploración y conquista, así como de invasión y ocupación, demuestra en acuerdo con Hoganson que:

> La cultura del viaje era un componente de la cultura imperial, ya que una forma importante de que el imperio volviera a casa era bajo la apariencia turística. La cultura de los viajes hizo girar el poder económico, militar y político de Estados Unidos y sus modelos europeos como una cuestión de movilidad y placer. Mercantilizó el mundo entero para los privilegiados beneficiarios del imperio de los consumidores.[189]

La idea de atraer inversiones e inmigración, este "atractivismo" se denomina aquí, fue el elemento central que articuló los imaginarios, narrativas, representaciones y, finalmente, las leyes y políticas económicas del turismo nacional en Nicaragua. Por ello, el "atractivismo" de inmigrantes, turistas e inversiones, supone la gubernamentalidad de la política económica del turismo en Nicaragua, incluso, como se ha documentado hasta este capítulo, en la ausencia de instituciones oficiales del gobierno para administrar la empresa del turismo en el país.

El aspecto curioso al que se le da seguimiento en los próximos capítulos se concentra en el hecho que estas narrativas de viaje decimonónicas, e inauguradoras del turismo en el siglo veinte, pasaron a través de filtros y reinterpretaciones que las despojaron paulatinamente de su contenido político y racial. El valor científico e histórico relució y fue puesto en el primer escenario del legado que dejaron en su paso viajeros, filibusteros, Marinos y turistas. Sus juicios sobre la sociedad nicaragüense, sus capacidades para desarrollarse, o los problemas que la raza, la "pereza" y la "abundancia" suponían para su modernización, fueron relegados a un lugar particular, aquél de las 'creencias de esas épocas'.

Jaime Incer Barquero, en su prólogo a la obra de Lévy, explica que el científico francés se apoyó en "teorías genéticamente debatibles", y no queda más que "dispensarle la intención" porque "tales ideas eran muy aceptadas en el siglo pasado [diecinueve]".[190] Un tema que se propone a discutir es si realmente puede "dispensarse" las creencias decimonónicas de la raza y el progreso de los proyectos y empresas de modernización como el turismo. Barquero propiamente, formó parte de los grupos de expertos que formularon los proyectos para la creación de reservas naturales como planes de desarrollo turístico, y basó su forma de comprender y ver el paisaje en clave turista a partir de las miradas de hombres como Lévy.

El inventario de riquezas naturales, sus observaciones sobre la posibilidad del canal interoceánico o de las facilidades para extraer productos primarios, fueron asimilados al patrimonio intelectual de la nación, cuyo modelo imaginado de desarrollo ideado por las élites no

189 Hoganson, *Consumers' Imperium*, 183.

190 Prólogo de Incer en Lévy, *Notas geográficas y económicas sobre la república de Nicaragua*, xi.

distaba mucho del país ideado por los visitantes. El conocimiento de estos hombres y sus narrativas escritas durante su paso en Nicaragua, despojadas de las partes inconvenientes o controversiales, reafirmaron el principal principio depuesto por la divina providencia, la nación y la ciencia: este lindo país lleno de riquezas naturales estaba destinado a alcanzar el progreso y la modernidad.

Los turistas se sabían ubicados en su lugar entre los objetos y las cosas en el nuevo orden mundial que nacía en el siglo veinte. Eran estadounidenses, por tanto estaban en un momento más avanzado en el tiempo. Solo Ruhl, quizá, regala un fugaz momento de seria introspección que resuelve casi instantáneamente, sobre ese orden de los objetos y las cosas vertebrado por un progeso paulatino hacia la modernidad:

> ¿Existe algo como el "progreso"? ¿La gente realmente consigue algo "mejor"? ¿Es la América de Sinclair Lewis "mejor" que la América de Howells, o de Emerson y Hawthorne? ¿Los trenes expresos son "mejores" que los carros de bueyes, o la ropa de la tienda es "mejor" que la casera? ¡Temas encantadores para debates tranquilos en salas de fumado en barcos de vapor o en los desayunos de los domingos por la mañana en el país! El simple hecho es que se están produciendo cambios profundos en estas repúblicas una vez pastorales y patriarcales, y, tómalo o déjalo, te guste o no, están siendo arrastrados a la corriente general del mundo moderno.[191]

La cita anterior muestra que a finales de los años treinta ya no cabía duda sobre qué lugar ocupaban los estadounidenses en este esquema del desarrollo y la civilización, y cuál era su labor al visitar u ocupar Nicaragua. La atracción de capitales, inversores e inmigrantes fueron insumos de mayor importancia en este esquema y plan de nación. El modelo de desarrollo agroindustrial y canalero requería, en palabras del historiador Rodolfo Cardenal, "el sistema de tenencia de la tierra, del crédito agrícola, del control de la mano de obra y del sistema de transportes".[192] Como se desarrolló en este capítulo, las guías de turismo e inversión fueron entrelazadas a este proceso, ya que conectaban el paraíso directamente con las oportunidades de inversión, "mejoramiento de la raza" y posibilidades de construir el canal. La infraestructura de viaje, y la forma de narrar y evaluar la misma, fue relatada conforme a las descripciones paradisíacas del país.

Al terminar la década de los años treinta del siglo veinte, el turismo – al igual que otros proyectos de desarrollo nacional – comenzó a constituirse como una política-económica que utilizó las mismas bases sociales y, sobre todo, raciales para hacer uso de los recursos y de las

---

[191] Ruhl, *The Central Americans*, 25.

[192] Cardenal, *Manual de historia de Centroamérica*, 219.

poblaciones. Esto supuso repasar la historia del país de manera que incentivara tanto el turismo como la inmigración blanca, supuestamente de empresarios o inversores. En los Estados Unidos, ya se esclarecía que el turismo era tanto una cultura de viaje como una política exterior imaginada acorde a su nuevo lugar en la geopolítica mundial que establecería sus relaciones políticas-económicas con países como Nicaragua. Quizá, la cercanía entre el Panamericanismo y la ocupación de los Marinos hicieron de Nicaragua un laboratorio en donde se puso a prueba el poder fuerte y el poder suave de lo que sería la gran empresa del conocimiento de los Estados Unidos de un mundo para ser inventariado en función de inversiones; y un mundo consumido, entre otras formas, mediante la vista y el poder de compra de sus ciudadanos. Con ello, tanto estadounidenses como nicaragüenses formularon un relato de la historia que no mostró el lado menos congruente a ese proyecto de desarrollo económico, político y racial, aquél de intervenciones u ocupaciones. Cuando estadounidenses y nicaragüenses entraron en contacto durante estos años, al menos desde la perspectiva de los estadounidenses, parecían coincidir en la necesidad de mantener relaciones cordiales entre ambas naciones. Por tanto, para comprender la oferta de recursos naturales y poblaciones o culturas para el turismo, la historia ocupó un lugar central para explicar por qué Nicaragua estaba en un "tiempo atrasado" y tuvo un papel fundamental para imaginar el futuro conjunto entre los Estados Unidos y Nicaragua para desarrollar la empresa nacional del turismo.

La naturaleza, la historia, las culturas y poblaciones ofrecidas fueron elementos sujetos a la imaginación de turistas, instituciones regionales, planes de gobierno e interpretaciones por parte de las clases gobernantes nicaragüenses. Particularmente, fue en las zonas de contacto evidenciadas en las narrativas de viaje escritas por turistas en que se muestra la puesta en práctica de los imaginarios, narrativas y representaciones del turismo, elementos que negociaron constantemente la articulación o tensión entre anfitrión y huésped. Con esta idea en mente, es preciso preguntarse y esclarecer si estos imaginarios, estas historias y descripciones o representaciones constituyeron o no el bagaje colonial e imperial mediante el cual se gubernamentalizó la política económica del turismo en las instituciones nicaragüenses o regionales que sedimentaron esta empresa en el mundo de posguerra. Esta cuestión demarca el mapa de ruta a seguir en los próximos capítulos.

II Institucionalización y Naturalización del Turismo en Nicaragua (1936–1979)

4 Panamericanismo, el Buen Vecino y Somocismo (1937–1960): Comercio, viaje y defensa

El año de 1936 generalmente se considera un parteaguas en la historia de Nicaragua. Este es usualmente asociado en la historiografía nicaragüense con el inicio del primer gobierno del general de la Guardia Nacional (GN), Anastasio Somoza García, luego de "ganar" las elecciones realizadas en diciembre del mismo año.[1] Un dato menos mencionado en la historiografía es que en julio de 1936 se creó la primera institución pública encargada del turismo en Nicaragua.[2] Casi medio año antes de las elecciones, el presidente interino de Nicaragua, Carlos Brenes Jarquín, envió a publicar la ley creadora de la Junta Nacional de Turismo (JNT) en el diario oficial, *La Gaceta*.[3]

Brenes fue el candidato propuesto por Somoza García, luego del golpe de Estado liderado por el mismo general de la GN a Juan Bautista Sacasa, entonces presidente de Nicaragua.[4] Las leyes publicadas por Brenes iban en línea con los acuerdos que Sacasa había heredado al futuro gobierno, entre estos destaca el acuerdo con la administración de Franklin Delano Roosevelt, para terminar la construcción de la Carretera Panamericana en Nicaragua.[5]

Consecuentemente con el auge de la política del Buen Vecino, la consolidación del Somocismo, y ambos sucesos cruzados por la finalización de la Carretera Panamericana, guerra mundial y

---

1 Somoza ganó unas elecciones sin contrincantes que contaron con el reconocimiento de los Estados Unidos, luego que la fórmula liberal-conservadora encabezada por Leonardo Argüello y Rodolfo Espinoza se retiró antes de las elecciones del 8 de diciembre de 1936, debido a que no consideraban que las condiciones fueran ideales o justas: Esgueva Gómez, *Elecciones, reelecciones y conflictos en Nicaragua (1821–1963)*, 2: 469–70.

2 Mario Arce Solórzano, Catalina Ruiz Muñoz, y Jimmy Membreño Rivera, *Nicaragua, un destino* turístico, 85.

3 "Se instituye la Junta Nacional de Turismo", *La Gaceta Diario Oficial*, 29 agosto1936, p. 1685. Meses más tarde se publicó el reglamento de la JNT, entre sus artículos se define a su personal (presidente, vice-presidente, tesorero, secretario general, dos vocales, 3 directores asistentes), a su vez estipuló la posibilidad de nombrar miembros asistentes u honorarios, tanto dentro como fuera del país. "Reglamento para la Junta Nacional de Turismo", *La Gaceta Diario Oficial*, 16 enero 1937, disponible en: http://legislacion.asamblea.gob.ni/Normaweb.nsf/($All)/96C12FC0D40300B5062572C8006C6385. Al inicio la JNT era presidida por un "Oficial Mayor", término que fue cambiado por el de "Gerente General". Véase: *La Gaceta Diario Oficial*, 21 septiembre 1951, p. 1893. El primer gerente General fue Luis Felipe Hidalgo. Op. Cit.

4 Knut Walter, *El régimen de Anastasio Somoza, 1936–1956*, 88–89.

5 Ante los efectos de la crisis de 1929, Roosevelt creó el Export-Import Bank para facilitar crédito a la región centroamericana. Entre varios proyectos financiados por el banco, la Carretera Panamericana era central, sobre todo al iniciar la guerra en Europa. Este acuerdo lo habían firmado Roosvelt y Sacasa en 1934. LaFeber, *Inevitable Revolutions*, 82.

guerra fría de por medio, las preguntas principales que guían este capítulo son: ¿Cuáles fueron los actores articulados en la institucionalización del turismo en Nicaragua? ¿Cómo actuaron en comprensión de la dictadura somocista y sus prácticas políticas en el país? ¿Qué tipo de prácticas, narrativas, discursos y representaciones fueron institucionalizados en Nicaragua en este contexto? Tomando en cuenta las preguntas que guían esta investigación, en este capítulo se pretende mostrar la influencia que el turismo tuvo en las narrativas y representaciones de la nación durante el auge de la dictadura en el país, y cómo estas se institucionalizaron entre los años cuarenta y cincuenta.

Este proceso no fue lineal o ininterrumpido. Está marcado por los años previos y álgidos de la Segunda Guerra y por el ascenso del mundo bipolar de posguerra. Como se verá más adelante, en la coyuntura de los años cuarenta y cincuenta del siglo veinte surgieron una multitud de instituciones, proyectos, empresas y obras relacionadas al turismo. Es una historia enredada entre procesos globales, regionales y nacionales. Por tanto, en este cuarto capítulo, se indaga y se muestra la articulación de algunos actores claves en este proceso, y los resultados de sus políticas institucionales dedicadas al turismo en Centroamérica y, particularmente, en Nicaragua, entre 1936 y 1960. En estos años, como se afirmó anteriormente, la política del Buen Vecino de Roosevelt y la Oficina de Asuntos Interamericanos (OIAA) de Nelson Rockefeller ejercieron una gran influencia en el trabajo que ya venía realizando la Oficina de Viajes de la UP. En Nicaragua la dictadura de Somoza García comprendió estas nuevas formas de relacionarse con Estados Unidos y sus programas de financiamiento y cooperación de una manera particular, en la cual la JNT desempeñó un papel subordinado al Ministerio de Fomento, encargado de la construcción de la Carretera Panamericana.

En las próximas páginas se mostrará como el trinomio "comercio, viaje y defensa", definido por la política del Buen Vecino de Roosevelt, desplegó una maquinaria representacional sobre la Nicaragua somocista que caló hondo en el discurso identitario y terminó ordenando el inventario de lugares turísticos para ser comodificados, en términos de los estudios del turismo. En este proceso desempeñó un papel central la mutua comprensión entre las instituciones nicaragüenses y estadounidenses del turismo como parte del comercio exterior, y del valor geoestratégico que cumplía Nicaragua debido a su proximidad con el canal de Panamá, tanto en la Segunda Guerra como a inicios de la Guerra Fría.

Dicho contexto fomentó la construcción de la Carretera Panamericana y esta alteró radicalmente las rutas e itinerarios de viaje a través de Nicaragua. Cambio que sedimentó la primacía de la costa Pacífica sobre el Centro y el Caribe del país. Este cambio, se anota en este capítulo, terminó promoviendo y sedimentando la Nicaragua promocionada como una "tierra de lagos y volcanes". Esta se convirtió en la representación identitaria supuestamente "apolítica" que moldeó el mundo de imágenes del país al nuevo inventario del turismo global, en el cual, Nicaragua entró a competir completamente en los años cuarenta y cincuenta del siglo veinte.

4.1 El auge del Somocismo y la implementación de la política del Buen Vecino

La construcción de carreteras y la dinamización facilitada por esta a las exportaciones fue una de las principales políticas de desarrollo fomentadas por la primera etapa del somocismo, la cual termina con el asesinato de Somoza García en 1956. Ambas políticas fagocitaron el desarrollo de Nicaragua a la influencia de la política exterior del Buen Vecino, promovida por Roosevelt, y el desarrollo de la Carretera Panamericana. Dichos elementos aparecen reflejados en los primeros meses del gobierno de Somoza como augurios de los tiempos por venir. En julio de 1937, al tiempo en que el periódico *La Noticia* le deseaba buena suerte al Dr. Luis Manuel Debayle al partir a la conferencia sobre la Carretera Panamericana en Buenos Aires, el periódico también afirmó categóricamente que, Nicaragua, "o iba con Roosevelt o caería otra vez en *Wall Street*".[6] Las élites agroexportadoras aglutinadas en la cámara de comercio e industria de Nicaragua favorecían el *New Deal* impulsado por Roosevelt y lo declaraban, en 1936, el "paladín mundial de la democracia".[7]

Así, mientras Debayle tomaba un vuelo de *Pan American Airways* hacia el sur del continente para aprobar los fondos destinados a la Carretera, en Nicaragua, periodistas, empresarios y movimientos intelectuales exponían la necesidad de los "hombres de Estado nicaragüenses" por estudiar la "política de Roosevelt", que encauzaba "las actividades del dinero en un sentido altamente humano de servicio social, dentro de la honestidad de los negocios".[8] A diferencia de la diplomacia del dólar que controló las finanzas nacionales durante la ocupación, el periódico instó a preparar "un Plan Somoza, para ponerlo en ejecución administrativa, eliminando todo gasto inútil e indebido", el cual cerraría "la puerta a los fatales déficits que han sido la constante causa de desconcierto de las finanzas nacionales".[9] La petición provenía principalmente del sector comercial y agroexportador, a quiénes Somoza se dirigió en su discurso inaugural al afirmar que su gobierno se concentraría en "vías de comunicación, crédito, educación, [y] mercados".[10]

Roosevelt, por su parte, se interesó tanto por Nicaragua como por el istmo centroamericano en su totalidad, al ser la región cercana al punto geopolítico más estratégico del continente en

---

6 "Se fué ayer el Dr. Luis Manuel Debayle", *La Noticia*, 1ero julio 1937, p. 1; "Vamos con Roosevelt, o caemos otra vez en Wall Street", *La Noticia*, 1 julio 1937, p. 1.

7 Ruddi Chibás, "Roosevelt: Paladín Mundial de la Democracia", *Boletín de la Cámara de Industria y Comercio de Nicaragua*, Noviembre-diciembre 1936, época 3, núms. 16–17, 4–6.

8 "Vamos con Roosevelt, o caemos otra vez en Wall Street".

9 Op. Cit.

10 Nota Editorial 1, "Discurso del Excmo. Señor Presidente Anastasio Somoza García", *Boletín de la Cámara de Industria y Comercio de Nicaragua*, Noviembre-diciembre 1936, época 3, núms. 16–17, 1.

tiempos de guerra, el canal de Panamá. El istmo caracterizado por una creciente animosidad en contra de las intervenciones y políticas exteriores del "gran garrote" y la diplomacia del dólar, como se anotó en el capítulo anterior. Roosevelt argumentó que la administración de Calvin Coolidge (1923–1929) había "estropeado" la política nicaragüense y que esta política había paralizado las relaciones de Estados Unidos con toda América Latina".[11] Fue precisamente en este giro de la política exterior estadounidense que se desarrolló el inicio del régimen de Somoza García. Debido a esto, en 1939 Roosevelt recibió al general y presidente en Washington D. C., ya que tal evento daba una señal clara del esfuerzo de la administración de Roosevelt por "darle sustancia real a la solidaridad interamericana".[12]

Somoza, ciertamente se "distinguió por su hábil manejo del arte de interpretar las intenciones de Estados Unidos y actuar conforme a ellas", como fue el caso del turismo, la política del Buen Vecino y la Carretera Panamericana, en conjunto con las múltiples opciones que estas proveyeron para mostrar y representar al país acorde a los intereses de su régimen.[13] En esta misma línea, meses después del asesinato de Sandino y la inauguración de la primera presidencia de Somoza García, la prensa estadounidense rápidamente omitió los detalles de la llegada al poder del general, sus métodos y su aparente relación con el asesinato de Sandino. Los periódicos mostraron a Somoza como un "constructor", "intensamente pro Americano".[14]

Por un lado, los primeros veinte años del régimen somocista convivieron con las administraciones de Roosevelt, Truman y Eisenhower, cada uno con sus políticas particulares y ambivalentes con respecto al apoyo y sostenimiento del régimen somocista en Nicaragua.[15] Somoza se proyectó "como la alternativa política que Nicaragua necesitaba en ese momento", ya que ofreció "dejar atrás el pasado y colocarse por encima de las tradicionales divisiones de la sociedad nicaragüense, y presentándose como el sucesor de Zelaya, el líder de un movimiento de renovación, reconciliación y reconstrucción nacional".[16] A su vez, Somoza estuvo alineado con la política exterior estadounidense debido a que aseguraba "estabilidad" y "protección" a los intereses económicos de los Estados Unidos en Centroamérica, y legitimaba su gobierno

---

11 Clark, *The United States and Somoza, 1933–1956*, 2.

12 Titulares del *New York Times* y el *Washington Post* citados en: Ibid., 73.

13 Walter, *El régimen de Anastasio Somoza, 1936–1956*, 105.

14 Karl Bermann, *Under the big stick*, 226. Los artículos que Bermann cita son: *Harpers*, 185, septiembre 1942, p. 424; *New York Times*, 19 julio 1937, p. 7. *Christian Science Monitor Sunday Magazine*, 21 febrero 1942, p. 5.

15 María Dolores Ferrero Blanco, "Las relaciones Interdependientes de los Somoza de Nicaragua con EE.UU (1936–1979)", *HISPANIA NOVA Revista de Historia Contemporánea*, 2012, http://hispanianova.rediris.es.

16 Walter, *El régimen de Anastasio Somoza, 1936–1956*, 105.

mediante elecciones, sin importar mucho la validez o transparencia de estas últimas.[17] En otras palabras, Somoza respondió directamente a los principios de "orden público" y "beneficios materiales" de la política exterior estadounidense.[18]

Por otro lado, se asevera que fue en este primer periodo del régimen (1937–1956) en que se consolida el Estado nacional.[19] La expansión administrativa de las entidades estatales a lo largo del territorio nacional fue acorde al crecimiento económico y el dominio de la GN, esto último debido a la guerra contra Sandino. El dominio de la GN como aparato de orden y represión, más el sistema político dominado por Somoza, produjeron años marcados por la violencia política, la coerción y la represión. Especialmente líderes de la oposición, periodistas y jóvenes universitarios sufrieron persecuciones, torturas, encarcelamientos y exilios forzados por motivos políticos.[20] En suma, "La permanencia en el poder de la familia Somoza durante cuarenta y cuatro años" afirma Pérez Brignoli, "constituye un elemento de crucial importancia para la historia de Nicaragua".[21] Por consiguiente, el historiador define las cuatro grandes características que moldearon la Nicaragua somocista:

> Primero, se produjo una notoria concentración del poder militar, el poder político, y finalmente, el poder económico, en manos de una sola familia. Segundo, ello ocurrió en un contexto de debilidad y fragmentación del empresariado nacional. Tercero, el continuo apoyo de los Estados Unidos a Somoza fue fatal para el desarrollo de cualquier

---

17 LaFeber, *Inevitable Revolutions*, 81. Sobre las "triquiñuelas" o estrategias de Somoza para "ganar" elecciones y validarlas véase principalmente: Esgueva Gómez, *Elecciones, reelecciones y conflictos en Nicaragua (1821–1963)*, 2:533; Sobre las necesidades de orden público y beneficios materiales en la relación Estados Unidos-América Latina: Pérez Brignoli, *Historia global de América Latina*, 315–16.

18 Langley, *The United States and the Caribbean, 1900–1970*, 199.

19 Walter, *El régimen de Anastasio Somoza, 1936–1956*, 386. Ferrero Blanco cuestiona esta conclusión y denomina al sistema somocista como "patrimonialismo patriarcal". Siguiendo a Max Weber, este sistema de prebendas, enriquecimiento familiar, coerción y represión, y pactos "no coincide con un estado moderno" para la autora: Ferrero Blanco, *La Nicaragua de los Somoza, 1936–1979*, 53.

20 El Caribe era tan lejano que Somoza enviaba a sus opositores a Corn Island como un exilio, dos relatos sobre estos son: Carlos A. Bravo, "A la Costa Atlántica entre las nubes", *El cuaderno del Taller San Lucas*, núm. 4 (1944): 33–40; Manolo Cuadra, *Itinerario de Little Corn Island* (Managua: Editorial Novedades, 1937). Sobre todo por el atentado contra Somoza en 1954, varios opositores y ex miembros de la GN sufrieron cárcel y torturas, véase: Pedro Joaquín Chamorro Cardenal, *Estirpe sangrienta: los Somoza* (México: Patria y Libertad, 1957); Agustín Torrez Lazo, *La Saga de los Somoza: historia de un magnicidio*, 5ta edición (Managua: Hispamer, 2009). La represión se agudizó en la última etapa del somocismo, sobre esta véase: María Dolores Ferrero Blanco, "Violencia y represión en el ocaso de los Somoza: las condiciones carcelarias de los presos políticos", *Historia crítica*, núm. 39 (2009): 154–78.

21 Pérez Brignoli, "Crecimiento agroexportador y regímenes políticos en Centroamérica: Un ensayo de historia comparada", 49.

> alternativa política a la dictadura. Cuarto, la creciente identificación entre Estado y familia Somoza quitó ante los más diversos sectores sociales toda la legitimidad al Estado y a la Guardia Nacional, verdadero cuerpo "pretoriano".[1]

Con este contexto en mente, el somocismo ha sido investigado para dilucidar la influencia del régimen en la cultura política, el modelo económico y las relaciones de poder en general. Más allá de su influencia en el ordenamiento militar del país mediante la GN, y la estructuración económica del modelo agroexportador – fijado en el café, el algodón, la ganadería y la minería –, la historia del somocismo, de sus relaciones con los Estados Unidos, también produjo un efecto duradero en la forma que se imagina y se representa el país para atraer inversiones. Por tanto, vale la pena cuestionar el hecho que turismo y somocismo se estructuraron paralelamente durante más de cuarenta años, ya que, como se muestra en este capítulo, las características enumeradas por Brignoli se cristalizan en el auge y desarrollo de esta empresa en Nicaragua.

En el periodo en que se termina de establecer el Estado nacional y se hace evidente la consolidación del modelo agroexportador, Nicaragua también delineó sus políticas públicas para atraer a los turistas estadounidenses y europeos. En dichos años, la UP continuaba promoviendo la apertura de la Carretera Panamericana mediante varios medios escritos y audiovisuales. La organización envió a varios periodistas y escritores a recorrer la región con el propósito de publicar sus experiencias de viaje y dar registro del significado e importancia de la Carretera para el desarrollo de los países latinoamericanos.

Es en estos años que se van hilvanando narrativas y representaciones sobre el viaje hacia América Latina. En sintonía con la interpretación de Néstor García Canclini sobre los turistas estadounidenses al cruzar la frontera hacia Tijuana, México: "Los norteamericanos traen consigo [un mito] que tiene algo que ver con cruzar la frontera hacia el pasado, hacia el desierto".[2] En acuerdo con los viajeros europeos anteriores a los turistas estadounidenses, "viajaban al pasado para imaginar el futuro".[3] Los turistas imaginaron, sobre todo, un futuro de inversiones para aprovechar la "riqueza visual" de los países que visitaban, como Nicaragua.

En el terreno discursivo y visual del turismo, se encontraron el somocismo y los intereses geoestratégicos de los Estados Unidos. Específicamente, los años cuarenta y cincuenta significaron un periodo de transición acelerado que fijó los cimientos de la empresa del turismo en Centroamérica. Fue una "pérdida de la inocencia", y los turistas y narradores de viaje que llegaron a Nicaragua interpretaron, con la promesa de la modernidad en mente, que estaban

---

1 Op. Cit.

2 Néstor García Canclini, *Culturas híbridas: estrategias para entrar y salir de la modernidad* (México, D.F: Grijalbo: Consejo Nacional para la Cultura y las Artes, 1990), 46.

3 Pratt, *Imperial eyes*, 61.

observando los últimos años de "virginidad" y de espacios "sin echar a perder" por el turismo masivo.[4] La recomendación, más bien, era visitar cuanto antes estos países, antes que la finalización de la Carretera Panamericana y los aeropuertos cambiaran a Nicaragua para siempre. Aquello que Alexander Powell denominó como la "carga del hombre blanco" (*White Man's Burden*), definido por el progreso y civilización que llevaba – el hombre blanco – a otras partes del mundo, perdiendo su encanto y tradición virginal o paradisíaca.[5] Powell no estaba solo, Lillian Schoedler, entre varias otras "viajeras", "vagabundas" y "exploradoras", también utiliza esta forma de evaluar los espacios en cada uno de los lugares que visita. Los lugares "muy europeizados" no le resultaban "muy interesantes".[6]

En concordancia con la historia del paraíso escrita por Deckard, aquí también se puede apreciar que "la transformación del paraíso de un lugar a un estado de consumo estaba en proceso durante el período en que se estaban 'descubriendo' los últimos territorios 'edénicos'".[7] La autora narra que, a medida que los "paisajes eran colonizados, categorizados científicamente y explotados por sus recursos", europeos – y turistas estadounidenses en este caso – se vieron "afectados por el temor de haber agotado la naturaleza"; por ello "Cook generó el primer 'turismo paradisíaco', reforzando el significado utópico de las islas del Pacífico como los últimos lugares 'vírgenes' de la tierra".[8]

En el caso de Nicaragua, la historia enredada de este proceso estructurador de las instituciones de turismo se anuda en la Carretera Panamericana, ese "camino romántico hacia los trópicos", y el auge del transporte aéreo.[9] La Carretera propició la visita de personas cuya principal ocupación era viajar y escribir sobre sus experiencias en guías de viaje. Una nueva visión turista del mundo invitaba a dejar atrás a los "Richard Harding Davies" y las "*Banana Republics*", por una experiencia más auténtica de los países al sur de los Estados Unidos.[10]

---

4 Sydney Clark, *All the best in Central America* (New York: Dodd, Mead & Company, 1958), vii; Norman D. Ford, *The Fiesta Lands: Through Mexico and Central America on a shoestring*, 6a ed. (New York: Harian Publications, 1953), 11.

5 Powell, *Aerial Odyssey*, 73.

6 Carta desde Delhi, abril 1928, Lillian Schoedler, *Lillian Schoedler Collection 1916–1963 1922–1963.* (Marlborough, England: Adam Matthew Digital, 2009), 3 y 9, https://go.openathens.net/redirector/tulane.edu?url=http://www.travelwriting.amdigital.co.uk/Search/PopularSearches.aspx. La vida de Schoedler fue global. Viajó por todos los continentes, intercalando entre trabajos variados. Visitar lugares "europeizados" o no, fue la diferencia para la autora entre ser "una vagabunda" y "una turista de Cook".

7 Deckard, *Exploited Edens*, 22.

8 Op. Cit.

9 Ford, *The Fiesta Lands: Through Mexico and Central America on a shoestring*, 7.

10 Ralph Hancock, *The Rainbow Republics: Central America* (New York: Coward-McCann Inc., 1947), xii.

"Cuando los Estados Unidos se vieron arrastrados a una guerra mundial", explica Paul C. Clark, "la motivación primordial", de la política exterior de los Estados Unidos hacia Centroamérica, "se convirtió en la necesidad de aliados en la lucha que se avecinaba: presentar un frente interamericano unido y frenar la influencia del Eje en América Latina".[11] El comercio de las materias primas para la guerra extraídas desde Centroamérica a Estados Unidos – caucho, madera, café, bananos y café, en especial – requirió de nuevas rutas comerciales y de viaje. Con esto en mente, la política del Buen Vecino se basó en una promoción intensa de América Latina para el público estadounidense, en aras de garantizar el apoyo a sus inversiones en la región. El turismo en este contexto, fue una de las principales formas de mostrar un discurso alterno a aquél de las "tiranías en el Caribe" como afirmó el periodista William Krehm, o de las "*Banana Republics*", y las violencias políticas que marcaron esos años de ascensos dictatoriales a lo largo del continente.[12]

4.2 Comercio, viaje y defensa: El turismo como comercio exterior

Un suceso importante que ocurrió en el mismo año del surgimiento del somocismo, y la institucionalización del turismo en Nicaragua en 1936, fue la consolidación de las "relaciones culturales" entre Estados Unidos y América Latina. En la conferencia interamericana llevada a cabo en Buenos Aires el mismo año, el Departamento de Estado de los Estados Unidos propuso una "serie de intercambios tecnológicos y educativos financiados por el Estado destinados a América Latina".[13] Como expuso Herbert Bolton en la reunión, entre estos intercambios tecnológicos se encontraba la construcción de carreteras y, cercanamente a estas, la "exportación del modo de vida americano".[14]

El contexto comercial alrededor de estas ideas expuestas en 1936 respondía al aumento de la producción industrial estadounidense. El crecimiento industrial de los Estados Unidos dependía también de los mercados exteriores y, al cerrarse varias rutas comerciales debido a la

---

11 Clark, *The United States and Somoza*, xvii.

12 William Krehm, *Democracies and Tyrannies of the Caribbean* (Lawrence Hill & Co., 1984). El libro de Krehm, publicado en varios artículos en 1948, fue publicado primero en español y, luego, en los años ochenta se publicó en inglés. Gregorio Selser, en la introducción de la edición en inglés, afirma que Krehm "pintó el panorama de la política del Buen Vecino en el día a día de Centroamérica", Ibid., x.

13 Justin Hart, *Empire of ideas: the origins of public diplomacy and the transformation of U. S. foreign policy* (Oxford: Oxford University Press, 2013), 3.

14 Ibid., 27; Herbert Bolton desempeñó un papel fundamental en estas reuniones y delimitaciones de las nuevas relaciones culturales. Sobre la participación de este académico véase también: Rosenberg, "Turning to Culture", 497–514.

Segunda Guerra, requirió la expansión de los compromisos estadounidenses con nuevos mercados. Esta relación entre comercio y relaciones culturales se mantendrá, si bien con algunos cambios, hasta el final de la presidencia de Eisenhower.[15]

Los resultados del giro hacia América Latina de la política comercial estadounidense se evidencian en las cifras económicas generales de la región en poco tiempo. Las "inversiones privadas estadounidenses en Nicaragua sumaban un total de cinco millones de dólares" en 1936. El número de residentes estadounidenses en Managua era de 50, menor incluso que alemanes, los cuales sumaban 250, de un total de 400 residentes extranjeros registrados en el país.[16] La inversión directa de empresas estadounidenses en Nicaragua era de 8 millones, apenas el 5 % de la región centroamericana.[17] En menos de cinco años, las materias primas obtenidas de América Latina y el volumen comercial equiparó a la región con Europa. Durante la Segunda Guerra Mundial, "la región había suministrado el 75 % de los productos alimenticios crudos y el 40 % de las materias primas y productos semielaborados para el esfuerzo bélico estadounidense".[18] Michael Gambone resume que, en 1952, América Latina "proporcionó el 32 % de las importaciones estadounidenses y compró el 23 % de sus exportaciones" y que la inversión privada "representó el 21.3 % del capital estadounidense invertido en el exterior entre 1950 y 1957", con un total de 7 mil millones de dólares en 1956".[19] En Nicaragua, la compra de productos básicos para la economía de guerra en los Estados Unidos incrementó la compra de divisas de "menos de 800,000 dólares en 1937 a 6,7 millones de dólares en 1945".[20]

En cuanto al turismo y la infraestructura de viaje, al iniciar los años cincuenta se consideraba a lo largo de Estados Unidos que existían "20 tierras de vacaciones" en América Latina.[21] En 1951 el periódico *La Prensa* de la ciudad de San Antonio copió y tradujo la noticia de *Wall Street Journal* al español, para enfatizar que la Carretera Panamericana era la principal responsable de los doscientos millones de dólares que había alcanzado el turismo para la economía de México, lo cual supuestamente vaticinaba que lo mismo ocurriría en el "resto de las seis

---

15 Herbert Hoover y Elihu Root fueron precursores de la política del Buen Vecino, sobre todo en cuanto a su interés de combinar la inversión privada con la americanización de la región, pilares desarrollados por Roosevelt: Schoultz, *Beneath the United States*, 295. Sobre la continuidad de estas políticas en los años cincuenta en Nicaragua: Michael D. Gambone, *Eisenhower, Somoza, and the Cold War in Nicaragua*, 17.

16 Clark, *The United States and Somoza, 1933–1956*, 32.

17 Ibid., 87.

18 Gambone, *Eisenhower, Somoza, and the Cold War in Nicaragua*, 19–20.

19 Ibid., 20.

20 Ibid., 50.

21 "Travel Notes: Latin America Ready for Summer Tourists", *Los Angeles Times*, 9 abril 1950, p. C8.

repúblicas centroamericanas", entre ellas Nicaragua.[22] "El nuevo turista" afirmó el alcalde de Lima, el General Dibos, al terminar el cuarto encuentro interamericano de turismo, "era un Americano que viaja en América con el fin de hacerse más americano".[23]

A un año del primer Congreso Interamericano de Turismo – auspiciado por la UP en 1939 – se hablaba de las oportunidades para absorber los "ciento setenta millones de dólares" que los turistas estadounidenses gastaban en un año en Europa. Al mismo tiempo, se afirmaba que el turismo iniciaría "una era de mayor acercamiento y compenetración entre las naciones americanas".[24] Para llevar a cabo el programa turista en América Latina, en el contexto de guerra, se propició el trabajo en común de la Oficina de Viajes de la UP y la recién fundada OIAA, a cargo de Rockefeller.

La OIAA se estructuró alrededor de las contribuciones a la diplomacia cultural ideada por Rockefeller y Roosevelt. En el marco de la guerra en Europa, Rockefeller argumentó que la protección de la posición internacional de Estados Unidos se aseguraría mediante el estímulo a la prosperidad económica de Centro y Suramérica. La "economía, la información y la cultura", según el director de la OIAA, "estaban continuamente entrelazadas".[25] Por cultura, Rockefeller definió lo siguiente:

> [La cultura es] el término conveniente para resumir sucintamente la forma en que la gente vive, siente y piensa; y las influencias culturales son, por supuesto, las que afectan a la vida, ya sea mediante las comunicaciones, como instrumentos de cultura popular de suma importancia; Su utilidad para generar simpatía entre los pueblos, hacer que se comprendan (…) [es] un hecho de profunda trascendencia en las relaciones internacionales actuales.[26]

Estos conceptos fundamentales continuaron después de la vida de la OIAA y formaron parte del programa del Departamento de Estado en los años de posguerra, en cuanto a las relaciones culturales entre Estados Unidos y América Latina. En la práctica, la OIAA promovió una amplia variedad de actividades, incluidas exposiciones de arte y conciertos, que tenían como objetivo presentar al público estadounidense el patrimonio cultural de América Latina. Patrocinó la traducción al inglés de escritores destacados y publicó guías de viaje destinadas a sensibilizar

---

22 "S.T.", *La Prensa* (San Antonio), 24 junio 1951, p. 1B.

23 T.A. Loayza, "Lima Conference: Delegates From American States Approve Steps to Further the Cause of Tourism", *New York Times*, 27 abril 1952, p. 16.

24 Chapin Hall, "What goes on?", *Los Angeles Times*, 4 marzo 1939, p. 2.

25 Gisela Cramer y Ursula Prutsch, "Nelson A. Rockefeller's Office of Inter -American Affairs and the Quest for Pan-American Unity: An Introductory Essay", en *¡Américas unidas! Nelson A. Rockefeller's Office of Inter-American Affairs (1940–46).*, eds. Gisela Cramer y Ursula Prutsch (Madrid; Frankfurt: Iberoamericana Vervuert, 2012), 32.

26 Op. Cit.

a los posibles turistas no solo sobre los tesoros naturales y culturales de América Latina, sino también sobre sus "costumbres y etiqueta".[27]

La importancia de la diplomacia cultural y el papel a desempeñar por el viaje turista en estas comprendieron el terreno conceptual y geopolítico en el cual los funcionarios estadounidenses se reunieron con las autoridades latinoamericanas para estructurar la empresa continental de turismo. Francisco Hernández, jefe de la Oficina de Viajes de la UP, se reunió con James Young, de la oficina de Rockefeller, al final de 1940. En la reunión, se habló sobre la preocupación de la "actividad submarina" alemana en "aguas americanas" y cómo estas noticias tenían "efectos desastrosos en el comercio de viajes en general".[28] Contra esto, afirma Hernández, se creó una campaña que culminó con la proclamación presidencial de 1940 como el "Año de los viajes a América".[29] La proclama invitaba a los ciudadanos del continente a unirse en un "gran movimiento de viajes, para que nuestros pueblos se acerquen aún más en simpatía y comprensión".[30] El cálculo de Roosevelt, Rockefeller y Hernández era que, al desviar el turismo estadounidense hacia América, se aliviaría la pérdida de ingresos por las mercancías y materiales que Europa compraba a los Estados Unidos para recibir a los turistas del mismo país. De igual forma se entraría en competencia con los mismos intereses alemanes en la región.

Siguiendo esta declaración, el gobierno de Roosevelt tomó dos medidas. Primero, aprobó un plan de investigación e implementación de una red de carreteras que conectaran los Estados Unidos con América Latina y extendieran la Carretera Panamericana.[31] Segundo, apropió veinte mil dólares en 1941 al nuevo Comité de Viaje Interamericano (Inter-American Travel Committee Inc.). Las oficinas de Hernández y Rockefeller, reunidas en este nuevo comité, se concentraron en apoyar mutuamente el financiamiento de todo tipo de material promocional e informativo sobre América Latina. El apoyo fue destinado a medios de comunicación como *National Geographic* y *Paramount Pictures*, para producir revistas, panfletos y, sobre todo,

---

27 Ibid., 27.

28 Francisco Hernández, "Special Memorandum for Dr. Rowe", 19 diciembre 1940, RE: Proposed establishment of a Non-Profit Inter-American Travel Bureau by the Rockefeller Committee, en *Report of Activities of the Travel Division Pan Americana Union*, Report of Activities, volume for 1940. Columbus Memorial Library.

29 Op. Cit.

30 Proclamation of Franklin Delano Roosevelt, "Travel America Year", 13 enero 1940. Columbus Memorial Library. Archive. Folder 106: Tourism.

31 Dorothy Lack, "Inter-American Postwar Travel". NA, RG 229: Office of Inter-American Affairs, Records of the department of transportation, code 795087, entry 40: records relating to tourism, caja 657. También véase: Resolución del Senado 74, del 8 de febrero de 1945 y la Resolución 239 de la Cámara de Representantes de los Estados Unidos, del 2 de mayo de 1945. En esta se afirma que la "solidaridad hemisférica" propiciaría "beneficios del plan [de viaje a las Américas] que serían verdaderos para el comercio y la industria. Los beneficios culturales y educativos que se pueden anticipar razonablemente".

programas de radio, televisión, y películas.[32] En dicha coordinación, se estimuló la articulación del programa estatal en conjunto con los intereses de empresas privadas que se verían directamente beneficiadas por los incentivos para el turismo. Entre las empresas se destaca la conjunción entre las compañías estadounidenses y las oficinas encargadas de las relaciones políticas y económicas entre Estados Unidos y América Latina. En la lista de directores fundadores del Comité de Viaje Interamericano estaban las siguientes personas y empresas:

- John W. Chapman, presidente – vice-presidente de Grace Line Inc.
- V. E. Chenea – vice-presidente de Pan American Airways System
- John E. Cragi – vice-presidente de la Presidencia, Agwi Lines Inc.
- J. J. Kelleher – vice-presidente de United Fruit Company
- A. V. Moore – presidente de Moore-McCormack Lines Inc.[33]

Si bien el Comité de Viaje Interamericano fue cancelado en 1943, debido a las restricciones de viaje producto de la guerra, muchos de sus bloques fundadores serían reactivados por la UP, al cerrarse la OIAA en 1945. Un año antes, en noviembre de 1944, la guerra estaba a punto de terminar y ya se vislumbraba que los Estados Unidos, junto con los Aliados, saldrían victoriosos. Otra realidad que estaba muy clara era que el turismo se reactivaría al finalizar la guerra, pero que esta cultura de viaje se esparciría desde los Estados Unidos hacia nuevos horizontes, fundamentalmente por medio de la Carretera Panamericana y las nuevas conexiones aéreas.[34] Por tanto, desde 1939 hasta 1945 sucedió un cambio de vía radical en las rutas turísticas disponibles para los estadounidenses. Según el columnista del periódico *La Prensa*, editado en San Antonio Texas, José Castro, "en vista de las circunstancias anómalas del Viejo Mundo, a donde no se puede ir sin jugarse la vida, y en donde las condiciones de la misma son de todo punto insufribles", la UP había "intensificado su campaña en favor de los viajes a través de los países de nuestro Continente".[35]

El Dr. L. S. Rowe, Director General de la UP, expresó de igual manera que el turismo debería ser tema de especial interés y de estudio después de la guerra, del mismo modo que "todas las actividades que tiendan a coordinar los servicios de transporte y a eliminar las barreras y

[32] "Special Memorandum", 6 marzo 1940, Report of Activities of the Travel Division Pan American Union, *Review of Travel Division Work in 1939*, Columbus Memorial Library. El apoyo combinado de la OIAA y la UP en el caso de Nicaragua, fue el contrato y financiamiento de la película y artículo de Luis Marden titulada "Nicaragua: Tierra de Lagos y Volcanes", que se describe más adelante.

[33] "Project Authorization—The Inter-American Travel Committee, Inc. Operating Expenses", 5 agosto 1941. NA, RG 229, code 795087, entry 40, caja 657.

[34] "Las repúblicas americanas facilitaran el tránsito de vehículos en las carreteras", *La Prensa* (San Antonio), 5 noviembre 1944, p. 6. Mayúsculas en original.

[35] José R. Castro, "El turismo en las américas", *La Prensa* (San Antonio), 15 noviembre 1940, p. 3.

obstáculos que dificultan los viajes". En este aspecto, enfatiza Rowe en la entrevista, "la Unión Panamericana ha trabajado en estrecho contacto con autorizadas organizaciones de turismo de la América Latina y ha cooperado eficazmente con las compañías de transporte en proyectos de expansión interamericana de sus servicios".[36] Estas declaraciones iban acorde a la política del Buen Vecino de Roosevelt, cuya premisa se esparció por todas las oficinas de gobierno y medios de comunicación: "detrás de todas estas vistas *[sightseeing]* hay oportunidades para extender las relaciones comerciales".[37]

La OIAA y la Oficina de Viajes de la UP volvieron a unir esfuerzos e implementaron estrategias complementarias para incentivar el turismo estadounidense hacia América Latina. A inicios de 1945, Wallace K. Harrison – reemplazo de Rockefeller como director de la OIAA – encargó a Albert Dawson y Dorothy Lack la redacción de un informe sobre las posibilidades del turismo en el mundo de posguerra.[38] En esta línea, Dawson, por su parte, redactó el informe "*Tourist Travel as an element of foreign trade*" (El viaje turístico como un elemento del comercio exterior).[39] Dawson extrajo de su experiencia turística en Suiza para explicar cómo ese país, sin tener mayores recursos naturales, exportaba la "escena paisajística" de sus montañas y lagos para atraer turistas, cuyos ingresos representaban la segunda fuente de divisas, solo detrás de la producción manufacturera.

Por otra parte, Lack indagó sobre las estadísticas pasadas y prospectos futuros del turismo, una vez que acabara la guerra. Sus fuentes fueron los informes sobre carreteras y transporte de los Estados Unidos y, principalmente, las estadísticas, informes y sugerencias que la UP venía redactando desde principios de siglo, sobre todo los informes de la Oficina de Viajes. El informe "*Inter-American Tourist Travel*" (Viaje Turista Interamericano) estableció las bases del turismo como comercio exterior entre la segunda mitad de los años cuarenta hasta finales de los años cincuenta.

En términos comerciales, Lack identifica una primera "gran ola de turismo" que alcanzó su cúspide en 1929. Luego de la crisis bursátil de 1929, y previo a la Segunda Guerra, hubo otro crecimiento pronunciado de los viajes turísticos desde Estados Unidos al resto del mundo. Centroamérica, incluyendo México y el Caribe, fue el segundo lugar de esta "nueva tendencia" (Tabla 2). Como anota Lack, en los años treinta se dio un cambio en la cultura de viaje, los "viajes por placer" sobrepasaron a los viajes de migración, visita de familiares, negocios, científicos o misioneros. Los turistas comprendieron el 49 % del total de 143, 848 personas que viajaron al Caribe

36 "Las repúblicas americanas facilitarán el tránsito de vehículos en las carreteras".

37 Chapin Hall, "What goes on?".

38 "Memorandum de Wallace K. Harrison al General Julian L. Schley: Tourism Program", 26 y 27 abril 1945, NA, RG 229, code 795087, entry 40, caja 657.

39 Albert K. Dawson. "Tourist Travel as an Element of Foreign". NA, RG 229, code 795087, entry 40, caja 657.

y Centroamérica en 1938. A su vez, esta cifra comprendía el 40.2 % del total de viajeros (365,257) estadounidenses en el mismo año, sin contar a Canadá y México en estas estadísticas (Tabla 4).[40] En sentido contrario, solo 2,000 centroamericanos viajaron hacia Estados Unidos en 1938.[41]

	Europa y Mediterráneo		**Suramérica y Oriente Lejano***		**Indias Occidentales* y Centroamérica**	
	Número	Porcentaje	Número	Porcentaje	Número	Porcentaje
1922	204,603	63.9	26,161	8.1	89,478	28.0
1929	250,216	67.8	30,675	5.9	135, 832	26.3
1933	190,954	63.6	25,253	8.4	84,102	28.0
1938	195,863	62.9	25,556	6.9	143,848	40.2

*Tabla 2: Viajes al extranjero por área geográfica. Fuente: Dorothy Lack, "Suggested Program for Promotion of Inter-American Travel by the Inter-American Centers". NA, RG 229, code 795087, Records of the Department of Transportation, entry 40: Records Relating to Tourism, caja 656. *Términos utilizados en las fuentes.*

El principal efecto de este cambio fue económico. En el informe, Lack detalló los beneficios en la balanza de pagos para los Estados Unidos. Tomando como ejemplo el caso de México, el informe detalla que los Estados Unidos recibió 204 millones de dólares, a diferencia de los 94.4 millones percibidos por México.[42] Según los mismos datos recabados por Lack, Centroamérica y Nicaragua – Junto con Cuba y las "Indias Occidentales" – comprendieron la mayoría de "viajes cortos realizados por estadounidenses en cruceros" (Tabla 3). Sin embargo, Lack también detalla que el crecimiento de pasajeros al final de esta ola iba hacia los viajes por aire y por carretera. Por ende, el informe recomendó desarrollar estas infraestructuras de viajes por encima de las vías marítimas.[43]

En mayo de 1945, Lack promovió el programa a través de las oficinas dedicadas a América Latina en los Estados Unidos, y proveyó tanto estadísticas como un marco conceptual para comprender el turismo en simetría con el comercio exterior, así como en relación íntima con los

---

40 Henry A. Wallace, "Postwar Foreign Travel May Break All Past Records". NA, RG 229, code 795087, entry 40, caja 656. Véase también: Travel Division of the Pan-American Union, *Inter-American Travel Statistics, Inter-American travel and Travel Expenditures, 1938–39* (Washington D. C.:1940).

41 Wallace, Op. Cit.

42 Carta de James A. Jacobson, Asistente especial de Donald M. Nelson, jefe de la oficina de producción de guerra a Dorothy Lack, Departamento de Transporte de la Oficina de Asuntos Interamericanos, 24 agosto 1944. NA, RG 229, code 795087, entry 40, caja 657.

43 Op. Cit. Las cifras concretas se presentan en las tablas I y II (Transporte aéreo) y VIII (cruceros) de la carta de James A Jakobson y en el informe citado de Dorothy Lack.

propósitos de mejorar las relaciones culturales entre Estados Unidos y América Latina. Primero, definió el término "turista" al igual que se había establecido por La Liga de las Naciones en 1937: "toda persona que viaje durante un período de veinticuatro horas o más a un país distinto de aquél en el que reside habitualmente". A lo cual se le agregó varios insumos que abren el término a, literalmente, cualquier viajero cuando afirma: "Esta designación incluye personas que viajan por negocios; personas que viajen a reuniones o en calidad de representante de cualquier tipo; personas que viajen por placer, por motivos domésticos o de salud, de hecho, cualquier viajero".[44] El factor común central entre estos 'viajeros cualquiera', era que sus viajes proveían "dólares para la compra de bienes estadounidenses", tanto al incrementar las divisas de los países receptores, como la compra de estos para llenar hoteles, construir carreteras y demás infraestructura turística que requería de ingeniería o artículos producidos en los Estados Unidos.

La certeza de la autora empleada por la OIAA yacía en su percepción de que no había "duda de que las demás Repúblicas americanas están interesadas en el desarrollo de los viajes turísticos" como lo demostraba "el apoyo al trabajo de la División de Viajes de la Unión Panamericana, que se estableció en 1935, tras lo cual dos Congresos Interamericanos de Viajes se llevaron a cabo en 1939 y 1941 respectivamente". Los congresos solo fueron interrumpidos, según Lack, debido a la guerra. No obstante, la autora también advierte que, bien en el espíritu del Buen Vecino:

> Se puede fomentar el desarrollo turístico, pero no se puede superponer el éxito de ningún país a menos que las comunidades y los ciudadanos privados se den cuenta de la importancia económica de los gastos turísticos para su país y para su comunidad, y acepten las responsabilidades que conlleva asegurar el éxito en el desarrollo de la industria.[45]

B. Viajes a Centroamérica
(excluyendo viaje aéreo)
(en número de viajes)

	Embarcaciones regulares			Cruceros			Totales: embarcaciones regulares y cruceros		
Año y mes	**Ciud. EEUU**	**Otros***	**Total**	**Ciud. EEUU**	**Otros***	**Total**	**Ciud. EEUU**	**Otros***	**Total**
1939									
Enero	1070	205	1275	179	3	182	1249	208	1457
Febrero	1322	255	1577	251	1	252	1573	256	1829
Marzo	1245	157	1402	264	7	271	1509	164	1673

44 Dorothy Lack, "Inter-American Tourist Program", 16 mayo 1945. NA, RG 229, code 795087, entry 40, caja 657.

45 Op. Cit.

B. Viajes a Centroamérica
(excluyendo viaje aéreo)
(en número de viajes)

	Embarcaciones regulares			Cruceros			Totales: embarcaciones regulares y cruceros		
Año y mes	**Ciud. EEUU**	**Otros***	**Total**	**Ciud. EEUU**	**Otros***	**Total**	**Ciud. EEUU**	**Otros***	**Total**
Abril	1782	226	2008	881	29	910	2663	255	2918
Mayo	879	214	1093	192	7	199	1071	221	1292
Junio	845	299	1144	236	5	241	1081	304	1385
Julio	1306	487	1793	433	11	444	1739	498	2237
Agosto	1735	388	2123	698	8	706	2433	396	2829
Sept.	1995	374	2369	572	12	584	2567	386	2953
Octubre	1487	456	1943	216	2	218	1703	358	2161
Nov.	1205	484	1689	128	10	138	1333	494	1827
Dic.	1189	312	1501	68	1	69	1257	313	1570
Total	16060	3857	19917	4118	96	4214	20178	3953	24131
1940									
Enero	1350	229	1579	192	9	201	1542	238	1780
Febrero	1424	268	1662	293	7	300	1717	245	1962
Marzo	1803	143	1946	835	19	854	2638	162	2800
Abril	2189	217	2406	520	13	533	2709	230	2939
Mayo	803	148	951	554	9	563	1357	157	1514
Junio	1115	245	1360	396	7	376	1484	252	1736
Julio	1271	314	1585	716	6	722	1987	320	2307
Agosto	1762	462	2224	1274	7	1281	3036	469	3505
Sept.	1688	298	1986	1174	6	1180	2862	304	3166
Octubre	1400	296	1696	1022	5	1027	2422	301	2723
Nov.	1556	282	1838	480	4	484	2036	286	2322
Dic.	1200	259	1459	431	2	433	1631	261	1892
Total	17561	3131	20692	7860	94	7954	25421	3225	28646

*Tabla 3: Distribución por temporada del total de pasajeros partiendo desde Estados Unidos. Fuente: Inter-American Travel Statistics: Movement of Travel in the Americas January-December 1939 and 1940, Travel Division Pan American Union, Washington D. C., 1941 *En el original se usa la palabra "alien". Traducción del autor.*

Año y Mes	Ciud. EEUU	Otros*	Total
1939			
Enero	2546	381	2927
Febrero	3692	372	4064
Marzo	3885	442	4327
Abril	2497	544	3041
Mayo	1299	499	1798
Junio	1281	574	1855
Julio	1610	720	2330
Agosto	404	295	699
Septiembre	1769	1472	3241
Octubre	778	873	1651
Noviembre	1179	740	1919
Diciembre	953	394	1347
Total	21893	7306	29199
1940			
Enero	4922	1250	6172
Febrero	2596	300	2896
Marzo	7129	623	7752
Abril	3533	462	3995
Mayo	2730	461	3191
Junio	1790	542	2332
Julio	1865	655	2520
Agosto	1067	238	1305
Septiembre	3032	671	3703
Octubre	1770	534	2304
Noviembre	694	261	955
Diciembre	1287	394	1681
Total	**32415**	**6391**	**38806**

*Tabla 4: Distribución estacional del número total de pasajeros que salen de Estados Unidos hacia Suramérica, Centroamérica y las Indias Occidentales, enero 1939 – diciembre de 1940. Fuente: Inter-American Travel Statistics: Movement of Travel in the Americas January-December 1939 and 1940, Travel Division Pan American Union, Washington D. C., 1941. * En el original se usa la palabra "alien". Traducción del autor.*

Lack también predecía que los niveles máximos de inversión y de ganancias, registrados en 1938 y 1939, serían alcanzados nuevamente en 1950, gracias a las políticas de pleno empleo y el aumento de las inversiones en infraestructura que se venían implementando en los Estados Unidos, debido a los efectos de la gran depresión y la economía de guerra en los años cuarenta. En términos monetarios, eso significaba que Centroamérica y el Caribe proveerían un total de 48 millones de dólares anuales para la economía estadounidense.[46] Sus recomendaciones principales fueron "modernizar" el transporte aéreo y marítimo, al mismo tiempo que darle mayor atención al transporte por tierra mediante las carreteras. Dichas recomendaciones singularizaban la máxima de una buena empresa del turismo, a parecer de Lack, el turista "tiene que llegar con facilidad a su destino y moverse con facilidad dentro del país o entre las repúblicas latinoamericanas". "Modernizar" también se refería a los hoteles y demás servicios; muchos no llenaban los "estándares americanos", en referencia a los ciudadanos estadounidenses y su calidad de vida.[47]

Los conceptos, las estadísticas, perspectivas y recomendaciones de Lack encontraron eco en las instituciones encargadas directamente de las relaciones entre Estados Unidos y América Latina. Entre junio y noviembre de 1945, el informe de Lack circuló principalmente en tres oficinas: "1) *The Inter-American Travel Committee Inc.*; 2) *The Council of Inter-American Cooperation*; 3) *The Pan American Union*".[48] En los meses siguientes a julio de 1945, Lack contactó a Francisco Hernández, jefe de la Oficina de Viajes de la UP.[49] El producto de estas reuniones fue el documento titulado "*Suggested Program for Promotion of Inter-American Travel by the Inter-American Centers*" (Programa sugerido para la promoción de viajes interamericanos por los centros interamericanos), en el cual se esclareció el papel a desempeñar por las distintas instituciones gubernamentales mencionadas arriba y las empresas privadas (agencias de viajes, industria automotriz, aerolíneas, compañías navieras, bancos, industria metalurgia y aseguradoras).[50] El documento se presentó el 15 de noviembre de 1945, en la Conferencia Técnica Económica Interamericana. Las organizaciones, imbricadas mediante los informes y memorándums de Lack, y el documento de Dawson sobre viaje como comercio exterior, tomaron una decisión coordinada para promover y administrar los incentivos de viaje desde los Estados Unidos hacia América Latina.

---

46 Op. Cit.

47 Algo que vale la pena resaltar es que Lack toma referencias de Chile y Uruguay constantemente para ilustrar la forma en que los gobiernos y las instituciones estatales pueden administrar y promover el turismo. En esta fecha Estados Unidos no contaba con una oficina o institución nacional de turismo. Esto es un indicador de los saberes que los gobiernos latinoamericanos proveyeron a los Estados Unidos.

48 "Memorandum meeting attended by General Schley, Mr. Dudley, Mr. Diehl, Mr. Parkhurst, Miss Lack", 9 julio 1945, NA, RG 229, code 795087, entry 40, caja 656; "Memorandum de Richard Parkhurst a W.W. Diehl: Tourist Travel", 16 junio 1945, Op. Cit.

49 Lack estudió a esta organización anterior y propuso varios de sus puntos en su informe: "Memorandum de Evelyn Randall a Miss [Dorothy] Lack: U. S. Travel Bureau", 31 mayo 1945, NA, RG 229, code 795087, entry 40, caja 656.

50 Dorothy Lack, "Suggested Program for Promotion of Inter-American Travel by the Inter-American Centers". NA, RG 229, code 795087, entry 40, caja 656.

El documento estableció un "procedimiento" a seguir con la intención de articular a los distintos actores y diferentes instituciones que participarían en la gran "empresa multimillonaria" del turismo en las Américas:

> En tanto que un patrón de transporte establecido es la primera necesidad en el desarrollo de cualquier programa turístico, se propone que la Oficina de Asuntos Interamericanos convoque a una conferencia de los ejecutivos de los transportistas internacionales de pasajeros, y que la agenda sea preparada por esta Oficina para la conferencia, con la cooperación de la Comisión Marítima, la Junta de Aeronáutica Civil y la División de Viajes de la Unión Panamericana, para cubrir los problemas comunes de todos los transportistas en el desarrollo del tráfico turístico de pasajeros entre las Repúblicas, eliminación de las cuestiones controvertidas de rutas, tarifas o cuestiones de política, sobre las que no tenemos jurisdicción.
>
> Con base en un informe de este Comité Ejecutivo y asegurándose de su interés, la Oficina de Asuntos Interamericanos podría entonces, con la cooperación de la División de Viajes de la Unión Panamericana, preparar un programa que describa los pasos iniciales necesarios para un mayor desarrollo, que será presentado a las Comisiones de Turismo ya establecidas en las demás Repúblicas y a las organizaciones nacionales de transporte que operan con esos países solicitando, a cambio, sus sugerencias con respecto a las necesidades de sus nacionales en los Estados Unidos.[51]

Con el cierre de la OIAA a finales de 1945, la labor de implementar el procedimiento para establecer la empresa de turismo quedó en manos de la UP y la Oficina de Viajes. Tomando los informes de Dawson y Lack como referencia, junto con las iniciativas expuestas en las reuniones entre la OIAA y la UP, se redactó el *Pan American Project*, el cual – mediante la Carretera Panamericana – se propuso crear una industria multimillonaria de turismo a través de América, con miras a utilizar sus "escenas paisajísticas" y "particularidades culturales" para incentivar el contacto entre habitantes de la "región panamericana".[52]

A finales de los años cincuenta todavía se hacía referencia a las formas en que el turismo promovía el comercio en general y los beneficios económicos que esto significaba en particular para los Estados Unidos. Ned Lewis, por ejemplo, al apoyar las campañas de publicidad iniciadas por la UP en 1956, afirmó que el "cumplimiento de estos objetivos [promoción turística de la UP] contribuirá a un importante incremento en el volumen de dólares de estos países,

51 Dorothy Lack, "Inter-American Tourist Program".

52 "The Pan American Project". Circa 1944. Archive of the Columbus Memorial Library. Folder 106: Tourism.

haciéndolos mejores clientes para nuestros productos".[53] En los libros se explican detalladamente de donde provienen dichos productos y porqué los Estados Unidos invertían en los países centroamericanos como Buenos Vecinos para matener una política exterior de comercio, viaje y defensa. Agnes Rothery, con esto en mente, explica la "buena vecindad":

> Vecindad fue una de las palabras que se usaron por primera vez cuando los hombres comenzaron a planificar la Carretera Panamericana. Había otras dos palabras que usaban con frecuencia – comercio y viajes. Últimamente todavía hay otra palabra – defensa. Cuando estalló la guerra en Europa, sus resultados se sintieron tanto en América del Norte como en América del Sur. Se dieron cuenta de que, para defender ambos continentes, era necesario proteger el Canal de Panamá, porque si el enemigo se apoderaba del Canal, ocultaba el ataque por separado primero a uno y luego al otro. Una carretera que los uniera ayudaría a la defensa de ambos. La guerra también mostró a Estados Unidos cuánto necesitaba ciertos productos que había estado obteniendo de tierras ahora en manos enemigas. Algunos de estos productos se pueden encontrar en Centroamérica. Además de los metales de diversa índole, nos eran necesarios ciertas fibras y diferentes plantas utilizadas en medicina. También había plátanos y café, ricino y otras cosas que estábamos acostumbrados a comer y que no podíamos producir nosotros mismos. Por su parte, Centroamérica buscaba en nosotros artículos manufacturados que había estado comprando en tierras al otro lado del mar. Necesitaba materiales de construcción y artículos manufacturados.[54]

Textos como el citado anteriormente – en tono con las intenciones del tour del Buen Vecino – fueron circulados en las escuelas primarias y secundarias. En la narrativa expuesta en la cita anterior, Estados Unidos construyó la Carretera Panamericana debido a que "necesitaba" los productos latinoamericanos. El común consenso se establece porque los países latinoamericanos necesitaron los productos manufacturados.

La noción común de la importancia del turismo para el comercio exterior, y las alianzas entre Estados Unidos y las naciones de América Latina en tiempos de guerra, fue compartida por todas las instituciones y empresas relacionadas. En la transcripción de una entrevista radial al Gerente del Departamento de Anuncios y Relaciones Públicas de la UFC, John White, se repiten dichas expectativas sobre el turismo como impulsor del comercio entre Estados Unidos,

---

53 "Cof C Schedules Tour to Spur L.A.-Latin Trade", *Los Angeles Times*, 9 abril 1956, p. 5.

54 Agnes Rothery, *Central America Roundabout*, (New York: Dodd, Mead and Company, 1944), 8–9; el capítulo XX del mismo libro se le dedica completamente al inventario y descripción de los "materiales de guerra" (238–48). Wilson describe la importancia de Centroamérica y sus recursos para la "defensa" de los Estados Unidos: Charles Morrow Wilson, *Central America Challenge and Opportunity*, 4 y 19; Roger Stephens, *Down That Pan American Highway*, (New York: Author, 1948), 25.

México y Centroamérica. El Gerente de UFCO afirmó: "Es una verdad fundamental que el turismo estimula el comercio. Europa es una vieja maestra en el arte de atraer turistas, pero nuestros amigos hispanoamericanos se están adiestrando rápidamente en este sentido".[55] La UFCO puso a disposición la inclusión de "seis vapores lujosos" con capacidad para 113 pasajeros, en aras de incentivar la cooperación científica y cultural, además de comercial, entre los países. Estas eran buenas noticias de la UFCO, un año después de renombrarse como *Chiquita Banana* debido, entre varios sucesos, a los levantamientos obreros en Guatemala en 1944 y 1950.[56] No obstante, la iniciativa de UFC llegaba tarde. A mediados de los años cincuenta, el turismo y el viaje de negocios se realizaban completamente por aire y por tierra. El desarrollo dinámico de la industria aeronáutica y automotriz en Centroamérica fue facilitado gracias a los fondos de inversión abiertos por la Carretera Panamericana y los préstamos del Banco Interamericano de Reconstrucción y Fomento (BIRF) que favorecieron la inversión en aeropuertos y carreteras. Y a finales de los años cincuenta, la mayoría de guías de viaje ya daban por descartado el viaje en vapor desde Estados Unidos a Centroamérica y muchas ofertas de estas ya no existían.[57]

4.2.1 Siguiendo la Carretera, conociendo América

En 1936, el poeta nicaragüense Pablo Antonio Cuadra, miembro del Movimiento de Vanguardia que apoyó a Somoza en sus inicios, viajó *Hacia la Cruz del Sur*, junto con su padre quien iba en representación de Nicaragua a la conferencia panamericana en Buenos Aires. Dos años después publica el libro producto del viaje. En respuesta a la ya evidente influencia del panamericanismo y el turismo, Cuadra escribió en su viaje que "América aún vive, desparramada, es cierto, como un muerto bajo la agitada zambullida de las águilas de presa" e

---

55 "El turismo en la América Central y México", *La Prensa* (San Antonio), 22 septiembre 1946, p. 3. La UFCO promocionó varios paquetes de turismo al Caribe. Esto era una práctica común en Estados Unidos, Milton Hershey promocionaba paquetes turísticos a Cuba para ver plantaciones de azúcar, que luego sería utilizada en sus chocolates: Rosalie Schwartz, *Pleasure Island: Tourism and Temptation in Cuba*, 67; también: James W. Martin, "The United Fruit Company's Tourist Business and the Creation of the 'Golden Caribbean', 1899–1940", *Journal of Historical Research in Marketing* 8, núm. 2 (el 16 de mayo de 2016): 238–62.

56 Stephen Schlesinger y Stephen Kinzer, *Bitter Fruit: The untold sotry of the American coup in Guatemala* (New York: Anchor Books, 1984), 159–226; Alejandra Batres, "The Experience of the Guatemalan United Fruit Company Workers, 1944–1954: Why Did They Fail?", *Texas Papers on Latin America*, núm. 1 (1995), http://lanic.utexas.edu/project/etext/llilas/tpla/9501.html.

57 Clark, *All the best in Central America*, v. Este autor en particular menciona que se vio obligado a actualizar su edición en menos de 3 años, porque las rutas habían cambiado sustantivamente.

instó a la intelectualidad latinoamericana a "volver a descubrir América", "el redescubrimiento (...) estará en manos de poetas".[58] Según Cuadra, la política del Buen Vecino, Roosevelt, y el panamericanismo, habían provocado que 'América abandonara América', "para adorar la máquina, los grandes hoteles, los salones de baile, el cine, el turismo (...) los lujos superficiales de una denigración material".[59] La "trágica farsa internacional", como denomina Cuadra al panamericanismo, solo podía ser remediada mediante una vuelta al campo y, en vez del viaje "adulador de la modernidad" como el turismo, Cuadra propuso inspirarse en los viajes de los conquistadores.

Como señalan David Whisnant y Raymond Williams, la oposición de Cuadra y compañía a la "urbanización, modernización y desarrollo agroexportador" de Somoza no logró estructurar una respuesta sistemática, producto se sus propias simpatías con el fascismo y el antisemitismo.[60] Sumada a estas críticas, la propuesta de Cuadra contradecía la maquinaria representacional que Estados Unidos y Somoza venían configurando con una gran cantidad de fondos y programas dedicados a sedimentar esa "trágica farsa internacional". Los escritos de Cuadra muestran que el discurso y las representaciones turísticas de América no estuvieron libres de resistencias. No obstante, Cuadra y los intelectuales de la vanguardia reflexionaron sobre el tema del turismo porque era un elemento sustancial de la influencia estadounidense en Nicaragua, que se intensificó en los años cuarenta y cincuenta.

Ciertamente, a partir de 1940 se construyó la idea que "el viaje por la Carretera Panamericana es esencialmente un recorrido turístico".[61] Los informes eran escritos por funcionarios de la *American Automobile Association*, periodistas, turistas, escritores de guías de viaje, académicos y enviados especiales del departamento de carretera.[62] A medida que avanzó la Carretera por el continente las personas que recopilaron datos, y se animaron a

---

58 Pablo Antonio Cuadra, *Hacia la Cruz del Sur: (Manual del navegante hispano)* (Buenos Aires: Comisión argentina de publicaciones e intercambio, 1938), 17–25.

59 Ibid., 28–31.

60 David E. Whisnant, *Rascally signs in sacred places*, 155–56.

61 "Traveling the New Road to Panama", *New York Times*, 7 julio 1940, p. BR2.

62 Karena Shields, "Bag and Baggage: Advice to the Travel-Lorn", *Los Angeles Times*, 5 mayo 1952, p. A5; C. H. Calhoun, "Better Service To Central America: More Ships, Larger Planes Are Opening This Region to Eager Tourists", *New York Times*, 6 junio 1948, p. XX34; C. H. Calhoun, "Bargains In Central American Tours: Guatemala El Salvador Honduras Nicaragua Costa Rica Panama", *New York Times*, 7 mayo 1950, p. 307; Bert Pierce, "Automoviles To Panama: Long Sections of Inter-American Route Now Open to Venturesome Motorists Rail Journey By Train and Ship Travel Papers", *New York Times*, 15 abril 1951, p. 275; Diana Searl, "By Car Through Central America", *New York Times*, 16 noviembre 1952, p. X28; Bert Pierce, "Gaps To Be Filled in Americas Road: $109,500,000 Construction Program on 1,590 Miles of Route Opens Sept. 10", *New York Times*, 4 septiembre 1955, p. 14.

viajar a través de esta, informaron al público estadounidense y pintaron el panorama de lo que les esperaba:

> Aproximadamente la mitad de la longitud de esta "carretera interamericana" atraviesa México; la otra mitad cruza Guatemala, Salvador, Honduras, Nicaragua y la mitad norte de Panamá (...) La ruta desciende desde los áridos desiertos de las tierras altas hasta las densas selvas tropicales y atraviesa pasos elevados bajo picos nevados; nos muestra aldeas primitivas, plantaciones feudales, ruinas mayas, en dos de sus cinco capitales nacionales construcciones modernas más extensas que las que se pueden ver en cualquier ciudad de los Estados Unidos; "ofrece una sección transversal no sólo de la geografía, sino también del tiempo, la latitud y la historia económica".[63]

En acuerdo con el párrafo anterior, la descripción de la carretera estaba completa con los elementos elegidos para un viaje turístico. Las "ruinas mayas", las "selvas tropicales" o "aldeas primitivas" ilustradas a los márgenes de la carretera, condensan el inventario que la UP había conglomerado desde los años veinte. Como muestra la imagen 5, viajeros expertos contratados por la UP añadían este inventario de vistas y espacios – comoficicados – al margen del mapa del istmo y de la carretera. Así, las rutas de extracción y conexión de comercio estaban completadas por las atracciones turísticas.

Al mismo tiempo, esta información estaba en acuerdo con los mismos ítems y elementos que las autoridades nicaragüenses habían elegido para integrarse tanto al proyecto de la Carretera como al mercado de turismo imaginado para ésta. En Nicaragua, el Ministerio de Fomento enviaba informes anuales y, a veces, semestrales, a la Oficina de Carreteras de la UP, rindiendo cuentas del avance y del uso de los fondos para construir la carretera.[64] Dichos informes iban acompañados por los avances en las rutas aéreas que mejoraban y dinamizaban las conexiones entre los países Centroamericanos, y de estos con Estados Unidos y Suramérica.[65]

---

63 "Traveling the New Road to Panama".

64 Véase las copias de las cartas entre el Ministro de Fomento de Nicaragua, Antonio Flores, y E. E. Valentini de la Confederación Panamericana de Educación Vial en: *Boletín de Fomento: órgano del Ministerio de Fomento y Obras Públicas*, año 2, núm. 4, diciembre 1939, 2–5.

65 C. H. Calhoun, "Bargain Trips To Central America: Airlines Are Featuring All-Expense Tours, Excursion Rates", *New York Times*, 5 junio 1949, p. XX34.

Imagen 5: Mapa de la Carretera Panamericana a través de México y Centroamérica, rodeada de todas las vistas, poblaciones y productos de la región. Contraportada del libro: Harry A. Franck y Herbert C. Lanks, 1940, The Pan American highway: from the Rio Grande to the Canal Zone, New York: D. Appleton-Century Company.

Cada avance de la Carretera era cubierto por la prensa, por ejemplo, cuando la Carretera alcanzó la ciudad de Managua, en octubre de 1950.[66] Muchos de los reportes iban acompañados de historias fascinantes sobre viajeros estadounidenses que cruzaban el istmo en ambos sentidos, mediante automóviles, bicicletas, carretas, jeeps anfibios, etc., pero todos coincidían en que era, a pesar de los problemas, una "magnífica experiencia".[67] Según reportes de la Asociación Automovilística, el 84 % de los turistas estadounidenses preferían viajar en automóvil hacia Texas, California, México y Centroamérica.[68] Junto con periódicos estadounidenses de la costa Este, Oeste y la región Central, la cobertura de la Panamericana y la creciente ola de turistas hacia la región fue un tema constante. "Viaje usted por la América del Centro y la del Sur" se

---

66 "Travel Notes: Pan-American Highway Reaches to Managua", *Los Angeles Times*, 22 octubre 1950, p. D9.

67 C.H. Calhoun, "'Detours' To Panama: Great Inter-American Highway Far From A Reality, but Parts Are Magnificent", *New York Times*, 20 julio 1947, p. 11.

68 Roland Goodman, "Central American Nations Unite To Promote Tourism", *New York Times*, 13 mayo 1951, p. 13.

tituló un artículo publicado en 1949, mientras mencionaba los nuevos libros de viaje publicados por la UP, editados por Elizabeth Hastings, sobre El Salvador, Honduras, Nicaragua y Venezuela.[69] Al menos una vez al año los periódicos estadounidenses invitaban a sus ciudadanos a conocer Centroamérica y, en repetidas ocasiones, se le informaba al mismo público el avance, condición y "los nuevos circuitos turísticos" disponibles.[70]

Esto se percibe también en la cantidad de cartas que recibía el consulado estadounidense en Managua, con preguntas referentes a la situación de la carretera y las posibilidades de viajar. "Debido a la guerra en Europa", muchos motoristas se animaron a viajar hacia Centroamérica y pedían información, como fue el caso del Club Automovilístico de Filadelfia, en 1939.[71] También, muchos motociclistas y conductores de auto preguntaron si era posible llegar hasta Panamá, atravesando todo el istmo de Centroamérica.[72] Entre estos entusiastas se destacan Francis Flood y James Wilson, quiénes habían "cruzado África en motocicleta" (viajaron en 1934 y publicaron el libro en 1936) y deseaban aventurarse por Centroamérica, pero habían "escuchado que no era posible porque la carretera no estaba terminada".[73] Sin embargo, el cónsul Bartlett les afirmo que tal viaje, en 1939, era "imposible" y que la carretera de hecho no estaba terminada.[74]

---

69 "Viaje Usted por la América del Centro y la del Sur", *La Prensa* (San Antonio), 23 febrero 1949, p. 2.

70 Las noticias sobre la carretera son muy abundantes entre 1939 y 1955. Una pequeña muestra de los años aquí comprendidos es: "Cruises Travel Tours": Coast Group Will Start Latin-America Tour Nov.1", *Los Angeles Times*, 7 septiembre 1941, p. C8; "New Central American Areas Open: Survey Discloses Strong Bid Made for U. S. Tourists", *Los Angeles Times*, 20 mayo 1951, D7; "Carretera Panamericana", *La Prensa* (San Antonio), 20 febrero 1940, p. 5; Frank L. Kluckhorn, "'Dream Road' To Canal Nearer Reality: President's Plea for Funds to Finish It Raises Hopes of Adventurous Tourists", *New York Times*, 11 mayo 1941, p. 1; Dortia Lamont, "By Car Around The Horn—A Progress Report", *New York Times*, 12 julio 1953, p. 21; Erastus Corning, "On The Isthmus: Easier Motoring Awaits the Traveler Along Central America's Roads", *New York Times*, 12 diciembre 1954, p. 20; "Carretera Panamericana y Nuevos Circuitos Turísticos", *La Prensa* (San Antonio), 18 septiembre 1955, p. 3.

71 "Carta de la American Automobile Touring Alliance (Philadelphia) al consulado estadounidense en Managua", 26 diciembre 1939. NA, RG 84, NND 775091, General Records of the Managua Consulate 1936–1939, caja 14, vol. 19.

72 "Carta de H. Bartlett Wells, Cónsul de los Estados Unidos en Nicaragua a Ardonna Adams", 15 febrero 1939. NA, RG 84, NND 775091, vol. 19, caja 14; "Carta de H. Bartlett Wells a Robert Greaves", 5 enero 1939. Ibid.,

73 "Carta de Francis Flood a H. Bartlett Wells", 20 diciembre 1939. Op. Cit.

74 Sin embargo, Flood había escuchado y hablado con Chester Wallace y dos nicaragüenses, Julio Ramón y Antonio Ruiz, quienes habían logrado el viaje en sentido inverso en 1938. Flood, no convencido por los viajeros, volvió a preguntar al cónsul. Pero este insistió en que no podía confirmar tal información.

¿Cómo era viajar realmente por la Panamericana y sus conexiones en esos años? Las respuestas a esta pregunta esencial se empañan con los intereses económicos y políticos puestos sobre la Carretera. Si bien el Boletín de Fomento y las misiones de ingenieros estadounidenses verificaban el avance de la carretera, en los medios de comunicación que alcanzaban a los turistas la información era contradictoria. En 1941 por ejemplo, lejos que se completara la Carretera o las conexiones con Nicaragua, un reporte de la misma publicado en la prensa lee: “Manejamos de Honduras a Managua, Nicaragua, primero sobre tierra buena, luego grava excelente y finalmente camino pavimentado”.[75]

Una voz un tanto imparcial la ofrece Lilliam Schoedler en 1947, quien cruzó en autobús desde México a Guatemala y, desde ahí, compartió su viaje junto con una pareja de estadounidenses que realizaron el viaje en su propio automóvil. Sobre su experiencia relata lo siguiente:

> Durante más de dos meses, y más de 5,000 millas, viajamos por casi todas las carreteras de Guatemala, El Salvador, Nicaragua, Honduras y Costa Rica. La Carretera Panamericana fue la columna vertebral del viaje, por supuesto, y en su mayor parte proporcionó una carretera adecuada, aunque la sección de Guatemala, como muchas otras carreteras guatemaltecas, estaba llena de los escalones más poco ortodoxos y ciegos, afilados de curvas. Sin embargo, se pueden dar muy pocos informes buenos para las otras carreteras fuera de la vía principal que tomamos en cantidades tan grandes. Puede dar una idea de lo mal que se vestían con frecuencia cuando les digo que gracias a su mal estado y a las instalaciones de servicio limitadas o inadecuadas y los reemplazos de piezas que existen a lo largo de ellos, mis amigos pagaron más de [US]$ 600 por reparaciones y piezas de automóviles ¡Aparte de los gastos de funcionamiento habituales del coche! Solo en una carretera, explotamos tres neumáticos en un solo día. Sin embargo, lo que vimos al final de ese viaje, la emocionante peregrinación nativa al santuario del Cristo Negro en Esquipulas, fue sin duda el punto culminante de todo el viaje. Los albergues, fuera de las carreteras principales (¡y a veces incluso en ellas!) eran a menudo incluso peores que las carreteras, y excepto en los centros más grandes dejaban mucho que desear.[76]

La descripción de Schoedler muestra las posibilidades de viaje en esos años. Si bien la carretera no estaba terminada, sucesos como la peregrinación del Cristo Negro de Esquipulas hacían que valiera la pena los inconvenientes y dificultades. Es de notarse los elementos que Schoedler exige para completar la experiencia, como buenos hoteles y estaciones de servicio. Estos son elementos que configuran las necesidades del viaje turista en automóvil. Por tanto, en los años

75 “By Car Around The Horn”.

76 Carta escrita en navidad 1947, Schoedler, *Lillian Schoedler Collection 1916–1963 1922–1963.*, 1.

cuarenta del siglo veinte, viajar a Centroamérica era una aventura llena de sorpresas y peligros.[77] Algunos naturalistas volvían con frutas que "explotaban" cuando estaban maduras, cuyo valor "los nativos no podían comprender", en las junglas "no tan lejos de la Carretera".[78] Las descripciones demuestran el común acuerdo entre turistas al afirmar que "viajar en automóvil por Centroamérica" era una experiencia reservada "para personas con una afinidad incorporada por las carreteras brutalmente enderezadas y el polvo asfixiante; una larga experiencia en acampar en auto o en llevarse bien con la comida y el alojamiento que tenga a mano; una paciencia infinita con las restricciones fronterizas; y un conocimiento práctico del español básico".[79]

A pesar de las grandes y variadas referencias sobre el viaje a través de Centroamérica, la Carretera Panamericana había logrado su principal propósito a final de los años sesenta: definir el itinerario de viaje para recorrer Centroamérica. El plan ofrecido por viajeros, oficinas de viaje, oficinas nacionales de turismo y la UP comprendían entre 17 y 22 días. El plan de viajes era recomendado, en línea con el proyecto de la UP, a profesores, estudiantes y cualquier "turista poco aventurero".[80] Al turista que viajaba en autobús o automóvil, si tenía tiempo, se le recomendaba viajar de San Salvador a Tegucigalpa. De ahí se hacía la ruta Tegucigalpa-San Marcos. Desde este punto se pasaba la frontera en El Espino y el viaje conectaba San Marcos en Honduras con la ciudad de Somoto en Nicaragua. En Somoto, el turista podía tomar un autobús a Managua.[81]

---

77 "Plucky Pair Will Pedal to Panama", *Los Angeles Times*, 13 abril 1958, p. C12. En esta noticia se muestra a Robert Kisner, estudiante de periodismo que se le había encargado escribir sobre su viaje. Nunca llegó a Panamá debido a una enfermedad y problemas con las autoridades en México. Perdió el contrato publicitario, pero mucho tiempo después su historia en México fue autopublicada, porque "marcó su vida para siembre". Véase: Robert L. Kisner, *Pedaling the Path to Panama* (Lulu: 2012), https://www.lulu.com/de/de/shop/robert-l-kisner/pedaling-the-path-to-panama/paperback/product-1k9wmdqw.html?page=1&pageSize=4. "To Panama On A Motorcycle", *New York Times*, 6 septiembre 1953, p. 13; "Jóvenes Estudiantes Preparan una Jira en Jeep por América Latina", *La Prensa* (San Antonio), 16 octubre 1956, p. 1.

78 "Jungle Yields Treasure: Explorer Returns From Central America With Many Strange Plants", *Los Angeles Times*, 3 mayo 1940, p. A3.

79 Robert R. Brooks, "Roughing It by Car Through Central America", *New York Times*, 23 febrero 1958, p. X33.

80 Ford, *The Fiesta Lands: Through Mexico and Central America on a shoestring*, 8. Esta duración del viaje es diferente a la que registran turistas apenas 5 años antes. Stephens cruzó desde El Salvador hacia Sébaco y luego a Managua, desde donde continuó a Rivas en un total de 3 días sin detenerse: Stephens, *Down That Pan American Highway*, 116. Desde Texas hasta el Canal, su viaje costó US$ 140.14.

81 El contraste entre final de los años cuarenta y mediados de los cincuenta siempre es evidente. En el primero, los buses eran poco regulares, mientras que en los años cincuenta dos empresas realizaban los viajes al menos tres veces a la semana; Sydney Clark también anota que el servicio de buses, tanto

Asimismo, la empresa aérea también era una constante en las noticias. Periódicos en Nicaragua y Estados Unidos celebraron cada apertura de nuevas rutas, cuando se inauguraban nuevas conexiones o servicios, o cuando nuevas aerolíneas bajaban los costos de viaje desde Estados Unidos a América Latina, así como la apertura de nuevas rutas internas como la conexión entre las costas Pacífica y Caribe de Nicaragua.[82] En 1941 el gobierno de Somoza García autorizó junto con el resto de la región la puesta en marcha de las conexiones regionales e internacionales por medio de las empresas TACA y, principalmente, *Pan American Airways.*[83] El preámbulo del decreto subraya la importancia de estas iniciativas para estimular el turismo, como empresa modernizadora en el país. Somoza García afirmó en el acto que era "conveniente a los intereses nacionales el fomento del turismo en Nicaragua" y que era "necesario prestar toda clase de facilidades a los viajeros en tránsito".[84] Así, a ambas aerolíneas se les permitió extender tarjetas de turistas a sus pasajeros para entrar al país, lo cual constituyó una excepción a las leyes de migración estipuladas en 1930 y 1933, como se anotó en el tercer capítulo. En el marco de estas reglamentaciones, el turista estadounidense estaba exento de portar pasaporte y podía permanecer en el país un total de sesenta días. Además, se ahorraba el trámite de obtener permiso de la GN.[85]

En los años cuarenta, el desarrollo de las vías de transporte aéreo fue exponencial, incluso mayor al ferrocarril o a las Carreteras. Los turistas fueron los primeros en notar esto. Como afirma Lillian Schoedler, los países centroamericanos "parecían haber ido directamente desde la edad de la mula a la era del avión".[86]

---

para llegar a Nicaragua como para viajar dentro de Nicaragua había mejorado considerablemente. Clark, *All the best in Central America*, revision supplement to chapter 18. Un itinerario completo hasta Panamá se lee también en: Ford, *The Fiesta Lands: Through Mexico and Central America on a shoestring*, 8; Clark, *All the best in Central America*, 66–68.

82 "Nicaraguan Air Service: Taca Company to Offer Local Service on a Ten-Year Basis", *New York Times*, 14 marzo 1939, p. 9; "Nicaragua Cuts Air Travel Cost", *New York Times*, 23 febrero 1940, p. 7; Diana Rice, "News Notes From Field Of Travel", *New York Times*, 26 agosto 1951, p. 15.

83 Los vuelos de TACA y la historia de la empresa se mencionan en varias guías de viaje, por ejemplo, véase: Hancock, *The Rainbow Republics: Central America*, 37–38; Charles Morrow Wilson, *Central America Challenge and Opportunity*, 247–54.

84 "Autorícese a la Pan-American Airways Inc. Y a la Compañía Nacional 'Taca' para que extiendan tarjetas de turismo", *La Gaceta Diario Oficial*, 28 octubre 1941, p. 2060.

85 La libre circulación se extendió también a los vehículos que entraban en el país con placa o tarjeta turista. Véase: "Decreto Núm. 6, sobre Placas para Vehículos Motorizados", *La Gaceta Diario Oficinal*, 2 febrero 1949, p. 210.

86 Carta de Navidad 1947, s.f. y s.l; Schoedler, *Lillian Schoedler Collection 1916–1963 1922–1963.*, 2 y 4.

4.2.2 Nueva infraestructura de viaje y nuevas tecnologías representacionales.

Una característica de la representación de Centroamérica en tiempos de la política del Buen Vecino ha sido la imagen de las *Banana Republics.* Estudiada exhaustivamente, existe un común acuerdo en catalogar a la región bajo sus parámetros e identificar los usos y consecuencias de esta metáfora inamovible sobre Centroamérica y el Caribe bajo la influencia de sus dictaduras, patrocinadas por Estados Unidos. Desde la publicación de la novela de O. Henry, *Cabbages and Kings* (1904), la influencia de esta imagen ha sido reproducida por escritores y analizada casi en igual medida por la academia centroamericana. Las *Banana Republics* crearon una cadena de equivalencias articulada mediante cinco significantes principales que englobaron la realidad política, económica y cultural de Centroamérica. De manera verosímil, el "trópico, infierno y paraíso" iba atado a las "razas", ambas características determinadas por una estructura colonial demarcada por conquistadores, caudillos, filibusteros y dictadores.[87] En última instancia, el auge de esta representación se argumenta en conjunto con el establecimiento de la diplomacia cultural iniciada por la política del Buen Vecino, la cual, en Centroamérica, se denomina usualmente como la política del "vecino indiferente".[88]

En añadidura a esta representación dominante de la realidad económica, política y cultural de Centroamérica, el discurso turista impulsado durante los mismos años en Nicaragua se concentró en promover el país como la "tierra de lagos y volcanes". En el nivel de discurso identitario, dicha representación caló hondo en las representaciones del país y el carácter de su población. Esta representación también muestra el esfuerzo conjunto de las instituciones estadounidenses y nicaragüenses por responder a las formas estereotipadas de las *Banana Republics* que se venían desarrollando, y es decidora de la forma en que somocismo y el panamericanismo comprendieron el turismo como comercio exterior. Sobre todo, en este y el siguiente acápite, se propone también leer la representación de *Banana Republic* como el producto de la forma de viajar por Centroamérica a inicios del siglo veinte, mediante botes y vapores de Este a Oeste. La nueva infraestructura de viaje provista por la Carretera Panamericana y las compañías aéreas, ensambladas con la nueva técnica cinematográfica de representar el paisaje, los recursos y las poblaciones, promovió una imagen más acorde a la política del Buen Vecino.

87 Pérez Brignoli, *Historia global de América Latina*, 453–55; Héctor Pérez Brignoli, "Las plantaciones bananeras como archipiélagos globales: visiones desde América Latina y el Caribe", en *Worldwide - Archipiélagos de la globalización: A Trans Area Symposium*, eds. Ottmar Ette y Gesine Müller (Madrid: Iberoamericana, 2012), 305; Ileana Rodríguez, *Hombres de empresa, saber y poder en Centroamérica*, 37.

88 Pérez Brignoli, *Historia global de América Latina*, 466.

En términos generales, seguir la construcción de la Nicaragua como "tierra de lagos y volcanes" demuestra la forma en que la infraestructura de viaje fue acompañada por la gran máquina representacional estadounidense sobre América Latina. En las décadas de los años veinte y treinta, como se afirmó en la primera parte, Estados Unidos ya había acumulado un gran material de información en cuanto a textos, imágenes y sonidos para comprender y representar a América Latina. Mas la producción de la industria cultural estadounidense se encontraba con una recepción crítica por parte de las audiencias latinoamericanas, particularmente de las clases letradas e intelectuales.

El film de Frank Capra que retrató a Sandino como un salvaje fue duramente criticado tanto por el líder guerrillero como por la prensa local, así como el primer artículo de *National Geographic* provocó la ira de la pluma del poeta Coronel Urtecho. La misma suerte corrió la película de 1940, *The Marines Fly High*, la cual el periodista Onofre Guevara calificó de "mala", "muy al estilo películas B de Hollywood, comenzando con que su ambientación no se asemeja nada al paisaje urbano ni rural de ningún pueblo norteño de Nicaragua".[89] Pero dichas representaciones de Nicaragua cambiaron consecuentemente durante la segunda guerra mundial y la política del Buen Vecino promovida por Roosevelt.

Una de las primeras medidas de tal política fue invitar a un grupo de jóvenes latinoamericanos a reunirse en Nueva York para debatir el tema de la representación de sus países por parte de la industria del cine estadounidense. Entre los estudiantes, María Josefina Somarriba y Jeremías Palomo Cardenal representaron a Nicaragua, gracias al patrocinio de la OIAA. El periódico *La Prensa* reportó en 1941 sobre esta reunión:

> Un grupo de estudiantes de Hispanoamérica se unió hace poco en Nueva York y han organizado un comité para ver de conseguir que cese en Hollywood el argumento que presentan a los países de habla española en América, como atrasados, donde predomina el bandidaje, la miseria y la corrupción.
>
> El espectador norteamericano toma esas escenas como reales y siente un cuasi desprecio por el latinoamericano a quien siempre le toca el papel de villano, de traidor, de mal agradecido, sucio, cochino, perezoso, miserable y la mar.[90]

América Latina participó activamente en los cambios de las representaciones de los países del continente por parte de los Estados Unidos. La preocupación sobre la representación de los países del continente, elaboradas por la industria cinematográfica estadounidense, fue un elemento central en la negociación sobre las políticas del turismo en el mundo de posguerra. Desde las primeras reuniones interamericanas de turismo se formaron comisiones y se redactaron actas

---

89 Onofre Guevara citado en: Karly Gaitán Morales, *A la conquista de un sueño*, 107.

90 *La Prensa*, febrero 1941, citado en: Ibid., 110.

exclusivas para reclamar por la representación de los países de América Latina en las películas estadounidenses. En esta línea, el acta final del Primer Congreso Interamericano de Directores de Turismo e Inmigración incluyó un reconocimiento de la situación y una resolución formal sobre el tema. El acta especificó que existía una "impresión errónea" inculcada "en las mentes de las casas productoras de películas respecto a la presentación" de las "bellezas naturales y costumbres típicas, (...) alejadas de la realidad", lo cual actuaba en "positivo perjuicio" del turismo y de los esfuerzos por promoverlo por parte de los países latinoamericanos.[91] La resolución de la misma acta instó a documentar y establecer parámetros para las películas con imágenes de la región y a censurar "todas las películas cinematográficas que desfiguren nuestros lugares de turismo, costumbres típicas o cualquier otro aspecto de la vida nacional de nuestros países".[92]

Uno de los efectos de esta conferencia fue la consulta directa por parte de las casas editoriales a las oficinas e instituciones de turismo de cada país. En la tercera y renovada edición de *The New World Guides*, los editores resaltaron que el "cambio en las actitudes de los norteamericanos hacia América Latina" hacía necesaria la reedición, sobre todo en cuanto a la noción de que los países de "Centro y América Latina son 'países atrasados'".[93] La JNT de turismo fue consultada particularmente por Charles Palmer para actualizar la información sobre Nicaragua. El volumen actualizó las formas de ingresar o de llegar al país, resaltando las facilidades que en 1950 significaban las aerolíneas y la Carretera Panamericana. Sobre todo, la información también resaltó los avances en la salud y en la reconstrucción de Managua (después del terremoto de 1931). Estos eran favorables tanto para mostrar los resultados de los programas de desarrollo financiados por los Estados Unidos, como para reforzar la representación de Nicaragua de ser un país en expansión económica. Managua en dicha guía, era una "capital moderna" con edificios "recién construidos" que había dejado atrás los efectos del terremoto de 1931.[94]

Los viajeros enviados por la UP a Centroamérica tomaron en cuenta estos parámetros y solicitaron dicha información actualizada a las instituciones nicaragüenses. A su vez, en sus escritos expresaron su convicción por promocionar las relaciones culturales en los medios de comunicación como formas de incentivar el comercio y la economía entre Estados Unidos y

---

91 *Primer Congreso Interamericano de Directores de Turismo e Inmigración: Acta Final* (Panamá: Imprenta Nacional, 1947), 35–36.

92 Op. Cit.

93 Earl Parker Hanson, Charlotte Leeper Hanson, y Mary C. Mahoney, *Latin American Republics: Mexico, Central America and the West Indies*, 3a ed., vol. 1, The New World Guides (New York: Duell, Sloan and Pearce, 1950), 15.

94 Charles Palmer, "Nicaragua", en *Latin American Republics: Mexico, Central America and the West Indies*, 20; Morrow Wilson, *Central America Challenge and Opportunity*, 71; Hancock, *The Rainbow Republics: Central America*, 90.

las repúblicas centroamericanas. En cuanto a los requerimientos de información tomando en cuenta los lineamientos de Rockefeller, por ejemplo, en diciembre de 1939, el escritor, fotógrafo y "vagabundo de profesión" Herbert C. Lanks solicitó fotografías para acompañar su guía de viaje por Centroamérica, e hizo hincapié en la importancia de las imágenes para llamar la atención sobre la importancia de las relaciones culturales.

Lanks ostentaba el título oficial de ser un *"Pan American Highway Lecturer"*. Al escribir la carta hacia el consulado estadounidense en Managua, faltaba un mes para la impresión de su libro sobre México y Centroamérica, vistos desde la Carretera Panamericana. La información e imágenes las había recopilado en dos viajes realizados en los veranos de 1938 y 1939. Por mala suerte, en estos viajes solo había capturado imágenes a color, pero la oficina de la UP en Washington le pidió imágenes en blanco y negro. Desesperado, le escribió al cónsul con el objetivo de comprar fotografías que cumpliesen con los requisitos de la publicación de manera que se lograra "propagandarizar los lugares y la carretera". Sus instrucciones eran: "fotografías representativas de Nicaragua". Con esto se refería a "fotografías escénicas excepcionales" o fotos de "primer plano, acercamientos de las personas y sus costumbres".[95] Libros y guías de viaje, como ésta redactada por Harry Frank y Herbert Lanks merecieron la atención y crítica de los periódicos en Estados Unidos. En las entrevistas, sus autores aprovecharon para reforzar los principios de la política del Buen Vecino, en el sentido que reproducían la importancia del turismo para el comercio exterior de los Estados Unidos.[96] En cuanto al beneficio de las relaciones culturales para el comercio y la economía, el escritor de una guía de viajes sobre Centroamérica, Charles Morrow Wilson, afirma en una entrevista:

> Sin duda, las relaciones culturales constituyen una ambición admirable en lo que a ellos respecta. Los viajes y los libros que invitan a viajar pueden ser amables y amigables, o al revés. En cualquier caso, las relaciones culturales con lo que Charles Morrow Wilson llama "Centroamérica" necesitan el "refuerzo de relaciones comerciales compatibles", si así lo expresan. Hoy, América Central mira a los Estados Unidos "con renovado entusiasmo por conocer y comprender", pero también con un apremiante afán de comerciar y de progresar por medio del comercio.[97]

---

95 "Carta de Herbert C. Lanks al Consulado de los Estados Unidos en Managua", 27 diciembre 1939. NA, RG 84, NND 775091, caja 14, vol. 19. Ninguna de las fotos que se encuentra en el libro de Franck y Lanks da crédito a la JNT o a un fotógrafo nicaragüense.

96 La entrevista a Lanks aparece en: "Traveling the New Road to Panama".

97 "Miscellaneous Brief: Central America: Challenge and Opportunity by Charles Morrow", 11 mayo 1941, *New York Times*, p. B12.

La afirmación de Wilson muestra que el mismo viajero y escritor de narrativas de viaje reproducía el discurso sobre la relación entre turismo y comercio exterior entendido este dentro de la centralidad de las relaciones culturales en la política exterior del Buen Vecino. Discurso que se filtró y se estableció en los organismos e instituciones en Nicaragua. Como se mostró en el inciso anterior, la promoción del viaje hacia América Latina combinó el trabajo de la OIAA con la UP, el Departamento de Estados y las empresas privadas con intereses en la región, como Pan Am y UFCO. También requirió del trabajo de estadounidenses residentes en los países, empresas privadas y, por encima de estos, de los gobiernos locales. Los Comités de Coordinación Centroamericanos auspiciados por la OIAA se establecieron entre el 13 de junio y el 13 de julio de 1942, con el fin de promocionar la causa de los Estados Unidos en la Segunda Guerra. En Nicaragua particularmente, el Comité no tuvo que realizar mayores esfuerzos para dar a conocer las actividades del ejército estadounidense en Europa y el Pacífico.[98]

La radio y el cine ocuparon un lugar primordial en la propaganda de guerra dirigida a Nicaragua. Según el Comité, estos medios tenían mayor alcance en una población "mayoritariamente analfabeta", a pesar que no había tantos cines o radios en el país.[99] La cercanía del régimen de Somoza García con los Estados Unidos se destacaba en la facilitación de los canales para publicar las revistas de la OIAA, *En Guardia* y el *Boletín de Noticias Latinoamericanas*. Entre muchas otras actividades, el Comité en Nicaragua organizó la proyección de películas, construcción de una "biblioteca norteamericana", la construcción de "colegios americanos" y cursos de inglés por radio y en escuelas. También financió la estadía de un mes en los Estados Unidos del poeta, mayor y gerente de la JNT, Luis Felipe Hidalgo.[100] Producto de su estadía, fue la publicación de los libros *U. S. A. Tierra de Libertad* y *Estrella del Norte*.[101] Hidalgo también

---

98 Thomas M. Leonard, "The OIAA in Central America: The Coordination Committees at Work", en *¡Américas unidas! Nelson A. Rockefeller's Office of Inter-American Affairs (1940–46)*, eds. Gisela Cramer y Ursula Prutsch (Madrid; Frankfurt: Iberoamericana Vervuert, 2012), 286. Según Leonard, el Comité en Nicaragua estuvo integrado por: Mayor Thomas G. Downing, recaudador adjunto de Aduanas; Donald Spencer, propietario de la mina La India y residente en Nicaragua; Richard Frizell, corresponsal de *Associated Press* en Nicaragua durante catorce años antes de unirse a *Pan American Airways*; La Sra. Courtney Bixby, administradora del Hospital Bautista local; S. J. Calvert, propietario de la Compañía Tabacalera de Nicaragua; y E. R. McGuire, residente de León. Harold Becklin, dueño del Gran Hotel de Managua y operador de varias salas de cine en todo el país, se incorporó al comité un año después de su organización.

99 Ibid., 299. Según este autor, en Nicaragua habían "28,000 butacas en cines, 6,000 sets de radio, 1,510 vehículos a motor, 1,510 teléfonos", Op. Cit.

100 Op. Cit.

101 Luis Felipe Hidalgo, *Estrella del norte*, (México: PAX, s/f). No se ha encontrado copia de *U. S.A Tierra de Libertad*.

participó regularmente en los programas de la Radio Panamericana, donde "exaltaba la participación de las fuerzas estadounidenses en la guerra".[102]

Los años de guerra en Europa imbricaron los esfuerzos de la JNT, la UP y el Comité de Coordinación en Nicaragua.[103] El Mayor Thomas G. Downing, presidente del Comité y, al mismo tiempo, recaudador de aduanas de Nicaragua, mantuvo contacto regular tanto con la oficina central de la OIAA en Washington D. C., como varias oficinas y comités interamericanos en distintas ciudades de los Estados Unidos.[104] Downing y la JNT se concentraron en contestar los cuestionarios, enviar información y guías de turismo e inversión, además de literatura y libros de historia, a todas las oficinas y comités en Estados Unidos.[105]

La OIAA comunicó directamente a cada uno de sus comités los lineamientos para proveer información sobre sus países. En base a la articulación entre información, economía y cultura, se les recomendaba mantener estas ideas en mente al estructurar los reportes sobre, por ejemplo, Nicaragua:

> Se dan cuenta de que el mayor aprovechamiento por parte de cada una de las Repúblicas Americanas de sus propios recursos naturales y el libre flujo del comercio entre todos y cada uno de los países, son asuntos de gran importancia en sus economías nacionales.
>
> Se reconoce que un inventario completo de los recursos naturales en cada país es esencial para la determinación de un desarrollo industrial ventajoso y bien equilibrado, y se

102 Leonard, "The OIAA in Central America: The Coordination Committees at Work", 300.

103 Cabe anotar que, si bien en la correspondencia siempre se refieren a la división en Nicaragua como el "Comité de Coordinación", la oficina prefirió utilizar a nivel nacional el título de "Comité de Ciudadanos de Estados Unidos de América".

104 La oficina del Comité Interamericano en Detroit estuvo especialmente interesada en intercambiar información para promover los viajes y negocios entre este Estados Unidos y Nicaragua, y viceversa: "Cartas entre Lawrence Good, Comité de Coordinación Interamericana en Detroit y Rodolfo Rivera, secretario ejecutivo de la división regional OIAA", 28 agosto y 3 noviembre 1945. NA, RG 229, entry 115: Records of the Department of Information Regional Division Coordination Committee for Nicaragua, General Records, code 795087, caja 1423.

105 Por ejemplo, Downing y la JNT proveyeron la información para la sección sobre Nicaragua en la guía compilada por Robert Hilton titulada "Who's who in Latin America". "Carta de Kenneth Holland, Vicepresidente de la Fundación Interamericana de Educación, a Thomas Downing, 25 septiembre 1944. NA, RG 229, entry 115, code 795087, caja 1422. Véase el envío de literatura y guías sobre Nicaragua a la Biblioteca Pública de Nueva York: "Carta de Rodolfo Rivera, secretario ejecutivo de la Embajada de los Estados Unidos en Managua, a J. R. Fall, jefe de adquisiciones de la biblioteca pública de Nueva York", 22 octubre y 23 noviembre 1945. NA, RG 229, entry 115, code 795087, caja 1423.

> debe facilitar en la mayor medida posible el uso de la experiencia técnica y el capital de los países más avanzados.[106]

La cita anterior muestra la cercanía entre definir el turismo como comercio exterior, pero este comercio, a su vez, es definido por el inventario de recursos naturales expuesto a los Estados Unidos para atraer inversiones. Dichos inventarios fueron los principales insumos para empujar la finalización de la Carretera, una vez terminada la guerra. Al finalizar la Segunda Guerra en 1945, el Comité en Nicaragua también cerró la propaganda de guerra, principal fuente de patrocinio para varios periódicos y radios del país. En su lugar, Harold Becklin, en conjunto con Rodolfo Rivera, secretario ejecutivo de la OIAA, junto a Downing, prepararon la selección de jóvenes estudiantes nicaragüenses para ir a los Estados Unidos con el propósito de estudiar el sistema de carreteras. Al regresar a Nicaragua, esperaban los funcionarios de la OIAA, los jóvenes implementarían sus conocimientos y, sobre todo, "obtendrían maquinaria americana [estadounidense]" mediante las facilidades que los próximos proyectos deberían establecer.[107]

Becklin estuvo encargado de redactar el documento "Oportunidades para las empresas americanas en Nicaragua". A sugerencia del mismo autor, se le cambió por el nombre "más apropiado" de "La necesidad de propaganda americanista en tiempos de paz en Nicaragua".[108] En la correspondencia entre Downing y John Akin, director de la división regional de la OIAA, se menciona que el informe fue presentado en Nueva York en el *Export Managers Club*. También, que el informe detallaba las oportunidades de inversión en madera, café, caucho, bananos y minería, al mismo tiempo que detallaba la forma en que la Carretera Panamericana y la carretera al Rama – prometida por Roosevelt a Somoza – conectarían los productos con los puertos.[109]

En general, al cerrarse la oficina en Managua, sus autoridades compartían la idea que tanto Lack y compañía expresaban en Estados Unidos. En tiempos de paz, las relaciones culturales entre ambas naciones debían encaminarse al desarrollo económico. Entre muchas de las opciones postuladas, una de las ideas centrales era propiciar encuentros entre "americanos y latinoamericanos", en especial de hombres de negocios, a través de viajes o conferencias. El papel

---

[106] Inter-American Development Commission, "Descriptive Memorandum", 1[ero] julio 1943. NA, RG 229, entry 115, code 795087, caja 1410, folder 30; "Carta de Philip Raine a Thomas Downing", 23 julio 1943.

[107] "Minutas de reuniones de la Oficina de Asuntos Interamericanos en Managua", 18 mayo 1945. NA, RG 229, entry 115, code 795087, caja 1428, folder 800.2.

[108] "Minutas de reuniones de la Oficina de Asuntos Interamericanos en Managua", 27 junio 1945, Ibid.

[109] "Carta de John Akin, director regional de división OIAA a el Mayor Thomas G. Downing, presidente del Comité de Coordinación por Nicaragua", 30 julio 1945, Ibid.

a desempeñar por parte de las instituciones, como la UP o la JNT en Nicaragua, era de proveer la información y la infraestructura para facilitar dichos encuentros.[110]

Consecuentemente, el último acto de la OIAA y el Comité Coordinador en Managua fue poner en contacto con las autoridades al enviado de la UP para promover la formación de clubes automovilísticos en Centroamérica e implementar el convenio panamericano de tráfico y regulación de automóviles. Francisco Banda, enviado por la UP, viajó por Centroamérica entre 1945 y 1946 para promover las iniciativas mencionadas. Thomas Downing actuó en conjunto con la embajada estadounidense, el Ministerio de Fomento y la JNT para organizar el recibimiento e itinerario de Banda en Nicaragua.[111]

Banda, al igual que el Ministro de Fomento, Francisco Sánchez, consideraron un éxito su gira, ya que logró establecer el Club de Automóviles en Nicaragua.[112] Parte de los clubs a nivel continental ideados para "intensificar el turismo hacia Centroamérica".[113] En la prensa nacional, empero, se mencionó que el evento de Banda atrajo "muy poca concurrencia", a pesar de lo "interesante del tema".[114] Muchos empresarios y productores nicaragüenses, miembros de la Cámara de Industria y Comercio, al igual que los funcionarios de gobierno, todavía no mostraban mayor interés en la promoción y desarrollo del turismo en Nicaragua.

Entre 1941 y 1943, la JNT y el Comité por Nicaragua también recibieron a los empresarios, funcionarios y artistas, entre otros, que visitaron el país.[115] En particular, recibieron a

---

[110] "Carta de la junta directiva del Comité de Coordinación en Nicaragua a Rodolfo Rivera", 27 julio 1945, NA, RG 229, entry 115, code 795087, caja 1423; "Carta de Marie-Louise Ralph, secretaria ejecutiva en acciones por el Comité de Coordinación en Nicaragua [debido a la ausencia de Thomas Downing], a Wallace K. Harrison director de la OIAA y John Akin director regional de división", 12 julio 1945. Ibid.

[111] "Carta de M.E. Gilmore, Director en acciones por el Departamento de Transporte y Desarrollo Económico, a Thomas G. Downing", 13 julio 1945, Ibid.

[112] "Carta de Francisco Sánchez, Ministro de Fomento a Francisco Hernández, Jefe de la Oficina de Turismo de la Unión Panamericana", Managua 19 marzo 1946. Columbus Memorial Library. Archive. Folder 106: Tourism.

[113] "Plan para intensificar el turismo panamericano", *La Prensa* (San Antonio), 2 marzo 1947, p. 3.

[114] "Objetivos del viaje del Dr. Francisco Banda", *La Nueva Prensa*, 9 mayo 1946, p. 1; "Se fundó un Club Automovilístico", *La Nueva Prensa*, 14 mayo 1946, p. 1; "Representante de 'American Automovile' de Washington visita países de Centroamérica", *Novedades*, 9 mayo 1946, p. 1. Véase también *La Noticia* del 10 y 15 de mayo de 1946.

[115] Por ejemplo, la visita de Paul M. McMahon del *Milwaukee Journal*, "Carta de Nelson J. Riley, ejecutivo asistente del departamento de prensa y publicaciones, a Thomas G. Downing", 18 septiembre 1945. NA, RG 229, entry 115, code 795087, caja 1423. Otro ejemplo es la visita de William Brister de la División de Transporte de la OIAA, quien visitó Nicaragua en su viaje para investigar sobre las maderas encontradas en el istmo que fuesen útiles para la construcción de barcos. "Carta de Philip H. Watts, director en acciones de la División Regional OIAA, a Thomas Downing" 26 junio 1942. NA, RG 229, entry 115, code 795087, caja 1409.

los funcionarios que llevaron a cabo la observación, mapeo e inventario de la Carretera Panamericana.[116] Igualmente, entre las personas que visitaron el país en los años de guerra se destaca la llegada a Nicaragua en 1943 del cineasta y escritor de la *National Geographic*, Luis Marden.[117] El cineasta fue enviado con algunas direcciones específicas: filmar la producción de caucho y madera, y materiales para la industria de guerra. En Nicaragua, Downing y la JNT de turismo lo llevaron a filmar los lagos y volcanes, además de las ciudades coloniales.[118] También, la JNT organizó una sesión de video y fotos con dos modelos nicaragüenses.

Como se anotó anteriormente, en la década de los años cuarenta, el cine conformaba un elemento central en las políticas del Buen Vecino y de los intereses de la UP por promocionar amistosamente la visita a los países latinoamericanos por parte de estadounidenses. Si de "máquina representacional" se trata, la UP contenía para 1944, un total de "ochenta películas" en 35 mm, que podían ser distribuidas por todo el país a los clubes automovilísticos y círculos de amistad con los países latinoamericanos.[119] La película de Marden se encontraba en los archivos de la División de Películas (Motion Picture División) de la OIAA. Gracias a la organización del Comité en Nicaragua, una copia de la película fue enviada a Managua en 1944, donde provocó conmoción.[120]

En 1944, miembros de la prensa, personas de la alta sociedad, y Somoza García, recibieron una invitación formal por parte de la Embajada de los Estados Unidos en Managua para ver por primera vez la película "*'Nicaragua: Land of Fire and Water', a portrait of Nicaragua in colors*" (Nicaragua: Tierra de fuego y agua, un retrato a colores de Nicaragua), la cual fue proyectada en la azotea de la embajada estadounidense. Las personas que asistieron al evento, el 10 de octubre de 1944, expresaron múltiples elogios sobre la película.[121] El reporte de la embajada

---

[116] "Carta de Philip Raine, Sección de Nicaragua en la División Regional OIAA, a Thomas Downing", 15 abril 1943. NA, RG 229, entry 115, code 795087, caja 1411.

[117] "Carta de William W. Marvel, secretario ejecutivo del Comité de Coordinación en Nicaragua, a Nelson Rockefeller, Coordinador General de Asuntos Interamericanos", 12 mayo 1944. NA, RG 229, entry 115, code 795087, caja 1421.

[118] Marden utilizó los aviones de la Fuerza Aérea Nicaragüense, del Cuerpo de Ingenieros del Ejército de los Estados Unidos y de la empresa TACA.

[119] Pan American Union, *Documentary Material for the Good Neighbor Tour: An imaginary visit to the republics of Latin America*, vol. 1, Introductory program – source material (Washington, D. C.: Pan American Union, 1943), 24.

[120] "Carta de Francis Alstock, Director del departamento de películas, a S.J. Calvert, director en funciones del Comité de Coordinación en Nicaragua", 30 junio 1944. NA, RG 229, entry 115, code 795087, caja 1421.

[121] Según la lista de invitados, las primeras personas en ver la película fueron, además de Somoza y el personal de la embajada y del Comité de Coordinación en Nicaragua: María Teresa Sánchez, J. Francisco Tijerino, Gustavo Adolfo Ortega, Rafael Gallardo, Alberto Ibarra, Lino González, Ernesto Matamoros, César Vivas, Cristóbal Ortiz, Luis Manuel Debayle y Juan Aurelio Cuadra.

describe que el mismo Somoza García tomó el micrófono para relatar y explicar las imágenes que se mostraban, porque "él mismo había viajado por los lugares que se mostraban en el film", además de aparecer Somoza mismo en la película, junto a su esposa y primera dama, Margarita Debayle.[122]

La película y el texto de Marden, cuyo nombre en el artículo se cambió a "Nicaragua: Tierra de Lagos y Volcanes" – como se presentó a su vez en español – hacían gala de las "buenas relaciones" entre la Nicaragua bajo el mando de Somoza y los Estados Unidos. La primera escena de la película de Marden comprende dos mujeres sonrientes mirando a la cámara. Vestidas en el "traje típico" – güipil – nicaragüense, las dos muchachas invitan a ver Nicaragua. La película muestra tomas aéreas del Lago Cocibolca y sus volcanes, entre ellos el famoso Momotombo. Sigue la pesca de tiburones y peces sierra en el lago, y muestra como tanto pescadores nacionales como los miembros del cuerpo de ingeniería del ejército estadounidense realizaban esta actividad. La cámara sigue luego a la laguna de Masaya y se concentra en las mujeres que lavan ropa junto a sus hijos que juegan desnudos en el agua. En las ciudades coloniales, como Granada y León, hombres de negocios se encuentran para hacer negocios y cerrar contratos. Marden viaja a continuación hacia el Caribe y muestra la producción maderera y de caucho en el país. La cámara se concentra en los hombres que suben y cortan los árboles de caucho y en mostrar la calidad del producto. En las últimas escenas, la cámara sigue algunos monos en los árboles y se despide con un atardecer sobre el lago y los volcanes al fondo.

Como se mostró en la primera parte, Marden reproduce el mundo de imágenes dominante sobre Nicaragua. Los temas e imágenes de ambos, film y artículo, se concentraron en mostrar al país y sus paisajes, en aras de promover las buenas relaciones, mostrar productos importantes para la causa de la guerra y, finalmente, afianzar la buena imagen de Somoza para atraer inversiones y turistas a un país que ahora parecía "seguro". Cabe mencionar que la película de Marden fue un éxito rotundo en el país. Luego de contar con la aprobación de la presidencia, la película fue exhibida en las salas de cine nacionales con el mismo resultado. El día seleccionado para la premier era simbólico, el 12 de octubre, día del aniversario de la llegada de Cristóbal Colón a América. Esa fue precisamente la intención del Comité en Nicaragua, que valoraba el significado de mostrar el film.[123] El público en general y los medios de comunicación pedían que la película se exhibiera una y otra vez. Muchas veces, se mencionaba en la prensa la emoción

---

122 "Carta de William W. Marvel Secretario Ejecutivo del Comité de Coordinación para Nicaragua, a Nelson Rockefeller", 12 mayo 1944, NA, RG 229, entry 115, code 795087, caja 1421. Existe una copia de la película en los Archivos Nacionales de los Estados Unidos. Consultar la siguiente referencia o seguir el link provisto aquí: NA, RG 306: Records of the U. S. Information Agency, 1900 – 2003 Series: Moving Images Relating to U. S. Domestic and International Activities, 1982–1999. Núm.: NC3-306-77-7. Link: https://catalog.archives.gov/id/49615.

123 "Minuta de la reunión del 4 de octubre 1944". NA, RG 229, entry 115, code 795087, caja 1421.

de las personas al "poder ver su país por primera vez".[124] Clubs, cines y teatros en Granada y León, entre otros, pidieron copias al Comité de Coordinación en Nicaragua, y proyectaron la película con resultados similares.[125] Gilbert Grosvenor afirmó que la película también había sido recibida con mucho entusiasmo en los Estados Unidos. En su carta a Rodolfo Rivera, secretario ejecutivo de la embajada de Estados Unidos en Nicaragua, Grosvenor compartió a Rivera que estaba seguro que, "una vez terminada la guerra", muchos estadounidenses "quienes vieron la película desearán ir a visitar su país [Nicaragua] y ver las cosas y lugares mostrados de primera mano".[126]

La influencia de los Estados Unidos tanto en el turismo como en la cinematografía centroamericana fue evidente en la primera mitad del siglo veinte. Como afirma la historiadora del cine centroamericano, María Lourdes Cortés, "con la presencia estadounidense en lo político y con la mágica ilusión del cinematógrafo en lo cultural" ambos elementos se "imbricarían y la 'intervención cultural' del cine de los Estados Unidos realizaría un trabajo más profundo al definir los modelos y los patrones de conducta de los centroamericanos".[127] También, la película de Marden es vivo ejemplo de lo que Cortés argumenta sobre el cine en Centroamérica, en cuanto "mostró desde inicios del siglo pasado", "la importancia que tendría el cinematógrafo en la formación de una identidad nacional, al servir – si bien de manera esporádica – como espejo de la sociedad, especialmente de las clases altas".[128] Ana María López argumenta, en acuerdo con Cortés, los usos del cine para afianzar los discursos identitarios en América Latina, en la primera mitad del siglo veinte. El cine, afirma López, "se utilizó en beneficio de la comunidad nacional imaginada, para negociar (…) los dilemas de una modernidad precariamente equilibrada entre tradiciones indígenas e influencias extranjeras, entre aspiraciones nacionalistas y deseos internacionalistas".[129]

---

[124] "Pedimos que se corra de nuevo la película 'Nicaragua, tierra de lagos y volcanes'", *La Noticia*, 14 octubre 1944, p. 2.

[125] Véase por ejemplo los pedidos del Teatro Gonzáles y del Club de Leones de la Ciudad de León. "Carta de William Gaudet, secretario ejecutivo del club de leones, a Rodolfo Rivera", 22 noviembre 1944. NA, RG 229, entry 115, code 795087, caja 1421. En la "minuta de la reunión del Comité de Coordinación de Nicaragua", fechada el 25 octubre de 1944, se menciona que todos los teatros y clubes reportaban que no podían "mantener a las audiencias afuera", porque rebasaban la capacidad de los lugares: Op. Cit.

[126] "Carta de Gilbert Grosvenor a Rodolfo Rivera", 6 diciembre 1944. NA, RG 229, entry 115, code 795087, caja 1421.

[127] María Lourdes Cortés, *La pantalla rota: cien años de cine en Centroamérica* (La Habana: Fondo Editorial Casa de las Américas, 2007), 33.

[128] Ibid., 39.

[129] Ana M. López, "Early Cinema and Modernity in Latin America", *Cinema Journal* 40, núm. 1 (Autumn de 2000): 61.

"Nicaragua: tierra de lagos y volcanes" muestra precisamente estos usos del cine para reforzar un discurso identitario decidor de la comunidad imaginada nacional. Dos años después, la película fue proyectada otra vez en el marco de la celebración del centenario de la ciudad de Managua, entre el 24 y 25 de julio de 1946. Las celebraciones culminaron con "la exhibición de varias películas que brindó la Sección de Relaciones Culturales de la Embajada de Estados Unidos, entre ellas la filmada en colores en nuestro país que se titula: 'Nicaragua tierra de Lagos y Volcanes'".[130] De esta manera, la National Geographic, la política del Buen Vecino, la UP y OIAA, junto con la representación de Somoza y sus buenas relaciones con los Estados Unidos, se anudan en el film de Marden, entrelazando la dictadura militar en Nicaragua a los nuevos circuitos internacionales de producción, inversión y comercio.

Por tanto, la película de Marden iba en línea con la tendencia regional de los años cuarenta y cincuenta. Cortés señala que el predominio de la producción cinematográfica en esta época estuvo a la orden de los dictadores de turno en la región. Esta "producción oficialista" mostraba a los países a través del lente y discurso que los dictadores querían exponer, incluyendo filmes promocionales de turismo. En sus inicios, gracias a las relaciones entre Benito Mussolini y Somoza, el dictador recibió un "consejo cinematográfico", al recibir en Nicaragua a "dos técnicos de cine conocidos como Cariari y Vittorini".[131] Luego que Somoza se alineó con los Estados Unidos y declaró la guerra a Alemania, Italia y Japón, la producción de los filmes comerciales pasó a manos del cineasta argentino Leo Aníbal Rubens, Marden y Charles Perry Weimer.[132]

Muy interesado en obtener material fílmico e imágenes para promover su gobierno, Somoza recomendó financiar otra producción impulsada por la UP y las empresas cinematográficas en los Estados Unidos. Por estos motivos, el régimen cofinanció, mediante el Ministerio de Hacienda, la producción del cineasta y fotógrafo Perry Weimer, El cineasta, en "tránsito por Nicaragua" durante un mes, filmó bajo órdenes de la UP y Somoza:

> escenas de la vida nacional costumbrista, desenvolvimiento social, comercio, negocios en general, productos, agricultura, industrias, bellezas arquitectónicas y decorativas, tramos de la Carretera Interamericana [Panamericana], carreteras nacionales, obras de progreso del Gobierno, Edificios Públicos, desfiles escolares, bellezas naturales, atracciones para el turismo, fiestas patrias, hospitales, escuelas, etc., y todo lo que en general muestre el desenvolvimiento cultural y social de la Nación.[133]

130 "Fueron un éxito las fiestas del Centenario", *La Prensa*, 26 julio 1946, pp. 1 y 4.

131 Gaitán Morales, *A la conquista de un sueño*, 102.

132 Cortés, *La pantalla rota*, 53–54.

133 "Nº 79", *La Gaceta Diario Oficial*, 23 marzo 1945, p. 612.

Según los términos del contrato, Weimer también se comprometía a entregar la película al gobierno de los Estados Unidos en junio (1945), y a vender los derechos de las imágenes al gobierno de Nicaragua, previo acuerdo de precios, en caso que el gobierno lo solicitase para utilizar dichas imágenes en "oficinas de información, agencias de aviación, vapores, etc.".[134] Según la información recogida por la OIAA, las dos películas que filmó Weimer, *The Cavalcade of South America* y *Cavalcade of Central America, Mexico and Islands*, fueron un éxito rotundo en los Estados Unidos.[135] La película fue proyectada a lo largo del territorio estadounidense, en Nueva York, San Francisco, Detroit, San Louis y Springfield, entre otras ciudades. En todas estas exhibiciones, se hacía referencia a la expectativa de que las imágenes sorprendentes y pintorescas "crearían la buena vecindad por la que nos esforzamos [los Estados Unidos] a un costo tan tremendo".[136]

Somoza repitió esta forma de trabajar con varios cineastas. Rubens, por ejemplo, produjo varios noticieros y cortometrajes en Centroamérica. En sus contratos con el gobierno siempre se mencionaba explícitamente qué objetos, momentos, personas, actividades y paisajes filmaría el cineasta argentino. Por ejemplo, en 1949 se le contrató para filmar "los aspectos más sobresalientes de Managua, sus paisajes, panoramas de mayor belleza en sus alrededores y vistas de las principales personalidades que gobiernan el país".[137] A su vez, los contratos estipulaban que Rubens y su compañía debían producir un número determinado de copias para distribuir el material en "todo Centroamérica, México y Panamá, lo mismo que en Sud América".[138] Algunas de las películas que fueron distribuidas continentalmente fueron "Nicaragua Tierra de Esperanza", la "Toma de posesión del Excelentísimo señor General de División don Anastasio Somoza" y las "Celebraciones del día del trabajador", el primero de mayo de 1951.

---

134 Op. Cit.

135 La película sobre la "cabalgata en Suramérica" gozó de mayor alcance y reproducción. Fue utilizada como parte del material educativo en varios estados, por la Society of Visual Education, y fue reproducida a lo largo del Sur del continente. Véase las referencias a Weimer en: Eugenia Scarzanella, "Las bellezas naturales y la nación: Los parques nacionales en Argentina en la Primera mitad del siglo XX", *European Review of Latin American and Caribbean Studies*, núm. 73 (octubre de 2002): 13; Clayton S. Ellsworth, "Clio and the Camera", *The Mississippi Valley Historical Review* 31, núm. 4 (marzo de 1945): 581.

136 "Press Release from W. Colston Leigh, Inc.", NA, RG 229, entry 40, Num. 795087, caja 657. El comunicado de prensa va acompañado por una carta de Weimer a Rodolfo Rivera de la embajada estadounidense en Managua, firmada el 5 de marzo de 1945, en el Gran Hotel de Managua, agradeciéndole por incluirlo en una recepción en el Club Terraza de Managua.

137 "Acuerdo N° 134", *La Gaceta Diario Oficial*, 17 febrero 1949, p. 337.

138 "Acuerdo N° 91", *La Gaceta Diario Oficial*, 17 mayo 1951, p. 914. Véase también los contratos números 16 y 11 entre el gobierno y Aníbal Rubens en *La Gaceta Diario Oficial* del 2 julio 1954, p. 317 y del 4 marzo 1955, pp. 475–76, respectivamente.

Las películas producidas por Rubens concentradas en mostrar el país al público nicaragüense tuvieron un éxito parecido a la película de Marden, detallada arriba. Entre varios films, *Nicaragua, tierra de esperanza* (1949) proyectaba, según la prensa de la época, el "mágico país de los lagos en cuyas tranquilas aguas se refleja la belleza de los cielos de América. Managua, con todos sus encantos y la gracia de sus mujeres incomparables".[139] Un año más tarde Rubens estrenó un documental de cincuenta minutos titulado *Así es Nicaragua* (1950), cuyas imágenes mostraron las "obras de progreso" llevadas a cabo por el gobierno de Somoza en varios lugares del país. Esta última película contó con la participación de periodistas, como Pablo Antonio Cuadra (entonces director de *La Prensa*) y Adán Selva (*El Gran Diario*).[140]

El éxito de la película de Marden y el alcance de las películas de Rubens inspiró a Somoza a delegar la promoción del turismo a una empresa privada especializada en la producción cinematográfica en el istmo centroamericano, la "Industria Cinematográfica Centro Americana S. A.", a la cual se le otorgó, según decreto ejecutivo, "la administración, operación y ejecución de todas las actividades relacionadas con el Turismo de Nicaragua, con todas las atribuciones que corresponden a la Junta de Turismo, según el reglamento respectivo."[141] No pasó mucho tiempo para que la JNT y la empresa no lograran coordinar sus esfuerzos. La empresa al parecer publicó material fílmico que no agradó particularmente al general. Debido a esto, en 1951 derogó su propio decreto, mencionando que, en "las actividades turísticas de Nicaragua", se "hace indispensable la dirección técnica por parte del Estado y su control directo por medio del Ministerio respectivo".[142]

Somoza, en su control por medio de contratos sobre lo que se filmaba y mostraba de Nicaragua, formuló y proyectó su visión de Nicaragua, tanto para la vista de turistas extranjeros como para el público nacional. Lo particular de la producción cinematográfica en Nicaragua es la exaltación de la figura de Somoza García, su gobierno, y del desarrollo que promovía. También, otro uso particular que se le dio a su producción fue el despliegue propagandístico en momentos de quiebre y hechos terribles que acontecieron en el país. Como afirma Karly Gaitán, por

---

139 *La Prensa*, 1ero abril 1949. Citado en: Gaitán Morales, *A la conquista de un sueño*, 126.

140 Ibid., 131–32. Estas películas fueron presentadas principalmente en los cines Luciérnaga y América, ambos en Managua.

141 "Encárguese a la compañía Industrial Cinematográfica Centroamericana S. A., la administración, operación y ejecución de todas las actividades relacionadas con el turismo de Nicaragua". Decreto Ejecutivo firmado por Anastasio Somoza García, 17 enero 1947. Disponible en: http://legislacion.asamblea.gob.ni/normaweb.nsf/($All)/CADE5FEBAC38079A0625763A005AC673.

142 "Derógase el decreto ejecutivo 9 de 16 de enero de 1947", *La Gaceta Diario Oficial*, 23 mayo 1951. Disponible en: http://legislacion.asamblea.gob.ni/normaweb.nsf/($All)/9A92D0B5C6714D22062572AA00522C60.

ejemplo, en 1954, mientras corría sangre por las calles, Somoza exhibió cuatro películas de Rubens en las que se mostraba una Nicaragua feliz y en paz.[143]

De forma parecida, las películas de Rubens fueron exhibidas en repetidas ocasiones durante el año 1957, luego de la muerte de Somoza García y la cruenta ola de violencia que sus hijos, Luis y Anastasio Somoza Debayle, desataron en el país para encontrar a los "conspiradores" del atentado realizado por Rigoberto López Pérez. En tiempos de persecución policial, torturas, exilios y asesinatos perpetuados por la GN, los títulos y contenidos de las películas hacían alusión a la fortaleza de la GN, así como a la ilusión de la democracia en Nicaragua y las "victorias" que había obtenido Somoza García en múltiples elecciones.[144] A pesar de la muerte del presidente y fundador de la dictadura, Nicaragua aparecía en orden y segura en las películas.

Lo anterior señala la especificidad del cine en Nicaragua. Ana López argumenta que el cine en América Latina fusionó la movilidad del film con el movimiento de las tomas capturadas a bordo de los ferrocarriles ya instalados en los países. Sin embargo, su análisis centrado en México, Argentina, Bolivia y Brasil difiere de las escenas panorámicas capturadas en sus inicios en Centroamérica.[145] En esta región el avión y el automóvil fueron los principales medios de locomoción y, en el cine nicaragüense, las imágenes aéreas fueron las primeras en mostrar el país a sus habitantes. Concretamente, a la población nicaragüenses se le presentó en movimiento y a todo color la representación que ya conocían sobre la región Pacífica de su país, ahora totalizante del territorio nacional: Nicaragua era una tierra de lagos y volcanes.

El legado de las películas y artículos muestran que, a pesar de su corta vida, la OIAA y el Comité de la misma organización en Managua dejaron huellas endebles en el país. Felipe Hidalgo continuó teniendo una relación directa con las comunicaciones y los medios audiovisuales. Hidalgo, junto a Octavio Sacasa y Carlos Pérez Meza, fueron parte del equipo pionero de la televisión en Nicaragua, a mediados de los años cincuenta. Los tres hombres participaron en el monopolio que sostuvo Somoza del canal 6, por medio de la compañía *Televisión de Nicaragua S.A.*[146] Hidalgo en particular se convirtió en un rostro público del régimen, al ocuparse del noticiero oficialista en el mismo canal. Por encima de esto, Somoza, Hidalgo y la

---

143 En este año ocurre un levantamiento de oficiales de la GN contra Somoza que provocó una ola de violencia. Karly Gaitán Morales, "Cuatro documentales referentes a los hechos sangrientos de abril de 1954 en Nicaragua", *Casi Literal*, el 14 de abril de 2019, https://casiliteral.com/la-ventana-discreta/cuatro-documentales-referentes-a-los-hechos-sangrientos-de-abril-de-1954-en-nicaragua/.

144 Las películas fueron exhibidas principalmente en el Teatro Margot, así como en los Cines González de la ciudad de Managua. Los títulos de las películas son: "Día de la aviación Nacional", "Bajo el signo de la democracia" y "Así habló Nicaragua": "Exhibición de tres films de Rubens en el Teatro Margot", *Novedades*, 23 febrero 1957, p. 8.

145 López, "Early Cinema and Modernity in Latin America", 52–53.

146 Helena Ramos, "Los primeros años de la televisión en Nicaragua", *7 días*, diciembre 2004, vol. 9, núm. 449, p. 5–7; "Televisión va a ser monopolio", *La Prensa*, 2 febrero 1956, pp. 1 y 10.

mayoría de funcionarios o empresarios cercanos al régimen, aprendieron el fuerte impacto que el cine y el discurso mediático podía tener en la población nacional, así como en la promoción de una buena imagen del régimen en el exterior. Este aprendizaje tuvo repercusiones sustanciales en el turismo y la forma de representar al país. A este aspecto se le dedica el siguiente acápite.

4.2.3 El nacimiento de una "marca país": Nicaragua tierra de lagos y volcanes

En su "introducción al pensamiento de Darío", el poeta nicaragüense Pablo Antonio Cuadra medita, a la luz de Darío, sobre la identidad nicaragüense. En su recuento de influencias inicia con el destino geográfico, pasa por el mestizaje y el indio, y culmina con la denominación de Nicaragua como la "tierra de lagos y volcanes". Cuadra escribe:

> Colón, Hernán Cortés, Contreras, los piratas, Walker, Rafaela Herrera, Estrada, los yanquis, Rubén, Sandino han actuado bajo la influencia geocultural de este "*Umbilicus mundi*". Es un destino fatal, a veces grandioso, a veces cruel y obsesionante como una tragedia griega. Destino que no sólo moldea la arquitectura externa de la geografía de Nicaragua, sino que se hunde dentro de la misma tierra hasta hacerse sentir en sus oscuras capas germinales: En Nicaragua se encuentran y conviven las dos faunas y las dos floras, las de la zona norte y las de la zona sur, de tal modo que su materia telúrica sabe y está empapada de las intimidades vegetales y animales de todo el continente. Digamos lo mismo de esa fusión contradictoria, que se opera en Nicaragua, de los dos elementos antagónicos: el fuego y el agua. "*País de los lagos y volcanes*" ha sido llamado por los geógrafos, y es en verdad una *armonía áspera* – como la califica Rubén – un extraño desposorio del ardor potente con la serena placidez.[147]

El texto de Cuadra ilustra el papel desempeñado por los lagos y los volcanes en la articulación entre geografía e identidad nacional. La historia, el paisaje, el sujeto y la nación se colapsan para comprender esa "armonía áspera", la cual aglutina el carácter y destino político del nicaragüense. En esta línea, las rutas e itinerarios de viaje hacia y a través de Nicaragua, facilitadas por los aviones y la Carretera Panamericana, reforzaron un aspecto que ya era dominante en el país, la primacía de la costa del Pacífico sobre las otras regiones, Central y Caribe. El turismo fomentó esta diferencia tajante e incentivó un aspecto particular en éste, la idea que el paisaje

147 "Pensamiento vivo de Darío" en: Pablo Antonio Cuadra, *Torres de Dios* (San José: Libro Libre, 1986), 179.

y la población del Pacífico nicaragüense concentraba la totalidad de la identidad cultural del país. En palabras del turista y escritor de guías de viaje Norman Ford:

> Nicaragua es una tierra generalmente baja de vívidos contrastes y topografía muy variada. La mayor parte del millón de habitantes del país vive en el lado menos húmedo del Pacífico, donde verá los dos grandes lagos, Nicaragua y Managua, y varios volcanes activos. Las vastas extensiones de la vertiente caribeña consisten en una selva tropical húmeda y amplias extensiones de pantanos costeros. Naturalmente, es el lado del Pacífico el que más le interesará, ya que ese lado del país está atravesado por la Carretera Panamericana mientras que no hay carreteras en el lado del Caribe. Y es en este lado del Pacífico donde mejor experimentará el animado carácter nicaragüense con su afinidad por la música, el baile y la alegría.[148]

Ford, de la misma manera que Cuadra, no solo describe el Pacífico como una región fácil de visitar o como la más poblada, sino como la "más interesante" porque posee el verdadero "carácter animado" del nicaragüense, en todas sus manifestaciones naturales y culturales. Así, lagos y volcanes se suturan a la música, el baile y la alegría. La vista panorámica de la geografía dominada por lagos y volcanes se implanta en la cultura y la población para ofrecer una experiencia auténtica de la nación entera a los potenciales turistas.

Aquí no se pretende afirmar que el rasgo descriptivo de Nicaragua como la "tierra de lagos y volcanes" fue una invención exclusiva del turismo. Ciertamente, afirmaciones y reflexiones sobre esta forma de concebir al país existían previamente a la institucionalización del turismo en los años treinta. Sin embargo, es notorio el uso de esta frase y su esparcimiento regional y global, a partir del uso sistemático que se le dio mediante distintas plataformas y formas de comunicación. La "tierra de lagos y volcanes" cruzó el espectro mediático completo, al ser utilizada en películas, guías de viaje, publicidad y textos sobre el país de los subsecuentes gobiernos encabezados por la familia Somoza para atraer inversión a Nicaragua. Otro factor importante, que influyó en la dominancia de los lagos y los volcanes en las descripciones del país, fue el auge de las rutas aéreas. Automóviles y aviones concentraron la arribada de turistas, inversores, periodistas y viajeros en general a la costa del Pacífico nicaragüense, justamente la región donde los lagos y los volcanes son parte integral y sobresaliente de la geografía. Por último, siguiendo el cambio en los regímenes visuales – como plantean los estudios del turismo – se puede postular una hipótesis para explicar una de las razones por la cual la mirada y la descripción de los turistas se concentró en los volcanes centroamericanos. En este sentido, es importante señalar que el devenir de la "tierra de lagos y volcanes" como principal "marca país" para ofrecer la

[148] Ford, *The Fiesta Lands: Through Mexico and Central America on a shoestring*, 177.

visita a Nicaragua es el producto de la confluencia de la infraestructura de viaje, la literatura de viaje y las prácticas escriturarias y representativas de turistas estadounidenses e intelectuales nicaragüenses. Se arguye, entonces, que es un devenir político y económico, no solo "natural". Más bien, aquí se argumenta que la historia detrás de la dominancia de los lagos y los volcanes como panorama de la identidad nacional revela lo político en esta naturalización.

Por tanto, en este acápite se concluye que la consolidación de la construcción de la Carretera Panamericana y el establecimiento definitivo de las rutas aéreas conllevó un cambio en la forma en que se viaja hacia y en Nicaragua. De dominar el viaje entre el Este y el Oeste, y viceversa, entre el siglo diecinueve y principios del veinte, a partir de los cuarenta, la Carretera Panamericana y los aviones sedimentarán el dominio del viaje de Norte a Sur y viceversa.[149] La "tierra de lagos y volcanes" pasó a ser la marca nacional de una región de Nicaragua que concentró los grandes proyectos de desarrollo y modernización. Su imagen se extendió hacia el resto del país, incluso el Caribe, donde se carece de volcanes.[150] Esta influencia, de lo que Larry Montenegro Baena ha denominado "vulcanolagocentrismo", cruza todo el espectro del discurso nacional y es uno de los ejes articuladores de la nacionalidad nicaragüense por excelencia hasta el día de hoy.[151] Como se mencionó arriba, Alfred Dawson extrajo de su experiencia de viaje en Suiza la idea central para promocionar el turismo en América Latina. Dawson se inspiró en la forma en que Suiza "explotaba su riqueza paisajística", como sus "montañas y sus lagos". La experiencia de Dawson estuvo determinada, a su vez, por las rutas turísticas que ya se habían establecido en Suiza, producto del desarrollo de la empresa del turismo en ese país. Esta consolidación se produce, a su vez, por la historia del turismo en Europa y el cambio de los regímenes visuales.

---

[149] La Revista Conservadora nota este cambio en 1961, cuando publica una memoria sobre la forma de viajar hacia Nicaragua en el siglo diecinueve, a diferencia de las rutas actuales. "Cómo se viajaba a Nicaragua hace un siglo", *Revista Conservadora*, julio de 1961.

[150] En 2013, el Obispo del Vicariato Apostólico de Bluefields, Pablo Schmitz Simon, señaló justamente este olvido del Caribe. En la sesión de la Asamblea Nacional en conmemoración del centenario de la creación de la provincia eclesiástica managüense, expresó: "Nicaragua tierra de lagos y volcanes son palabras del famoso poeta Rubén Darío, lo triste es que esta frase expresa solamente la mitad de Nicaragua en ella no se menciona la otra mitad, la mitad más bonita, la Costa Caribe, (…) y yo como costeño veo la opción, siento que como dice también el poeta "si pequeña es la patria uno grande la sueña" así soñamos nosotros de la Costa Caribe". Véase en el enlace: http://legislacion.asamblea.gob.ni/Diariodebate.nsf/76ed72912dd57e570625698c00773f5d/eea99c56632727aa06257c36006e99cb.

[151] Larry Montenegro Baena, "Volcán Blue: la fábula colonial del lagovolcanocentrismo", consultado el 27 de octubre de 2020, http://montenegrobaena.blogspot.com/2017/05/volcan-blue-la-fabula-colonial-del.html.

En el siglo diecinueve se distingue un cambio en la relación entre las sociedades industrializadas de occidente y la concepción de la naturaleza.[152] La dicotomía entre ciudad y ruralidad pasó a ser dominada por lo "conocido" y la "frontera". Especialmente durante la expansión hacia el oeste por parte del gobierno de los Estados Unidos – cuya vía incluyó territorios mexicanos y rutas a través de Centroamérica – se fomentó la idea de un espacio "sin límites y lleno de oportunidades".[153] La "frontera" significó la eterna invitación a vivir la aventura de encontrar algo "nuevo debajo del sol", frase que sublimó la lógica de incluir los recursos naturales y las poblaciones desconocidas dentro de lo "conocido", para dominio, subyugación y explotación.[154] Asimismo, la visita a lugares inusuales y conquistar "fronteras", y lugares difícilmente accesibles, fuese por deporte y/o esparcimiento, fueron algunos de los rasgos distintivos de las clases altas europeas que comenzaron a ser imitadas por élites alrededor del mundo. Dichas actividades cambiaron la forma de "ver" y relacionarse con el paisaje. Por ejemplo, la salud y el espíritu de conquista de los "picos más altos", sostienen la elaboración de la "admiración estética por las altas montañas". De ahí que el artista Paul Cézanne afirmó que los campesinos "no podían ver la montaña".[155]

Desde el punto de vista de la historia del turismo, Cézanne vivió en medio de una época en que los cambios en la cultura de viaje afectaron circunstancialmente los regímenes visuales y, con ellos, las relaciones espaciales. Balnearios, spas y visitas a las montañas fueron los primeros lugares en ser ofrecidos para ser visitados, debido a la noción promovida por las autoridades sanitarias sobre la importancia del aire limpio y del contacto con la naturaleza para mejorar la salud y el rendimiento laboral.[156] Según Urry, estos nuevos regímenes visuales son las fuerzas que determinan la mirada del turista (*tourist gaze*) , la cual se consolida ampliamente gracias al crecimiento económico propiciado por el fin de la Segunda Guerra.[157]

En la introducción de este trabajo se mostró que, para Urry, el año de 1840 marca el inicio de la mirada del turista (*tourist gaze*). Esto es la confluencia entre la reproducción fotográfica de los espacios y sus habitantes, en conjunto con las nuevas tecnologías de desplazamiento que habilitaron los viajes en masa, propios de la cultura de viaje turista.

---

152 Peter A. Coates, *Nature: western attitudes since ancient times* (Berkeley: University of California Press, 1998).

153 Kerwin Lee Klein, *Frontiers of Historical Imagination: Narrating the European Conquest of Native America, 1890–1990* (Berkeley: University of California Press, 1997), 114.

154 John Robert McNeill, *Something new under the sun: an environmental history of the twentieth-century world* (London: Penguin Books, 2001), 229.

155 Jürgen Osterhammel, *The Transformation of the World: A Global History of the Nineteenth Century* (Princeton: Princeton University Press, 2014), 376.

156 John K. Walton, "Railways and Resort Development in Victorian England: The Case of Silloth", 209.

157 Urry y Larsen, *The tourist gaze 3.0*, 197.

Sin embargo, quizá se debería de ajustar esa fecha para los años cuarenta del siglo veinte en América Latina. Primero, el valor de las imágenes para fortalecer la identidad nacional y darles valor a los espacios destinados al turismo realmente se establecen como prácticas institucionales en la década del cuarenta. En el Primer Congreso Interamericano de Directores de Turismo e Inmigración, celebrado en Panamá en agosto de 1947, los delegados de los países de Norte, Centro y Suramérica coincidieron en afirmar que "las fotografías que captan los viajeros constituyen la forma más eficaz de propaganda indirecta en favor del turismo" y que era "ampliamente conocido el interés que demuestran los viajeros en general por impresionar vistas fotográficas de los sitios visitados".[158] Por eso aprobaron liberar las restricciones para la portación de cámaras fotográficas.

La concentración de las fotografías en los lagos y los volcanes también combinó en estos años dos sucesos y desarrollos particulares. El inicio y extensión de la Carretera Panamericana, y las nuevas técnicas o tecnologías fotográficas y cinematográficas que propiciaron la captura de imágenes y filmaciones en escala masiva a lo largo del continente. Los nuevos rollos de película permitieron a una generación de cineastas filmar aquellos países y naturalezas que la UP y el conjunto de agencias de viaje pintaban como "exóticos", "salvajes", "pintorescos" y "desconocidos". Uno de los primeros fenómenos capturados por la cámara fue la grabación del surgimiento y erupción del volcán Paricutín en México. El cineasta Ralph E. Gray logró filmar y fotografiar el volcán en 1938, hecho que le adjudicó el premio Hiram Percy Maxim. Sus películas pasaron a engrosar las bibliotecas y los programas educativos impulsados por la OIAA.[159] Un equipo de grabación que se encontraba en México durante una de las erupciones más fuertes tuvo la suerte de estar con todo su equipo para capturarla.[160] La fotografía nocturna del volcán en erupción fue subsecuentemente utilizada en los manuales educativos para introducir a los profesores de Estados Unidos en la enseñanza de la geología y la geografía americana que promovió el interés de una nueva generación por ver y fotografiar volcanes.[161]

158 *Primer Congreso Interamericano de Directores de Turismo e Inmigración: Acta Final*, 25.

159 "Gateway to the tropics", *American Cinematographer*, enero de 1944; "M.M.P.C", *American Cinematographer*, mayo de 1944, 2.

160 "William Snyder, A. SC., photographing the newly-risen volcano", *American Cinematographer*, julio de 1944.

161 La foto se encuentra en: https://commons.wikimedia.org/wiki/File:Paricutin_30_613.jpg.

Ciudad	**Vehículos**		**Pasajeros**	
	Entrada	Salida	Entrada	Salida
El Espino	4,483	4,030	14,924	13,417
Peñas Blancas	3,746	4,216	17,596	19,102
Total	**8,229**	**8,246**	**22,520**	**12,519**
Modo de viaje		Entrada	Salida	
Tierra		22, 520	22, 519	
Aire		20, 951	22, 363	
Total		**43, 471**	**44, 882**	

Tabla 5: Entradas y salidas reportadas por aduanas en 1959.
Fuente: Embassy Dispatch, "Tourism in Nicaragua", 10 octubre 1960. NA, RG 59, entry: Central Decimal File 1960–1963, caja 2353, doc. núm. 817.181/10–1060.

Debido a la construcción de la Carretera Panamericana y la promoción del tráfico aéreo, el ingreso y salida de Nicaragua se concentró en la región del Pacífico. Si se observa la tabla 5, se aprecia un cambio sustancial en la forma de ingresar y viajar a través del país. En el aeropuerto de Managua entraron un total 20,951 personas, mientras 22,363 salieron al terminar el año 1959. Por tierra, se registraron 22,520 ingresos y 22,519 salidas del país. El total para el año 1959 fue de 43,471 personas que ingresaron, y 44,882 personas que salieron del país en un año. No se lograron recopilar números de las personas que entraron o salieron por los puertos marítimos, pero se asevera en el mismo documento que ya "eran muy pocos" como para que alteraran las cifras de forma significante. Sin embargo, este número se reduce a la cantidad de gente que declaró visitar el país "solo por placer y por tiempo limitado", y no se tomó en cuenta, por ejemplo, el número de personas que viajaban a "través de Nicaragua" por la carretera o que viajaban debido a que realizaban un tour por Centroamérica. En estos casos, las personas se reportaban como viajeros en "tránsito".[162] Esta tendencia solo crecerá en las siguientes décadas (Tablas 6 y 7).

Estos ya no son los más de 50 mil viajeros o colonos que contabiliza Folkman o Gobat en el siglo diecinueve, quiénes entraron y salieron de Nicaragua por El Realejo, Puerto Corinto o San Juan del Sur (Pacífico) y San Juan del Norte (Caribe). Lo que observaron estos nuevos turistas en la Carretera Panamericana o al descender en avión sobre Managua fueron los lagos y volcanes. Morrow Wilson es una buena representación de este nuevo turista que conoce

[162] Embassy Dispatch, "Tourism in Nicaragua", 10 octubre 1960. NA, RG 59, entry: Central Decimal File 1960–1963, caja 2353, doc. núm. 817.181/10-1060.

Nicaragua "mejor por aire que por tierra".[163] Desde el aire, al llegar en avión relata que "la capital de Nicaragua, Managua, pasa casi directamente sobre dos volcanes espectaculares cuyos nombres son tan fascinantes como sus hermosos conos. Son Momotombo y Momotombito".[164]

En esos mismos años, la UP redactó un inventario de volcanes para "ver" en Centro y Suramérica. En el caso de Nicaragua, en dicha lista reinaba el "gran humeante Momotombo", por encima del lago de Managua donde se extendían los otros "humeantes Las Pilas y el feroz El Viejo; a lo largo en la distancia el Cosequina [Cosigüina] desafía al Golfo de Fonseca".[165] Marden inicia su artículo con una sugerencia directa: "Si te gusta mirar los volcanes, ve a Nicaragua. Veintitrés de ellos están encadenados en el lado oeste de esta república más grande de América Central. Media docena están activos".[166] Al turista se le advertía con anticipación: "Si llega en avión, disfrutará de impresionantes vistas aéreas de los lagos y volcanes antes de llegar al aeropuerto de Managua".[167] Los turistas, se subraya, reportaron la vista maravillosa que se apreciaba desde el avión cuando descendía sobre Managua en un día sin nubes. "El Momotombo visible a la distancia. Los balnearios en los lagos cercanos, la colina Tiscapa y una laguna donde se llevan a cabo carreras, torrentes para la pesca y clubs son algunas de las atracciones", cuenta la nota sobre los primeros aviones que llegaban a Managua.[168]

El auge de dichas descripciones también fue en sintonía con el aumento del interés de las compañías aéreas por promocionar sus destinos y rutas hacia Nicaragua y Centroamérica. Por ejemplo, TACA también incluyó entre sus planes de promoción la redacción y publicación de narrativas de viaje. Para ello contrató los servicios de fotógrafos, escritores y artistas. La pintora y escritora, Pachita Crespi, fue patrocinada por la empresa para viajar en avión a cada uno de los países centroamericanos. Así se produjo su libro de historias e ilustraciones titulado *Wings Over Central America*.[169] Al final de los años cincuenta ya era común leer que

---

163 Morrow Wilson, *Central America Challenge and Opportunity*, 69. La vista de Nicaragua desde el aire le recuerda a Wilson de Nueva Inglaterra, Massachussets.

164 Clark, *All the best in Central America*, 246; Carlos Filio, *Tierras de Centroamérica* (México, D.F.: Ediciones Coli, 1946), 103.

165 E. Hardy Reagan, "Central America's Volcanoes: In the Lands to the South Are Many Scenic But Dangerous Craters to Be Seen by Travelers Lakes Made by Volcanoes Majestic But Dangerous", *New York Times*, 7 febrero 1937, p. 178.

166 Marden, "A Land of Lakes and Volcanoes", 161.

167 Pan American Union, *Visit Nicaragua*, 2a ed., Travel the Americas (Washington, D. C.: Travel Division of the Pan American Union, 1957), 7.

168 Diana Race, "Notes For The Traveler: Pre-Lenten Carnivals in German Cities – Tourist See Nicaragua From the Air", *New York Times*, 23 enero 1938, p. 171; Frances Carpenter, *Caribbean Lands: Mexico, Central America and the West Indies* (New York: American Book Co, 1950), 24–25

169 Pachita Crespi, *Wings over Central America* (New York: Charles Scribner's Sons, 1947).

"Nicaragua es tierra de volcanes. Desde los primeros tiempos, los hombres han temido sus erupciones".[170]

Lo anterior pudiese parecer un proceso acumulativo – incluso natural – en el desarrollo del discurso identitario nicaragüense. Hoy en día es usual el uso de los lagos y volcanes para promover Nicaragua y se afirma que el título es "propiedad indiscutible de la pequeña Nicaragua".[171] Sin embargo, esto no era muy claro en los años cuarenta y cincuenta, tanto para las organizaciones dedicadas al turismo como para los propios nicaragüenses. En estos años, se nota cómo la búsqueda de montañas con aire fresco y spas para mejorar la salud, van lentamente dando paso a la primacía de los lagos con tiburones y los volcanes desafiantes.

En el caso de Nicaragua, varios artículos negocian o articulan la "tierra de lagos y volcanes rica en recursos naturales" en conjunto con los valles y las montañas cafetaleras en Diriamba y Matagalpa, donde "no hacía tanto calor y se respiraba aire fresco, con excelentes hoteles".[172] Al inicio de los años cincuenta se vislumbra la ambivalencia entre los "lagos boscosos" de Nicaragua y la paulatina presencia dominante de los volcanes en la geografía nacional para la promoción turística.[173] Al revisar las fuentes de esos años, se encuentra que la determinación de Nicaragua como la "tierra de lagos y volcanes" fue un proceso que combinó fuertemente lo regional y lo local, comprendido desde la historia del turismo en la región centroamericana. En el ámbito local, la primacía de los lagos sobre los volcanes todavía parece dominante hasta los años treinta. Solo a partir de los años cuarenta se encuentra el surgimiento dominante de los lagos en conjunto con los volcanes.

Esto se aprecia en las guías de viaje escritas tanto en Nicaragua como por viajeros provenientes de otros países y regiones. Particularmente, entre 1893 y 1895, el gobierno de Zelaya se dispuso a definir los "rasgos descriptivos de Nicaragua" que serían impartidos en las escuelas públicas del país.[174] Mismas que fueron definidas en el programa de geografía centroameri-

---

170 Frances Carpenter, *Caribbean Lands*, 209.

171 Arturo Wallace, "'Supercercana, amorosa, hasta suicida': de dónde viene la especial relación que Nicaragua tiene con sus volcanes", *BBC News Mundo*, https://www.bbc.com/mundo/noticias-america-latina-48121581, 27-10-20.

172 C. H. Calhoun, "In Central America: The Five Republics Offer a Wide Variety Of Unique Vacation Possibilities", *New York Times*, 23 octubre 1949, p. 16.

173 Los elementos que destacan en la topografía nicaragüense son aquellos ubicados cerca de la Carretera Panamericana, entre ellos los lagos y los volcanes. Todos los escritores y escritoras de narrativas de viaje hacen la misma afirmación: Hancock, *The Rainbow Republics*, 34.

174 Los "Rasgos descriptivos de la república de Nicaragua" fueron publicados en varios números del diario oficial *La Gaceta*, en 1895. Estos fueron: núm. 279, 280, 281, 282, 283, 284, 285, 286, 287, 288, 289, 290, 291 y 292, de los días 16, 17, 18, 19, 20, 22, 23, 24, 25, 26, 27, 29, 30 y 31 de octubre y 293, 294, 295, 296, 297, 298, 299, 300, 301, 302 de los días 1, 3, 5, 6, 7, 8, 9, 10, 12 y 13 de noviembre 1895. Véase

cana para los estudios secundarios en Nicaragua, al inicio del gobierno de Somoza García, en 1937.[175] En los "rasgos descriptivos" se dedica un apartado especial a los "Lagos y ríos" de la república, el cual comienza con la afirmación y cita: "Nicaragua ha sido llamado [sic] con mucha justicia, por el Barón de Humboldt, 'la tierra de los lagos'; y en verdad que no existe otro país de sus dimensiones donde los haya en tanto número y con la misma variedad".[176] Los volcanes pasan inusualmente desapercibidos, sobre todo cuando se trata de los lagos Cocibolca y Xolotlán, los cuales usualmente eran acompañados por los volcanes Concepción, Madera, y, famosamente, el Momotombo.

Conceptos	**1964**	**1965**	**1966**	**1967**	**1968**	**1969**	**1970**	**1971**
Aviones								
Entrada	2,437	2,594	2,529	2,561	3,174	3,299	4,000	4,347
Salida	2,437	2,593	2,526	2,558	3,173	3,299	4,007	4,348
Pasajeros								
Entrada	32,676	37,350	45,335	46,426	52,754	57,085	69,085	73,310
Salida	35,536	40,675	47,506	48,740	54,867	58,994	73,132	78,481

Tabla 6: Tráfico Internacional Aéreo aeropuerto de Managua desde 1964 a 1971. Fuente: Combinación de datos de: Anuario estadístico 1969. Ministerio de Economía, Industria y Comercio – Banco Central de Nicaragua. Managua Editorial y Litografía San José, 1970, 116; Anuario Estadistico 1970–1971. Ministerio de Economía, Industria y Comercio - Banco Central de Nicaragua, Managua: s.e., s.a., 158.

el compendio de todos estos en: http://legislacion.asamblea.gob.ni/normaweb.nsf/($All)/C085A7392A00162D062577610061B493. Zelaya también definió el escudo de armas de la bandera nacional en 1908, "un triángulo equilátero dentro del cual aparecerá dentro de su base una cordillera de cinco volcanes bañados por dos mares": José Salomón Pérez Palma, "Creación de la Bandera y Escudo oficial de Nicaragua", en *Divulgaciones sobre los usos de los Símbolos Patrios* (Managua: 1967), 27–28. Agnes Rothery también menciona que, "por ser tan conspicuos los volcanes en Nicaragua, cinco de estos se encuentran en su escudo": Agnes Rothery, *Central America Roundabout*, 231.

175 "Programa de Geografía de Centroamérica para secundaria", *La Gaceta Diario Oficial*, 13 mayo 1937. Disponible en: http://legislacion.asamblea.gob.ni/normaweb.nsf/3133c0d121ea3897062568a1005e0f89/3175285aecef9596062572d00056ca34. Esta fue reformada en 1962, donde se incluyó " Los volcanes y los temblores" en el currículo escolar, en la sección sobre "formaciones del relieve". Véase: "Nuevos programas para asignaturas de educación", *La Gaceta Diario Oficial*, 4 septiembre 1962.

176 "Rasgos descriptivos de la república de Nicaragua", sección VIII.

	Vehículos		Pasajeros	
Años y Aduanas	**Entrada**	**Salida**	**Entrada**	**Salida**
1964	27,179	25,177	91,625	88,403
El Espino	15,362	12,912	44,166	40,495
Peñas Blancas	11,817	12,265	47,459	47,908
1965	31,599	31,181	105,214	100,044
El Espino	15,490	14,231	43,294	38,524
Peñas Blancas	16,109	16,950	61,920	61,520
1966	41,884	39,311	133,978	131,549
El Espino	20,715	18,021	52,815	50,168
Peñas Blancas	21,169	21,290	81,163	81,381
1967	49,434	48,321	146,032	141,593
El Espino	24,067	22,403	58,039	51,389
Peñas Blancas	25,367	25,918	87,993	90,204
1968	56,002	55,897	164,168	166,778
El Espino	26,926	26,736	60,300	58,788
Peñas Blancas	29,076	29,161	103,868	107,990
1969	47,287	48,435	142,524	142,084
El Espino	23,048	23,038	55,381	54,045
Peñas Blancas	24,239	25,397	87,143	88,039
1970	56,359	57,241	140,668	143,660
El Espino	26,260	25,587	60,022	57,665
Peñas Blancas	30,099	31,654	80,646	85,995
1971	48,525	51,562	147,184	154,706
El Espino	22,295	22,648	46,636	48,637
Peñas Blancas	26,230	28,914	100,548	106,069

Tabla 7: Tráfico Internacional Terrestre a través del El Espino (frontera norte) y Peñas Blancas (fronte sur) de 1964 a 1971. Fuente: Combinación de datos de: Anuario estadístico 1969. Ministerio de Economía, Industria y Comercio – Banco Central de Nicaragua. Managua Editorial y Litografía San José, 1970, 114; Anuario Estadistico 1970–1971. Ministerio de Economía, Industria y Comercio – Banco Central de Nicaragua, Managua: s.e., s.a., 157.

Incluso cuando se resume la flora del país en su totalidad, en este documento los volcanes ocupan el último lugar de los recursos que se exponen, según las consideraciones iniciales de los "Rasgos descriptivos", "Con objeto de que la inmigración extranjera pueda formarse alguna idea de Nicaragua y de que pueda también partir de alguna base cierta para sus cálculos".[177] Esta geografía de Nicaragua fue reeditada 3 veces y se mantuvo hasta inicios de los años cincuenta como el principal texto de enseñanza a nivel nacional.[178] Los manuales y textos didácticos sobre la geografía nicaragüense fueron cambiados hasta los años sesenta.[179]

En el ámbito regional, la historia es un poco más complicada. Otros países centroamericanos también utilizaron sus lagos y volcanes para atraer turismo. En los años cuarenta y cincuenta no era tan claro cuál de los países tenía el "título legítimo", a juzgar por los titulares de periódicos y las impresiones de los turistas mismos. Calhoun y Ford mencionan que "El Salvador es un país con muchos lagos y volcanes como Guatemala", Nicaragua era "tropical y alegre", con "un gran parecido con el colorido país mexicano de Tehuantepec con vastos lagos, ríos selváticos y volcanes en lugar de los indios matriarcales de Tehuantepec".[180]

A lo largo del continente varios países se dieron a la tarea de definirse en términos turísticos, con el objeto de crear una experiencia auténtica de sus naciones. El ejemplo de Suiza, observado por Dawson, también fue observado cuidadosamente y copiado por los países latinoamericanos. A partir de los años treinta, varios países, entre ellos Nicaragua, se dieron a la tarea de vender o crear la imagen de una "suiza centroamericana" o una "suiza latinoamericana".[181] Chile, por ejemplo, buscó: "Ese 'estilo alpino', empleado con insistencia en el sur llevó a difundir la idea, bastante extendida en la década del 30, de que la zona de los lagos y cumbres nevadas ubicadas entre Villarrica y Llanquihue componían algo así como una 'Suiza chilena'".[182] En aras de atraer turistas, el país sudamericano utilizó el título de "Lagos y Volcanes" en un

177 Op. Cit.

178 La última edición impresa fue: *Geografía de Nicaragua: para uso de los grados 3., 4. y 5. de las escuelas primarias*, 3a ed. (Managua: Inst. Pedagógico de Varones, 1947).

179 Los textos sobre la geografía de Nicaragua comenzaron a renovarse en los años sesenta. La Carretera Panamericana aparece en estos y permitió el viaje de uno de sus principales realizadores, Jaime Incer Barquero, quien desempeñó un papel importante en la creación del centro turístico en el volcán Masaya, como se anota en el capítulo 7. Los textos de geografía son: Jaime Incer Barquero y Francisco Terán, *Geografía de Nicaragua* (Managua: Banco Central de Nicaragua, 1964); Jaime Incer Barquero, *Geografía básica de Nicaragua: texto adaptado al programa oficial del ciclo básico* (Managua, D. N.: Recalde, 1972); Jaime Incer Barquero, *Nueva geografía de Nicaragua: ensayo preliminar* (Managua: Recalde, 1970).

180 Calhoun, "Bargains in Central American Tours"; Norman D. Ford, "Central America Is Like Mexico – but More So", *New York Times*, 14 diciembre 1952, p. XX19.

181 Esto también se aplicó a Nicaragua en algunas ocasiones. Sobre el paisaje de las montañas en Matagalpa, José de Arancibia anotó en el siglo diecinueve que eran los "campos bellísimos de la suiza nicaragüense". Ortega Arancibia, *Cuarenta años*, 108–109. Citado en: Gould, "El café, el trabajo y la comunidad indígena de Matagalpa, 1880–1925", 287.

182 Rodrigo Booth, "Turismo y representación del paisaje. La invención del sur de Chile en la mirada de la Guía del Veraneante (1932–1962)", 9.

capítulo del álbum de fotografías: *Chile, un país de belleza*, publicado en 1937. En 1930, el cantante y compositor costarricense, Tino López Guerra, cantó: "Por ser tan linda Costa Rica, la llaman la Suiza Centroamericana", mientras que el historiador Mario Sancho publicó un libro con el mismo título.[183]

En Centroamérica, El Salvador y Guatemala también fueron identificados como "tierras de lagos y volcanes" por los viajeros, turistas y diplomáticos que visitaron dichos países. "Los volcanes son el asombro y el majestuoso ornato del paisaje salvadoreño (…) No hay ciudad salvadoreña a la que no dé guardia perenne, amenazante vigilancia, un soberbio volcán", escribió el embajador de España en El Salvador entre 1947 y 1950, Alberto de Mestas, en su guía *El Salvador: País de Lagos y Volcanes*.[184] El autor cita tanto sus observaciones sobre el paisaje salvadoreño como la copia de las líneas que escribió Gabriela Mistral sobre el mismo país, el cual fue "labrado como una joya por la forja de sus volcanes (…) es más el reino del fuego que el de la tierra".[185]

El periodista mexicano Enrique Lumen utilizó la denominación "entre lagos y volcanes" para referirse al espacio geográfico, político y económico que comprende a Centroamérica y Venezuela. Sin embargo, los 37 volcanes de Guatemala, entre ellos el volcán de Fuego y el San Pedro, este último ubicado en el Lago de Atitlán, fueron los que le inspiraron principalmente a elegir ese título. El autor describe a Guatemala como "un país volcánico y montañoso, paisaje intensamente verde con numerosos lagos que, a modo de grandes espejos, reflejan el azul purísimo del cielo; clima de eterna primavera".[186] Nicaragua, para Lumen, era, además de la patria de su "buen amigo Augusto César Sandino" y lugar de la "tiranía de Somoza", el "país de los grandes lagos", "país de tempestuosos lagos – en los que se encuentran feroces tiburones – y gigantescos volcanes, de flora exuberante y fauna múltiple, de ríos caudalosos y climas diversos".[187]

La primacía de los lagos en estos años cuarenta es un rasgo que comparten tanto las guías nicaragüenses como las estadounidenses, ambas en acuerdo con la importancia del proyecto canalero y el Destino Geográfico.[188] Para 1951 y 1952 se comienza a notar la dominancia que

---

183 Mario Sancho, *Costa Rica, Suiza centroamericana* (San José, 1935).

184 Alberto de Mestas, *El Salvador: País de Lagos y Volcanes* (Madrid: Ediciones Cultura Hispánica, 1950), 9. Stephens menciona a El Salvador como la "tierra de volcanes" y Nicaragua como la tierra de "lagos expansivos": Stephens, *Down That Pan American Highway*, 24.

185 Ibid., 8–9.

186 Enrique Lumen, *Entre Lagos y Volcanes: Realidad centroamericana y venezolana* (San Salvador – México D. f.: Editorial B. Costa-Amic, S. de R.L., 1949), 88.

187 Ibid., 173, 176 y 181.

188 Clark, *All the best in Central America*, 13; Stephens, *Down That Pan American Highway*, 255; Rothery, *Central America Roundabout* ,102–3; *Nicaragua, tierra de los lagos* (Managua: Secretaría de

estaban obteniendo los lagos y volcanes. "Los volcanes en forma de cono son para el horizonte nicaragüense lo que los rascacielos son para el horizonte de Nueva York. Desde tierra, mar y aire el viajero se orienta en relación a las principales montañas, que junto con sus valles y lagos de cráter constituyen el mayor atractivo turístico del país."[189] De igual forma lo recomendó la antropóloga Karena Shields, quien en su tiempo libre daba consejos a los turistas sobre qué ver y cómo viajar en Centroamérica, además de contestar preguntas. Una de las preguntas que recibió era si había volcanes en el istmo que "el viajero pudiese ver". A lo cual Shields contestó:

> Hay varios. La mayoría de ellos actuarán para usted sin demasiada desgana. Algunos de los más decididos e interesantes están en Nicaragua, aunque hay algunos en Guatemala. Momotombo, en las afueras de Managua, resopla como un viejo erudito, pero es Ometepe la que realmente dará un espectáculo. Diríjase a las orillas del lago de Nicaragua. (Pero manténgase alejado del agua, ya que está bien poblada de tiburones de agua dulce.) Allí, cerca del pequeño pueblo de Rivas, puede sentarse en un caballete de ferrocarril que desemboca en el lago, y el espectáculo es suyo.[190]

Todas estas influencias se consuman y cristalizan en las nuevas formas de atraer inversiones por el Instituto de Fomento Nacional (El INFONAC), en su guía para el inversionista de 1961 titulada, valga la redundancia, "Nicaragua: Tierra de Lagos y Volcanes".[191] Esta institución se abordará con mayor atención en el próximo capítulo, por ahora es importante señalar que la información sobre el país se asemeja a las guías de viaje: Geografía, clima, razas, leyes de inversión e inmigración, gobierno e idioma. En la geografía, por ejemplo, se destacan los volcanes al afirmar:

> En la Cordillera paralela a las costas del Pacífico, se encuentra el célebre Volcán Consigüina, cuya erupción en el año 1835 hizo llegar sus cenizas hasta Colombia. También en esta misma Cordillera se encuentra el Volcán Momotombo, célebre por su belleza y por haber sido cantado por Víctor Hugo en su poema "Las razones del Momotombo".[192]

El turismo aparece como un proyecto secundario a la atracción de inversiones. Sin embargo, en las descripciones de los departamentos y ciudades del país, la noción de Nicaragua como

Información y Prensa de la Presidencia de la República, 1958).

189 "Six Good Neighbors".

190 "Bag and Baggage".

191 Instituto de Fomento Nacional, *Nicaragua: tierra de lagos y volcanes* (Managua: INFONAC, 1961), 5.

192 Ibid., 8.

un "paraíso para el turista" surgen como un dato importante para atraer al mismo inversionista.[193] En la portada, flechas marcadas con grabados de los conceptos "inversión" y "probabilidad" vuelan desde un gran espacio anónimo hacia el mapa de Nicaragua que es extraído de un globo terráqueo, ilustrando la dirección del desarrollo imaginado por el INFONAC para Nicaragua.[194]

Finalmente, a partir de los años setenta, la Organización Mundial de las Naciones Unidas para el Turismo (OMT o UNWTO, en inglés) diseminó una visión del mundo para promover viajes turísticos con el fin de acercar a las personas a través de las fronteras e incentivar los programas de Naciones Unidas para el desarrollo sostenible. En el nuevo gran inventario global del turismo, Nicaragua fue – y es – "la tierra de lagos y volcanes". Como se puede apreciar en la imagen 6, la gran campaña final del somocismo en los años sesenta y setenta fue precisamente promocionar globalmente la marca país de Nicaragua como un país de "lagos, volcanes y sol".

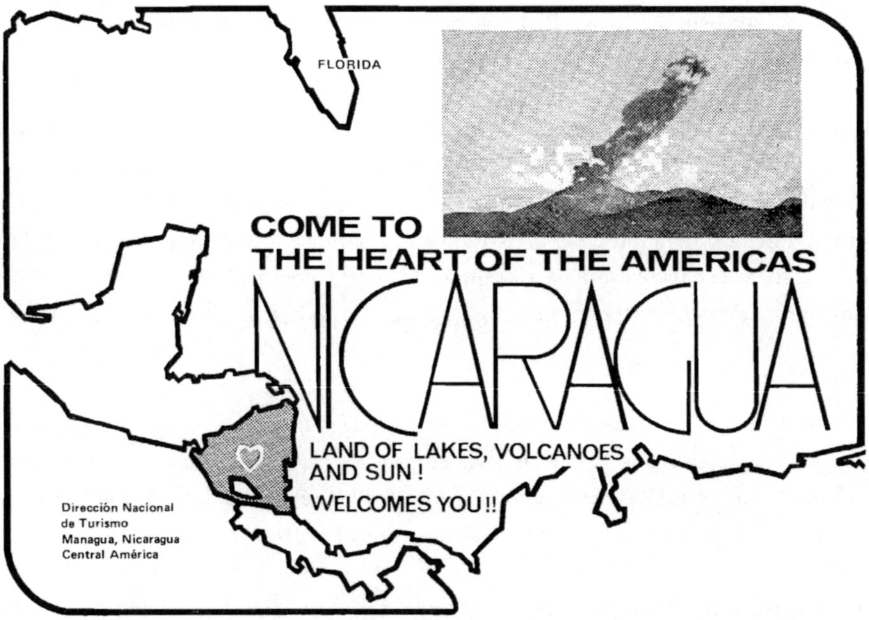

Imagen 6: Publicidad de DINATUR publicada en revistas de viaje para dar alcance global a la imagen de ser la tierra de lagos y volcanes. Fuente: United Nations World Tourism Organization, julio 1975, World Travel "Nicaragua of Lakes, Volcanoes and Sun!

[193] Ibid., 13. En cuanto al turismo, la guía del inversionista menciona las posibles inversiones en turismo en "hoteles y artes manuales" (26).

[194] La portada de la guía se encuentra en: https://www.gbv.de/dms/spk/iai/cov/572645228.jpg.

Antes de continuar este estudio durante los años finales de la dictadura, se resalta que, al final de los años cincuenta, cualquier viajero – turista, periodista, etc. – encarnaba los volcanes en la identidad del nicaragüense. El nicaragüense era definido "como los volcanes de su tierra", porque solía "hacer erupción periódicamente".[195] Al igual que reflexiona Pablo Antonio Cuadra, el fuego y el agua forman una cadena de equivalencias que encarna el determinismo geográfico y biológico, finalmente corporalizados en el carácter e identidad del pueblo nicaragüense.

¿Qué tan profundo ha calado la "tierra de lagos y volcanes"? En un artículo reciente, Arturo Wallace de la BBC utilizó varios recursos para descifrar, según el autor, la relación íntima que tienen los nicaragüenses con sus volcanes. Aquí va sumando el hecho que el Momotombo se ve casi todos los días en la ciudad de Managua; que la mayoría son fáciles de escalar; que los campesinos los consideran sagrados; o que son parte de una mística casi indescifrable. "Todo eso, y la fertilidad de las tierras abonadas por las cenizas volcánicas, puede sin embargo", concluye Wallace, "ayudar a entender por qué, a pesar de los peligros, los nicaragüenses se han empeñado en vivir al pie o incluso en las laderas de sus volcanes".[196]

La mística de los volcanes ha calado hondo. Nutren, a su vez, la mística revolucionaria. En los años ochenta del siglo veinte, durante la Revolución Sandinista, Luis Enrique Mejía Godoy cantó: "Yo soy de un pueblo pequeño, pequeño como un gorrión/ con medio siglo de sueños, de vergüenza y de valor". Los versos de la canción hacen referencia a los casi 50 años de la dictadura somocista. Más adelante afirma que "Hermano de tantos pueblos que han querido separar/ porque saben que aun pequeños, juntos somos un volcán" y este volcán continúa el sueño de un niño de Niquinhomo; Sandino. El pueblo pequeño, la dictadura, Sandino, los "yanquis" y el volcán son la cadena de equivalencias de la épica revolucionaria. Al mismo tiempo, comprendieron esa consigna que inspiró al pueblo en los años álgidos del combate contra la dictadura para sobrepasar el horror y, a pesar de todas sus desventuras posteriores, empujar el triunfo de la última revolución realizada por las armas en América Latina; "juntos somos un volcán".

Por un lado, esa mística de los volcanes en verdad ha calado hasta la raíz misma del ser nicaragüense, en sus afectos y formas de enfrentar la realidad. Es parte del amor al que se aferran en las circunstancias más oscuras, para salir adelante; y abrazan dicha mística con coraje en los momentos de crisis. Por otro lado, esa fue la mística que Somoza, la UP y todas sus oficinas y

---

195 Filio, *Tierras de Centroamérica*, 113 y 117. La mayoría de revistas y libros o guías escritas por mexicanos sobre Centroamérica tienden a rescatar la figura de Sandino y, al mismo tiempo, señalar el aspecto dictatorial y la influencia estadounidense en el régimen de Somoza.

196 Wallace, "'Supercercana, amorosa, hasta suicida'. El artículo de Wallace hace referencia al libro publicado por Sabrina Duque. El libro de la autora analiza la "cercana relación entre los nicaragüenses y sus volcanes", particularmente después de la crisis política, económica y humanitaria que estalló a partir de abril 2018 en Nicaragua. Véase: Sabrina Duque, *VolcáNica: crónicas desde un país en erupción* (México: Grijalbo, 2019).

empresas de turismo, utilizaron para ocultar dichas crisis, para mostrar una Nicaragua que se desarrollaba junto con carreteras y aeroplanos, un país en orden y en progreso bajo el dominio de la dictadura. Esta última, puede afirmarse en términos del turismo, fue la mística de la identidad nicaragüense ya comodificada para el consumo del turista. Nicaragua dejaba de ser una *Banana Republic*. Remasterizada mediante las ideas del Buen Vecino y la OIAA de Rockefeller, junto con las películas sobre el país grabadas desde la Carretera Panamericana y los aviones, y junto a las guías de viaje e inversión o los manuales de geografía nacional, Nicaragua se insertó oficialmente al inventario global del turismo como la tierra de lagos y volcanes.

En este capítulo se ha mostrado que los cambios en la infraestructura de viaje pueden alterar las narrativas de viaje y, estas últimas, pueden ejercer una influencia mayor en la puesta en práctica del turismo y sus itinerarios de viaje que fomenta, finalmente, la sedimentación de ciertos rasgos identitarios en el país anfitrión, como fue el caso de los lagos y los volcanes en Nicaragua. En ese proceso, la política internacional, marcada por la Segunda Guerra e inicios de la Guerra Fría, evidenciado en la influencia de la OIAA y la UP en la promoción y fomento del turismo hacia y en Centroamérica, demuestra que los cambios mismos en la infraestructura y narrativa de viaje contestan en gran parte a la geopolítica particular de Nicaragua dentro del istmo centroamericano. Principalmente, a finales de los años cincuenta se sostenía la noción general entre los actores que el turismo era una forma de comercio exterior que respondía a los tres ejes de la política del Buen Vecino: comercio, viaje y defensa.

Asimismo, la construcción de la Carretera Panamericana fue un proyecto que abrió al istmo a nuevas infraestructuras de viaje, las cuales aniquilaron el espacio y el tiempo para recorrerlo, forjando nuevas alianzas y oportunidades comerciales, pero sobre todo terminó consolidando narrativas de la historia en clave turista. Con la Panamericana se fomentó un relató de la historia sobre las relaciones entre Estados Unidos y Centroamérica, acorde a los propósitos y principios de la OIAA y la política del Buen Vecino. La narrativa turista sirvió como un promotor de este proyecto, invitando a los estadounidenses a "redescubrir América" y a apoyar la causa del país en la guerra, mediante lo que se suponía eran lazos fraternales y contactos amigables entre turistas y poblaciones locales.

Quizá el efecto principal de la Carretera fue el cambio radical en la forma de viajar a través del país, al favorecer el viaje de Norte a Sur a través de la costa del Pacífico nicaragüense. Esto facilitó las condiciones estructurantes de la representación del país como una "tierra de lagos y volcanes". Esta denominación se convirtió en la marca principal y rasgo identitario por excelencia de una Nicaragua integrada a los mercados internacionales del turismo y la inversión, además de una parte central del discurso identitario promovido por las élites adentro del país. Una marca saneada de las realidades políticas atadas al somocismo y sus prácticas clientelistas o represivas, como se detallará en el próximo capítulo. Marca país ensamblada mediante la nueva infraestructura de viaje junto con las nuevas tecnologías fotográficas y fílmicas para inventariar las imágenes del país a medida que la Carretera y sus caminos aledaños se abrieron paso por el territorio; para mostrar su propio país a sus habitantes.

Al conjunto de representaciones y narrativas ideadas para atraer inversiones y capital a favor de una noción de modernidad ideada en íntima relación entre Estados Unidos y Nicaragua – vía la UP, OIA y sus contrapartes en Nicaragua – se le denomina en este trabajo como atractivismo. En este capítulo, se ha postulado que la riqueza misma que se añade a los inventarios sobre Nicaragua, mediante las escenas paisajísticas, rasgos de la cultura y la población misma, requiere de la atracción de turistas y capital. Los turistas aquí leídos se hacen cómplices de este mismo sistema, y elaboran sus inventarios y recomendaciones de viaje con el fin de atraer más turistas a Nicaragua. El volcán Momotombo, el lago y sus tiburones, las plantaciones, minas, y mujeres, fueron los elementos de una marca que definió al país en el gran inventario de destinos turísticos. Si bien no borra los demás espacios, los subordina al dominio que la región del Pacífico ya tenía sobre la vida política y económica del país.

El turismo, en estos términos, favorecía un rasgo de la identidad nicaragüense y le mostró el país, mediante fotografías, materiales didácticos y películas, a la misma población. De esta manera, el discurso identitario del nicaragüense agregó más rasgos a su comprensión, suturando la "relación áspera entre lagos y volcanes" al carácter mismo de la población. Así, el turismo ideado en estos años no solo creó una imagen del país que podía ser visitado, sino una imagen en la cual la población misma se podía identificar. El deseo de visitantes y anfitriones, mediado por el turismo, era modernizar Nicaragua. A diferencia de las plantaciones o las minas, que producen condiciones opresivas y desigualdades laborales, el turismo creó un deseo de ver su propio país y conocerlo con sus propios ojos. Por ende, creó un placer por la modernidad que habilita la eficiencia del viaje hacia los paisajes que le dan a la población una parte de su identidad y, al extranjero, el goce de su estatus en el orden imperial de las cosas, al aprovechar su tiempo de ocio para consumir lugares.

Con estas conclusiones en mente, en el siguiente capítulo se profundiza un poco más sobre cómo el somocismo interpretó dichos ejes de la política del Buen Vecino y las oportunidades habilitadas por los préstamos encausados a la construcción de carreteras; y cómo estas particularidades y cambios en Nicaragua fueron interpretados por los mismos turistas que visitaron el país en dichos años. Antes, vale la pena resaltar que la institucionalización incipiente del turismo en Nicaragua, y los primeros proyectos de infraestructura para albergar y entretener al turismo – posible inmigrante e inversor –, denota la gubernamentalidad de esta empresa de desarrollo. Primero, porque se evidencia "el conjunto práctico de estrategias discursivas que pone en juego el gobierno para ejercer su poder a través de un conjunto de saberes especializados", como fueron los saberes copiados intertextualmente y transculturizados entre archivos de Nicaragua como un paraíso que gradó a los paisajes, los recursos, la cultura y las poblaciones en clave turista.[197] Segundo, la JNT, en concordancia con la UP, ambas vertebradas mediante la Carretera Panamericana, establecieron las bases de "la economía política" del turismo en Nicaragua y del turismo como una política exterior de los Estados Unidos, conforme al trinomio de comercio, viaje y defensa. Las estrategias discursivas desplegadas tanto por Estados Unidos como por el somocismo en Nicaragua, en línea con lo anterior, promovieron un "conocimiento técnico" del turismo que se expresó de "manera racional y razonable a la interacción entre los asociados" en esta empresa de desarrollo regional y nacional. Somoza lo utilizó como una estrategia para propagandear su imagen de ser un presidente de "progreso", mientras que Estados Unidos afianzó la noción de necesidad de intervenir en los asuntos de los países centroamericanos, tanto en la Segunda Guerra como en los años iniciales de la Guerra Fría.

[197] John Fernando Restrepo Tamayo y Kevin Alexander Jaramillo Castrillón, "Del poder y la Gubernamentalidad en Michel Foucault", *Derecho global. Estudios sobre derecho y justicia* 4, núm. 10 (2018): 77–99.

5 Institucionalización del turismo en Nicaragua: Somoza, carreteras y los buenos vecinos

El poeta nicaragüense, Joaquín Pasos (1914–1947), abre su poema titulado "Cook Voyages" citando los versos del poeta norteamericano Hart Crane (1899–1932) en su obra "Voyages II". El poema de Hart compone imágenes de la mar espumosa, el terror del océano y del viaje, pero más adelante, "como campanas de San Salvador/Saluda los apetitos de azafrán de las estrellas" que recompensan su aventura. Más allá de la muerte y del deseo, "Oh galeones juglares de fuego Caribe", se encuentra "la amplia mirada de la foca hacia el paraíso".[1] Pasos nunca salió de Nicaragua, debido a una enfermedad que lo aquejó toda su vida. Sin embargo, ubicado en aquel lugar sobre el que escribe Hart, el paraíso, siente el 'deseo de marcharse', "a Muymuy, a Nindirí, o a las riberas del río Kooringways/Pero lo más atrayente es una isla en el Pacífico/ como Cliperton (francesa) o Pitcairn (inglesa)". Al final, el poeta acompaña sus versos con la ilustración de un barco formado en base a algunos versos del poema, junto con el apellido de "Cook" e imagina lo que sería viajar en un "Barco cook" que "corre camina a bankok con carga de coke".[2]

Este encuentro entre poesías y narrativas de viaje muestra que para Pasos, miembro del movimiento letrado conocido como La Vanguardia, ciertas convenciones de la narrativa de viaje ya eran comunes y habían sido asimiladas por las élites letradas nicaragüenses, en la primera mitad del siglo veinte. Sobre todo, el poema resalta que elementos de la historia de la cultura de viaje del turismo ya eran de uso común, como la referencia a "Cook", sus barcos y los paquetes de viaje que ofertaba su compañía. Además, Pasos ya anotaba que los paquetes de viaje lo llevaban hacia colonias inglesas o francesas.

El poeta José Coronel Urtecho une a los también poetas Joaquín Pasos y Ernesto Cardenal para prologar el libro y largo poema de Cardenal, titulado el *Estrecho Dudoso*. Los versos hacen referencia a la búsqueda de aquél estrecho que uniría los océanos y convertiría a Nicaragua, según su supuesto Destino Geográfico, en la "Constantinopla del nuevo mundo". Cardenal comienza con una invitación, "'el país es bello', le había dicho a Colón Toscanelli". Todorov, por su parte, añade la pregunta clave: "¿acaso Colón izó velas él mismo porque había leído la

---

1 Hart Crane, "Voyages II | Academy of American Poets", consultado el 9 de octubre de 2019, https://poets.org/poem/voyages-ii.

2 Joaquín Pasos, *Breve Suma*, ed. Roberto Carlos Pérez y Oscar Estrada (Estados Unidos: Casasola, 2019), 144. La imagen del barco ilustrado por Pasos se encuentra en: Joaquín Pasos, "Cook Voyages", *The Solipsta* (blog), el 23 de diciembre de 2016, https://thesolipsta.wordpress.com/2016/12/23/cook-voyages-joaquin-pasos/.

narrativa de Marco Polo?".[3] Ya fuese por la invitación de Toscanelli o por los relatos de Marco Polo, la narrativa de viaje de Colón es fundacional del carácter nacional del país. Nicaragua, como se ha venido hilvanando, es una nación imaginada a partir del tránsito, de ser una ruta intermedia entre los polos del desarrollo, y que simplemente esperaba el arribo de hombres y mercados que desarrollarían la nación para cumplir ese destino obsequiado por la providencia. El viaje, pues, es un ancla de la identidad nicaragüense. Así lo verifica una vez más Urtecho, al afirmar que "el nicaragüense no se siente nicaragüense si no ha viajado, y que la patria de los nicaragüenses es el extranjero".[4] No se ignora la ironía de remarcar este hecho al hacer referencia a Pasos, el "poeta que no ha viajado nunca".[5]

La interpretación del viaje y el turismo con respecto a la identidad o la literatura nicaragüense no dista de las mismas interpretaciones o usos del viaje por parte de oficiales y funcionarios que trabajaron en el turismo durante la dictadura somocista. Luego de haber documentado la influencia de la OIAA y los inicios del proyecto de la Carretera Panamericana en la infraestructura de viaje y en la definición de Nicaragua como una tierra de lagos y volcanes para el turismo, en este capítulo se indaga sobre las formas en que el somocismo interpretó dicho proyecto. Las preguntas específicas que guían el presente capítulo son: ¿Cómo influenció la Carretera Panamericana a los proyectos nacionales de turismo? Y, tomando en cuenta la cultura política del somocismo y las bases estructurantes del turismo expuestas aquí, ¿se evidencian las prácticas políticas del somocismo en la construcción de la Carretera y en los proyectos de turismo?

A grandes rasgos, a partir de las acciones de Anastasio Somoza García y sus usos del turismo, puede afirmarse que su gobierno entendió el turismo como un requisito para adquirir los fondos que realmente le interesaban, aquellos destinados a la construcción de infraestructura para "modernizar" el país y promover las inversiones en los recursos agrícolas y mineros. Como toda empresa de modernización, esta no solo se basaba en preceptos económicos y políticos o de clase, sino, como se verá más adelante, en aspectos étnicos, raciales y de género. Primero, a continuación se trata el tema de la seguridad para las inversiones y la seguridad para el régimen. El turismo muestra que la dictadura somocista fue reacia a promover el libre tránsito de turistas, debido al temor de las acciones de la oposición nicaragüense en el extranjero y la supuesta amenaza comunista. Segundo, se desarrolla como este contexto de la dictadura determinó los márgenes de acción de la JNT en los años cuarenta y cincuenta del siglo veinte, junto con la noción de atracción de inversiones mediante el turismo. Aquí se detalla como la JNT promovió

---

3 Tzvetan Todorov, *The Conquest of America*, 13.

4 Introducción de José Coronel Urtecho en: Ernesto Cardenal, *El estrecho dudoso* (México: Editorial Nueva Imagen, 1982), 36.

5 Joaquín Pasos, *Poemas de un joven*, ed. Ernesto Cardenal, Tezontle (México: Fondo de Cultura Económica, 1962).

los grandes proyectos de desarrollo y proveyó una plataforma propagandística para Somoza, de manera que le permitió reforzar el mito de ser el gobernante del progreso en Nicaragua.

Sin embargo, y en tercer lugar, el somocismo también se benefició del contexto demarcado por la política exterior del Buen Vecino. En el esfuerzo de los Estados Unidos por producir representaciones más acordes a los intereses de las élites y las poblaciones latinoamericanas, las críticas al gobierno o la reflexión sobre la situación en Nicaragua dio paso a una mayor promoción de los rasgos que intelectuales y élites nicaragüenses prefirieron promocionar del país. A este gran esfuerzo por reformular las narrativas y representaciones sobre América Latina, se postula aquí, se le pueden denominar las "pedagogías subalternas" para los turistas, a diferencia de las "pedagogías imperiales" que se tratarán en el siguiente capítulo 6. Finalmente, en el último apartado de este capítulo se indaga sobre como dichas pedagogías influenciaron las narrativas de viaje turistas de Nicaragua, en especial por parte de los turistas que se denominan aquí como "turistas de la buena vecindad". Dichos turistas, experimentaron, vieron y documentaron los cambios producidos en el país por la Carretera Panamericana y las líneas aéreas. Especialmente, visitaron, vieron y documentaron los lugares destinados a la extracción de materias primas, como los lugares con las "vistas" para el placer del turista. Esto se debió, se sugiere en este estudio, porque en los años cuarenta y cincuenta se vivió un momento liminal en el que la narrativa de extracción y de atracción fueron negociadas para terminar de sedimentar la marca país y la visión de Nicaragua como destino turístico.

5.1 Somoza García y los Estados Unidos: entre abandonar el sueño canalero y las nociones de seguridad

El turismo aparece usualmente como un elemento secundario en las políticas de desarrollo del gobierno de Somoza García y dentro de los temas de negociación entre el mandatario nicaragüense y los Estados Unidos. Los periódicos y los informes afirmaron constantemente que Nicaragua no parecía tener mayores planes o desarrollos circunstanciales en su empresa turística, a diferencia de Costa Rica, Panamá y Guatemala, por ejemplo.[6] Otro ejemplo de esto aparece en una noticia de 1947, donde se afirma que las conveniencias para el viaje, sobre todo hoteles con "estándares americanos" eran pocos.[7] Así también lo consideraba el Departamento

6 Calhoun, "Bargains in Central American Tours".

7 C. H. Calhoun, "Down In Central America: Tropical Heat Tempered By Altitude in Most of Its Big Cities", *New York Times*, 4 mayo 1947, p. SMA63.

de Estado de los Estados Unidos, en un informe redactado en 1960 para evaluar la condición del turismo en Nicaragua.[8]

A pesar del poco interés, en el capítulo anterior se mostró que las medidas implementadas tuvieron una influencia mayor en la definición del discurso identitario y de los modelos de desarrollo imaginados para Nicaragua. A medida que la Carretera Panamericana se abría paso a través del país, capataces, obreros, fotógrafos, ingenieros y personal de servicio aprovecharon la "oportunidad para ver su país". Las guías de viaje afirmaron con mayor énfasis, a partir de los años treinta y cuarenta, que "vistas maravillosas esperan al viajero" que se atreve a adentrarse en las regiones de Nicaragua y Centroamérica.[9] Sobre todo, Somoza, quien visitó cada una de las inauguraciones de la Carretera, aprovechó la oportunidad para recorrer todo el territorio nacional. Por ejemplo, cuando se realizó el corte de la carretera Managua-Carazo, el enviado del Ministerio de Fomento, junto al fotógrafo contratado por el mismo, no solo detallaron los aspectos técnicos. Al ver el panorama de la laguna de Nejapa en Managua exclama el informe:

> La vista central es magnífica y exhibe el espléndido acabado del pavimento asfáltico, como que comprende una carretera de primera clase (…) y el paisaje que el viajero admira desde su vehículo, la Laguna de Nejapa, medicinal, fresca y apacible, cual si fuera la pupila de una muchacha sentimental y encantadora.[10]

Así como funcionarios de gobierno conocían su propio país gracias a las obras de la Carretera – y en los reportes, gracias a Somoza –, funcionarios estadounidenses y figuras prominentes del gobierno o el ejército estadounidense también conocieron Nicaragua mediante el general. Al lado de estas actividades, en su ascenso a la presidencia, Somoza había aprendido la importancia de ser un buen anfitrión para los visitantes de los Estados Unidos, particularmente de los agregados militares y congresistas.[11] Algunos de estos visitantes que hospedó y arregló sus itinerarios de viaje o trabajo en el país, le escribieron afectuosamente meses antes de las elecciones de diciembre 1936, asegurando su futura victoria electoral.[12] También, comprendió los usos

---

8 Embassy Dispatch, "Tourism in Nicaragua", 10 octubre 1960. NA, RG 59, entry: Central Decimal File 1960–1963, caja 2353, doc. núm. 817.181/10-1060.

9 Harry Alverson Franck y Herbert C. Lanks, *The Pan American highway: from the Rio Grande to the Canal Zone* (New York, London: D. Appleton-Century Company, 1942), 194.

10 *Boletín de Fomento: Órgano del Ministerio de Fomento y Obras Públicas*, año 2, núm. 3, junio 1939, 38.

11 Sydney Clark describe extendidamente la cortesía y amabilidad de Somoza con los estadounidenses en Managua. Clark estuvo en Nicaragua en el mismo momento que ocurrió el bombardeo a Pearl Harbor. Somoza organizó dos días de viaje y fiesta para los estadounidenses en Managua. Clark, *All the best in Central America*, 249–50.

12 Clark, *The United States and Somoza, 1933–1956*, 42.

de la buena imagen que las guías de viaje e inversión daban de su gobierno, y su importancia para evitar o contradecir los reportes de periodistas extranjeros y exiliados nicaragüenses en el exterior, como se mostró en el capítulo anterior con respecto al cine y las películas promocionales del régimen. La oposición de estos últimos, fue la que Somoza más temió y, al final de cuentas, perjudicó mayormente el desarrollo del turismo en el país.

Es por esto que Somoza García en particular aprovechó los fondos abiertos para la inversión de la Carretera Panamericana, entre otros, para impulsar sus programas de desarrollo, al igual que asegurar su estadía en el poder. La noción de "seguridad" para el comercio, por un lado y, seguridad para atraer inversiones por el otro, desempeñaron un papel fundamental en la forma que la Nicaragua somocista comprendió el turismo en sus inicios.

En varios estudios se ha mencionado la aparente "astucia" que Somoza García mostró para negociar con los Estados Unidos durante sus múltiples presidencias. Específicamente, en sus negociaciones, Somoza parece comprender bien los ejes del Buen Vecino: comercio, viaje y defensa. Por un lado, en declaraciones a la Sociedad Panamericana reunida en Nueva York, el presidente de Nicaragua ofreció a su país "la defensa de Estados Unidos que es la defensa del continente".[13] Por otro lado, para Somoza García, el principio de no intervención especialmente ideado para Centroamérica y el Caribe, dentro de la política del Buen Vecino de Roosevelt, significó la libertad de perseguir sus fines políticos. Esto se evidenció en su capacidad para planear y llevar a cabo el asesinato de Sandino, sin importar la negativa del embajador Arthur Bliss Lane de apoyar tal suceso. Entonces, Somoza comprendió que sus deseos por derrocar y apartar del poder al presidente electo, Juan Bautista Sacasa, tampoco serían obstruidos por los Estados Unidos.[14]

Con respecto a la Carretera Panamericana, Somoza García escribió directamente a Roosevelt en 1937 solicitando la aprobación de fondos para construir la sección de la Carretera a través de Nicaragua, como había acordado con su antecesor, derrocado por el golpe del General mismo, Juan Bautista Sacasa. Roosevelt contestó asegurando que los proyectos se mantenían igual y subrayó en ese año, "las relaciones entre ambos países eran más cercanas que nunca antes".[15] En una entrevista con un corresponsal estadounidense a principios de 1939, Somoza enfatizó la necesidad de la protección de Estados Unidos para preservar la soberanía de Nicaragua contra las amenazas de "potencias europeas o asiáticas". Despreció a los que acusaron a Estados

---

13 *New York Times*, 8 mayo 1939, p. 5. *New York Times*, 13 mayo 1939, p. 5; 19 mayo 1939, p. 2; citados en: Bermann, *Under the big stick*, 229.

14 Clark, *The United States and Somoza*, 11 y 19. Según este autor, Lane intentó explicar que la política del Buen Vecino podía significar frenar las intenciones de personas como Somoza en Nicaragua, que representaban un "intento desastroso contra el bienestar del país" (20).

15 Ibid., 46.

Unidos de agresiones pasadas en Nicaragua, afirmando que los Marinos "nunca vinieron aquí excepto a petición de gobiernos nicaragüenses incapaces de mantener el orden".[16]

Sumado a esto, en Nicaragua también se consideraba al turismo como parte del comercio exterior. La promoción del mismo no era exclusiva de la JNT, sino que era una actividad compartida con otras instituciones y organizaciones que eran parte o eran promovidas por el estado nicaragüense. Un caso de estos fue el de la Cámara de Comercio de Nicaragua, entre cuyos estatutos aprobados por Somoza se incluye: "Fomentar el turismo, iniciar y llevar a cabo ferias, congresos, concursos o actos de otra índole que tiendan a la difusión de los progresos nacionales y de las actividades de la Institución".[17] Ambas instituciones, JNT y la Cámara de Comercio, dependían y trabajaban cercanamente al Ministerio de Fomento, principal ente estatal a cargo de la realización de la Carretera Panamericana.

Dichas instituciones compartieron estos fines en eventos internacionales. En 1940, por ejemplo, Nicaragua envió una delegación conformada por integrantes del Ministerio de Fomento para promocionar los productos nicaragüenses en la Feria Internacional de Nueva York. Como parte de dicho ministerio, la JNT llevó materiales para promocionar las posibilidades de comercio e inversión en el país, como maderas, hamacas, café, caucho, etc. En el *stand* de Nicaragua, se presentaron particularmente dos bustos con los rostros de dos hombres que habían marcado la vida de Nicaragua y Estados Unidos: Anastasio Somoza García y Franklin Delano Roosevelt.[18]

Somoza García cambió de tácticas para obtener fondos en los años previos y durante la guerra. Considerando la importancia del canal de Panamá para los fines geoestratégicos de los Estados Unidos en la región, Somoza interpeló a Roosevelt a construir un segundo canal por Nicaragua, tomando en cuenta el tratado Chamorro-Bryan. Tratado que fue repudiado a nivel continental, al ser interpretado como una política injerencista de los Estados Unidos, Somoza especificó a Roosevelt que la construcción cambiaría esa percepción y, más importante, aliviaría el riesgo de sufrir un ataque aéreo en el canal de Panamá, proveyendo una segunda opción para mantener su influencia en el Caribe.[19]

Al parecer, el principal objetivo de Somoza García era la construcción del canal, no la Carretera Panamericana. En sus inicios, la legación estadounidense en Managua señaló que Somoza no "había mostrado especial interés en su finalización".[20] Cuando toda la información

---

16 Ibid., 52.

17 "Estatutos de la Cámara de Comercio de Jóvenes de Nicaragua", *La Gaceta Diario Oficial*, 13 abril 1944, p. 616.

18 *Boletín de Fomento: Órgano del Ministerio de Fomento y Obras Públicas*, año 4, núm. 7, enero a junio 1941, 2–8.

19 Clark, *The United States and Somoza*, 52.

20 Ibid., 65.

hacía evidente que los Estados Unidos no consideraban el canal como una prioridad, Somoza intentó asegurar el financiamiento de la Carretera al Atlántico.[21] La carretera entre el Este y Oeste de Nicaragua, alterna a la Carretera Panamericana, fue financiada por su valor en tiempos de guerra. El Ministro de Guerra, y futuro presidente, Dwight Eisenhower, valoró que la Carretera al Atlántico "aumentaría la estabilidad de Nicaragua y minimizaría la posibilidad de actividad revolucionaria, ya que facilitaría "el movimiento de las tropas estadounidenses si fueran desplegadas debido a un levantamiento interno o un ataque desde el exterior".[22]

Finalmente se acordó proporcionar 4 millones de dólares provenientes del Fondo de Defensa Nacional de emergencia discrecional de Roosevelt, para la finalización de la Carretera Panamericana a través de Nicaragua y para la carretera que la conectaría con el Rama (Carretera al Atlántico).[23] La participación de Nicaragua en estos fondos alcanzó los 5 millones de dólares en 1942.[24] El costo de la carretera al Rama eventualmente excedió cuatro veces los 4 millones de dólares autorizados por Roosevelt. La carretera al Rama se completó a fines de la década de 1960.[25]

En el nivel nacional, la Carretera al Atlántico fue expuesta como "una de las rutas madres que hay que construir", según Somoza y el Ministerio de Fomento.[26] La Carretera Panamericana y la Carretera al Atlántico eran, según el Ministro de Fomento, Antonio Flores Vega, "las dos arterias centrales que traerán la prosperidad nicaragüense".[27] Ese era "el programa vial", "impuesto por el Gobierno del Exmo. Señor Presidente General Somoza", en aras de "asegurar la prosperidad nacional".[28] La prensa nacional siguió cercanamente la apropiación y aprobación de fondos para la Carretera en los Estados Unidos.[29] La Carretera Panamericana, tanto para

---

21 Ibid., 69. El informe de los equipos de inspección – enviados por Roosevelt luego de su reunión con Somoza en Washington – a fines de 1940 estimó que la construcción del canal de barcazas en el río San Juan costaría aproximadamente 30 millones de dólares. Posteriormente, el ingeniero en jefe manifestó que no recomendaba el proyecto no solo por el alto costo, sino por el comercio "nebuloso" que se desarrollaría en Nicaragua. Sugirió, como alternativa, que Estados Unidos construyera una carretera este-oeste en el centro de Nicaragua.

22 Ibid., 89.

23 Bermann, *Under the big stick*, 232.

24 Clark, *The United States and Somoza*, 87.

25 Ibid., 91.

26 *Boletín de Fomento: Órgano del Ministerio de Fomento y Obras Públicas*, Año 2, núm. 2, diciembre 1938, 2.

27 Ibid., 8.

28 Ibid., 9.

29 "Estados Unidos vota 20 millones de dólares para hacer préstamos a Nicaragua, Costa Rica, Honduras y El Salvador", *La Prensa*, 17 enero 1942, p. 1; "Insisten en necesidad de Panamericana, resalta Senador Chávez que sobre todo Centroamérica necesita esa ruta", *La Prensa*, 8 abril 1951, p. 1; "Senador Chávez asegura que Estados Unidos va a terminar Carretera Interamericana: 60 millones a Centroamérica", *La Prensa*, 9 febrero 1952, pp. 1 y 3.

funcionarios estadounidenses como para Somoza, y funcionarios de su gobierno, eran equivalentes de "progreso" y el "desarrollo moderno del hemisferio occidental".[30] Lo mismo sucedía con la carretera al Rama, la cual en la prensa nacional se especificaba el valor para la economía nacional del desembolso de 9 millones de dólares, junto con "trabajo para tres mil hombres" asegurado.[31]

Cada uno de los ítems relacionados al progreso y "desarrollo moderno", mediante las construcciones y mejoras a la infraestructura de viaje, no pasaba desapercibida. En la ciudad de Rivas, por ejemplo, la declaración de utilidad pública de las tierras donde pasaría la Carretera Panamericana vuelve a unir el progreso de la obra de infraestructura al potencial turismo que esta podría atraer. En su orden, el mandatario explica que la ciudad de Rivas:

> es una población antigua, colonial, importante por su posición geográfica; pero que nunca ha progresado en población, porque siempre ha estado reducida por las haciendas de agricultura que la circundan por todos sus lados, tapando la mayor parte de sus calles; lo que no ha dado lugar a que se ensanche; y por este motivo la gente media, regularmente el obrero se ve forzado a emigrar a otros lugares, a burcar [sic] albergue y expansión regularmente a la vecina República de Costa Rica, cosa que el Gobierno Local está en la obligación de buscar los medios para evitarlo;
>
> Que con la construcción de la Carretera Panamericana, vía de progreso continental, la que pasa próxima a esta población, al Oriente de la ciudad sobre la finca llamada de "Mongalo", se hace indispensable llevar a cabo la expansión de la ciudad hacia esa vía, prolongando las calles llamadas "Nacional y el "Comercio" en líneas rectas hacia la Carretera, para dar mayor amplitud a sus habitantes que en la actualidad carecen de esa necesidad para el desarrollo natural de los pueblos, y ponerse en contacto directo con esa gran arteria vial, por donde vendrá en el porvenir por medio del Turismo Continental, la afluencia progresiva de los otros pueblos de América.[32]

---

30 Edwin Warley James, Jefe de la Administración de Carreteras Públicas para la Oficina Regional Interamericana, "Introduction", en Stephens, *Down That Pan American Highway,* 12. Los escritores de guías de viaje por Centroamérica y Nicaragua hacen la misma equivalencia entre la Carretera Panamericana y la modernidad, por ejemplo: Morrow Wilson, *Central America Challenge and Opportunity,* 14.

31 "Trabajo para tres mil hombres habrá en septiembre", *La Prensa*, 2 julio 1949, p. 1.

32 "No624: Declárese de utilidad pública unos terrenos en la ciudad de Rivas", 2 junio 1943, *La Gaceta Diario Oficial*, p. 945. La misma descripción de la ciudad de Rivas y su futuro próspero con la Carretera Panamericana se encuentra en: Franck y Lanks, *The Pan American highway: from the Rio Grande to the Canal Zone*, 186; Stephens, *Down That Pan American Highway,* 199.

Si el contacto entre estadounidenses y nicaragüenses proveía los lazos de "buena vecindad", es de notarse en la cita anterior que, en Nicaragua, también se pensaba que dichos contactos fomentarían la "necesidad para el desarrollo natural de los pueblos", esa "afluencia progresiva", a los pobladores de Rivas cercanos a la carretera. El "Turismo Continental", según Somoza García, era el primer paso para recibir esa "afluencia progresiva". Cada inicio y subsecuente finalización de las obras de la Carretera Panamericana, así como sus conexiones con otros caminos recién abiertos, eran documentados por la prensa local y, especialmente, por el Ministerio de Fomento. Toda obra de la Carretera era inaugurada y clausurada con una gran celebración que atraía a multitudes en las diferentes partes del país. En cada acto, la figura de Somoza era enaltecida y se hacía hincapié en el progreso y desarrollo que dicha carretera representaba para el país o la forma en que la misma estrechaba los "lazos de amistad" entre los pueblos.[33] El acto mayor entre estas inauguraciones fue sin duda la apertura del trecho de la Carretera Panamericana que une a Nicaragua y Costa Rica.[34]

Las ceremonias e inauguraciones tenían un valor simbólico y propagandístico para el somocismo. Estas actividades y medios de comunicación asistieron en la consolidación de la figura de Somoza como un mandatario progresista o desarrollista del país, según los términos utilizados más frecuentemente en las fuentes. Paralelamente, los fondos asegurados para la Carretera fueron de vital importancia para el sostenimiento del régimen. Gran parte de los fondos asignados para fomento y obras públicas provinieron de los desembolsos realizados por Estados Unidos.[35] Como en la mayoría de proyectos o iniciativas desarrollistas en el país, se nota la importancia de dichos fondos para el enriquecimiento personal de Somoza y sus allegados. Por ejemplo, cuando se construyó el nuevo aeropuerto de la ciudad de Managua, Somoza se las arregló para comprar las tierras donde se construiría la obra, para luego vender las tierras al gobierno a un mayor precio.[36] El turismo, de manera secundaria a la exportación de materias primas, incrementaba los fondos de las compañías estatales o privadas que Somoza poseía en mayor o menor medida; tales fueron los casos del ferrocarril nacional, la compañía aérea LANICA y la empresa naviera Nacional, MAMENIC LINE.[37]

---

33 "Refuerzan la carretera", *El Eco de Managua*, 8 agosto 1937, p. 4.

34 "Inauguran carretera Nicaragua-Costa Rica", *La Prensa*, 5 febrero 1950, pp. 1 y 6; "Nueva avenida se hará en Managua", *La Prensa*, 13 abril 1950, pp. 1 y 6; "Inauguración de la carretera a San Juan del Sur", *La Prensa*, 23 diciembre 1952, p. 7; "Se abrirá hoy carretera a Costa Rica, delegación de los Estados Unidos muestra el enorme interés de ese país por la inauguración", *La Prensa*, 7 mayo 1955, pp. 1 y 8; "Será inaugurada la cuesta de El Coyol", *La Prensa*, 27 noviembre 1942, p. 1.

35 Walter, *El régimen de Anastasio Somoza, 1936–1956*, 146.

36 Ibid., 174–75.

37 Ibid., 362. En 1957, Luis Somoza firmó un consorcio con empresas israelitas para expandir la flota de MAMENIC, lo cual fue seguido de importación de armas israelitas: Gambone, *Eisenhower, Somoza, and the Cold War in Nicaragua, 1953–1961*, 64. LANICA fue constituida como una filial

La Carretera Panamericana funcionó igual a otros proyectos de inversión en desarrollo y obras públicas en Nicaragua. Al igual que el aeropuerto, Somoza compró los terrenos donde se ubicaría la nueva embajada de los Estados Unidos, "por una séptima parte del precio de tasación", en el extremo sur de la capital. La Carretera Panamericana inicia en esta ubicación su giro hacia el sur y, entre otras inversiones, se apoyó de la construcción del mirador en el parque Las Piedrecitas. Todos estos terrenos los compró el gobierno al propio Somoza.[38]

Las formas en que Somoza utilizó los fondos no pasaron desapercibidas en el consulado estadounidense o en la prensa nacional. Informes de la legación estadounidense se mostraron alarmados por las formas en que Somoza combinaba los fondos de la carretera al Atlántico con la Carretera Panamericana y, aseguraron en sus comunicados, se abría la oportunidad para desviar fondos hacia sobornos y otras formas de corrupción. Los informes consultados no proveen pruebas sobre los cargos de corrupción. No obstante, los informes de todas maneras reforzaron el pedido de cuentas y atrasaron los pedidos de Somoza por el desembolso de nuevos fondos para completar la Carretera.[39] Las inconsistencias y evidencias de corrupción también fueron expuestas por la prensa nacional. En más de una ocasión, los periódicos se preguntaron sobre el destino de los fondos o el avance de las obras, además de los posibles beneficios que dichas obras facilitaban para las arcas particulares de Somoza y sus allegados.[40]

A semejanza de otras obras de progreso y modernidad en Nicaragua, la construcción de carreteras se caracterizó no solo por la captación de fondos internacionales, sino por la implementación de impuestos y trabajos forzados. Por una parte, las leyes de vialidad y su reglamento de impuestos, aprobadas en 1926 y 1930, contemplaban el impuesto de vialidad para las personas poseedoras de un capital mayor de mil córdobas. Las demás personas con un capital menor a esta cifra, estaban obligadas a proveer un día de trabajo o pagar una cuota de cincuenta centavos.[41] Por otra parte, Somoza destinaba a la población contratada en las

de *Pan American Airways*. Esta empresa se encargaba también de las promociones de LANICA en los Estados Unidos, por ejemplo: "Display Ad 365 -- Lanica", *New York Times*, 23 noviembre 1958, p. XX19; "Display Ad 152 -- Lanica", *New York Times*, 9 febrero 1958, p. X41; "Display Ad 164 -- Lanica", *New York Times*, 14 enero1959, p. X45.

38 Clark, *The United States and Somoza, 1933–1956, 1933–1956*, 98.

39 Ibid., 98. En comparación Nicaragua recibió una pequeña parte de los fondos, un total de 2.5 millones del Exim Bank, mientras países como Brasil o Chile recibieron 20 millones cada uno y Cuba 25 millones, de un total de 220 millones de crédito abierto para la región.

40 "Las carreteras ya debían estar hechas: 18 millones ha recaudado el gobierno, 300 kms pueden hacerse con eso", *La Prensa*, 5 octubre 1950, pp. 1 y 4.

41 Véase los artículos 7–10 de la "Ley que establece y reglamenta el impuesto de vialidad", *La Gaceta Diario Oficial*, 21 mayo 1930, disponible en: http://legislacion.asamblea.gob.ni/normaweb.nsf/b34f77cd9d23625e06257265005d21fa/0d2f141448a1d15d0625737900617529. El "Reglamento de la ley de vialidad" fue publicado en las Gacetas núms. 185, 186, 187, 188, 189, 190, 191, 192, 193 y 194, del 17, 18, 19, 20, 21, 23, 24, 25, 26 y 27 de Agosto de 1926, disponible en:

plantaciones de café a trabajar en la construcción de la Carretera, en los meses que no se dedicaban al corte.[42] La carretera también estuvo marcada por huelgas, trabajo forzado, controversias con respecto al trato de los trabajadores, sobre todo de parte de los supervisores estadounidenses.[43]

Si bien Somoza García supo navegar muy bien las aguas de la Segunda Guerra y la creciente influencia provocada por la tensión entre Estados Unidos y cualquier indicio de comunismo en la región, también no logró adaptarse a ciertos cambios en la política internacional. A finales de 1944, a pesar de recibir correspondencia sobre los cambios en la política exterior de los Estados Unidos que alterarían la primacía y naturaleza de la seguridad en la región, Somoza se empeñó en seguir intentando obtener armas y municiones para armar y entrenar a la GN, en aras de convertir a Nicaragua en un bastión de la "seguridad" en Centroamérica.[44]

Una de estas medidas de cambio fue la libre circulación de vehículos y las inversiones destinadas a obtener o formar parte de los 600 millones de dólares que aportaron el turismo anualmente en América Latina, incluso a fines de 1944.[45] El presupuesto nacional nicaragüense muestra una relación inversa entre el gasto e inversión en fuerzas armadas y obras públicas y fomento. Mientras las obras públicas absorbían el 30 % del presupuesto en 1945 y las fuerzas armadas el 26 %, siendo los dos principales egresos, para 1956 esto se había invertido a un 19 % dedicado a obras públicas y más de 31 % dedicado a la GN.[46] Como la JNT era dependiente del Ministerio de Fomento, estos recortes afectaron sus operaciones.

---

http://legislacion.asamblea.gob.ni/normaweb.nsf/($All)/FAAF8357650EBC6506257392007B99F0. Cuota que Somoza incrementó a un córdoba en 1941 y decretó que dichas obras no se realizarían durante tiempos de corte en las plantaciones. Véase "Decreto de la ley de vialidad", La Gaceta Diario Oficial, 22 octubre 1941, disponible en: http://legislacion.asamblea.gob.ni/normaweb.nsf/($All)/040396CDF5AFC9D6062572C900616FE3.

42 Walter, *El régimen de Anastasio Somoza, 1936–1956*, 229.

43 "Quieren más sueldo los trabajadores de la carretera a Poneloya", *La Prensa*, 22 enero 1941, p. 1; "Quejas contra el capataz de la Carretera Panamericana", *La Prensa*, 16 junio 1946, p. 3. Knut Walter menciona las protestas por mejores salarios por parte de los trabajadores contratados para la construcción de carreteras: Walter, *El régimen de Anastasio Somoza García, 1936–1956*, 229.

44 Clark, *The United States and Somoza, 1933–1956*, 119–21. Somoza estuvo ávido de conseguir fondos para la academia militar y para reforzar la GN, para lo cual siempre se hacía representar como una inversión necesaria para la "seguridad de la región". Sobre los fondos que obtuvo Somoza para la GN, sobre todo para crear una Fuerza Aérea véase: Gambone, *Eisenhower, Somoza, and the Cold War in Nicaragua, 1953–1961*, 196.

45 Ibid., 1–2. Gambone menciona otro cambio en el periodo de Eisenhower, "las políticas militares y económicas estadounidenses se asociaron respectivamente con un vehemente anticomunismo y un sentido igualmente estridente de austeridad fiscal".

46 Walter, *El régimen de Anastasio Somoza, 1936–1956*, 292.

De todas formas, Somoza García logró establecer a Nicaragua como uno de los centros de inteligencia y cooperación con los Estados Unidos contra el comunismo.[47] Cambiar este punto nodal del somocismo fue difícil, porque respondía tanto a los intereses nacionales como internacionales. Como afirma Knut Walter, el régimen de "Somoza [García] logró garantizar la confianza empresarial y mantener el orden social, gracias a tres condiciones fundamentales: su fuerte retórica anticomunista, el control del entorno político, y la enorme superioridad de los medios de coerción".[48] También existía la imagen generalizada que la "paz" y "seguridad", sin importar los medios o formas de obtenerlas, eran beneficiosas para el turismo.

En este último punto, tanto Somoza, la prensa, los Estados Unidos – sus agencias gubernamentales como la OIAA y UP – y la UFCO compartían un común denominador: la imagen ideal de paz y seguridad, placer y goce, auspiciada por el turismo para ocultar otras realidades y discursos sobre la realidad nacional. Como afirmó el periodista del *New York Times*, C. H. Calhoun, en Centroamérica "un cambio rápido de gobierno puede dar un impulso adicional a unas vacaciones" especialmente cuando la agitación política alcanzaba el nivel de una "revolución con balas" puede "interferir con el viaje por placer".[49] Un año más tarde, Calhoun afirma que la inestabilidad política en la región centroamericana había sido superada y que los años de paz parecían duraderos en el horizonte. Esto aseguraba una "ola de futuros visitantes" por vapor o por avión.[50]

En Nicaragua, luego de la ocupación y la guerra civil, además de la resistencia de Sandino, las narrativas turistas favorecieron las formas en que Somoza García y la GN restablecieron el orden y "erradicaron la violencia", como afirmaron diputados conservadores y liberales por igual en 1942.[51] La forma en que las noticias sobre inestabilidad o corrupción afectaban al turismo formaban parte de estos debates. En *La Gaceta* se comparte un episodio en el cual los senadores del congreso debatieron sobre si limitar las publicaciones en los periódicos nicaragüenses que injuriaran a las personas o que hicieran referencia, insistentemente, a la corrupción, represión, crímenes, robos y noticias sensacionalistas. El diputado Salvador Castillo, entre las muchas participaciones que hubo en la sesión del Congreso, señaló que "Si Nicaragua comienza a publicar esas cosas, el turismo se terminará, nadie va a querer venir a este país donde se viven

---

[47] Clark, *The United States and Somoza, 1933–1956,* 181.

[48] Walter, *El régimen de Anastasio Somoza, 1936–1956*, 386.

[49] C. H. Calhoun, "In Central America: Here a Quick Change of Government May Give an Extra Fillip to a Holiday Trip", *New York Times*, 5 diciembre 1948, p. XX17.

[50] C. H. Calhoun, "Down Panama Way: Central America Is Interesting to Those Who Seek Out-Of-the-Way Places", New York Times, 14 marzo 1948, p. 47; C. H. Calhoun, "In Central America: New Wave of Visitors Is Anticipated As Accommodations Become Plentiful", *New York Times,* 6 marzo 1949, p. XX48; "Pan American Road Linked to Hotel Need", *Washington Post*, 29 junio 1958, p. C11.

[51] Walter, *El régimen de Anastasio Somoza, 1936–1956*, 157 y 162.

cometiendo crímenes horro[ro]sos. Como repito, el inciso lo que prohíbe es la insistencia, no la narración".[52] A lo cual, el diputado Pedro Joaquín Chamorro Zelaya – dueño del periódico *La Prensa* – respondió que no estaba convencido, porque "ese tipo de noticias se publicaban en los periódicos de países como Estados Unidos y Francia, los cuales no sufrían deserción masiva de turistas o inversiones por ese tipo de noticias". E insiste que "Demos amplia libertad en todo y vamos a ver cómo vendrán los turistas y progresará el país".[53]

El debate en el congreso indica que las líneas de comercio, viaje y defensa fueron discutidas en Nicaragua. Al mismo tiempo, el debate sobre si las noticias pueden atraer o repeler inversión o turismo al país demuestra que las ideas de Calhoun y Somoza ya eran parte del terreno discursivo de la época. La noción sobre la violencia, inseguridad o la inestabilidad política, como elementos desalentadores de inversiones y turismo, reforzaron la idea de que el orden o la estabilidad eran importantes para el país. En este sentido, privar o desestimular noticias o debates sobre el gobierno, la violencia o la corrupción, detallan un orden y una estabilidad a base de presión a la libertad de expresión y el manejo férreo de Somoza del país mediante la GN. Orden y estabilidad eran más importantes que resolver, o indagar sobre, las raíces y causas de la inseguridad e inestabilidad que se vivía en Nicaragua.

Un momento en que la aparente "paz" y "estabilidad" de la Nicaragua somocista se vio realmente cuestionada fue en el marco de la crisis política de 1946 y 1947. En 1946, la presidencia de Harry Truman en Estados Unidos (1945–1953) no favoreció la reelección de Somoza, motivo por cual intentó asegurarse un candidato de su confianza para el periodo presidencial de 1946 a 1951, mientras se mantenía como General de la GN.[54] El liberal, Leonardo Argüello, al asumir

---

52 "Cuadragésima Segunda Sesión de la Cámara del Senado", *La Gaceta Diario Oficial*, 23 febrero 1949, p. 380.

53 Op. Cit. Este debate continúa hasta tiempos recientes. En la celebración del día del periodista en 2005, el presidente de la Asamblea Nacional, René Núñez Tellez, hizo un llamado parecido a no publicar tantas noticias sobre corrupción o crímenes en el país. El Turismo se vuelve a utilizar como excusa principal para evitar esas "malas imágenes": "Debemos de promover nuestra seguridad ciudadana, una de las más seguras valga la redundancia de Centroamérica. La corrupción debe ser denunciada, investigada y demostrada. Pero sin que ello incida en la moral y en la dignidad de la nación. Nicaragua no es un país corrupto, aunque hayan existido y existan funcionarios públicos corruptos. Nicaragua es azul como su cielo y blanca como la conciencia de sus mejores hijos que son una gran legión. Nuestro pueblo es trabajador, valiente, hospitalario, solidario, alegre, creativo y poeta. Nicaragua son sus lagos, sus montañas, sus volcanes, sus ríos, pero Nicaragua es mucho más que un paisaje. Y ese paisaje hay que promocionarlo al turismo interno y externo y los medios de comunicación y los comunicadores deben también exaltar estas virtudes y valores". Asamblea Nacional de Nicaragua, "Sesión especial en conmemoración al día del periodista nicaragüense. Celebrada el 1ero de marzo 2005", http://legislacion.asamblea.gob.ni/Diariodebate.nsf/6fe7882921cce0010625698f0060c501/a8336cb3e8ed5ba506258059005788fb.

54 Ferrero Blanco, "Las relaciones Interdependientes de los Somoza de Nicaragua con EE.UU (1936–1979)", 12.

la presidencia, sin embargo, intentó cooptar el poder de Somoza y disminuir su influencia en la GN. Somoza rápidamente organizó una Asamblea Constitucional que declaró a Argüello "incapaz" de ejercer la presidencia y nombró a otro presidente de confianza, Víctor Román y Reyes, a quién hizo firmar un "pacto de lealtad" antes de asumir el mando del poder ejecutivo.[55]

Truman cambió su posición con respecto al apoyo a Somoza y sus intereses reeleccionistas. En acuerdo con Ferrero Blanco, la elección de Arévalo y Arbenz en Guatemala (1944 y 1951), sumado a la guerra de Corea (1950), influenció la doctrina Truman de contención del comunismo. La nueva Constitución redactada y aprobada por la Asamblea Constituyente en Nicaragua iba acorde a estos cambios, e incluyó artículos condenatorios del comunismo. En 1951 el Tratado Interamericano de Asistencia Recíproca (TIAR) suministró a la GN nuevo armamento y aseguró el apoyo a su general para candidatearse a la reelección.[56]

El Departamento de Estado y la embajada en Managua concordaron en que las elecciones de 1946 y el subsecuente golpe de Somoza habían creado una "ola de antiamericanismo" en Nicaragua y Centroamérica. Como le afirmó un miembro del opositor Directorio Liberal Independiente, Salvador Buitrago Aja, a un funcionario de la embajada, "la 'política débil' de Washington" hizo que la gran mayoría de los nicaragüenses mantuvieran un sentimiento "antiamericano porque consideraban la política de no intervención como un apoyo a Somoza".[57] Este momento de quiebre tuvo una repercusión directa en las guías de viaje sobre Nicaragua, editadas en Estados Unidos, principalmente la desaparición de Somoza García de todos los materiales promocionales del turismo.

También, luego de la crisis de 1946, muchos opositores al somocismo se refugiaron en el extranjero. A finales de los años cuarenta, Somoza García se percató del daño que le ocasionaba a su régimen la oposición nicaragüense que residía en el extranjero, debido a exilios forzados y persecuciones en el territorio nacional. Celoso de estas actividades, Somoza mantuvo un control férreo sobre las personas que entraban y salían del país. La oposición en el extranjero le "preocupaba a Somoza, pues sus actividades manchaban, en cierto modo, la imagen que el dictador deseaba proyectar en el exterior: la de una Nicaragua idílica, donde el pueblo vivía en paz y contento con su gobierno".[58] Producto de estas actividades, Somoza García "contrató [en 1949] los servicios de una compañía en la ciudad de Nueva York para que colocara artículos

55 Esgueva Gómez, *Elecciones, reelecciones y conflictos en Nicaragua (1821–1963)*, 2:485–91.

56 Ferrero Blanco, "Las relaciones Interdependientes de los Somoza de Nicaragua con EE.UU (1936–1979)", 14.

57 Clark, *The United States and Somoza, 1933–1956*, 151.

58 Walter, *El régimen de Anastasio Somoza, 1936–1956*, 160.

favorables a su régimen en la prensa de Estados Unidos, que también destacarían la paz y el progreso que Nicaragua disfrutaba bajo su mandato".[59]

El control de la oposición en el exterior, lo que supuso el control de las personas que entraban y salían del país, fue el tema en que Somoza demostró que Nicaragua no fue un actor pasivo, en cuanto a las políticas liberadoras de tránsito que conllevaba la Carretera Panamericana. Nicaragua fue uno de los últimos países en liberar la entrada de turistas al país. Costa Rica y Guatemala en 1952 requerían únicamente las tarjetas turistas para entrar, sin necesidad de pasaporte o certificado médico. Costa Rica cobraba $2 por una tarjeta de turista válida por 6 meses.[60] En cambio, Nicaragua solicitaba al viajero en 1952: pasaporte, fotos, certificado médico, certificado de vacunas, certificado de buena conducta y cobraba impuestos en la embajada y al entrar al país.[61]

Nicaragua y Honduras principalmente, siempre estuvieron atrasando los plazos para liberar la entrada de turistas, pidiendo los papeles detallados arriba. También, otros países interpusieron trabas a esta liberalización porque no identificaron la reciprocidad de Estados Unidos de liberalizar el paso de turistas hacia Estados Unidos. En el primer congreso interamericano de turismo e inmigración de 1947, llevado a cabo en Panamá, la comitiva de los Estados Unidos intentó establecer el uso de la "Tarjeta Interamericana" para reemplazar el uso de pasaporte para los turistas estadounidenses que viajaban hacia América Latina. En acorde a este punto, los países centroamericanos esperaban reciprocidad de los Estados Unidos en aquellos años y tenían esperanzas de obtener facilidades para el libre tránsito. Sin embargo, Estados Unidos interpuso una reserva a este acápite y la medida fue descartada.[62]

Este tema fue un punto de tensión principalmente en las reuniones realizadas entre 1951 y 1956.[63] En 1954 en una reunión de las Naciones Unidas, el presidente Eisenhower aprovechó la oportunidad para aprobar el tratado de libre circulación para "bienes del turismo", entre sus artículos resaltaban los accesorios y materiales para automóviles, y la libre circulación para

---

59 Ibid., 378. David Whisnant complementa la tesis de Walter, añadiendo la importancia que tuvo la resistencia cultural dentro de Nicaragua: Whisnant, *Rascally signs in sacred places*, 151.

60 Ford, *The Fiesta Lands: Through Mexico and Central America on a shoestring*, 13. Los 6 meses eran válidos para múltiples entradas con estadías máximas de 90 días a la vez.

61 Barbara Squier Adler, "Travelin Papers: Variety of Documents Is Required of Tourists", *New York Times*, 13 abril 1952, p. 3.

62 *Primer Congreso Interamericano de Directores de Turismo e Inmigración: Acta Final*, 15 y 43.

63 Roland Goodman, "Central America's Tourists: Mexico Is Sponsoring an International Conference to Help Neighbors With Their Plans for Welcoming Yankee Holidayers", 15 abril 1951, p. 253; Roland Goodman, "Central American Nations Unite To Promote Tourism", *New York Times*, 13 mayo 1951, p. 13; Paul J. C. Friedlander, "Pan-America Plan: Conference in Costa Rica Adopts Code To Spur Travel in Western World", 29 abril 1956, p. 167.

turistas, exceptuando de esto a los Estados Unidos.[64] En la conferencia de 1956, los artículos aprobados de la declaración fueron categóricos al imponer todas las medidas para "liberar el viaje de turismo" en los términos definidos por la UP. Sin embargo, Nicaragua se abstuvo de firmar y aprobar estos tratados.

Lo anterior generó una confusa y cambiante implementación de trámites migratorios y fronterizos en Centroamérica. Los turistas y escritores de narrativas de viaje documentaron en repetidas ocasiones que las reglas, a pesar de estar establecidas en convenios y conferencias internacionales, raras veces se cumplían en las fronteras de cada país. Por eso las guías de viaje recomendaron en reiteradas ocasiones siempre llevar fotos, permisos o certificados de salud, cartas de buena conducta y siempre consultar con los consulados en Estados Unidos para informarse de la necesidad y costo de las visas.[65]

Por parte de Nicaragua, el delegado nombrado por Somoza para dichas reuniones y conferencias, Armando Pallais, participó constantemente en las comisiones sobre la tarjeta de turismo, además de la comisión de turismo y migración. En este sentido, Pallais fue parte de las comisiones que negociaron y se opusieron fuertemente a la liberación del tránsito de turistas en la región. Salvo la similitud de oponerse a tal liberalización debido a la falta de reciprocidad por parte de los Estados Unidos, Somoza se incluía en este grupo debido a razones diferentes. En 1950, la embajada de Estados Unidos estuvo en contacto directo con el gobierno de Somoza, insistiendo en los cambios a las leyes migratorias, especialmente para turistas. El tema era conocido en el país, pero el embajador Matthew Wheelan, quién simpatizaba ampliamente con Somoza, no comunicó muchas de las posiciones controversiales de éste. En un momento en que su cargo estuvo bajo la responsabilidad de su reemplazo, Philip Williams, se esclareció el la razón de su reticencia a liberar el paso de turistas para Nicaragua. Williams argumentó que era "dudoso" que se cambiaran las reglas porque:

> El hábito de tener las solicitudes de visa aprobadas por el Ministerio de Relaciones Exteriores es fuerte y proporciona un método muy fácil de mantener alejadas a las personas que el Gobierno de Nicaragua preferiría que no ingresaran al país. Esto es

---

64 "Convention Concerning Customs Facilities for Touring, New York, 4 June 1954", United Nations Treaty Collection, consultado el 30 de diciembre de 2020, https://treaties.un.org/Pages/ViewDetails.aspx?src=TREATY&mtdsg_no=XI-A-6&chapter=11&clang=_en.

65 Ford, *The Fiesta Lands: Through Mexico and Central America on a shoestring*, 10. Ford también documenta algo en particular. Según el autor, México cobraba $80 extra a los portadores de la "tarjeta de licencia interamericana" porque eso significaba que iban a viajar a través de México hacia Guatemala, en vez de quedarse en el país. El cobro, por tanto, intentaba incentivar al turista a permanecer en México.

particularmente cierto en el caso de los opositores nicaragüenses que en el pasado han tenido dificultades para obtener visas para regresar a Nicaragua.[66]

Al final, Somoza acordó sostener un sistema híbrido que otorgó tarjetas de turistas a ciertos pasajeros, pero mantuvo el registro de las personas mediante visas. Según Norman Ford, a mediados de los años cincuenta, ambas opciones coexistían mutuamente y describió ambos trámites:

> Nicaragua actualmente emite una tarjeta de turista de [US]$ 1 por 2 fotos, válida para una visita de 15 días. Aunque no se puede obtener una tarjeta de turista en la frontera, las empresas de transporte emitirán una. De lo contrario, se requiere una visa (gratuita) y un permiso de salida. Además, se aplica un impuesto turístico de [US]$ 1 al entrar y salir por vía aérea. Para una visa, se requiere un certificado de fiebre amarilla, 2 fotos y certificados de vacunación, policía y salud. Las visas son válidas por 30 días.[67]

Un detalle que Somoza sí aceptó levantar fue las restricciones de viaje en el Pacífico y el Caribe nicaragüense. Influenciado por la revolución que derrocó a Zelaya, iniciada en el Caribe, Somoza mantenía un control estricto, mediante la GN de las personas que viajaban entre ambas costas. Tanto aerolíneas como compañías marítimas debían entregar una lista de pasajeros para ser aprobadas por "defensa". Si un turista llegaba a Nicaragua vía Managua, debía esperar una semana para tomar un vuelo hacia el Caribe. Esto "obstaculizaba la empresa" en el país. En suma de lo anterior, la mayor lección, a parecer de Williams, fue:

> Probablemente, la mayor importancia de estos cambios propuestos en las leyes de inmigración y viajes es el hecho de que tales propuestas, ya sean practicables o no y si finalmente se aprueban o no, demuestran que el gobierno se ha dado cuenta de la aversión

66 "Memorandum de Philip p. Williams, Chargé d'Affarires interino, al Departamento de Estado: Amendments to Nicaraguan Immigration and Travel Laws", 23 junio 1950. NA, RG 59, entry: Central America 1950–54, caja 4531, doc núm: 817.181/6-2350. Una excepción a esta regla se dio durante el mundial de beisbol en 1948. Para tal evento, el gobierno expidió "tarjetas turistas" especiales para los estadounidenses que quisieran visitar el país durante el mundial. Esta medida fue implementada especialmente por la embajada de Nicaragua en Washington D. C.: "The Tenth World Series of Amateur Baseball", *Bulletin of Nicaraguan Embassy*, No. 11, Octubre 1948, p. 3–4. Las copias de este boletín se encuentran en la Biblioteca Latinoamericana de la Universidad de Tulane.

67 Ford, *The Fiesta Lands: Through Mexico and Central America on a shoestring*, 13. Las mismas regulaciones se encuentran en: Stephens, *Down That Pan American Highway*, apéndice 1; Pan American Union, *The Pan American Highway System: A compilation of the Official Data on the Present Status of the Pan American Highway System in the Latin American Republics*, 57.

> del público y la objeción a ciertas dificultades en viajar (dificultades que la mayoría de la gente considera innecesarias) y que sirven para demostrar con demasiada claridad el alcance de los controles bajo los cuales los nicaragüenses viven en su propio país.[68]

Ante esta situación, la estrategia de la dictadura fue adaptar su discurso en aras de apelar a la comprensión de Washington sobre las razones que mantenían el control de la población de manera tan férrea en su propio país. En vez de referirse a "opositores políticos", Somoza señaló que "necesitaba ayuda" para implementar controles migratorios y fronterizos que "evitaran la circulación de Comunistas" en la región y el país.[69] En un primer momento, la elección de Jacobo Arbenz en Guatemala resultó ser un buen elemento a utilizar. Ante el temor de la "influencia comunista" en Centroamérica, la estrategia de Somoza entonces viró a utilizar términos que tanto la embajada como el Departamento de Estado comprenderían favorablemente.[70] En un segundo momento, en 1954 Somoza García y la GN descubrieron un intento de golpe de Estado por parte de un grupo de opositores, entre los cuales se encontraban ex miembros de la GN, como Adolfo Báez Bone, que estaban aliados a la "Legión del Caribe".[71] El intento de golpe reforzó el discurso del régimen sobre la influencia del "comunismo" en la región, y la necesidad de mantener los controles para vigilar la "seguridad" en Centroamérica.

Estas medidas implementadas para regular y controlar el paso de personas por el país eran contraproducentes para la empresa de turismo y, en cierta medida, para la construcción de la Carretera Panamericana. Pero la inestabilidad política del país, la cual requería un control férreo por parte de la GN, no parecía inclinar la balanza a favor de dichas medidas. El poder político de Somoza descansaba mayoritariamente en su poder militar y su capacidad de ofrecer seguridad en aras de atraer inversiones. Por consiguiente, la seguridad que el régimen garantizó contra el "comunismo" y la protección de inversiones en el país, mediante la GN, jugaron a favor de su régimen, a expensas del desarrollo de la empresa turística en el país.

Al finalizar los años cincuenta, la presión sobre Somoza por parte de la administración Eisenhower se precipitó, debido a que el presidente estadounidense temía más por la seguridad del canal de Panamá y la zona misma ocupada por Estados Unidos. Los impedimentos de

---

68 "Memorandum de Philip p. Williams, Chargé d'Affarires interion, al Departamento de Estado: Amendments to Nicaraguan Immigration and Travel Laws".

69 "Wheelan al Departamento de Estado", 18 mayo 1954. NA, RG 59, entry: Central America 1950–54, caja 4531, doc. núm. 817.18175/5-1854.

70 LaFeber, *Inevitable Revolutions*, 19.

71 Promovida por el presidente costarricense José Figueres Ferrer, la Legión del Caribe fue una organización de mandatarios centroamericanos en torno a la defensa del gobierno de Juan José Arévalo en Guatemala y la lucha por la democracia en Centroamérica. Lucha que se concentró entonces en el derrocamiento de regímenes militares, como el régimen de Somoza en Nicaragua.

Somoza también contradecían la misma proclama de Eisenhower por liberar todas las fronteras para el turismo, elaborada en cercanía con la UP y el Departamento de Estado. En la negociación, Somoza aceptó finalmente liberalizar ciertas condiciones, pero el registro de pasajeros y cobros de visa, al menos en los consulados, se mantuvieron. El Boletín de prensa del Ministerio de Relaciones exteriores, hace énfasis en que "el presidente" publicaba los cambios porque estaba "deseoso de ofrecer a los viajeros amplias facilidades para ingresar a Nicaragua" y prometía al final que "estas nuevas disposiciones del Ministerio de Relaciones Exteriores preparaban otras innovaciones todas tendientes a facilitar el ingreso de viajeros a nuestro país". Los cambios enumerados en el comunicado fueron:

> Primero: Supresión de la previa consulta de las Misiones Diplomáticas y Consulados para el otorgamiento de visas.
>
> Segundo: Supresión del pago del impuesto de turismo en puertos y aeropuertos de Nicaragua, debiéndose hacer efectivo el cobro en los Consulados de Nicaragua al momento de obtener la visa de ingreso.
>
> Tercero: Supresión de la entrega a las autoridades de Migración de los pasaportes de los viajeros que entran al país, los que serán devueltos a los portadores, en los mismos aeropuertos o puertos de entrada, después de requisados.[72]

En 1959, todas las naciones centroamericanas habían aceptado los términos de Estados Unidos, excepto Honduras.[73] Como se mostró en la tabla 5, Los efectos de estas medidas tuvieron un impacto casi inmediato. En 1957, el consulado reportó que el número de pasajeros en aerolíneas comerciales que arribaron a Nicaragua fue un total de 21, 389. A su vez, las salidas del país eran ligeramente mayores, 22,748.

Desde el punto de vista del flujo de pasajeros y captación de divisas mediante el turismo, la administración autoritaria de Somoza del poder político en Nicaragua perjudicó el desarrollo del turismo. En un doble sentido irónico, Nicaragua evidenció en esos mismos años el despliegue sistemático del camino hacia el progreso que publicitaba el régimen somocista en películas, periódicos, informes del Ministerio de Fomento o en los actos inaugurales de los nuevos tramos de la Carretera Panamericana. Mientras Somoza y los Estados Unidos estrechaban los "lazos de buena vecindad", fue la contención del identificado "comunismo" de Arévalo o Arbenz en Guatemala, lo que mantuvo el canal de fondos militares y de infraestructura para Nicaragua. También, propició el contexto para que las noticias sobre la

---

[72] Boletín número ochenta y uno del 9 enero 1956. Ministerio de Relaciones Exteriores. NA, RG 59, entry: 1955–1959 Central Decimal File, caja 4225, doc. Núm. 817.181/1-1056.

[73] "Selling Central America".

represión en Nicaragua, la falta de libertad de expresión y, en el caso del turismo, la falta de libertad de movilización, fueran interpretadas más bien como noticias contraproducentes al progreso nacional. Así, comercio, seguridad y defensa significaron el ajuste del poder dictatorial de Somoza en aras de establecer orden y seguridad, por encima de los intereses turísticos regionales. Dichos intereses regionales se abordan con mayor profundidad en el capítulo 6.

5.2 Junta Nacional de Turismo: Entre somocismo y panamericanismo

La JNT fue la primera institución pública encargada particularmente de la implementación, desarrollo y supervisión del turismo en Nicaragua. Lo estipulado en la ley creadora de la JNT, y el reglamento de ésta, no muestra a cabalidad las tareas y proyectos que esta institución llevó a cabo en sus primeros veinte años de operaciones. Años que compartió con el surgimiento y consolidación de la dictadura, bajo la influencia del Buen Vecino y el panamericanismo.

La legación de los Estados Unidos en Managua realizó un informe sobre el estado y desarrollo del turismo en Nicaragua hasta 1959. Según el informe, las tareas y trabajos de la JNT se habían reducido a la producción de algunos panfletos y material de información sobre el país. La mayoría estaban destinados a la atracción de empresarios y, más bien, a la promoción del turismo doméstico para que la población nicaragüense conociera su país. El informe resaltó la contradicción de que la mayoría del material turístico se había elaborado con el "mercado estadounidense en mente", pero que no se utilizaba para incentivar una mayor cantidad de turismo hacia el país. Además, el informe constató que la JNT no elaboraba o mantenía informes o estadísticas del número de turistas que visitaban el país, o alguna estadística en relación a su aportación general a la economía nicaragüense.[74] Como se indicó al inicio del capítulo, artículos en la prensa estadounidense subrayaron lo poco que se estaba haciendo con respecto al turismo en Nicaragua, cuyas condiciones no eran "óptimas para el turismo".[75]

Debido a la falta de datos oficiales, la embajada en Managua entrevistó a las autoridades en los puestos fronterizos, los aeropuertos y los hoteles, para intentar comprender el panorama del turismo internacional en el país. Según los datos que logró recopilar, la mayoría de viajeros que visitaron el país a principios de los años sesenta eran "empresarios", no turistas. El Gran Hotel

---

[74] Embassy Dispatch, "Tourism in Nicaragua", 10 octubre 1960. NA, RG 59, entry: Central Decimal File 1960–1963, caja 2353, doc. núm. 817.181/10-1060.

[75] "New Central American Areas Open: Survey Discloses Strong Bid Made for U. S. Tourists".

recibía casi el 80 % de estos viajeros. Solo dos personas al mes se identificaban como turistas en la recepción de este hotel y sumaron un total anual de 100.[76]

A pesar del minucioso trabajo del informe, se puede inferir que este documento menosprecia varias labores que desempeñó la JNT. Tomando en cuenta los recursos y personal a su disposición, la JNT logró desarrollar y concretar varios proyectos, aunque quizá no con los resultados esperados.[77] En los años cuarenta particularmente, debido a la guerra en Europa, pocos inversores mostraron interés en invertir en grandes proyectos o en infraestructura para el turismo.[78] Como se ha venido mostrando en los capítulos anteriores, en Nicaragua el turismo siempre ocupó un lugar secundario con respecto a las inversiones en agroindustria e infraestructura. A pesar de este papel secundario, la JNT fue en línea con el resto de entidades estatales en los años germinales del somocismo y experimentó varios cambios.

Particularmente, Sydney Clark anotó el desarrollo de la JNT de los años cuarenta a los cincuenta. De ser una oficina "ineficiente" y "casi sin ninguna facultad para asistir al turista", se convirtió en una oficina con varias facultades. Clark escribe:

> La Oficina Nacional de Turismo se ha trasladado de su antiguo cuartel del Gran Hotel al espacioso nuevo pabellón del Parque Central. Vuelvo a enfatizar esto aquí porque encontrarán esa oficina, llamada en español Junta Nacional de Turismo, genuinamente útil y eficiente, muy diferente en espíritu del ineficaz órgano de gobierno de épocas anteriores. Puede proporcionarle un mapa turístico claro de la capital y otro de todo el país, este último con orientación turística en inglés tanto para la capital como para las provincias, además de un folleto bien hecho en inglés o un folleto con un título exactamente similar al folleto de El Salvador, a saber, *Nicaragua, Tierra de Lagos y Volcanes*. La Junta también tiene a la venta algunas de las postales de colores más bonitas que he encontrado en Centroamérica.[79]

---

[76] Embassy Dispatch, "Tourism in Nicaragua", 10 octubre 1960. NA, RG 59, entry: Central Decimal File 1960–1963, caja 2353, doc. núm. 817.181/10-1060.

[77] En 1953 el personal de la JNT lo comprendían un Oficial Mayor, secretario mecanografista y archivero, un contador, mensajero y tres vigilantes designados para los proyectos turísticos en Acahualinca, las piedrecitas y Jiloá: *La Gaceta Diario Oficial*, 13 julio 1953, p. 1457.

[78] El gobierno concedió el permiso a Nicolás Noguera para invertir en turismo, porque esto no significaba "ninguna carga para el Estado". Noguera intentó editar una guía turística, crear centros de regatas, un hipódromo y hoteles en la ciudad de Masaya. Hasta donde permite ver la documentación, todas las empresas no perduraron. Véase: *La Gaceta Diario Oficial*, 11 agosto 1944, p. 1502.

[79] Clark, *All the best in Central America*, revision supplement to chapter 18. La JNT se mudó a un nuevo edificio ubicado cerca del parque central – al lado de la glorieta – de Managua. Los trámites iniciaron en 1954 y el edificio fue inaugurado oficialmente en 1957; *La Gaceta Diario Oficial*, 1ero noviembre 1954, p. 2254. La JNT pagó un alquiler de quinientos córdobas mensuales por el terreno durante 10

Los cambios mencionados por Clark fueron facilitados por el esclarecimiento del financiamiento para la JNT. En 1947 se estableció el impuesto de Turismo, "cuyo producto", lee el decreto, "se dedicará al fomento y desarrollo del turismo nacional y extranjero".[80] Este consistía de un pago de cinco córdobas o su equivalente en moneda extranjera, pagado por todos los pasajeros que entraran o salieran del país – exceptuaba estudiantes, deportistas y viajes de motivo científico. En 1951 se le asignó a la JNT una partida del presupuesto general de la república y se terminaron de aprobar todos los impuestos para dar financiamiento a la misma institución.[81]

5.2.1 Proyectos de infraestructura turística de la JNT

En 1955, ante la presión que se acumulaba alrededor de los intentos reeleccionistas de Somoza García, el presidente utilizó varias oportunidades para comunicar y resaltar los logros de su administración en las distintas áreas económicas del país. El turismo no fue excepción. En su mensaje a la república del 29 de abril de 1955, Somoza hizo hincapié en el mayor proyecto turístico de su administración. "La Junta Nacional de Turismo ha proseguido su labor tendiente a incrementar y fomentar el desarrollo del turismo nacional e internacional, para lo cual, entre otras actividades, se construye en Xiloá un moderno edificio para alojamiento y un parque anexo, dotado de arborización, piscina, campo para juegos, regatas y cabañas para alojamiento". También menciona la construcción del edificio como un elemento decidor de la modernización de la ciudad de Managua. Somoza afirmó: "el parque central de esta ciudad se está construyendo un edificio para la Junta Nacional de Turismo, el cual constará de dos plantas para oficinas y secciones de cafetería, pabellón para museo, biblioteca y salón de exhibiciones de artículos nicaragüenses, con valor de Ciento Cincuenta Mil Córdobas (C$150, 000.00)".[82]

---

años, según el contrato con el Distrito Nacional de Managua. Este edificio se derrumbó debido al terremoto de Managua en 1972.

80 *La Gaceta Diario Oficial*, 31 octubre 1947, pp. 2237–38. Cabe destacar que este fue un tema puesto a discusión durante la asamblea constituyente que despojó a Leonardo Argüello de la presidencia de la república y reinstituyó la dictadura de Somoza. Véase: *La Gaceta Diario Oficial*, 20 octubre 1947, p. 2141. Otra forma de recaudar ingresos para la JNT fue el otorgamiento de la autoridad para conceder derechos de venta en las fiestas o carnavales en la ciudad de Managua. Véase: *La Gaceta Diario Oficial*, 19 febrero 1949, p. 354.

81 "Todo ingreso que produce o produzca en el futuro el Turismo en la República de Nicaragua, ya sea por impuesto o por cualquier otro motivo, deberá depositarse en las administraciones de Rentas, respectivas", *La Gaceta Diario Oficial*, 10 julio 1951, pp. 1331–32. En 1956 se autorizó a los cónsules a cobrar el impuesto de turismo. Véase el decreto N° 39 en: *La Gaceta Diario Oficial*, 3 septiembre 1956, p. 2166.

82 *La Gaceta Diario Oficial*, 29 abril 1955, p. 866.

El discurso de Somoza enardeció los dos proyectos turísticos más grandes en los años cuarenta y cincuenta, llevados a cabo por la JNT y el Ministerio de Fomento. Estos proyectos fueron los balnearios ubicados en las aguas termales en Tipitapa y el complejo turístico en la Laguna de Xiloá, esta última ubicada en Managua donde también se construyó el "paseo de las piedrecitas". Dos proyectos de menor magnitud, pero no de menor importancia, fueron la renovación del Museo Nacional en Managua y el programa de "Divulgación Patriótica", mediante el cual los boletines de fomento y guías de viaje comunicaron la historia de los departamentos del país, a medida que la Carretera Panamericana y sus vías aledañas conectaron mediante la red de carreteras al territorio nacional más cercano al Pacífico nicaragüense. Junto con la Carretera, el Club de Automóviles establecido en Nicaragua se hace presente en las experiencias que tuvieron los turistas, sobre todo de la ciudad de Managua. Todos estos proyectos compartieron la característica de estar cerca, o en un tramo adyacente, de la Carretera Panamericana.

La obra en Tipitapa fue resaltada como una forma de aprovechar "aquél don con que fue regalada nuestra querida Nicaragua", refiriéndose a las aguas termales. La JNT "emprendió la construcción de los Baños Termales, para que entre las grandes bellezas realizadas por la actividad constructiva nicaragüense, tengamos ese eficaz motivo de salud y poderoso incentivo para atraer el turismo nacional y extranjero".[83] Los baños termales fueron promocionados en guías turísticas oficiales y se intentó impulsarlos con mayor magnitud en los años cincuenta, incluyéndolos como representación de Nicaragua en la guía de viajes de "los 1,000 lugares en el mundo" para visitar, editado por la UP.[84] La JNT incluso se aseguró que se mencionara el reciente balneario y hotel en las guías sobre Nicaragua.[85] En la *Guía ilustrada de Nicaragua*, editada por la JNT y el Ministerio de Fomento, las aguas termales de Tipitapa ocuparon un lugar central:

> País de encanto, de ensueño, de admiración deslumbrante es Nicaragua, donde el viajero halla motivos de satisfacción espiritual en su contemplación física, de entretenimiento inquisitivo en sus acervos arqueológicos, en su fauna prodigiosa y en su flora exuberante y rara, y de interés salutífero en sus aguas termales y sulfurosas. Se ofrece al mundo como un país de recursos turísticos abundantes, que nunca antes procuró nadie – hasta hoy – hacerlos conocer en los centros extranjeros. Está, pues, su fuente de turismo inexplotada, parte de ella de fácil y cómodo acceso al visitante extranjero.[86]

---

83 *Boletín de Fomento: Órgano del Ministerio de Fomento y Obras Públicas*, año 2, núm. 4, diciembre 1939, p. 55.

84 "Travel Book Covers 1000 World Spots", *Los Angeles Times*, 25 julio 1954, p. D8.

85 Palmer, "Nicaragua", 23.

86 Pérez y Barahona López, *Guía general ilustrada de Nicaragua*, 3.

Parecido al caso de Rivas, la "Villa de Tipitapa" se exhibió en las guías turísticas con un futuro prometedor, augurado por la influencia de la Carretera Panamericana, el turismo y la administración de Somoza García. "Abandonada por mucho tiempo", afirma la *Guía ilustrada*, "hoy la Villa de Tipitapa toma auge como centro de interés turístico y comercial. Su importancia crece por cuanto está cruzada por la gran Carretera Panamericana".[87] La inauguración de las obras en Tipitapa siguió el mismo patrón que las celebraciones dedicadas a cada tramo completado de la Carretera Panamericana. El 31 de agosto de 1940, fecha en que "el Jefe del Estado General Somoza (...) uniera sus destinos por el vínculo del matrimonio con su digna señora esposa, inauguró la gran piscina", la cual representaba "una de las obras más trascendentales que construye el Gobierno del Gral. Somoza", "que de esa manera va llevando al país hacia su grandeza y prosperidad".[88] El mismo discurso se ofreció al turista, en las guías de viaje editadas por la JNT.[89]

El segundo proyecto de mayor dimensión ubicado en Xiloá fue singularizado como uno de los "atrayentes paseos de la Capital". En 1957, al proyecto de la carretera a Xiloá se le sumó "el acondicionamiento de un centro turístico (parque, balneario y restaurantes, instalación de energía eléctrica)", con presupuesto asignado de C$1,504,000.[90] Según el *Boletín de Fomento* que resume los proyectos de infraestructura de turismo:

> el Ministerio de Fomento emprendió el trabajo de construcción de la carretera a Jiloá, la laguna pintoresca y encantadora, engastada como una preciosa gema en el margen poniente de los alrededores del lago Xolotlán.
>
> La ruta conduce también al popular balneario Miraflores, en la orilla del lago, y fue hecha con rapidez, ya que en dos meses, a partir del último mes de Enero el tráfico llegó hasta la propia laguna y en los siguientes de veraneo los paseantes [que] quisieron la aprovecharon.[91]

Sobre el paseo ubicado en el parque Las Piedrecitas, ubicado al sur de la capital, el mismo boletín afirma:

---

87 Ibid., 16.

88 *Boletín de Fomento: Órgano del Ministerio de Fomento y Obras Públicas*, año 2, núm. 5, enero-agosto 1940, 36–37.

89 La guía lee "el Gobierno del General Somoza, por medio de la Secretaría de Fomento y Obras Públicas, haya construido magníficos y modernos baños a fin de que se aprovechen con comodidad las milagrosas aguas de sus fuentes sulfurosas": Pérez y Barahona López, *Guía general ilustrada de Nicaragua*, 16. Sobre el discurso de modernidad aplicado a los baños termales en clave turista véase: Monte Casablanca, *Paisaje/Sujeto/Nación: Turismo e Inversión en Nicaragua (1892–1940)*, 101–6.

90 *La Gaceta Diario Oficial*, 10 septiembre 1957, pp, 1873–74.

91 *Boletín de Fomento: órgano del Ministerio de Fomento y Obras Públicas*, año 2, núm. 3, junio 1939, 7.

> El asfaltado del Parque [Las Piedrecitas], cuya muestra puede verse en la preciosa gráfica de esta página, es de éstas: El bello panorama de los alrededores rivaliza hoy con la belleza del parque, formando todo un conjunto encantador y un poderoso motivo de turismo. Que goce la sociedad nicaragüense de la comodidad y progreso que el Gobierno del General Somoza va ofreciendo como frutos profícuos [sic] asegurar el futuro de la Nación.[92]

Sin embargo, en los escritos y relatos de viaje disponibles, los turistas que visitaron Nicaragua en esos mismos años no incluyen detalles o mencionan visitas a Tipitapa o Xiloá. Aunque algunos escritores y escritoras de guías de viaje recomendaron visitar los balnearios, incluyendo las acomodaciones para dormir y comer, ninguna de estas narrativas sugiere que visitaron tal lugar.[93] No se encuentran referencias directas de los turistas a sus experiencias en estos balnearios.[94] Ambos proyectos parecen confirmar la afirmación del consulado estadounidense, en cuanto a que la JNT había realizado proyectos mayormente concentrados en la promoción del turismo a nivel nacional.

Como se nota en las citas sobre los proyectos realizados en Tipitapa, Xiloá y las Piedrecitas, estas obras eran la materialidad del progreso y desarrollo del país, atados a la Carretera Panamericana y esta, en último grado, a Somoza. La figura del dictador en estos discursos y actos de inauguración se encadenaba como un equivalente directo al progreso de la nación. Nación y Somoza se unían en simbiosis completa. De esta misma manera, la historia del país y el inventario de sus lugares pasaron a través de este filtro que resignificó patria y nación igual a Somoza. Dos proyectos elaborados por el Ministerio de Fomento en conjunto con la JNT cristalizan esta práctica claramente: La renovación del Museo Nacional y el programa de "Divulgación Patriótica".

---

92 Ibid., 37.

93 Solo un turista mexicano menciona haber visitado los balnearios, fue llevado por la "familia Matamoros" un día. Véase la referencia en: Agustin Contreras Acosta, *Centroamerica vista por un mexicano* (México, 1951), 75.

94 Clark recomienda la estadía de una noche en los termales de Tipitapa. Pero no menciona ninguna experiencia personal en el balneario o en el hotel: Clark, *All the best in Central America*, 247; Ford, *The Fiesta Lands: Through Mexico and Central America on a shoestring*, 175; Rothery, *Central America Roundabout*, 205–7, menciona la leyenda sobre las aguas termales de Tipitapa. La Oficina de Viajes incluyó los balnearios como parada exclusiva del sistema panamericano de carreteras: Pan American Union, *The Pan American Highway System: A compilation of the Official Data on the Present Status of the Pan American Highway System in the Latin American Republics*, ed. Elizabeth Hastings (Washington, D. C.: Travel Division of the Pan American Union, 1947), 14. Archie Carr parece que fue el único que visitó Tipitapa. Sin embargo, no muestra ningún interés por los balnearios: Carr, *High Jungles and Low*, (Gainesville: University of Florida Press, 1953), 96.

Si los Estados Unidos se concentraron en crear un gran sistema de representaciones sistemáticas y comprensiones para hacer inteligible a América Latina, Somoza por su parte también se dio a la tarea de hacer inteligible a Nicaragua a sus intereses y a la población misma. Hacer patria para Somoza era desarrollarla y modernizarla en tres aspectos: materias primas, infraestructura y orden. Sin embargo, Somoza hizo inteligible Nicaragua mediante su propio prisma y todos los nicaragüenses verían en la patria a su mandatario, haciendo las "grandes labores" de modernización.

En 1940, según el boletín de fomento, el gobierno de Somoza decidió renovar el Museo Nacional mediante donaciones y parte del presupuesto asignado para la JNT, ya que "no había sido renovado desde 1896". Tomando en cuenta que la mayoría de la población nicaragüense no había visto el país y no conocía mucho sobre su geografía e historia, la renovación fue ideada para facilitar la visita de estudiantes de colegio y turistas extranjeros. Con esto en mente, se ampliaron las galerías, se colgaron cuadros con imágenes representativas del país, se abrió una galería para fotografías y se expuso una colección sobre la zoología y la geografía de Nicaragua. Inmediatamente después de la inauguración, el museo organizó visitas de estudiantes y, según el primer informe, el museo era visitado "mensualmente [por] alrededor de 600 personas", entre las cuales destacaban "personas de estudio y turismo".[95]Las versiones de la historia, y el progreso de la misma, narraba una línea de tiempo que culminaba en el gobierno de Somoza.

En conjunto con el museo, los boletines de fomento compartieron en cada número una monografía sobre los departamentos por donde cruzaba la Carretera Panamericana, como Masaya o San Marcos, por ejemplo. Las monografías fueron encargadas al ingeniero José Rosalio Cortez Castellón. En cada monografía, el autor resaltó la figura de Somoza y se enardeció las obras de su administración. Sobre el paso de la Carretera en Masaya, Castellón afirma:

> Conociendo el General Somoza la necesidad y trascendencia del Camino, ha dedicado atención preferente a la evolución vial, sin descuidar por esto los otros ramos de la Administración Pública que han venido a transformar a nuestra Patria en una Nicaragua nueva, plena de vigor y energías que mira confiadamente al porvenir. El camino ha evolucionado en todos los sectores de la Patria en esta Administración del General Somoza, tan fecunda en felices sorpresas y tan rica en esfuerzos y labores constructivas.[96]

La monografía sobre la ciudad, también hace hincapié en la relación directa entre progreso y la Carretera en materia de facilidades para extraer los productos de exportación y agilizar el comercio. A su vez, se destaca en un papel secundario la influencia del turismo. En esta línea Castellón escribe:

---

95 *Boletín de Fomento: Órgano del Ministerio de Fomento y Obras Públicas*, año 3, núm. 6, septiembre a diciembre 1940, 23 y 25.

96 Ibid., 30.

> El turismo, cuando está bien regentado, cuando se atrae al viajero con facilidades de tránsito; cuando hay, como entre nosotros, los más bellos paisajes que exhibir a las entusiastas miradas del corre-mundos[sic], es una valiosa fuente de riqueza pública. Las carreteras, las buenas vías de comunicación, las facilidades de conducirse a las más hermosas regiones de un país, atraen a los visitantes extranjeros que, en su afán de captar las más variadas emociones, van de un lugar a otro escudriñándolo todo.[97]

Junto con Somoza y las autoridades del Ministerio de Fomento, las turistas también anotaron los cambios que la Carretera Panamericana llevaba a cabo para la comercialización de las materias primas y el turismo. En 1953 una turista como Maureen Tweedy, por ejemplo, mencionó el viaje de 25 minutos en auto entre Managua y San Marcos como una buena opción para "escapar del calor de Managua" hacia tierras más elevadas, junto con la importancia de la Carretera para San Marcos, ya que mediante la Panamericana se lograba "sacar" la producción cafetalera.[98] En una forma más notable, la monografía dedicada a la ciudad de San Marcos, ciudad natal de Somoza García, se extiende en "aclarar" la historia de uno de sus antepasados, el "bandido" Bernabé Somoza, en el siglo diecinueve. La monografía también remarcó la inauguración de la "Avenida General Somoza", construida en dicha ciudad.[99] Al igual que otros departamentos, la carretera fue expuesta como el inicio de la era del progreso para dinamizar las plantaciones de café y, con este, el turismo:

> San Marcos, poseyendo un clima verdaderamente agradable (entre los 14 y los 25 grados C. a la sombra), sería un sitio ideal para turismo, aumentándose a las delicias de la ciudad, las de la travesía por ferrocarril. Más para fomentar el turismo es necesario primeramente la pavimentación de una calle, por lo menos, y llevar a cabo una verdadera obra de saneamiento, pues San Marcos parece ser uno de los sectores donde abundan más las moscas, de toda la República.
>
> No dudamos que el Excmo. Sr. Ministro de Fomento, Dr. Antonio Flores Vega, fiel intérprete de las ideas progresistas del General Anastasio Somoza, llevará a feliz término esta obra que dará más prestigios a la administración actual.[100]

---

97 *Boletín de Fomento: Órgano del Ministerio de Fomento y Obras Públicas*, año 3, núm. 6, septiembre a diciembre 1940, 32.

98 Maureen Tweedy, *This is Nicaragua* (Ipswich: East Anglian Magazine, 1953), 35.

99 *Boletín de Fomento: Órgano del Ministerio de Fomento y Obras Públicas*, año 4, núm. 7, enero a junio 1941, 43–53. La monografía sobre San Marcos fue escrita por Tomás Elvir.

100 Ibid., 52.

Otra vez, el turismo aparece supeditado al café. También, el párrafo anterior sutura la supeditación del turismo a la extracción mediante el contexto englobante de la figura de Somoza como líder absoluto del progreso de Nicaragua. La Carretera que habilita estos viajes y obras de progreso, forma parte de la construcción discursiva que teje la equivalencia entre la carretera y Somoza con el progreso de la nación. Se resalta que la historia misma y la naturaleza del país aparecen colapsadas a las "ideas progresistas" del mandatario. En las guías de viaje, la reescritura de la historia en clave turista vuelve a emplear dicha estrategia escrituraria y construye un relato de la historia nacional que estructura la equivalencia entre turismo, progreso y la autoridad de Somoza para llevar a término los proyectos de desarrollo nacional.[101]

Después de documentar las obras de la carretera, inaugurar cada tramo de la misma, y narrar su paso por el territorio nacional y conectar dicha narración a la historia en clave turista a la imagen "progresista" de Somoza, los automóviles comenzaron a circular por estas nuevas vías de comunicación. En el capítulo anterior se mencionó la influencia de la OIAA para establecer un club automovilístico en Nicaragua. En este aspecto, la Asociación Automovilística nicaragüense (AAN) era una oficina adjunta a la JNT y estuvo afiliada a la Federación Interamericana de Automóvil Club de la UP.[102] La AAN organizó un sistema de tours por la ciudad de Managua y lugares aledaños a un precio de dos dólares por tour. El tour se reservaba en la recepción del Gran Hotel u Hotel Lupone.[103] Este servicio inició una nueva competencia al alquiler de carruajes y caballos en Managua, al mismo tiempo que amplió el radio de tours ofrecidos en la ciudad.[104]

En Managua se dio la situación particular de ser una ciudad "completamente nueva", ya que había sufrido un terremoto en 1931. En la serie de publicaciones sobre las "Naciones Americanas", la ciudad de Managua se muestra desde la perspectiva del lente del fotógrafo Adán Díaz Fonseca y sus hijas, especialmente Matilde Haydée Díaz.[105] En esta ocasión, sus

---

[101] Raúl Sapia, ed., *Guía de Nicaragua: Profesional, industrial, comercial, turística y agrícola* (Buenos Aires: River Plate Tourist Publishing Co., 1940), 202–3. La historia en clave turista concentrada en la figura de Somoza se desarrolla con mayor detalle en: Monte Casablanca, *Paisaje/Sujeto/Nación: Turismo e Inversión en Nicaragua (1892–1940)*, 111–13.

[102] Pan American Union, *The Pan American Highway System: A compilation of the Official Data on the Present Status of the Pan American Highway System in the Latin American Republics*, 62.

[103] "Prices in Central America: Hotels Touring", *New York Times*, 15 abril 1951, p. 263.

[104] Franck y Lanks, *The Pan American highway: from the Rio Grande to the Canal Zone*, 186; Stephens, *Down That Pan American Highway*, 316. Stephens describe su visita a Managua en carruaje. El tour en carruaje no llegaba hasta las afueras de la ciudad como la laguna de Asososca. Una foto de los carruajes en el centro de la ciudad se encuentra en la página 47.

[105] Pan American Union, *Managua* (Washington, D. C.: Pan American Union, 1945). Adán Díaz fue diplomático y fotógrafo nicaragüense, grabó un número indefinido de películas entre 1920 y 1935. Su hija, Matilde Haydée Díaz, fue la "primera cineasta de Nicaragua": Karly Gaitán Morales, "La primera cineasta de Nicaragua", *(CASI) LITERAL* (blog), el 29 de octubre de 2018, https://casiliteral.com/la-ventana-discreta/la-primera-cineasta-de-nicaragua/.

fotografías representaron el itinerario de viaje en Managua, ideado por la JNT, la AAN, el Ministerio de Fomento y la UP. En 1950 la ciudad capital se había establecido como el centro con mayor población nacional, no solo concentraba la administración política, sino que aglutinaba la actividad económica.[106]

El itinerario primero llevaba al turista a las Huellas de Acahualinca, sitio arqueológico donde "casi se pueden oír los gritos y gruñidos asustados y las maldiciones guturales de estos hombres-animales y sus compañeros mientras huían de algo, tal vez un volcán".[107] Luego el taxi llevaba al turista a la laguna de Tiscapa, en especial para ver a "las mujeres lavar su ropa, como lo hacían incluso antes que se fundara la ciudad de Managua". Seguido de esto el tour atravesaba la avenida Roosevelt y Bolívar, mostrando al turista el monumento a Darío, la casa Presidencial, el edificio del Distrito y Parque Nacional, el Templo de la Música y el centro de Managua, sobre todo el Estadio Nacional de Béisbol y la estatua ecuestre de Somoza García. De ahí el tour iba hacia la laguna de Asososca, pasando por las piedrecitas y se tomaba un café en el Café Versalles. El día terminaba con una cena en el Restaurante Gambrinus, seguida de un cóctel en el Club Social o en el Club Terraza, ambos de Managua. Si se tenía energía, el taxi podía llevar al turista de regreso al Café Versalles para bailar.[108]

Ruth Baus, en su paso por la Managua de los cincuenta, menciona la diferencia entre el servicio de taxis que tomó en el aeropuerto y los taxis que la condujeron en su tour alrededor de Managua. Los primeros operaban unidades tan "destartaladas como los carruajes" y los conductores eran "tan desorbitados y sonrientes dispuestos a romper el límite de velocidad inexistente".[109] El taxista contratado por la AAN, aunque manejaba un "Chevrolet destartalado", el cual reservó en el Gran Hotel de Managua, era una "persona amigable" que "hablaba un poco de inglés".[110]

Se anota, para concluir esta sección, que los tenues cambios en la infraestructura de viaje tuvieron una gran significación para la población nicaragüense. Especialmente, tuvo un gran significado para los planes de gobierno de Somoza y sus aspiraciones por controlar las obras de modernización del país, tanto para enriquecerse como para enardecer su figura como mandatario. Pequeños cambios que los turistas notaron también, a pesar que tal vez no fueron

---

106 Camilo Antillón, "'La plaga de la centralización': concentración de población y primacía urbana en Nicaragua (1870–1950)", *Revista de Historia IHNCA-UCA*, Segundo Semestre de 2013, 24.

107 Clark, *All the best in Central America*, 253.

108 Ibid., 253–54; Filio, *Tierras de Centroamérica*, 111–13. Ruth Baus realizó el mismo itinerario, además de todas las sugerencias de las guías de viaje y no le "llamaron mucho la atención": Ruth Baus, *Who's Running this Expedition*, (New York: Coward-McCann Inc., 1959), 25–26.

109 Baus, *Who's running this expedition*, 22.

110 Ibid., 140. En 1967 se autorizó el "taxi turismo" por decreto del Ministerio de Economía, Industria y Comercio. Los taxis se ubicaban en el aeropuerto Las Mercedes en Managua y en el Gran Hotel: Ministerio de Economía, Industria y Comercio, *Memoria del Ministerio de Economía, Industria y Comercio 1967–1968* (Managua, 1969), sección VIII, 2.

atraídos a los dos proyectos más grandes de turismo de la época, ubicados en Xiloá y Tipitapa. La JNT acompañó al Ministerio de Fomento en la construcción de la Carretera Panamericana que habilitó los cambios más importantes de la infraestructura de viaje. En este acompañamiento redactó una nueva historia del país en clave turista, supeditada a Somoza y con el principal interés de vender una idea romántica de la modernización de Nicaragua al adentrarse con sus productos en los mercados internacionales y, quizá, recibir más turistas.

5.2.2 El Somocismo en las guías de turismo

En un trabajo anterior, el autor postuló que el rostro del presidente era una parte fundamental de las guías turísticas en Nicaragua. En repetidas ocasiones, Somoza aparece en las guías de Nicaragua como el rostro que personificaba la seguridad necesaria para atraer inversiones e implantar el orden requerido por las obras de desarrollo.[111] En la *Guía ilustrada* de 1940, por ejemplo, se presenta a Somoza como una persona: "quien con amplia visión del porvenir y enérgico empeño propulsa acertadamente el progreso del país".[112] O en la *Guía de Nicaragua*, editada por Raúl Sapia, también se muestra una foto de Somoza y lo define como un presidente "cuyo candente dinamismo y *savoir faire* adquieren carácter continental".[113]

La figura del presidente, equivalente progreso y desarrollo, fue acompañada con su imagen de viajero. En el periódico Novedades – propiedad de Somoza – y en las guías de turismo editadas en el país o por encargo de la JNT, el presidente y general de la GN apareció regularmente en sus viajes hacia Estados Unidos.[114] En los periódicos y revistas nacionales, Somoza apareció siempre fotografiado en los lugares que, en los años cuarenta y cincuenta, pocos nicaragüenses conocían personalmente. En el tono de la película de Marden o las guías de viaje escritas por turistas extranjeros, Somoza es capturado pescando tiburones, visitando las islas del Caribe o cruzando el lago Cocibolca, en su propio barco, llamado General Somoza, como se muestra en la imagen 7. En esta línea, el General mismo se convirtió en un punto usual de las guías de viaje escritas por extranjeros. En varias guías consultadas, los turistas intentaban entrar en contacto con Somoza y, los que lo lograban, escribían sus impresiones del mandatario.[115]

---

111 Monte Casablanca, *Paisaje/Sujeto/Nación: Turismo e Inversión en Nicaragua (1892–1940)*, 119–27.

112 Pérez y Barahona López, *Guía general ilustrada de Nicaragua*. La cita se encuentra en la mitad de la guía junto con una fotografía, sin número de página.

113 Sapia, *Guía de Nicaragua: Profesional, industrial, comercial, turística y agrícola*, 202. Cursivas del autor.

114 Ibid., 352.

115 Clark, *All the best in Central America*, 249–50; Tord Wallström, *A Wayfarer in Central America* (New York: Roy Publishers, 1955), 156–57; Tweedy, *This is Nicaragua, 77–80*; Pedro Alejandro

En 1955, Richard Nixon, entonces vicepresidente de Estados Unidos, visitó Nicaragua como parte de su gira por el continente. La gira fue tortuosa y estuvo marcada por protestas contra la presencia de Nixon en América. No obstante, Nicaragua fue uno de los pocos lugares en que tuvo un recibimiento amistoso. En las noticias se mostró a Somoza y Nixon paseando juntos por Managua. De repente, la cámara se concentra en el rostro del mandatario nicaragüense y luego se distancia a un segundo plano, donde se observa a Nixon sostener una cámara fotográfica frente a Somoza.[116] La toma sugiere lo que muchos turistas hacían en esos años, que Somoza mismo se había convertido en un objeto a fotografiar; en una atracción turística.[117] También, la ilusoria paz que Nixon presenció en Nicaragua estaba a punto de acabar. Somoza García murió asesinado menos de un año después.

Imagen 7: Fotografía de Anastasio Somoza García pescando tiburones en el barco General Somoza. Fuente: Fondo Novedades, Archivo del Instituto de Historia de Nicaragua y Centroamérica (IHNCA).

Gomez Naranjo, *Faro de cinco luces, perfiles de Centro America*. (Bucaramanga: Imprenta del Departamento, 1950), 126–27; Filio, *Tierras de Centroamérica*, 114–17. Un artículo completamente dedicado a Somoza fue: "NICARAGUA: I'm the Champ", *Time*, 15 noviembre 1948, http://content.time.com/time/subscriber/article/0,33009,853420,00.html.

116 La grabación de Rubens está disponible en: "Richard Nixon visiting Nicaragua": https://www.youtube.com/watch?v=f6CC-rWAMAE.

117 Referencias a los turistas que buscaran sostener algún encuentro con Somoza se encuentran en: Filio, *Tierras de Centroamérica*, 114–15; Wallström, *A Wayfarer in Central America*., 155–56.

El evento que realmente sacó a relucir la figura de Somoza ocurrió en 1949. Tomando en cuenta que la crisis desatada por Argüello todavía estaba fresca en la memoria, y el reconocimiento de Román y Reyes en la presidencia tambaleaba, la JNT de turismo puso en escena un evento que aclaró todas las dudas sobre el apoyo de los Estados Unidos y la clase empresarial al somocismo. Muy influenciada por los eventos del Comité de la OIAA en Nicaragua, la JNT organizó junto a la Embajada de los Estados Unidos una Exposición Nacional de Artes e Industrias en el Malecón de Managua.[118] La JNT editó un álbum del evento que acompañó con toda la información sobre el país, sus personalidades y posibilidades de inversión. La editorial, a cargo de Ernesto Barahona inicia el álbum con el siguiente texto:

> La JUNTA NACIONAL DE TURISMO con una visual certera de ese panorama artístico-industrial nicaragüense, acopla a su programa una feria de nuestra industria y la medición del avance de las artes en nuestro medio; pone así en movimiento, hasta coronarlo, el pensamiento de la EXPOSICION NACIONAL DE ARTES E INDUSTRIAS 1949. Así Gabry Rivas, que en 1933 aplaudió y dio su apoyo espiritual a la Primera Exposición verificada, como Presidente de la JUNTA NACIONAL DE TURISMO ahora, abre campaña para reunir bajo las arcadas de una gran revista nacional, todo lo que Nicaragua elabora en materia de industrias y todo el espigamiento [sic] de las artes. Para esto solicita, y la obtiene, la cooperación de los grandes industriales, facilitando el TURISMO la presentación de los pequeños, y el 15 de OCTUBRE de 1949 se instala en EL MALECON, en edificios provisionales, el magnífico certamen de que hacemos mérito.
>
> Sobrepasó esta exposición a las anteriores por la suntuosidad de los stands y la diversidad de los acervos exhibidos. Y esto que al llamado patriótico del TURISMO no correspondieron muchos.
>
> Reproducidos aquí literaria y gráficamente los detalles de esta última EXPOSICION, las páginas de este ALBUM llevarán por los ámbitos de Nicaragua y más allá de sus fronteras, el soplo civilizado que de ella emana, divulgando, cual heraldo de triunfo, cuánto vale el esfuerzo laborioso del nicaragüense aunado con su inteligencia innata y lo mucho que hemos avanzado en las disciplinas del trabajo remunerativo y creador de economía, para fortalecer la savia circulatoria popular y la del Estado.
>
> Esta obra editorial pudo hacerse factible por la cooperación recibida de la mayoría de los industriales concurrentes a la justa organizada en SEPTIEMBRE DE 1949 por la JUNTA NACIONAL DE TURISMO. Ellos

118 Overton G. Ellis Jr., Public Affairs Officer. Embassy's Dispatch No. 712: "Transmittal of Album of the National Exposition of Arts and Industries in Managua, Nicaragua", 3 junio 1950. NA, RG 59, entry: Central America 1950–54, caja 4531, doc núm:817.191 MAP/6-350.

> comparten con nosotros la satisfacción del éxito obtenido. Su cooperación es patriótica y estimativa dentro del desenvolvimiento de nuestra cultura. ¡ARRIBA NICARAGUA![119]

Tanto el texto citado como todo el documento en general subrayaba la importancia "patriótica" de la exposición y del turismo para el país. En este sentido, la exposición se inauguró el 14 de septiembre, fecha conmemorativa de la victoria de las fuerzas nicaragüenses sobre William Walker en la hacienda de San Jacinto. Sumado a esto, el patriotismo aparece encadenado a la empresa "civilizatoria" del progreso industrial en Nicaragua, y la necesidad de llevar la producción nicaragüense a todos los lugares del mundo. De igual manera, el evento fue clausurado el 12 de octubre, "día de la raza", en aquellos años.

La exhibición muestra la conglomeración y funcionamiento de los actores involucrados en la creación y desarrollo de la empresa del turismo en los años cuarenta y cincuenta. Además de la JNT, la sección cultural de la embajada de los Estados Unidos patrocinó el evento, junto con el apoyo de *Pan American Airways*. El panamericanismo también se hizo presente mediante la cobertura que Radio Panamericana dio al evento. Asimismo, la empresa cinematográfica (Nica Film) contratada por Somoza para cubrir el turismo en Nicaragua estuvo encargada de las fotos y promoción del evento. Por último, estos actores acompañaron la exaltación de la influencia que las administraciones liberales, comandadas por Somoza, tenían sobre el progreso civilizatorio del país.[120] Así, el ganador del primer premio recibió la "Medalla General Somoza", más dos pasajes de ida y regreso a Miami, Estados Unidos.[121]

De esta forma, la exhibición reforzó las continuidades en cuanto a las narrativas y representaciones de Nicaragua en el turismo, pensado como un elemento complementario a la atracción de capitales para la agroindustria. Discursos y representaciones que se apoyaron fuertemente en la noción de "seguridad" que supuestamente garantizaba el régimen somocista, según se evidencia en las palabras de apertura de Gabry Rivas. El discurso de Rivas también mencionó superficialmente los eventos que precedieron a la exposición, el golpe a Argüello, y enfatizó que tal exhibición mostraba que "pasaron los tiempos en que el pueblo concurría a llamamientos de la muerte en las luchas fratricidas, ahora el pueblo ha dado las espaldas a los agitadores

[119] Ernesto Barahona López, ed. *Álbum de la exposición nacional de artes e industrias: Junta Nacional de Turismo Sept. 1949* (Managua: Editorial La Nueva Prensa, 1950), 1. Mayúsculas en original. La copia aquí consultada se encontró en: NA, RG 59, entry: Central America 1950–54, casa 4531. El texto afirma que hubo una feria semejante en 1933, pero no se encontró información sobre esta.

[120] Véase el "patrocinio de la embajada de Estados Unidos" y "patrocinio de empresas". Ibid., 25–26.

[121] El premio lo ganó la fábrica de muebles de Julio López Gurdián.

políticos para abrazar, con devoción, la causa de los hombres que tienen en la economía su mejor y más elevada plataforma".[122]

El texto luego expone al presidente en ese momento. Víctor Román y Reyes era el presidente, luego del intento fallido de Argüello por reducir el poder y cooptar la influencia de Somoza en la GN. En la narrativa turista, empero, ninguno de los sucesos políticos merece mención. Román y Reyes, en sus páginas, es calificado como un "Gobernante" que "se ha preocupado por el progreso de Nicaragua compulsándolo y porque la vida del pueblo eleve su standar [sic] social y económico".[123]

El álbum, parecido a las guías de turismo e inversión editadas por la JNT, dedica un gran número de páginas a los "hombres de la patria". Estos, a parecer de la JNT, son "elementos de atracción" del gobierno y el país.[124] Las mujeres en este esquema cumplen un papel subordinado a los trabajos, actividades y asuntos imantados a la imagen de los hombres de la patria, como se verá más adelante.

5.3 Los turistas de la buena vecindad: Pedagogías subalternas del turismo

En los años cuarenta y cincuenta comienzan a dominar las narrativas de viajes escritas por "profesionales". Estas eran personas que se dedicaban completamente a viajar con el fin de inventariar, fotografiar y describir los países, en aras de facilitar el viaje turista a las regiones que visitaban. Lanks y Franck, Baus, Clark, Hancock, Stephens, Tweedy y Norman, Marden y Weimer, entre otros, fueron personas que lograron dedicarse completamente a conocer el mundo y darle sentido para el viaje turista. "Yo no trabajo, yo viajo", le afirmó Stephens a la población centroamericana.[125]

Ejemplo de ello lo proporciona Harry Franck. Autodenominado "vagabundo" que viajó a través de casi todo el mundo en la primera mitad del siglo veinte, se convirtió en uno de los primeros viajeros en vivir exclusivamente de sus narrativas de viaje que el público estadounidense consumió con mucho entusiasmo en esos años.[126] Al final de su vida, Franck prefirió promover el viaje turista por encima del viajero solitario, aunque cuestionó si sus escritos y guías atraían a los turistas estadounidenses más "adecuados" a América Latina.[127]

---

122 Ibid., 15.

123 Ibid., 3.

124 Ibid., 4.

125 Stephens, *Down That Pan American Highway,* 25.

126 Harry Alverson Franck, *A vagabond journey around the world: a narrative of personal experience* (New York: Century Co., 1910).

127 Steven L. Driever, 2013, "From travel to tourism: Harry Franck's writing on Mexico (1916–1940)", *Journal of Latin American Geography* 12, núm. 2, 27.

Centroamérica, Nicaragua incluso, era un "hermoso limbo" lleno de "misterios para el vacacionista" porque el "boom del turismo solo tenía diez años de edad".[128] En el "Grand Tour" por Centroamérica que se abría paso mediante la Carretera Panamericana, la prensa afirmaba que esperaban "cienes de maravillas escénicas" a los y las turistas.[129] Baus, en su viaje por Nicaragua y, en especial, el río Coco en el Caribe-Norte (frontera con Honduras), diferencia el momento "turista" de su viaje por Nicaragua y el de "exploración". La diferencia estaba en su viaje por Managua, León y Granada, donde visitó los lugares, a su parecer, turísticos, y cuando se adentra en el río Coco, territorio "desconocido". Así, el turista y el explorador se encontraban traslapados liminalmente en la Nicaragua de mediados del siglo veinte. La naciente infraestructura de viaje turista todavía guardaba espacio y capacidad de sorpresa, para el turista/explorador. Al mismo tiempo, la observación de Baus ilumina la ambigüedad entre una cultura de viaje y la otra, y como un sujeto puede moverse de un campo de definiciones al otro en países como Nicaragua, así como Marinos y turistas también entraban y salían de sus campos conceptuales en la práctica.[130]

No obstante, sí se notan pequeños cambios en las narrativas que hablan del paso de vagabundos o viajeros a turistas. Mientras en los años veinte Le Fors escribió sobre sus luchas con serpientes o la malaria, en estos años se comienza a dar relevancia a la compra de carteras fabricadas con piel de serpiente, las cuales se podían adquirir en el mercado de Masaya, a un buen precio para el turista.[131]

Los inventarios construidos por estos viajeros de profesión comenzaron a comparar los países que visitaban mediante términos o indicadores referentes a los lugares para ver en cada país, los estándares de hoteles, precios, y particularidades culturales. El fin de estos libros era que se "puede recorrer la mayor parte del mundo y dormir en un hotel confortable cada noche".[132] Como afirma Baus, eran viajeros muy "mimados" y les gustaba el "confort".[133] En estas narrativas turistas, ya casi no se encuentra el esfuerzo del cuerpo o las dificultades que opone la naturaleza y las circunstancias del tiempo. Los nuevos turistas refieren dichas dificultades a los ingenieros que construyen la carretera, o a los empresarios y pioneros de las empresas de

---

[128] Lawrence Martin y Sylvia Martin, "Beautiful Limbo: Fabled Lands in the Caribbean Hold Inviting Mystery for Vacationists", *New York Times*, 3 noviembre 1957, p. 382.

[129] Flora Lewis, "Central American Gran Tour: Six Countries With Varied Scenery and Customs At Their Best Now", *New York Times*, 20 diciembre 1953, p. 19.

[130] Baus, *Who's running this expedition*, 25.

[131] Calhoun, "Better Service To Central America"; Searl, "By Car Through Central America".

[132] Clark, *All the best in Central America*, contratapa. Esta diferenciación entre viajero y turista se repite principalmente en las guías estadounidenses: Stephens, *Down That Pan American Highway*, 11.

[133] Baus, *Who's running this expedition*, 17–18.

extracción. Solo Baus comienza su libro con una larga descripción de las penurias que vivió al iniciar su trayecto hacia el Río Coco.[134]

Estas formas de comprender el espacio y la infraestructura de viaje para recorrerlo corresponden al incremento del turismo. Esto es, la gradación de los lugares y la infraestructura en aras de satisfacer las necesidades del turista estadounidense con "recursos paisajísticos" y experiencias "auténticas" en la Centroamérica que visitaban en avión o en automóvil. Los hoteles, balnearios, carreteras, medios de transporte, entre otros, fueron valorados en términos de comodidad y eficiencia. "Nuestro orden de listado se basa principalmente en la comodidad, la limpieza, la comida, el esplendor de las citas y las salas públicas, la calidad del servicio, la plomería y el ambiente", como afirmó Ford sobre su viaje por las "*Fiesta Lands*".[135] Si Marinos y viajeros batallaron con el infierno de la selva tropical o las dificultades del terreno en su ascenso a los volcanes, los nuevos turistas batallaban con la ausencia de aire acondicionado o la falta de personal de servicio que hablara inglés.

Otra característica que se empieza a notar al final de los años cincuenta, es la cita de otras guías de viaje anteriores, incluso con referencias históricas. Las citas intertextuales entre guías de turismo y narrativas de viaje sedimentaron una visión de la historia en clave turista. Sydney Clark cita la historia de Minor Keith y la *United Fruit Company* de la guía escrita por Charles Monroe Wilson.[136] Agnes Rothery copia varios pasajes del artículo de Dan Sultan en *National Geographic*, y su ilustrador, Wiese, parece que tomó inspiración para sus dibujos de las imágenes que acompañan el artículo de Sultan.[137] Archie Carr cita a Luis Marden para comparar sus vistas del Lago Cocibolca, los tiburones y el pez sierra.[138] Franck y Lanks utilizan fotos de los archivos de *Pan American Airways*, la PU y TACA.[139] Stephens incluso vuelve a citar a Richard Harding Davis, con el fin de ilustrar y relatar la historia de Walker en Centroamérica.[140] La cita intertextual sugiere un archivo autorreferencial sobre el turismo, el cual sedimenta un "mundo de imágenes" de Nicaragua, para utilizar el término de Deborah Poole, el cual aglutinaba el país y lo gradaba, como se mostró en la primera parte, en términos de turismo, visión y raza. También, es de notar que esta intertextualidad autorreferencial naturaliza la narrativa y la historia en clave turista. Así pues, que Somoza y los encargados de sus guías de viaje, así

---

134 Ibid., 14–15. Esto podría significar una excepción a la característica del "esfuerzo del hombre" en las narrativas de viaje mostradas en el capítulo anterior. Sin embargo, cabe resaltar que estos "pesares" los sufrió solo cuando permitió que su compañero de viaje estadounidense dirigiera la expedición.

135 Ford, *The Fiesta Lands: Through Mexico and Central America on a shoestring*, 15.

136 Clark, *All the best in Central America*, 125.

137 Rothery, *Central America Roundabout*, 105–7.

138 Carr, *High jungles and low*,127.

139 Franck y Lanks, *The Pan American highway: from the Rio Grande to the Canal Zone*, Passim.

140 Stephens, *Down That Pan American Highway*, 256.

como las personas que elaboraron las ferias de turismo e industria, utilizan historias, tropos y discursos similares. Es decir, turistas, funcionarios, presidentes, inversores – huésped y anfitrión – conectaron la política exterior del Buen Vecino a la política económica del turismo ideado por el somocismo mediante estas nociones de la historia, representatividad y posibilidades de Nicaragua en clave turista.

Lo anterior hace alusión a que los archivos de la UP y el material producido por la misma organización alcanzaron a un espectro mayor de la población estadounidense al finalizar los años cuarenta. La política del Buen Vecino aplicada al viaje turista y la comprensión de la importancia de Centroamérica para los Estados Unidos, también abarcó todo el espectro social en términos de edad. Niños, jóvenes y adultos fueron alcanzados mediante materiales y publicaciones diseñadas para cada uno de estos sectores. En los años cuarenta y cincuenta, no solo Nicaragua y sus instituciones aprendieron sobre el turismo como comercio exterior, los turistas estadounidenses también aprendieron a ser "buenos turistas" en tiempos que la política de la buena vecindad dirigía las directrices de la política exterior de los Estados Unidos con América Latina. Por ello se les denomina a estos como los "turistas de la buena vecindad".

5.3.1 Pedagogías subalternas para los turistas de la buena vecindad

Rockefeller emprendió una misión de reconocimiento sobre qué era América Latina y, principalmente, quiénes eran los latinoamericanos, pensados desde los Estados Unidos. En 1941 la OIAA realizó una encuesta, la cual consistía de una página con 19 adjetivos. A las personas encuestadas se les indicó que eligieran aquellos adjetivos que más resonaran con sus impresiones sobre los latinoamericanos. Los cinco adjetivos menos seleccionados fueron "eficiente" (5 %), "progresista" (11 %), "generoso", "valiente" (ambos 12 %) y "honesto" (13 %). El adjetivo seleccionado con mayor frecuencia (por el 77 % de los encuestados) fue "de piel oscura", seguido de "irascible", "emocional", "atrasado", "religioso", "vago", "ignorante", "desconfiado" y "sucio". El rasgo más positivo que identificaron los encuestados, según los intereses del turismo, fue que eran "amistosos" (28 %).[141]

Al sur del Río Grande, los estadounidenses tampoco contaban con una buena percepción por parte de la población latinoamericana. Tomando en cuenta la mala reputación que tenían la mayoría de turistas estadounidenses en América Latina, la política del Buen Vecino trató el tema directamente. El "*ugly american*" pasó a ser no solo descrito en los países latinoamericanos, sino por los mismos turistas estadounidenses, los cuales, según el escritor de guías de viaje, Sydney Clark, parecían "miserables la mayor parte del tiempo en tierras extranjeras

[141] Schoultz, *Beneath the United States*, 315.

y ponen su deplorable granito de arena para sabotear todo el espíritu de buena vecindad que nuestro Departamento de Estado ha tratado de construir con meduloso cuidado".[142] Morrow Wilson, por su parte, define al "*ugly american*" como la:

> (...) bandada de tramposos gringos (...) que vinieron de vacaciones y recorridos turísticos y de inmediato y de forma semipermanente se quedaron en escabeche, gritaron fuerte, maldijeron fuerte, rompieron muebles y ventanas, insultaron a ciudadanos nacionales, desprecian el idioma español y (...) [se privan] de las espléndidas posibilidades de una primera comprensión fraterna de estas grandes y hermosas Américas.[143]

Con el tema del "*ugly american*" en el centro, la UP formuló un viaje imaginario a través del continente y lo llenó de materiales didácticos para lograr "un tour del Buen Vecino", cuyo material fue utilizado en escuelas y medios de comunicación en general. El documento establece que:

> Al presentar este curso de estudios sobre las veinte repúblicas de América Latina, la Unión Panamericana espera hacer una contribución que sea útil e interesante a ese elemento grande e influyente que comprende la membresía de los clubes de estudios de los Estados Unidos.
>
> La amistad internacional puede basarse únicamente en el entendimiento internacional. En la medida en que el pueblo de los Estados Unidos se familiarice con la vida y las costumbres de las otras repúblicas americanas, sólo en esa medida nuestras relaciones con ellos podrán mantenerse firmes y duraderas.
>
> El Tour del Buen Vecino está diseñado para contribuir a esa comprensión. Se espera que, al finalizar su curso de estudio, los socios del club tengan una concepción más clara de los diversos factores que contribuyen a la civilización de esos países y estén en una mejor posición para apreciar las condiciones, los problemas y los puntos de vista de las otras Américas.[144]

La cita anterior argumenta que la "amistad internacional" de los Estados Unidos con las repúblicas latinoamericanas conformaría un eje de los estudios sobre el continente. Al mismo tiempo, el tour imaginado contribuiría a este fin específico de la política del Buen Vecino. Los libros

[142] Clark, *All the best in Central America*, 51; Stephens, *Down That Pan American Highway*, 33 y 302.

[143] Morrow Wilson, *Central America Challenge and Opportunity*, 9.

[144] Pan American Union, *Documentary Material for the Good Neighbor Tour: An imaginary visit to the republics of Latin America*, 1: foreword.

y panfletos para estudiantes y niños fueron elaborados por escritores e ilustradores que tomaron en cuenta las mismas directivas de la política exterior estadounidense. Como las escritoras Agnes Rothery y Lois Donaldson, ambas trabajaron en conjunto con el ilustrador Kurt Wiese. A estas autoras se les suma Gladys Shaw, quien escribió su libro sobre el "Pequeño Pepito de Centroamérica".[145] En estas publicaciones se les explicaba a los estudiantes la necesidad de construir aeropuertos y carreteras en Centroamérica e insistían en la "gran ayuda" que Estados Unidos proveía a estos países mediante la Carretera Panamericana. Las publicaciones dirigidas a un público más joven también fueron patrocinadas por la UP, la cual incluyó una explicación de los días feriados, festivales y celebraciones nacionales en cada país de Centroamérica, a la vez que intentó inculcar la celebración del "día panamericano" en todas las repúblicas. A diferencia de otros diarios de viaje, las romerías, procesiones y festivales hípicos o patronales de cada país o ciudad se explicaron detalladamente, y se le incentivaba al turista a asistir, "con mucho respeto y curiosidad", a tales eventos.[146]

Este conjunto de pedagogías desplegadas en el los medios y escuelas estadounidenses se desarrollaron paralelamente con los intentos por enseñar una nueva cultura turista a las poblaciones locales. Los congresos interamericanos de turismo expusieron al finalizar los años cuarenta que existía la necesidad de "enseñar a los locales" que el "turista no era el mismo que los otros extranjeros" que abusaban de la hospitalidad y debía pasar "totalmente sin trabas"; pero no será sino hasta la próxima década que estos esfuerzos se concretaran institucionalmente, como se expone al final del siguiente capítulo.[147] Mientras tanto, en los años cuarenta y cincuenta, la documentación disponible muestra que el principal público educado en la clave turista, con respecto a Centroamérica, fueron los estadounidenses.

Los libros que imaginaron un tour por Centroamérica describían los productos extraídos del istmo, y la necesidad de los Estados Unidos por asegurar su producción y comercio en tiempos

---

145 Rothery, *Central America Roundabout*; Lois Donaldson, *Pictured Geography of Nicaragua in Story and Pictures* (Chicago: Albert Whitman and Company, 1943); Gladys Shaw Erskine, *Little pepito of Central America* (New York: Grosset & Dunlap, 1941).

146 Travel Division of the Pan American Union, *Holidays and Festivals in Central America and Panama* (Washington, D. C.: Pan American Union, 1943), 1; "A Tourist's Calendar Of Coming Events", *New York Times*, 15 abril 1951, p. 259. El día panamericano era el 14 de abril, día que se instituyó la UP. En el caso de Nicaragua, cabe mencionar que la guía destaca la celebración de la independencia de los Estados Unidos y el Pacto del Espino Negro como fechas patrias, impuestas por Somoza. Ibid., 15. El libro para niños de Rothery también dedica un capítulo para explicar las costumbres, festividades y leyendas folklóricas a los estudiantes estadounidenses: Rothery, *Central America Roundabout*, 114–15; así como Hancock también menciona la lista de festividades: Hancock, *The Rainbow Republics*, 224–26.

147 Milton Bracker, "Interamerican Travel Congress: Bariloche Meeting This Week to Seek Simpler Tourist Regulations", *New York Times*, 13 febrero 1949, p. 15.

de guerra y paz. Café, bananos y caucho, entre otros, son explicados e ilustrados de manera detallada.

El propósito de estas historias, descripciones e ilustraciones, establece uno de los libros producidos en esta serie, era "estimular el interés del pupilo en las personas de México, Centroamérica y las Indias Occidentales, como los vecinos más cercanos de los Estados Unidos entre las repúblicas americanas, para ayudarlo a comprender las ventajas y desventajas de sus vecinos (...) y enfatizar la importancia de la conversación amistosa".[148]

Los propósitos de la política exterior estadounidense se mencionan directamente en casi todas las publicaciones de la época. Todos estos actores coincidieron en que el viaje, bien informado e incentivado por los fines correctos, reforzaría los lazos de amistad entre "buenos vecinos". Ruth Brigham tuvo precisamente esa experiencia y aseguró que un "viaje por Centroamérica, como el que realicé recientemente, deja a uno con vistas caleidoscópicas y sin muchas ilusiones anteriores, pero con un mayor respeto por nuestros vecinos".[149] Otro ejemplo lo provee el libro *Caribbean Lands*, redactado por la folklorista Frances Carpenter. Según la autora, las plantaciones de café o banano, como de caucho o las minas, eran de vital importancia tanto en tiempos de paz, como en tiempos de guerra. A diferencia de conquistadores o exploradores anteriores, Carpenter detalla que, en tiempos de paz, miles de estadounidenses visitaban los países de Centroamérica y el Caribe por "placer y negocios", pero recomendaba a los estudiantes que no "deberían viajar para buscar fortunas, sino para hacer amigos".[150]

Entonces, el motivo principal de esta política era mostrar otra cara de las relaciones entre Estados Unidos y Centroamérica que no fuese relacionada a las dictaduras militares, golpes de Estado, el comercio desigual y, en el caso específico del turismo, el esteriotipo del "*ugly american*". En aras de evitar reproducir estos encuentros con los turistas estadounidenses en tiempos de guerra, Morrow hace la misma pregunta que instituciones, empresas y gobiernos, tanto centroamericanos como de los Estados Unidos se hacían: "¿quién es el hombre de Centroamérica y qué sucede dentro de él?".[151] Con esta pregunta, las pedagogías proveídas por los textos mencionados le proveyeron las herramientas al turista estadounidense, como agente de la política del Buen Vecino, para llegar a sus propias conclusiones. Entre sus recomendaciones se destacó evitar las preguntas políticas, más bien invitó al turista a cuestionarse de la siguiente manera: "En cuanto a conversaciones políticas, pregúntese a sí mismo: ¿Cuándo es

---

[148] Carpenter, *Caribbean Lands*, v.

[149] Ruth Brigham, "In Central America: Drink in the Scenery but not the coffee", *Washington Post*, 30 marzo 1947, p. S12.

[150] Carpenter, *Caribbean Lands*, 4.

[151] Ibid., 6. Morrow Wilson utiliza el término "Middle America" para referirse a Centroamérica.

o no es un dictador, un dictador? Cuando se está en este país – y déjelo ir ahí. No espere ver muchos salvajes. Usted encontrará trabajadores de piel bronceada, usualmente con mejores modales que los nuestros".[152]

Con el mismo fin expresado por Morrow, publicaron su guía de viaje Lawrence y Silvia Martin, *Standard Guide to Mexico and the Caribbean*, para que los estadounidenses – particularmente empresarios y turistas – no preguntaran a los centroamericanos "¿de qué tamaño es tu isla?", porque el turista promedio, al parecer, no podía diferenciar "Costa Rica de Puerto Rico".[153] Sin embargo, deshacerse de esa imagen del *ugly american* conllevaba ciertas dificultades en cuanto al conocimiento y las nociones del mundo imperantes para el turista y escritor de guías de viaje. Silvia y Lawrence Martin intentaron explicar al público estadounidense que "el Caribe no es el mediterráneo americano" y que Estados Unidos "no es dueño de ninguna tierra ahí". Su esfuerzo es contradictorio cuando explican que:

> La historia del Mediterráneo forma parte de nuestro patrimonio cultural vivo. Egipcios, griegos, fenicios, judíos, romanos, fueron los bisabuelos de nuestra civilización. Pero los caribes eran solo un pueblo primitivo cuyo nombre se le dio a una gran masa de agua. Aproximadamente 600 de ellos sobreviven hoy, en una reserva especial.[154]

El párrafo anterior muestra que, en los lineamientos del Buen Vecino aplicados al turismo, la preocupación principal era todavía "civilizar", mediante las mismas categorías de progreso y raza que imperaban en las relaciones entre Estados Unidos y América Latina. No obstante, en estas guías de viaje, influenciadas por la política del Buen Vecino, surgen nuevas descripciones interpretativas sobre cómo comprender el "tiempo de siesta" o las "llegadas tardías" de las personas centroamericanas o el sentido de "limpieza" con respecto a un hotel o una habitación. La lección principal a tener en cuenta para ser un buen turista, sobre todo en cuanto a expectativas de viaje se refiere, Clark la argumenta de la siguiente manera:

> *Centroamérica no es Europa*. Los ferrocarriles son pocos y de dudoso carácter. Las carreteras a menudo son transitables solo en la estación seca. Los hoteles de primera clase deben estar ocultos en sus dedos y apenas necesitará sus pulgares. Así que planifique con

[152] Op. Cit.

[153] Martin y Martin, "Beautiful Limbo: Fabled Lands in the Caribbean Hold Inviting Mystery for Vacationists"; Lawrence Martin y Sylvia Martin, *The Standard Guide to Mexico and the Caribbean* (New York: Funk & Wagnalls, 1956).

[154] Martin y Martin, "Beautiful Limbo".

> cuidado. Improvise con precaución. Al hacerlo, disfrutará plenamente de esta cadena de encantamientos sumamente romántica y hermosa.[155]

El intento por ser políticamente correcto, según el párrafo anterior, es reducir las expectativas de viaje en reconocimiento de que "Centroamérica no es Europa". Aceptar este hecho, habilita al turista a disfrutar de los encantamientos del istmo. Saber lo que no es, tampoco es saber lo que se es. Al menos, parece que después de tantos cuestionarios, congresos, guías de viaje, películas y textos escolares, Centroamérica era extraña a la mirada de los turistas estadounidense. En el lado político, ser un turista en tiempos de la política del Buen Vecino aparece relacionado con la agilidad de hacer comentarios o comprender la realidad política y económica sin denunciar a la dictadura. O por lo menos, comprender algunos efectos particulares de la dictadura en elementos de la vida económica que se relacionaban directamente con los turistas. En Nicaragua particularmente, el tipo de cambio del Córdoba, por ejemplo, fue un tema que las guías de viaje intentaron abordar de la manera más imparcial posible. A diferencia de Krehm, quien denuncia las políticas monetarias de dudosa legitimidad por parte de Somoza, las guías turísticas favorecieron comprender la validez del mercado negro de cambio en Nicaragua, sin hacer referencia a cómo este beneficiaba al mercado oficial manejado por Somoza.[156]

Por último, la historia conjunta entre Nicaragua y Estados Unidos fue juzgada en términos un poco más críticos hacia los Estados Unidos. En primer lugar, en las guías y narrativas de viaje de estos años se realizó una lectura más condenatoria de Walker, aunque se le separó al filibustero de las políticas o de cualquier identificación con los Estados Unidos de la época. Walker fue cada vez más singularizado como una persona que actuó bajo sus propias ideas y propósitos: "Independientemente de lo que este hombre soñara, su camino real por la vida fue el de un gánster militar y un vagabundo tropical sin mucha sagacidad o sentido del equilibrio, pero con mucho más de lo que le corresponde de 'agallas'".[157]

Carpenter menciona muy rápidamente a Walker y la ocupación de los Marinos, en dos párrafos cortos. En esta línea, sobre la ocupación de los Marinos en Nicaragua, el texto escribe que "para la mayoría de los nicaragüenses y para algunos ciudadanos estadounidenses,

---

155 Clark, *All the best in Central America*, 50; Cursivas en original. Véase también las "cortesías latinas" y los buenos vecinos en: Stephens, *Down That Pan American Highway*, 33–38.

156 Clark, *All the best in Central America*, 62; Ford, *The Fiesta Lands: Through Mexico and Central America on a shoestring*, 177; Stephens, *Down That Pan American Highway*, 308.

157 Franck y Lanks, *The Pan American highway: from the Rio Grande to the Canal Zone*, 195; Clark, *All the best in Central America*, 121. En los libros para estudiantes y niños, se menciona que "Walker y sus amigos" fueron a Centroamérica y causaron un "gran problema", sobre todo para Vanderbilt: Rothery, *Central America Roundabout*, 119–22.

este mandato parecía 'inmoral', 'presuntuoso e imperialista del dólar'". La política de intervención fue según Carpeter, "en cualquier caso, de dudoso valor práctico" y los "marines fueron finalmente retirados en 1932".[158] En oposición a esta historia, el momento presente de las "buenas relaciones" entre Nicaragua y Centroamérica, se representa en la avenida Roosevelt, la cual cruzaba el centro del casco urbano de Managua. La fotografía de Marden que mostraba a Somoza estrechando la mano del embajador de los Estados Unidos, bajo el monumento a Roosevelt, era el símbolo de las buenas relaciones entre ambos países, a pesar de la invasión filibustera y la ocupación de los Marinos.[159] Flanqueados los hombres militares por mujeres portando las banderas de ambos países, la fotografía simbolizaba el fin de los conflictos entre ambas naciones y la puesta en común de sus ideales en línea con Roosevelt. Al mismo tiempo, quizá la fotografía simboliza la puesta en escena de la historia en clave turista acorde a la imagen de Somoza como el presidente del progreso y de las políticas del Buen Vecino. Precisamente detrás del monumento a Roosevelt se encontraban las cárceles ubicadas en el sótano de la Casa Presidencial. Lugar donde Somoza, sus hijos y miembros de la GN, apresaron, cuestionaron y torturaron a sus retractores, opositores o disidentes políticos.

Si estas políticas de sensibilización tuvieron resultados, estos se evidencian claramente en el cambio de dirección de la animosidad de la población nicaragüense hacia las personas extranjeras. Como se recordará de la primera parte, la ocupación era una de las principales fuentes de la percibida animosidad de la población nicaragüense hacia los estadounidenses. Uno de los resultados visibles de la política del Buen Vecino y su "*Good Neighbor Tour*", fue que la aparente "animosidad" de la población nicaragüense a las personas estadounidenses se había alivianado al final de los años cincuenta, sobre todo en cuanto al trato a los turistas, a diferencia de otros viajeros. Ejemplo de esto se mira en la comparación entre la experiencia de Dana Lamb y June Cleveland, quienes viajaron a través de Centroamérica entre 1933 y 1936, y Sydney Clark, quien visitó Nicaragua en dos ocasiones (1941 y 1955). Lamb describe su arribo y primer contacto con la población nicaragüenses de la siguiente manera:

> Los aventureros estadounidenses no son ninguna novedad en Corinto. La ciudad estuvo ocupada durante mucho tiempo por los marines de los Estados Unidos, y la mayoría de los nativos hablan algunas palabras en inglés. En general, parece que no agradan de los estadounidenses; y por la actitud del pueblo hacia nosotros podríamos haber sido veneno. Es difícil decir si esta actitud se debe enteramente al contacto con las fuerzas

[158] Clark, *All the best in Central America*, 118.

[159] Carpenter, *Caribbean Lands*, 216.

> militares estadounidenses. El nativo promedio nos recordaba a un cartucho de dinamita, caminando mientras esperaba para explotar.[160]

En contraste, Clark anota que, a pesar de la ocupación o Walker, Nicaragua es una de las "mejores amigas" de los Estados Unidos, ya que "el temperamento volátil de los nicaragüenses se presta al fino arte del perdón y los estadounidenses son realmente queridos hoy".[161] Luego de su segundo viaje a través de Centroamérica, la diferencia en el ánimo de las personas hacia el turista estadounidense lo lleva a afirmar:

> Hablando en general, los vecinos centroamericanos son sumamente amigables con Estados Unidos. De hecho, se ha demostrado más de una vez que un líder nacional claramente hostil al "Tío Sam" corre un grave riesgo de perder el apoyo de la gente común y ser "echado". Hasta los últimos años, no habíamos hecho mucho para ganarnos esta amistad. Incluso hemos sido culpables de algunos errores graves, cuando enviamos Marinos a Nicaragua y expediciones punitivas a México. Nuestra charla ha sido hablar de dólares y hemos querido decir, por supuesto, nuestros dólares, hechos en Estados Unidos. Nuestra diplomacia se ha atado al extremo remo de un gran palo. Todo esto, al menos oficialmente, fue cambiado por la Política del Buen Vecino, efectivamente dramatizada, si no iniciada, por Franklin Roosevelt y administrada con sinceridad, paciencia y, en general, con sagacidad por nuestro Departamento de Estado. Es fácil burlarse de esa política como una farsa hipócrita, un piadoso montículo de frases, pero este observador, al sopesar la política, se quita el sombrero.[162]

Dichas afirmaciones de Clark son parciales y es preciso tomarlas con precaución. Lilliam Schoedler hace una distinción importante que escapa al relato de Clark. Al atravesar Centroamérica entre 1947 y 1948, Shoedler identifica que la población centroamericana no la recibió a ella con particular animosidad o animosidad al turista y a los ciudadanos estadounidenses, sino que el descontento de la población centroamericana estaba concentrado hacia los Estados Unidos en general:

> En casi toda Centroamérica encontramos un gran malestar político y social, como si las poblaciones estuvieran sentadas en la cima de un volcán, seguras de que una erupción

[160] Dana Lamb, *Enchanted Vagabonds* (New York: Harper & Brothers Publishers, 1938), 356.

[161] Clark, *All the best in Central America*, 245. Franck y Lanks también anotan un cambio, aunque un tanto exagerado, de la población en 1940. Afirman que los nicaragüenses ahora "agradecen la intervención": Franck y Lanks, *The Pan American highway: from the Rio Grande to the Canal Zone*, 192.

[162] Clark, *All the best in Central America*, 131.

> era inminente, pero sin saber cuándo ni dónde ocurriría. Encontramos una cálida amistad, cordialidad y una maravillosa hospitalidad en todas partes, como estadounidenses individuales, pero sentimos que, en toda esa parte del mundo, como yo había sentido en América del Sur, no había un verdadero amor por los Estados Unidos como nación, particularmente desde un punto de vista empresarial.[163]

Lo que parece claro en las narrativas de viaje es que la población centroamericana diferenciaba entre los Marinos, los funcionarios del Departamento de Estado, y los turistas. Schoedler nota el espacio en el cual se movía como ciudadana estadounidense, al tiempo en que aprecia la forma en que la población centroamericana la ubicaba a ella en una escala de jerarquías. Su aparente trato amistoso, si se cuestiona en este contexto, también parece sugerir la forma en que la población no la consideraba a ella como una persona peligrosa.

Un último cambio que resalta en las narrativas turistas de estos años es que ya no se encuentran descripciones raciales tan pronunciadas, como fueron los casos analizados en la primera parte, particularmente de Eugene Cunningham, por ejemplo. Como se aprecia, los turistas y la población nacional tuvieron múltiples encuentros mediados por la política exterior estadounidense y la consolidación de la dictadura. Más que una interacción decidora de las relaciones entre los Estados Unidos y Nicaragua, la experiencia de los turistas en Nicaragua habla de experiencias caleidoscópicas, como afirma Rinke, en que el sentido entre lo nacional y lo extranjero se negociaba constantemente.

Sin embargo, turistas y población nacional parecen encontrarse en medio del trinomio comercio, viaje y defensa, el cual, en términos de la mirada del turista, también se comprendía en términos de "viajar, ver y comodificar" los lugares para el turismo, a diferencia de "comprender, tomar posesión y destruir" y "hurgar, inventariar e invertir", como proponen Todorov y Rodríguez, para el viaje de conquista y la expedición científica, respectivamente.[164] Los turistas, al final de sus viajes, recomendaron que para "comprender los encantos de estas tierras, hay que verlas por una misma".[165] La nueva forma turista de ver e inventariar el espacio e incluir a Nicaragua en los inventarios globales del turismo define los cambios en las narrativas de viaje entre los años cuarenta y cincuenta del siglo veinte. Esto se mira más en detalle en los últimos dos acápites de este capítulo.

---

163 Carta de Navidad 1947, s.f. y s.l; Schoedler, *Lillian Schoedler Collection 1916–1963 1922–1963*, 2.

164 Tzvetan Todorov, *The Conquest of America*, 127–44; Rodríguez, "en ecos de su pluma, los gemidos", x.

165 Pachita Crespi, *Wings over Central America*, 169. Ralph Hancock invita a ver las "pintorescas" repúblicas centroamericanas para "aprender más sobre su propio país": Hancock, *The Rainbow Republics*, xi.

5.3.2 Cambios en la infraestructura, cambios en la narrativa de viaje

En los años cuarenta y cincuenta se aprecia la desaparición del ferrocarril en las narrativas escritas por turistas o viajeros. La primacía del avión, el automóvil y el autobús comienzan a dominar las páginas de las guías y relatos de viaje. Si antes el turista escribía sobre su ingreso al país en vapor vía puerto Corinto, ahora lo hacía en avión directo a Managua o cruzaba la frontera terrestre en el Espino (Honduras-Nicaragua) o Peñas Blancas (Nicaragua-Costa Rica). Si el turista entraba en contacto con la población, lo hacía en sus viajes en taxi o autobús y, parecido a la experiencia del ferrocarril, se creaba una tensión entre la modernidad y la tradición. En su viaje de Managua a Jinotega, dicha tensión florece en la descripción de Baus:

> Fuimos en autobús, un viaje recomendado solo para los viajeros más curtidos. El autobús estaba viejo, sin grasa, con exceso de trabajo y sobrecargado. En cada parada urbana fue asaltado por vendedores de frutas, tamales, tortas cubiertas de moscas y bebidas de colores arcoíris en vasos de gelatina. Nuestras rodillas estaban apretadas contra el respaldo de los asientos delante de nosotros; la familia de cuatro que ocupaba el asiento para dos detrás de nosotros encontró mi cabello rubio de gran interés, tanto que lo tocaron repetida y tiernamente mientras me goteaba helado sobre los hombros. A nuestro alrededor y por encima de nosotros, los pasajeros asomaban y se abalanzaban, silbando estridentemente al conductor cuando querían que se detuviera para poder bajar, generalmente en algún lugar en medio de la nada. El conductor, de carácter afable, sin afeitar y sucio, accionaba el motor con estruendo antes de detenerse, y su ayudante que viajaba en el escalón se bajaba inmediatamente para apresurarse a colocar una piedra debajo de la rueda trasera. El motor murió muchas veces. La batería se volvió cada vez más débil. Finalmente, cada vez que el motor se detenía, los pasajeros masculinos saltaban en masa para empujar y encender el motor nuevamente. Encontré el viaje divertidísimo.
>
> Soldados con rifles de arrastre, recolectores de algodón y café, mujeres con bebés y descendientes adicionales de varios tamaños, hombres de aspecto ominoso con pistolas y cartucheras mullidas, muchachas bonitas que se ríen tontamente con gallinas vivas debajo del brazo, varios niños jóvenes de mirada aguda con cuchillos malvados atascados en sus cinturones y un chino sonriente. ¡Agregue a todos estos dos estadounidenses deslizándose en sus asientos! Fue un viaje con momentos de suspenso y emoción, pero nunca aburrido, aunque duró unas cinco horas.[166]

[166] Baus, *Who's running this expedition*, 31–32.

La experiencia del viaje en autobús sirve como referencia para diferenciar entre el "turista curtido" y cualquier otro turista. El viaje aparece con sumo detalle. Se presenta el terreno conocido, el autobús y el viaje a recorrer entre Managua y Jinotega. Luego enumera y detalla todo lo extraordinario a esta circunstancia común. La población, sus ropas y humor; el mismo autobús agotado; la acechanza de vendedores en cualquier parada; los asientos pequeños; o las mujeres cargando gallinas. El inventario de elementos da un carácter especial al viaje en Nicaragua. Delimita, desde la mirada estadounidense, lo conocido y desconocido, así apela a la atención del lector y, quizá, futuro turista.

Como afirmaba la *Oficina de Viajes* de la UP, la Carretera Panamericana estaba cambiando rápidamente las "formas primitivas de viaje" a lo largo del continente. Lo que antes parecía imposible, los mundos ocultos y las experiencias solo reservadas para los "viajeros más intrépidos", estaban cada vez más cerca del turista común.[167] Esto se debe a que la construcción reciente de la misma ponía en contacto al turista con la percepción de estar presenciando un cambio en el modo de vida nicaragüense en el aquí y ahora. La población en este país se encontraba en ese momento crucial entre la tradición y la modernidad, y sus vistas reflejaban dicha tensión.[168] Las observaciones en clave turistas cuentan sobre los nuevos vientos del progreso que se encontraban entrelazados con el mundo "premoderno" que dejaba atrás. En esta línea, al manejar por la carretera que une Masaya con Managua, Tweedy escribe:

> Se ha construido una nueva carretera, toda a nivel, directo a Managua. Sale de la ciudad por un gran aserradero, frente al cual suelen verse los bueyes que no están unidos en yugo, al estilo asiático por el cuello, sino por la cabeza. Dibujan carros de madera de aspecto extraño con ruedas de madera grotescamente altas. Pero aquí, como en otras partes del país, la mecanización está superando los métodos obsoletos más lentos y no pasará mucho tiempo antes de que los hombres que ahora caminan para trabajar en el campo y el bosque, o corren a lo largo de dos en un pony, estén usando bicicletas de motor y motonetas [*scooters*]. Las topadoras, los tractores de oruga y los camiones pesados con motor diésel ya son vistas familiares.[169]

---

[167] Pan American Union, *The Pan American Highway System: A compilation of the Official Data on the Present Status of the Pan American Highway System in the Latin American Republics*, 2 y 4.

[168] La combinación de "peones", con automóviles y puertos, de carretas y aviones, de las ciudades coloniales y las capitales, le llevan a Morrow Wilson a afirmar: "El centroamericano es un ciudadano contemporáneo. Pero el ayer es parte tanto de su presente como de su futuro": Morrow Wilson, *Central America Challenge and Opportunity*, 15.

[169] Tweedy, *This is Nicaragua*, 47.

En las citas anteriores se desluce entre las líneas los nuevos regímenes visuales y formas de ver, inventariar y comodificar los espacios en clave turista. Encima de las características de estos nuevos viajeros y escritores de literatura de viaje, yace el aspecto fundamental del valor que adquiere la vista y las descripciones de los objetos y las personas para atraer turistas, de manera que puedan ver dichas atracciones "por sí mismos". ¿Qué importa que el bus se descomponga en medio de la nada o que los carruajes sean lentos? El solo hecho de experimentar estas dificultades y verlas en su estado natural, le dan un valor a todas las particularidades de la vida nicaragüense. Atraer más turistas contribuye, subtextualmente, a este impulso que llevará a las personas de andar en pony a andar en motonetas. Estos turistas ya no son biólogos o geólogos, etnógrafos o naturalistas. Incluso, estos turistas ya no perciben la necesidad de contar con dichos conocimientos para viajar y dar cuenta de lo que ven. Morrow Wilson nos provee de un ejemplo ilustrativo en este argumento. Él hace conocer al lector que no sabe mucho y que no es "una 'autoridad' en el café", pero da primacía al hecho que lo ha visto en todo su proceso para dar cuenta de ello y, en la guía de viaje, escribe:

> He visto el cultivo en varios espacios y elevaciones de las Américas. He visto trenes aparentemente interminables llenos de café serpenteando por vías férreas de vía estrecha y empinadas en ruta hacia el mar. Durante horas que me provocan sueño, he visto literalmente montañas de bolsas de café marrón y gris que se izaban y hundían en las bodegas y arcos de los barcos. He visto los huertos de vasos más o menos cubiertos de nieve con flores; los coloridos ejércitos de recolectores que invaden las arboledas donde los árboles están cargados de bayas rojas y rosadas; las caravanas de carretas, mulas de carga y camiones que transportan la cosecha manual a los beneficiarios o refinerías; los patios asoleados y los cubos de secado; las tinas de lavado gigantes; los beneficios de nuevo estilo altamente mecanizados donde las bayas se eliminan de la pulpa, se pelan, se clasifican, se pulen, se secan, se embolsan, se clasifican y se clasifican. He observado las salas de clasificación donde las hábiles manos morenas de miles de mujeres y niñas clasifican, separan y "designan" millones y miles de millones perennes de "frijoles" oscuros y de rico olor.[170]

En el párrafo anterior, el conocimiento compartido por el autor siempre comienza con la sentencia: "he visto" o "he observado". La mirada entonces utiliza un filtro para inventariar los objetos, recursos naturales, poblaciones y paisajes que ve. La adjetivación de los recursos hace inteligible la prosa solo para manifestar el valor exponencial de lo que significa poder ver estos recursos. El ver es equivalente de haber experimentado esta realidad y dar cuenta verdadera

---

170 Morrow Wilson, *Central America Challenge and Opportunity*, 150.

de ella; principalmente si la realidad cumplía con el "estándar turista".[171] En estos términos, inventariar el espacio, las personas y su cultura en clave turista significó una nueva lectura de valorización de estos elementos tradicionales de la vida humana. En términos del turismo, los paisajes, los recursos, las poblaciones y su cultura fueron "comodificados". En el siguiente pasaje de Schoedler se puede apreciar esta lectura:

> No hay ninguna razón en particular por la que el turista promedio deba ir a Masaya. En Granada, que es una atractiva ciudad colonial antigua y digna de ver, el "mejor hotel", el Alhambra, es bastante terrible. Rivas, la ciudad más al sur de Nicaragua, a 112 kilómetros de Managua, no tiene un interés turístico especial fuera de su carácter fronterizo.
>
> En cuanto a los hoteles: el Hotel International en Somoto ofrece un almuerzo lo suficientemente bueno y probablemente serviría para una parada nocturna de emergencia. Hay una pensión sencilla en Estelí (no de nivel turístico, sin embargo). En Managua, los hoteles turísticos preferidos son el popular Gran Hotel y el algo más pequeño y tranquilo Lido Palace – ambos con piscinas. En Diriamba, el pequeño Majestic Hotel es bueno y los fines de semana son muy frecuentados por los habitantes de Managua debido a su clima más fresco. Rivas ofrece el Gran Hotel Central – lejos de "gran" –, pero útil en caso de emergencia.[172]

Los párrafos de Shoedler ilustran la forma en que la cultura de viaje turista valoriza los espacios, los recursos y, finalmente, la infraestructura de viaje misma. El "estándar turista" le parece ya muy obvio, el cual responde a las necesidades que una persona proveniente de las zonas urbanas de los Estados Unidos pudiese requerir. De esta manera, más que juicios condenatorios, Shoedler escribe estas observaciones como parte de su papel a desempeñar en la promoción y desarrollo del turismo en lugares como Nicaragua. Para Shoedler, ya parece evidente si una ciudad o un lugar tienen "valor turístico" o no. O si una ciudad colonial tiene mayor valor que otra. Por tanto, los inventarios turistas escritos en los años cuarenta y cincuenta sobre Nicaragua presentaron al país a una competencia que se concentraba en singularizar y valorar los rasgos particulares del paisaje, la cultura y la naturaleza, en aras de hacer el país apetecible para la mirada de otros turistas. Una competencia demandante de condiciones especiales y extraordinarias que sometían a los países a ser juzgados como "escénicamente poco emocionante", o "muy europeizados para ser interesantes", según Lilliam Schoedler.[173] Nicaragua

---

[171] Carta de Schoedler al Sr. Blonn, circa marzo 1947, Monterrey, México, Schoedler, *Lillian Schoedler Collection 1916–1963 1922–1963*, 1.

[172] Ibid., 11.

[173] Carta desde Japón, 1928, Schoedler, 16. Schoedler, a diferencia de Morrow Wilson, duda si sus apreciaciones sobre el paisaje, dependientes de su "mirada superficial", pueden ser parciales, porque solo vio "un lado de la foto".

ahora estaba abierta a ser medida y definida en esta nueva noción del mundo y su lugar tanto en Centroamérica como en los paraísos tropicales.

En acuerdo con lo anterior, Shoedler compartió sus conclusiones generales en sus escritos para recomendar el viaje hacia Centroamérica:

> si tuviera que hacer recomendaciones para una visita a Centroamérica a cualquier otra persona, le recomiendo encarecidamente que haga la mayor parte de su viaje en avión en lugar de tomar su propio automóvil y viajar por carretera, especialmente en las condiciones actuales; porque a excepción de las fascinantes tierras altas occidentales de Guatemala, y comparativamente pocos otros lugares en el resto de Centroamérica, la mayor parte de esa parte del mundo es demasiado repetitiva y sin suficiente variedad y color como para justificar los altos costos, los inconvenientes y las incomodidades de la carretera, para el turista promedio.[174]

Las observaciones de Schoedler, por más duras e injustas que puedan considerarse, proyectaban el interés primordial que rodeaba al viajero de esos años. Schoedler estaba convencida que sus "sugerencias no son solo para el beneficio de los viajes turísticos, sino para el progreso de los países centroamericanos".[175] En esta misma línea, Baus describe la excepcionalidad de Guatemala y Honduras por "tener pirámides", mientras se pregunta si "Nicaragua tiene sus lagos y volcanes, ¿y nada más?".[176] Schoedler estimó que Nicaragua no tenía lagos o volcanes que valieran la pena visitar, "una vez vistos los de Guatemala", y afirma que Managua "no es una ciudad tan 'maravillosa' como una canción actual nos haría creer", haciendo referencia a la canción *Managua, Nicaragua is a beautiful town*.[177] Ambas autoras, Shoedler y Baus, no dudaron en imaginar que los lugares realmente especiales que encontraron a su paso tenían la capacidad de convertirse en "verdaderos paraísos de los turistas", como afirma Schoedler sobre Centroamérica en su totalidad y Baus sobre el río Coco.[178]

---

174 Carta Navidad 1947, s.f. y s.l., Schoedler, 2.

175 Carta al Sr. Blonn, Circa marzo 1947, Monterrey, México, Schoedler, 14.

176 Baus, *Who's running this expedition*, 131. La canción escrita por Alber Gamse, música de Irving Fields e interpretada por *Guy Lombardo and his Royal Canadians* tuvo un éxito rotundo en las listas de popularidad de los Estados Unidos. Sobre esta canción y un análisis de sus letras se puede consultar: Camilo Antillón, "'Managua, Nicaragua is a beautiful town': discurso colonial sobre Centroamérica en la música popular estadounidense", *Revista de Historia IHNCA-UCA*, Primer y segundo semestre de 2015, 29–48.

177 Carta Navidad 1947, s.f. y s.l., Schoedler, *Lillian Schoedler Collection 1916–1963 1922–1963*, 4.

178 Carta al Sr. Blonn, Circa marzo 1947, Schoedler, 3; Baus, *Who's running this expedition*, 210–11.

Las turistas ya no solo inventariaban los recursos naturales para ser extraídos o comercializados, sino que comprendían el mismo valor turístico de las vistas y elementos únicos que encontraban en sus viajes por Centroamérica. No obstante, en esta fase liminal de los años cuarenta y cincuenta, la relación entre la narrativa atractiva y extractiva todavía domina los relatos turistas. Las actividades de construir, narrar y representar dichos paraísos para el turismo, como se anotó en la primera parte, siempre negociaban o colapsaban las culturas de viaje anteriores que se concentraron en las oportunidades de tomar posesión para la extracción. La negociación entre la riqueza de la nación que se extraía de sus recursos naturales y el valor de las escenas en sí mismas aparece cuando los turistas visitan propiamente los lugares de extracción. Esto no sucedió por casualidad. Nicaragua y la UP, en base a sus inventarios, incluyeron plantaciones y minas como lugares turísticos, y los turistas visitaron dichos lugares y los describieron como lugares pintorescos para ser visitados.

Siguiendo la inspiración de viajeros como Belt o Squier, quienes escribieron extensivamente sobre las minas en el Caribe-Norte del país, muchos turistas tomaron los vuelos o siguieron los ríos que se conectan hasta el día de hoy con las minas ubicadas en Bonanza y Siuna; y en los años cuarenta se sumó la atracción de la producción de caucho para la industria de guerra.[179] Desde 1941, tanto el gobierno de Somoza como la Oficina de Viajes de la UP reservaron un lugar exclusivo a las minas en sus guías de viaje para visitar Nicaragua.[180] Las ciudades construidas por los dueños estadounidenses y canadienses ofrecían una buena infraestructura de viaje para los turistas, y tanto Somoza como la JNT también utilizaron los medios disponibles para incentivar el viaje hacia esa región conocida como el Tríangulo Minero, ubicada en el Caribe Norte del país.

Las minas formaron parte del mismo inventario que mostraba los balnearios en Tipitapa o Xiloá, las playas, las ciudades coloniales, además de plantaciones de café y los volcanes.[181] En palabras de una campaña publicada en los periódicos en Estados Unidos: “Vaya a Nicaragua a visitar las minas de oro en las junglas. TACA realiza vuelos diarios a la jungla”.[182] Las minas y plantaciones bananeras animaron a los turistas a visitar una región del país que permanecía casi desconocida para la mayoría de la población nicaragüense perteneciente a la región del Pacífico. La “Nicaragua desconocida” en el Caribe, como escribió Lázló Pataky, era usualmente

---

179 Marden le dedica atención particular en su film y en su artículo para la NG. En el artículo también describe su experiencia al volar en un avión de TACA: Marden, “A Land of Lakes and Volcanoes”, 178–79.

180 Pan American Union, *Nicaragua*, American Nation Series 14 (Washington, D. C.: Pan American Union, 1941), 17.

181 Palmer, “Nicaragua”, 25.

182 “Drink in the Scenery”.

retratada por los nicaragüenses como un lugar inhóspito y, a veces, salvaje y primitivo.[183] Era una tierra lejana dentro del mismo país, donde Somoza enviaba a sus presos políticos. Algunos de ellos, como Carlos Bravo y Manolo Cuadra, regresaron a la costa del Pacífico con relatos de su viaje e impresiones de la "belleza paisajística". Bravo, por ejemplo, escribió que el río "Escondido abre todos los brazos, como un dios indio, para abrazar de muchos modos al mar", haciendo alusión a que el Caribe casi no estaba habitado por humanos, sino solo por ríos y animales.[184]

Curiosamente, la propaganda turística sobre Managua intentó ofrecer una ciudad moderna, multicultural o cosmopolita. Pero en lo que respecta a los turistas, estos encontraron dichas características en las ciudades del Caribe cercanas a las plantaciones y minas, o los puertos. La mejor de estas descripciones se encuentra en el relato de Tord Wallström, quien llega a la ciudad ubicada en el Caribe llamada Bluefields, vía el río Rama, y se hospeda en el Hotel Los Angeles.[185] En su primera noche en la ciudad escribe:

> Bluefields tiene una población extraordinariamente internacional de seis mil: negros, chinos, turcos, indios y europeos. *Golliwogs* negros, cabezas rubias y rizadas y niños chinos de ojos rasgados juegan todos juntos. Es un pueblo típico de los trópicos con corrugado oxidado, rejas y cantinas (...) En el crepúsculo, la ciudad está llena de voces. Tocadiscos resuenan en los bares, muchachas y muchachos pasean por las calles.[186]

Wallström, en conjunto con varios turistas que visitaron el Caribe en esos años, menciona el aumento del comercio provocado por la minería de oro, el comercio de bananos y de cacao, que al parecer florecía en esos años. En ese "infierno verde" del Caribe, afirma Wallström, la minería mostraba los resultados producidos por la "fuerza del ingenio".[187]

---

183 Inmigrante húngaro que residió en Managua donde era dueño de una tienda de abarrotes, Pataky se interesó mucho por el río Coco y el Caribe nicaragüense. Ruth Baus lo menciona en su relato de viaje, ya que le proveyó mucha información sobre el río Coco, la forma de navegarlo, y contactos de personas en el lugar. Véase: László Pataky Frommer, *Nicaragua desconocida*, 2a ed. (Managua: Ed. Universal, 1957).

184 Bravo, "A la Costa Atlántica entre las nubes", 36.

185 Chepita Crespi dibuja a las distintas mujeres que encuentra en el Caribe nicaragüense, diferenciando sus etnicidades: Crespi, *Wings over Central America*, 55.

186 Wallström, *A Wayfarer in Central America.*, 139. Cursivas del autor. La multiculturalidad del Caribe es mencionada en varias narrativas de viaje: Marden, "A Land of Lakes and Volcanoes", 180; Crespi, *Wings Over Central America*, 53, mencionan la misma variedad cultural en el Caribe Norte. El biólogo Archie Carr hace la misma observación de todos los pueblos que circundaban las plantaciones bananeras: Carr, *High jungles and low*, 139–40; y Lagunas de Perlas, 142.

187 Wallström, *A Wayfarer in Central America.*, 140. Bonanza y Siuna eran las principales minas de oro en el país, además de la mina La Luz.

La artista Pachita Crespi, al ser patrocinada por TACA, visitó las minas en Siuna y Bonanza, Nicaragua. La pista de aterrizaje en Bonanza era una "¡pista de aterrizaje pavimentada en oro!", según la escritora. Su visita resalta las grandes oportunidades de inversión. Describe la modernidad de las instalaciones elaboradas por la empresa minera, Neptune Gold. También, describe el pueblo donde viven los "españoles" y las primitivas "casas de los Miskitos".[188] El gerente de la mina, su esposa, un capataz estadounidense y "dos nativos" comprenden el grupo de excursión a la mina que incluye a Crespi. En esta describe que:

> Todos usamos cascos de seguridad, con lámparas eléctricas y baterías colgando de nuestros cinturones. En el ascensor embarrado bajamos 500 pies. En el fondo parecía más un refugio antiaéreo que una mina. En el túnel los trabajadores con sus cascos de seguridad y lámparas tenían un aspecto fantástico, como los hombres de Marte. El agua que goteaba del techo, el extraño perfume del cianuro, se sumaba a la extrañeza del lugar. Como controlados por magia, los ocho pequeños vagones de cuatro ruedas en las diminutas vías salieron llenos de mineral y regresaron vacíos (…) El aire miasmático de las minas subterráneas hace que quienes no están acostumbrados se sientan muy deprimidos, pero los mineros se han acostumbrado y no lo notan.[189]

Crespi detalla todas las mejoras en salud y educación en las que habían invertido las empresas mineras. Afirma la manera en que se había modernizado el pueblo y las gratas diversiones que se encontraban en los clubs e instalaciones de la empresa, como canchas de tenis y una piscina, un cinematógrafo, además de salones para bailar.[190] En estas circunstancias, Crespi encuentra incluso que el olor a cianuro, las goteras en el techo o el aire miasmático tengan un encanto particular. Crespi conocía este mundo, ya que su padre, Robert Crespi, fue uno de los "pioneros" de la minería de oro en Costa Rica.[191] Quizá el relato de Wallström es más imparcial, ya que carecía de ataduras institucionales o empresariales. A diferencia de Crespi, Wallström escribe sobre los lugares más allá de donde "se les tiene permitido ir a los turistas". La libertad

---

188 Crespi, *Wings over Central America*, 49.

189 Ibid., 49 y 57.

190 Ibid., 53.

191 Esta información requiere de mayor constatación. Esta se encuentra en una exhibición de sus obras que realizó en Londres. Véase: https://www.mauritius-images.com/en/asset/ME-PI-6346735_mauritius_images_bildnummer_12225784_pachita-crespit-a-young-costa-rican-artist-has-come-to-london-to-give-an-exhibition-of-her-work-at-the-beaux-arts-gallery---her-grandfather-dr-castro-led-the-revolution-which-caused-costa-rica-to-break-away-from-spain-and-he-became-its-first-president---her-father-robert-crespi-was-the-first-man-to-discover-gold-and-to-start-mining-in-costa-rica---photo-shows-miss-pachita-crespi-with-some-of-her-paintings-in-london%250D%250A%250D%250Anovember-27th-1933.

de su pluma reluce principalmente en su recuento de las minas. Primero, Wallström diferencia entre la zona "americana" que ocupan los dueños y administradores de la mina, y la zona "española" de los trabajadores.

> Hay una diferencia sustancial entre los dos pueblos, el "español" y el "americano". La compañía ha hecho incluso menos intentos que United Fruit en su plantación de banano para construir puentes entre la población local y los recién llegados yanquis. Por eso ha recibido muchas críticas.
>
> Fieles a su costumbre, los estadounidenses acaban de tomar un poco de Estados Unidos y lo han trasplantado en ese entorno tropical para que vivan. Sus *bungalows* son ultramodernos y confortables, tienen aire acondicionado y cocinas eléctricas, agua fría y caliente, baños y mosquiteros en las ventanas. Tienen una casa para el personal con habitaciones como el hotel más lujoso y un club donde, para almorzar, se puede comer bistec, tomates recién llegados, langosta y cerezas, y tomar un cóctel de mejillones para cenar con muchas bebidas heladas. Tienen un bolerama para ayudar a pasar las tardes.[192]

Esas eran las instalaciones típicamente visitadas por futuros inversores y los ocasionales turistas. Sin embargo, el autor conocía a uno de los administradores, un canadiense de ascendencia escandinava llamado Harold Kristensen, quien lo llevó a visitar la otra zona y le permitió ingresar en las minas para ver el proceso de extracción de oro. La zona "española" la describe así:

> Los niveles inferiores, donde viven los nativos, constituyen un mundo muy diferente. Allí, calles de tierra roja se retuercen y se entrelazan entre casuchas de madera erigidas desordenadamente. Hay bares con altavoces ruidosos y tiendas de abarrotes donde los chinos venden arroz y conservas americanas. Allí las mujeres lavan los platos en los estantes de la pared de la casa y toda la suciedad se escurre en una zanja, y las moscas y los mosquitos pululan por todas partes. Es peor en Rydell Town, así llamado en honor al director gerente que lo hizo construir hace unos diez años. Esa es una colección de chozas con techo de hierba tan ruinosas que casi no queda nada de ellas. Solo los indios Miskitos viven allí. A su lado, la empresa ha construido una línea de nuevas casas de tablones simples de un nivel mucho mejor.[193]

Estas diferencias tan marcadas, le explica Kristensen a Wallström, propiciaron la apreciación de los locales de los estadounidenses como "imperialistas y capitalistas explotadores

---

192 Wallström, *A Wayfarer in Central America.*, 141. Cursivas del autor.

193 Ibid., 142.

despiadados". Kristensen le menciona la violencia usual en la zona "española" que la GN no se preocupaba en controlar, al menos que alguna persona o propiedad de la zona "americana" se viese en peligro. Muchos mineros esperaban "trabajar lo suficiente para comprar una finca", le cuenta Kristensen a Wallström, pero no muchos lo lograban. Entre las razones menciona que era muy difícil alcanzar ese capital con un salario de un dólar al día, más cupones de descuento para víveres esenciales. Pero también culpa a las "revoluciones", particularmente responsabiliza a Sandino, porque según Kristensen interrumpían todas las operaciones y dejaban a la población desempleada. Por todo esto, Kristensen le comenta a Wallström que los "campamentos de las minas no son nada buenos".[194]

También, el administrador de la mina le confiesa al autor que las circunstancias siempre estaban "a una chispa de estallar en una revolución, no solo en Nicaragua, pero en toda Centroamérica" y "la gente tiene razón". Sin embargo, tanto Wallstörm como su entrevistado coinciden en que la mayoría de las personas que viven de las minas afirmaban para los años cincuenta que las "personas no se encuentran peor desde que llegaron los americanos, sino todo lo contrario".[195]

El escrito de Wallström demuestra que, al adentrarse en las minas, el turista comienza a ver aquello que se encuentra escondido detrás del escenario de la empresa de progreso y desarrollo. Él observa a la población que vive o circunda la mina y pone especial atención a la población Miskitu y Sumo, los cuales "no trabajan", solo llegan a "vender frijoles u otros productos agrícolas". Kristensen le explica que esos indígenas son "muy difíciles" de hacer trabajar. Wallström se concentra en describirlos como "poco civilizados", porque pasan el día "incursionando en magia, elaborando drogas o haciendo conjuros" y señala la práctica de dejar sus cosas en la selva en una bolsa sin seguro o protección, solo las dejaban con un "trozo de madera adentro" porque todos los Miskitu creían que "se convertía en una serpiente".[196] Entonces, Wallström se adentra en la mina. Ahí se encuentra con la maquinaria y los cuerpos humanos que extraen el oro. "Todo ese asunto", escribe Wallström, es "una confusión espantosa de la que un profano no podría encontrar ni pies ni cabeza".[197] Luego continua:

> Había cavernas en las que hombres oscuros y sudorosos sin camisa luchaban con ruidosas máquinas de aire comprimido. Se abren camino paso a paso a través de la dura roca hasta que llegan al mineral y ven el oro brillando débilmente en la piedra. Luego, abren grandes cavidades, rompen el mineral y lo elevan a la superficie.[198]

---

194 Ibid., 143–44.
195 Ibid., 145.
196 Ibid., 144.
197 Ibid., 149.
198 Op. Cit.

El relato de Wallström comienza a soslayar la abyección. El sudor, la pestilencia, los pies sobre las rocas, el ruido, el agotamiento, la pobreza y, encima de todo, la penumbra de la caverna, se apoderan de su narración. Este ya no es territorio de modernidad e ingenio humano, es el "infierno verde", nada más. "El paraíso", como afirma Deckard, "progresa inevitablemente de lo edénico a lo artificial a lo infernal".[199] "Quieres ver algo de oro" le exclama Kristensen emocionado y lo invita a ver el oro extraído. En una pequeña sala "rodeada de barras de hierro que parece una prisión", Wallström mira seis barras de oro, "feas y deformes", "amarillas como una lata sin pulir".[200] "Más de dos mil personas trabajaron dos semanas enteras para extraer seis barras de oro", sentencia el autor, a manera de resignación, no de celebración. Aquí ya ni siquiera importa el valor de ese oro o lo que puede significar para la minería en Nicaragua. Lejos ha quedado la definición de oro en clave de paraíso. Como escribió Colón en sus diarios, que el "oro es lo más excelente. El oro constituye tesoro y cualquiera que lo tenga puede hacer lo que quiera en el mundo. Con él se puede tener éxito en traer las almas al paraíso".[201]

Posiblemente es aquí el momento en que el turista ha ido demasiado lejos, en el momento que los pensamientos se apoderan de Wallström y ya no solo puede describir lo que sus ojos "ven", sino que surgen pensamientos: "Esos pensamientos te vienen inevitablemente cuando te paras detrás de una rejilla de hierro con un candado mirando seis lingotes amarillos de oro".[202] La mirada es ahora introspectiva y negocia el mundo exterior e interior del turista. En palabras de MacCannell, el turista ha pasado más allá del "marker" de la atracción turística y se encuentra detrás de la puesta en escena para atraer su atención. Más que un momento catártico o iluminador, la abyección ha derribado todo su universo simbólico y se contempla todo el poder del horror que abraza el vacío de no tener palabras, tropos, imaginarios o representaciones para comprender la realidad frente a sus ojos. El oro, medida de valor del sistema monetario global, ya no tiene sentido para Wallström y se entrega a la siguiente reflexión:

> Seis horribles trozos de metal amarillos.
>
> El oro es un fenómeno extraño, misterioso, incomprensible …
>
> Es enviado al mundo y convertido en joyería o almacenado en montones por gobiernos codiciosos. Allí, esas dos mil personas habían trabajado duro durante dos semanas para sacar esos lingotes de oro de las entrañas de la tierra, solo para que otras personas los volvieran a meter bajo tierra.

---

199 Deckard, *Exploited Edens*, 18. La autora hace esta afirmación al analizar el cuadro tríptico titulado "El jardín de las delicias" de Hieronymus Bosch (1504).

200 Ibid., 150.

201 Cristóbal Colón, extracto de su carta al rey de 1503. Citado en: Strachan, *Paradise and Plantation*, 32.

202 Ibid., 151.

> Contando no solo a los que trabajaban en la mina, sino también a los que fabricaban su maquinaria y ropa, producían sus alimentos, se cortaban el pelo y se afeitaban la cara, y los que transportaban el oro, cavaban almacenes para él y lo guardaban allí. Deben ser millones de personas las que estén directa o indirectamente involucradas en esa búsqueda sin sentido de un producto que a los ojos de la razón no tiene ningún valor. Esa búsqueda ha continuado desde los albores de la historia, ¡desde que una persona brillante inventó por primera vez el mito del oro![203]

Su interés en este pasaje citado no se centra en describir, comprender y desmitificar las creencias, conjuros o magia, de los trozos de madera en los bolsos de la población Miskitu. No se concentra en la infraestructura de viaje, el paisaje o los cuerpos. Su objeto es el oro, el cual no comprende después de ver la línea de producción que lo extrae de la tierra. El mito que deconstruye y despoja de valor simbólico es el de la modernidad misma. Wallström junta a todos los actores ahí congregados para darle sentido al comercio internacional del metal precioso. Ahora, es simplemente un metal amarillo. Si antes la mina era un lugar que proyectaba la victoria de la ingeniería, el ingenio y el esfuerzo humano, ahora es solo un pedazo de metal alrededor del cual gira la maquinaria del comercio internacional. No por ingenio o mérito, sino porque esos dos millones de personas, naciones, ingenieros y empresas creen en la búsqueda, sin sentido para la razón, del oro; como los Miskitu creen en el mito del trozo de madera que se convierte en serpiente. Wallström ya no mira la atracción turística, la mina lo mira de regreso y lo ha despojado del sistema de símbolos y valores que utilizaba para darle sentido a su realidad y, más bien, mira el mundo que está a "una chispa de una revolución", y la "gente tiene razón". Es una reflexión efímera y perdida en el viento, tal vez solo un arrebato superficial. Wallström se subió a un avión de LANICA y viajó a Managua. De ahí cruzó a Costa Rica, donde volvió a ver el "sentido de la democracia" y la reflexión se diluyó en otras vistas, panoramas y paraísos que encontró en el resto de su viaje por Centroamérica.

Cada uno de los turistas llegaba a conclusiones y reflexiones sobre el viaje, el espacio, las personas, la vida y la identidad. Por ejemplo, Dana Lamb, regresó a los Estados Unidos y siente el desencantamiento de la vida civilizada. Observa en su país que ya no hay "tiempo para jugar" y comprende porqué la vida en el trópico no está plagada por el "deseo de adelantarse". Sin embargo, e irónicamente, Lamb reconoce que su viaje fue posible debido a los valores de "inteligencia, trabajo, disciplina y conocimiento". Gracias a estos, logró "vencer a la naturaleza", que lo desafió en cada tramo de su viaje por Centroamérica. Su libro termina con la afirmación del

[203] Ibid., 150.

valor que tiene el enfrentamiento con circunstancias adversas, pero reconoce el valor de una mano que ayuda y asiste en el camino.[204]

Separarse de la vida diaria y, en el caso de estadounidenses, de la vida urbana de su país, genera siempre un contacto directo con la naturaleza que permite al turista entrar en un estado de consciencia profunda. Usualmente, las reflexiones introspectivas se disparan al final del relato de viaje. Baus, llega al final del Río Coco en 1957. Al percatarse que está cerca de regresar a Managua, y de ahí a un vuelo de los Estados Unidos, le parecen extrañas las cosas usuales: duchas, sábanas, teléfonos, etc. En ese momento se pregunta a sí misma: "¿he cambiado en algo?". La pregunta, entonces, arroja la siguiente reflexión:

> Busqué en mi mente y encontré un descubrimiento; era que siempre en el futuro una parte de mí anhelaba la paz limpia y despejada de este río escondido, los silencios rotos sólo por el chapoteo de los peces saltarines, los gritos musicales de los pájaros, el golpe de un remo, el sonido raro de una voz humana. En largos silencios a la deriva había pensado tanto y soñado -y en mi vida normal había poco tiempo para pensar o soñar. Una siempre estaba ocupada preparándose minuciosamente para ir a algún lugar y luego llegar allí. Los días se vivieron por horario panorámico en una diversidad de actividades, con gente, gente, charla, charla, ruido, ruido, oh, por supuesto vamos, vamos a verlo, ¡divirtámonos!
>
> En este río había poca gente, poca charla, ninguna diversión hecha por el hombre, y nunca me había aburrido. Había observado con atención y alegría, había respirado profundamente, me había relajado durante el día y descansaba sin sueños por la noche. La aventura que había comenzado con tanta torpeza se había convertido, en realidad, en cantidades de gracia.[205]

El "Explorador", compañero y guía de viaje de Baus, no llega a este momento de realización o catarsis.[206] En contraste casi absoluto, el hombre llega al total vacío de su experiencia:

> No puedo entenderme a mí mismo. Parece que simplemente tengo que recorrer la longitud de cada río del que escuche – si es uno salvaje. Quiero comenzar tan cerca de la fuente como pueda, quiero hacer cada curva, continuar hasta el final. Y cuando llego al final, ¡siempre es lo mismo! Un sentimiento de vacío se apodera de mí cuando lo descubro. […]
>
> Que no hay nada ahí. Se acabó, se acabó y siempre no queda nada. Nada.[207]

---

204 Lamb, *Enchanted Vagabonds*, 414–15.

205 Baus, *Who's running this expedition*, 228.

206 Nunca se menciona el nombre de esta persona en el libro de Baus. Solo se le denomina como un empresario jubilado, aficionado a la fotografía y a cruzar ríos, como el Orinoco o el Amazonas (17).

207 Baus, *Who's running this expedition*, 236.

El "río salvaje" en su totalidad parece una mercancía más que ha sido disfrutada, consumida y descartada por "El "Explorador". En el relato de Baus, este hombre se relaciona de una forma distinta al paisaje, la naturaleza y las personas. En múltiples ocasiones, Baus describe la forma condescendiente con que trataba o se refería a la población nicaragüense – por ser "nativa" – y la misma Baus – por ser mujer. Siempre con un rifle en la mano, "El Explorador" solo se concentra en cazar animales para su colección de trofeos. En concordancia con Daemmrich, para el turista "el disfrute del paraíso se convierte en un proceso repetitivo de deseo, compra, consumo, seguido de un nuevo deseo, compra y consumo".[208] El río, sus habitantes y su naturaleza, aparecen como elementos fetichizados, meras mercancías que ampliarán sus colecciones de objetos y fotografías. Su viaje es un vehículo que conduce su impulso por consumir. En el estero de cada río, vuelve de manera patológica a verse a sí mismo, y solo encuentra el vacío. Esto recuerda a las líneas del poeta Ernesto Cardenal cuando recuerda sus viajes turistas y afirma: "Yo vi Venecia y Capri y me fascinaron con su belleza, pero no quedé satisfecho. Algo faltaba. En el fondo de cada goce había una melancolía y una íntima angustia. Y ahora mis recuerdos son más irreales que tarjetas postales. Y todo no fue sino una vana visión".[209] Este tipo de despertar que marca un antes y después en el turista, ¿no hace al viaje turista una peregrinación que deviene en un despertar espiritual?[210]

Es posible parafrasear a Julia Kristeva con el propósito de argumentar la nada y el vacío que experimenta el turista en Nicaragua y preguntarse ¿puede ser uno turista y ser feliz? Al igual que todo extranjero, el turista se encuentra entre la "fuga y el origen". En el caso del viaje a Nicaragua, una turista como Baus se encuentra en un tiempo que identifica como "primitivo" y se compara con los extraños locales utilizando esa medida de tiempo para reafirmarse su condición civilizada en oposición a los "salvajes". La naturaleza paradisíaca le cura de los males de la civilización que la anclan a su identidad puesta a prueba por el paisaje y la población nicaragüense, los extranjeros en su propia tierra de lagos y volcanes. El turista se encuentra en homeostasis, entonces, siempre y cuando el mundo extranjero ante sus ojos pueda ser consumido en su totalidad. De un destino a otro en el gran inventario del mundo por conocer, como "El Explorador", el turista vive en fugacidad perpetua hasta que su mismo deseo de distancias, paisajes, objetos y poblaciones, lo consume. Ese deseo por consumir lugares, es extranjero al mismo turista.[211]

Los escritos de Wallström, Lamb y Baus muestran que, en cierto punto del viaje, el paisaje, la naturaleza y las poblaciones no son solo objetos para ser contemplados. Llega un momento en

[208] Daemmrich, *Enigmatic bliss*, 202; citado en: Deckard, *Exploited Edens*, 24.

[209] Ernesto Cardenal, *Vida en el amor* (Salamanca: Sígueme, 1979), 37.

[210] Julia Kristeva, *Strangers to Ourselves* (New York: Columbia University Press, 1991), 82–84.

[211] Ibid., 5. La pregunta de Kristeva es "¿Puede uno ser extranjero y ser feliz?"

que todos estos elementos voltean a ver al turista mismo. En este momento la mirada se voltea hacia adentro y metaboliza todo el mundo exterior. En la interacción entre exterior e interior se negocia la producción de significado. No es el significado de la historia, de la naturaleza, el país o las personas con que el turista ha entrado en contacto. En el sentido estricto del turista, el significado es exclusivamente concentrado en el sujeto y su experiencia. El turista, como el empirista descrito por Todorov, sabe lo que va a encontrar y pretende reafirmar su autoridad sobre la naturaleza.[212]

Lamb y Baus encuentran un cierto tipo de catarsis para volver a la civilización, con nuevos ojos esculpidos por una redención de haber logrado vivir la aventura, y vencer a la naturaleza. "El Explorador" se adentra en su propia insatisfacción de consumidor turista, e irá en búsqueda de más ríos para satisfacer sus ansias por visitarlos en su tiempo de ocio. Es precisamente el deseo de consumir distancias y todo lo que incluyen el rasgo distintivo del nuevo cosmopolitismo estadounidense. La simpatía de Baus por los Miskitu le reafirma la universalidad de su identidad y de la empresa expansiva de su nación. Ha encontrado humanidad en los "salvajes" que reafirma la de sí misma.[213] Esto es el *agape* (amor) con el otro – ama a tu vecino como a ti mismo – mediado por el turismo como comercio exterior que habilitó la política del Buen Vecino. No es el sujeto, pero el modo de vida estadounidense que es cosmopolita, lo que permite a Baus no ser extranjera en ningún otro lugar.

Finalmente, aquí se propone que en lugares como Nicaragua, la tensión entre la mirada interna y externa es aquella que negocia entre mirada extractiva y atractiva. Lamb, Baus, Tweedy, Crespi, Schoedler y demás, parecen conscientes de los cambios que sus relatos y guías traerán a Nicaragua. En ese momento liminal entre tradición y modernidad, el turista debate su papel a desempeñar en este proceso. Sus saberes no ceden una nueva verdad, hacen inteligible en el terreno de lo desconocido la necesidad de modernizar para que todo viajero pueda conocer lo que sus ojos han visto. El turista, las instituciones del gobierno de los Estados Unidos y de Nicaragua han elegido los ítems del inventario. El narrador turista les ha dado una historia por aquellas personas que viven ahí, ya que solo el turista estadounidense posee voz para biografiar e inventariar. Se puede postular que las pedagogías subalternas del turismo contribuyeron a un fin, quizá inesperado. Ante la invasión del subalterno, dichas pedagogías prepararon al turista para sobrevivir la infección del subalterno en su universo simbólico. La reacción fue, o consumo patológico en total rechazo del otro y su complejidad, o la contemplación reflexiva de ser

---

[212] Todorov, *The Conquest of America*, 16.

[213] Kristeva, *Strangers to Ourselves*, 125–29. La autora traza las continuidades del concepto de "extranjero" desde el "infiel" en los textos bíblicos hasta el subconsciente de Freud. Kristeva encuentra los residuos de la ética cristiana en la noción de cosmopolitismo y universalidad del renacimiento que, a su vez, se institucionalizan con el estado-nación junto con la identidad cosmopolita definida, en sus inicios, desde Europa (141).

un agente cosmopolita en el tiempo de la historia de la civilización. Ambas resoluciones, por lo menos se evidencia aquí, permiten que el turista pueda ser feliz.

Los documentos consultados en este trabajo, especialmente las narrativas de viaje escritas por turistas como Baus, o incluso "El Explorador", concuerdan con los postulados de Hoganson sobre la confluencia entre el ascenso de la cultura de viaje turista en los Estados Unidos y el valor simbólico o carácter de distinción que adquirió para las clases medias y blancas de este país. Sobre todo cuando la autora concluye que "las proezas turísticas" identificaron a las personas "no solo como de clase alta, sino como de clase mundial"; y en el caso de Baus en particular, "los viajes de placer identificaban a las mujeres como miembros de la élite mundial y las preparaban para un futuro brillante en un mundo cada vez más interconectado. Les permitiría ocupar las primeras filas del imperio de los consumidores".[214]

Las turistas aquí analizadas parecían estar en absoluta comunión con saber y aceptar que sus escritos y fotografías posiblemente llevarían más turistas hacia los países que se encontraron describiendo e inventariando. Reconocieron – o al menos esperaron – que esto conllevaría más carreteras, hoteles, centros de compras, etc. Esa era la "carga del hombre blanco", la paradoja de llevar el progreso y cambiar los lugares "exóticos" y "pintorescos" para su comodidad, en favor del progreso civilizatorio que define su forma de vida. Así, el turista toma posesión del mundo extraño y lo convierte en una mercancía que valoriza la vida y el espacio extranjero. En dicha negociación, desde la perspectiva nicaragüense, las mujeres serán las encargadas de guardar la tradición ante el avance de la modernidad. Son las que definirán la "virginidad" del paisaje, y la autenticidad de la población en el gran inventario del turismo. Los hombres proveen los contactos empresariales para llevar a cabo las obras de progreso. El hombre supremo, Somoza, se encarna en este deseo de progreso que la mirada turista proyecta sobre el paisaje y los cuerpos, ya que ofrece la seguridad, el orden y el ingenio para llevar a cabo dichas empresas – como la Carretera Panamericana – como se verá en la última sección.

5.3.3 Mujeres: Miradas y tradiciones para la modernidad

Los años cuarenta y cincuenta, definidos por un contexto global de la Segunda Guerra y el inicio de la Guerra Fría, estructuraron un ámbito en que tanto oficinas de gobierno e instituciones estadounidenses, empresas privadas trasnacionales, turistas extranjeros, como funcionarios del gobierno nicaragüense, acordaron la forma de realizar un tour del Buen Vecino. Como se ha mostrado anteriormente, esto supuso una reevaluación de las formas de narrar, inventariar y representar los paisajes y las poblaciones latinoamericanas. Estas prácticas escriturarias

---

[214] Hoganson, *Consumers' imperium*, 188.

y representacionales fueron realizadas en su mayoría por hombres. Con esto en mente, un punto central en las guías y narrativas de viaje entre 1940 y 1960 fue la percepción de las mujeres y sus usos en los textos de o para incentivar el viaje turista hacia Nicaragua. Este rasgo lo compartieron los distintos actores conglomerados en la empresa del turismo en Nicaragua: la UP, la JNT y turistas, entre otros.

En el caso de los funcionarios del gobierno, empresarios e intelectuales nicaragüenses, su visión de las mujeres se encuentra en el texto de la feria industrial de 1949, detallada en este capítulo. Las mujeres retratadas en dicho texto, la primera dama, más la artista y profesora Nieve Andina Arnesto y Catalina Shatoff, secretaria de la JNT, aparecen cumpliendo un papel similar a las guías turísticas elaboradas en Nicaragua. De esta manera, por más que Arnesto era artista, poeta, profesora, editora de una revista literaria, y presentó sus esculturas en la exhibición, el texto que acompaña su fotografía solo afirma:

> La belleza y la cultura de la mujer nicaragüense pone su nota de armonía y de exquisitez, para dar tonos de acuarela y proyecciones anímicas a las páginas de este ALBUM. La crónica señera de las faces expositoras que espera en la mente del lector la actualización del Concurso artístico-industrial de 1949, se torna aquí en lírica porque está influenciada por la fragancia que fluye de la persona femenina, floración constante y perenne de amor, dulzura y bondad. Es pura, rosal eterno que perfuma los angustiados caminos del mundo.
>
> Pero no es por una mera complacencia galante, sólo con el propósito de hacer resplandecer la luz que fulgura en la luna de los ojos de estas dos guapas damitas, que reproducimos sus efigies. Ellas fueron parte alícuota de la EXPOSICIÓN y, como tales, les sobra derecho para su figuración aquí como MUSAS inspiradoras.
>
> Este aportamiento suyo realza más la feminidad de estas dos guapas señoritas, que sin perder su esencia de mujer, sin desviación a la masculinidad, saben enfilarse en las milicias nacionales que impulsan el progreso nicaragüense en las artes y en el servicio organicista.[215]

Las líneas anteriores se concentran primordialmente en la figura, cuerpo y apariencia de las participantes en la feria. Las mujeres nicaragüenses son expuestas como parte de los bienes producidos, o como un elemento de la naturaleza que está ofrecido al turista. En concordancia con el diminutivo para referirse a ellas como "damitas", su fin primordial en la feria era ser "musas inspiradoras". El cuerpo y rostro de las mujeres retratadas se emplea como un método

[215] Barahona López, ed. *Álbum de la exposición nacional de artes e industrias: Junta Nacional de Turismo Sept. 1949*, 53.

para atraer inversiones o desarrollar otros sectores de la economía. Además, son objetos añadidos para inspirar, como musas, a los protagonistas del evento: los hombres de negocios. Los hombres ocupan el lugar de ser aquellos con las ideas y las industrias para realizar dicho progreso. Nicaragua, sus riquezas naturales y sus mujeres, son los elementos ofrecidos para atraer el capital que necesitan los hombres para completar el progreso de la nación.

En este caso, el documento devela que la principal intención de la exhibición, plasmada el 8 de julio del mismo año, fue la promoción de la industria, la agricultura y el comercio en el país. En el preámbulo de la reunión realizada en julio se estipula que la exposición se acordó "considerando que la industria nicaragüense necesita el apoyo de las Instituciones Bancarias, que nacionales y extranjeros deben conocer el adelanto que marca para la vida económica de nuestra patria el progreso alcanzado en los últimos tiempos". Dicho objetivo queda plasmado en el permiso que tanto Román y Reyes como Somoza otorgan al evento, junto al financiamiento. Somoza aparece citado para afirmar que: "Debemos colocar al agricultor y al industrial a la misma altura que al comerciante, para establecer un nivel de justicia social". Esto lo afirmó, porque Somoza "formaba parte del Gremio Industrial de Nicaragua".[216]

En cuanto a las mujeres turistas, todavía en los años cuarenta y cincuenta contaban con oportunidades reducidas para viajar. Baus y Schoedler comparten el rasgo de ser mujeres "solteras y sin hijos". Se consideraron a sí mismas "libres" de las ataduras que les impedirían dedicarse a viajar. Schoedler viaja en su mayoría gracias a los trabajos que le proporcionó General Motors, a medida que esta compañía se internacionalizaba en los años veinte y treinta. A su vez, muy característico de la clase turista, siempre lograba ahorrar un "fondo de viajes" para cada una de sus "expediciones".[217] Esto no era usual y, como afirma un soldado estadounidense a Baus en Nicaragua, "solo en ficción se leía de tales mujeres".[218] A Schoedler también le afirmaban constantemente que era la primera mujer que veían viajando sola.[219] Tweedy por su parte, logra muchos de sus viajes porque acompaña a su esposo en el servicio diplomático británico.

Los hombres que encontraban a estas mujeres les señalaban que dicha excepcionalidad podría atraer atención y, según ellos, se preocupaban por su seguridad. La seguridad sobre el cuerpo de la mujer es, desde la perspectiva masculina, una de las principales razones que reduce el viaje de las mujeres. Consecuentemente, en aras de promocionar mayor

---

[216] Ibid., 5.

[217] Carta desde Java, Agosto 1926, Schoedler, *Lillian Schoedler Collection 1916–1963 1922–1963.*, 16. También véase la carta del 6 de diciembre 1943; en esta detalla las libertades que podía tomarse como una mujer "profesional de su grado" sin las ataduras que tenían "otras mujeres en su posición".

[218] Baus, *Who's running this expedition*, 60.

[219] Carta desde Japón, 1928: Schoedler, *Lillian Schoedler Collection 1916–1963 1922–1963.*, 4.

turismo, algunas guías daban informaciones particulares para la "seguridad de las mujeres". Stephens, por ejemplo, dedica una sección para proporcionar *tips* a las "whimming" (*women*, mujeres). En esta señala evitar la ropa ligera y que las exponga a ser "asaltadas" y a "nunca vestir pantalones en los pueblos". La preocupación principal por la seguridad, afirma Stephens, no es mayor que en cualquier otro lugar, siempre y cuando las mujeres viajen a los lugares y de la forma que se recomienda en la guía. Stephens recomendaba solo viajar de día a las mujeres y no de noche. De esta manera estarían tan bien como en cualquier "país civilizado de Europa".[220]

La preocupación sobre la seguridad es evidente en el relato de Baus. El embajador en Managua, Matthew Wheelan, le advierte sobre los peligros de adentrarse en el río Coco y le recuerda que la "violación no es punible en Nicaragua". Por su parte, los managüenses le preguntaban qué iba a hacer "allá, lejos de todo" –"todo en este caso significaba Managua" –, y le advierten sobre los peligros para una "mujer rubia" en ese territorio.[221] Baus dedica todo el sexto capítulo de su libro a este tema, titulado simplemente "Sexo". Parecidas a las observaciones que realizó Florence Sultan en la ciudad de Granada en los años veinte, Baus se sorprende de ver la falta de vida pública de las mujeres en Managua. "A todos los bailes y reuniones sociales que nos invitaron", afirma Baus, "solo padres e hijos asistían", mientras "las mujeres permanecían en el hogar, invisibles".[222] Era en estos espacios en que Baus sentía las miradas de los hombres:

> los ocasionales empujones o pellizcos furtivos por parte de extraños. Me refiero a maridos y padres dignos y bien educados de familias sustanciales a quienes nos habían presentado, que sin embargo habían mirado mi cabello rubio y mis ojos azules y me hacían girar bigotes visibles o invisibles, e iniciaba el asedio.[223]

Baus, en su relato, hace completamente visible que sus mayores peligros de acoso los vivió en Managua: "Fue en las regiones civilizadas y pobladas donde me encontré luchando contra los lobos".[224] Los hombres le explican a Baus que es una costumbre vieja, el darles halagos a las mujeres y "enamorarlas en público". "Esa vieja tradición nicaragüense", afirma la autora. El capítulo en mención está lleno de sus conversaciones con hombres casados quienes le explican que tienen "amores" en cada lugar que visitan, además de hijos. Un hombre en particular le

---

220 Stephens, *Down That Pan American Highway*, 332–33.

221 Baus, *Who's running this expedition*, 130.

222 Ibid., 129.

223 Ibid., 130.

224 Op. Cit.

explica que nunca llevaba a su esposa con él de vacaciones, porque "¿para qué llevar un sándwich a un banquete?".[225]

La atención que Baus llamaba, de los hombres locales, la autora lo explica mediante su percepción de una cierta "fetichización de la rubia" en Nicaragua. En múltiples ocasiones menciona como esto llamaba la atención; quizá demasiado. Sin embargo, la admiración de Baus por la población Miskitu que habita el río Coco le hace pensar que la mala publicidad del peligro que correría una mujer rubia en esas tierras, "allá, lejos de todo", era injusta. En este sentido Baus denota: "Me apresuro a enfatizar un hecho interesante – especialmente interesante para ciertos nicaragüenses de la costa oeste – ¡que ni una sola vez en el Coco fui empujada, pellizcada o propuesto [matrimonio]!".[226]

En múltiples pasajes Baus menciona la forma en que su cabello rubio llamaba la atención de las personas en el río Coco. A pesar de sentirse de cierta forma "fetichizada", encuentra un sentimiento de fascinación mutua entre ella y la población Miskitu. Mientras observa a un grupo pescar y cantar, Baus escribe sobre los hombres Miskitu que: "sus hábitos son pacíficos, su disposición alegre y cantan mucho mientras trabajan, pescan o simplemente viven. Su idioma tiene fantásticas adiciones de inglés, español, incluso alemán, a la simplicidad poética del original, miskito".[227]

Sin importar todas estas experiencias relatadas por mujeres, no se puede afirmar que encontraron eco en las instituciones regionales o nacionales del turismo. En clara oposición, las mujeres, su clasificación y descripción, son elementos en que tanto estadounidenses, como latinoamericanos y nicaragüenses, en particular, parecían coincidir. Al menos cuando se trata de guías y narrativas escritas por hombres para describir el paisaje y las personas. La UP, en su portada del panfleto *Visit Nicaragua*, denota claramente que "No es la menor de las atracciones de Nicaragua sus bonitas señoritas y deliciosos frutos" (imagen 8).[228] En la segunda edición, trabajaron juntos la Oficina de Viajes de la UP, La Oficina de Carreteras de los Estados Unidos, la Embajada de Nicaragua en Washington, El Ministerio de Fomento y la JNT.

Incluso turistas de otros países latinoamericanos compartían la misma mirada masculina sobre las mujeres, a la hora de mencionarlas como elementos de una guía de viaje. Carlos Filio dedica un acápite a la mujer nicaragüense, a la cual compara con mujeres de otros países de la región. Sobre el "encanto femenino", Filio afirma:

---

225 Ibid., 138.

226 Ibid., 132.

227 Ibid., 103. Carlos Bravo también hace mención a lo mucho que cantaban las personas, aunque valora los cantos de manera diferente: Bravo, "A la Costa Atlántica entre las nubes", 36.

228 Pan American Union, *Visit Nicaragua*, 1.

> Nicaragua es una tierra de embrujo que multiplica su encantamiento la seducción de sus mujeres. (...) Nicaragua es de una hermosura audaz, mórbida y cálida que seduce (...) La sangre andaluza mezclada con la raza autóctona produjo un ejemplar de mujer inquietante, de tez morena con ojos claros (...) La nicaragüense tiene algo de la cosa mundana y suelta de la cubana; y, sin dejar su condición de mujer de hoy, su casticismo la aparta del ejemplar de las mujeres avanzadas, porque ha podido conservar íntegramente su feminidad. Si el señorío de la hembra de Costa Rica es producto de un pulido cruzamiento de lo europeo con lo indígena, la nicaragüense es de natural mórbido con los embrujos de un filtro estupefaciente y encerrado en la estructura de un tallo floral.[229]

Los ejemplos anteriores demuestran la confluencia entre las instituciones estadounidenses y nicaragüenses, sumado a los turistas mismos, en torno al cuerpo de la mujer para sus usos turísticos. En el terreno discursivo de la atracción turística, la mujer fue desplegada como un cuerpo a proteger de los propios deseos masculinos de los hombres pertenecientes a las instituciones del Estado, las empresas privadas y la industria de viajes en general. El relato de Baus quizá sugiere que estos hombres protegieron a las mujeres de su propia sexualidad depredadora, al enfatizar que estos peligros no los vivió por parte de esos "otros hombres" (los Miskitu) de quiénes los hombres en Managua deseaban "protegerla".

A diferencia de los hombres, el uso de la mujer en el turismo combina dos símbolos dominantes: sensualidad y tradición. Ambos símbolos establecen las bases del discurso para proteger y controlar sus cuerpos, como "damitas". En la primera parte se anotó la constante descripción y representación de la belleza de las mujeres, generalmente concentradas en las mujeres blancas, a como se presentaban en las guías. Las mujeres no blancas, usualmente se presentaban realizando labores manuales o aparecían junto con sus familias, denominadas únicamente por su raza o etnia. Esto no cambia sustancialmente en los años del Buen Vecino, sino que se le agrega un elemento más. En las guías de los años cuarenta y cincuenta, la mujer vestida con un "traje típico" domina las páginas. En el artículo de Marden para *National Geographic*, así como la película que grabó – Nicaragua: Tierra de Lagos y Volcanes –, los dos montajes que elabora muestran, por un lado, a dos mujeres con vestido típico paseando en un carruaje y sonriendo a la cámara. Por otro lado, en la película la escena actuada con hombres muestra a dos hombres de saco y corbata estrechando manos en una calle, lo cual parece sugerir que están cerrando un trato de negocios.[230]

---

229 Filio, *Tierras de Centroamérica*, 125–26.

230 Marden, "A Land of Lakes and Volcanoes", 181.

Imagen 8: Portada de, Pan American Union, Visit Nicaragua. 2a ed. Travel the Americas. Washington, D. C.: Travel Division of the Pan American Union, 1957

En este mestizaje puesto en escena, mujeres usualmente blancas, vestidas con el "atuendo típico nicaragüense", representan la tradición puesta en escena para el turista.[231] "La Mujer Nicaragüense", según la *Guía ilustrada*, editada en Nicaragua, es "sintetizadora de los emblemas morales del perfecto hogar, se singulariza porque encarna la mejor armonía de las virtudes de la época patriarcal y de los principios de la cultura moderna".[232]

---

[231] La imagen de una mujer, sin nombre, y solo con la referencia al "traje típico nicaragüense" se encuentra en: S. A., *Nicaragua, tierra de los lagos*, 5.

[232] Pérez y Barahona López, *Guía general ilustrada de Nicaragua*, 27.

Esta operación retórica y estética no es exclusiva del caso nicaragüense. En el caso de México, Ricardo Pérez, encuentra la forma en que se construyeron las representaciones de lo "típicamente" mexicano entre los años treinta y cuarenta, y cómo estos fueron utilizados tanto a nivel nacional como internacional para dar una idea y una identidad de la nación mexicana. Menciona el caso de "el charro", "la china", "indito", y "la tehuana", como formas de darle color y cuerpo a la tradición mexicana en la empresa del turismo. Pérez subraya que dichas representaciones ya se habían cambiado en la era postrevolucionaria, pero sobrevivieron en el imaginario nacional por medio de su uso en las propagandas turísticas gubernamentales.[233] A veces contestadas o rechazadas, ambos "turistas y nativos" continuaron consumiendo estas imágenes de lo que consideraban "típicamente mexicano".[234]

En el caso nicaragüense, la mujer servía de acompañante a la imagen de progreso y desarrollo que mostraba Somoza y los hombres de la patria: empresarios, agricultores y comerciantes, principalmente. Ante el progreso impulsado por el régimen y los hombres de empresa, Salvadora Debayle, primera dama, era la madre que sostenía la moralidad nicaragüense en su trayecto a la modernidad. En la misma guía donde su esposo aparece como un "hombre modernizador", Salvadora Debayle aparece encapsulada en un tiempo detenido para siempre, idílico de una virginidad paradisíaca.[235]

La mujer en vestido "típico" es exhibida en sintonía con la representación de la madre de Nicaragua, ya que moldea el ideal de la nación. Es eterna e inamovible. La mujer en la guía turística es blanca, pero tradicional; es indígena, pero adornada como una mercancía. Es la muerte, los tiempos del vestido tradicional ya no existen. Es placer, la belleza de la mujer blanca y la "exótica" mujer indígena. Así, los impulsos de sexo y muerte encarnizados se adhieren al paisaje y, como un elemento del comercio exterior, es traficado para atraer turistas e inversiones, en las guías escritas e ideadas mayoritariamente por hombres. Las imágenes de las mujeres en las guías concuerdan con la visión del país, la raza y la modernidad, en palabras de Poole, porque suturan una identidad del país jerarquizada en orden de vistas importantes para el turista en medio de la coyuntura política-económica del mundo de posguerra dividido entre Estados Unidos y Nicaragua, un mundo de vigilancia del comercio exterior y la influencia del poder geopolítico.[236] En el comercio exterior definido para el turismo, la mujer, la cultura y el paisaje se suturan para encarnar la mercancía de la economía visual en que Nicaragua se presentó como la "tierra de lagos y volcanes".

---

233 Pérez Montfort, "'Down Mexico Way': Stereotypes and American Tourism in Mexico from 1920 to 1940", 234–35.

234 Ibid., 251.

235 Monte Casablanca, *Paisaje/Sujeto/Nación: Turismo e Inversión en Nicaragua (1892–1940)*, 156–58.

236 Deborah Poole, *Vision, raza y modernidad*, 15.

De esta manera, las imágenes 8 y 9 no solo muestran los cuerpos de las mujeres descritos como elementos del paisaje típico y natural de Nicaragua, rodeadas de frutas y artesanías. Muestran a su vez la complicidad entre el panamericanismo, la *National Geographic* y el gobierno nicaragüense, en cuanto al papel que según ellos desempeñaba la mujer en la estructura de poder y desarrollo ideado para la nación que promovieron mediante el turismo para atraer capital e inmigración.

A diferencia de Poole que investiga las representaciones de las mujeres Incas y cómo operaban en términos de una "diferenciación exótica", donde "los cuerpos de las mujeres eran el vehículo simbólico para descubrir la diferencia y, (...), para destruirla", la mujer nicaragüense no es destruida, es reproducida infinitamente como una vista con valor propio.[237] Más bien, negada de agencia, es valorizaba en términos de la riqueza de la nación como un paisaje. Al mismo tiempo, su anonimato la presenta como un objeto de placer en el entramado de paisajes, recursos, cultura y poblaciones para ser comodificados como vistas decidoras de lo nacional para el turismo.

En semejanza al caso mexicano, turistas y nicaragüenses entraban en contacto con estas representaciones y con las mujeres en las cuales se basaba dicha representación. Por una parte, las turistas entraban en contacto con dichas mujeres en los mercados, como describe Tweedy: "En la parte superior de la principal calle comercial, las mujeres indias, con el pelo largo en trenzas, se sientan junto a las cestas del mercado que venden mandarinas, mangos, naranjas, plátanos, piñas y ciruelas".[238] Por parte de los hombres, Lanks reproduce una foto de una mujer amamantando a su hijo, al lado de una foto del volcán San Cristóbal, su imagen contrasta con aquella que domina el resto de las publicaciones de la época.[239]

Al final, la mujer con su traje típico fue llevada a conferencias internacionales, puesta en las portadas de las guías de viaje y en las revistas nacionales elaboradas por la sociedad folklórica nicaragüense.[240] Esta fue la imagen que sería acompañada de un hombre en "traje típico", en los años siguientes. Nótese finalmente que, a diferencia de las guías de 1930, estás mujeres comienzan a perder sus nombres. Son "damitas" o simplemente "trajes típicos", mientras Somoza o los empresarios conservan sus nombres, títulos profesionales y su afiliación comercial a sus empresas, plantaciones u oficinas de gobierno. En el mundo de imágenes del turismo y en su terreno discurso, el cuerpo de la mujer y su vestimenta se transmitieron a las frutas y el paisaje para convertirse en la naturaleza de la tradición comodificada para incentivar a turistas a visitar y,

[237] Ibid., 74.

[238] Tweedy, *This is Nicaragua*, 54. Crespi dibuja una mujer con su respectivo traje típico para cada república centroamericana en su libro. El de Nicaragua se encuentra en: Crespi, *Wings over Central America*, 31.

[239] Franck y Lanks, *The Pan American highway: from the Rio Grande to the Canal Zone*, 56–57.

[240] S. A., *Nicaragua, tierra de los lagos*, 16.

quizá, invertir o tomar posesión de los recursos de Nicaragua. Ante este deseo masculino, los mismos hombres les ofrecieron su protección.

Los ejemplos de la última sección de este quinto capítulo remarcan la importancia del género para la estructuración de jerarquías en el discurso y la representación del turismo en Nicaragua. Con esto se hace necesario retomar los preceptos sobre América Latina y la modernidad en clave masculina para concluir el presente capítulo. María Josefina Saldaña y Arturo Escobar argumentan que los años cuarenta – aunque cada autor da una fecha distinta – son marcadores del inicio de la época del desarrollo y progreso en América Latina, en la cual se suturan un número considerable de "significantes discursivos ('igualdad de los pueblos', 'autodeterminación', 'países menos desarrollados', 'libre comercio', 'capacidad productiva limitada', 'prosperidad', 'necesidad')" a la idealización de América Latina.[241] Saldaña construye su argumento mediante el rastro de los tropos de civilización y desarrollo en distintos materiales literarios. En este capítulo, se podría agregar que el tropo del paraíso puede ser considerado como una parte fundamental en la elaboración de los significantes de modernidad en América Latina.

Los inventarios turistas siguieron las rutas de extracción, pero se concentraron en las nuevas riquezas a inventariar, producto de los cambios en los regímenes visuales. Los lugares en el paraíso podían ser consumidos con la vista, y las nuevas riquezas paisajísticas incluyeron, como bien muestra el mapa de Franck y Lanks en el capítulo 4, pirámides, bananos, indígenas, volcanes, lagos, tiburones, ríos, fiestas patronales, lagunas, playas, mujeres, bananos, café, ciudades y músicas. En fin, el turismo, sus narrativas y representaciones, edificaron una maquina representacional en la que toda América podía ser comodificada y explicada en términos temporales de progreso y desarrollo económico como destinos turísticos, con sus contrapartes "pintorescas", "salvajes", "primitivas" y "exóticas".

El mundo de imágenes sobre América Latina definió sus paisajes, recursos naturales, culturas y poblaciones en términos de atractividad para los turistas, al mismo tiempo que determinó que estas mismas representaciones eran la tradición auténtica de cada uno de sus países. La autenticidad podía ser ahora vendida en tarjetas postales o en paquetes de vacaciones. Mediante la combinación de todas las tecnologías de comunicación desplegadas por el turismo y sus agencias, las riquezas paisajísticas de América fueron mundializadas en un gran inventario global de destinos turísticos al alcance de esta nueva clase viajera.

Por un lado, a diferencia de los estudios de Salvatore y Poole, la historia del turismo en Nicaragua muestra que Somoza y el resto de autoridades nicaragüenses no eran actores pasivos. Constantemente contestaban, cuestionaban o cooptaban dichas imágenes y representaciones.

241 Saldaña-Portillo, *The revolutionary imagination in the Americas and the age of development*, 22–23.

Sobre todo Somoza, las supo utilizar ágilmente a favor del sostenimiento de su régimen. Y cuando las políticas del turismo no lo favorecían, como la liberación de trámites migratorios para los visitantes, se oponía a ellas. Por otro lado, lo que aquí se ha definido como las pedagogías subalternas del turismo y las constantes revisiones que se realizaron a las guías de la UP y demás, producto de la OIAA y la política del Buen Vecino, muestran que los Estados Unidos, sus instituciones y, finalmente, sus turistas, también aprendieron en gran medida sobre su propia imagen ante los ojos de las personas en Nicaragua y el resto de América Latina. Sobre todo, aprendieron acerca de la influencia de su propio país en estos países y sus consecuencias para ambos. No es solo que los latinoamericanos aprendieron a ser modernos, los estadounidenses también aprendieron qué era la modernidad y se cuestionaron su sentido y, a veces, si realmente era beneficiosa. Esta nueva clase de turistas que se consolidaron en los años cuarenta y cincuenta estuvo influenciada por estas nuevas pedagogías del turismo facilitadas por las políticas culturales de Rockefeller en la OIAA y la política del Buen Vecino. Los turistas de la buena vecindad viajaron a Nicaragua con el fin de errar, mirar y comodificar. Sus narrativas muestran este tiempo intermedio en que los turistas mismos lentamente dejan de definirse como viajeros o vagabundos, y comprenden su lugar en estos nuevos tiempos de carreteras, hoteles y la presencia o influencia de los Estados Unidos en estos cambios que introduce en países como Nicaragua.

El placer por la modernidad imaginado por el turismo y puesto en práctica en las atracciones turística concuerda con la política investigada por Colleen Cohen de "mercadear el paraíso, hacer nación". Con esto la autora se refiere a las políticas económicas comercializadas mediante paisajes paradisíacos feminizados para los turistas occidentales, "al tiempo que animan a sus propios ciudadanos a identificarse con ellos como expresiones patrióticas".[242] En acuerdo con Cohen, la época que cruza los años cuarenta y cincuenta puede ser catalogada como los años en que tanto Estados Unidos como Centroamérica aprendieron, delinearon y sedimentaron las principales líneas económicas y políticas del turismo en la región mediante instituciones estatales articuladas a las empresas privadas con intereses materiales en la región. Esto es, "resucitar el paraíso para las personas que lo inventaron, para las personas que pusieron a sus ancestros bajo el régimen de encomienda, esclavitud o *indenture* con el fin de disfrutarlo".[243] Dicha conclusión es el producto de estudiar las maneras en que el turismo fue organizado como un elemento del comercio exterior en base al trinomio: comercio, viaje y defensa. En este sentido, las narrativas y representaciones desempeñaron un papel central en el acompañamiento de la política del Buen Vecino, marcada por la construcción de la Carretera Panamericana y el

[242] Colleen Ballerino Cohen, "Marketing Paradise, Making Nation", *Annals of Tourism Research* 22, núm. 2 (1995): 404–21.

[243] Strachan, *Paradise and Plantation*, 2.

auge del transporte mediante el automóvil y el avión. Carreteras, aviones, hoteles y balnearios se convirtieron en marcadores de modernidad en Nicaragua. Estos marcadores crearon la equivalencia para conformar la noción de los estándares que turistas imaginados acorde a la población blanca de clase media estadounidense esperarían encontrar en Nicaragua para su goce y placer.

A su vez, comercio, viaje y defensa fueron los términos mediante los cuales el somocismo y los Estados Unidos – englobados por la política del Buen Vecino y el panamericanismo – se encontraron para negociar sus intereses materializados, en el caso del turismo, en proyectos concretos como la carreteras, museos, balnearios y hoteles. "Comercio" para los Estados Unidos se tradujo en asegurar el flujo de materias primas para la guerra y, luego, asegurar su zona de influencia cerca del canal de Panamá. En términos monetarios, la OIAA y la UP valoraron las posibles compras que Nicaragua y el resto de países en América Latina podrían realizar para recibir a sus turistas. Por su parte, Somoza García comprendió, por comercio, la oportunidad de presentar una opción de progreso para el país, como un medio para afianzar su dominio e incrementar su riqueza personal. Las obras de infraestructura le permitieron afianzar la imagen de ser el gobernante capacitado para desarrollar el país, lo cual le aseguró el apoyo de la GN y las élites empresariales. Le proveyó los fondos necesarios para mantener un sistema patrimonial que enriqueció a su familia y formó un gran sector dependiente de la misma fortuna. En sintonía con Estados Unidos, el comercio significó dar todas las garantías a los inversores para viajar al país a explotar las riquezas naturales.

"Defensa" para Estados Unidos, significó seguridad en Nicaragua. Seguridad contra las inversiones alemanas en un momento. Seguridad contra la influencia comunista en otro momento después de la Segunda Guerra. La relación en este término fue paradójica para el turismo y la inversión. Seguridad para Somoza fue principalmente la manutención de la estabilidad. El control de Somoza daba seguridad de tener a alguien amigable a los Estados Unidos. Sin embargo, la represión y la cooptación de las alternativas políticas, por parte de Somoza García, limitó las libertades y la diversificación de opciones de inversión para los turistas. Al darse cuenta del daño que provocaba la oposición en el exterior, Somoza se abstuvo de liberalizar el tráfico y tránsito de turistas en el país. La paradoja, es que la supuesta estabilidad, artificialmente construida por una dictadura militar, era el indicador que los Estados Unidos y la UP utilizaron para incentivar el viaje a Nicaragua.

"Viaje" para Estados Unidos fue la promoción del viaje turista para reactivar el comercio que perdió con Europa debido a la Segunda Guerra. Más tarde, fue la política exterior para mantener relaciones cordiales y crear programas más sustentables con América Latina, en base a relaciones más cordiales entre la población estadounidense y latinoamericana. Viaje para Somoza fue principalmente inmigración blanca con capital para desarrollar el país. Como se detalló en la primera parte, en las guías nicaragüenses se expusieron tablas raciales y se invitaba la inmigración de "hombres blancos, oriundos de países latinos, con pequeño capital".[244] Las mismas leyes migratorias redactadas en los años treinta permanecían vigentes, promoviendo el ingreso de turistas blancos y desincentivando la migración o el viaje de turismo de otras "razas no deseadas". En los últimos años de la década del cincuenta, Luis Somoza mantenía esta visión del viaje e invitaba en las guías de su gobierno a inmigrar para invertir en el "granero de Centroamérica" dentro de la tierra de lagos y volcanes.[245]

En esta línea, en 1959 ya era clara cuál era la finalidad del turismo en este gran esquema geoestratégico: "Vender Centroamérica".[246] La evaluación del Departamento de Estado sobre Nicaragua, en cuanto al turismo, resumía que dicha empresa no era una "gran productora de dinero" en este país. Tomando en cuenta las partes todavía incompletas de la Carretera Panamericana y la necesidad de establecer más aeropuertos en el país, el informe detalló que Luis Somoza no tenía "muchas esperanzas depositadas en el turismo a corto plazo". El único proyecto que vigilaba su presidencia era la construcción de un aeropuerto en la isla de Corn Island, ubicada en el Caribe, "un verdadero paraíso tropical", cuyas tierras había comprado recientemente un inversor estadounidense. El informe también llamaba la atención en el aspecto que, entre las atracciones que podrían ser de interés, se encontraban "un gran número de encantadoras y virtualmente desoladas playas en ambas costas".[247]

Sumado a los proyectos mencionados, Luis Somoza Debayle declaró de "Interés Nacional" las inversiones para el turismo que sobrepasaran los siete millones de córdobas.[248] Este tipo de leyes respondían a los nuevos lineamientos sobre el turismo en Centroamérica, a la vez que seguían cristalizando el principal interés del régimen: atraer inversores y negocios por medio de la inmigración. Al finalizar la década, Luis Somoza propuso un par de medidas para atraer migraciones masivas al país, singularmente tuvo dos proyectos para atraer colonias de holandeses, argelinos e italianos.

Luis Somoza intentó que Nicaragua formara parte de los países que recibirían a futuros inmigrantes provenientes de los países recientemente descolonizados en África y el Caribe. De ahí su interés por holandeses e italianos en particular. También, su gobierno averiguó si era posible promover la migración de personas Ryukyuan. En este inciso, le señalaron que la misma ley de inmigración prohibía el ingreso de "personas asiáticas" en el país, tanto como

---

244 Pérez y Barahona López, *Guía general ilustrada de Nicaragua*, 29.

245 S. A., *Nicaragua, tierra de los lagos*, 5; véase también: Instituto de Fomento Nacional, *Nicaragua*.

246 Paul Kennedy, "Selling Central America: Six Nations, Guatemala to Panama, Combine Plans for Tourism", *New York Times*, 22 noviembre 1959, p. 43.

247 Op. Cit.

248 "Declaradas de interés nacional las inversiones desde 7 millones de córdobas", *La Gaceta Diario Oficial*, 13 agosto 1960, disponible en: http://legislacion.asamblea.gob.ni/normaweb.nsf/b34f77cd9d23625e06257265005d21fa/ebed845a7672a9c006257213005cede7.

inmigrantes y turistas. Según la comunicación del Departamento de Estado, "Somoza estaba más interesado en los colonos europeos".[249]

A holandeses e italianos se les ofrecieron tierras y recursos en el Caribe, mientras que a los segundos se les ofrecieron facilidades parecidas en Chinandega. Ninguno de estos planes se concretó. En ambos casos, los funcionarios de la embajada de Estados Unidos informaron que los gobiernos italianos y holandeses coincidían en señalar que las leyes de apropiación de tierras no eran claras y mostraban arbitrariedades que no podían pasar por alto. Por su parte, Luis Somoza también rechazó requisitos de los posibles migrantes que deseaban "beneficios mayores a los que gozan los ciudadanos del país", como créditos, casas y maquinaria agrícola antes de llegar a Nicaragua.[250]

La tendencia al finalizar el primer gran ciclo del somocismo, y la década de los años cincuenta, prueba que la dictadura no logró su principal interés: atraer inmigración blanca con capital para invertir en el país. Si bien este fue el mayor esfuerzo, el departamento de Migración en Nicaragua, secundado por el área consular de los Estados Unidos, exponían números que reflejaron la tendencia contraria. Había un número mayor de emigrantes que de inmigrantes al cerrar el año 1958. En 1957 entraron al país 624 inmigrantes, mientras salieron 1,618, dando un saldo de "pérdida de población" de 994 personas. Un año más tarde, entraron 807 inmigrantes y salieron 1,469 emigrantes, para un saldo negativo de 662. Los números no reflejan de dónde provenían las personas que entraron al país o sus intereses. Según el consulado estadounidense, casi el 90 % de los emigrantes nicaragüenses viajaron a Estados Unidos, mientras que el resto se repartió mayoritariamente entre Costa Rica y El Salvador.[251]

Si bien la mayoría de extranjeros temporales en el país eran inversores y hombres de negocio, Nicaragua nunca se estableció como ese principal polo de atracción de inversiones imaginado por Somoza y el INFONAC. Aunque sí convirtieron a Nicaragua en uno de los principales beneficiarios de ayuda militar de los Estados Unidos en la región. Sin embargo, el poco interés en el turismo cambiará en los años setenta, quizá ya muy tarde. En el próximo capítulo, se abordarán los temas de la integración regional y su relación con la *Alianza para el progreso*, en los años sesenta y setenta. Si bien fue un proyecto secundario, el turismo se institucionalizó regionalmente y se profesionalizó en cada país en estos años, gracias a los grandes proyectos regionales que se impulsaron desde las oficinas de las instituciones de la integración centroamericana y el apoyo de los programas para el desarrollo, principalmente de los Estados Unidos.

---

249 Memorandum: "Possibility of Dutch Imigration to Nicaragua", 13 julio 1951. NA, RG 59, entry: 1955–1959 Central Decimal File, caja 4225, doc. núm. 817.16156/8-757.

250 Op. Cit.

251 Memorandum: "Migration Statistics – Nicaragua 1957 y 1958", 19 octubre 1959. NA, RG 59, entry: 1955–1959 Central Decimal File, caja 4225, doc. Núm. 817.18/10-1959.

6 Tecnificación y pedagogías imperiales del turismo (1960–1979)

El día fue 23 de diciembre. Era 1972, "año del turismo en las Américas".[1] El lugar, Managua. Howard Hughes, empresario estadounidense, se encuentra en el Hotel Intercontinental. A las 12:29 de la madrugada la ciudad capital es sacudida por un terremoto que destruye todo el casco urbano. Mueren miles y se desploman casi todos los edificios de la ciudad, pero el Intercontinental, construido a semejanza de una pirámide Maya, se sostiene. Hughes abandona el país inmediatamente, llevándose sus millones para invertir en turismo y casinos. Dinero que Anastasio Somoza Debayle necesitaba urgentemente para hacerle frente a la crisis económica y política en el país, así como en el istmo centroamericano en general.[2]

Eso era "lo mejor que Hughes podía hacer por el país con pocos recursos naturales y poca industria", dijo el vocero del empresario a los periódicos estadounidenses.[3] El último Somoza de la dinastía aprovecha el terremoto y vuelve a apoderarse de la presidencia de la república. Se apropia de los fondos disponibles para Nicaragua gracias a la ayuda internacional y lanza un proyecto de reconstrucción nacional bajo su nombre que la población considera un fraude y una ofensa vergonzosa de la dictadura; hecho que favoreció la unión de la oposición y el apoyo de ésta al Frente Sandinista de Liberación Nacional (FSLN) que derrocaría a Somoza Debayle en 1979.[4] Como afirmó un funcionario estadounidense, "El desastre natural" fue seguido de "un terremoto político".[5]

---

1 El 11 de diciembre de 1971, la Organización de Estados Americanos (OEA) y la Unión Internacional de Organismos Oficiales de Turismo (UIOOT) proclamaron que 1972 sería el año del "turismo en las Américas": *Primer Congreso Extraordinario Interamericano de Turismo.* 1ero agosto 1972, Brasil, "1972 – Año del turismo de las Américas: Estado del programa a junio 30, 1972", p. 1. Columbus Memorial Library.

2 La crisis económica de los setenta fue inusual en el sentido que golpeó a los 5 países de Centroamérica por igual: Héctor Pérez Brignoli y Yolanda Baires Martínez, "Growth and Crisis in the Central American Economies", *Journal of Latin American Studies* 15, núm. 2 (noviembre de 1983): 393–95. Sobre el crecimiento de la deuda externa en los años setenta véase: Víctor Bulmer Thomas, *La Economía política de Centroamérica desde 1920*, 216–17. El déficit fiscal en Nicaragua, por ejemplo, fue en 1972 de 292 millones de dólares, como reporta *La Prensa*, 6 octubre 1973, p. 16.

3 "Jury Calls Accountant in Hughes-Nixon Loan", *Washington post*, 19 febrero 1972, p. A3.

4 Ferrero Blanco, *La Nicaragua de los Somoza, 1936–1979*, 166; Kinloch Tijerino, *Historia de Nicaragua*, 295.

5 Paul J. Dosal, "Natural Disaster, Political Earthquake", en *Aftershocks: Earthquakes and Popular Politics in Latin America*, eds. Jürgen Buchenau y Lyman L. Johnson (Albuquerque: University of New Mexico Press, 2009), 152.

El hotel es un símbolo del nuevo mundo que se había erigido en Nicaragua y Centroamérica, construido para albergar al turista e inversor estadounidense principalmente. Sin importar qué sucediera en el país, el turista estaba a salvo de desastres naturales y los "viejos problemas políticos de siempre". Pero este mundo llegaba muy tarde. Así como Managua, Somoza y su régimen estaban a punto de caer. Era el "año del turismo en las Américas" y era el año en que comenzó el fin de la dictadura.

En este capítulo se elabora en torno a qué cambia y qué permanece en la empresa del turismo en Nicaragua durante los años sesenta y setenta del siglo veinte. Después de haber abordado las bases institucionales en los capítulos 4 y 5 anteriores, ahora el presente capítulo se concentra en documentar el desarrollo de las bases fundacionales del turismo en Nicaragua. De la mano con la tecnificación de las principales áreas económicas del país, como el café, el banano o la ganadería, la empresa del turismo atravesó un periodo de tecnificación y desarrollo exponencial entre los años sesenta y setenta. Este proceso terminó consolidando lo que se definió como una "industria turística" en Centroamérica. Los nuevos organismos internacionales, regionales y las instituciones nacionales de gobierno, desempeñaron un papel fundamental en este proceso de consolidación del turismo en el istmo. Proceso al cual, se plantea aquí, Nicaragua se sumó a destiempo. Ante este hecho, las preguntas que dibujan el mapa de ruta a seguir son: ¿Cuáles actores internacionales, regionales – públicos y privados – entraron al terreno de juego del desarrollo turístico en Centroamérica? ¿Respondían estos nuevos actores al mismo contexto geopolítico y económico que determinó al turismo y el somocismo en los años anteriores?

Con estas preguntas en mente, en este capítulo se muestra cómo Nicaragua se integró a las iniciativas y programas regionales de turismo, los principales proyectos y obras desarrolladas en el país, así como su influencia en el proceso de desarrollo económico que caracterizó la segunda fase del somocismo en el país, marcada por las presidencias de Luis y Anastasio Somoza Debayle. En este sentido, se muestra la forma en que las consultorías y asistencias técnicas realizaron lo que aquí se denomina como "pedagogías imperiales del turismo", en cuanto se le "enseñó" a los gobiernos centroamericanos a estructurar, financiar y mercadear una industria del turismo, definiendo cada país dentro de un circuito regional estructurado acorde a las evaluaciones de organizaciones internacionales y regionales.

6.1 El turismo en la "ilusión de una edad de oro"

En los años sesenta y setenta los países correspondientes al istmo centroamericano vivieron un período de rápida expansión económica, acompañada de una inestabilidad política que desembocó en los conflictos armados y civiles de la década posterior. Era la "ilusión de una edad de oro" que desembocó en "conmociones externas y el desafío al orden social".[6] El Mercado Común Centroamericano (MCCA), ideado por la Comisión Económica para América Latina y el Caribe (CEPAL) e impulsado inicialmente por el programa del gobierno de John F. Kennedy denominado la *Alianza para el Progreso* (ALPRO), proveyó a Centroamérica de una cantidad de fondos para el desarrollo de exportaciones e industrialización sin precedentes en la región. Mediante el Banco Mundial (BM), el Banco Interamericano de Desarrollo (BID) y, especialmente, el Banco Centroamericano de Inversión Económica (BCIE), ALPRO promocionó un programa regional para integrar a Centroamérica a los mercados industriales internacionales.[7] Simultáneamente, la política de Kennedy y sus programas de asistencia sostuvieron a las dictaduras más cruentas en Centroamérica.

Nicaragua en particular gozó de un apoyo sustancial por parte de los Estados Unidos en los años sesenta y setenta. En el caso de Nicaragua, las cifras entre 1962 y 1978 muestran que Washington proporcionó a los gobiernos de Luis Somoza Debayle (1956–1963) y Anastasio Somoza Debayle (1967–1972 y 1974–1979) más de 280 millones de dólares en asistencia económica, mientras que el grupo del Banco Mundial y el Banco Interamericano de Desarrollo juntos canalizaron casi 394 millones de dólares a sus regímenes. La banca privada se sumó con 350 millones de dólares.[8]

Capitalizando la actitud abiertamente anticomunista iniciada por Somoza García en los años cuarenta, Luis y Anastasio Somoza Debayle convirtieron a Nicaragua en el aliado más cercano a los Estados Unidos contra el comunismo en Centroamérica. Luego de la revolución cubana y la crisis de los misiles en 1962, Kennedy y el Pentágono aumentaron la asistencia militar hacia la Nicaragua de los Somoza.[9] Entre 1968 y 1978, Nicaragua fue el mayor receptor per cápita de ayuda militar estadounidense en América Latina.[10] La riqueza de la familia Somoza, basada en sus propiedades agrícolas, comunicaciones y operaciones bancarias, empresas procesadoras

---

6 Bulmer Thomas, *La Economía política de Centroamérica desde 1920*, capítulos IX y X.

7 Bodenheimer, Gorostiaga, y Torres-Rivas, *Inversión Extranjera Directa en Centroamérica*, 34–35; Joseph Grunwald, Miguel S. Wionczek, y Martin Carnoy, *La integración económica Latinoamericana y la política de Estados Unidos* (México: Centro de Estudios Monetarios Latinoamericanos, 1973), 114–15.

8 Morris H. Morley, *Washington, Somoza, and the Sandinistas: State and regime in U. S. policy toward Nicaragua, 1969–1981* (Cambridge: Cambridge University Press, 1994), 48–49. René Schick fue el presidente "electo" de Nicaragua entre los gobiernos de Luis y Anastasio. Schick asumió la presidencia en 1963, pero su periodo lo finalizó Lorenzo Guerrero en 1966, ya que Schick falleció antes de terminar su periodo presidencial.

9 LaFeber, *Inevitable Revolutions*, 151.

10 Morley, *Washington, Somoza, and the Sandinistas*, 37. La cifra proveída por Morley oscila entre 20 a 32 millones de dólares.

de alimentos y empresas conjuntas con inversionistas extranjeros, aumentó de 60 millones de dólares a mediados de la década de 1950 a un estimado de casi 500 millones en 1976.[11]

"Prosperidad" y "desigualdad" caracterizaron este periodo de la historia en Centroamérica, y en Nicaragua significó particularmente prosperidad para Somoza y los sectores cooptados o que pactaron con el régimen.[12] Por estas razones, la historiadora Frances Kinloch denomina este periodo de la historia nicaragüense como uno de "desarrollo excluyente y crisis política".[13] Si bien hubo un *boom* económico, Luis y Anastasio Somoza Debayle enfrentaron el mayor número de atentados y movimientos políticos contra el régimen. También, sobrellevaron la represión y violencia política más cruenta realizada por el régimen mediante su manejo de la GN. La segunda etapa del régimen somocista comenzó con la violencia desatada por la GN a raíz del asesinato del fundador de la dinastía, Anastasio Somoza García. Sobrevivió a la invasión de Olama y Mollejones (1959), cicatrizó a una generación de jóvenes que sobrevivieron a la masacre de la Avenida Roosevelt en 1967 y, finalmente, terminó con la guerra civil y revolución liderada por el FSLN, cuya ofensiva e insurrección final suceden en 1978 y 1979.[14]

En este contexto de crecimiento económico acelerado e inestabilidad política, producto de la desigualdad social, Centroamérica aparece en las promociones y narrativas turísticas de la misma manera que lo venía haciendo en los últimos cuarenta años, como una región desconocida, un "Istmo de sorpresas en búsqueda de su identidad".[15] Algunos lugares le daban la bienvenida al turista de la misma manera en que "habían recibido a Colón", mientras que las capitales daban la bienvenida al inversor industrial y a los turistas de lujo.[16] El istmo, según la mayoría de turistas, era un conjunto de países cuya unión establecería "un gran complejo turístico".[17] "Centroamérica buscaba su identidad", mas era una identidad conforme a la larga historia de atracción de inversiones e inmigración a la región que se imaginaba ahora como un complejo turístico dentro de una emergente región industrial.

Al igual que el programa de industrialización y la tecnificación de los cultivos (café, banano y algodón en Nicaragua), la empresa del turismo fue impulsada de tal manera que llegase a establecerse una "industria del turismo centroamericana". En 1973 la UP, renombrada como

---

11 Ibid., 41.

12 Brignoli y Baires Martínez, "Growth and Crisis in the Central American Economies", 365.

13 Kinloch Tijerino, *Historia de Nicaragua*, 276–304.

14 María Dolores Ferrero Blanco, "Violencia y represión en el ocaso de los Somoza: las condiciones carcelarias de los presos políticos", 154–78.

15 Hilda Cole Espy y Lex Creamer Jr., "An Isthmus of Surprises Searches for Its Identity, *New York Times*, 12 julio 1970, p. 336.

16 Terry Johnson King, "Between Mexico and Colombia, Seven Lovely Lilliputians", *Los Angeles Times*, 16 mayo 1976. p. F1.

17 Henry Lepidus, "A Ticket to Six Nations", *New York Times*, 23 octubre 1966, p. 21.

la Organización de Estados Americanos (OEA), prometía que el turismo era el "camino a una mejor vida en las Américas".[18] Esto iba de la mano con el incremento exponencial del turismo a nivel global, de manera que la ONU y las instituciones financieras internacionales predicaban en esos años todas las facultades del turismo para impulsar el desarrollo económico en países con ingresos medios o bajos como Nicaragua, así como el entendimiento entre los pueblos y las naciones.[19] En Nicaragua, turistas estadounidenses esperaban que los programas de Kennedy y la afluencia de "viajeros de buena voluntad" cambiarían la animosidad todavía expresada por centroamericanos debido a William Walker y la ocupación de los Marinos en Nicaragua.[20]

Turistas que visitaron el país dieron cuenta de la gran desigualdad social que se volvía palpable en el día a día. Señalaron que "los dos problemas de Nicaragua eran el analfabetismo y la falta de estabilidad política". A pesar del "orden" impuesto por los Marinos, afirma Patricia Maloney Markun en su libro sobre viajes en Centroamérica, la AID y sus programas eran el "primer gran paso a solucionar el analfabetismo, sobre todo el democrático".[21] Markun formó parte de una ola creciente de turistas que visitaron Centroamérica y Nicaragua. El número de visitantes a los cinco países del istmo aumentó de menos de 500,000 en 1965, a 650,000 en 1970, para después crecer aceleradamente a más de 1,200,000 en 1974.[22] Centroamérica estaba invitada a recibir una nueva generación de turistas estadounidenses que viajaban por la Carretera Panamericana recién completada en 1963. Según la OEA, más de "115,000,000 de estadounidenses viajaron por automóvil en 1964, gastando una cifra mayor a los 18,600,000 de dólares".[23] El total de gastos turistas en Nicaragua para 1963 era de US$ 574,000.00.[24]

---

18 Organization of American States, *Tourism in the Americas: road to a better life* (Washington, D. C.: OAS Department of Information and Public Affairs, 1973), 1.

19 César Capanegra, "Historia Del Turismo. Turismo y Desarrollo Según Las Naciones Unidas (1947–1963)" (5to Congreso Latinoamericano de Investigación Turística, Sao Pablo, 2012), 16, https://www.academia.edu/3034919/Historia_del_Turismo_Turismo_y_desarrollo_seg%C3%BAn_las_Naciones_Unidas_1947_1963_.

20 Etta Payne, *Land-Yachting to Central America: A Trailer's-Eye View of Our Nearest Latin Neighbors* (New York: Greenwich Book Publishers, Inc., 1960), 85; Patricia Maloney Markun, *The First Book of Central America and Panama* (New York: Watts, 1972), 46–48 y 63.

21 Markun, *The First Book of Central America and Panama*, 50.

22 ONU: CES-CEPAL, Comité de Cooperación Económica del Istmo Centroamericano (CCEIC), *Algunas consideraciones acerca del cumplimiento de la resolución 160 (X/CCE) "Desarrollo Turístico"*, Nueva York, octubre 1975, p. 13.

23 Francisco J. Hernández, "La América Central, la Carretera Interamericana y el Turismo", *Revista Conservadora*, Agosto de 1965, 22.

24 Lyell H. Ritchie et al., *A regional Study of Tourist Development in Central America*, Porter International Company (Washington, D. C.: Alianza para el Progreso, 1965), 31.

Los turistas reportaban que era posible viajar “con placer y confort” de Texas a Panamá.[25] Entre 1960 y 1979, en Nicaragua se abrieron nuevas carreteras hacia los lugares turísticos partiendo desde la Panamericana, como las Piedrecitas, Xiloá, Yalagüina y Ocotal, conectando el Pacífico y el Norte del país para aprovechar los recursos turísticos.[26] Simultáneamente a este proceso de consolidación de la carretera y el automóvil como vehículos para conectar centros de producción y puertos o aeropuertos, junto con los lugares turísticos, el ferrocarril en Nicaragua cayó en desuso y en bancarrota.[27]

En los seminarios y conferencias donde se describieron los futuros promisorios del turismo en la región también se exponía, de común acuerdo entre estadounidenses y funcionarios del turismo en las organizaciones internacionales, que en Nicaragua el “Turismo a la norteamericana esta[ba] todavía muy lejos”.[28] Pero la finalización de la Carretera Panamericana hablaba en tonos simbólicos para los estadounidenses, al invitarlos a ser los “pioneros” de estos nuevos viajes al sur de la frontera, como lo “deseaban”, “esperanzados”, los centroamericanos.[29]

Posteriormente, a medida que Centroamérica se adentró en los años setenta, el turismo había demostrado ser una empresa que sobrevivía todo tipo de crisis, no solo el terremoto en Managua. En el ámbito internacional, la empresa de viaje siguió creciendo a pesar de la crisis del petróleo en los mismos años, lo cual animó al poeta y periodista belga, Arthur Haulot, de la revista *World Travel*, a afirmar que la “necesidad humana” del turismo con “toda la infraestructura tecnológica, económica y social” sobrevivía como cualquier otro sector de la economía.[30] Somoza Debayle apostó a este mismo indicador del turismo. Cuando su régimen perdía territorio, inversiones y apoyo internacional ante el auge del FSLN, Somoza abrió el país a las inversiones de “la ‘industria” del juego, drogas, cabarés y otras actividades vinculadas al crimen organizado, hoteles, turismo, etc.”, misma apertura que había atraído a Hughes.[31]

---

25 Selden Rodman, *The Road to Panamá* (New York: Hawthorn Books, 1966), 5.

26 “Cinco carreteras de primera clase construye Fomento”, *Novedades*, 26 julio 1963, p. 9.

27 Intervenciones sobre el préstamo al Ferrocarril del Pacífico por parte de los diputados Juan José Morales Marenco y Diego Manuel Robles en la Vigésimo-Novena Sesión de la Cámara de Diputados, Congreso Nacional, *La Gaceta Diario Oficial*, 8 noviembre 1966, pp. 2626–27.

28 Joseph C. Ingraham, “American Roller-Coaster: Between Laredo, Tex., and Panama, With Some Total Gaps, Streches a Highly Sporting Motoring Adventure”, *New York Times*, 7 febrero 1960, p. 1.

29 Milton Bracker, “Dream Come True: Inter-American Part of Pan-American Highway Is Officially Opened”, *New York Times*, 12 mayo 1963, p. 1; Markun, *The First Book of Central America and Panama*, 72–73.

30 Arthur Haulot, “The energy crisis. Optimism or pessimism?”, *World Travel*, marzo de 1974.

31 Jaime Wheelock, “Imperialismo y Dictadura: Fracaso del Nacionalismo Burgués”, en *Antología del pensamiento crítico nicaragüense contemporáneo*, ed. Juan Pablo Gómez y Camilo Antillón, Colección Antologías del Pensamiento Social Latinoamericano y Caribeño (Libro digital: CLACSO, 2016), 85.

Lo que hacía falta, para aprovechar este caudal de recursos, era establecer una "conciencia turística" en Centroamérica.[32] La empresa contratada para hacer un plan de mercadeo regional de turismo hizo dicha recomendación a los gobiernos centroamericanos. *Compton Advertising Inc.* estipuló que los institutos de turismo debían crear una "conciencia turística" en su país, para que el turista se sintiese "bienvenido". Esta "conciencia" hacía referencia a la forma de moldear el mundo para el viajero estadounidense.[33]

La tarea, como expresó Hernán Aróstegui, Secretario General de la Secretaría de Integración Turística Centroamericana (SITCA), al *New York Times*, era hacer a los gobernantes de Centroamérica "turismo-conscientes".[34] "Nicaragua", afirmaban los periódicos, "estaba demasiado preocupada por el crecimiento de su comercio agrario e industrial como para notar los pocos visitantes que llegaban allí como turistas" y ahora, en cambio, se alistaba para promover esta empresa dejada de lado.[35] En esta línea, los Estados Unidos y su población turista hacia Centroamérica sentían que había llegado el momento de "enseñar" a los centroamericanos, esos "7 liliputienses", a cómo elevar el nivel del turismo a los "estándares norteamericanos" y darle la debida administración a la empresa del turismo.[36] Los ejemplos de esa buena administración lo proporcionaban los "casos exitosos" establecidos en esa época: México, Puerto Rico y Hawái, entre otros.[37]

---

32 La firma Compton contratada para elaborar una campaña regional alude a que todos los seminarios y conferencias realizados por SITCA, ALPRO y ROCAP se dirigieron a crear una "conciencia turística" en funcionarios y autoridades centroamericanas: Economic and Market Development Division Compton Advertising Inc., *Marketing action plan for the development of tourism in Central America* (San Francisco, 1969), 25.

33 Ibid., 99.

34 Henry Lepidus, "A Ticket to Six Nations", *New York Times*, 23 octubre 1966, p. 21.

35 "Nicaragua Backs Tourism", *New York Times*, 11 enero 1961, p. 62; Paul p. Kennedy, "Tourism Boom South of the Border", *New York Times*, 5 marzo 1961, p. 17.

36 "Between Mexico and Colombia, Seven Lovely Lilliputians"; Paul p. Kennedy, "Central America May Merge Tourism Drives", *New York Times*, 28 febrero 1965, p. 59.

37 El primer estudio regional del turismo explícitamente describe e historiza las experiencias de estos países para trazar similitudes con Centroamérica: Ritchie et al., *A regional Study of Tourist Development in Central America*, 36. Los "éxitos" de las experiencias mexicanas y puertorriqueñas fueron presentados en el Tercer Seminario Centroamericano de Turismo, realizado en San Salvador. Vernon Stevens (Presidente del Banco Gubernamental de Fomento de Puerto Rico) y Murray Brice (Presidente de la Corporación de Proyectos Internacionales de Boston), ambos promotores del turismo en PR, también asistieron al proceso del turismo del MCCA. Véase: Vernon R. Steves, "Política de industrialización", *Revista Conservadora*, junio de 1965; Murray D. Bryce, "Realidades del Mercado Común", *Revista Conservadora*, junio de 1967. Por su cercanía con la región y por compartir la Carretera Panamericana, el caso de México fue ampliamente expuesto. En el segundo seminario de turismo (San Salvador, 1966), se invitó a un número mayor de expertos mexicanos de turismo. Véase: Acta del III Seminario Centroamericano de Turismo del 14 al 5 julio 1967. Archivo SICA: Fondo documental ODECA (CDOC-SICA), Serie no. 6 "ODECA. Secretaría de Turismo". El mismo resumen

Si México y Puerto Rico lo "habían logrado", Centroamérica podría también. Por México, así lo afirmaba Miguel Alemán, expresidente (1946–1952) que visitó Managua en calidad de nuevo presidente del Consejo Nacional de Turismo de este país. Alemán afirmó que para dicha conciencia era necesario esparcir este reconocimiento de turismo y promoción a todas las personas que habitaban el país.[38] Sin embargo, Alemán afirmó que este grado de conciencia era imposible sin antes haber logrado una "tecnificación del turismo" en las esferas estatales y organizacionales.[39] Puerto Rico, también, era vivo ejemplo del éxito del turismo en el Caribe, ya que aprovechó su imagen de ser la "isla de la simpatía" para captar sesenta millones de dólares al año en inversiones. México y Puerto Rico proveyeron el modelo que Nicaragua, según los expertos, tenía la capacidad de seguir.[40] De esta misma forma lo expresa el nicaragüense Camilo González, Secretario General de la SITCA entre 1967 y 1972, al afirmar que:

> Hace unos veinte años, México llegó a comprender que la solución para sus problemas económicos se encontraría en el Turismo. Más tarde España, a través del Turismo, se encontró, económicamente hablando, propulsada del siglo 18 al 20, casi de la noche a la mañana. Asimismo, somos testigos del increíble desarrollo económico de Puerto Rico, implementado por medio del Turismo.[41]

Consecuentemente, tecnificación y conciencia del turismo, supeditado a la industrialización, fueron los ejes que condujeron el desarrollo de esta empresa en Centroamérica, en los años sesenta y setenta. Años caracterizados por el mayor intento de integración regional experimentado en el istmo. Por tanto, es clave discernir cómo el turismo fue parte de las grandes iniciativas integracionistas en dichos años, como se muestra a continuación.

---

del seminario lo reporta ROCAP GUATEMALA a las autoridades en Estados Unidos el 2 de noviembre de 1966, véase el telegrama en: NA, RG 286, Agency for Internacional Development, USAID Mission to Guatemala/Executive Office, Entry P 376: Guatemala Central Subject Files: 1975–1978, IND INCAE FY 67 THROUGH PRC 3-3 Contractors FY 67, Container 18, ARC 5987026; Véase por último las referencias en: Compton Advertising Inc., *Marketing action plan for the development of tourism in Central America*, 15.

38 Miguel Alemán, "Conciencia Turística", *Revista Conservadora*, Agosto de 1965, 9.

39 Ibid., 7.

40 Ernesto la Orden Miracle, *Revista Conservadora*, diciembre de 1968, 9. Este embajador también organizó la visita al país y la publicación de Manuel Fraga Iribarne, Ministro de Información y Turismo de España.

41 Informe presentado por el Secretario General de SITCA, Camilo J. González, en el IV Seminario Centroamericano de Turismo, Celebrado en San José de Costa Rica los días 10, 11 y 12 de septiembre de 1968. Archivo SICA.

6.2 Integración regional y turismo en Centroamérica

La integración turística regional en Centroamérica puede dividirse en dos periodos. El primer periodo va de 1955 a 1969, entre la firma de los tratados marcos de la Organización de Estados Centroamericanos (ODECA), el establecimiento del MCCA y el gran quiebre de éste, a raíz del conflicto entre Honduras y El Salvador que se denominó la "guerra del fútbol" (1969). El segundo periodo consiste de los intentos por reactivar la integración que se extenderán hasta la primera mitad de los años ochenta, cuando toda la región se vio afectada por la guerra civil en Nicaragua y los conflictos en El Salvador y Guatemala (1972–1985).[42]

El primer periodo está demarcado por la mutua influencia entre el turismo y el fin principal de la integración en su primer momento: la industrialización por medio de la sustitución de importaciones. Postulada por Raúl Prebisch y su equipo en la CEPAL, la industrialización de substitución de importaciones, mediante el MCCA, junto con la dinamización de las exportaciones agrícolas, definen la tendencia general y más estudiada sobre la historia centroamericana de la segunda mitad del siglo pasado, cuando la integración se mostró como la única opción viable para el desarrollo.[43] Lo que se pasa por alto es que, en dicha estrategia de desarrollo y plan económico, la CEPAL establecía que el programa combinaba la promoción de la "industrialización, la diversificación agrícola y el turismo".[44]

En los primeros tres años de la década del sesenta, ALPRO incluyó el turismo en sus planes de desarrollo para la región.[45] Menos de un año más tarde, la Conferencia de la ONU sobre el turismo y los viajes internacionales, celebrada en Roma, entre el 21 de agosto y el 5 de septiembre de 1963, postuló al turismo como "factor de desarrollo económico", especialmente para

---

42 Héctor Pérez Brignoli, *De la posguerra a la crisis*, vol. V, VII vols., Historia General de Centroamérica (Madrid: Ediciones Siruela, 2000). Sobre la crisis específica en el MCCA véase: Julio Carranza Valdés, *Mercado Común Centroamericano: Un caso de integración dependiente* (Habana: Centro de Estudios sobre América, 1981).

43 Raúl Prebisch, "El programa de la integración, ponencia presentada en la CEPAL", *Revista de Integración Centroamericana*, núm. 6 (1972): 99; Donald Castillo Rivas, *Acumulación de capital y empresas transnacionales en Centroamérica* (México: Siglo Veintiuno Editores, 1980), 25–45; Héctor Pérez Brignoli, *Breve historia de Centroamérica*, 194–202; Cardenal, *Manual de historia de Centroamérica*, 348–55; Torres-Rivas, *Interpretación del desarrollo social centroamericano*, 167–95.

44 CEPAL, *Estudio económico de América Latina 1967* (Nueva York: Naciones Unidas, 1968), 147.

45 El plan se propuso en 1961 y fue aprobado un año más tarde en el Octavo Congreso Interamericano de Turismo celebrado en 1962 en Guadalajara: Louis J. García, "Big Boost For Latin Tourism: Travel Congress Urges Alliance for Progress To Spur Trade", *New York Times*, 7 octubre 1962, p. 1. Sobre la propuesta inicial véase: "Joint Tourism Effort: Cooperation Among 5 lands in Central America Sought", *New York Times*, 12 marzo 1961, p. 121.

los países "que están en vías de desarrollo".[46] Como afirma César Capanegra *et. al.*, este fue un hecho histórico porque "vertebró de forma hegemónica la gobernabilidad de los procesos de desarrollo turístico pues, desplegó una *arquitectura conceptual y metodológica* que instituyó en la materia, un consenso a nivel internacional".[47]

El consenso a nivel internacional era que el turismo aportaba divisas a las economías de los países en desarrollo. Más importante aún, que este aporte de divisas para el desarrollo era un vehículo para el entendimiento entre los pueblos y la promoción de la paz mundial.[48] No obstante, a diferencia del "consenso internacional" mencionado por Capanegra *et. al.*, Centroamérica muestra que estos lineamientos internacionales estaban sujetos a especificidades de la historia reciente con respecto a la forma de interpretar y definir tanto el turismo como el turista por parte, al mismo tiempo, de las instituciones regionales como de los gobiernos nacionales.

En esta línea, y a nivel centroamericano, Francisco Hernández, antiguo director de la Oficina de Viajes y recién nombrado Secretario Permanente de Congresos Interamericanos de Turismo de la OEA, asistió al Congreso de Turismo (Managua, 1965) para hacer un repaso sobre los aportes de la Carretera Panamericana a la inversión y el turismo en Centroamérica. "Los buenos caminos hacen buenos vecinos", afirmó Hernández, "al facilitar el intercambio cultural y social, el cual crea a su vez mutuo entendimiento y buena voluntad, pero sobre todo, los buenos caminos hacen posible el crecimiento económico".[49] Asimismo, los técnicos de carreteras y funcionarios de la OEA afirmaron que era necesario "sacar algo de la inversión multimillonaria que habían realizado en la carretera".[50] Siguiendo los intereses de industrialización y dinamización de las exportaciones, los intereses de la OEA y ROCAP en la Panamericana destacaban que hoteles y buenas señales de tráfico, si bien fomentaban el turismo, eran la forma de asegurar que el transporte de carga no sufriera mayores atrasos. Por tanto, una buena infraestructura hotelera y vial atraía inversiones estadounidenses y hacía viable la inversión en la carretera.[51]

---

46 Capanegra, "Historia Del Turismo. Turismo y Desarrollo Según Las Naciones Unidas (1947–1963)", 2. Cursivas en original.

47 Op. Cit. Cursivas en original.

48 Ibid., 16.

49 Hernández, "La América Central, la Carretera Interamericana y el Turismo", 21.

50 Memorandum de Branwell Fanning, Regional Tourism Advisor – SITCA, a Newell Williams, Assistant Director, Operations ROCAP, *Expediting Automobile Traffic on the Inter-American Highway*, 21 marzo 1968. Archivo SICA. El total invertido en la sección centroamericana de la Carretera Panamericana en 1962 fue de US$ 170,703,000: Pan American Union, *The Pan American Highway System*, 2a ed. (Washington, D. C.: General Secretariat, Organization of American States, 1964), 8.

51 Henry B. Kelly y Fortuno E. Jerace, *Facilidades a los turistas en la Carretera Interamericana: Informe sobre necesidades actuales y potencialidades futuras, con recomendaciones sobre la acción que hay*

Desde los años treinta, como se ha señalado en los capítulos anteriores, Estados Unidos y la UP (OEA a partir de 1948) venían promoviendo esta misma visión del turismo hacia Centroamérica por medio de la Carretera Panamericana. Es precisamente en 1963 que se completa el tramo de dicha carretera en Centroamérica y se inicia el nuevo proceso de integración del MCCA. En palabras del nicaragüense Enrique Delgado, presidente del BCIE: "Al iniciarse el Programa de Integración, solamente la recién completada Carretera Panamericana en Centroamérica comenzaba ya a producir efectos favorables".[52] Al mismo tiempo, después de dos años de debates en la Asamblea Nacional, Nicaragua estableció que las inversiones en turismo calificaban como "interés nacional" y se les otorgó las prerrogativas y beneficios que las inversiones en agricultura, finanzas o industria gozaban desde comienzo de los años cincuenta.[53] Dentro de este contexto que entrelaza la Carretera Panamericana, la integración regional y el turismo, El BCIE – en sintonía con los postulados de Roma y de Hernández – inició en 1963 los estudios técnicos para encontrar la "forma de activar el turismo en la región, considerando que éste [era] un campo promisorio que, bien planeado y ejecutado, podría rápidamente contribuir a una corriente mayor de divisas hacia el área".[54]

La información detallada anteriormente demuestra la gama de actores internacionales y regionales que se articularon para promocionar el turismo como alternativa de desarrollo económico en la región: ONU, OEA, ALPRO, CEPAL, BID, ODECA, MCCA y BCIE. Dichos actores también resaltan que, si bien en los años sesenta se promocionaba y se tecnificaba el turismo en Centroamérica, esta era una empresa de alcance global. A estos se les sumarán las instituciones de turismo centroamericanas y los institutos u oficinas de turismo correspondientes a cada estado nacional centroamericano. Por su parte, Nicaragua decidió renovar la JNT y creó la Dirección Nacional de Turismo (DINATUR), a recomendación personal de Alejandro Gallard Prío a Anastasio Somoza Debayle y, en ese entonces, presidente de la república y amigo personal de Gallard Prío, Lorenzo Guerrero.[55]

Los saberes anteriores sobre cómo atraer turistas e inversión iban de la mano con estas nuevas iniciativas integracionistas. En 1966 se continuaban haciendo las alusiones al "paraíso

que desarrollar (México: Centro Regional de Ayuda Técnica Administración de Cooperación Internacional, 1961), 8 y 12.

52 Enrique Delgado, "El Banco Centroamericano en la Integración", *Revista Conservadora*, mayo de 1965, 12.

53 "Decreto Legislativo 520", *La Gaceta Diario Oficial*, 13 agosto 1960; "Declaradas de interés nacional las inversiones desde siete millones de córdobas", *La Gaceta Diario Oficial*, 8 agosto 1963, pp. 1785–86.

54 Delgado, "El Banco Centroamericano en la Integración", 18.

55 "Decreto No 103: Refórmense Artículos del Reglamento de Junta Nacional de Turismo y Anéxese al Ministerio de Economía", *La Gaceta Diario Oficial*, 22 noviembre 1966, p. 2769. Entrevista del autor a Alejandro Gallard Prío, 26 marzo 2021.

desconocido de Centroamérica, así como lo había visto Colón", acompañada de una "modernidad pujante" simbolizada por la Carretera y las nuevas rutas aéreas.[56] Al igual que las experiencias anteriores, las descripciones e inventarios de los recursos turísticos, naturales, poblaciones y culturales, servían para atraer la inversión de los imaginados hombres de industria estadounidenses.

Lo global, regional y local dialogan y negocian, entonces, las formas no solo en que se definió el turismo, sino su puesta en práctica en cada uno de los países del istmo. Es decir, la consolidación de una conciencia turista mediante la tecnificación del turismo habla de un proceso de internalización por parte de Centroamérica y Nicaragua del "consenso internacional" alrededor del turismo como industria. La ONU y sus oficinas dedicadas al turismo (UIOOT, primero, y OMT después), junto con firmas y centros de investigación globales, regionales y nacionales, crearon los conceptos, metodologías de elaboración y medición de proyectos de desarrollo turístico. Este principio estableció, a su vez, la definición de turista de la ONU que entró en diálogo o negociación con las conceptualizaciones que Nicaragua y la OEA venían elaborando desde los años treinta.

La OMT definió el término a raíz de la diferenciación entre visitante, excursionista e inmigrante de la siguiente forma:

> Un "visitante" es alguien que concurre a un país distinto de aquel en que tiene domicilio habitual por motivos diferentes que emprender una actividad remunerada con dinero que provenga del país visitado. Los visitantes se denominan "turistas" si permanecen 24 horas o más en el país que visitan y "excursionistas", si permanecen menos tiempo y pueden viajar por razones de esparcimiento, salud, estudios, religión, deportes, negocios, familia, asuntos oficiales, etc., quedando excluido solo quienes legalmente no entran al país, como por ejemplo, aquellos que solo permanecen en las áreas de tránsito de los aeropuertos, y quienes aún cumpliendo los requisitos anteriores, vienen a radicarse en el mismo.[57]

---

56 Richard Homan, "The Central American Scene", *Washington Post*, 23 enero 1966, p. G12; Bert Quint, "Travel Through Central America: Travelers' Aid", *Washington Post*, 19 enero 1964, p. G11.

57 La definición de visitante, en la cual se distinguía al excursionista del turista, reina en todos los informes y documentos institucionales y privados de la época, entrelaza así a la ONU, SITCA, Gobierno de Nicaragua y empresas consultoras. ONU: *Acta de la conferencia sobre viajes y turismo de la UIOOT realizada en agosto 1963*: https://search.archives.un.org/travel-and-tourism-conference-rome-august-1963; SITCA: Memorandum de Branwell Fanning al Consejo de Turismo Centroamericano (CCT), 14 junio 1967, *Sugerencias para futuras actividades de la SITCA*. Archivo SICA; Gobierno Nicaragua: Oficina Ejecutiva de Encuestas y Censos, *Primera encuesta de Turismo: Septiembre-Diciembre 1974*, Convenio Banco Central de Nicaragua-Ministerio de Economía, Industria y Comercio (Managua: Banco Central de Nicaragua, 1975), 2–3; Empresa consultora de turismo: URS

En el centro de esta definición amplia de "turista" se encuentra el principal objetivo que compartían organizaciones internacionales y regionales, junto con instituciones de financiamiento: divisas para la balanza de pagos y las relaciones cordiales entre los países. Ambos elementos centrales en la definición de turista fueron integrados por los gobiernos centroamericanos en los años sesenta y setenta.[58] El beneficio económico y cultural del turismo se encuentra con un elemento más en Centroamérica. Esto es, que la generación de divisas para la balanza de pagos iba en concordancia con el propósito específico del MCCA según ALPRO: la industrialización mediante la substitución de importaciones. En este sentido, ROCAP hace explícito dicho propósito al afirmar que:

> Partiendo de la premisa de que el turismo en Centroamérica puede promoverse con mayor impacto y economía si se promueve a nivel regional en lugar de nacional, y en vista de la reconocida contribución del turismo a la promoción de la inversión industrial, la ROCAP está considerando métodos para fomentar la promoción turística regional.[59]
>
> Recomendar a la industria, mientras evita cualquier apariencia de participación oficial de los Estados Unidos, llamar la atención de las oficinas nacionales de turismo sobre la oportunidad que se ofrece aquí. No solo impulsa el desarrollo del turismo, sino que sirve para atraer inversores potenciales en acuerdos de empresas conjuntas, etc. Las operaciones *bootstrap* de Puerto Rico[60] demostraron ser un adagio de raspar al turista y encontrar un inversionista debajo.[61]

Corporation, Maxwell Stamp Associates Limited, y Consultora Latinoamericana Limitada, *Lake Nicaragua Hotel: Feasibility Study*, vol. I (California - London, 1968), 37.

58 En los años sesenta, William G. Gaudet, "Central American Tourism", *Latin American Report Newsletter*, julio de 1967, 1. Véase sobre cómo el turismo revertiría esto en: Conferencia dictada por el Sr. José Ernesto Somarriba, colaborador especial de la Presidencia del BCIE, en el IV Seminario Centroamericano de Turismo – septiembre 10, 11 y 12 de 1968 – San José Costa Rica, pp. 6–7. Archivo SICA. En los años setenta los informes enviados a ROCAP denotaban la importancia del turismo tanto para la balanza de pagos negativa en Centroamérica como a la promoción de buenas relaciones y la buena imagen de los gobiernos centroamericanos y de los Estados Unidos en la misma región: Informe ROCAP Guatemala enviado por la embajada de los Estados Unidos en Ciudad de Guatemala al Secretario de Estado, *Joint Presidential Communique on Central American Regional Matters*, 7 noviembre 1975, p. 3. NA, RG 59 (Digital Records 1973–1979), doc no. 1975GUATEM06208, doc ref. 75 Guatemala 6089, 75 Tegucigalpa 4777, Film no. D750388-0613.

59 A. Louis O'Connor Jr., ROCAP Industry Development Officer, *Regional Tourism Development*, 2 octubre 1963, p.1: NA, RG 286, USAID Mission to Guatemala/Executive Office, Entry number P 376: Guatemala Central Subject Files: 1964–1978, HLS1-1 THRU IPS 16, Container 4, ARC 5987026.

60 "Operación *Bootstrap*" fue el programa de desarrollo industrial y turístico llevado a cabo por el gobernador Luis Muñoz Marín en Puerto Rico, iniciado en los años cuarenta y consolidado en 1950. Sobre este tema véase: Merril, *Negotiating Paradise*, 183–188.

61 Telegrama del Departamento de Estado a ROCAP Guatemala, *O'Connor May 20 Memo "Visit Central America Campaign"*, 8 junio 1964. NA, RG 286, USAID Mission to Guatemala/Executive

En acuerdo con las citas anteriores, las estadísticas y el subsecuente plan de turismo para Centroamérica reconocían que la infraestructura de viaje estaba adecuada para los viajeros de negocio y se debería virar lentamente a la infraestructura de placer y recreación para complementarla.[62] Los principios y líneas a seguir establecidas por ROCAP acompañaron la fundación del órgano del MCCA y su principal institución permanente dedicada al turismo, el Consejo Centroamericano de Turismo (CCT) y SITCA, respectivamente – ambos activos desde 1965 hasta hoy en día. La CCT se conforma por los ministros o directores de turismo de cada país, mientras que la SITCA es una oficina permanente, cuya sede desde los años sesenta se ubica en Managua. El CCT y la SITCA mantienen hasta el día de hoy las funciones principales de "Gestionar, promover y coordinar programas de promoción turística de beneficio regional".[63]

Lo que es importante subrayar es que esta gestión del turismo, enmarcada por las citas anteriores, lee la permeabilidad y adaptación de los conceptos globales de ONU que pasan a través de ALPRO y ROCAP en la conceptualización de sus intereses políticos y económicos para Centroamérica. Demuestra simultáneamente la conjunción entre la influencia de la Carretera Panamericana, y la atracción de inversiones, con las concepciones fundamentales del turismo en Centroamérica y cómo esta internalizó los marcos conceptuales internacionales promovidos por la ONU.

Al implementar y financiar sus programas de desarrollo turístico, ROCAP señaló que necesitaba un flujo de información actualizada sobre los regímenes industriales y de inversión, así como de "atracciones turísticas" en cada país.[64] Así, ROCAP estableció la idea de que era

---

Office, Entry number P 376: Guatemala Central Subject Files: 1964–1978, HLS1-1: Medical Schools FY 1964 THRU IPS 16: Fire Prevention & Control FY 1964, Container 4, ARC 5987026. Cursivas agregadas por el autor. La continuidad de esta relación "turista-inversor" se mantiene hasta los años setenta; *Sea Pines Associates* también realizó un mapeo de las áreas con nuevo "potencial turístico" y definió dichas áreas en función de sus capacidades para atraer "potenciales inversores" de los Estados Unidos que podrían estar interesados en financiar dichos negocios en la región. Los contratos de Sea Pines (US$ 1,000,000) y SRI (US$ 73,000.00) con SITCA, fueron financiados por ROCAP. Carta de Robert N. Allen a Robert Culbertson, Director USAID Mission Managua, 13 agosto 1975. NA, RG 286, USAID Mission to Nicaragua/Engineering Division, Entry number P 800: Subject Files: 1975–1984, Container 1, ARC: 6277074, Folder: ROCAP Reports FY-76.

62 Ritchie et al., *A regional Study of Tourist Development in Central America*, 23 y 205–6; Compton Advertising Inc., *Marketing action plan for the development of tourism in Central America*, 3.

63 Francisco José Olivas Zuniga, ed., *Nicaragua, legislación y estudios turísticos (incluye leyes, decretos, reformas, convenios y estudios de desarrollo turístico a nivel nacional y regional* (Managua: Dirección Nacional de Turismo, 1978), 200.

64 A. Louis O'Connor Jr., *Industrial and Tourism Development Promotional Materials*, 24 octubre 1963, p. 1. NA, RG 286, USAID Mission to Guatemala/Executive Office, Entry number P 376: Guatemala

el "tiempo correcto para invertir", gracias al MCCA y el apoyo de ALPRO.[65] "Raspar al turista" para "encontrar un inversionista debajo", suponía que la composición de inventarios, narrativas e imágenes de los países del istmo era aglutinada para mostrar tanto destinos y espacios turísticos como los recursos naturales explotables o rentables, y las poblaciones que pudiesen trabajar estos últimos.[66]

El asesor de ROCAP para SITCA, Branwell Fanning, también consideró necesario acotar los términos definidos por la ONU, en aras de no perder de vista el fin primordial de asistir a la atracción de inversiones industriales. Fanning aclaró que "los negocios inevitablemente siguen al turismo" y el turismo principal para Centroamérica podía ser definido como aquél llevado a cabo por el "buscador de placer de vacaciones".[67] El placer en las vacaciones, para este turista definido por Fanning, se conseguía mediante el aseguramiento de los estándares de vida a los que estaba acostumbrado en su país de origen: saneamiento, agua potable, hoteles, restaurantes y entretenimiento.[68] Los informes definen a este "buscador de placer" como "estadounidense típico que deviene más de US$ 25,000 por año, y tiene más de 50 años de edad", el cual necesitaba un nuevo mundo amoldado y estructurado para albergarlo.[69] Y llevar consigo su estándar de vida a los países en vías de desarrollo.[70]

El proceso de delimitación o clasificación de los viajeros termina en los años setenta. En el caso de Nicaragua, la Misión de Asesoramiento de la OEA estandariza los conceptos de turismo y turista y, una vez más, dentro de su sistema interamericano de estadísticas turísticas. La definición de turista se basa en la diferenciación entre turista residente y turista extranjero, así

Central Subject Files: 1964–1978, HLS1-1: Medical Schools FY 1964 THRU IPS 16: Fire Prevention & Control FY 1964, Container 4, ARC 5987026.

65 "Discover the Gems of Central America". Más de 75,000 brochures fueron impresos, el que está aquí citado se encuentra en: NA, RG 286, USAID Mission to Guatemala/Executive Office, Entry P 376: Guatemala Central Subject Files: 1975–1978, IND INCAE FY 67 THROUGH PRC 3-3 Contractors FY 67, Container 18, ARC 5987026.

66 Jorge Morales, *Nicaragua: Guía Oficial de Turismo* (Managua: Dirección Nacional de Turismo, 1968), 12–13.

67 Memorandum de Branwell Fanning al Consejo de Turismo Centroamericano, 14 junio 1967, *Sugerencias para futuras actividades de la SITCA*. Archivo SICA.

68 URS Corporation, Maxwell Stamp Associates Limited, y Consultora Latinoamericana Limitada, *Lake Nicaragua Hotel: Feasibility Study*, 1968, I:20.

69 Olivas Zuniga, *Nicaragua, legislación y estudios turísticos*, 95; Terrence Cullinan, Keith E. Duke, y Sarita Skidmore, *Marketing action plan for Central America and Panama* (Menlo Park, Calif: Stanford Research Institute, 1976), 5.

70 El informe de URS hace mención a que estas normas fueron aprobadas en 1956 por la UP y que DINATUR realizaba auditorias sobre estas en los hoteles de Managua: URS Corporation, Maxwell Stamp Associates Limited, y Consultora Latinoamericana Limitada, *Lake Nicaragua Hotel: Feasibility Study*, 1968, I:62.

como la distinción entre los residentes nicaragüenses que visitaban el país desde el exterior y aquellos que podrían considerarse como turismo interno.[71]

En Nicaragua particularmente, el Instituto de Fomento Nacional (INFONAC) comprendió el turismo dentro de su plan de industrialización y se le proveía una *Guía del Inversor* en conjunto con su guía de viaje *Nicaragua, Tierra de Lagos, Volcanes y Sol*, donde se aclaraba que había "muchos recurso turísticos sin explotar" y se le invitaba a disfrutar de la "caza y la pesca".[72] El Ministerio de Economía, Industria y Comercio tomó nota de las recomendaciones de las consultorías y de la misión de la OEA, y vio necesario situar un puesto en el aeropuerto Las Mercedes, donde un grupo de "señoritas guías" proveerían "información a los viajeros que entran al país o en tránsito, obsequiándoles folletos, láminas, fotografías de lugares que pueden despertar el interés turístico del viajero, con el fin de conseguir un desarrollo de una de las industrias o inducir a los que buscan lugares de inversión que lo hagan en el nuestro".[73]

A su vez, la definición amplia y abarcadora propuesta por la ONU no entraba en conflicto con las definiciones estipuladas en la ley de migración y turismo aprobadas en Nicaragua en 1930 y 1933, como se abordó en la primera parte de este estudio. Al menos así lo contemplaban las autoridades nicaragüenses, que la interpretaron como un ajuste, sin mencionar las exclusiones raciales y étnicas que la misma ley nicaragüense contemplaba.[74]

La continuidad de estas ideas en 1968 se hace explícita en la ley fundadora de la nueva Dirección Nacional de Turismo (DINATUR), la cual reemplazó a la JNT. En el primer apartado se lee que: "el Turismo es una industria básica conveniente al país, pues es una fuente de ingresos de divisas y un medio de divulgar las posibilidades que el país ofrece al inversionista para desarrollar negocios y empresas".[75] Asimismo lo entendía el primer director de DINATUR, Alejandro Gallard Prío, para quien el turismo era una industria captadora de divisas.[76] Captar

---

71 Fabio Cardenas Tabares, *Asesoramiento al Gobierno de Nicaragua en Materia de Estadísticas e Investigaciones Turísticas* (Managua: Dirección Nacional de Turismo, 1974), 40–41. La OEA sugiere una expansión de la terminología, pero no hay evidencia que se haya tomado en cuenta en Nicaragua, salvo el "turismo de convenciones", promocionado por Alejandro Gallard Prío. La OEA diferencia entre turismo de: descanso, deportes, antropobiológico o de evasión, aventura, religioso, convenciones, mineralógico, salud, familia o relaciones, comercial industrial, científico y docente, estudiantil, gastronómico, cultural y artístico. Ibid., 74–81.

72 Instituto de Fomento Nacional, *Investor Guide* (Managua: INFONAC, 1970), 8–9.

73 Ministerio de Economía, Industria y Comercio, *Memoria del Ministerio de Economía, Industria y Comercio 1967–1968*, sección XI, p. 1.

74 Oficina Ejecutiva de Encuestas y Censos, *Primera encuesta de Turismo: Septiembre-Diciembre 1974*, 3.

75 "Ley no 138: Adscríbase Junta Nacional de Turismo al Ministerio de Economía bajo la denominación Dirección General de Turismo", *La Gaceta Diario Oficial*, 2 mayo 1967, p. 981. La JNT había sido trasladada del Ministerio de Fomento al de Economía en 1966.

76 Alejandro Gallard Prío, "Turismo internacional como industria", *Revista Conservadora*, Diciembre de 1968, 22.

divisas hace referencia a la forma en que los funcionarios de DINATUR pensaban a Nicaragua como un país receptor de turismo y adaptaron el concepto a estas circunstancias. Casi diez años más tarde se nota la pervivencia de estas conceptualizaciones, cuando el sub-director de DINATUR definió el turismo en estos términos en 1976 y establece que:

> El TURISMO se origina en la decisión individual o grupal de las personas que, previa información obtenida sobre lugares de interés general, histórico, cultural, deportivo o religioso, toman la decisión de viajar. O bien en el caso del turismo nacional – y en parte también internacional –, cuando el individuo o el grupo de turistas está seguro de que encontrará alojamiento, diversiones y elementos de interés y satisfacción para su descanso y recreación. Por esta razón, la perspectiva de lograr un desarrollo turístico – creciente, será tanto más provechosa y cierta cuanto mayor y mejor organizado sea el esfuerzo de promoción del turismo en sí mismo, y la adecuación de la estructura de servicios para recibir al turista y atenderlo con eficacia, en el caso de los países receptores.[77]

Aunque las definiciones de los funcionarios de SITCA y DINATUR vislumbran la forma de poner en práctica el turismo en Centroamérica, no quiere decir que "turismo" y "turista" fueron conceptos totalizantes. Empresarios, científicos, intelectuales y funcionaros de gobierno debatieron con regularidad las formas de comprender y realizar el turismo en Nicaragua. Después del terremoto de 1972, las oficinas encargadas de la reconstrucción de Managua y la reactivación económica incluyeron al turismo en estos planes y lo definieron de la siguiente manera: "Turismo es la ciencia, arte y negocio de atraer y dar servicio a los visitantes. Para poder ejercer esa atracción deben existir lugares que tengan razón de ser visitados".[78]

Otro ejemplo de la forma en que distintos sectores de la sociedad internalizaron los discursos y definiciones del turismo y turista, lo provee el concepto desarrollado por intelectuales y empresarios de la ciudad de León. Estos se reunieron para elaborar una revista titulada *León Turístico*, donde sus miembros promovieron proyectos, así como la divulgación del turismo en dicha ciudad. En uno de sus números, el historiador Nicolás Buitrago explica:

> León, la ciudad que forja Hernández de Córdoba y materializa eficazmente Pedro de Munguía Mendiola, del pasado y del presente, con su propia faz de cultura; no ha podido olvidar el rigor hispánico, ni quitarse las ataduras de humildad como departamento de una nación sub-desarrollada [sic] que se puede inmovilizar y aún destruir. Debe

[77] Olivas Zuniga, *Nicaragua, legislación y estudios turísticos*, 1.

[78] Viceministerio de Planificación Urbana, *Análisis de la región metropolitana y lineamientos para su desarrollo: Recreación y turismo*, Sesiones de trabajo interdisciplinario (Managua, 1976), 2–3.

> comprender y convencerse, que el turismo es de los más importantes actos que lo pueden salvar; porque [entre] el turista que visita y la ciudad visitada hay intercambio de ideas, comunión de sentimientos, asociación de creencias, de lo que resulta en los visitantes con nuevos ideales un estudio comparativo, que origina en alto grado el progreso de los pueblos. Que el turismo trasciende las fronteras en acción fraterna, y quita por consiguiente a los pueblos chicos el concepto de inferioridad, y los hace sentirse iguales en el concierto social del mundo.[79]

En el último acápite de este capítulo se abordará con mayor detalle esta forma manifiesta de Buitrago de entrelazar naturaleza, historia y población para definir una atracción turística en Nicaragua. En este primer momento, se concluye que la cita de Buitrago destaca el entrelazamiento entre lo global, regional, gubernamental y lo local. Los conceptos de ONU y ROCAP, en conjunto con las interpretaciones de empresarios, funcionarios de gobierno e intelectuales nicaragüenses, demuestran en los años sesenta y setenta que el turismo fue pensado como un apéndice subsidiario de la industrialización y su promoción satisfizo este programa en aras de atraer divisas. El encuentro imaginado por Buitrago reluce el potencial de intercambiar conocimientos y experiencias, en aras de promover mejores relaciones fraternales y, sobre todo, comerciales. Este intercambio en la ciudad colonial de León propiciaría, según el autor, un alto grado de progreso. Progreso necesario para sostener y sustentar las mismas características coloniales y naturales de la ciudad de León. Es decir, la "industria del turismo" se asimiló como una forma viable para mantener la infraestructura, la tradición y la cultura de la ciudad para ser consumida por turistas. En el segundo periodo de la integración, como se aborda en el siguiente capítulo, habrá un leve cambio en esta concepción, ya que, ante la crisis económica, el turismo pasó a ser la industria misma y se pensó como una forma de atraer inversionistas como Hughes, interesados en desarrollar singularmente la "industria turística".

6.3 SITCA y el turismo regional en Centroamérica

Siempre partiendo de la Carretera Panamericana, la integración de Centroamérica propició los insumos para que funcionarios estadounidenses y centroamericanos imaginaran los planes marcos del turismo en escala regional. En 1960 y 1961 el departamento de carreteras de los Estados Unidos y ALPRO enviaron a Henry H. Kelly y Fortune F. Jerace para evaluar el estado de la Carretera Panamericana y sus posibles usos turísticos en Centroamérica. El

---

[79] Nicolás Buitrago Matus en: Oscar Rivas Barreto y GURISA, eds., *León Turístico: Órgano propulsor del turismo nacional*, 2 (León, 1977), 6.

reporte *Tourists Facilities on the Inter-American Highway* midió e inventarió las oportunidades y limitantes del turismo en Centroamérica.[80] Un año después, ALPRO envió a C. Shelby Carter y David Jickling para indagar sobre las posibilidades de establecer un destino regional de turismo en Centroamérica. Carter afirmó que Centroamérica "debería promocionarse regionalmente, como el MCCA", para ello era necesario organizar una convención para crear las oficinas e instituciones pertinentes, y contratar al BCIE para financiar estudios y reportes sobre las posibilidades del turismo en la región.[81] De aquí nacieron el CCT y la SITCA abordados anteriormente.[82]

Los postulados de ONU, OEA y BCIE eran conocimiento común y general en pocos años y se mantuvieron prácticamente inalterados. Así lo expresa Anastasio Somoza Debayle en 1967, en la Quinta Reunión de la Comisión Técnica de Eliminación de Obstáculos al Turismo, celebrada en Managua, cuando expresa su deseo porque las labores de dicha comisión lograsen:

> (…) terminar con castillos ilusorios y permitan convertir las ideas en realidades, en obras tangibles, en paisajes abiertos a todos los hombres de América identificados por un mismo sentimiento de unidad y de solidaridad … podemos, en verdad decir, que el desarrollo de la industria turística es el medio más eficaz de conocernos los unos a los otros y de aumentar la mutua confianza en las instituciones de nuestra América.[83]

---

80 Reporte de Wyman R. Stone, USOM/Costa Rica, "Report on Tourist Facilities on Inter-American Highway", 8 mayo 1961, p. 2. NA, RG 286, USAID Mission to Guatemala/Program Office, Entry number P 352: Subject files; 1960–1962, Correspondence: to and from Mexico THRU Tourism, container 4. El panfleto en español con el informe y sugerencias para el turista es: Kelly y Jerace, *Facilidades a los turistas en la Carretera Interamericana: Informe sobre necesidades actuales y potencialidades futuras, con recomendaciones sobre la acción que hay que desarrollar.*

81 C. Shelby Carter, "Memorandum: Tourism in Central America", 28 noviembre 1961. NA, RG 286, USAID Mission to Guatemala/Program Office, Entry number P 352: Subject files; 1960–1962, Correspondence: to and from Mexico THRU Tourism, container 4.

82 El primer trabajo en conjunto entre SITCA, ROCAP y los institutos o direcciones de turismo centroamericanos fue la exhibición conjunta en la Feria Internacional de Nueva York. Más que mostrar destinos turísticos, seguía mostrando la producción industrial y los productos agrícolas. Véase: Informe de Álvaro Fernández Escalante a Hernán Aróstegui, "Informe final pabellón de Centro América Feria Mundial de New York", 30 noviembre 1965, pp. 1–2. SITCA, ROCAP y los gobiernos nacionales invirtieron US$ 600,000.00 en la exhibición y fue la primera muestra de la importancia de la promoción regional: Henry Raymont, "Pavilion depicts a unity of effort: 6 Latin Nations Show How They Progress Together", *New York*, 3 mayo, 1964, p. 84. Nicaragua, siempre más interesada en atraer inversionistas, envió a Mauricio Baca para establecer una oficina de "información al inversionista".

83 *Quinta Reunión de la Comisión Técnica de Eliminación de obstáculos al turismo en Managua*, Nicaragua, 18–21 Julio 1967. "Informe Final y Anexos", p. 2.

Las palabras de Somoza hacen alusión al reto que estaban enfrentando los países centroamericanos. Más allá del marco conceptual o metodológico que prometía grandes ganancias, operativizar los principios del turismo en Centroamérica conllevaba un sinnúmero de actividades y gestiones relacionadas a las características especiales de cada país y del istmo en su totalidad. En esta línea, el Consejo Centroamericano aprobó una resolución sobre turismo, la cual encomendó a la Secretaría de Integración Centroamericana (SIECA), en colaboración con la OEA, a realizar los "estudios sobre las posibilidades de desarrollo de esa actividad en Centroamérica y presente las conclusiones correspondientes".[84]

Walter Guild fue el primer promotor del turismo en Centroamérica en el seno de ALPRO. Un publicista retirado que manejó la compaña de John F. Kennedy, fue Guild el que sugirió que la *Advertising Association of the West* (AAW) uniera la propaganda sobre Centroamérica y la adhiriera a otros grandes programas públicos de propaganda a lo largo de los Estados Unidos.[85] El total de la campaña tuvo un costo de US$ 1,053,000 que fue financiado en su mayoría por ALPRO.[86] La cooperación de ROCAP a SITCA fue tanto técnica como económica,[87] por ello ROCAP y ALPRO contrataron al grupo *Compton*, el cual diseñó la campaña de "descubre las gemas escondidas de Centroamérica".[88] Con el plan de *Compton* en mente, ROCAP contrató a un especialista cercano a los Estados Unidos, este fue Branwell Fanning.[89]

---

84 CEPAL, *Informe del Comité de Cooperación Económica del Istmo Centroamericano: 14 de diciembre de 1960 a 29 de enero de 1963* (México: ONU, 1963), 16. La SIECA es un órgano permanente del MCCA, creada en diciembre de 1960.

85 "Central America Combats Marketing Inertia", *The Travel Agent-Travel Marketing*, 29 abril 1968, 4. Guild pensaba que Centroamérica podía ser mercadeada como "*Smokey the Bear, the Heart Found or the March of Dimes*".

86 Telegrama de ROCAP Guatemala para Derrell D. Carter y Joseph C. Walsh, "Summary of 'Discover Central America' Program", 7 febrero 1967, p. 1. NA, RG 286, USAID Mission to Guatemala/Executive Office, Entry P 376: Guatemala Central Subject Files: 1974–1978, IND INCAE FY 67 THROUGH PRC 3-3 Contractors FY 67, Container 18, ARC 5987026.

87 Entre 1966 y 1969, ROCAP destinaba una "contribución económica" de US$ 40,200 a SITCA. CCT-SITCA, *Presupuesto para el año de 1967*, preparado por Hernán Aróstegui. Archivo SICA. Para 1972 ROCAP había desembolsado un total de US$ 504,900 en proyectos de turismo y financiamiento de SITCA, véase: "Proyectos Financiados por ROCAP con Donaciones a través de SITCA (Del año fiscal 1967 a 1972)", Anexo B, del *Reporte No. 18 de SITCA, Julio 1972*. Archivo SICA.

88 Op. Cit. La misma versión de esta cronología de hechos la proporciona Newell Williams, Director Adjunto de Operaciones de ROCAP y AID, véase su discurso pronunciado en el IV Seminario Centroamericano de Turismo, 10 septiembre 1968, p. 8. Archivo SICA.

89 Telegrama de la Embajada estadounidense en Guatemala al Departamento de Estado, "Central America and Panama N.Y. Fair and Regional Tourism Support", 29 enero 1969; Reporte de Raymond H. Luke, Industry Officer ROCAP, John F. Kearney, Industry Advisor ROCAP, "Conference on Tourism at ROCAP", 9 enero 1964. NA, RG 286, USAID Mission to Guatemala/Executive Office, Entry number P 376: Guatemala Central Subject Files: 1964–1978, HLS1-1: Medical Schools FY 1964 THRU IPS 16: Fire Prevention & Control FY 1964, Container 4, ARC 5987026. Todas las actividades y

La SITCA realizó un trabajo intenso entre 1967 y 1972, el cual estuvo a cargo de dos personas principalmente, Fanning y González.[90] Fanning en San Francisco, y González en Managua, llevaron a cabo un gran programa de dos vías: promoción de Centroamérica como destino turístico en los Estados Unidos e incentivación de la tecnificación del turismo en cada país.[91] En cuanto a la promoción, Fanning y la SITCA, en conjunto con ALPRO, ROCAP y el BCIE, llevaron a cabo el "programa AMIGO" (a cargo de *AAW*) y la campaña promocional de Centroamérica en los Estados Unidos titulada: "descubre las gemas escondidas de América Central".[92]

Siguiendo con las tendencias de antaño, la región invirtió una gran cantidad de recursos en material propagandístico y fílmico para promover a la región centroamericana como destino turístico para los estadounidenses. En vez de una película exclusiva sobre Nicaragua o Guatemala, *Central American Holiday* fue producida por *Flagg Films* siguiendo las indicaciones de SITCA y ROCAP, para enfatizar el plan de viajes que tomara en cuenta a todo el istmo.[93] En dichos materiales promocionales se sigue la misma narrativa establecida en los años treinta y cuarenta, la cual entrelaza los viajes de conquistadores con los turistas y presenta a Centroamérica como un destino exótico, virgen y salvaje que comenzaba lentamente a modernizarse. En particular, es de señalarse que el mismo Fanning reproducía estas representaciones

aclaraciones de Fanning en su primer año de labores de encuentran en: Informe de Branwell Fanning a SITCA, "Mid-Year Report", 19 junio 1967. Archivo SICA.

90 Antes de Gonzáles, el secretario era Hernán Aróstegui, quien renunció al cargo a raíz de la masacre llevada a cabo por la GN a cargo de Somoza Debayle en la Avenida Roosevelt en 1967. Sobre la contratación de Fanning véase: Carta de Branwell Fanning a Morton Cathro, Travel Editor en Oakland Tribune, 14 noviembre 1967, p. 1. Archivo Sica.

91 Ambos viajaron juntos por Estados Unidos, Centroamérica y Europa para llevar a cabo el programa de turismo: Memorandum, *Trip Report on Trip Taken By Camilo J. González, Secretary General of SITCA and Branwell Fanning, C.T.C Regional Tourism Advisor, SITCA/ROCAP*, 8 septiembre 1967; Memorandum from Branwell Fanning to Newell Williams, *Latin American Reports*, 15 diciembre 1967. Archivo SICA.

92 "Informe de Branwell Fanning, Asesor de SITCA", SITCA, *Acta de la reunión extraordinaria del consejo centroamericano de turismo*, San Salvador, 17 a 18 abril 1967, p. 5. La campaña de las gemas escondidas fue dirigida a tour operadoras y publicaciones sobre viaje específicamente: Travel Agency, Air Travel, Travel Weekly, ASTA Travel News, Sunset, Newsweek (Wester Edition), National Geographic (Western Edition), NewYorker y Holiday. Sobre los costos y los medios de esta campaña véase: Carta de Hernán Aróstegui a Albino Román y Vega, 10 diciembre 1966. Archivo SICA.

93 "Película 'Central American Holiday'", Anexo 4-B del *Reporte No. 17 de SITCA*, junio 1972. Archivo SICA. "Películas sobre nuestras bellezas", *Novedades*, 28 noviembre 1966, p. 9. Don Flagg viajó con su propio avión por el istmo centroamericano durante dos semanas para realizar la filmación, entre el 15 de octubre y el 1[ero] de noviembre de 1966: Telegrama de ROCAP Guatemala, "Flagg Film Tour of Central America", 9 septiembre 1966. NA, RG 286, USAID Mission to Guatemala/Executive Office, Entry P 376: Guatemala Central Subject Files: 1975–1978, IND INCAE FY 67 THROUGH PRC 3-3 Contractors FY 67, Container 18, ARC 5987026. La película *Pan Am Fiesta! A Central American Holiday* se encuentra en: https://www.youtube.com/watch?v=vynHssdncil.

de Centroamérica en sus comunicados y escritos sobre la región. Por ejemplo, Fanning escribió lo siguiente sobre las "gemas escondidas":

> Colón las descubrió primero; ha llegado el momento de que todos los turistas estadounidenses descubran estas "gemas" de las Américas. Con la llegada de los conquistadores españoles a principios del siglo XVI, la cultura única de Centroamérica quedó expuesta al mundo. Hoy, en Centroamérica, las imponentes ruinas de las primeras civilizaciones de nuestro hemisferio se erigen como monumentos a la historia de las Américas, y entre estos antiguos monumentos están prosperando las economías modernas. A medida que el exitoso Mercado Común Centroamericano dio impulso a la economía de estas repúblicas, el turismo se volvió más importante en el pensamiento de los gobiernos.[94]

El "éxito de las gemas de Centroamérica" se refleja en el aumento de 30 % de las facturas turísticas, hasta 21 millones de dólares, entre 1966 y 1967.[95] El turismo creció a un ritmo mayor de 5 % anual, junto con las exportaciones y las inversiones industriales. Si bien los grandes beneficiarios de este desarrollo turístico en la región fueron principalmente Guatemala y Costa Rica, Nicaragua también registró un crecimiento significativo tanto en volumen de turistas como de ingresos.[96] De 20,235 registrados en 1961, se aumentó a 46,629 en 1967, según registros del aeropuerto, y en 1967 habían contribuido a las divisas con un total de US$ 970,000,000.[97] Para 1968, los estadounidenses sumaban más de 29,210 visitas anuales de todo tipo – negocios, turismo, investigación, etc. – con un tiempo de estadía promedio de 3.5 días, lo cual significó para la economía nicaragüense casi US$ 3,884,000 anuales.[98]

Las cifras de 1961 a 1967 ilustran el periodo de crecimiento que vivió el turismo en Nicaragua durante los primeros años de auge del MCCA. El Hotel Intercontinental cerró este periodo de crecimiento y gran expansión del turismo en Nicaragua. Haciendo uso de las leyes de inversión turística como "interés nacional", el proyecto de turismo tuvo un costo estimado de cuatro millones de dólares y culminó su inauguración en 1969 luego de casi

---

94 Branwell Fanning, "Central America forms tourism association-prepares for rapid tourist increase", *ASTA Travel News*, noviembre de 1967.

95 Speech by Barton A. Cummings, Chairman of the Board, Compton Advertising, Inc., to The Central American Tourism Seminar, San José, Costa Rica, September 10–12, 1968, p. 8. Archivo SICA.

96 El crecimiento mayor de Guatemala y Costa Rica, junto con proyecciones mayores de crecimiento económico en términos de turismo, se mantienen hasta final de los años setenta. Nicaragua siempre ocupa el último lugar: Cullinan, Duke, y Skidmore, *Marketing action plan for Central America and Panama*, 56.

97 URS Corporation, Maxwell Stamp Associates Limited, y Consultora Latinoamericana Limitada, *Lake Nicaragua Hotel: Feasibility Study*, 1968, I:46 y 78.

98 URS Corporation, Maxwell Stamp Associates Limited, y Consultora Latinoamericana Limitada, I:2.

5 años de negociaciones y 18 meses de construcción.[99] "Fabuloso y superlujoso", la prensa nacional celebró su inauguración, afirmando que el hotel produciría al "país lo mismo que producen 30,000 manzanas de algodón al año, dará trabajo a cerca de 300 nicaragüenses y servirá de punto de atracción para un turismo ausente en el país".[100] Aunque se afirma que "la inversión pertenece en su totalidad al sector privado", su financiamiento fue proporcionado a un costo del 9 % por Estados Unidos a la Compañía Hotelera de Nicaragua a través del programa de garantía de la *Overseas Private Investment Corporation* (OPIC), contó con fondos de la AID y también del INFONAC, además de los US$ 300,000 que fueron aportados por la *Inter Continental Hotel Corporation*, y el resto por inversionistas nicaragüenses.[101]

Después del terremoto, la apertura de hoteles, como el "Camino Real y el futuro Holiday Inn" eran marcadores del resurgimiento de Managua como una ciudad moderna, ahora ajustada a las necesidades del turista estadounidense.[102] Sobre todo, que el Hotel Intercontinental hubiese "soportado" el terremoto, iba en línea con la tendencia a señalar que los hoteles de cadenas estadounidenses podían sobrevivir a todo: desastres naturales, protestas, inestabilidad política, represión o golpes de Estado. La infraestructura turística, concentrada en las mejores partes y con grandes inversiones, sufría menos que el resto del país ante las tragedias. Decidor de las sociedades desiguales centroamericanas, el mundo turista se separó cada vez más del mundo de las personas pertenecientes a las llamadas 'clases populares' y 'trabajadoras'.[103]

El aumento percibido en el volumen de viajeros, junto con la consumación de proyectos de infraestructura como el Hotel Intercontinental, alentó al BCIE a pronosticar que en diez años los ingresos en materia de turismo serían por valor de 136 millones de dólares y generarían utilidades de 430 millones de dólares; junto con una aportación de 91 millones

---

99 URS Corporation, Maxwell Stamp Associates Limited, y Consultora Latinoamericana Limitada, I:55.

100 "Fabuloso y superlujoso", *La Prensa*, 5 diciembre 1969, pp. 1 y 14.

101 Hugo Blondet y José Xavier Martini, *Estudio sobre la oportunidad de desarrollo del sector turismo en Nicaragua*, ed. División de Desarrollo Turístico OEA y Lucila Oliver (Washington, D. C.: Organización de Estados Americanos, 1974). El documento se encuentra en: Columbus Memorial Library, Microfilm colección, doc. Num: Tur/II/15. Los microfilms consultados no poseen números de página. "Resolución a favor de la Compañía Hotelera de Nicaragua, S. A., No 1227-B/U No. 597397", *La Gaceta Diario Oficial*, 10 mayo 1967, pp. 1067–68. Otra ley de la que podían hacer uso estas inversiones para reducir costos era la excepción de impuestos de importación de bienes y utensilios para hoteles, publicada el mismo año: "Exención de Impuesto sobre la renta y bienes mobiliarios sobre préstamos para fomentar el turismo", *La Gaceta Diario Oficial*, 15 diciembre 1967, pp. 3169–70.

102 Elfriede Riley, "Central America More Than Canal", *Los Angeles Times*, 9 octubre 1977, p. G3.

103 "Between Mexico and Colombia, Seven Lovely Lilliputians", p. F1.

de dólares a la balanza de pagos centroamericana.[104] En este contexto de crecimiento exponencial del turismo regional, Nicaragua esperaba alcanzar un crecimiento del volumen de turismo cercano al 22.5 % y colectar más de veinte millones de dólares en gastos turistas al finalizar 1977.[105]

Cabe destacar que estos números eran cuestionados por las autoridades estadounidenses y los directores del BCIE, particularmente en el caso de Nicaragua. Guatemala y Costa Rica habían logrado establecer sistemas contables y estadísticos en 1968, Nicaragua todavía basaba todas sus expectativas en datos del aeropuerto y algunos reportes del tráfico de vehículos por la frontera. Por más esfuerzos y fondos que se invertían en propaganda, publicidad y en estudios e inventarios turísticos, era difícil calcular el impacto de todo esto, tanto en la atracción de turistas como el valor del turismo en la economía nicaragüense. Como le escribe Álvaro Fernández a Aróstegui en 1965, luego de la primer feria y campaña publicitaria centroamericana en Nueva York y el resto de Estados Unidos, "¿qué significa todo esto para la economía? (…) Francamente no lo puedo decir – porque no lo sé –".[106]

Debido a lo anterior, los números esperanzadores no ocultaban en las oficinas regionales que, en el caso de Nicaragua, la "promoción turística [era] de inversión cuestionable".[107] Nicaragua continuaba siendo el país con menor partida presupuestaria de turismo en Centroamérica y el único país que no contaba con un sistema de estadísticas definido para medir tanto el volumen de visitantes como su influencia y tamaño en la economía nacional.[108] A su vez, el gobierno

---

104 Conferencia dictada por el Sr. José Ernesto Somarriba, colaborador especial de la Presidencia del BCIE, en el IV Seminario Centroamericano de Turismo – septiembre 10, 11 y 12 de 1968 – San José Costa Rica, p. 6. Archivo SICA.

105 URS Corporation, Maxwell Stamp Associates Limited, y Consultora Latinoamericana Limitada, *Lake Nicaragua Hotel: Feasibility Study*, 1968, I:88.

106 Informe de Álvaro Fernández Escalante a Hernán Aróstegui, "Informe final pabellón de Centro América Feria Mundial de New York", 30 noviembre 1965, p. 3. Archivo SICA.

107 Telegrama de embajada estadounidense en Managua a oficinas de ROCAP en Guatemala, "Central America and Panama NY Fair and Regional Tourist Support", 28 febrero 1964. NA, RG 286, USAID Mission to Guatemala/Executive Office, Entry number P 376: Guatemala Central Subject Files: 1964–1978, HLS1-1: Medical Schools FY 1964 THRU IPS 16: Fire Prevention & Control FY 1964, Container 4, ARC 5987026.

108 Nicaragua tenía un presupuesto global de US$ 119,149.00, comparado, por ejemplo, con US$ 276,722.00 que destinaba Costa Rica. Nicaragua no tenía los medios para llenar y enviar el cuestionario sobre presupuesto y volumen de turistas enviado por la OEA: *Décimo Congreso Interamericano de Turismo en Quito, Ecuador*, "Presupuestos Nacionales de Promoción Turística", 20 noviembre 1968, pp. 1 y 3. En el informe de 1974, la OEA desestima tajantemente las estadísticas de DINATUR y los estudios de Porter y Compton. Según funcionarios de la embajada estadounidense, en 1976 DINATUR seguía funcionando con un presupuesto de "solo 100 mil dólares anuales" y se dedicaba principalmente a "imprimir folletos y algunos mapas": Telegrama de la embajada estadounidense en Managua al Departamento de Estado, "Tourism Study of Nicaragua Initiated",

nicaragüense no había firmado ninguno de los tratados elaborados para el libre tránsito de turistas.[109] El mismo director de DINATUR, Gallard Prío, criticó fuertemente, al asumir su cargo, la "falta de conciencia", "incomprensión" e "insensibilidad" a la "industria del turismo en Nicaragua" al ver bloqueadas sus iniciativas para subir a DINATUR al rango de Ministerio o al menos como parte de la presidencia.[110] Desde sus inicios como JNT hasta el final de DINATUR en 1979, las instituciones de turismo nicaragüenses mostraron el menor presupuesto asignado del istmo.[111]

Estas deficiencias en el sistema nicaragüense persisten en las décadas de los años sesenta y setenta del siglo veinte, pero no debido a falta de reconocimiento e iniciativas para remediarlas. Más bien, serán directamente abordadas por SITCA y las nuevas empresas consultoras y centros de estudio del turismo. En 1978 los funcionarios de DINATUR observaron que por "falta de leyes, reglamentos, métodos y presupuesto apropiado" la "industria turística" había permanecido "estática", "sin explotarse el acervo turístico nacional" y no se había "alcanzado la dimensión económica que ha ganado primacía en otros países".[112] La tensión constante entre los planes globales y regionales que formulaban los buenos augurios para el turismo y el constante estancamiento o "desinterés" evidenciado en Nicaragua, son las señales que propician la necesidad de cuestionar cuáles fueron las medidas prácticas puestas en marcha en la región y cómo las asimiló o no el régimen somocista.

2 julio 1976, p. 1. NA, RG 59, Entry P 455: Central Foreign Policy File: 16 mm 'P' Reels of Microfilm. First and Second Generations and Paper Printouts, 1976–1976, P760114-0422 THRU P760114-0848, Container 114B. Lo que estos informes fallan en considerar es el crecimiento exponencial, aunque deficiente, de este presupuesto. En 1961, la JNT operaba con un poco más de 3,912,500 córdobas (1 dólar igual a 5 córdobas): "Programa 902 Junta Nacional de Turismo", *La Gaceta Diario Oficial*, 20 abril 1961, p. 795.

109 Estos eran: Convención sobre facilidades aduaneras para el turismo; Protocolo adicional relativo a la importación de documentos y material de propaganda turística y; Convención sobre Formalidades Aduaneras para la Importación Temporal de Vehículos Particulares de Carretera.

110 Gallard Prío, "Turismo internacional como industria", 23.

111 Guatemala y Costa Rica tuvieron US$ 300,000 dólares y US$ 29,000 dólares de promoción y costo administrativo US$ 420,000 dólares y en inversiones Guatemala tuvo US$ 660,000 y Costa Rica US$ 680,000. La distribución para Nicaragua fue de US$ 55,000; 50,000; y 100,000 dólares, respectivamente. Viceministerio de Planificación Urbana, 31; En 1963 Nicaragua destinaba US$ 62,000.00 a la JNT mientras que Guatemala asignaba US$ 264,000.00: Ritchie et al., *A regional Study of Tourist Development in Central America*, 173.

112 Carta de Francisco José Olivas Zuniga, sub-director de turismo, a Alfredo Bequillard Jr., Director Nacional de Turismo, 8 mayo 1978; en: Olivas Zuniga, *Nicaragua, legislación y estudios turísticos*, 1. Diez años antes, lo mismo le afirmó Irving Donning al entonces director de DINATUR, Aleandro Gallard Prío: Irving Donning, *Informe Pro* Fomento de Turismo hecho a petición del Sr. Alejandro Gallard Prío. Director General de turismo de Nicaragua* (Managua, 1968), 1.

6.4 Consultorías y asistencias técnicas: Pedagogías imperiales para una "conciencia turística"

A mediados de los años sesenta, las dificultades para avanzar en el desarrollo de la empresa de turismo en Centroamérica ya eran reconocidas. La SITCA operaba en esos años con un déficit constante en su presupuesto.[113] La mayoría de los salarios del personal permanente de SITCA eran cubiertos mediante donaciones de ROCAP.[114] Lo que se necesitaba, según ROCAP, la SITCA y el CCT, era una sistematización concreta de estos problemas y elaborar los planes para abordarlos. SITCA solicitó a ROCAP, mediante el BCIE, el "apoyo de consultoría y esfuerzos promocionales para ambos niveles, regional y nacional".[115] El problema más grande de todos, expuesto tras bastidores, era la "falta de interés general" en el turismo por parte de los gobernantes de las naciones centroamericanas, como le confiesa Fanning a Camilo González, en una carta de 1967.[116]

O como afirmaban los promotores del turismo en la ciudad de León, Nicaragua: "Hace falta que hombres de negocio, progresistas con mentalidad ágil se sumen a los esfuerzos que desde hace algún tiempo se han venido haciendo, construyendo modernos y confortables hoteles en donde el turista tenga donde pernoctar para que su estancia en nuestros lares sea agradable y placentera".[117] Formar a los "hombres de negocio progresistas" fue una empresa que tanto instituciones internacionales, regionales y nacionales realizaron con mucho ahínco en los años

113 Memorandum de Branwell Fanning a CCT-SITCA, "Suggested Future Activities of SITCA", 14 1967, p. 7. Sobre los déficits del presupuesto véase: CCT-SITCA, *Presupuesto para el año de 1967*, preparado por Hernán Aróstegui. Archivo SICA. En marzo 1968 Fanning detuvo operaciones porque la SITCA no tenía fondos: Memorandum de Branwell Fanning a Camilo González, *Activity Report, January 1 – March 15, 1968*, 21 marzo 1968, p. 6. Archivo SICA. Nicaragua fue el único país que cumplió con sus pagos al SITCA a tiempo hasta 1972, véase: *Estados financieros de las 6 repúblicas centroamericanas y SITCA*, Managua 19 julio 1972. Archivo SICA.

114 Acta de la VIII Reunión Extraordinaria del Consejo Centroamericano de Turismo, San José, 29–30 junio y 1ero julio 1973, p. 10. Esto suscitó varias controversias en el seno de SITCA, sobre para qué fin debían destinarse los fondos de ROCAP. El presupuesto de la SITCA era de apenas treinta mil dólares en 1975.

115 "Conferencia dictada por el Sr. José Ernesto Somarriba, colaborador especial de la Presidencia del BCIE", en el *IV Seminario Centroamericano de Turismo* – septiembre 10, 11 y 12 de 1968 – San José Costa Rica, p. 4. Archivo SICA.

116 Memorandum de Branwell Fanning a Camilo J. González, Travel Agent's Groups in Guatemala, 15 diciembre 1967, p. 2. Archivo SICA; Secretaría de Integración Turística Centroamericana, *Plan Turístico de Integración y Desarrollo de Centroamérica y Panamá, a cinco años plazo* (Managua, 1969), 1.

117 Juan Alvir Quiroz, "Algo más sobre nuestro desarrollo turístico" en Oscar Rivas Barreto y GURISA, eds., *León Turístico: Órgano propulsor del turismo nacional*, Recordando Semana Santa 77 4 (León, 1977), 6–7.

sesenta y setenta. La proliferación de organismos internacionales y oficinas de turismo, tanto internacionales como regionales, propiciaron un auge exponencial en capacitaciones, seminarios y formaciones para el personal y las autoridades de turismo en el istmo.[118] Debido a lo anterior, las organizaciones internacionales, regionales, los centros de investigación y empresas consultoras de turismo, junto con asesores como Fanning, identificaron en todos sus reportes y evaluaciones los mismos pasos a seguir para establecer el turismo en la región. Estos eran:

1. Verdadero interés y planeamiento por parte de los gobiernos centroamericanos para financiar y elevar el rango gubernamental de las instituciones de turismo en cada país.
2. Sistema nacional de estadísticas del impacto económico del turismo en cada país e inventario comprensivo de los recursos turísticos del país: naturales y culturales.
3. "Adoctrinamiento" del "personal" de turismo en la región: personal de hotel y restaurante, guías turísticos, choferes de buses y taxis y personal de aduana. Entre estos requisitos se menciona hablar inglés, "tratar bien al turista" y aprender la historia del país de manera que pudiese contarla "de forma imaginativa" a los turistas.
4. Inversión en infraestructura: Hoteles y restaurantes con aire acondicionado, servicios de transporte aéreo, acuático y terrestre, y carreteras.
5. Liberación de los trámites de migración en los países centroamericanos: habilitar al turista a viajar libremente entre los 6 países 6 (Guatemala, Honduras, El Salvador, Nicaragua, Costa Rica y Panamá) sin necesidad de pagar impuestos o tarjetas de turista en cada país.
6. Mejorar los sistemas de comunicación y de reservación: tanto de pasajes o tickets, como reservas de hoteles y de tours.
7. Establecer actividades recreativas o esparcimiento en los lugares turísticos: deportes, caza, pesca, centros nocturnos, casinos, campos de golf, museos, etc.
8. Un programa sostenido de promoción y propaganda de Centroamérica como destino turístico en los Estados Unidos.[119]

---

[118] El plan de actividades técnicas y promocionales preparadas por Fanning se encuentran en: Memorandum from Branwell Fanning to CTC-SITCA, "Suggested Future Activities of SITCA", 14 junio 1967. Archivo SICA.

[119] Un compendio de estos estudios se encuentra en: Olivas Zuniga, *Nicaragua, legislación y estudios turísticos*. Cada uno de estos incisos fue abordado en los seminarios centroamericanos de turismo de 1960 a 1976. Estas recomendaciones y señalamientos aparecen en todo el corpus analizado entre los años sesenta y setenta. Véase: Kelly y Jerace, *Facilidades a los turistas en la Carretera Interamericana: Informe sobre necesidades actuales y potencialidades futuras, con recomendaciones sobre la acción que hay que desarrollar*, 5; Donning, *Informe Pro* Fomento de Turismo*, 2–5; Secretaría de Integración Turística Centroamericana, *Plan Turístico de Integración y Desarrollo de Centroamérica y Panamá, a cinco años plazo* (Managua, 1969), 3–4; Ritchie et al., *A regional Study of Tourist Development in Central America*, 102–4; Compton Advertising Inc., *Marketing action plan for the development of*

Cada uno de los puntos anteriores abarcaban todo el espectro de la empresa turística en Centroamérica con una idea en mente: que el "turista disfrute la completa satisfacción a la que tiene derecho", en palabras de Fanning.[120] Los puntos anteriores estructuraron el trabajo de las firmas consultoras, instituciones de gobierno y asesores, actores que se asumieron en el papel de enseñar la "economía turista" para que "Nicaragua pueda entenderla", de manera que pudiese competir "en el mercado internacional del turismo".[121]

Fue de esta manera que todas las tendencias del pasado, expuestas y narradas en los capítulos anteriores, se sedimentan como conocimiento técnico y burocrático en esta última fase de la consolidación de la gubernamentalidad del turismo. Gubernamentalidad en el sentido que el turismo se instruyó como una "práctica política calculada y meditada" para medir el valor de los paisajes, los recursos, la cultura y las poblaciones para integrarlas a la política económica del desarrollo para Nicaragua, ideado entre el somocismo, ALPRO, SITCA y la OEA, además de la OMT.[122] Aquí se nota un cambio con respecto a la época anterior caracterizada por la política del Buen Vecino. Si los "turistas de la buena vecindad" viajaron para aprender sobre América Latina, en los años sesenta y setenta, tanto ALPRO como sus funcionarios, se sentían en la posición de enseñar sobre turismo a las autoridades y gobiernos latinoamericanos. Al conjunto de consultorías, asesorías, informes, seminarios y programas de formación – o "adoctrinamiento" – es lo que aquí se denomina como "pedagogías imperiales para la formación de una conciencia turística".[123] En palabras de la escritora Hilda Cole Espy, quién

tourism in Central America, secciones I–III; *Acta del III Seminario Centroamericano de Turismo* del 14 al 5 julio 1967. Archivo SICA. Estos incisos aparecen también en: Gaudet, "Central American Tourism"; Memorandum de Branwell Fanning a Newell Williams, "Report", 12 mayo 1967, pp. 1–5. Los mismos lineamientos para el desarrollo del turismo aparecen en los primeros informes de ALPRO previo a la conformación de SITCA: David Jickling, "Central American Border Crossings for the Tourist", abril 1962. NA, RG 286, USAID Mission to Guatemala/Program Office, Entry number P 352: Subject files; 1960–1962, Correspondence: to and from Mexico THRU Tourism, container 4. También se enumeran en los años setenta en: Naciones Unidas: Consejo Económico y Social, *Turismo: tema 15 g) del programa provisional del tercer período de sesiones de la UNCTAD, Nota preparada por la Secretaría de la CEPAL para la XII Reunión de CECLA (Lima, 18 a 22 de octubre 1971)*, 14 octubre 1971, 3; ONU: CES-CEPAL, Comité de Cooperación Económica del Istmo Centroamericano (CCEIC), *Algunas consideraciones acerca del cumplimiento de la resolución 160 (X/CCE) "Desarrollo Turístico"*, Nueva York, octubre 1975, 13; Cullinan, Duke, y Skidmore, *Marketing action plan for Central America and Panama*, 53; Cardenas Tabares, *Asesoramiento al Gobierno de Nicaragua en Materia de Estadísticas e Investigaciones Turísticas*, 12.

120 Memorandum de Branwell Fanning a Newell Williams, "Report", 12 mayo 1967, p. 6. Archivo SICA.

121 URS Corporation, Maxwell Stamp Associates Limited, y Consultora Latinoamericana Limitada, *Lake Nicaragua Hotel: Feasibility Study*, 1968, I:12.

122 Foucault, *Seguridad, territorio, población*, 193.

123 También hubo participación de otros países latinoamericanos que ya habían consolidado una industria turística. México y Puerto Rico, entre otros, eran los principales países que compartían

viajó por Centroamérica y residió en Nicaragua, "Estados Unidos [estaba] muy involucrado como patrocinador, catalizador y maestro en todos los niveles de la economía y la cultura centroamericanas, pero no tanto de imposición como de respuesta a la ayuda y los consejos específicamente solicitados".[124]

En este sentido, el primer estudio regional se realizó en 1965, por orden del BCIE.[125] El Banco contrató para su ejecución a la firma *Porter International Company*.[126] El informe propuso las bases para el programa regional de turismo. Todo consultor y funcionario o empresa encargada de estudiar el turismo en Centroamérica comenzó con la lectura de este informe.[127] Luego, SITCA recibió los fondos de ROCAP para contratar a la compañía de publicidad *Compton Advertising Inc.*, responsables del "programa AMIGO", como se detalló arriba.[128] *Compton* envió a uno de sus miembros ejecutivos, Barton A. Cummings, al cuarto seminario centroamericano de turismo, llevado a cabo en Costa Rica, para exponer el plan de la empresa e impartir un seminario sobre la "importancia del mercadeo en el turismo internacional".[129]

Las pedagogías imperiales del turismo pretendieron enseñar una consigna básica a los gobiernos, empresarios y población de Centroamérica: "hay un solo producto, ese es el turista satisfecho".[130] En dichos informes se destaca un cambio del lenguaje que se esparce y se utiliza por to-

---

sus conocimientos y experiencias. La SITCA contrató en 1966 a Carlos García Mata, por ejemplo, Director del Instituto Mexicano de Investigaciones Turísticas para formular un "programa de entrenamiento para los funcionarios de las oficinas de turismo".

124 Hilda Cole Espy y Lex Creamer, *Another world: Central America* (New York: Viking Press, 1970), 83.

125 Conferencia dictada por el Sr. José Ernesto Somarriba, colaborador especial de la Presidencia del BCIE, en el IV Seminario Centroamericano de Turismo – septiembre 10, 11 y 12 de 1968 – San José, Costa Rica, p. 4. Archivo SICA.

126 Ritchie et al., *A regional Study of Tourist Development in Central America*. En 1965, el BID financió dos estudios de viabilidad para un hotel Holiday Inn en Managua y un hotel en las isletas de Granada, los montos fueron de US$ 8,000.00 y US$ 20,000.00 respectivamente: Apéndice V, "Loans and Technical Assistance Inter-American Development Bank", August 5/65, No 59/SF-Nicaragua.

127 Por ejemplo, SITCA envió copia del documento de Porter a Jaime Remart y Johan Remaker, ambos del PNUD y encargados del proyecto en conjunto entre PNUD, SITCA, OEA y ROCAP. Véase: cartas entre Jaime Renart, Representante Regional del PNUD en Centroamérica, y Albino Román y Vega, Secretario General ODECA, fechadas entre el 6 de marzo y el 26 de mayo de 1967; carta de Álvaro Fernández Escalante a Tania Katalina Saathoff, asistente secretaria general SITCA, 9 junio 1967. El plan *Porter* fue consultado por Compton para su plan de mercadeo y publicidad, véase: John H. Butler, Vice president and General Manager Compton Advertising Inc., "Outline Compton Marketing Strategy plan for SITCA", 6 enero 1967, p. 7–8. Archivo SICA.

128 Reporte de John H. Butler, vice-presidente de Compton Advertising, Inc. a SITCA/ODECA/ROCAP, "Progress Report – Central American Marketing Plan", 20 agosto 1968. Archivo SICA.

129 Speech by Barton A. Cummings, Chairman of the Board, Compton Advertising, Inc., to *The Central American Tourism Seminar*, San José, Costa Rica, September 10–12, 1968, p. 8. Archivo SICA.

130 Memorandum de Branwell Fanning a Newell Williams, "Report", 12 mayo 1967, p. 7.

das las personas interesadas en el turismo en Centroamérica. La región y cada uno de sus países, comprendidas por sus recursos naturales, historia, cultura y población pasan a ser entendidas y denominadas como el "producto", que debería de ser "mercadeado" para "desarrollar una industria turística centroamericana integrada que atraiga turistas y potenciales inversionistas de la industria turística de Estados Unidos, Sudamérica, México, Europa y centroamericana".[131]

Esto comprendía ver a los países desde un nuevo punto de vista. "Ver" Centroamérica "desde el punto de vista del cliente", aquél que "estaba dispuesto en gastar su dinero". A este cliente había que "hacerlo desear" el viaje a Centroamérica, mediante las "cosas únicas y deseables" que la región podía ofrecer.[132] Estas "cosas" que la región puede ofrecer no son suficientes en el sentido de naturaleza, historia y cultura, de ahí que recomendaba complementarla con actividades de recreación (punto 7).

Fanning se dio a la tarea de organizar cursos de "adoctrinamiento" (punto 3) para el personal turístico en la región, ya que, a su consideración, la promoción y propaganda no surtirían efecto si el turista no era recibido por personal "competente" que lo hiciese sentir "bienvenido".[133] Subsecuentemente, en la década de los años setenta, la OEA y UIOOT, junto con AID, se concentraron en uno "de los problemas más importantes que deben enfrentar los países americanos", el cual era la "capacitación y el adiestramiento de personal que interviene directamente en la industria turística".[134]

En Nicaragua, se inició un programa piloto en la Universidad Nacional Autónoma sede León. En la Universidad se impartieron los cursos del "programa de adiestramiento y capacitación turística", impartido por SITCA bajo financiamiento y promoción de la OEA.[135] José Rizo Castellón, redactó el *Manual del Guía de Turistas*, texto que resumía la historia, atractivos turísticos e información que tanto SITCA, OEA y DINATUR pensaban necesarias para proporcionarle un "buen trato" a los turistas.[136]

---

131 John H. Butler, Vice president and General Manager Compton Advertising Inc., "Outline Compton Marketing Strategy plan for SITCA", 6 enero 1967, p. 3. Archivo SICA.

132 Speech by Barton A. Cummings, Chairman of the Borad, Compton Advertising, Inc., to *The Central American Tourism Seminar*, San José, Costa Rica, septiembre 10–12, 1968, p. 7. Archivo SICA.

133 Branwell Fanning a SITCA, "Mid-Year Report", junio 19 1967, p. 5. El "adoctrinamiento" también tomaba en cuenta a los tours operadores en Centroamérica y Estados Unidos: Memorandum de Branwell Fanning a Newell Williams, "Report", 12 mayo 1967, p. 7.

134 *Undécimo Congreso Interamericano de Turismo en Buenos Aires, Argentina*, Buenos Aires Argentina. OEA/Ser. K/III II.1, doc. 17, Informe de la Secretaría Permanente. Columbus Memorial Library, "Programas de adiestramiento y capacitación turística", 28 octubre 1971, p. 1.

135 "Programas de adiestramiento y capacitación turística (Capítulo II, Punto 5 del Temario*), Undécimo Congreso Interamericano de Turismo*, noviembre 5–12 1971.

136 José Rizo Castellón fue un empresario y miembro del Partido Liberal. Vicepresidente de la República en el gobierno de Enrique Bolaños (2001–2006), también trabajó junto a Gallard Prío en DINATUR

El guía, pensado como un joven, varón, usualmente estudiante universitario, debía relatar la historia del país "con imaginación", quizá saber inglés o algunas palabras útiles, y servir al turista con cualquier duda o necesidad que pudiese presentar. Un manual para regular el contacto entre el agente nicaragüense y el turista (hombre, blanco, posible inversor), su texto evidencia la intención de convertir al joven nacional en un mediador entre las oportunidades de inversión, la representación de la nación y de la población nicaragüense. En sus líneas introductorias al Manual, Rizo esclarece que:

> El presente Manual no pretende ser sino el marco de orientación para el Guía de Turistas. El mejor mensaje, las más elocuentes descripciones sobre las riquezas de nuestro país, deberán llevar el sello personal de cada guía. Se tendrá presente que Nicaragua es la cintura de América situada en el centro de un bello istmo, con modernos edificios, una exuberante naturaleza tropical, así como lagos y volcanes que convierten el suelo nicaragüense en un magnífico espectáculo enmarcado en la más fascinante geografía. Dos cosas hacen de nuestro país un polo de atracción para el turismo: la gente más amigable del mundo y la belleza natural más excitante que el ojo humano pueda imaginar.[137]

El guía de turistas, según el material didáctico elaborado por Rizo, era un "mensajero de su propia tierra, de la cultura, preocupaciones y anhelos de su pueblo", del país imaginado como la "tierra de lagos y volcanes".[138] La estética misma del guía era delimitada en el manual. Define la manera en que: "el guía varón debe tener cabello corto, no puede estar despeinado, debe estar siempre bien afeitado, sus uñas bien cortas y absolutamente limpias"; la mujer "debe vestir a la moda pero sin exageraciones. La ropa que usa debe denotar que ella está trabajando, no asistiendo a una fiesta o exhibiéndose".[139] La puntualidad y el mantenimiento de la "formalidad" como valores fundamentales del o la guía, junto con la atención "adivinando casi cuando ellos quieren tomar una foto, parar para tomar algo o comer algo", son acentuados como de primordial importancia para causar una buena impresión al turista proveniente de un país "más desarrollado".[140]

Con el inventario de lugares turísticos, hoteles y datos curiosos de Nicaragua, el *Manual* le proveía al guía la información necesaria para evitar cualquier referencia a la situación política,

---

en 1967–1969. Irving Donning promovía "adoctrinar" a los jóvenes nicaragüenses en el turismo desde la escuela primaria: Donning, *Informe Pro* Fomento de Turismo*, 5.

137 José Rizo, *Manual del guía de turistas: República de Nicaragua* (Managua: SITCA, 1971), 5.

138 Ibid., 121.

139 Op. Cit.

140 Ibid., 123.

con la mayoría de la información delineada para manejar las oportunidades de inversión y recreación en el país. En este sentido, la "historia en clave turista" recorre los lugares turísticos, entrelazando crónicas de indias, viajeros decimonónicos y las guías turísticas. El balneario de Poneloya, "antiguo centro de los indígenas Sutiaba" es un "balneario aristocrático" en 1971. San Juan del Sur, de ser una "hermosa Bahía parte del reino de Nicarao", fue en "1851 parte de la Ruta de Tránsito"; lugar por donde "pasa la corriente de Humboldt", y se ofrece en 1971 como "un paraíso para los aficionados de la pesca mayor".[141]

Las recomendaciones y pautas puestas en evidencia en los manuales para los guías turísticos iban acorde con las propias capacitaciones en las cuales participaron personas como José Rizo, Gallard Prío, y el resto de personas involucradas en el sector gubernamental. La gubernamentalidad del turismo entrelaza de esta manera una puesta en práctica de las concepciones y metodologías internacionales, mediante las instituciones regionales y los funcionarios nicaragüenses. Los seminarios y conferencias sobre el turismo en la región incluyeron los ocho puntos señalados arriba y se concentraron particularmente en las formas de tecnificar el turismo en cada país, así como en incentivar los mecanismos para darle solución a las obstrucciones identificadas para el desarrollo del turismo. La repetición de los términos y concepciones del turismo en seminarios, conferencias, guías y manuales de turismo o informes de investigación, terminaron sedimentando la naturalización de los conceptos de turista, atracción turística y la forma de promover una "industria turística" en Nicaragua en base a estos conceptos claves. Conceptos que formaron parte integral de la política económica de la integración centroamericana por medio de la industrialización y la tecnificación del turismo. El saber técnico del turismo entre 1960 y 1970 dejó por sentado que esta era la forma de pensar, reglamentar y poner en práctica el turismo para la riqueza de la nación.

Un elemento clave en este proceso de tecnificación del turismo, en miras de convertirlo en una política económica medible para la riqueza nacional, fue el tema de la información estadística e inventarios de atracciones turísticas (punto 2). En 1968 se intentó darle una solución al problema de la falta de sistematicidad y veracidad de las cifras referentes al número de viajeros y su valor para las economías nacionales del istmo. Por ello se convocó a los países centroamericanos para que enviaran delegados a la Quinta Reunión del Comité Técnico de Organización e Investigación de la UP, cuyo tema central sería sobre la investigación en el turismo. El programa incluyó un estudio sobre la comparación de métodos estadísticos sobre el turismo utilizados en la región, y sus metodologías aplicadas. En dicha reunión se promovió un programa unificado de estadísticas estructurado por el *Inter-American Statistical Institute*.[142] Guatemala

---

141 Ibid., 42–43.

142 Pan American Union, report of the Fifth Meeting of the Technical Committee on Research and Organization, 29 febrero al 5 marzo 1968. Pan American Union. Archivo SICA.

y Costa Rica invirtieron en sus propios sistemas, pero Nicaragua no siguió dichos estudios por falta de financiamiento. Al reactivarse el MCCA en los años setenta, las comisiones de la CEPAL y la OEA presionaron a Nicaragua a sistematizar y estandarizar las estadísticas del turismo en la región.[143]

La información provista luego de los seminarios, conferencias y programas regionales y nacionales esclarece que los técnicos nicaragüenses y las instituciones centroamericanas ya estimaban, medían y valoraban el espacio en términos del turismo de masas. Por ejemplo, en el Manual elaborado por Rizo, se recomienda que las descripciones de San Juan del Sur y las islas en el Caribe se concentren en señalar si las playas son arenosas, con árboles de coco y si tienen fácil acceso, desde la capital u otro país centroamericano. Los lugares elegidos continúan la tendencia de valorar el espacio y los recursos naturales en términos de lo que "necesita el turista", como definía el estudio de *Porter, Compton* y *URS*, entre otros: fácil acceso, agua potable, actividades de recreación, restaurantes, aire acondicionado, etc. Mediante este mecanismo, los técnicos nicaragüenses y centroamericanos realizaron un inventario del espacio mediante la mirada de los técnicos estadounidenses. Cuantificaron y valorizaron los elementos de su entorno en favor de pensar el mundo como lo haría el supuesto turista que pretendían atraer: el hombre blanco, mayor de cincuenta años, proveniente de un país desarrollado.[144]

La tendencia anterior se cristaliza en los tres programas de asesoría y consultoría que mayor impacto tuvieron en la consolidación de la tecnificación y la conciencia turística en Nicaragua. Estos programas fueron:

a. "inventario de recursos turísticos de Centroamérica y Panamá", a cargo de Johan Ramaker, Técnico en Recursos Turísticos recomendado por las Naciones Unidas a la SITCA;
b. "asesoría en análisis y desarrollo de zonas de potencial turístico" impartido por El Centro de Investigación y Capacitación Turística (CICATUR), también parte de la ONU;[145] y

---

143 Naciones Unidas (ONU): Consejo Económico y Social (CES), "Turismo: tema 15 g) del programa provisional del tercer período de sesiones de la UNCTAD, Nota preparada por la Secretaría de la CEPAL" para la *XII Reunión de CECLA (Lima, 18 a 22 de octubre 1971)*, 14 octubre 1971, p. 3.

144 Ministerio de Economía, Industria y Comercio, *Términos de referencia o bases del concurso para el estudio de factibilidad del proyecto de desarrollo turístico de San Juan del Sur y puntos de circuito Granada – Managua – Masachapa – Y Corn Island* (Managua, 1974), 31.

145 "Asesoría técnica de las Naciones Unidas a través del señor Johan Ramaker. Información de la Secretaría General de la ODECA", SITCA, *Acta de la reunión extraordinaria del consejo centroamericano de turismo*, San Salvador, 17 a 18 abril 1967, p. 6; *Primer Congreso Extraordinario Interamericano de Turismo en Brasil, 11 agosto 1972*, "Programas nacionales de cooperación técnica y servicios de asistencia técnica y capacitación en turismo que presta la secretaria general de la OEA", p. 1. CICATUR surge del acuerdo suscrito el 8 de marzo de 1973 entre la Secretaría General de la OEA y el gobierno de México: resolución 39/72 de la VIII Reunión Anual del Consejo Interamericano Económico y Social de la OEA, Bogotá, 30 de enero – 8 de febrero 1973: Christina Varisco et al., "El

c. el "Plan de Estadísticas sobre Turismo", con la asesoría de la División de Fomento Turístico de la OEA, y el trabajo de la Oficina Ejecutiva de Encuestas y Censos, el cual inició en el mes de Julio de 1974, en aras de "tener una orientación sobre el volumen y la composición de la corriente turística de Nicaragua".[146]

Dichos programas contribuyeron con el marco conceptual y metodológico, mediante los cuales se tabularon los recursos naturales y culturales, además se evaluaron la infraestructura turística bajo los parámetros estandarizados que reglamentaron el turismo a escala regional. La información estadística nutrió la metodología del inventario de turismo al asignar un valor de visita o un "polo de atracción" a cada lugar y recurso turístico identificado.

Por el lado de la misión de la OEA, para establecer el sistema estadístico, el gobierno nicaragüense solicitó dicha misión en 1972 a la Secretaría General de la misma organización. En aras de integrar a Nicaragua en el "Programa Interamericano de Estadísticas Turísticas", las autoridades nicaragüenses tomaron en cuenta la importancia para la economía nacional de formar parte del "sistema uniforme de comparabilidad, que le permitiera conocer su realidad y participación dentro de las corrientes turísticas internacionales".[147] La OEA consideraba que era "imposible pensar en los estudios de desarrollo turístico y de inversiones para Nicaragua, puesto que se basarían en cifras estimadas, que redundaría en una mala planificación del sector"; aunque la misión de la OEA subrayó que DINATUR "no contaba con la estructura o los fondos para poner en marcha los estudios que el plan estadístico logró formular".[148]

Por el lado del inventario propuesto en la consultoría de Ramaker y la asesoría de CICATUR, ambas establecían un modelo de tabulación que instruía a los funcionarios de gobierno nicaragüenses a tomar un elemento, dígase "sitito natural", lo catalogaba según tipo (Montaña, costa o río, etc) y luego lo definía por un subtipo (mesetas, volcanes) y, prioritariamente, se especificaba su "valor turístico". La valorización turística se vertebraba mediante seis pasos principales:

> "1) Nombre, categoría y tipo o subtipo; 2) Jerarquía; 3) Ubicación; 4) Medios de acceso; 5) Número aproximado de visitantes (aclarando los porcentajes locales, nacionales

---

relevamiento turístico: De CICATUR a la planificación participativa" (VI Congreso Latinoamericano de Investigación Turística, Neuquén, 2014), 12.

146 Oficina Ejecutiva de Encuestas y Censos, *Estadísticas de Turismo de Nicaragua 1974*, Convenio Banco Central de Nicaragua-Ministerio de Economía, Industria y Comercio (Managua: Banco Central de Nicaragua, 1975), 1.

147 Cardenas Tabares, *Asesoramiento al Gobierno de Nicaragua en Materia de Estadísticas e Investigaciones Turísticas*, 3.

148 Ibid., 117.

o extranjeros y épocas del año de mayor concurrencia); 6) Características que le dan interés turístico".[149]

El mismo procedimiento se aplicaba a otros "elementos del turismo", como "folklore" y "museos y manifestaciones culturales" o "eventos programados", entre otros.

Destaca en esta tabulación el segundo punto, "jerarquías", debido a que es el más decidor sobre esta nueva forma de errar, mirar y comodificar las riquezas turísticas, ya que evaluaba y valorizaba todos los elementos en base a los siguientes lineamientos: "Atractivo Excepcional" (Jerarquía 3); "Atractivo con rasgos excepcionales" (Jerarquía 2); "Atractivos con algún rasgo llamativo" (Jerarquía 1); y "Atractivos sin mérito suficiente" (Jerarquía 0).[150] Las jerarquías elaboradas e institucionalizadas a nivel internacional fueron "sumamente importantes en la determinación de las actividades recreativas" pensadas para los sitios turísticos en Nicaragua.[151] En palabras del biólogo nicaragüense Jaime Incer Barquero, y los ingenieros Claudio Huete y Franco Peñalba, la atracción de los lugares turísticos tienen un carácter "contemplativo o subjetivo", los cuales podían determinarse mediante las "vistas espectaculares", "zonas de atractivo fotográfico", "contemplar actividades folklóricas o monumentos históricos", o "una actividad típica nicaragüense".[152]

Incer y *et. al.* denotan la influencia de los dos programas de la ONU y OEA. Solo excluyendo el Caribe nicaragüense, Incer sistematizó el inventario más comprensivo del turismo en Nicaragua.[153] Su manera de inventariar y darle valor al espacio, los recursos naturales, las poblaciones y culturas es decidora de la forma en que se internalizó y se apropió la mirada turista en el país. Así, Incer expone que el "potencial turístico" está definido por los "valores escénicos, recreativos, científicos o culturales, constituyen recursos del país" y define el "potencial" mediante 4 categorías:

---

149 Roberto Boullón, Director del Centro Interamericano de Capacitación Turística (CICATUR-OEA) "Metodología de Inventario Turístico". https://www.ucipfg.com/Repositorio/MGTS/MGTS14/MGTSV-07/tema2/Cicatur.pdf.

150 Op. Cit.

151 Jaime Incer Barquero, Claudio Gutiérrez Huete, y Franco Peñalba C., *Reconocimiento preliminar de los sitios con potencial turístico en las regiones del pacífico, centro y norte de Nicaragua* (Managua, 1977), 4.

152 Ibid., 5. La tabulación del inventario turístico fue seguido por distintas oficinas e instituciones. En el planeamiento de las zonas urbanas para el turismo se aprecia la misma influencia, véase: Viceministerio de Planificación Urbana, *Análisis de la región metropolitana y lineamientos para su desarrollo: Recreación y turismo*, 23–24.

153 Las zonas en las que se basa el estudio son León y Chinandega; Managua, Masaya y Granada; Rivas, San Juan del Sur e Isla de Ometepe; Juigalpa, Boaco, Rama y áreas adyacentes accesibles; Estelí, Matagalpa y Jinotega.

a. Sitios naturales, silvestres y de belleza escénica;
d. sitios de recreación en playas del océano, lagos, lagunas y ríos;
c. sitios de atractivo especial por sus fenómenos naturales o de valor científico;
d. sitios de importancia cultural, tales como lugares históricos, arqueológicos y similares.[154]

Los criterios enumerados arriba hacen referencia a la forma en que Incer y sus colegas ingenieros filtraban espacio, naturaleza, población y cultura en clave turista, de tal manera que sus recomendaciones iban en línea con los principios expuestos por ONU, ROCAP, SITCA y las firmas consultoras que habían estructurado el turismo regional en los años sesenta y setenta del siglo veinte. Es por esto que su informe detalla los "requerimientos" necesarios para "convertir" a los lugares con potencial turístico en "centros de desarrollo turístico".[155] Estos eran:

1. Construcción o mejora de la carretera o del camino de acceso.
2. Facilidades para el visitante (restaurantes, sanitarios públicos, facilidades para el baño en playas, etc.).
3. Abastecimiento de agua potable.
4. Energía eléctrica.
5. Evacuación o disposición de aguas negras.
6. Muelles pequeños, embarcaderos o similares, en los cuerpos de agua interiores (estuarios, lagos, lagunas, ríos, etc.).
7. Limpieza y saneamiento del área.
8. Facilidades varias tales como, la construcción de senderos, construcción de miradores, en sitios de belleza escénica; facilidades interpretativas, indicaciones explicativas, áreas de estacionamiento, facilidades para acampar y de "picnic", etc., etc.[156]

Los criterios enumerados por Incer *et. al.*, respondían a la necesidad de contribuir a la economía nacional mediante la atracción de turismo. Cada criterio es un paso para desarrollar el paisaje, los recursos naturales, la cultura y las poblaciones, tomando en cuenta la forma en que "el cliente" espera "ver" lo que puede ser considerado "el producto" para atraer turismo. Por encima de esto, Incer estaba sumamente preocupado por el deterioro de la naturaleza y los lugares históricos y arquitectónicos en Nicaragua. El inventario que elaboró junto con sus colegas respondía a "la urgencia de un programa sobre 'Manejo Preventivo para la Conservación

---

[154] Incer Barquero, Gutiérrez Huete, y Peñalba C., *Reconocimiento preliminar de los sitios con potencial turístico*, 1–2.

[155] Ibid., 3.

[156] Op. Cit.

de Sitios Turísticos'", debido a que se estaba "ejerciendo sobre dichos sitios una actividad contaminadora progresiva, o destructora de recursos, que en poco tiempo restarán o mermarán su potencial turístico o hará más difíciles y costosas las obras de regeneración o reconstrucción de esos ambientes".[157]

Sumado a sus intereses medioambientales, Incer *et. al.* seguían las recomendaciones de la misión de la OEA. Una de sus principales recomendaciones era la implementación de proyectos para constituir parques nacionales en las áreas que les parecían más apropiadas a los consultores: "(1) la laguna de Masaya, más los faldeos y cráteres de los volcanes Masaya y Santiago; (2) la laguna de [X]iloá, incluyendo tierras aledañas y la laguna ubicada hacia el noroeste de la anterior".[158]

Si bien las reflexiones y preocupaciones de Incer argumentan su principal interés de preservar y proteger la riqueza natural del país, lo que muestra también es que el biólogo nicaragüense interpreta esta misión en términos de turismo. La buena inversión en esta empresa aseguraría la manutención de la naturaleza para las futuras generaciones.[159] Preservación y empresa van juntos en esta nueva forma de comprender la utilidad del espacio para la riqueza de la nación. Los proyectos sugeridos por Incer y la comunidad científica del país promovieron la noción central que era mediante el sistema capitalista mismo – la misma modernidad – que se lograría proteger y resguardar todos los elementos seleccionados como parte de la riqueza natural, el patrimonio nacional y la herencia cultural, tres elementos que componían la nación y sus posibilidades de desarrollo sostenible. En suma, es comodificar para preservar. Como se verá en el último capítulo, la reserva del Volcán Masaya es un ejemplo ilustrador de esta nueva mirada decidora de la conciencia turística.

En este momento se puede señalar el cambio epistemológico entre ciencia, economía y política que reintroduce el territorio nacional a una nueva razón de Estado que revaloriza sus elementos en términos comodificables. Los elementos elegidos en el inventario de Incer *et. al.* fueron incluidos gracias a los conocimientos del naturalista y los ingenieros. Ahora, sumado las pedagogías del turismo de CICATUR, la ONU y OEA, el mismo conocimiento se utiliza para dar un valor a la naturaleza. El valor se imagina acorde a su capacidad de generar vistas, ya sea paisaje, recurso, cultura o población. No obstante, el valor supone un imaginario adaptado a crear un mundo para un hombre blanco, mayor de cincuenta años y perteneciente a la

157 Ibid., 6.

158 Blondet y Martini, *Estudio sobre la oportunidad de desarrollo del sector turismo en Nicaragua*, sección b: acciones de desarrollo de la oferta; y sección C: acciones de promoción de la demanda.

159 El problema de la contaminación era evidente en 1977 y Claudio Gutiérrez Huete enfatizaba la urgencia de desviar las aguas negras y los desechos de un hospital. "Turismo y pesca" son los argumentos que utiliza para promover su defensa de la laguna: "Contaminación amenaza a la Laguna de Masaya", *La Prensa*, 4 febrero 1977, pp. 1 y 16.

clase media estadounidense. Las recomendaciones de Incer *et. al.* a estos recursos entonces responden a esa necesidad de adaptar el paraíso a un imaginario decidor del nuevo mundo comodificado y adaptado a la conciencia turística. En concordancia con Foucault, el atractivismo de la política económica del turismo demuestra la gubernamentalidad de esta empresa de progreso nacional, pero no es que el Estado nicaragüense o Incer hayan descubierto el territorio nacional, sino que lo reintrodujeron a una problemática económica en clave turista para comodificar sus espacios, bajo una lógica moderna de que el territorio se posee para otorgarle valor de cambio mediante su adaptación a un patrón de valor monetario – estadística y financieramente medible – para la nación insertada en los mercados internacionales. Los recursos del inventario de Incer *et. al.* aparecen como 'objetos privilegiados de la intervención gubernamental' y, podría agregar aquí, de la intervención de la ciencia aliada con la buena práctica empresarial.[160] La economía política del turismo es ahora ciencia de conservación y es un bien administrable para el valor y la conservación de la riqueza nacional.

Incer *et. al.* viajaron por todo el territorio nacional para levantar la tabla comprendida por los recursos turísticos nicaragüenses. En su viaje seleccionaron los elementos que les parecieron importantes conservar y, para ello, los agregaron a un inventario de la riqueza de la nación. En acuerdo con la hipótesis de este estudio, se denota la forma en que parte de la población nicaragüense, perteneciente a una élite letrada, internaliza la tendencia global y regional de errar, inventariar y comidificar el espacio para la vista de los turistas. Los espacios del turismo son comprendidos en esta articulación de distintas estructuras de poder que pulsan por darle sentido, valor y jerarquía a un lugar. El marcador del turismo, entonces, es parte de esta genealogía que alerta sobre lo que Foucault ha denominado como "saber-poder". Para el filósofo francés, determinar los signos de las riquezas "que se producen, multiplican y modifican gracias a los hombres", como un espacio comodificado y una atracción turística, se encuentran ligadas por la política.[161]

Como se puede vislumbrar en los puntos anteriores, los programas, consultorías y planes de ROCAP y SITCA alcanzaron a un gran sector de la población de los Estados Unidos y produjo un incremento exponencial del turismo Centroamérica. En 1970 había unos 610,000 turistas en Centroamérica (excluyendo Panamá) y gastaron alrededor de US$ 43,000,000. De este número, alrededor de 277,000 provenían de países externos al istmo, y sus gastos estimados fueron de $ 25,9 millones.[162] A nivel nacional, en el caso de Nicaragua, las iniciativas de ONU,

---

160 Foucault, *Seguridad, territorio, población*, 392.

161 Michel Foucault, *Las palabras y las cosas: una arqueología de las ciencias humanas*, trad. Elsa Cecilia Frost (Buenos Aires: Siglo Veintiuno Editores Argentina, 2005), 204.

162 AID-Department of State, "Development Assistance Program FY 1974 Central America", July 1972, p.136. NA, RG 286, entry UD-WW 868, NND 65379, Caja 3.

ROCAP y SITCA habían tenido un impacto sensible en la economía, pero fue la formación del personal gubernamental y de servicio la principal consecuencia de este primer periodo intenso de sedimentación del turismo. A esto se le presta atención en el siguiente acápite y en el último capítulo.

6.4.1 *"El paraíso de la caza y pesca": el producto en el mercado regional*

A semejanza de los estudios regionales patrocinados por ROCAP y BCIE, el Banco Central de Nicaragua (BCN) financió en 1968 un estudio realizado por *URS Corporation Maxwell Stamp and Associates*. El estudio también realizó una valoración general sobre las condiciones del turismo a final de los años sesenta y delineó un plan de desarrollo a cinco años. Los lugares y zonas elegidas en el plan eran: El circuito de playas del Pacífico comprendido por Masachapa, la Boquita y San Juan del Sur; las ciudades coloniales de Granada y León; el hotel Santa María de Ostuma en Matagalpa; en la zona del Caribe se especificaba el valor de Río San Juan por la pesca y Corn Island por ser el último lugar "incólume del Caribe".[163]

Los informes mencionan el disfrute de las playas en el Pacífico por parte de la población nicaragüense, pero que les "hacía falta los insumos para los turistas".[164] Las potenciales atracciones turísticas nicaragüenses requerían de los elementos que asegurarían el interés turístico, sobre todo en cuanto a infraestructura y la forma de saber "venderse". Como afirmaban sobre la ciudad colonial de Granada: "Hay pocas dudas de que esta vieja ciudad podría convertirse en una atracción turística considerable si su historia se presentara de manera imaginativa".[165] Lo mismo sucedía con el folklor y las artesanías, el informe hizo hincapié en la necesidad de

---

[163] Artículo del *New York Times* del 9 abril 1967, citado en: URS Corporation, Maxwell Stamp Associates Limited, y Consultora Latinoamericana Limitada, *Lake Nicaragua Hotel: Feasibility Study*, 1968, I:22. La conexión aérea directa entre Managua y Corn Island se inauguró en 1962. Debido al incremento del turismo, la isla dejó de ser la "cárcel para presos políticos" del somocismo: "Nueva ruta de turismo", *La Prensa*, 14 febrero 1962, p. 12. Todas las consultorías e informes concuerdan una y otra vez sobre la utilidad turística de estos lugares: Blondet y Martini, *Estudio sobre la oportunidad de desarrollo del sector turismo en Nicaragua*, sección b; Oficina Ejecutiva de Encuestas y Censos, *Anuario de Turismo 1978* (Managua: Oficina Ejecutiva de Encuestas y Censos, 1979), 3–15; Incer Barquero, Gutiérrez Huete, y Peñalba C., *Reconocimiento preliminar de los sitios con potencial turístico*, passim; URS Corporation, Maxwell Stamp Associates Limited, y Consultora Latinoamericana Limitada, *Lake Nicaragua Hotel: Feasibility Study*, 1968, I:17–32; Cullinan, Duke, y Skidmore, *Marketing action plan for Central America and Panama*.

[164] URS Corporation, Maxwell Stamp Associates Limited, y Consultora Latinoamericana Limitada, *Lake Nicaragua Hotel: Feasibility Study*, 1968, I:20; Blondet y Martini, *Estudio sobre la oportunidad de desarrollo del sector turismo en Nicaragua*, sección d.

[165] Ibid., 25.

sacar mayor provecho de los "bailes, romerías y procesiones" para hacerlas "más pintorescas" y mejorar sus productos artesanales con los gustos de los turistas en mente.[166]

Sin embargo, las actividades recreativas elegidas por las firmas consultoras e instituciones regionales de turismo para llamar mayor atención de los turistas a Nicaragua fueron la caza y la pesca. A inicios de los años sesenta, Nicaragua se presentaba como "un paraíso de cazadores", el cual, lastimosamente, se estaba destruyendo debido a "falta de una ley" y "cazadores indiscriminados".[167] En línea con la información presentada en el capítulo anterior, la pesca de tiburones y peces sierra en el lago se venía promocionando como una de las grandes aventuras posibles para el turista en Nicaragua. Desde los años cincuenta, muchos nicaragüenses y residentes en el país estimaban que el futuro de San Carlos (Río San Juan) dependía tanto del canal interoceánico como el turismo de pesca y caza, el "paraíso de los amantes de estos nobles y provechosos deportes", porque en esas zonas existía una "riqueza increíble en sábalos reales, pez de sierra, tiburones, aves de toda clase, venados, tigres y pumas".[168]

Una actividad usualmente practicada por familias de clase alta en Nicaragua, la caza y la pesca se habían convertido en pasatiempos cargados de prestigio simbólico para la élite. Joaquín Zavala Urtecho, director de la *Revista Conservadora*, también confirmó en 1967 el potencial turístico que presentaba la pesca en Nicaragua.[169] Para las élites del país, la pesca del tiburón o el pez sierra, ambas en el Lago Cocibolca, era su principal actividad que publicaban con fotos e historias en los medios de comunicación. Caza y pesca eran las actividades turísticas que miembros de las élites nicaragüenses compartían, a su vez, con los turistas que visitaban el país y con los inversionistas que visitaban por un par de días.[170] O si era Anastasio Somoza Debayle, invitaba a sus compañeros de la West Point Academy para ir a cazar juntos en Nicaragua y mantener el apoyo o cabildeo del Ministerio de Defensa a su favor en Washington.[171]

---

166 Ibid., 27–28.

167 Miguel Ruiz Herrero, "Nicaragua, paraíso de cazadores", *Revista Conservadora*, septiembre de 1963, p. 18. Para reglamentar la caza y pesca deportiva, por fines de turismo, el gobierno decretó la creación de una "licencia deportiva clase turista", cuyo valor en 1977 era de veinte córdobas, véase: "Reglamento de la ley especial sobre explotación de la pesca" y "Ley de Caza", *La Gaceta Diario Oficial*, 3 noviembre 1956; "Decreto Ejecutivo No 11: Reglamento de la ley especial sobre explotación de la pesca", *La Gaceta Diario Oficial*, 20 mayo 1961.

168 László Pataky Frommer, *Nicaragua desconocida*, 6. El panfleto elaborado por AAW titulado "*Discover the Gems of Central America*" caracteriza también el "paraíso de casa y pesca" que era Nicaragua: NA, RG 286, USAID Mission to Guatemala/Executive Office, Entry P 376: Guatemala Central Subject Files: 1975–1978, IND INCAE FY 67 THROUGH PRC 3-3 Contractors FY 67, Container 18, ARC 5987026.

169 Joaquín Zavala Urtecho, "La pesca en Nicaragua", *Revista Conservadora*, Abril de 1967.

170 Ritchie et al., *A regional Study of Tourist Development in Central America*, 90.

171 Morley, *Washington, Somoza, and the Sandinistas*, 80. En 1971 Somoza organizó la reunión por el 25 aniversario de la generación graduada en 1946 con un viaje de caza a Santa María de Ostuma.

Fanning y SITCA, junto con las compañías consultoras, tomaron estos datos para singularizar al país en el turismo regional. Si Guatemala y Honduras tenían la cultura Maya, Costa Rica las playas y montañas, Nicaragua podía especializarse en atraer a cazadores y pescadores deportivos.[172] En 1968, DINATUR y Anastasio Somoza Debayle tuvieron la idea de organizar una de las reuniones con Fanning y los consultores del turismo en la región norte-central de Nicaragua, en el hotel ubicado en Santa María de Ostuma. Apodado "Los Alpes Matagalpinos", el hotel era una reserva forestal de casi cinco mil hectáreas, descrito siempre como el "paraíso terrenal" por turistas estadounidenses y nicaragüenses por igual.[173] Fanning decidió darle un lugar central para Nicaragua, sobre todo para promocionar la caza y pesca en la región central del país.[174]

En concordancia con estas iniciativas promovidas por las organizaciones regionales y DINATUR, a los posibles guías turísticos nicaragüenses se les proveía la información necesaria para promocionar estas actividades con "imaginación" a los turistas que visitaban el país. "Nicaragua", escribe Rizo Castellón en el manual para los guías turísticos, "tiene montañas vírgenes, que constituyen auténticos paraísos donde el aficionado a la caza puede encontrar insospechadas sorpresas", por eso un "cazador (...) no precisa de armas de calibre pesado (...) para enfrentarse en las zonas de caza, con enormes probabilidades de hacerse de una presa, digna de lucirse en el más elegante estudio de un aficionado".[175] Así, la imagen que las autoridades nicaragüenses deseaban presentar era que en Nicaragua la caza o la pesca era "un deporte de millonarios" que se podía disfrutar "con poco dinero".[176]

---

172 Fanning pidió estadísticas a TACA sobre los motivos de turismo a la región y encontró que "el grupo más grande" de turistas viajando a Centroamérica desde Nueva Orleans lo comprendía pescadores. Pan Am siguió esta tendencia y formuló un paquete de viajes de "Pesca en Centroamérica": Carta de Branwell Fanning a Newell Williams, Oficial de Desarrollo Industrial ROCAP, 6 junio 1967, Archivo SICA. La misma recomendación hizo la primera consultoría de turismo realizada en Nicaragua: URS Corporation, Maxwell Stamp Associates Limited, y Consultora Latinoamericana Limitada, I:59–60.

173 Porter recomendaba en 1965 centrar el desarrollo turístico en este lugar para Nicaragua: Ritchie et al., *A regional Study of Tourist Development in Central America*, 88. Rodman le dedica atención a este hotel como un punto nodal del futuro turístico de Nicaragua: Rodman, *The Road to Panamá*, 170; Rizo, *Manual del guía de turistas: República de Nicaragua*, 19.

174 "In the Clouds in Nicaragua", *New York Times*, 7 abril 1968, p. 31. La OEA reiteró en 1974 que la caza y pesca "sería el embrión" del turismo: Blondet y Martini, *Estudio sobre la oportunidad de desarrollo del sector turismo en Nicaragua*, sección C. Nicaragüenses como Jaime Incer concordaban con esta apreciación y también le otorgaron un papel central a desempeñar en el turismo nacional en 1977, junto con el hotel Selva Negra que fue inaugurado un año antes: Incer Barquero, Gutiérrez Huete, y Peñalba C., *Reconocimiento preliminar de los sitios con potencial turístico*, 172. En el manual para el guía de turistas, se le dedica toda una sección para enmarcar a Nicaragua como un lugar de "caza y pesca": Rizo, *Manual del guía de turistas: República de Nicaragua*, 48–64.

175 Rizo, *Manual del guía de turistas: República de Nicaragua*, 61.

176 Ibid., 62.

Caza y pesca fueron las principales actividades que se agregaron al inventario turístico del país. Al sumarse a la cadena de equivalencias que le da valor y sentido al espacio y sus recursos como riqueza nacional, los lugares seleccionados para estas actividades de recreación conglomeraron los mismos significantes para apropiarse de un sentido turístico en Nicaragua. El río San Juan es un ejemplo ilustrativo, ya que pasó a través de la misma operación de resignificación que el Momotombo, entre otras atracciones turísticas. Su valor específico yace en que puede suturar todas las temporalidades de la nación para convertirse en riqueza turista del país:

> Es el río de mayor importancia histórica-política del país y de mayores perspectivas como canal de navegación interoceánico. Sirve de desaguadero del Lago de Nicaragua hacia el Caribe, con una longitud de 199 kilómetros. En medio de este río, donde se pesca el sábalo y se caza el jaguar y el jabalí se levantan las ruinas de El Castillo de la Inmaculada Concepción, erigido durante la Colonización española para cerrar el paso a los piratas. La ribera derecha del río sirve en gran parte de frontera con Costa Rica, pero Nicaragua ejerce total soberanía sobre el San Juan.
>
> El río San Juan es un paraíso para el turista ya que está rodeado por la selva, así como por una extraordinaria flora y fauna de exótico colorido. Pájaros de bellos plumajes anidan entre sus bosques; garzas y aves acuáticas vadean sus pantanos, evadiendo a los lagartos que dormitan semiocultos entre el lodo; y de vez en cuando se escucha el rugido de las fieras ó [sic] el rechinar de los colmillos de los jabalíes.[177]

La descripción del Río San Juan vuelve a suturar la historia de la colonización con el sueño canalero. A este proyecto fundacional de la nación nicaragüenses se le suma el turismo, cuya atención ahora vira a las descripciones usuales de la riqueza natural. Riqueza que, ahora, esta inventariada para ser pescada o cazada por turistas. La cita ilustra las formas en que empresas estadounidenses y empresarios nicaragüenses ofertaron varias veces las posibilidades de pesca en el país, concentrándose en el Río San Juan y el Lago de Nicaragua, donde la empresa de *Bonilla y Pearson* ofrecía “safaris”.[178] El plan de DINATUR y SITCA había funcionado en 1971, cuando el periódico *La Prensa* se alarmó ante la llegada de unos supuestos 1,500 cazadores estadounidenses atraídos por las campañas.[179] Con el propósito de preservar la naturaleza y las

---

177 Ibid., 53.

178 Los artículos promocionales y sobre experiencias de pesca en Nicaragua se encuentran en: *World Rod and Gun*, enero 1967; *Bow and Arrow*, Septiembre 1966; *Sportfishing*, Agosto 1966. Véase también: URS Corporation, Maxwell Stamp Associates Limited, y Consultora Latinoamericana Limitada, *Lake Nicaragua Hotel: Feasibility Study*, 1968, I:28.

179 “Viene ejército de cazadores: fauna nacional en peligro”, *La Prensa*, 5 noviembre 1971, pp. 1 y 8. Las autoridades de DINATUR y el Hotel Intercontinental aclararon que solo eran 80 cazadores, no 1,500,

especies para la pesca y la caza, las empresas consultoras recomendaron a Nicaragua iniciar la creación de parques nacionales destinados únicamente a la conservación de dichas "riquezas" para el turismo.[180]

En el ejemplo del río San Juan se vislumbra la forma mediante la cual se combina el recurso natural con elementos anteriores, entre estos la noción de "paraíso" y "tierra virgen". La isla de Corn Island en el Caribe nicaragüense muestra el mismo patrón. Adoleciendo del "*White-Man's Burden*", la estrategia para vender Corn Island resaltaba que, para finales de los años sesenta, "ya no existían escondites en el área del Caribe", haciendo mención a Puerto Rico y Jamaica, entre otros. Corn Island aparece como un lugar prístino, un paraíso virgen y se invitaba a invertir en la isla, donde la "mayoría de la tierra les pertenece a los residentes y cuesta alrededor de US$ 1,500.00 la hectárea".[181] En una evidente continuación de las narrativas del paraíso, inversión y turismo aparecen en estos textos como elementos que pueden ser atraídos por la belleza virginal de los recursos naturales y la abundancia de pesca y caza.

Diez años después esta tendencia se había consolidado y los medios confirmaron que: "Nicaragua. Un durmiente. El turismo consiste principalmente de deportistas en búsqueda de jaguares, pumas, tapires y ocelotes, así como pescadores empeñados en luchar contra los sábalos que crecen hasta 80 libras".[182] Por tanto, a finales de los años setenta, turistas especializados en viajes de pesca o cacería visitaron Nicaragua, en concordancia con la promoción de dichas actividades a nivel internacional.[183]

La influencia de la promoción de la caza y pesca en la empresa del turismo, y su valoración de la riqueza nacional, tuvo una larga vida. Incluso con el FSLN ya instalado en el poder, esta noción del Caribe se expandió a toda la zona y los anuarios del turismo afirmaban que: "La pesca en esta zona [El Caribe] es rica, gracias a que la plataforma submarina es escasamente profunda y rica en variedades de peces entre los cuales destaca el manatí o pez mujer, curioso serenio[sic] en torno al cual los nativos han tejido numerosas leyendas".[184]

y que llegaban al país a cazar "palomas de alas blancas" que migraban de Estados Unidos a Nicaragua en los meses de invierno, "Cacería será sólo de palomas", *La Prensa*, 7 noviembre, 1971, pp. 1 y 8.

180 URS Corporation, Maxwell Stamp Associates Limited, y Consultora Latinoamericana Limitada, *Lake Nicaragua Hotel: Feasibility Study*, 1968, I:31, 93 y 99.

181 Paul p. Kennedy, "Central America to Spur Tourism", *New York Times*, 25 julio 1965, p. 25.

182 "Between Mexico and Colombia, Seven Lovely Lilliputians", p. F1.

183 Peter Hathaway Capstick, *Last Horizons: Hunting, Fishing & Shooting On Five Continents* (St. Martin's Publishing Group, 1988), https://books.google.de/books?id=qH3aks1JoXEC&pg=PT20&lpg=PT20&dq=alfredo+bequillard+jr.+nicaragua&source=bl&ots=HEEir-Vsnz&sig=ACfU3U0q1qhswUWKN_uOE0Ufwnc8iQeLdg&hl=en&sa=X&ved=2ahUKEwifqdLY9arvAhUCrxoKHR9hDKoQ6AEwC3oECAoQAw#v=onepage&q=alfredo%20bequillard%20jr.%20nicaragua&f=false; Markun, *The First Book of Central America and Panama*, 44–45.

184 Oficina Ejecutiva de Encuestas y Censos, *Anuario de Turismo 1978*, 11.

6.4.2 Resistencias y cuestionamientos a la gubernamentalidad del turismo

La información y la documentación disponible parecen narrar una historia en que las múltiples iniciativas, proyectos y políticas de turismo se llevaron a cabo en conjunta negociación y homologación de intereses entre los organismos regionales y cada estado nacional. Al final de cuentas, casi todos los programas de propaganda, inversión en infraestructura y usos del turismo se implementaron en la región con grados desiguales de éxito en términos económicos – con la exclusión más prominente de la unión migratoria y aduanera para industria y turismo. Lo anterior no quiere decir que Nicaragua y los países centroamericanos no hayan contestado y, hasta cierto punto, resistido muchas de las iniciativas y proyectos de integración turística.

En algunas ocasiones las autoridades centroamericanas sometieron los procesos de integración y sus proyectos a debate, además que contestaron directamente a algunas partes de los informes con las que no estaban de acuerdo. Sin excepciones, muchas de estas observaciones y resistencias terminaron siendo infructuosas. Pero se rescata que en algunas de estas intervenciones se vislumbra los planes propios de las autoridades nicaragüenses en particular, junto con sus nociones diferentes sobre qué era el turismo o qué tipo de turismo y turistas podrían atraerse al país.

Desde el inicio de los planes regionales, algunas voces se alzaron para cuestionar la gran "necesidad" de más hoteles y mejores conexiones para turistas estadounidenses. Costa Rica enfatizó que no compartía la percepción general de los Estados Unidos en el primer informe sobre las posibilidades turísticas en el istmo de 1961, y respondió: "Posiblemente los autores no sean conscientes de que, si bien la necesidad de contar con buenas instalaciones turísticas es un hecho aceptado en los EE. UU., esto no es necesariamente un hecho aceptado en toda C.A".[185]

En otras ocasiones, las oposiciones a los planes de integración turística emulaban a las oposiciones generales contra el Régimen de Industrias de Integración (RII).[186] Uno de los temas más debatidos en el seno del MCCA, las leyes para la integración del turismo replicaban la misma filosofía que las leyes del régimen de industrias centroamericanas, en el sentido que otorgaban

185 Reporte de Wyman R. Stone, USOM/Costa Rica, "Report on Tourist Facilities on Inter-American Highway", 8 mayo 1961, p. 2. NA, RG 286, USAID Mission to Guatemala/Program Office, Entry number P 352: Subject files; 1960–1962, Correspondence: to and from Mexico THRU Tourism, container 4.

186 Donald Castillo Rivas enumera las contradicciones del RII dentro del MCCA y provee una lista de los capitales estadounidenses establecidos en Nicaragua, como resultado de la dominancia de los Estados Unidos en el istmo centroamericano, véase: Castillo Rivas, *Acumulación de capital y empresas transnacionales en Centroamérica*, 151 y 178.

exenciones tributarias a nivel regional y permitían la libre circulación del capital dentro del mercado común.[187]

Al igual que muchos empresarios y agroexportadores se opusieron a la liberación total de los mercados de manufacturas, los proyectos de turismo también encontraron oposición por parte de los sectores empresariales representados en la Asamblea Nacional. Varios diputados del "ala minoritaria" del Partido Conservador, expresaron su desacuerdo con los proyectos de ley de exoneraciones a las inversiones y proyectos del turismo porque, según ellos, favorecían "únicamente intereses extranjeros y no los nacionales" y "perjudicaba los intereses de la patria", debido al "trato desigual al capital nacional".[188] No obstante, el "ala mayoritaria" del liberalismo aliado a Somoza, apoyó y votó a favor de las leyes de exoneración al turismo.[189]

Sobre el tema migratorio y tránsito de turistas a través de Centroamérica (punto 5), la SITCA y ODECA contrataron al "experto en cuestiones migratorias, Dr. Skinner Klee", quién redactó el estudio sobre los problemas que "impiden el libre tránsito en la región", para lo cual propuso un proyecto de "Convenio Multilateral sobre la libre movilidad de Personas".[190] Este plan causó conmoción en Nicaragua, sobre todo para el somocismo. En el periódico oficialista, *Novedades*, el simpatizante del gobierno, Federico Schneegans, aprovechó para criticar la propuesta sobre movilidad por medio de un pasaporte centroamericano. Entre sus muchas observaciones se destaca:

> Cada Jefe de Estado cuenta con adversario en algún sector del Istmo, que conspiran y que acechan introducirse subrepticiamente a ejecutar actos subversivos. Y el pasaporte es el instrumento adecuado para ejercer control sobre ese género de conspiradores. Esta es la explicación técnica. Pero nunca la solución humana, justa y democrática de ese conflicto. Ese grupo de atrabiliarios y conspiradores anacrónicos se compone de decenas, tal vez

[187] Luis Somoza fue uno de los principales opositores a la liberalización del capital estadounidense dentro del MCCA, la cual se aprobó y terminó produciendo la dominación del capital estadounidense en el MCCA, una de las razones de su desarrollo desigual y pronto desmoronamiento. Sobre la postura de Luis Somoza: Antonio Monte Casablanca, "Viejas/nuevas formas de poder: Luis Somoza y la transición de la dictadura.", *Revista de Historia IHNCA-UCA*, Segundo semestre de 2013, 73. Sobre los efectos del capital estadounidense en el MCCA: Grunwald, Wionczek, y Carnoy, *La integración económica Latinoamericana y la política de Estados Unidos*, 103.

[188] "Cuadragésimo-Primera Sesión de la Cámara de Diputados", en: *La Gaceta Diario Oficial*, 20 febrero 1968, p. 593–94; *La Gaceta Diario Oficial*, 21 febrero 1968, p. 602.

[189] "Congreso rechaza ley a Somoza", *La Prensa*, 24 noviembre 1967, p. 1. Los dueños de pequeñas empresas o pequeños hoteles se quejaron ante los congresistas por la aprobación de la ley: "Hoteleros piden cuenta a senadores", *La Prensa*, 7 diciembre 1967, p.1.

[190] Carta de Edmundo Mendieta a Albino Román y Vega Secretario General ODECA, 10 junio 1967. Archivo SICA.

> de centenares. En cambio, los damnificados por el pasaporte y sus múltiples y crueles atingencias, alcanzan a millones. Son todo el pueblo de Centro América.[191]

Scheegans continua la misma línea de argumentación que Somoza García expuso en los años cincuenta para reservarse el derecho a liberar o no la circulación por el país. El problema de la liberalización de las fronteras siempre era descartado debido a las justificaciones de la lucha contra el comunismo o los movimientos guerrilleros en Centroamérica. Consecuentemente, Luis Somoza Debayle le cuenta a un turista en 1962, Nicolas Wollaston, la importancia hemisférica de mantener el control sobre las fronteras. "Cuba está muy cerca", aseguró el entonces presidente, y "el otro día atrapamos a un Checo, ¡un Checo!", en su camino a Costa Rica, donde "están todos los comunistas y fidelistas", le exclamó.[192] En medio de la Guerra Fría y el anticomunismo, la apelación a la seguridad de los países centroamericanos de los "subversivos", mantenía un grado de aceptación general en las oficinas en Estados Unidos.[193]

No obstante, esto afectaba al turismo de varias maneras. Por ejemplo, Fanning también encontró que para la mayoría de aerolíneas y tour operadores en esa área no les parecía favorable invertir en material promocional o en enviar a tour operadores a Centroamérica, porque la consideraban un área de "riesgo"(punto 6).[194] Más que la inestabilidad política o la violencia, con "riesgo" los tour operadores se referían a que Centroamérica era "una colección suelta de países sin ningún esfuerzo promocional coordinado y están [los tour operadores] básicamente, completamente desinteresados".[195] O como afirmaba Enrique Delgado, presidente del BCIE,

---

191 Federico Schneegans, "El Pasaporte: Sacrificio inútil para los humildes", *Novedades*, 1ero agosto 1967, p. 2. Una copia del artículo se encuentra en: Carta de Camilo González a Albino Román y Vega, 1ero agosto 1967. Schneegans abogaba por el pasaporte como medida de seguridad. Su crítica se centraba en el costo y en la exigencia de estar al día con los impuestos para poder obtener el documento de viaje.

192 Nicholas Wollaston, *Red Rumba: A Journey through the Caribbean and Central America* (London: Hodder & Stoughton, 1962), 153.

193 La empresa Porter afirmó que el gobierno de Nicaragua se rehusó a proporcionar la información migratoria de 1959–1963 para el estudio regional, aduciendo a las mismas razones de "seguridad": Ritchie et al., *A regional Study of Tourist Development in Central America*, 3.

194 Reporte de Branwell Fanning a Edmundo Mendieta, secretario general interino SITCA, "Progress on Package Tours", 11 abril 1967, p.1. Archivo SICA.

195 Ibid., p. 2. La mayor parte del archivo resguardado en San Salvador consta precisamente de todas las cartas que Fanning envió, además de reportes de reuniones personales, a las operadoras de viajes de los Estados Unidos, particularmente entre 1967 y 1968. Esta característica no cambia, en el informe del SRI nunca aparece el contexto tenso de guerra civil o de revoluciones o movimientos guerrilleros en Centroamérica o en sus proyecciones de crecimiento de viajes, inversiones y gastos. Al final una encuesta menciona solo que la "presencia militar" era un factor que perjudicaba el turismo con un 7 % de los 108 mil turistas encuestados haciendo referencia al tema de las dictaduras en la región.

esa colección de países sueltos era la "imagen de atraso y desconcierto" que Centroamérica presentaba al mundo.[196]

El "riesgo" en términos políticos, fue una realidad de Centroamérica que tanto Fanning como funcionarios de la ROCAP intentaron no mencionar u ocultar mediante el uso de eufemismos, a pesar que afectaba el desenvolviendo de sus tareas. Ante la masacre que tomó lugar en Nicaragua en enero de 1967, la cual pospuso la reunión de la CCT de enero a febrero del mismo año, Fanning escribe que fue una medida tomada por "eventos fuera de su control".[197] Solo al final de los años setenta, un funcionario nicaragüense mencionó la forma en que la situación política y social estaba afectando al desarrollo del turismo. Francisco José Olivas, Sub-director nacional de turismo, copia el texto del informe realizado por *Sea Pines and Associates* para enfatizar que lo que mantenía distantes a las firmas estadounidenses de invertir en Nicaragua era que:

> Ningún inversionista turístico tradicional norteamericano – incluyendo bancos, compañías de seguros, fideicomisos de inversión en bienes raíces, compañías hoteleras – está dispuesto en la actualidad a comprometer fondos en posibles proyectos en las áreas rurales de Centro América y Panamá. Las inversiones locales se ven inhibidas por atractivas alternativas agrícolas e industriales, las restricciones de los gobiernos nacionales que impiden un financiamiento a largo plazo y los créditos por impuestos para propietarios privados de instalaciones relacionadas al turismo, la falta de garantías gubernamentales, y una conciencia de inestabilidad política y reformas económicas imposibles de predecir.[198]

Las concordancias entre Olivas con algunos aspectos de los informes realizados por las firmas consultoras iban matizadas con los puntuales desacuerdos que las autoridades nicaragüenses señalaban a los informes. En la evaluación de las autoridades nicaragüenses al estudio de factibilidad realizado en San Juan del Sur (1974), los señalamientos contradecían las proyecciones económicas y cuestiona que "no asegura un retorno suficiente de la inversión e implica un alto compromiso financiero por parte del Gobierno para lograr los índices mismos de rentabilidad", por lo cual se le sugirió a la empresa consultora que modificara el "planteamiento arquitectónico" del hotel para adaptarlo "dentro del mercado buscado".[199]

Las cifras mismas muestran que la violencia era un tema que los turistas casi no conocían: Cullinan, Duke, y Skidmore, *Marketing action plan for Central America and Panama*, 53–54.

196 Delgado, "El Banco Centroamericano en la Integración", 12.

197 Carta de Branwell Fanning a Hernán Aróstegui Secretario General SITCA, 2 marzo 1967. Archivo SICA.

198 "Plan de atracción de turistas para desarrollos turísticos fuera de las capitales", *Sea Pineas and Associates*, 1976, citado en: Olivas Zuniga, *Nicaragua, legislación y estudios turísticos*, 82.

199 Ibid., 21.

A mediados de los años setenta, los primeros informes estadísticos y encuestas de turismo en Nicaragua proveyeron la información para cuestionar otro elemento recomendado fuertemente por ROCAP y la AID a SITCA: la necesidad de una campaña de propaganda y mercadeo sostenida (punto 8). En el primer informe estadístico, las autoridades nicaragüenses cuestionaron la necesidad de seguir invirtiendo en tales campañas, ya que "de los datos obtenidos en la encuesta se observó que los medios de motivación como películas, revistas y periódicos, agencias de viajes, folletos, etc., según los turistas encuestados no han sido el factor principal que origina la corriente turística" (72.6 % afirmó ignorar la existencia de estos medios de motivación). El motivo principal, encontraron los funcionarios de la oficina de estadísticas y censos, era "las relaciones de negocios, tomando en cuenta este motivo dentro del concepto amplio de turismo y recomendaciones de amigos".[200]

Por último, se cuestiona el hecho que ROCAP en todas sus recomendaciones pasaba por alto el interés de los gobiernos nacionales en lo que se refiere a la promoción del turismo interno. Así lo denota Fanning en un memo, y en especial el Director de Turismo en Nicaragua, Alejandro Gallard Prío.[201] El primer director de la recién nombrada DINATUR afirmaba "Si no hay turismo nacional, no puede haber turismo internacional", por eso tenía la intención de concentrarse primero en el turismo interno y en atraer turistas de la diáspora nicaragüense. Gallard Prío, previo a su paso por DINATUR, vivió varios años en los Estados Unidos y había cultivado relaciones comerciales con un gran número de integrantes de la comunidad latinoamericana radicada en ese país.[202] Por esta razón, el director de DINATUR, en 1967, pensaba que los turistas más fieles y propensos a volver eran los nicaragüenses que visitaban a sus familiares. Y estos, mediante sus conexiones, recomendarían el viaje a Nicaragua a los estadounidenses o europeos, una vez que apreciaran que la infraestructura era apta para sus colegas, amigos y parientes.[203]

En 1967, cuando Gallard Prío sugería estas ideas, no tenía información a mano del número considerable de nicaragüenses viajando a su país, o mostrar que sus relaciones de negocios, amistad y parentesco terminarían siendo el motor del 70 % del turismo captado por Nicargua.

---

200 Oficina Ejecutiva de Encuestas y Censos, *Primera encuesta de Turismo: Septiembre-Diciembre 1974*, 5. Esta información fue la petición especial de Alfredo Bequillard, director en 1972 de DINATUR, para agregar al cuestionario standard del sistema interamericano de estadísticas turistas de la OEA: Fabio Cardenas, *Asesoramiento al Gobierno de Nicaragua en Materia de Estadísticas e Investigaciones Turísticas*, 7.

201 Reporte de Branwell Fanning a el Dr. Edmundo Mendieta, "Quaterly Progress Report", 15 marzo 1967, p. 1. En el reporte Fanning ilustra el contraste entre los planes nacionales de las oficinas de turismo y el "entusiasmo de la AID" por interconectar el turismo regionalmente.

202 Alejandro Gallard Prío, "Cartas de Nicaragua", *El periódico del turismo*, 12 junio 2020, https://www.nuestroturismo.com/columnistas/204-alejandro-jose-gallard-prio.

203 Alejrando Gallard Prío. Entrevista con el autor, 26 marzo 2021.

Para Fanning y ROCAP, ese tipo de turismo no valía la pena. En sus aportes al "concepto" de turista, y en sus cursos de "adoctrinamiento", Fanning enfatizó una y otra vez que el turista no era el familiar que viajaba de visita, si no que era un hombre blanco en sus cincuentas, con un salario de mínimo US$ 25,000 al año.[204] Este turista, según Fanning, sería atraído a través de campañas abarcadoras de grandes proporciones de los Estados Unidos y sostenidas por varios años. No se puede confirmar que la historia hubiese sido distinta, pero las primeras estadísticas de Nicaragua confirman que la corazonada de apostar por relaciones familiares y de amistad para atraer turismo no estaba tan desviada de la realidad.

Admirador del ministro español de turismo en los años sesenta, Manuel Fraga, el modelo de inspiración para Gallard Prío era España, antes que el modelo de los Estados Unidos.[205] Quizá tenía razón en inspirarse del modelo español, ambos tuvieron que sortear la modernización del turismo y la estabilidad de un régimen autoritario. Más que sus diferencias con SITCA, la falta de apoyo de Somoza o del BCN por financiar infraestructura turística, porque según Prío, "no era fácil ganar de la corrupción", fueron las razones principales que lo llevaron a renunciar a la dirección de DINATUR.[206]

Por tanto, las contestaciones de las autoridades nicaragüenses a las propuestas y estudios de factibilidad muestran la agencia de personas como Gallard Prío y el resto de funcionarios de DINATUR, con respecto a los proyectos de desarrollo y financiamiento para el sector turístico. Las respuestas y observaciones de las autoridades nicaragüenses muestran también el grado de asimilación de los conocimientos sobre el turismo, sobre todo en cuanto a sus proyecciones financieras y el valor para la economía nacional, además de conceptos sobre el manejo del espacio, recursos naturales y recursos paisajísticos.

A finales de los años sesenta tanto las autoridades nicaragüenses como las élites intelectuales y empresariales manejaban un lenguaje común sobre el turismo, sus usos, problemas y posibilidades para la economía nicaragüense. Más importante aún, los propios técnicos del país sabían cómo leer, inventariar y darle valor al paisaje, los recursos naturales, las poblaciones y las particularidades culturales que se encontraban en los espacios designados como atracciones turísticas.

Sumado a lo anterior, Nicaragua había agregado nuevos elementos a su lista de atracciones turísticas. La tierra de lagos y volcanes también era catalogada como un paraíso de caza y

---

204 Memorandum de Branwell Fanning al Consejo de Turismo Centroamericano, "Sugerencias para futuras actividades de la SITCA", 14 junio 1967. Archivo SICA.

205 Manuel Fraga fue Ministro de Información y Turismo en la España de Franco entre 1962 y 1969. Sobre Fraga y su influencia en el turismo de España véase: Sasha D. Pack, *Tourism and dictatorship: Europe's peaceful invasion of Franco's Spain* (New York: Palgrave Macmillan, 2006), 105–36.

206 Alejrando Gallard Prío. Entrevista con el autor, 26 marzo 2021.

pesca, con todos los riesgos y problemas que estas actividades de recreación traían para la sostenibilidad ambiental del país. Conjuntamente, el mismo riesgo que corría el medio ambiente animó a biólogos e ingenieros, como Incer y *et. al* a apostar por el turismo como una vía de salvaguardar el patrimonio nacional y la naturaleza que cedía ante el avance de los monocultivos, la industria dependiente del MCCA y el extractivismo. Los modos de vida de las comunidades indígenas o sus formas de aprovechamiento de los recursos pasaron a un segundo plano, aunque, como se verá en el próximo capítulo, también comprendieron los mismos inventarios de riquezas y atracción turísticas.

Al final de este período, Nicaragua estaba totalmente integrada a los mercados globales y regionales del turismo. Si bien la dictadura nunca cedió en las condiciones más necesarias para integrarse a un circuito regional de turismo en Centroamérica, al estar cerca de los grandes polos de atracción, Guatemala y Costa Rica, la afluencia de turistas y la inversión en la infraestructura turística tomaron un gran impulso. Sin embargo, como denota la tendencia de la época, este fue un crecimiento económico dependiente de fondos del BCIE o ROCAP y se inclinó por agravar la desigualdad social.

De todas formas, el turismo había ensamblado finalmente una narrativa y una representación del mundo de imágenes de Centroamérica capaz de ofrecer una solución tanto viable, como medible, que parecía el orden natural del progreso en la región. Esto fue la comprensión absoluta de que la información técnica sobre el "producto" – paisajes, recursos naturales, culturas y poblaciones – podría "vender a Centroamérica" de mejor manera para propiciar una mejor cultura empresarial e industrial para lidiar con la desigualdad y la degradación del medio ambiente. Así, en los años sesenta y setenta, la política exterior de ALPRO y los lineamientos de las organizaciones globales del turismo fueron internalizadas por la política económica del MCCA y de los gobiernos de Luis y Anastasio Somoza Debayle. Mediado por capacitaciones, informes de firmas consultoras y empresas de mercadeo, las élites nicaragüenses aprendieron y negociaron la forma de inventariar, medir y comodificar su propio país y su cultura. Con ello, aprendieron a ver – en el paisaje, los recursos naturales, la cultura y las poblaciones – las formas imaginativas de mercadear su patrimonio – y la forma de configurarlo y transformarlo – para la atracción de turistas y posibles inversores industriales. El turismo es más que una política económica a partir de este momento, es la única política económica necesaria para el progreso y para salvaguardar a la naturaleza del propio avance que este progreso estaba teniendo sobre el territorio nacional, las ciudades coloniales y la misma cultura e historia nacional. La historia en clave turista ya no era solo una forma de narrar Nicaragua para turistas, inversores o posibles compañías extranjeras, era la forma única de mostrar las "gemas escondidas" del país a un turista que se podía "raspar para encontrar un inversionista".

Con todo, las "pedagogías imperiales para una conciencia turística" cambiaron radicalmente la forma en que científicos, intelectuales y empresarios se relacionaban con su propio país.

Ahora, esta nueva conciencia había sedimentado la noción principal que se necesitaban empresarios y gobernantes más sensibles a los requerimientos de los turistas y, acorde a eso, miraban el país a como lo vería un hombre blanco, de clase media, mayor de 50 años. En el próximo capítulo, se documenta los límites de esta historia en clave turista y la forma en que se puede indagar si fue internalizada por otros sectores de la sociedad nicaragüense.

7 Consolidación a destiempo: establecimiento de una conciencia turística

En 1966, Selden Rodman viajó en automóvil por la Carretera Panamericana a través del istmo centroamericano. Al entrar en Managua, proveniente de Honduras, su descripción se tiñe con un mantra de augurio sobre lo que pasaría en los años setenta en Nicaragua, leída el día de hoy. Rodman escribe:

> Encontramos nuestro primer gran letrero de carretera en las afueras de la capital. Estaba en inglés.
>
> STRICTLY STATE-SIDE
> GOOD AMERICAN FOOD. *El Colonial*
> AIR CONDITIONED
>
> Luego vinieron las plantas industriales exhalando sus fétidos vapores. "Entramos por la Ruta de la Fábrica Ole", le dije a Bill. Pero la contaminación apenas había comenzado. Venía de puertas. Corría por las calles. Se arrastró fuera de los desagües. Se tiró un pedo de los autobuses abarrotados. Fluía desde el lago gris pizarra. Colgaba de postes y árboles muertos. Se agachó en el cielo. Anillaba el sol. El sol apestaba a azufre. Los campesinos descalzos, con telas blancas que les cubren la boca, la nariz y los oídos, se deslizan por la calle como zombis. Los árboles cubiertos de polvo estaban tan inmóviles como momias. Y allí, de repente, al doblar una esquina, había una pared, de color blanco hueso, con los garabatos acusadores en negro arrojados al desnudo:
>
> ¡VIVA SANDINO! ¡VIVA PANAMA![1]

En diciembre del mismo año, 35 guerrilleros sandinistas llevaron a cabo su mayor operación militar desde 1961. En distintos lugares de la montaña de Pancasán (región norte-central), el FSLN intentó tomar control de la región mediante distintos operativos de emboscadas y repliegues contra la GN somocista. La lucha duró hasta 1967 y las fuerzas sandinistas sumaron 20 bajas de las 35 personas que iniciaron el operativo. Uno de los fundadores del FSLN, Silvio Mayorga, cayó en combate. La lucha continuaba.[2] Dos Nicaraguas coexistían al iniciar los años

1 Rodman, *The Road to Panamá*, 178.

2 Shirley Christian, *Nicaragua: Revolution in the family* (New York: Random House, 1985), 28.

setenta y su encuentro determinó el fin de la dictadura y el inicio de la revolución sandinista. Se aprecia en el relato cuando los letreros en inglés y los servicios exclusivos para turistas se interrumpen con la letra vandálica del movimiento revolucionario. En evidencia del contraste que fácilmente mira Rodman al entrar a Managua, entre los letreros del turismo y la presencia del sandinismo, el corolario de este último capítulo es intentar dilucidar precisamente los mecanismos mediante los cuales, en los años de mayor impulso al turismo, se vivió la época de mayor violencia, represión y guerra civil en el país.

¿Cuáles fueron las medidas tomadas por el último gobierno de los Somoza para promocionar el turismo hacia Nicaragua? De nuevo, ¿qué cambia y que se mantiene en estos últimos años de la dictadura en cuanto al turismo? ¿Cómo se explica que los años de mayor impulso del turismo fueron a su vez los años de guerra civil y mayor represión ejecutada por la GN? El corolario principal para contestar estas preguntas parte del postulado de que se puede identificar la consolidación de una mirada o, en palabras de ALPRO y SITCA, una conciencia turística en Nicaragua. Mediante la guía de estas preguntas, en este capítulo se repasan las medidas tomadas por AID y ROCAP para reactivar el MCCA alrededor del turismo, y la manera en que Nicaragua intentó integrarse a este último gran impulso integracionista.

Dentro de tales circunstancias, se muestra que Somoza logró incrementar el turismo de manera exponencial e, incluso, consolidar un sistema de estadísticas que influenció la sedimentación de una "conciencia" o "mirada turista" en Nicaragua, pero no logró resolver otros problemas de larga duración: falta de infraestructura, liberación de trámites migratorios, interés gubernamental y empresarial, o elaborar un plan sostenido de mercadeo y publicidad. Más bien, se argumenta que los esfuerzos del somocismo llegaban demasiado tarde. Haciendo uso de la frase de Edelberto Torres Rivas, se propone clasificar a este esfuerzo tardío como una "consolidación a destiempo" del turismo en Nicaragua.[3]

Finalmente, el corolario del capítulo describe y reflexiona sobre el hecho de que en Nicaragua se consolidó una clase turista en la segunda mitad del siglo veinte, sobre todo por parte de la élite. Debido a esto, aquí se postula que el turismo al interior del país reflejó las jerarquías económicas, políticas y raciales, en línea con la definición de la nación como una entidad mestiza homogénea. Los estudios indigenistas y folkloristas, especialmente, agregaron los últimos elementos al inventario de lo "auténtico nacional" comodificado para la vista del turista y fueron ingresados al corpus cultural de la riqueza nacional. Las narrativas y representaciones de la Nicaragua para el turismo funcionaron particularmente para sostener una promoción y visión

---

[3] Edelberto Torres hace una valoración pesimista de los movimientos revolucionarios en Centroamérica y se auto critica al afirmar que fueron "revolucionarios a destiempo". Edelberto Torres-Rivas, *Revoluciones sin cambios revolucionarios: ensayos sobre la crisis en Centroamérica* (Guatemala: F&G Editores, 2011), 251.

positiva de la dictadura a escala regional y global. Sin embargo, una nueva clase turista, formados por los Cuerpos de Paz, iniciados por Kennedy como parte de ALPRO, encontró una Nicaragua "auténtica" que distaba de aquella paradisíaca y en paz que el régimen se empecinó en ofertar mediante distintos medios de comunicación. Por último, se reflexiona sobre cómo la Nicaragua ideada para el turismo y la atracción de inversiones forma parte del discurso identitario de la nación basado en el mito del mestizaje, el cual pervive en distintas formas de imaginar y vivir el país.

7.1 Consolidación y decadencia

Según Rodman, el lago contaminado, las promesas de saneamiento para el turismo y la inversión en hoteles, eran las promesas que los turistas escuchaban de Hernán Aróstegui – Secretario General de SITCA – en "somozalandia".[4] El autor entró en Managua y encontró a la ciudad casi en su cúspide, pero rodeada de pobreza. Los letreros en inglés le indican la ruta a seguir hacia hotel. El grafiti en la pared alerta, ya en 1966, que el espectro del sandinismo tomaba fuerza. Nótese en este pasaje que, al entrar en Managua por el norte, siguiendo la Carretera Panamericana, Rodman ya ni se detiene para mencionar o hablar sobre el gran proyecto de turismo de los años cuarenta y cincuenta, los baños termales en Tipitapa.

Los proyectos de la JNT estaban en estado de decadencia y depreciación al terminar la dinastía de los Somoza. Tipitapa, el gran proyecto de los años cuarenta, una vez pensado para ser el polo de atracción del turismo internacional, presentaba "barras de hierro torcidas, una pared colapsada por el choque de un camión descarrilado de la Panamericana, pintura rasgaba de las paredes" y, en los días de semana, el balneario estaba "prácticamente vació".[5] Según Richard Elman, al igual que Managua, el olor del lago invadía la escena y el azufre de las aguas termales se combinaba con los aromas de aguas negras que de vez en cuando soplaban desde el lago Xolotlán (Lago de Managua).

En oposición a estas descripciones, un turista con los medios apropiados podía esquivar e ignorar la pobreza, pestilencia y malestar social general acumulándose a los alrededores de Managua. En 1970 un turista podía tomar un "taxi turista" directo del aeropuerto Las

4 Rodman, *The Road to Panamá*, 181. La contaminación del lago de Managua, incitó a suspender todo el desarrollo turístico en el extremo norte de la capital, lugar donde se ubica el malecón de Managua y donde llegaban los depósitos de aguas residuales de la capital: URS Corporation, Maxwell Stamp Associates Limited, y Consultora Latinoamericana Limitada, *Lake Nicaragua Hotel: Feasibility Study*, 1968, I:18.

5 Richard Elman, *Cocktails at Somoza's: a reporter's sketchbook of events in revolutionary Nicaragua* (Cambridge: Apple-wood books, 1981), 106–7.

Mercedes al Gran Hotel o al Hotel Intercontinental.[6] Según cuenta Hilda Cole Espy, la turista era invadida en la puerta del hotel por vendedores de hamacas, artesanías y tarjetas postales. Dentro del hotel, era recibida por personal que hablaba o manejaba algunas palabras en inglés. Los fines de semana, contaba con el entretenimiento arreglado por la "comunidad americana" en Managua, y se deleitaban bailando jazz, salsa y merengue, mientras cantantes de jazz entonaban sus canciones en inglés.[7] En el mapa de la ciudad de Managua se le indicaba a la turista la ubicación de "shopping centers", "super markets" o las estaciones con "self-service", rótulos en inglés que Pablo Antonio Cuadra tildó de "idiotismo" o "pase hipnótico", el "impulso del nicaragüense por viajar o escaparse".[8]

Managua había establecido una infraestructura de viaje elaborada para albergar al turista, o al hombre de negocios, y propiciar los encuentros de estos con las élites nicaragüenses. Como se detalló anteriormente, en los años sesenta del siglo veinte, el MCCA había propiciado el desarrollo económico de los países centroamericanos. Un crecimiento desigual, cuyos mayores beneficiaros en términos económicos al momento de quiebre eran Guatemala y El Salvador, seguidos de Costa Rica.

Los problemas con el régimen de industrialización y las deudas, contraídas por Honduras y Nicaragua en el mercado desigual, explotaron al final de la década. La "guerra de las cien horas" o "guerra del fútbol" entre El Salvador y Honduras –14 al 18 de julio,1969 – fue el resultado de los beneficios desiguales del MCCA y la oposición al régimen de industrias integradas que nunca entró a operar.[9] En el mismo año, el FSLN publicó su *Programa Histórico* y el líder del movimiento guerrillero en particular, Carlos Fonseca, publica *Nicaragua hora cero*. Los textos que reflexionaban sobre la desigualdad, la discriminación, represión y pobreza en Nicaragua, encauzaron sus reflexiones hacia la causalidad principal de estos problemas: los Estados Unidos y el imperialismo como sustentos del régimen dictatorial somocista.[10]

Seguido a la "guerra del fútbol", Honduras se retiró de la integración. Por un tiempo el funcionamiento del MCCA tambaleó y se estiró mediante tratados bilaterales, los cuales nunca

---

6 Se implementó el sistema de "taxi turista", sobre todo para transportar turistas del aeropuerto al hotel y programar paseos en Managua, cuyo valor y pasaje estaba regulado por DINATUR: Ministerio de Economía, Industria y Comercio, *Memoria del Ministerio de Economía, Industria y Comercio 1967–1968,* capítulo XI.

7 Espy y Creamer, *Another world*, 229–31.

8 Pablo Antonio Cuadra, "¿Tantos millones hablamos inglés?", Escrito a máquina, *La Prensa*, 22 septiembre 1973.

9 Cardenal, *Manual de historia de Centroamérica*, 355.

10 Carlos Fonseca Amador, "Nicaragua Hora Cero", en *Antología del Pensamiento Nicaragüense*, 37–56. Sobre el pensamiento de Carlos Fonseca y un análisis del Programa Histórico del FSLN véase: Matilde Zimmermann, *Sandinista: Carlos Fonseca and the Nicaraguan revolution* (Durham: Duke University Press, 2000).

lograron volver a reestablecer las dinámicas exportaciones de los años sesenta. Los efectos de estas circunstancias económicas, como atestiguan Rodman o Espy, eran visibles en Managua, aunque se podían evitar cómodamente.

A diferencia de las importaciones a la industria, el turismo había incrementado las divisas en casi doce millones de dólares en 1968, incrementos seguidos por los demás países del istmo.[11] Anastasio Somoza Debayle se encontraba en una situación desesperada por obtener fondos para obtener liquidez en los mercados. Por encima de esto, su régimen estaba siendo cuestionado seriamente ante el auge de las noticias sobre violencia y represión por parte de la GN y el incremento de la influencia del FSLN, tanto en el plano nacional como internacional. Primero, el terremoto de 1972 y la subsecuente apropiación de fondos y del plan de reconstrucción por parte de Somoza rompió las alianzas empresariales y políticas que habían sustentado la gobernabilidad del régimen. "Capitalistas jóvenes" y "tradicionales", afirma Ferrero Blanco, ejercieron una oposición más dinámica, ya fuese desde los partidos políticos o, en el caso de los jóvenes, en el FSLN.[12] Segundo, las noticias y discursos en Estados Unidos sobre el régimen no eran favorables a la imagen de Somoza para atraer inversiones. "El secretario de la Unión Mundial de Demócratas Cristianos", León Schlotter, denunció tanto la represión, la apropiación de fondos para la reconstrucción de Managua, como el aparente esparcimiento del capital de Somoza por el istmo y alertó a los congresistas sobre la "somocización" de Centroamérica.[13]

En este contexto influenciado por los cambios en las finanzas internacionales y la situación del MCCA, sumado a una necesidad de "sanear" su imagen, Somoza Debayle apostó fuertemente a la inversión en servicios, sobre todo el turismo. Para ello Somoza liberalizó todavía más las inversiones en turismo en aras de atraer más de un millón de dólares en inversiones.[14] Funcionarios del gobierno estadounidense corroboraban este cambio en el interés del gobierno nicaragüense. "Los problemas de la balanza de pagos, así como la necesidad de un mayor crecimiento económico y del empleo", afirma un telegrama al Departamento de Estado, "han llevado al gobierno a examinar más de cerca la posibilidad de desarrollar una industria turística", e identifica en el mismo telegrama que el "Gobierno de Nicaragua ha comenzado a tomar medidas para promover la actual falta de instalaciones turísticas dentro del país".[15]

---

11 "Turismo aumenta divisas", *La Prensa*, septiembre 1969, p. 1.

12 Ferrero Blanco, *La Nicaragua de los Somoza, 1936–1979*, 166.

13 Ibid., 167–68.

14 "Nicaragua moves to Attract Tourist Dollars," *Wall Street Journal*, 1 diciembre 1975, p. 6, citado en: Morley, *Washington, Somoza, and the Sandinistas*, 48.

15 Telegrama de la embajada estadounidense en Managua al Departamento de Estado, "Study of the Tourist Industry in Nicaragua", 17 noviembre 1975, p. 1. NA, RG 59, entry P 454: Central Foreign Policy File, 1975: 16 mm microfilm "P" Reels, first and second generation copies. Reels 1–198, 1975–1975, P750179-1295 THRU 975021791924, Container 179C, ARC 654098.

Paralelamente a la denominada "industrialización dependiente" del MCCA, el crecimiento demográfico y los nuevos cultivos o productos de exportación fomentaron una migración interna hacia las ciudades, provocando un cambio estructural en el eje agrario y rural de las sociedades centroamericanas.[16] El denominado "fin de la dominancia de la vida rural" en el istmo se llevó a cabo paralelamente a los procesos de indigenismo, investigaciones sobre folklor y búsquedas de identidades nacionales mestizas. Los "sectores intelectuales" – folkloristas e indigenistas – con las primeras elaboraciones sobre su propio ser e identidad, "construyeron una concepción de cultura mestiza, pero casi nunca como integrantes de una unidad compleja y múltiple, Centroamérica, sino más bien a partir de las propias formaciones nacionales".[17]

Si Centroamérica era una confrontación entre tradición y modernidad, y ofrecía la combinación de espacios vírgenes para la aventura y las comodidades del turista estadounidense, no hay que pasar por alto el aspecto racial en esta objetificación de los países. Modernidad y tradición son ofrecidas como elementos del turismo en términos raciales y étnicos. Mientras Guatemala "todavía tenía Indios puros que hablan su lengua", Costa Rica estaba habitada por una "casi pura cepa europea".[18] Nicaragua, en medio de estas dos representaciones, era "mestiza".[19]

Ante la escalada de violencia, asegurar un mundo para el turista imaginado como un estadounidense blanco requirió la puesta en escena de un mundo tajantemente separado de las otras realidades que, como el aroma del lago y los grafitis, se percolaba por varias hendijas y recovecos de la ciudad y en los lugares identificados como atracciones turísticas. En este sentido, la puesta en escena de la Nicaragua para el turismo se concentró en combinar naturaleza y poblaciones en clave de mestizaje para el turismo. En concordancia con lo estipulado aquí sobre el turismo, visión y raza, la proyección del país por parte del somocismo patentó una imagen del país para atraer inversiones que cristalizan las jerarquías raciales, étnicas y de clase, siempre utilizando el tropo común del paraíso para poner en escena esa Nicaragua idílica para ser visitada. Sin embargo, esta puesta en escena tenía sus límites y no podía ocultar o instrumentalizar dichas visiones del país a la noción de progreso delineada por la atracción de inversiones,

---

16 Cardenal, *Manual de historia de Centroamérica*, 351; Torres-Rivas, *Interpretación del desarrollo social centroamericano*, 178; Kinloch Tijerino, *Historia de Nicaragua*, 285–89.

17 Victor Hugo Acuña y Marvin Herrera Araya, eds., *Historia del istmo centroamericano*, vol. 2 (San José: CECC, 2000), 451.

18 Robert S. Benjamin, "In-Between Area: Central America Expects Completion of New Highway to Spur Tourism", *New York Times*, 3 enero 1962, p. 395. Epstein afirma que Guatemala era el país más interesante debido a su población indígena, mientras que el resto de Centro América era "marginal" a este interés: Jack Epstein, *Along the Gringo Trail: A Budget Travel Guide to Latin America* (Berkeley: And/Or Press, 1977), 25.

19 John C. Caldwell, *Let's Visit Central America* (New York: The John Day Company, 1964), 42–43.

turistas e inmigración, como se ha documentado en los capítulos anteriores. A estos límites de la historia y las representaciones en clave turista se le dedica la siguiente sección.

7.2 Reactivación fallida del MCCA: Los límites de la clave turista

Inmediatamente después de la "guerra del fútbol", ROCAP, AID y SITCA plantearon un *Plan Turístico de Integración y Desarrollo de Centroamérica y Panamá, a cinco años plazo.*[20] En 1973, ROCAP consideró que el turismo podría ser una de las piedras angulares en la nueva construcción del MCCA. Por ello AID aprobó un préstamo de 30 millones de dólares al BCIE para inversiones dedicadas al turismo, con el objetivo de incentivar la reactivación y mejoramiento del MCCA. Los fondos para inversión fueron seguidos por dos préstamos de 15 millones de dólares en 1973 y 1974, respectivamente, con el fin de promover la inversión privada y la inversión pública en infraestructura turística en los países centroamericanos.[21]

El 10 de diciembre de 1971, las autoridades de SITCA se reunieron con la OEA y la UIOOT para formar parte del programa "año del turismo en las Américas", en aras de volver a activar el turismo regional y, con este, la unión centroamericana. Para ello se comprometieron a elaborar una nueva campaña de promoción y se prepararon para formar parte de los seminarios y conferencias alrededor del mundo que incentivarían el turismo hacia el continente.[22] La OEA envió una misión a cada país miembro, entre ellos Nicaragua. De ahí salió el plan de la OEA y el subsecuente programa para establecer las estadísticas de turismo, como se detalló en el capítulo anterior.[23]

La "Estrategia Internacional de Desarrollo para el Segundo Decenio", elaborada por la AID, comprendió el turismo como parte integral de este proceso para reanimar el MCCA y enfrentar la crisis mundial del petróleo. Más tarde, en la décima Reunión del Comité de Cooperación

---

20 Secretaría de Integración Turística Centroamericana, *Plan Turístico de Integración y Desarrollo de Centroamérica y Panamá, a cinco años plazo.* Archivo SICA.

21 Los fondos aprobados en 1972 fueron desembolsados en 1973 y 1974: Circular #9 de SITCA a Señores directores gerentes de los organismos oficiales de turismo de Centroamérica y Panamá, 13 junio de 1972. Archivo SICA; AID-Department of State, *Development Assistance Program FY 1974 Central America*, July 1972, p.134–35. NA, RG 286, entry UD-WW 868, NND 65379, Caja 3.

22 *Primer Congreso Extraordinario Interamericano de Turismo.* 1ero agosto 1972, Brasil, "1972 – Año del turismo de las Américas: Estado del programa a Junio 30, 1972", pp. 2 y 6. Columbus Memorial Library. El presupuesto para el estudio de mercado de base para la campaña fue de 180 mil dólares.

23 *Inter-American Travel Congresses Permanent Secretariat, III Inter-American Travel Congress in Panama*, 13 noviembre 1974, "Inventory of Technical Assistance Service Offered in the Tourist Travel Field by the General Secretariat and other International Organizations and Public and Private Agencies", pp. 19 y 27. Columbus Memorial Library.

Económica del Istmo Centroamericano (CCE) se recomendó a los gobiernos centroamericanos a que incorporaran "la actividad turística y las de integración" y, además, que revisaran "la organización institucional que existe a nivel regional en materia turística, con el objeto de reestructurarla e instrumentarla debidamente para hacerla más operativa".[24]

Motivado por los esfuerzos y planes de AID y ROCAP, además del interés de las dictaduras por mantenerse a flote y con una buena representación internacional, entre 1972 y 1979 SITCA vuelve a experimentar un auge de actividades facilitadas por otra gran ola de turismo hacia la región. Sin embargo, los mismos problemas y dificultades de los años sesenta se mantienen. Por ejemplo, en 1973 se seguía contratando a expertos para evaluar y notificar sobre las trabas al tránsito y paso de personas o turistas por la región, lo que fue el "prontuario de facilitación turística".[25] En julio de 1972 se volvió a contratar los servicios de una firma especializada en turismo para llevar a cabo un programa de propaganda turística sobre Centroamérica en los Estados Unidos, *Sea Pines Associates*.[26] Se creó un nuevo "paquete turístico centroamericano-panameño" que se concentró en atraer turismo de Estados Unidos y México y, posteriormente, se hizo un nuevo estudio sobre "turismo especializado", ambos a cargo de empresas consultoras de turismo radicadas en los Estados Unidos.[27]

En este contexto de planes regionales, los países centroamericanos pedían con mayor ímpetu préstamos para financiar inversiones de infraestructura turística en lugares externos a las capitales.[28] En 1975, ROCAP apoyó la iniciativa y propuso junto a AID el "programa de expansión turística regional". El nuevo programa fue elaborado por *Standford Research Institute* (SRI) en conjunto con SITCA y se concentró en crear un "turismo de circuito centroamericano".[29] Al inventario usual sobre Centroamérica, *SRI* agregó concentrarse favorablemente en el desarrollo de artesanías y atracciones turísticas con "intereses especiales" a la lista de atracciones y actividades. En apoyo a este programa regional para incentivar una vez más el MCCA y afianzar el

---

24 ONU: CES-CEPAL, Comité de Cooperación Económica del Istmo Centroamericano (CCEIC), *Algunas consideraciones acerca del cumplimiento de la resolución 160 (X/CCE) "Desarrollo Turístico"*, Nueva York, octubre 1975, p. 1.

25 Anexo 3 del Reporte No. 21 de SITCA, 29 de junio 1973. Archivo SICA.

26 "'Compañía Central America Destinations, seleccionada por el CCT para la realización de un programa turístico promocional para Centroamérica y Panamá'", Reporte No. 18 de SITCA, julio 1972. Archivo SICA.

27 "Paquete turístico centroamericano-panameño", acta de la VIII Reunión del CCT, p. 8. Este paquete fue elaborado por la empresa Gleason and Associates Inc. El estudio sobre "turismo especializado" lo realizó *Daniel, Mann, Johnson and Mendenhall Assoc.*

28 Telegrama "ROCAP Program FY 1973 Review". NA, RG 286, ENTRY UD-WW 868, NND 65379, caja 3.

29 Olivas Zuniga, *Nicaragua, legislación y estudios turísticos*, 91.

turismo en la región, el PNUD destinó US$ 396,000 para realizar un estudio y asesoría general sobre el turismo en los 6 países del istmo.[30]

Continuando el estudio y plan de *Compton* descrito en el capítulo anterior, SITCA y ROCAP elaboraron un nuevo plan a 5 años (1975–1980) para el desarrollo del turismo en Centroamérica, en base a los análisis de la OEA, *Sea Pines* y *SRI*. El detalle excepcional en este nuevo esfuerzo por incentivar los viajes al istmo, yace en que el turismo ya no solo se utilizaba para atraer inversión en agroexportación o industrialización, se agrega que la atracción iba dirigida propiamente a las inversiones en la empresa, infraestructura e industria turística.[31] Los millones habilitados por BCIE y los incentivos de la banca privada estadounidense promovían este aspecto, especialmente si se trataba de hoteles (fuera de las capitales), parques naturales, conservación de patrimonio cultural o histórico, entre otros.[32]

El interés particular de *Sea Pines* y *SRI* por recomendar estos planes a ROCAP y SITCA partió de sus trabajos de campo, los cuales identificaron que la mayoría de turistas estadounidenses estaban interesados en los atractivos "mayas" y las "playas del caribe". Los remanentes de las "culturas pre-colombinas" atraían turistas por ser, más que arqueológicos, "estéticos".[33] Lastimosamente para Somoza Debayle, Nicaragua no contaba con pirámides mayas y el Caribe le era todavía casi desconocido.[34] Sin embargo, las consultoras estadounidenses proponían crear polos de atracción en Guatemala (Tikal) y Costa Rica (Bahía de Culebra y Volcán Poás), con Honduras (Copán y Roatán) sirviendo como un posible tercer polo de atracción; polos a los que Nicaragua podría adherirse.

Anastasio Somoza Debayle no simpatizó con esta idea. En vez de sumarse al programa de "turismo de circuito con dos polos principales de atracción", decidió seguir la propuesta de la firma Tecniberia, contratada en 1974, la que sugirió convertir a San Juan del Sur en el polo de

---

30 ONU: CES-CEPAL, Comité de Cooperación Económica del Istmo Centroamericano (CCEIC), *Algunas consideraciones acerca del cumplimiento de la resolución 160 (X/CCE) "Desarrollo Turístico"*, Nueva York, octubre 1975, p. 3 y 11.

31 "Contract for professional services between The Secretariat for Central American Tourism Integration (SITCA) and Sea Pines Associates, A Corporation of the State of South Carolina", 14 julio 1975, pp. 8–10; "Contract between SITCA and Stanford Research Institute", ambos en: NA, RG 286, Entry P 800: Subject Files; 1975–1984, FY 76: IND 3 THRU FY 83: ADM (AID General Notices) Folder 1, Container 1, ARC 6277074.

32 "Plan de atracción de inversionistas para desarrollos turísticos fuera de las ciudades capitales". El estudio lo realizó *Sea Pines Associates* y costo cien mil dólares, pagados por la AID; Olivas Zuniga, *Nicaragua, legislación y estudios turísticos*, 81.

33 Rodman, *The Road to Panamá*, 9. Algunos turistas cuentan historias sobre su fortuna al encontrar artefactos y reliquias, y dedican gran parte de las guías para describir la cultura Maya: Espy y Creamer, *Another world*, 56–67.

34 Sobre el interés de AID en desarrollar Tikal y Copán véase: "ROCAP Program FY 1973 Review". NA, RG 286, ENTRY UD-WW 868, NND 65379, caja 3.

atracción de turismo para Nicaragua. La consultoría abierta por el gobierno de Somoza invitaba a las firmas a realizar un estudio de factibilidad sobre la creación de una zona de turismo desde Masachapa (costa Pacífica de Managua), San Juan del Sur y frontera con Costa Rica, dentro del marco de un sistema de 5 polos en el istmo y crear un circuito a lo largo de la costa del Pacífico que contuviese playas (de calidad comparable a las del Caribe) y ciudades coloniales (como sustituto de construcciones Mayas).[35]

El BCIE facilitó US$ 500,000 dólares para licitar el estudio de factibilidad.[36] Así nació el circuito promocionado por Somoza y DINATUR con fondos de ROCAP: San Juan del Sur/Masachapa/Granada/Corn Island.[37] No obstante, tanto BCIE como ROCAP dudaban que este proyecto se podría poner en marcha.[38] La misión de la OEA el mismo año, 1974, señaló su oposición a la propuesta de Tecniberia, porque le parecía contraproducente, al basarse más en razones políticas que económicas. Para 1979, año en que cae Somoya Debazle, no se había concretado el sistema de 2 polos para turistas de circuito.

7.2.1 Naturaleza prístina y capitalismo "vivo y floreciente"

Al iniciar los planes de reactivación del MCCA y el nuevo impulso para el turismo en Centroamérica, los Estados Unidos hicieron una evaluación de lo que había dejado más de diez años de planeación e inversión en turismo en la región. Mientras Guatemala, El Salvador y Costa Rica habían logrado cambios sustanciales, Nicaragua parecía estar en las mismas condiciones de la primera evaluación realizada en 1961. El informe *La industria turística en Nicaragua* resaltó lo siguiente:

> La industria turística en Nicaragua es todavía muy insignificante y subdesarrollada, con instalaciones tan básicas como hoteles, restaurantes, transporte público y servicios de información totalmente inadecuados. Fuera de Managua, las instalaciones turísticas generalmente no existen; especialmente a lo largo de las regiones costeras potencialmente

---

35 Olivas Zuniga, *Nicaragua, legislación y estudios turísticos*, 20. El informe final del estudio realizado por *Nathan and Assoc.* consta de 4 volúmenes.

36 Ibid., 15.

37 Ministerio de Economía, Industria y Comercio, *Memoria de labores 1969–1976*, vol. 1: Informe General (Managua, 1976), 115.

38 Los contratos de Sea Pines (US$ 1000,000) y SRI (US$ 73,000.00) con SITCA, fueron financiados por ROCAP. Carta de Robert N. Allen a Robert Culbertson, Director USAID Mission Managua, 13 agosto 1975. NA, RG 286, USAID Mission to Nicaragua/Engineering Division, Entry number P 800: Subject Files: 1975–1984, Container 1, ARC: 6277074, Folder: ROCAP Reports FY-76.

> atractivas, las instalaciones turísticas simplemente no existen. Sin embargo, algunos de los recursos básicos, como sitios naturales, paisajes, sitios históricos, artesanías, etc., sobre los que se basa una industria turística, están presentes. Pero se necesitarán enormes inversiones, tanto públicas como privadas, para desarrollar las instalaciones que puedan atraer turistas. Se necesita especialmente inversión pública para estimular el desarrollo de la industria; hasta la fecha, el gobierno no ha hecho prácticamente nada en el área turística. Si bien existe un interés creciente en desarrollar una industria turística, tanto por razones de balanza de pagos como de empleo, Nicaragua tendrá que empezar de cero para establecer todas las instalaciones turísticas básicas. No se sabe con certeza si las inversiones necesarias, ya sea de fuentes públicas o privadas, se realizarán. Cualquier crecimiento de la industria que tenga lugar proporcionará buenas oportunidades comerciales para los fabricantes, consultores y franquiciadores estadounidenses, dada la excelente reputación de las empresas estadounidenses en la industria de servicios turísticos.[39]

El informe anterior, elaborado por la embajada estadounidense en Managua, se realizó en respuesta a las declaraciones públicas del gobierno por apostar al turismo como forma de obtener divisas y dinamizar sus exportaciones, luego del quiebre del MCCA y la crisis del petróleo. El plan de Somoza Debayle estaba relacionado directamente con su lectura de la coyuntura en esos años, facilitada por los informes de las empresas consultoras y por sus buenas relaciones con los embajadores de Estados Unidos en Managua, sobre todo Turner Shelton y James Theberge. Ciertamente, Nicaragua atraía en su mayoría a hombres de negocio. En 1973, el Hotel Intercontinental – al igual que el Gran Hotel en la década anterior – contabilizó que el 80 % de sus huéspedes en ese año eran "viajeros de negocios" y un 10 % eran turistas, la mayoría de Estados Unidos.[40] Como se mostró arriba, Somoza también seguía el cambio de planes de la AID y ROCAP para la integración, inclinados favorablemente hacia el turismo.

Este último punto también se relacionó con las condiciones a nivel internacional. A pesar de los problemas que presentaba el régimen de industrialización y substitución de importaciones, el turismo en Centroamérica continuaba creciendo. "Con el turismo mundial expandiéndose a una tasa del 10 % anual" razonó la AID, "el turismo en Centroamérica podría expandirse al menos a esta tasa o más considerando la cercanía de Estados Unidos".[41] En dichas circunstancias, Somoza intentó otorgarles todo el apoyo posible a las inversiones turísticas. Explícitamente

[39] Telegrama de la embajada estadounidense en Managua al Departamento de Estado, "Study of the Tourist Industry in Nicaragua", 17 noviembre 1975, p. 1.

[40] Blondet y Martini, *Estudio sobre la oportunidad de desarrollo del sector turismo en Nicaragua*, punto V, en "estimación cuantitativa".

[41] AID-Department of State, "Development Assistance Program FY 1974 Central America, July 1972", p.136. NA, RG 286, entry UD-WW 868, NND 65379, Caja 3.

reformó la ley de exoneraciones y excepciones fiscales para el turismo para incluir un mayor número de insumos para el turismo y reafirmó, en la misma ley, la importancia de "Otorgar al inversionista en hoteles o centros de diversión, todas las facilidades que necesitare para el desarrollo de sus fines, especialmente en zonas de atracción turística que estén bajo la dependencia y control del Gobierno".[42] Si bien muchos de los planes y proyectos de la dictadura no lograron concretarse, sí se notan los mayores intereses de Nicaragua para integrar proyectos realizados por países centroamericanos como Costa Rica, que habían logrado establecer lo que el MCCA denominó como una "industria turística".[43]

Los diputados nicaragüenses utilizaron el caso de Costa Rica para justificar su apoyo a las leyes de exoneración y de atracción de "residentes pensionados" al país. Mientras Costa Rica había generado más de treinta millones en tres años, la "industria turística en Nicaragua es inexistente".[44] Una característica general de la región, Espy detalló a mediados de los años setenta, era que Centroamérica – Costa Rica en particular – se había convertido en un "utopía de los jubilados" e incluían en sus guías los datos pertinentes para vivir la jubilación en el istmo. Espy conoce a varios de estos jubilados en Nicaragua y menciona las formas en que el gobierno de Somoza había otorgado mayores exoneraciones de importación y garantías a los residentes.[45]

Cambios relativos a la disposición del gobierno y las empresas nacionales con respecto al turismo comenzaron a ser percibidos en distintos ministerios y oficinas de gobierno. En el plan de reconstrucción de Managua y reactivación económica, el grupo encargado del turismo observó que, a diferencia del "abandono" del "aspecto recreativo-turístico", el gobierno mostraba claro interés por "los recursos turísticos existentes con nuevos lugares de recreación".[46] Algunos inversionistas nicaragüenses entraron en este esquema de inversiones. El terremoto facilitó el inicio de varios proyectos de construcción y reconstrucción de infraestructura turística. A partir de 1972 se nota un gran número de inversiones, facilitadas por el Fondo de Inversión, iniciado luego del terremoto y concentrado principalmente en la agroindustria y la ganadería.[47]

---

42 "Refórmase Decreto Legislativo No. 520 de 5 de agosto 1960 relativo a Declarar de Interés Nacional Construcción de Hoteles y Centros de Diversión", *La Gaceta Diario Oficial*, 22 julio 1975, pp. 2192–93.

43 Solo se mencionan algunos casos ilustrativos, ya que las solicitudes de permisos y aprobaciones de inversiones fueron numerosas. Se encuentra una lista de inversiones para el turismo en: *La Gaceta Diario Oficial*, 7 junio 1976, p. 1619.

44 "Septuagésimo-octava sesión de la asamblea nacional constituyente", *La Gaceta Diario Oficial*, 20 agosto 1976, p. 2512.

45 Espy y Creamer, *Another world*, 286–99.

46 Viceministerio de Planificación Urbana, *Análisis de la región metropolitana y lineamientos para su desarrollo: Recreación y turismo*, 2–3.

47 Olivas Zuniga, *Nicaragua, legislación y estudios turísticos*, 33.

Consecuentemente, en los años setenta se nota el giro hacia el turismo cuando los grupos económicos nicaragüenses destinan mayores sumas de dinero para invertir en turismo. El Banco Nicaragüense (BANIC) financió a 4 empresas de hotelería y afines. La compañía DETUR S.A., de capital nicaragüense, financió el Hotel Cosigüina y un centro comercial, ubicado cerca de puerto Corinto principalmente para la demanda interna.[48] El INFONAC otorgó préstamos por 1.1 millones de dólares para cooperar en el financiamiento de un total de 1.7 millones habilitados por el gobierno para promover empresas del sector turismo.[49] Inversiones más grandes, como la construcción del hotel *Holiday Inn*, se llevaron a cabo por Desarrollos de Nicaragua SA (DENISA), empresa que era administrada por Guillermo Sevilla Somoza y Luis Ramón Sevilla Somoza.[50]

Las inversiones y proyectos incentivadores del turismo regional tuvieron un efecto casi inmediato. La cresta de la ola del turismo en Nicaragua se alcanzó entre 1976 y 1978, en el momento más álgido de la represión y lucha armada en el país, como muestra el gráfico 2. Como muestra el gráfico 1, la cresta del turismo en Nicaragua fue alzada por el turismo intrarregional, por encima del turismo proveniente de los Estados Unidos. A partir de 1976, la mayoría de turistas hacia Nicaragua fueron centroamericanos, resaltando el dominio de costarricenses y panameños que visitaron el país. El mismo gráfico 1 muestra el gran despegue del turismo en Panamá en el año 1974.[51] También, en 1977 se estimaba que en Nicaragua habían más de cinco mil personas empleadas directamente por empresas o actividades turísticas.[52]

---

48 El costo del proyecto total es de aproximadamente US$ 710,000: Blondet y Martini, *Estudio sobre la oportunidad de desarrollo del sector turismo en Nicaragua*.

49 Los recursos de INFONAC para financiamiento del desarrollo provenían en su mayoría de un préstamo del BCIE por US$ 500,000, constituyente de un fondo para asistir a la producción económica. El informe de la OEA expone la falta de involucramiento de DINATUR en las inversiones turísticas; afirma que las inversiones de INFONAC son mayoritariamente de "iniciativas privadas".

50 Telegrama de la embajada estadounidense en Managua al Departamento de Estado, "Study of the Tourist Industry in Nicaragua", 17 noviembre 1975, p. 9. También la Asociación Nicaragüense de Agencias de Viajes y Turismo (ANAVIT) estaba presidida por Leonel Somoza (p. 11). Los otros grupos de inversión privada que invertían en el turismo eran: Corporación Plaza España (Sheraton Hotel), Corporación Turística Nicaragüense (hotel en León), Fomento de Inversiones Rentables S. A. (FIRSA) (Hotel en Chinandega). Todos los grupos inversores se explicitan en el anexo del informe (p. 9).

51 Oficina Ejecutiva de Encuestas y Censos, *Anuario de Turismo 1976*, Convenio Banco Central de Nicaragua-Ministerio de Economía, Industria y Comercio (Managua: Banco Central de Nicaragua, 1977), cuadro 6; United Nations World Tourism Organization, *Tourist Departures and Main Destinations 1975–1977 (Contains Papers in English, French and Spanish)* (World Tourism Organization, 1978), 17, https://www.e-unwto.org/doi/book/10.18111/9789284409945.

52 PNUMA, CEPAL, y OEA, *Plan de acción del programa ambiental del Caribe: El turismo y el medio ambiente en la Región del Gran Caribe, un estudio general* (Caracas: ONU, 1979), 19.

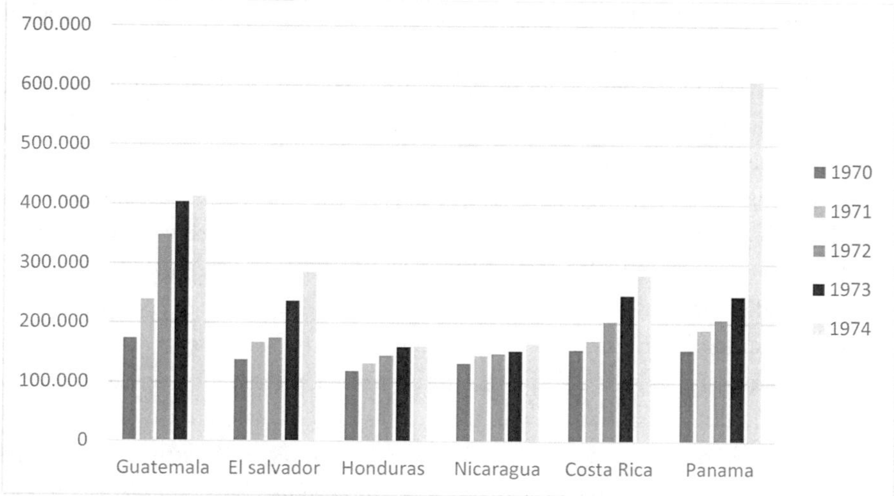

Gráfico 1: Turismo receptivo a Centroamérica y Panamá.
Fuente: Gráfico elaborado con los datos de Turismo y Desarrollo Económico – SITCA, Junio 1975, citado en: Viceministerio de Planificación Urbana, Análisis de la región metropolitana y lineamientos para su desarrollo: Recreación y turismo, Sesiones de trabajo interdisciplinario (Managua, 1976), 29.

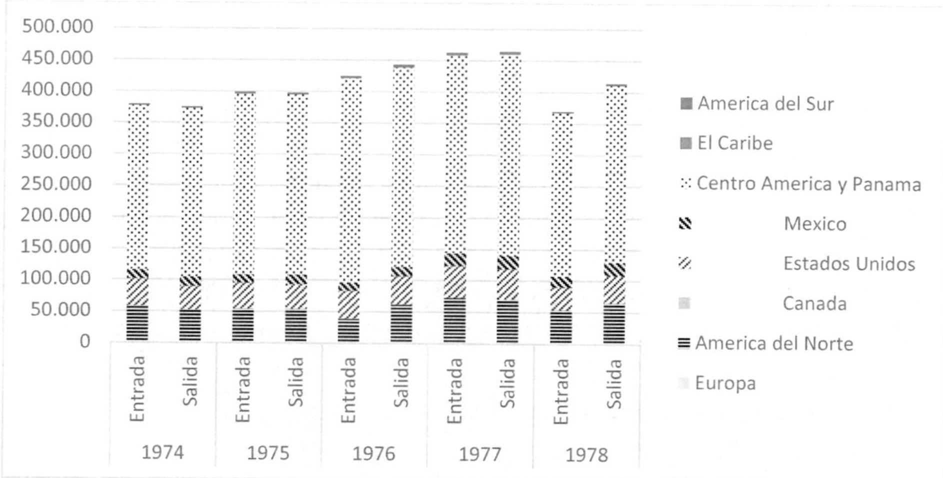

Gráfico 2: Entradas y salidas turísticas residentes y extranjeros, según continente, región o país de origen o destino (1975–1978). Gráfico elaborado con los datos de: Oficina Ejecutiva de Encuestas y Censos, Anuario de Turismo 1978 (Managua: Oficina Ejecutiva de Encuestas y Censos, 1979), 30–31.

A pesar de la variedad y gran número de proyectos e inversiones detalladas, la merma del turismo estadounidense se expresa tanto en los datos del gráfico 2 como en las fuentes descriptivas de la época, en cuanto a la forma en que las dos realidades lentamente no lograban ignorarse o escaparse la una a la otra. Es decir, los eufemismos y subterfugios de la historia y la realidad en clave turista se encuentran, violentamente, con la realidad política y social de Nicaragua. De igual manera, por más que se acumulara descontento, aumentara la violencia, la represión o violación a los derechos humanos, los embajadores estadounidenses en Managua continuaron recomendando a Nicaragua como un lugar "excelente para las inversiones" hasta casi el final de la dictadura somocista.[53]

En 1976 Carlos Fonseca cae en las montañas de Matagalpa y su cuerpo es exhibido por la GN en la prensa local y mundial. Somoza creyó que era el fin del FSLN, pero a pesar de este hecho, el año de 1976 fue difícil para la imagen pública e internacional del régimen.[54] Primero, sufrió un infarto al corazón que lo mantuvo semanas en una clínica en los Estados Unidos y meses en recuperación. Segundo, sumado al testimonio de Schlotter mencionado al inicio, el periodista Jack Anderson publicó una seguida de tres artículos exponiendo y denunciando el mal manejo y corrupción de Somoza y sus allegados con la ayuda humanitaria para los damnificados del terremoto.[55]

Desde 1974, el FSLN venía ganando notoriedad en el plano internacional, luego de asaltar la casa de José María Castillo durante una fiesta en diciembre del mismo año. La operación mantuvo cautivos a Castillo y sus invitados – entre los cuales se encontraba el embajador de los Estados Unidos – a cambio de la liberación de miembros del FSLN de la cárcel, un avión a Cuba y el acuerdo en transmitir y divulgar un comunicado del Frente.[56] En 1976, el padre jesuita, Fernando Cardenal, presentó en el congreso de los Estados Unidos un reporte detallando las violaciones a los derechos humanos por parte de Somoza y la GN.[57] Un estudiante que había viajado por Nicaragua en el verano del mismo año, envió un informe sobre su experiencia y la situación preocupante que encontró a su congresista en la cámara de representantes, Edward Koch, de Nueva York. Koch leyó el memorándum que detallaba la "omnipresencia de la guardia", sus métodos de instigación y represión a la población; describió un episodio en que el mismo estudiante fue perseguido por la GN al pasear por una montaña cerca de Ocotal (Norte-centro de Nicaragua) y, finalmente, describió "los ojos de odio detrás de las sonrisas" de las personas nicaragüenses que conectaban a "Somoza con los Estados Unidos".[58]

---

53 Morley, *Washington, Somoza, and the Sandinistas*, 44 y 47.

54 Christian, *Nicaragua: Revolution in the family*, 33.

55 Dosal, "Natural Disaster, Political Earthquake", 149.

56 Ferrero Blanco, *La Nicaragua de los Somoza, 1936–1979*, 234–35.

57 Ignacio Dueñas García de Polavieja, "Revolución e iglesia en Nicaragua a través del relato de la vida de Fernando Cardenal", *Trocadero*, núm. 21–22 (2010 de 2009): 252–53.

58 Hon. Edward I. Koch of New York in the House of Representatives, "An American in Nicaraguan". *Congressional Record, Proceedings and Debates of the 94th Congress, Second Session*, Friday, October 1st

Para Somoza, estas descripciones o narraciones del país, eran parte de una "conspiración socialista" o eran "mentiras" propagadas por medios comunistas en los Estados Unidos.[59] Incluso, para el entonces presidente, periodistas como Jack Anderson o Dan Rather, pintaban "una situación que en realidad no existía en Nicaragua".[60] De todos modos, la oposición a Somoza presente en el país estuvo anuente de promover estos despliegues públicos de información sobre Nicaragua debido, en primer lugar, a que la elección de Jimmy Carter y su promoción de los derechos humanos como política exterior abrió los canales receptores del congreso a escuchar estos testimonios. En segundo lugar, la oposición contestaba a la gran campaña que el somocismo había establecido en los Estados Unidos desde 1975. Somoza contrató a la firma *Sullivan, Sarria and Associates*, para ser los últimos "*Mad men*" del régimen.[61] Sin embargo, el mismo Somoza reconoce en su entrevista final en 1980 que estas maniobras poco podían hacer, cuando las televisoras en Estados Unidos mostraban "cada veinte minutos", la imagen del periodista Bill Steward, del *Miami Herald*, cuando fue asesinado por soldados de la GN en Managua.[62]

Las firmas especializadas en relaciones públicas fueron contratadas para "pulir" su imagen en los Estados Unidos. Como anotaron los funcionarios estadounidenses, Somoza buscó esto por dos vías: la propaganda y la diplomacia. Por el lado de la diplomacia, Somoza intentó intervenir en el conflicto entre El Salvador y Honduras, así como bajar los ánimos nacionalistas dentro de Nicaragua debido a la controversia provocada alrededor del mapa turístico publicado por Costa Rica.[63] Por el lado de la propaganda, según Lars Schoultz, el gobierno pagó un total de US$ 571,000 para "mejorar la imagen" de Somoza y su régimen en los Estados Unidos.

1976, pp. 35552–54. Koch, Demócrata, fue el principal opositor a Somoza en el Congreso, tanto en la administración Ford como de Carter: Morley, *Washington, Somoza, and the Sandinistas*, 98–99.

59 Somoza Debayle y Cox, *Nicaragua traicionada*, 96–98.

60 Ibid., 250.

61 Lars Schoultz, *Human Rights and United States Policy toward Latin America* (New Jersey: Princeton University Press, 1981), 59. Somoza García y Luis Somoza en su tiempo también contrataron firmas para manejar sus relaciones públicas en los Estados Unidos, en momentos de violencia o represión: Andrew Wilson, "Somoza's Mad Men", Blog, *Andrew W. Wilson* (blog), el 12 de noviembre de 2014, https://andrewwilson84.wordpress.com/tag/max-rogel-inc/. El contrato con Sullivan en 1976 se encuentra en la página del Departamento de Justicia de los Estados Unidos en: https://efile.fara.gov/ords/f?p=181:136:0::NO::P136_CNTRY:NU; para la lista completa de firmas contratadas véase: https://www.justice.gov/nsd-fara/page/file/991956/download.

62 Somoza Debayle y Cox, *Nicaragua traicionada*, 251.

63 Telegrama de la embajada estadounidense en Managua al Departamento de Estado, "Problems in Costa Rican-Nicaraguan relations", 21 octubre 1976, p. 3. NA, RG 59 (Digital Records), doc no. 1976Managu04933, film no. D760396-0273. En 1976 Costa Rica publicó un mapa turístico que integraba el Río San Juan a su territorio, lo que atizó la larga historia de problemas limítrofes entre los países y desató una ola nacionalista en Nicaragua.

Parte de este dinero se destinó a espacios publicitarios de una página entera que incluían la foto de Somoza, junto con fábricas y paisajes naturales del país. Otra parte del dinero se destinó a la apertura de oficinas de turismo e información para el inversor en los Estados Unidos, las cuales Somoza y el INFONAC ubicaron en Miami y San Francisco.[64]

En cuanto a los anuncios publicados, las imágenes y narrativas empleadas en estos entrelazan las expectativas usuales y las representaciones comunes de Nicaragua para lanzarlas a una nueva forma de hacer ver que el "el capitalismo" estaba "vivo y floreciendo en Nicaragua".[65] De las *banana republics* a la producción de carne, pasando por la inversión extranjera, los "*Mad men*" de Somoza describieron pomposamente todas las garantías para mostrar un país estable y esperanzador.[66] Tanto en 1975 – poco después del asalto a la casa de José María Castillo – como en 1977 se encuentran descripciones y promesas como las siguientes:

> En gran parte del mundo de habla inglesa, las palabras "individualismo rudo" evocan imágenes mentales de un hombre de la frontera duro acosado, pero impertérrito, por una Naturaleza perversa y las contrarias de sus semejantes. La imagen es quizás la de un vaquero a caballo, cuidando una manada de ganado. Eso no es Nicaragua, ¿o no? Quizás la metáfora se aplique de alguna manera a esta antigua "república bananera". Hoy en día, el país es más conocido en los mercados mundiales de productos básicos por la cantidad y la excelente calidad de su carne que por sus bananas. El país posee una vasta frontera de tierra virgen, escasamente poblada hoy, pero cada vez más accesible a los asentamientos a través de la construcción de carreteras y proyectos de deforestación. Además, Nicaragua ha resistido con asombroso vigor una serie de fuertes golpes a su economía en los últimos años.
>
> El capitalismo está vivo y floreciente en Nicaragua. En un clima de estabilidad política inusual y hospitalidad desenfrenada, abundan las oportunidades para la inversión extranjera en agricultura, manufactura, turismo e incluso en las industrias extractivas.[67]

Los anuncios en los periódicos respondieron al lobby que Somoza pagaba y esperaba que sus aliados ejecutaran en Washington. También iba en línea con su propaganda turística: "Nicaragua, tierra de lagos, volcanes y sol", diseñada en conjunto por DINATUR y la empresa *Robert R. Nathan Inc.* Esta empresa inició sus labores en Nicaragua mediante la licitación para

64 La dirección de la oficina: Nicaragua Tourist Office, 3000 Biscayne Blvd., Suite 321, Miami, Fl. 33137. Véase: "Tourist Offices Are in the Know", *Los Angeles Times*, 5 marzo 1978, p. D20.

65 "A Report to Businessmen, Investors and Bankers: Nicaragua in 1975", *New York Times*, 26 enero 1975, p. 212.

66 "How to invest in Nicaragua: The facts on what might be the best place to invest", *New York Times*, 30 enero 1977, p. IES40.

67 "A Report to Businessmen, Investors and Bankers: Nicaragua in 1975".

el estudio de factibilidad del proyecto turístico en San Juan del Sur.[68] El estudio de *Nathan* "Nicaragua tierra de lagos, volcanes y sol" terminó en 1978 y las comunicaciones del informe contrastan con las comunicaciones que sostuvo la firma con los funcionarios del consulado estadounidense en Managua.[69] El reporte final de la consultoría fue presentado el 4 de enero de 1978 y su principal recomendación fue un "desarrollo en fases del complejo turístico", cuyos "principales objetivos económicos y sociales" era "la generación de ingresos de divisas y la creación de nuevas oportunidades de empleo en el área de San Juan del Sur".[70]

Mediante este programa de turismo, Somoza explícitamente esperaba atraer el "mercado internacional de turismo de lujo", "más afluente que aquellos turistas que son servidos por sitios para mercados en masa tales como Cancún en México" o un "mercado considerablemente más amplio que aquél servido por complejos turísticos tan exclusivos como *Rockresorts* en los Estados Unidos, las Islas Vírgenes y Hawaii".[71] Con esta finalidad, la firma consultora contratada veía viable la construcción de un hotel de lujo de 250 cuartos y la implementación de "recreaciones", las cuales incluían "pesca marítima, botes de vela en una laguna artificial y varias actividades ecuestres, todo lo cual se combina con los elementos históricos y actuales existentes en el área de San Juan del Sur".[72] El destino de San Juan del Sur, sumado al corredor de Managua-Masaya-Granada, según la empresa consultora, ubicaría a Nicaragua como un principal polo de atracción de turismo en 1983.

Ante los ojos de los funcionarios estadounidenses, la apertura de restaurantes de comida rápida – además de hoteles – anunciaban buenos augurios para el progreso del turismo en el país. La "comida buena-rápida y saludable", era un indicador de la inversión estadounidense, aunque, para el turismo, todavía encontraban "difícil comprar una soda fría" en las playas y lugares turísticos de Nicaragua.[73]

---

68 Ministerio de Economía, Industria y Comercio, *Términos de referencia o bases del concurso para el estudio de factibilidad del proyecto de desarrollo turístico de San Juan del Sur y puntos de circuito Granada - Managua - Masachapa - Y Corn Island.* El contrato entre el gobierno de Nicaragua y la firma Robert R. Nathan Associates Inc.-LAMSA INGENIEROS se encuentra en: Olivas Zuniga, *Nicaragua, legislación y estudios turísticos*, apéndice B.

69 El slogan "Nicaragua, tierra de lagos, volcanes y sol" había sido acuñado desde 1969, como nuestra la guía de turismo de DINATUR aquí citada.

70 "Reporte de Robert R. Nathan Inc." citado en: Olivas Zuniga, *Nicaragua, legislación y estudios turísticos*, 28.

71 Ministerio de Economía, Industria y Comercio, *Términos de referencia o bases del concurso para el estudio de factibilidad del proyecto de desarrollo turístico de San Juan del Sur y puntos de circuito Granada – Managua – Masachapa – Y Corn Island*, 34.

72 "Reporte de Robert R. Nathan Inc." Olivas Zuniga, *Nicaragua, legislación y estudios turísticos*, 34.

73 Telegrama de la embajada estadounidense en Managua al Departamento de Estado, "Tourism Study of Nicaragua Initiated", 2 julio 1976, p. 2. NA, RG 59, Entry P 455: Central Foreign Policy File: 16 mm

Con todo, los funcionarios estadounidenses en la embajada tomaban todas estas oportunidades de inversión y promesas futuras con precaución. Al iniciarse el estudio de *Nathan*, los funcionarios en la embajada escribieron con precaución: "No se debe olvidar que los funcionarios del gobierno siempre han hablado de la necesidad de desarrollar una industria turística, mientras que se entendía más o menos que otras prioridades tendrían que recurrir primero a los escasos fondos de inversión del gobierno".[74]

Las alertas y reservas sobre estas inversiones pasaban por detrás de la información comunicada públicamente o en los informes de las agencias de turismo contratadas. En los comunicados y conversaciones con la embajada, a pesar de sus proyecciones más positivas, el tono de muchos especialistas ya era muy reservado. Los Estados Unidos razonaban que la inestabilidad política en Nicaragua terminaría generando algún tipo de somocismo sin Somoza. Principalmente, no podían imaginarse que la GN podría ser desmembrada y reducida a la inexistencia, sin importar que triunfase o no el movimiento guerrillero del FSLN. Señales de la inseguridad y de la latente noción de las actividades del FSLN en el país se notaron cuando Robert Campbell, uno de los especialistas contratados por *Nathan and Assoc.* y el gobierno de Nicaragua, se perdió en la costa del Pacífico, en un viaje de pesca. Los informes detallaron que una de las posibilidades era que el ciudadano estadounidense pudo haber sido secuestrado por narcotraficantes y, en el caso de Nicaragua, por miembros del sandinismo.[75]

Pero este tono más conservador y reconocedor de la realidad en Nicaragua ya se agravaba en 1978. Los funcionarios escribieron al Departamento de Estado que:

> Teniendo en cuenta el clima económico / político actual y futuro cercano de Nicaragua, es casi seguro que ocurran algunos retrasos y cancelaciones. Sin embargo, a largo plazo, se considera que su sector ofrece oportunidades para los exportadores estadounidenses.[76]
>
> Si bien las perspectivas a largo plazo para la industria turística de Nicaragua son buenas, la situación política inmediata puede provocar un aplazamiento de los planes en este

'P' Reels of Microfilm. First and Second Generations and Paper Printouts, 1976–1976, P760114-0422 THRU P760114-0848, Container 114B.

74 Ibid., p. 3.

75 Al final, Robert se había perdido en el océano y, junto a dos tripulantes más, fue encontrado en la costa sur de México: Telegrama de la embajada estadounidense en Managua al Secretario de Estado, W/W Missing AMCTT Robert Campbell, 25 julio 1977. NA, RG 59 (Digital Records), doc no. 1977Managua03495, film no. D770265-0264. Su historia fue publicada en los periódicos estadounidenses, haciendo alusión a su gran aventura en: William Giklea, "Love and Peril at Sea: Surviving the Sharks, the Sun and the Endless Horizon", *Washington Post*, 12 agosto 1977, p. B1.

76 Telegrama de la embajada estadounidense en Managua al Departamento de Estado, "Tourism Industry in Nicaragua", 7 junio 1978, p. 1. NA, RG 59 (Digital Records), doc no. 1978Managua A-40, film no. P780092–2402.

> sector. Los acontecimientos recientes han provocado la cancelación de un importante proyecto hotelero y el aplazamiento de otros tres.[77]

Dos meses más tarde de haber enviado estos informes, el 22 de agosto de 1978, fuerzas del FSLN irrumpieron en el Palacio Nacional y tomaron prisioneros a los diputados nacionales, en la denominada "operación chanchera".[78] Que el FSLN hubiese llevado a cabo un operativo de esta envergadura en la ciudad capital, hablaba volúmenes sobre su capacidad de organización y operatividad. Sumado a esto, en esos mismos meses el FSLN ya mantenía varios focos de enfrentamiento en el sur, norte y occidente del país.

Para contrarrestar el auge de las noticias sobre el FSLN en los medios de comunicación internacionales, la propaganda y lobby de Somoza en Estados Unidos, los programas financiados por el BCIE y las propias iniciativas empresariales en Nicaragua, dificultaron la lectura sobre lo que podría suceder en el país. La información de las autoridades para futuros inversores, en medio de la confusión, era a lo mejor ambivalente. Para los funcionarios estadounidenses, había buenas y malas señales. Una buena señal fue la apertura del Parque Nacional Volcán Masaya que había traído buena prensa, tanto al historial de daños ambientales en Nicaragua, como al régimen de Somoza.[79] Como se verá en el próximo acápite de este capítulo, el proyecto del Volcán Masaya, inversión del Banco Central de Nicaragua, era un ejemplo que el informe destacaba para mostrar el interés del gobierno nicaragüense en promover el turismo, debido a que el parque nacional era el primer proyecto de gran inversión pública para el turismo del país.

Pero estos planes llegaron a destiempo. En 1978, el periodista y opositor, Pedro Joaquín Chamorro fue asesinado por efectivos de la GN, lo cual atizó la violencia y represión en Nicaragua. El sector privado fue a paro nacional y el país se congeló por dos semanas. Protestas y marchas en todo el país aumentaron, mientras el FSLN se acercaba cada vez más a los centros urbanos, iniciando la "ofensiva final" que terminaría derrocando a la familia Somoza. En medio de todos estos eventos, el turismo, que venía aumentando paulatinamente a la sombra de la realidad política, también se congeló. Durante las primeras semanas de enero 1978, todas las

[77] *Nicaragua, Land of Lakes, Volcanoes and Sun*. NA, RG 59 (Digital Records), doc no. 1978Managua A-40, film no. P780092-2402.

[78] Ferrero Blanco, *La Nicaragua de los Somoza, 1936–1979*, 235–36.

[79] Andrew Y. Stewart, "Poached Modernity: Parks, People and Politics in Nicaragua 1975–2000" (Doctoral Thesis, New Jersey, Rutgers, The State University of New Jersey, 2001), 142–44. Stewart afirma que la "buena prensa" surgió de la omisión por parte de los traductores de la contraparte estadounidense en el proyecto, El jardín botánico de Missouri, del daño ambiental y de las violaciones a los derechos humanos.

reservas y tiquetes de avión fueron cancelados.[80] Cuando las rutas aéreas reabrieron, la guerra se había desencadenado. La embajada de los Estados Unidos finalmente aprobó comunicar las advertencias a los ciudadanos que no recomendaba "todo viaje no esencial hacia o a través de Nicaragua debido a las condiciones inestables".[81] El comunicado recomendó ir a otro lugar o intentar circunvalar cualquier conexión aérea con Nicaragua.[82]

En junio de 1979 la GN puso en efecto la "operación arrase" con "tanques Sherman, aviones y artillería pesada dejando a centenares de personas sin hogar y con un saldo de muchos miles de muertos".[83] Ese fue el último intento de la dictadura por retomar el control en los distintos focos de lucha en el país que había sostenido el FSLN durante la primera mitad del año. Sin utilidad, la ofensiva final del FSLN ya se posicionaba para tomar Managua. El 17 de julio Anastasio Somoza Debayle abandona el país. El 19 de julio las fuerzas del FSLN entraron en Managua. La revolución había triunfado.

En Nicaragua, los primeros meses de la transición fueron observados y vividos con mucha anticipación por la población nicaragüense y, especialmente aquí, por turistas y empresarios del turismo. Leo Salazar, el dueño del hotel de montaña en Santa María de Ostuma, salió del país luego del triunfo, temiendo represalias contra su persona debido a su pasado como oficial de la GN en los años treinta, justo cuando fundó el hotel (1941). Su hijo, Jorge Salazar, simpatizó con los guerrilleros al inicio, pero tomó una posición fuerte contra las reformas agrarias. Jorge Salazar murió asesinado en 1980 y el hotel de montaña fue confiscado en 1983.[84]

Así como pasó con el hotel en Santa María de Ostuma, algunos inversionistas estadounidenses perdieron sus propiedades e inversiones turistas. William Landford perdió sus inversiones en Karawala, donde había construido un centro de pesca cerca del Río Grande de Matagalpa.

---

80 Mensaje de la embajada de los Estados Unidos en Managua al Departamento de Estado, "Travel of U. S. Citizens to Nicaragua – Update", 27 enero 1978. NA, RG 59 (Digital Records 1973–1979), doc no. 1978Managu00427, film no. D780039-0332, doc ref. 78 Managua 380.

81 Mensaje de la embajada de Estados Unidos en Managua al Departamento de Estado, "Updated travel advisory for Nicaragua", 16 septiembre 1978. NA, (Digital Records 1973–1979) doc no. 1978Managu04380, film no. D780378-0081, doc ref. 78 State 235384.

82 Telegrama de la embajada estadounidense en Managua al Departamento de Estado, "Travel of US Citizens to Nicaragua", 26 enero 1978, p. 2. NA, RG 59 (Digital Records), doc no. 1978Managua00380, film no. D780039-0332.

83 Blanco, "Violencia y represión en el ocaso de los Somoza", 159.

84 La propiedad fue devuelta a la familia Salazar en 1993, pero sostiene una demanda de trabajadores de las cooperativas agrarias ante la Organización Mundial de los Trabajadores. El hotel no fue reconstruido: "Santa María de Ostuma", en *Wikipedia*, el 12 de diciembre de 2020, https://en.wikipedia.org/w/index.php?title=Santa_Mar%C3%ADa_de_Ostuma&oldid=993878872. El 20 de septiembre, día del asesinato de Salazar, se celebra hoy en día como el "Día del empresario", en su honor, por parte del Consejo Superior de la Empresa Privada de Nicaragua (COSEP). Véase: https://cosep.org.ni/celebracion-dia-nacional-del-empresario-2/.

Pasada la insurrección de julio, Landford volvió a Nicaragua, donde tanto funcionarios de la embajada como de gobierno de Nicaragua le invitaron a continuar invirtiendo. Sin embargo, al llegar a Karawala, encontró que sus propiedades habían sido tomadas por "personas con armas" que le recomendaron "volver a Managua y no decir nada".[85]

Las confiscaciones y tomas de propiedades tuvieron un impacto directo en la economía nicaragüense. Sin embargo, las continuidades en las formas de medir, promocionar y atraer turismo al país fueron significativas. Somocismo y sandinismo muestran varias similitudes en las formas de pensar y representar el país mediante el turismo con el fin de promover el desarrollo y atraer inversiones. En los siguientes acápites se muestra que, si bien treinta años de planes e inversiones en turismo no crearon una industria del turismo a semejanza de México y Puerto Rico, sí habían logrado sedimentar una conciencia – o mirada – turista en las élites y clases gobernantes en Nicaragua. Conciencia que se proyectó en los años iniciales de la revolución en Nicaragua. Antes, se hace necesario también mostrar que en la segunda mitad de los años setenta aparecen nuevas narrativas turistas, las cuales presentaban algunos cambios considerables, con respecto al corpus analizado hasta aquí en este trabajo.

7.2.2 Turistas de paz

El crecimiento económico marcado por el aumento de la desigualdad y la crisis política de los años setenta produjo ambientes realmente contrastantes de la vida en Nicaragua. Los hoteles, carreteras, centros nocturnos, clubes sociales, taxis turistas, teatros y partes de Managua habilitadas para el esparcimiento de las élites, viajeros de negocios y turistas, narran una historia singular de los últimos años de la dictadura. Ese fue el mundo, por ejemplo, que se encontró en la casa de José María Castillo en 1974 y fue asaltado subrepticiamente por esa otra realidad que venía germinándose, liderada por el FSLN. Así como en el acápite anterior la cita de Rodman mostraba ese colapso entre los letreros de hoteles de lujo en inglés, con las masas de personas alrededor del lago de Managua cada vez más contaminado, esas Nicaraguas percibidas entran en conflicto en los relatos de los y las turistas que visitaron el país. En este sentido, la postura, visión, apoyo o condenamiento al orden somocista tampoco escapó a la mirada y pluma de los y las turistas.

Por parte de "escritores de viajes expertos" o enviados por las organizaciones con intereses en la empresa del turismo, las narrativas y representaciones de Nicaragua no cambiaron. La

---

85 Telegrama del Departamento de Estado para la embajada estadounidense en Managua, "AMCIT claim of Nicaraguan confiscation of property", 29 septiembre 1979. NA, RG 59 (Digital records), doc no. 1979State256258, film no. D790445-0997.

infraestructura establecida de hoteles y carreteras demarca la continuidad de estas miradas turistas tradicionales en los años setenta. Desde el Hotel Intercontinental o El Gran Hotel se marcaba la diferencia entre el ambiente de Managua y el ambiente equipado para albergar cómodamente al turista. La diferencia entre un ambiente y otro crea un nuevo paraíso dentro de la naturaleza prístina, un paraíso libre de los peligros o las dificultades de la vida en el trópico. Desde la habitación de un hotel un turista cuenta:

> A paso de carga, sudoroso, y con deseos desmedidos de ponerme debajo de una ducha tonificante, me meto en el hotel. En esa circunstancia entro en el hotel como un añojo saliendo del toril, pero no busco el percal traicionero, sino sigo fresco para calmar la sed, y el hotel se me convierte en el oasis deseado y hallado, en un refrigerador Westinghouse. En la habitación bebo el agua helada de un termo moderno y un aparato de ventilación ronronea simpaticón en la oscuridad.[86]

A la mirada de los turistas, la aventura siempre esperaba en esta región encantada. Se invitaba a los turistas a recorrer los volcanes, como el Momotombo donde, "decían los indios", todavía "se escuchaban historias de sacrificios de vírgenes al volcán Momotombo" y "el que subía nunca regresaba".[87] En el informe de *SRI* con el último plan quinquenal para el turismo en la región centroamericana se presenta la misma narrativa y representación turística de Nicaragua al final del proceso de integración: "Nicaragua es un país de colinas, lagos y volcanes, ríos y playas, buena pesca y deportes acuáticos, campamento, caminatas, caza y equitación".[88]

La historia de Leo Salazar y su hotel de montaña engloban los encuentros y desencuentros de estas Nicaraguas, así como la línea somocista para comprenderla. Al salir de Nicaragua debido al triunfo del FSLN, Salazar se encuentra con la escritora y periodista Shirley Christian. En la entrevista, el antiguo dueño le cuenta la historia de su familia en función de su relación directa con la construcción y administración del hotel en Santa María de Ostuma. Salazar recuerda que su padre, miembro del partido conservador, estudió banca en Inglaterra y Francia, en los años del gobierno de Zelaya. Luego de trabajar en el *Bank of London* en El Salvador, la familia

86 Luis Marañon, *Centroamérica paso a paso* (Madrid: Editorial Prensa Española, 1968), 123.

87 Hilda Cole Espy and Lex Creamer Jr., "On Getting All Fired Up Over Volcanoes in Central America", *New York Times*, 7 febrero 1971, p. XX1. La presentación del Momotombo como lugar de "creencias indígenas", "evangelización" y "riqueza paisajística de la tierra de lagos y volcanes" es la norma en estos años, y se intentaba que los nicaragüenses compartieran estas historias "cantadas por Darío y Victor Hugo", véase: Rizo, *Manual del guía de turistas: República de Nicaragua*, 50.

88 Cullinan, Duke, y Skidmore, *Marketing action plan for Central America and Panama*, 75.

Salazar volvió Matagalpa, a inicios del siglo veinte y compró seis mil hectáreas de "tierra indígena al gobierno", donde fundaron la hacienda de plantación Santa Emilia.[89]

Según Salazar, Zelaya había intentado apropiarse de las tierras, por lo cual la familia vendió la propiedad al cónsul estadounidense Spencer Richardson. Aunque Zelaya estaba furioso, no podía hacer nada, según Salazar, porque en esos años "existía la buena política del Gran Garrote".[90] Leo Salazar regresa al país en media ocupación de los Marinos y compra las tierras donde estableció su hotel de montaña en Santa María de Ostuma. En esos años se servía de la protección de los Marinos, ya que estos cuidaban haciendas cercanas que eran propiedades de estadounidenses, alemanes y franceses. Por ser fuente de información a las fuerzas ocupantes, unos "bandidos" supuestamente aliados a Sandino, lo secuestraron e intentaron asesinar, pero él logró escapar.[91]

Las experiencias de la Guerra Constitucionalista y la resistencia de Sandino dejan un marcado anti-sandinismo en Salazar. En 1941, luego de trabajar personalmente con Somoza García en la fundación de la GN, Salazar se mudó a su hacienda donde lentamente construyó quizá el hotel más famoso y visitado por turistas en Nicaragua durante el siglo veinte. Su voz y sus testimonios sobre Somoza y Sandino fueron reproducidos por estos turistas, fascinados por el paraíso que había logrado constituir en ese refugio de la naturaleza "escondido" en Nicaragua.

Sus visiones amistosas para los estadounidenses y su papel desempeñado en la historia reciente de Nicaragua llamaban la simpatía de las personas que pensaban en su mismo tono, en términos de la historia en clave turista. Para Salazar era importante recalcar que los Estados Unidos no habían invadido Nicaragua, porque fueron los gobiernos nicaragüenses los que invitaron las fuerzas armadas para imponer orden.[92] En conjunto con su apoyo a la influencia de los Estados Unidos, el apoyo a Somoza siempre se expresa en sus encuentros con turistas en su hacienda. Al ser cuestionado si el régimen es bueno o no para Nicaragua, Salazar le contesta a Rodman:

> Quizás estemos cansados de los Somoza después de treinta años, pero son buenos gobernantes. Mira nuestra prosperidad. El fantástico dinero que se gana con el algodón en estos días. Considerando también que nuestras buenas relaciones con ustedes [Estados Unidos], por nuestro implacable anticomunismo, se lo debemos a los Somoza. Viví aquí y vi mis pertenencias personales robadas y destruidas por los bandidos de Sandino a

---

89 Salazar afirma haber comprado la tierra al gobierno, "no a los indígenas". Las fechas, circa 1902–1905, coinciden con la abolición de las propiedades indígenas por parte de Zelaya, lo cual puede ser que hubiese habilitado esta venta: Christian, *Nicaragua: Revolution in the family*, 6.

90 Ibid., 7.

91 Ibid., 10.

92 Ibid., 18.

> principios de los años treinta. Con los comunistas sería lo mismo. Hemos aprendido que la única forma de manejarlos es dispararles.[93]

Salazar explica la necesidad de contar esta historia para fundamentar el desarrollo económico vivido bajo la dictadura somocista. En el extremo de este relato, lo único que se aprecia es el espectro del comunismo acechando como la única otra opción para gobernar lo político nicaragüense. La opción entre Somoza o comunismo aparece en otras narrativas turistas de la época, sobre todo en los escritos de las personas que lograron entrevistar directamente a Luis o Anastasio Somoza Debayle. Wollaston, quien obtuvo impresiones similares sobre los Somoza por parte de Salazar, se dirigió a Managua donde logró entablar una entrevista con Luis Somoza Debayle. Sus impresiones son favorables sobre el entonces presidente en 1962 y escribe:

> Cuanto más hablaba, más empezaba a pensar menos en un magnate que dirigía una gigantesca empresa privada que en un granjero orgulloso y benigno, que conocía su tierra mejor que nadie y que la trabajaba con eficiencia y la desarrollaba con devoción. Las cifras estaban todas en su cabeza, sus argumentos eran lúcidos e impresionantes, nunca caía en la ostentación o la falsa modestia; era ilustrado, sabio, patriota, moderno y sin rencor ni arrogancia. Definitivamente un granjero caballero. ¿Deberían los animales de granja tener algo que decir en la gestión?[94]

Los criterios de Salazar que se reproducen en los escritos de Christian, Rodman o Wollaston son una pequeña muestra de las usuales apreciaciones que se hacía sobre el somocismo por parte de dueños de haciendas, empresarios, funcionarios de gobierno o inversores del MCCA. Wollaston, por su parte, no termina de creer en esta unanimidad y decide preguntar a las personas en la vía pública de Managua o con negocios más pequeños sobre sus impresiones de Somoza. En una ocasión, aborda al dueño de un pequeño local y le pide que le "dijera lo que realmente pensaba sobre la política nicaragüense y el régimen de Somoza, pero se volvió vago y se disculpó: 'No puedo decir. Vivo aquí, ya ves, tengo que pensar en mi negocio. Tengo que hacer dinero'".[95] Este tipo de respuestas siempre señalan que contradecir la línea oficial o, lo que se denomina aquí historia en clave turista, conllevaba algún tipo de represión capaz de impedir la subsistencia o "hacer dinero" en el país.

---

93 Rodman, *The Road to Panamá*, 172. Una impresión similar se encuentra en: Wollaston, *Red Rumba*, 141.

94 Wollaston, *Red Rumba*, 151–52.

95 Ibid., 144–45.

Los Somoza eran famosos en los años sesenta y setenta, o infames, dependiendo del lente o perspectiva desde donde se les apreciara. Desde cualquier extremo del espectro, se incluían de forma exigida en las narrativas de viaje sobre Nicaragua. Como se afirma en una guía, Nicaragua era "más interesante políticamente que topográficamente".[96] En esta línea, una mirada más crítica provenía de personas con nuevas perspectivas sobre la región que habían sido formadas durante los mismos años. Los cuerpos de paz, puestos en marcha por la política exterior de Kennedy, comenzaron a viajar a la región e incentivaron el viaje y trabajo de varios grupos misioneros de carácter religioso.

Muchos de estos viajeros compartieron sus experiencias de viaje y, sumergidos ya en la cultura turística, promovieron el turismo hacia la región como una gran experiencia y una forma de apoyar a las economías centroamericanas. Al ser jóvenes estudiantes en su mayoría, un rasgo característico fue que el comentario político no escapaba a sus observaciones del país. Estos fue el caso de *Along the Gringo Trail*, escrito por Jack Epstein. Citando a Eduardo Galeano y las *Venas abiertas de América Latina*, Epstein afirmaba que:

> La mayoría de las naciones latinoamericanas están gobernadas por dictaduras militares fascistas, con Chile, Brasil, Bolivia, Paraguay y Guatemala a la cabeza. Estas camarillas militares, y los terratenientes e industriales que las apoyan, se benefician y quieren turistas, pero solo un cierto tipo de turista. Para ellos, el turismo es dinero, y cuanto mejor es el turista, más dinero gasta. Pero al mismo tiempo, el turista no debe ultrajar la moral pública ni hacer preguntas vergonzosas ni asociarse con subversivos conocidos.[97]

Jóvenes como Epstein, entonces, deseaban ser otro tipo de turistas que no se congraciaran o apoyaran a los regímenes militares. Sus viajes usualmente eran realizados "a presupuesto", aunque justamente promovía esta forma de viajar porque era la única forma de experimentar con "autenticidad" las vidas, paisajes y culturas de los países. Epstein escribe:

> Existe una diferencia cualitativa entre un viajero pobre y uno rico; esto es más que una contabilidad cuantitativa de fondos. El viajero más pobre no puede estar aislado de los diversos riesgos o realidades como puede hacerlo el más rico. Económica, política y socialmente, los latinoamericanos que no están protegidos por la riqueza y los privilegios lo pasan mal. Como viajero con un presupuesto limitado, verá y experimentará este lado de la vida latinoamericana.[98]

---

96 Epstein, *Along the Gringo Trail: A Budget Travel Guide to Latin America*, 141.

97 Ibid., 9.

98 Ibid., 3.

La "autenticidad" en estos términos conlleva el requisito de que el viajero vea y viva las luces y sombras de América Latina. Epstein describe con detalle el "machismo" (6), el acoso a las mujeres (7), el "odio a los hippies", "anti-americanismo" (14) o el "resentimiento hacia el gringo" igualado a la "riqueza y arrogancia del turista" (16), la "inestabilidad política" (19), la "discriminación racial" (21), la desigualdad entre "el campo" y la ciudad", así como entre ricos y pobres (46).

Con respecto a Nicaragua en particular, Epstein afirma que "Describir Nicaragua sin mencionar a la familia Somoza sería como describir la Alemania nazi sin mencionar a Hitler. Hitler, sin embargo, nunca tuvo tanto control económico, ni duró tanto".[99] Mas las descripciones de Epstein comparten varios rasgos con la narrativa tradicional en clave turista, ya que se concentra en los lagos y los volcanes, las playas y las personas con las que entabla una relación son siempre alusivas al paraíso. Su mirada no huye de los elementos que contaminan o interrumpen este esquema, más bien se nota un esfuerzo por comprender la naturaleza dual de un país tan desigual socioeconómicamente. En Managua, la visita al centro destruido por el terremoto le parece una experiencia "absolutamente horrorosa". Pero lo que más le llama la atención es la reconstrucción desigual de la capital, al encontrar que:

> Los ricos vivían en casas bien construidas en los suburbios, protegidos por la Guardia Nacional, mientras que la mayoría de la gente vivía en barrios marginales en las afueras de Managua en terrenos propiedad de Somoza & Company. Muchas personas en chozas, e incluso tiendas de campaña, nunca vieron ni un centavo de los fondos de ayuda por el terremoto que llegaron a Nicaragua desde naciones e individuos bien intencionados.[100]

Las mismas desigualdades sociales se repiten varias veces en las narrativas de esos años, aunque no todas las relacionan directamente con el régimen somocista o con las políticas de los Estados Unidos en Nicaragua y Centroamérica. Sin embargo, existe una mayoría pronunciada que estima la falta de "un buen gobierno" o uno "democrático" con el hecho que la gran "parte de los ingresos del país han sido utilizados por sus dictadores para mantener grandes ejércitos" mientras que "el 60 % de las personas mayores de diez años no saben leer ni escribir. Entre las personas que viven en pequeñas aldeas hay pobreza, analfabetismo y enfermedades", los principales problemas de la nación, según el parecer de John Caldwell.[101] En concordancia con Epstein, el misionero religioso que rinde su testimonio a Edward Koch comparte el deseo de hacer su voz escuchada en el Senado debido a la preocupación que le provocan las escenas que

99 Ibid., 142.

100 Ibid., 145.

101 Caldwell, *Let's Visit Central America*, 86.

vive en Nicaragua. Este último quizá hablaba con augurio de lo que sucedería en el país, sobre lo importante que sería "revisar el apoyo a Somoza" porque la "política exterior de Estados Unidos a Nicaragua podría acabar en desastre".[102]

La desigualdad social y la realidad política caracterizada por la dictadura empuja a los turistas a encontrar respuestas. Otro proceso de ordenamiento y jerarquización que provoca esta realidad es la definición de una Nicaragua "auténtica" y otra que no lo es. Las clases subalternas, sus sufrimientos, pero además las violencias sistémicas de la sociedad, como el autoritarismo, el machismo y, la violencia que sufrían los turistas en particular, el anti-americanismo, conforman los elementos que turistas ensamblan para hablar de una experiencial real del país. Los hoteles lujosos, los viajes de pesca y caza, los campos de golf, los casinos o los balnearios y clubes privados, son enjuiciados por los turistas jóvenes como una versión inauténtica de la vida en Nicaragua.

La disyuntiva yace en que su forma de pensar la autenticidad iba en línea con uno de los lineamientos del turismo de la ONU, en cuanto al acercamiento y el entendimiento entre los pueblos. La experiencia con la Nicaragua "auténtica" de Epstein o John Caldwell, entre otros, terminaba por afirmar que sus viajes quizá incentivaban a la mejor comprensión de los pueblos y de las formas en que se lograría promover un cambio en las políticas exteriores e internacionales para remediar los problemas que sus miradas apreciaban en sus viajes por América Latina y, en este caso, Nicaragua. Esto, empero, entraba en conflicto con la necesidad de generar divisas, ya que su turismo generaba pocas inversiones y pocos ingresos en ventas dentro del país. También, al igual que Incer, estos turistas, aquí denominados como *turistas para la paz*, reflexionaban que el turismo era parte de la solución y que una buena cultura de viaje, más sensible a la realidad política, podría tener una influencia positiva en los países latinoamericanos. Así como Incer razonaba que un buen turismo podría sustentar y proteger el medio ambiente.

Puede leerse esta disyuntiva, quizá, en términos del encuentro entre tradición y modernidad. Ante la americanización intensa de los espacios y la cultura latinoamericana, era en las clases más alejadas de los centros urbanos, y alejadas del imperialismo cultural estadounidense, que los turistas encontraban algo realmente "único" o "auténtico", pero los esfuerzos de la ONU, instituciones regionales y los gobiernos nacionales, iban encaminados precisamente en "desarrollar" o "modernizar" esas formas de vida tradicionales que consideraban "incivilizadas" o "atrasadas". En la Nicaragua de los años sesenta y setenta, influenciada por ALPRO y los programas para el turismo de la OEA, la ONU, SITCA, DINATUR y las empresas consultoras,

[102] Hon. Edward I. Koch of New York in the House of Representatives, "An American in Nicaragua" en: Congressional Record, *Proceedings and Debates of the 94th Congress, second session*", viernes 1ero de octubre, 1976, p. 35552.

algunos turistas incentivaron el progreso mientras otros promovieron la paz, pero parece que ambas eran irreconciliables para turistas y nacionales por igual.

La autenticidad de ver a Nicaragua con todos sus matices, paraísos y problemas fue quizá el corolario que se propusieron particularmente las turistas y escritoras de narrativas de viaje mujeres. Se termina este acápite complementario con las observaciones que las turistas mujeres realizaron sobre las represiones o violencias de género también habilitadas por la desigualdad social. Al final, es esta mirada turista la que encuentra las violencias y resistencias más íntimas de la sociedad nicaragüense, como escribe Espy. Esta autora visitó Centroamérica y residió casi un año en Managua junto a un empresario estadounidense llamado Lex Creamer. Creamer había viajado a Nicaragua debido a las oportunidades de inversión abiertas por el MCCA. Espy, por su parte, viajó para escribir su libro de viajes sobre Centroamérica. La autora, a diferencia de otros turistas, presta especial atención a la comunidad estadounidense en Managua, junto con las élites de la sociedad managüense. Un aspecto que cautivó su atención fue la vida en la casa de "la muchacha" o "empleada doméstica" – trabajadora del hogar.

En el último capítulo de su libro *Another World*, Espy relata sus encuentros y conversaciones con Nora, la trabajadora en el hogar de Lex, quién la contrato ya en "avanzada edad" luego que Nora fue despedida de otra casa debido a que su "edad no le permitía trabajar más".[103] Espy describe la forma en que muchas "muchachas del campo" viajaban a Managua en búsqueda de trabajo como trabajadoras del hogar. En este viaje, "la muchacha", cuenta Espy, también sufre un "shock cultural" al adentrarse en la vida urbana. La autora menciona la falta de derechos laborales para proteger su ocupación y la forma en que varias familias nicaragüenses conservan dos ambientes en sus casas, uno para la familia y el otro para la "muchacha". Como un empleador magnánimo en este sistema, Lex incluye a Nora en todas sus actividades y le delega muchas de sus responsabilidades mientras él se encuentra de viaje en otros países de Centroamérica, atendiendo sus negocios.

Nora era parte del 34 % de la población catalogada como "familias rurales sin tierra" en Nicaragua, el porcentaje más grande de toda Centroamérica.[104] Empujados por el acaparamiento del algodón de las tierras productivas, más el refuerzo de cultivos tradicionales, el campo se había convertido en el centro de la represión somocista por parte de la GN entre 1973 y 1974. La represión se agudizó con el auge del FSLN en las montañas y, en 1974, Amnistía Internacional reportó que comarcas enteras y poblaciones completas fueron tomadas como rehenes o torturadas.[105] Sin embargo, es el trabajo de personas como Nora el que asegura la "uto-

103 Espy y Creamer, *Another world*, 281.

104 Morley, *Washington, Somoza, and the Sandinistas*, 52.

105 Ibid., 54.

pía para los pensionados" en Centroamérica. Espy asegura que muchos hombres de negocios y pensionados logran llevar su día a día gracias a las trabajadoras del hogar, quienes asumieron día a día un sinnúmero de responsabilidades en las casas de empresarios o terratenientes.

También, Espy vuelve a concentrarse, como lo hizo Florence Sultan en los años veinte y Ruth Baus en los años cincuenta, en los pocos espacios de vida pública que podían aprovechar las mujeres de clase media o alta.[106] La autora se pregunta cómo una sociedad, con edificios en la escala del Intercontinental, nuevas carreteras y una economía vibrante en desarrollo industrial, mantenía costumbres que ella consideraba de "antaño". Para Markun, quien anota las mismas observaciones sobre la falta de espacios en la vida pública para las mujeres en Nicaragua, los cambios se estaban "produciendo lentamente".[107]

Estas narrativas son en suma excepcionales. Como se ha visto, la mayoría de los turistas siempre pusieron su atención en Somoza, los planes de desarrollo o la represión de la GN, así como la desigualdad social palpable en la Nicaragua de los años 70. Salazar o Epstein, desde espectros políticos opuestos, consideran de mayor importancia relatar a Nicaragua mediante su historia de las relaciones con los Estados Unidos y su subsecuente inestabilidad política. Somocismo y comunismo reinan como espectros opuestos en estas versiones. Dentro de estas narrativas hegemónicas, la intimidad del espacio privado que nos provee Espy en sus narrativas permite ver un mundo que usualmente escapó a los grandes relatos de la nación. Dentro de los hoteles y en las casas que albergaron a los empresarios del MCCA, así como en las grandes plantaciones o las minas de extracción, trabajadoras como Nora llevaron una vida fuera o expulsadas de la historia. La forma como se incluyeron en estas historias y narrativas en clave turista es el factor que ayuda a identificar la mirada o la conciencia turista en Nicaragua, como se desarrolla en el siguiente acápite.

7.3 Conciencia o mirada turista en Nicaragua

En los capítulos cuarto y sexto de este estudio se abordó la confluencia entre la construcción de la Carretera Panamericana, las inversiones en turismo y la forma en que el gobierno nicaragüense – en manos del somocismo – promovió la identidad nacional mediante el aparato propagandístico y las oportunidades habilitadas para los nicaragüenses, en función de "conocer su propio país". Al mismo tiempo, como se detalló en los acápites anteriores, es en los últimos años de la dictadura cuando el régimen y las élites nacionales promovieron con mayor ímpetu

[106] Espy y Creamer, *Another world*, 290.

[107] Markun, *The First Book of Central America and Panama*, 65.

el establecimiento de una "industria turística" nacional, en concordancia con los intentos de ROCAP, AID y la OEA de reactivar de alguna forma el MCCA.

Dichas prácticas gubernamentales del turismo se mantienen en los años sesenta y setenta. Con mira a fomentar la identidad nacional y el apoyo al gobierno de René Shick, la JNT junto con el Distrito Nacional lanzaron un programa de turismo para las "clases más necesitadas del país". Mediante la selección que realizaban escuelas, colegios y miembros del Sindicato Obrero, la JNT organizaba viajes en autobús a los "sitios turísticos", como Granada, las Huellas de Acahualinca o la ciudad de León.[108]

Los nuevos textos de geografía de Nicaragua, editados por Jaime Incer, Franco Peñalba – principalmente – y Nicolás Maltés, también animaban a la juventud nicaragüense a conocer y, especialmente, a conservar la naturaleza de su país.[109] Nótese que sus fotografías acompañan tanto sus libros de geografía como las guías turísticas promocionadas por el Banco Central de Nicaragua en los mismos años. Peñalba y Alain Creusot contribuyeron las imágenes para la *Guía Turística de Nicaragua* financiada por el BCN.[110] Creusot a su vez proveyó imágenes para la guía titulada *Adorable Nicaragua*.[111]

En este último acápite entonces se desglosa la información que sugiere un doble movimiento. Primero, la consolidación de una conciencia y cultura de viaje turista manifestada en las prácticas y narrativas de viaje escritas por nicaragüenses. Para ello se escogieron dos casos ilustrativos. Segundo, se reflexiona en torno a las representaciones del país explícitas en las últimas guías de viaje e inversión elaboradas en Nicaragua. Estas, en semejanza a los textos de Peñalba y Creusot mencionadas arriba, exponen la puesta en escena de la Nicaragua mestiza, en línea con los aportes de los estudios indigenistas y folkloristas, cuyo auge se propulsó al final de la dictadura somocista, entre los años sesenta y setenta.

El hecho más significativo al finalizar el somocismo es que la clase turista dominante en Nicaragua no era tanto la que visitaba el país, sino sus élites que viajan fuera de éste. A inicios de los años setenta la misión de la OEA en Nicaragua encontró en sus estudios que la "contribución directa del turismo al ingreso nacional [era] insignificante (menos que una fracción del 1 %, aún bajo los supuestos más optimistas). Los nicaragüenses gastaron más viajando al

108 *Octavo Congreso Interamericano de Turismo en Guadalajara, México*, "Informe de la Delegación de Nicaragua sobre turismo social", 25 septiembre 1962, p. 52. Columbus Memorial Library.

109 Peñalba y Maltés fueron los acompañantes y principales fotógrafos de Incer en sus giras por Nicaragua desde 1972.

110 Banco Central de Nicaragua, Departamento de Desarrollo Turístico, y Editora de Publicaciones S. A., *Nicaragua: Guía Turística* (Managua: EDIPSA, 1978), 4.

111 Raymond Pons y René Moser, *Adorable Nicaragua* (Boulogne: Pr. des Ed. Delroisse, 1976). Creusot es un vulcanólogo francés, residente en Nicaragua desde 1968.

exterior, de lo que viajeros extranjeros gastaron en Nicaragua".[112] Según la CEPAL, el déficit en la balanza de pagos del turismo para Nicaragua en 1973 era de 1.9 millones de dólares.[113]

Como muestra el gráfico 3, la consolidación del turismo en Nicaragua estuvo marcada por la mayor salida de turistas nicaragüenses que de entrada de extranjeros al país. Salvo los años de 1975 y 1976, cuando se alcanza la mayor cantidad de turistas extranjeros que visitaron el país durante los 43 años de somocismo en Nicaragua, el mayor número de turistas relacionado a Nicaragua fue el número de nicaragüenses que viajaron a otros países. La tendencia se acrecienta en 1978, motivada quizá por la emigración masiva de nicaragüenses ante la escalada de violencia en el país.

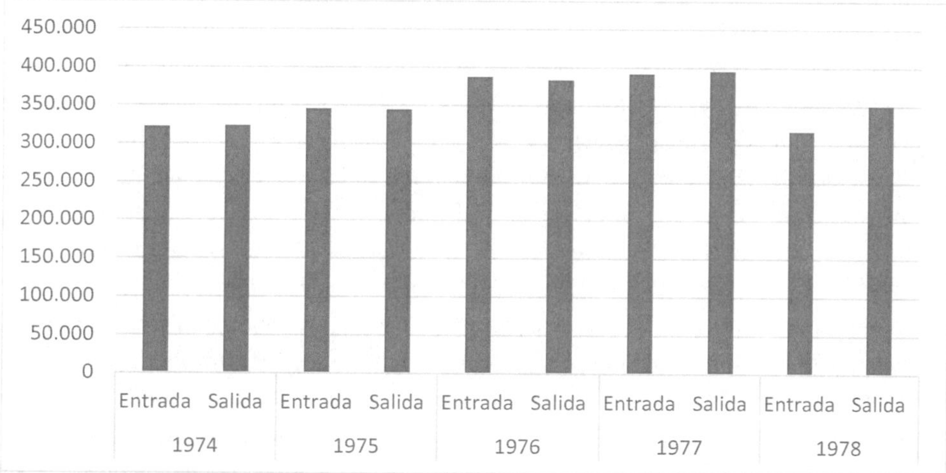

Gráfico 3: Entradas y salidas turísticas residentes y extranjeros por años (1974–1978) Gráfico elaborado con los datos de: Oficina Ejecutiva de Encuestas y Censos, Anuario de Turismo 1978 (Managua: Oficina Ejecutiva de Encuestas y Censos, 1979), 21.

Los datos anteriores fueron una revelación significativa en Nicaragua. El déficit según la encuesta, provenía de la gran cantidad de dinero que los nicaragüenses gastaban en sus viajes de "vacaciones" en los Estados Unidos y Europa.[114] Las primeras encuestas, confirmaron

---

112 Blondet y Martini, *Estudio sobre la oportunidad de desarrollo del sector turismo en Nicaragua*, véase las tablas en el capítulo VI.

113 Naciones Unidas: Consejo Económico y Social, *Turismo:* "tema 15 g) del programa provisional del tercer período de sesiones de la UNCTAD", *Nota preparada por la Secretaría de la CEPAL para la XII Reunión de CECLA (Lima, 18 a 22 de octubre 1971)*, 14 octubre 1971, p. 2.

114 En la encuesta de 1974, cerca de la mitad de los nicaragüenses que viajaban al exterior declararon "vacaciones" como su objetivo. Telegrama de la embajada estadounidense en Managua al Departamento

que 5,117 turistas nicaragüenses "acusaron un gasto de divisas correspondiente a la suma de US$ 2,209,111". "El gasto anterior", según la Oficina de Censos nicaragüense, era "atribuible principalmente al mayor período promedio de permanencia de los nacionales en el exterior que es de 21 días, mayor al promedio de permanencia de los extranjeros en el país el cual [era] de 10 días".[115] Vale anotar el cambio en las cifras, ya que muestra una variación exponencial. En los primeros 6 meses de 1961, un total de 947 nicaragüenses viajaron por vacaciones a Estados Unidos. La diferencia es marcada en los primeros 6 meses de 1964, cuando 2,076 nicaragüenses viajaron al mismo destino, presentando un aumento de 147.8 %.[116] En 1970 más de diez mil nicaragüenses visitaron los Estados Unidos como turistas.[117]

El "éxodo turístico nicaragüense" tenía graves repercusiones económicas según las autoridades de planificación en 1975. Las cifras revelaron también que el "tiempo de ocio" marcado por las vacaciones de semana santa, las "fechas patrias" (14 y 15 de septiembre) y las vacaciones de navidad agrupaban al mayor número de turistas nicaragüenses en el exterior. En estas "vacaciones", "alrededor de 45,000 personas salieron si se toma en consideración un promedio de estancias de seis días y gastos consecutivos mínimos de US$ 25.00 diario percápita[sic]", estipuló la oficina de planificación. Según el informe de dicha oficina, el éxodo turista de nicaragüenses producía "una cifra de US$ 1,125 [por turista] que multiplicado por los seis días [representó] una fuga de divisas del orden de los US$ 6,750,000 para esta época".[118]

Con cámara en mano, boletos aéreos y paquetes de viaje, los nicaragüenses salieron principalmente a conocer el resto del mundo, y secundariamente, se adentraron a conocer su país. En ambos casos, la forma en que realizaron este descubrimiento de su mundo interno y extranjero ahora estaba mediado por la puesta en escena del turismo. Si las autoridades de ONU, ROCAP, AID, SITCA y DINATUR se habían propuesto crear una "conciencia turística" basada en conocimientos técnicos sobre la empresa del turismo, al menos lo habían logrado con tecnócratas, oficiales de gobierno, científicos, letrados y las clases altas en general. Aunque requiere de mayor investigación, quizá ese es el resultado de impulsar el turismo en un país de

de Estado, "Study of the Tourist Industry in Nicaragua", 17 noviembre 1975, p. 1. Esta tendencia se agudizará con el pasar de los años, véase por ejemplo la diferente entre 1974 y 1976 en: Oficina Ejecutiva de Encuestas y Censos, *Estadísticas de Turismo de Nicaragua 1974*, cuadro 18; Oficina Ejecutiva de Encuestas y Censos, *Anuario de Turismo 1976*, cuadro 17.

115 Oficina Ejecutiva de Encuestas y Censos, *Primera encuesta de Turismo: Septiembre-Diciembre 1974*, 6.

116 "International Travel in Relation to the Balance of Payments Deficit" en: *Hearings before the special subcommittee on tourism of the Commite on Banking and Currency House of Representatives, 88th Congress Second Session*, del 30 de nombiembre al 1ero-2 de diciembre 1964, p. 30.

117 "Activities of the U. S. Travel Service and International Tourism" en: *Hearing before the Committee on Commerce, 92nd Congress first session*, 12 mayo 1971, Serial No. 92–10, p. 11.

118 Viceministerio de Planificación Urbana, *Análisis de la región metropolitana y lineamientos para su desarrollo: Recreación y turismo*, 33.

marcada desigualdad económica y social. Como apuntaron los funcionarios del Departamento de Estado en Managua, la "distribución extremadamente desigual del ingreso dentro del país le da a un porcentaje relativamente pequeño de la población nicaragüense los medios para viajar incluso dentro de su propio país".[119]

En la ciudad de Granada, al sur de la capital, Managua, si bien sectores letrados expresaron su desacuerdo con el turismo y la dominancia de la cultura estadounidense en el país, algunas personas pertenecientes a las familias de abolengo promocionaron la ciudad de Granada como un destino turístico e imaginaron el futuro de la ciudad colonial en clave turista. Alejandro Barberena, por ejemplo, afirmaba que:

> (...) el sueño de Granada ha sido buscar la urbanización de las Isletas poblándolas fácilmente, se alcanzaría esa finalidad con el trazo de una carretera y de una línea férrea que sería el complemento portuario. Estas dos vías pintorescamente cortas conseguirían el resurgimiento del bello paisaje de las Isletas Granadinas que de esta manera alcanzaría un auge de estimulante empuje, invitando más al turismo nacional e internacional.[120]

Las oficinas de DINATUR y sus sedes en departamentos como Granada y León, demuestran en las palabras de Barberena que una clase empresarial, cercana a los grupos económicos dominantes, reproducían sistemáticamente todos los términos técnicos para promocionar la elaboración de atracciones turísticas en el país. No obstante, por más que Nicaragua se definió en dicha tecnificación como un país receptor de turistas, fue más bien lo contrario, un país del cual sus élites salieron para realizar viajes turistas a otros lugares del mundo.

Al igual que la caza y la pesca dentro del país, el viaje a los Estados Unidos y Europa se convirtió en un elemento de distinción para las élites nicaragüenses. Aunque varios de sus miembros viajaron anteriormente y escribieron relatos sobre sus viajes, es en los años sesenta y setenta en que se remarca el aumento de los viajes por vacaciones. Además, no solo escritores, intelectuales o políticos, como Pablo Antonio Cuadra o José Coronel Urtecho, escribieron sobre sus viajes. A partir de los años sesenta se unen los escritos publicados por otras personas pertenecientes a las familias de abolengo, acompañadas de sus fotografías capturadas en sus viajes.

Cecilia Chamorro de Solórzano, por ejemplo, publicó un recuento de su viaje realizado junto con su familia por Europa. Sus apreciaciones se concentran en la calidad de los hoteles, el servicio de transporte y la amabilidad de los conductores, así como la calidad de la comida. En sus relatos, abundan las observaciones sobre la particularidad de que los hoteles en Europa, como estos no

---

119 Telegrama de la embajada estadounidense en Managua al Departamento de Estado, "Study of the Tourist Industry in Nicaragua", 17 noviembre 1975, p. 1.

120 Alejandro Barberena Pérez, "Las isletas", *Revista Conservadora*, Abril de 1964, 38.

ofrecían jabón o toallas, a diferencia de los hoteles de Estados Unidos. Menciona que París no había cambiado en veinte años, solo que había más "gente sucia" y "bohemia", a diferencia de la "elegancia auténtica" de los londinenses. Sus vistas preferidas eran las iglesias y los pequeños pueblos. Los más bonitos, para Chamorro, "parecían un nacimiento", haciendo referencia a los pesebres del nacimiento de Jesús, típicos en la época de navidad.[121] La turista nicaragüense nos relata sus apreciaciones de lo que pudo "admirar", lo cual pasa por el lente de su cámara y el de su familia. La vista y la búsqueda de los lugares "icónicos", como la torre de Pisa o las pirámides en México, son los puntos que busca acorde a las guías de viaje que ha adquirido *a priori* a su viaje.

Así como turistas estadounidenses y escritores como Coronel Urtecho habían escrito sobre sus viajes y encuentros con la población nicaragüense y estadounidense, respectivamente, los turistas también encontraban su lugar entre el viejo y el nuevo mundo. "Tenemos que establecer una diferencia muy grande entre la cultura Yankee y la Europea", cuenta Chamorro después de su viaje. Los "yankees se sienten tan poderosos con su Don Dólar que se han hecho como muy independientes de todo, no pierden con nadie, el turismo para ellos es de cero a la izquierda. Parece mentira que un país tan avanzado sea tan 'rough [rudo]'".[122] En las descripciones de Chamorro se anotan pues las influencias que la modernidad y la cultura de viaje ejercían sobre las ciudades o lugares europeos y americanos.

A semejanza de Chamorro, Mariano Fiallos Gil concuerda con estas experiencias turistas escritas por las élites nicaragüenses.[123] En sus viajes al exterior constató los cambios que las ciudades habían experimentado, debido al turismo.[124] Viajar para miembros de la élite era regresar con ojos turistas a los lugares que visitaron como estudiantes, embajadores o representantes de gobierno en una conferencia internacional. Fiallos, por ejemplo, visita Nueva Orleans, Jordania, Israel, Atenas, Milan y Venecia. En cada una de estas ciudades anota los cambios en los últimos veinte años. A su vez, refuerza su catolicismo al visitar las iglesias más importantes. "Escribe lo que ve", afirma Fiallos, "sin esperar regreso" y "sin copiar los libros que editan las agencias de turismo".[125]

La identidad nicaragüense, y la posición de clase que ocupaba la persona nicaragüense que viaja, se constatan en estos textos. Los turistas nicaragüenses viajaron a Estados Unidos y

---

121 La Costa Azul, escribe Chamorro, parecía un "pueblito de nacimiento": Cecilia Chamorro de Solorzano, "Diario de un viaje por Europa: Recorrido de una dama nicaragüense después de cuarenta años de ausencia", *Revista Conservadora*, Diciembre de 1966, 23.

122 Ibid., 43.

123 Fiallos Gil fue rector de la UNAN León de 1956 a 1962. Fue un miembro activo de los círculos literarios e intelectuales de la ciudad de León.

124 Mariano Fiallos Gil, *Crónicas de viaje (de Nueva Orleans al Cercano Oriente)* (León: Cuadernos Universitarios, 1964).

125 Ibid., 4.

Europa para revisitar sus lugares de estudio y, con ello, constatar tanto el paso del tiempo en los lugares donde vivieron como el valor de los rasgos identitarios nicaragüenses que llevaban consigo, tales como el catolicismo. Esta diferenciación supuso un reforzamiento de la identidad nacional que llevaba el turista nicaragüense al exterior. La pregunta que se alza aquí es, ¿cuál es la verdadera identidad nicaragüense?

7.3.1 Conciencia turística e identidad nacional

Para contestar la pregunta que cierra el acápite anterior, se hace necesario indagar un poco en los debates sobre los rasgos identitarios que intelectuales, élites y funcionarios de gobierno sostenían en los años finales del somocismo. También, se resalta que dichos debates tomaban posiciones en el terreno discursivo y representativo del país en términos de paisajes, recursos naturales, historia, cultura y poblaciones.

Al iniciar los años setenta, el deterioro medioambiental se percibía fácilmente en Nicaragua. Intelectuales y académicos de distintas disciplinas y ciencias promovieron el turismo como una forma de desarrollo favorecedora de la protección al medio ambiente. Nicolás Buitrago Matus, historiador e intelectual, también fue un fuerte promotor del turismo en su ciudad natal de León. La influencia del turismo, sobre todo sus influencias panamericanas decidoras del imperio cultural estadounidense, fue un tema de debate en las élites letradas, sobre todo por sus efectos en lo que dichas élites definían como "cultura nacional".

La hegemonía cultural de los vanguardistas de Granada fue cuestionada en estos años. Intelectuales como Pablo Antonio Cuadra y José Coronel Urtecho habían planteado sus cuestionamientos y desaprobaciones del turismo como empresa panamericana, y se habían posicionado como voces críticas a la creciente influencia de los Estados Unidos, debido a lo que ellos comprendían como una cultura nacional mestiza. Mestiza, en sus términos, era católica, hispana e indígena.

Otro grupo de intelectuales y empresarios cuestionaron estas posiciones con respecto a la "autenticidad" de la cultura nicaragüense. Empresarios e intelectuales más cercanos al liberalismo cuestionaron la "corriente cultural neohispánica" propuesta por La Vanguardia conservadora de Coronel Urtecho y Cuadra, entre otros. Camilo Vijil señaló en un artículo de la época que "los particularismos en los rasgos culturales" señalados por los vanguardistas iban "desapareciendo ante la influencia creciente de una nueva cultura mundial o internacional, que resulta de la intensificación de las comunicaciones, de las relaciones o intercambios comerciales, de la existencia de organismos internacionales, de las guerras y del turismo".[126]

[126] Camilo Vijil Tardon, "El imperativo de la autenticidad cultural", *Revista Conservadora*, diciembre de 1968, 3.

En concordancia con Vijil, intelectuales y empresarios leoneses utilizaban las páginas de *León Turístico* para reflexionar sobre las formas en que las nuevas comunicaciones y el auge del turismo podrían contribuir para conservar la ciudad colonial y el medio ambiente cercano al departamento de León.[127] "El aumento del esparcimiento", en su "triple vertiente de descanso, diversión y desarrollo (cultural, espiritual y corporal)", reflexionó Adolfo Ubilla en 1976, podría provocar "la sustitución del equilibrio [h]habitación-trabajo por un planteamiento triple: habitación-trabajo-esparcimiento, que conduce a la exigencia de nuevas relaciones espaciales".[128]

Por tanto, para las élites leonesas, los cambios en las configuraciones espaciales para albergar el turismo tenían efectos notables en la cultura e identidad de la población que habitaba la ciudad de León. Su postura se concentraba en cómo conservar la ciudad y el medio ambiente, así de alguna forma negociar la influencia de los turistas y el sostenimiento de una cultura nacional. Esta postura la comprendían, según sus palabras, como la: "función patriótica de presentar nuestro potencial turístico con miras a lograr metas superiores dentro de nuestro desarrollo general, que habrán de redundar en beneficio de nuestra incipiente industria turística".[129]

Tomando en cuenta el déficit que provocaba en las divisas del país el viaje de los nicaragüenses como turistas a otros países, DINATUR y sus oficinas aledañas, similares a la oficina en León, aspiraban a que "el connacional" conociera su país, a favor de "incrementar el turismo local". Es en esta línea que DINATUR estableció las pautas a seguir para la empresa del turismo. La naturaleza e historia combinadas podrían ser conservadas, pero tendrían que ser expuestas de formas atractivas para la mirada de turistas e inversionistas. Con esto en mente, la guía de viajes escrita por DINATUR expresa lo siguiente:

> Despierta en el extranjero el interés por conocer nuestra tierra, donde la mano del Creador fue pródiga, al dotarla de todo cuanto es necesario para satisfacer las exigencias del turista más acucioso y le presta al visitante ocasional o al hombre de negocios o industrial la oportunidad de palpar las posibilidades y facilidades de inversión en este país, al par que le facilita el conocimiento de nuestras costumbres y lo invita a hacer más amena su permanencia, aquí donde el humor y la cordialidad más amplia forman parte de la vida del nicaragüense proverbialmente acogedor.[130]

---

[127] Adolfo Ubilla, "León y su futuro turístico", en: Oscar Rivas Barreto y GURISA, eds., *León Turístico: Órgano propulsor del turismo nacional*, 1 (León, 1976).

[128] Op. Cit.

[129] Noel Vidaurre Barrios y DINATUR, eds., *Nicaragua: Guía Turística* (Managua: Dirección Nacional de Turismo, 1967), 2.

[130] Ibid., 2.

Si conservadores y liberales tenían algunas diferencias sobre sus interpretaciones de la historia y la cultura nicaragüense, parecen acordar en la forma que dichas historias y comprensiones pueden ser puestas a trabajar en la empresa del turismo. La afinidad entre las posturas de conservadores como Cuadra o liberales como Ubilla se cristaliza en los proyectos de turismo puestos en marcha en los últimos años de la década de 1970. Consecuentemente, en el capítulo anterior se mostró la influencia de las nuevas formas de ver e inventariar el espacio, por parte de ONU y CICATUR especialmente, en la forma en que Jaime Incer Barquero realizó el primer gran inventario nacional de recursos para el turismo. El inventario realizado por Incer se propuso proveer la información científica necesaria para crear una empresa de turismo a escala nacional, pero muchos de sus proyectos y recomendaciones no fueron puestos en práctica. A pesar de ello, un ejemplo de la forma en que el naturalista nicaragüense encaró la empresa de turismo se materializa en el proyecto que dirigió, junto con el Banco Central de Nicaragua (BCN), para convertir al Volcán Masaya en un parque nacional y centro turístico. Su hermano, Roberto Incer, presidente del BCN, era otro firme creyente de la capacidad de un liberalismo ordenado y bien administrado para solventar los problemas ambientales, hasta el punto que afirmó que la "explotación latifundista no [existía]" en Nicaragua y que los empresarios en el libre mercado actuaban "rápido y ágilmente" para encarar las cuestiones del medio ambiente.[131]

Basándose en las experiencias recientes y los programas puestos en marcha en el país vecino de Costa Rica – había establecido dos parques nacionales de volcanes (Poas e Irazú) en 1968 – Incer centró su atención en darle un "valor internacional" al Volcán Masaya.[132] Como señala Pratt, es precisamente en los años sesenta y setenta en que "las visiones exotizantes de la plenitud y el paraíso" fueron apropiadas y comercializadas por la industria turística, de tal manera que "los escritores de viajes neocoloniales perpetraron construcciones nacionales y globales de destinos del tercer mundo como paraísos prístinos, en peligro de extinción como los 'últimos que quedan'".[133] Al mismo tiempo, Deckard menciona que los parques nacionales en Estados Unidos respondieron a la noción de que un "mundo global, cada vez más reducido, la desaparición de los 'espacios naturales' y de los territorios 'por descubrir' había llevado a describir los pocos paisajes remotos que quedaban como edenes ecológicos", pero dichos edenes

131 Incer, Roberto (1977) "Discurso Pronunciado por el Dr. Roberto Incer Barquero Presidente del Banco Central de Nicaragua, ante la Cámara de Comercio Americana de Nicaragua, en el Salón Darío del Hotel Intercontinental," citado en: Stewart, "Poached Modernity: Parks, People and Politics in Nicaragua 1975–2000", 146.

132 Informe presentado por el Sr. Hiram Sotela Montagne, Secretario Ejecutivo del Instituto Costarricense de Turismo, durante el IV Seminario Centroamericano de Turismo Celebrado en San José, Costa Rica, los días 10, 11 y 12 de septiembre de 1968, p. 4. Archivo SICA. Guatemala, Panamá y El Salvador ya manejaban y administraban lugares como Parques Nacionales (Tikal, Montecristo, Santa Rosa, Cerro Verde. Altos de Campana, etc.)

133 Pratt, *Imperial Eyes*, 221.

solo podrían ser disfrutados si "el propio paraíso se convertía en un producto, un artículo de 'exportación global' en el mercado turístico", cuyas "ilusiones de naturaleza salvaje prístina sólo pudieron lograrse mediante el desalojo de los indígenas".[134]

Consecuentemente, en el mes de diciembre de 1974 se llevó a cabo en San José de Costa Rica, la *Primera Reunión para la Conservación del Patrimonio Natural y Cultural del Istmo Centroamericano.* En ese entonces, representantes de los seis países del istmo, asesorados por la ONU, la Unión Internacional para la Conservación de la Naturaleza (UICN), entre otras agencias, y fundaciones internacionales patrocinadoras, convinieron en el establecimiento de un Sistema Centroamericano de Parques Nacionales, en aquellos lugares de Centroamérica "que por encerrar bellezas escénicas, añadidas a valores educativos y científicos ofreciesen un amplio potencial para la recreación al aire libre y el desarrollo turístico".[135]

Según menciona Incer, la primera idea de convertir el volcán en un "área de recreación" fue de John Lloyd Stephens en 1840.[136] Es sugerente, pues, leer en el plan del proyecto la razón principal por la cual fue elegido el volcán, sumados a los eventos mencionados anteriormente. Stephens, al subir el volcán, imaginó – con cierto grado de frustración – el hecho que Nicaragua no pudiese establecer un mirador – con un camino seguro y quizá un puesto de comida en la base del volcán – para atraer turismo.[137] Desde la perspectiva de Incer, informado por la prosa naturalista de Stephens, en el siguiente párrafo se aprecia el valor de la historia del volcán y cómo justamente encadena el proyecto turístico a las observaciones de conquistadores y naturalistas que entrelazan y colapsan las temporalidades de conquistas e imperialismo a la empresa nacional de turismo:

> Solamente el que no ha leído a Oviedo, a Squier, Stephens, o Belt, puede dudar de la gran fascinación que el lugar ha proporcionado a los ojos del los visitantes extranjeros, para no hablar de la singular actividad del cráter Santiago, la atracción principal, para satisfacer todo tipo de curiosidad. El área además, no tiene ninguna vocación agrícola, dado el carácter fragoso de su terreno, cubierto de capa de lava solidificada y cualquier inversión futura en dicho sitio no se justifica, si no forma parte de un plan de desarrollo turístico, tal como se plantea en el presente Anteproyecto.

---

134 Deckard, *Exploited Edens*, 26.

135 Jaime Incer Barquero y Claudio Gutiérrez Huete, eds., *Plan maestro para el establecimiento y manejo del área del volcán Masaya como parque* (Managua: UCA, BCN y ONC, 1975), 1.

136 Ibid., 5.

137 John Lloyd Stephens, *Incidents of Travel in Central America Chiapas and Yucatan*, vol. 2 (New York: Dover, [1843] 1969), 13. Incer Barquero cita los párrafos de Stephens en la primera página de presentación del Plan Maestro para el Volcán Masaya.

> Se escogió el áreas[sic] del Volcán Masaya, porque además de representar un rasgo tan característico de nuestra geografía, y con antecedentes históricos que se remontan al período precolombino, se encuentra también ubicada cerca de Managua, con fácil acceso y en medio de una zona de gran densidad poblacional. De este modo se lograría promover la idea para el establecimiento de Parque Nacionales en el país a un público que tiene acceso a un sitio tan singular y estratégicamente localizado, como es dicho volcán, con sus cráteres activos, laguna vecina, rocas volcánicas y fauna y flora *sui géneris*, permitiendo además presentar sobre el terreno los beneficios que este tipo de proyectos ofrecen a la recreación nacional, al turismo internacional, no sin menospreciar sus valores educativos y de investigación científica.[138]

En el párrafo citado se esclarece la operación argumentativa de Incer para denominar un lugar como atractivo turístico. Primero se encadena a las mismas observaciones de conquistadores, naturalistas y viajeros anteriores a él, para reforzar la noción que este atractivo es "natural" a la vista de las personas que lo saben apreciar. Luego descalifica la primera empresa de atracción, la agricultura, al señalar que no se puede cosechar nada debido a las condiciones geológicas del volcán. Finalmente, hace uso de las jerarquías de CICATUR para mostrar el valor natural, cultural e histórico del volcán para argumentar la viabilidad económica del proyecto. Viabilidad económica que es suturada a su posible valor adicional de productor de conocimiento pedagógico y científico. Saber y economía juntos, delineados como la relación objetiva del objeto con su valor, diría Foucault, es el saber-poder de la mirada de Incer.

De esta manera, la argumentación de Incer compone una cadena de equivalencias entre historia, naturaleza y riqueza nacional – en clave de progreso económico y científico – para proteger el medio ambiente amenazado del Volcán Masaya. Dicha cadena de equivalencias suma la mirada imperial de conquistadores y naturalistas a una naturalización del proceso de comodificación del espacio. Esto es, empresa de turismo como riqueza nacional es igual a conservación del medio ambiente. Turismo es aquí tanto empresa como principio gnoseológico, se vuelve parte de un proceso de estructuración de conocimiento que consolida una comprensión de la verdad, de la belleza natural y utilidad de un elemento del paisaje como el volcán. El Volcán como atractivo turista se eleva a una categoría ontológica. De tal forma, el plan de progreso y desarrollo enunciado por Stephens, *mutatis mutandi*, enunciado en clave de turismo por las élites gobernantes nicaragüenses, es una forma viable de salvaguardar la riqueza de la nación y promoverla para generar ingresos, cuyas instituciones operativizan la gubernamentalidad de las jerarquías de saber-poder para convenir recursos y visiones en torno al volcán y sus usos para la economía nacional.

---

[138] Incer Barquero y Gutiérrez Huete, *Plan maestro para el establecimiento y manejo del área del volcán Masaya como parque*, 2.

Se recalca el principio de omisión que sobrelleva dicha cadena de equivalencias de la narrativa de Incer para construir la noción del Volcán Masaya como un Parque Nacional de atractivo turístico. Las voces o pensamientos de la población del circuito del volcán y la laguna no aparecen en el Plan Maestro o en el inventario de turismo. Las poblaciones aparecen, pero representadas mediante una mirada turista, cuando describe las "mujeres lavadoras de la Laguna de Masaya", campesinos, cazadores o leñadores. En línea también con la mirada turística detallada en este estudio, las poblaciones son anonimizadas y se presentan como una parte del paisaje y la naturaleza, o reducidas a su actividad laboral. Al escribir sobre la Laguna de Masaya en el Plan Maestro, Incer detalla:

> (…) la laguna tiene un alto valor de recreación y de belleza escénica, circundada por un lado por altos paredones y acantilados verticales y por el otro lado, por ingentes coladas de lava endurecidas, su potencial para la producción pesquero no ha sido desarrollado ni investigado exhaustivamente. Sus aguas tranquilas favorecen la navegación y la pesca deportiva. Posee además un significado socio-económico para la población de escasos recursos, como sitio de trabajo de "lavanderas" de Masaya, Nindirí, Masatepe y Nandasmo, cuyas actividades son además tema de atracción para los turistas extranjeros.[139]

La pesca, objetivo principal del turismo, se impone a los usos de la laguna, mientras que la actividad "típica" de las "lavanderas" se sutura a la naturaleza para mostrarse como un elemento más de "atracción para los turistas extranjeros". Estas personas, sin nombres o anónimas, son la gran mayoría cuyo interés en el parque, o en su forma de vivir en dicha naturaleza, pasa desapercibida o silenciada en este gran proyecto que transformó al Volcán Masaya en parte de la riqueza visual y natural de la nación nicaragüense. Las poblaciones campesinas son sancionadas por la "tala poco comercial" que realizan en la zona, e Incer recomienda que tiene que ser "detenida o regulada".[140]

Cabe recalcar que las "lavanderas de la laguna de Masaya" han sido uno de los puntos focales de las descripciones de viajeros y guías turísticas por cientos de años. En el film de Marden, *Nicaragua: tierra de lagos y volcanes*, el cineasta nos presenta una escena en que las mujeres aparecen lavando ropa en la laguna, junto con sus hijos que juegan en el agua. En un momento, una mujer vestida de blanco aparece con medio cuerpo dentro del agua y parece alimentar y jugar con una multitud infinita de peces que la rodean. ¿Qué deseaba esa mujer para la laguna? ¿Cómo habían logrado vivir y utilizar la laguna sin contaminarla durante cientos de años? Su voz y sus saberes no se escuchan o se conocen. En el gran inventario del turismo, su

139 Ibid., 13.

140 Ibid., 26–28.

contribución es anónima, performática y exótica. Todo lo que estas mujeres pudieron haber sido – sus nombres, deseos y esperanzas – son pasadas por alto y quedan fuera – expulsadas – de la historia. En el palimpsesto de sus existencias queda el título que sutura su profesión a su condición de naturaleza: "lavanderas". En la mirada comodificadora del turismo, estas personas quedan imantadas a una historia pintoresca que puede atraer la mirada de los turistas imaginados por Incer, las instituciones de gobierno y todas las instituciones incluidas en la gran empresa del turismo ideada para Nicaragua.

En continuación con la relación entre estos proyectos y la gubernamentalidad del turismo en Nicaragua, mediante la noción de atracción de inmigración, turismo e inversiones, se puede apreciar que la edificación discursiva y representacional del volcán Masaya como atracción turística introduce directamente el "problema de la población".[141] Con este punto en particular, Foucault argumenta que la razón del Estado introduce la administración de la población en términos de "cantidad, trabajo, docilidad". Estos últimos tres términos alimentan su argumento sobre la institucionalización de la policía como necesidad de seguridad en el territorio, de manera que administre la población conforme a las normas de productividad requeridas por la economía política de la nación. En este caso particular del turismo en Nicaragua, la población aquí es medida en grado de mestizaje, folklor y asimilación a la economía nacional. Las "lavanderas" son absorbidas como una vista. Su forma de vida – silenciada – en el gran proyecto de turismo para la nación, es valorizada en términos de atracción de turistas mediante escalas de raza, género y cultura. Con todo, el atractivismo de estas personas agregadas a la historia del volcán Masaya, alimenta el saber de la ciencia encadenado a la política económica del turismo expresado como una necesidad natural por conservar y promover la riqueza de la nación nicaragüense.

7.3.2 *Identidad mestiza y el turismo*

A lo largo de este estudio se ha señalado en varias ocasiones que el turismo ha sido una empresa montada sobre las bases coloniales y las influencias imperiales en la estructuración de la nación nicaragüense. Si en los años treinta y cuarenta abundan las tablas raciales, y las denominaciones mismas para identificar al "turista" en la ley nacional, en los años cuarenta y cincuenta se observó la aparición del vestido tradicional y el folklor como un elemento agregado al inventario de atracciones turísticas. En este sentido, el turismo forma parte de las otras grandes empresas de desarrollo nacionales como el café, el algodón y la ganadería, en cuanto el turismo es una empresa de desarrollo que denota las jerarquías raciales, étnicas, de género y de clase de

[141] Foucault, *Seguridad, territorio, población*, 402.

la sociedad nicaragüense, al mismo que es decidora de los mitos fundacionales de la identidad nacional.

En los años cincuenta y sesenta se experimenta en Nicaragua el avance implacable del capitalismo agrario y del mestizaje. En su libro seminal sobre el tema en Nicaragua, Jeffrey Gould postula que el "mito de la Nicaragua mestiza, la noción de sentido común de que Nicaragua había sido durante mucho tiempo una sociedad étnicamente homogénea, es uno de los logros hegemónicos más perdurables de la élite".[142] Antes y durante los años de la Nicaragua somocista, Gould encuentra una aceleración de los procesos de mestizaje. En dichos años se formula un discurso identitario que tiende a invisibilizar las identidades indígenas en el norte y el centro del país, además del Caribe nicaragüense. La Nicaragua mestiza hace alusión a un pasado indígena y a la influencia de los conquistadores españoles, dejando de lado o excluyendo al Caribe marcado por la ascendencia africana, inglesa y protestante, diferente del pasado católico, indígena e hispano del Pacífico.[143]

Asimismo, el mito del mestizaje formula dos postulados sobre la población. Uno es la homogeneidad racial y étnica del país. El segundo es que los indígenas son incivilizados y atrasados en su desarrollo económico. Así, la identidad nacional homogenizada en el mito del mestizaje fue de la mano con la celebración de la vida rural – del campesino – como figura simbólica de lo que podría considerarse como el verdadero-auténtico nicaragüense. Gould documenta las resistencias de las comunidades indígenas a las concepciones del mestizaje o la "ladinización" o "proletarización" del indígena, particularmente al apropiarse de su calidad de artesanos, agricultores y jornaleros. El aspecto obrero de la resistencia indígena le permitió especialmente a la comunidad de Sutiaba (León) obtener derechos civiles, económicos y políticos para defender sus propiedades, su modo de vida y, sobre todo, definirse a sí mismos sin ser "ladinizados" o integrados a la población homogénea mestiza.[144]

Escritores, poetas, abogados e historiadores, usualmente parte del Instituto Indigenista Nacional, reflexionaron sobre la "cuestión del indio" y su influencia perdurable en la identidad mestiza del nicaragüense, en las páginas de la revista *Nicaragua Indígena* o los *Cuadernos del Taller San Lucas*. Pablo Antonio Cuadra especialmente abogó por una recuperación de la cultura indígena y de todos los "hallazgos interesantísimos que realizaban las ciencias

[142] Jeffrey L. Gould, *To die in this way*, 234.

[143] Un análisis del indigenismo en la Vanguardia Nicaragüense y sus expresiones en la revista *Nicaragua Indígena* se encuentra en: Amanda Minks, "Auralidad e interculturalidad en la Vanguardia nicaragüense", *TRANS*, Música, sonido y cultura en Centroamérica, núm. 24 (2020): 6. También se encuentra un análisis del indigenismo, la Vanguardia y el mestizaje como discurso político en: Juan Pablo Gómez, *Autoridad, cuerpo, nación*, 191.

[144] Gould, *To die in this way*, 102–30.

folklóricas", los cuales mostraban la "permanencia del indio en la expresión mestiza".[145] Entre los rasgos identitarios del nicaragüense mestizo, Cuadra ubica la migración y el viaje como un componente fundamental en las características "del tipo nicaragüense": "un tipo de pueblo a quien sus dioses le ordenaron emigrar".[146]

Uno de los principales rasgos identitarios "heredados del indio", Cuadra asevera que es este impulso a emigrar, el cual explica del nicaragüense "su desapego, su actitud transeúnte ante la vida, su sobriedad de nómada, sus peligrosas desnudeces culturales, su psicología extrovertida de viajero", entre otras.[147] Es bajo esta condición que Cuadra viajó hacia el Caribe nicaragüense y capturó varias fotografías junto con la misión del periódico *La Prensa*. Sus imágenes y descripciones aparecieron en la revista *Nicaragua Indígena*. Tomando en cuenta el elemento emigrante y navegante del nicaragüense, una fotografía de Cuadra, facilitada por la Junta de Turismo a la revista, lee: "Mujer miskito de Nicaragua: Tal vez ella ha visto sobre su territorio irredento partir, regresar y volver a partir la esperanza" o se muestra "el típico techo de una raza emigrante: la miskito".[148] Con este archivo fotográfico, los avances de historiadores, antropólogos y naturalistas para conocer el mundo indígena nicaragüense fue acompañado de fotografías capturadas por Pablo Antonio Cuadra y Franco Peñalba, entre otros. Sus fotografías engrosaron el archivo visual de la JNT y posteriormente de DINATUR. El IIN y DINATUR realizaron varios proyectos juntos para unir indigenismo y turismo, como el museo arqueológico en Chontales.[149]

En concordancia con Gould, Amanda Minks argumenta que el "campo folclórico", dentro de los estudios indigenistas, "estaba entretejido con el campo político en Nicaragua, extendiendo el poder de los letrados del Pacífico en los discursos identitarios, además de las estructuras jurídicas, por lo menos hasta los mediados del siglo veinte".[150] El trabajo de Pablo Antonio Cuadra y demás intelectuales, afirma Minks, si bien "abrió la posibilidad de incluir a las culturas indígenas en la cultura nacional", "la cultura indígena y el folklor fueron integrados a la cultura

---

145 Pablo Antonio Cuadra, "El indio al pie de la letra", El Cuaderno del Taller San Lucas, citado en: Minks, "Auralidad e interculturalidad en la Vanguardia nicaragüense", 9.

146 Pablo Antonio Cuadra, "La herencia del indio en el nicaragüense", ed. Eudoro Solís, *Nicaragua Indígena* II, núm. 2 (octubre de 1954): 10.

147 Ibid., 10–11.

148 Las fotografías se presentan como parte del "Archivo de Pablo Antonio Cuadra" y facilitadas por la Junta Nacional de Turismo: Eudoro Solís, ed., *Nicaragua Indígena*, Segunda Época 13–14 (Managua, 1957), 62. Eudoro Solís, ed., *Nicaragua Indígena*, vol. II, Segunda Época 3 (Managua: Instituto Indigenista Nacional, 1954), 1; Eudoro Solís, ed., *Nicaragua Indígena*, vol. II, Segunda Época 1 (Managua: Instituto Indigenista Nacional, 1954), 1 y 40; Eudoro Solís, ed., *Nicaragua Indígena*, vol. II, Segunda Época 7 (Managua: Instituto Indigenista Nacional, 1955), 1 y 40.

149 "Museo abandonado", *La Prensa*, 1ero marzo 1969, p. 11.

150 Minks, "Auralidad e interculturalidad en la Vanguardia nicaragüense", 3.

nacional en las mismas circunstancias políticas, económicas y raciales rigentes en Nicaragua" con respecto a las dominancias de las élites criollas sobre las poblaciones subalternas.[151]

Minks investiga la influencia del *Instituto Indigenista Interamericano* en la formación y consolidación de las concepciones sobre el folklor en Nicaragua. La Sociedad Folklórica de Nicaragua se inició en los años sesenta con el propósito de rescatar, resguardar y promover el folklore nicaragüense. Consiguientemente, en esos años se produce un aumento exponencial de la producción de obras de investigación sobre el folklore nacional en conjunto con la sociedad de folklor en Masaya y el sindicato de actores de folklore.[152] Alfonso Pérez Estrada publica en 1971 el primer *Muestrario del Folklor Nicaragüense* y Salvador Cardenal Argüello funda en 1967 la *Radio Güegüense*, la cual promueve la "música nacional" e inicia un proyecto de grabaciones de las músicas "típicas nicaragüenses".[153] Durante esos mismos años se fundan dos grupos de danza folklórica, el *Ballet Camilo Zapata* (1960) y el *Ballet Folklórico Nicaragüense* (1969).[154]

Las instituciones, obras y grupos de música o danza mencionados anteriormente son solo una pequeña muestra del interés exponencial depositado al descubrimiento de las raíces populares e indígenas de Nicaragua a partir de los años cuarenta; interés que se consolidó en el periodo aquí estudiado en este capítulo, los años sesenta y setenta. También denota la influencia de los grupos intelectuales liderados por Pablo Antonio Cuadra y los intelectuales usualmente identificados con la ciudad de Granada. Los esfuerzos de dichos intelectuales respondieron a los cambios radicales y las influencias crecientes del exterior sobre lo que se concebía como una cultura nicaragüense en pleno proceso de cambio: industrialización, agroexportación, desigualdad social pronunciada y aumento del turismo internacional.

Las contribuciones de folkloristas e indigenistas a la historiografía y la comprensión de la cultura popular en Nicaragua han sido enormes y de valor incalculable. Sin embargo, en línea con los hallazgos de Gould y Minks, los usos del folklor en el turismo de los años sesenta y setenta, filtrados por el mito de la Nicaragua mestiza, demuestran la articulación de las jerarquías políticas, económicas y raciales en las representaciones de la cultura e identidad nicaragüense en clave turista. Específicamente, las representaciones o puestas en escena concuerdan con dos

---

151 Op. Cit.

152 "Estatutos de la Asociación Folklórica de Masaya", *La Gaceta Diario Oficial*, 7 enero 1977, p. 49; "Acta Constitutiva y Estatutos del Sindicato de Actores del Folklore de Música Internacional y Autores Nicaragüenses", *La Gaceta Diario Oficial*, 8 enero 1969, p. 69.

153 Pablo Antonio Cuadra y Francisco Pérez Estrada, *Muestrario del folklore nicaragüense*, Ciencias Humanas 9 (Managua: Banco de América, 1978); Salvador Cardenal Argüello, *Nicaragua: música y canto* (Managua: Radio Güegüense, 1997).

154 "Ballet Camilo Zapata cumple 25 años de fundado", *La Prensa*, 9 octubre 1985, p. 5; "Ballet Folklórico Nicaragüense celebra hoy bodas de plata", *La Prensa*, 8 noviembre 1994, p. 9.

postulados centrales de Minks con respecto a la ambivalencia de la identidad indígena en el discurso nacional. "Por un lado", afirma la autora, "a la cultura indígena se le asignó una posición inferior en las jerarquías residuales de la evolución sociocultural, así como en los paradigmas del progreso y desarrollo moderno"; y "por otro lado, la cultura indígena fue un recurso para expresar la herencia única del Estado-nación en su camino hacia la modernización".[155]

En cuanto al turismo, los "maravillosos" hallazgos de las "ciencias folklóricas" que señala Cuadra comienzan a poblar las páginas de los manuales, guías y narrativas de turismo en general que se producen en Nicaragua en los años sesenta y setenta. Cada lugar turístico se le añade una historia fascinante, usualmente una leyenda indígena, para resaltar su valor paisajístico y cultural. En simetría con lo "real maravilloso" enunciado por Franz Fanon, las historias sobre la naturaleza contadas como un pasado encantado, propio de las culturas indígenas, aparecen suspendidas en el tiempo.

En la narrativa que comodifica el espacio, naturaleza y cultura para la nación, la atracción turística en su encanto natural continúa en el mismo lugar, pero ese "rescoldo del pasado" surge para anotar un tiempo mágico cuya espiritualidad, gracias a una historia contada con "imaginación", resalta la belleza del espacio turístico de una nación mestiza.[156] La laguna de Tiscapa, ubicada detrás del Palacio Presidencial en Managua, es narrada en su historia con esta imaginación maravillosa en mente, propia de los hallazgos de los estudios indigenistas. La historia de la laguna se relata de la siguiente manera en el *Manual del guía turista* editado por Rizo en 1971:

> Algunos años antes de la Conquista Española, un Cacique de la región de Cuscatlán tenía como hija una bella princesa quien se enamoró de un mercader indígena que viajaba desde el Sur y llegaba hasta México. Luego de escaparse juntos siguiendo la vereda de la laguna, la princesa rompió a llorar con ternura, al mirar por última vez aquellas aguas donde había nadado con las doncellas de su tribu.
>
> El indio mercader para satisfacer a su princesa, llamó a tus servidores y desde la orilla de la laguna recitó en misterioso dialecto, conjuras bajo cuyo poder las aguas iban bajando hasta quedar reducidas a un charquito que el brujo cogió en el cascarón de un huevo de pavo montés, el cual llevó consigo. Recorrieron largos caminos la enamorada pareja hasta llegar a orillas del Lago Xolotlán. En el gran recibimiento preparado, el raptor, al mostrar el embrujado, cascarón de huevo, donde encerraba la laguna robada, la dejó

155 Amanda Minks, "Reading Nicaraguan Folklore Through Inter-American Indigenismo, 1940–1970", *Latin American and Caribbean Etchnic Studies* 9, núm. 3 (2014): 198–99.

156 Javier Sanjinés, *Rescoldos del pasado. Conflictos culturales en sociedades poscoloniales* (La Paz: PIEB, 2009).

> caer con gran estruendo en un profundo barranco, cráter de algún volcán extinguido, dejándolo inundado de agua para formar allí la Laguna de Tiscapa, robada por los brujos de Managua.[157]

El ejemplo de la laguna de Tiscapa es ilustrativo de estas nuevas versiones mestizadas del pasado indígena y colonial que se suman al inventario de la riqueza nacional para el turismo.[158] El tiempo de los indígenas queda atrapado en un pasado mágico que es ofrecido como un detalle pintoresco de la laguna, el cual agrega un valor extra a su vista. Ejemplos como la laguna de Tiscapa no son nobles de los años sesenta y setenta. En años anteriores los conocimientos de indigenistas y folkloristas ya aparecían en las guías de turismo, como fue el ejemplo del árbol de Tamarindón de la comunidad Sutiaba, en el occidente del país.[159] No obstante, ambos ejemplos denotan la posición temporal de las creencias o saberes indígenas a un pasado misterioso o como un dato curioso – expresado en un "misterioso dialecto" – cuya peculiaridad vuelve todavía más atractiva o pintoresca la naturaleza identificada como una riqueza del turismo nacional.

Las historias reales-maravillosas van acompañadas con los inventarios de la producción indígena (artesanías, accesorios de palma, tabaco, hamacas, etc). En conjunto con descripciones del folklor, decidor de la "identidad nicaragüense", las danzas y tradiciones son agregadas al inventario turista.[160] En todos los informes de consultorías y en las guías turísticas redactadas en Nicaragua se consolida la presencia de las artesanías como un objeto de atracción. En uno de los congresos sobre turismo se invitó a Francisco Clavero, de la UNESCO, para dar una asesoría y consultoría sobre el apoyo a la "industria de artesanías" en los países centroamericanos. Labor que tomaría el ministerio de Fomento en Nicaragua, junto con el Instituto Indigenista y DINATUR.

Clavero explicó en su asesoría que "la promoción e incremento que en todos los países está experimentando el turismo, contribuye en gran medida a valorar la ARTESANIA [sic], cuyas invisibles exportaciones, a través de los visitantes extranjeros alcanzaban cifras nada despreciables".[161] Clavero propuso las formas de articular a las entidades estatales en este proyecto

---

157 Rizo, *Manual del guía de turistas: República de Nicaragua*, 59–60.

158 Lo mismo se hace con la historia real-maravillosa, o leyenda, de la laguna de Xiloá: Vidaurre Barrios y DINATUR, *Nicaragua: Guía Turística*, 33.

159 José de la Luz Guerrero, *Guía de turismo* (Managua: Ferrocarril del Pacífico de Nicaragua, 1934), 23; Antonio Monte Casablanca, *Paisaje/Sujeto/Nación: Turismo e Inversión en Nicaragua (1892–1940)*, 88–94.

160 Rizo, *Manual del guía de turistas*, 114–20.

161 Francisco Clavero Álvarez, "La artesanía nicaragüense: un llamado de atención", *Revista Conservadora*, diciembre de 1968, 13.

y, junto a UNESCO, llevó a cabo las asesorías sobre administración, promoción y venta en el mercado exterior de la artesanía nicaragüense. Años más tarde, las misiones de la OEA y los estudios de *URS* y *SRI* coincidían y recomendaban el apoyo a la artesanía como un proyecto viable, tanto para la atracción de turismo, como para el fomento de la integración y mejoramiento del nivel de vida de las poblaciones indígenas. Los estudios elevaron la importancia de conservar la "autenticidad" de la producción artesanal de Masaya y Granada, y propusieron evitar la "proletarización" del sector artesanal, junto con la oportunidad para el turismo de "sacar provecho de los bailes, romerías y procesiones" para hacerlas "más pintorescas".[162]

Este era un punto medular en las políticas de asistencia económica de la AID en tiempos del MCCA. Aunque elaboradas para Guatemala, funcionarios y autoridades de dichas organizaciones establecían como lineamientos de sus proyectos de cooperación que el "mejoramiento de la economía de artesanías", "ayudarían" a los indígenas a vender sus productos a los turistas estadounidenses.[163] En esta línea, en 1974 la OEA recomendó principalmente a Nicaragua "asegurar la comercialización de los productos en condiciones ventajosas y a un costo aceptable, impidiendo la deformación del mercado por el intermediario y su explotación del artesano".[164]

Con esto en mente, el estudio de *SRI* propuso reactivar y fomentar el turismo en Nicaragua mediante la promoción de los programas de desarrollo y conservación de la producción de artesanías o productos similares. El estudio enfatizó que:

> En Masaya, Diriamba y Granada se realizan festivales de gran colorido, generalmente de índole religioso. Los visitantes encuentran en Nicaragua una gran selección y variedad de artesanías típicas a precios moderados: ropa bordada para adultos y niños; ropa de hilo, principalmente en Masaya y Granada; hamacas mecedoras de colores vívidos; una gran variedad de canastos tejidos a manos, sombreros y alfombras, artículos de alfarería, especialmente arcilla negra de Jinotega en el norte del país; utensilios de madera, cajas talladas, bols [sic] para ensalada, artículos decorativos, vasos para vino, y juguetes para niños. Los artículos de cuero (cinturones, carteras, portafolios y sandalias) merecen especial mención ya que son considerados los mejores en la región; muebles,

162 URS Corporation, Maxwell Stamp Associates Limited, y Consultora Latinoamericana Limitada, *Lake Nicaragua Hotel: Feasibility Study*, 1968, I:27–28.

163 Carta de Robert Jordan a Keith Himebaugh Director International Cooperation Administration Guatemala City, 22 septiembre 1969. NA, RG 286, USAID Mission to Guatemala/Executive Office, Entry number P 367: Guatemala Subject files; 1961–1963, Space THRU Training-Agriculture 2, container 16.

164 Blondet y Martini, *Estudio sobre la oportunidad de desarrollo del sector turismo en Nicaragua* SECCION VII, punto C, debajo del título, "el mercado artesanal". URS Corporation, Maxwell Stamp Associates Limited, y Consultora Latinoamericana Limitada, *Lake Nicaragua Hotel: Feasibility Study*, 1968, I:27–28.

> especialmente de madera y de caña hechos a mano en Granada; y artesanías de papel tales como flores artificiales.[165]

La cita de arriba vuelve a evidenciar el encadenamiento de naturaleza, cultura y objetos –artesanías – a una narrativa de turismo que comodifica los elementos para ser presentados como valores de la riqueza nacional. Objetos íntimamente relacionados con la identidad cultural nicaragüense, su valor en el párrafo es, empero, las coloridas posibilidades de compra y venta al turista. Un último ejemplo en esta línea sucedió entre 1974 y 1976. En estos años la embajada de los Estados Unidos, singularmente la Asociación de Damas de la Embajada de los Estados Unidos, se dio a la tarea de promocionar el rubro de la artesanía nicaragüense. La asociación promovió la creación de un inventario de artesanías en todo el territorio nacional y realizó un trabajo de inventario junto con historiadores, científicos y fotógrafos, con el fin de presentar una gran exhibición de artesanías en el marco del bicentenario de la independencia de los Estados Unidos. Promocionado por el Banco de América y el Banco Central, el Festival Nacional de Artesanía en la galería Tague de Managua abrió sus puertas el 2 de junio de 1976. En sus palabras de inauguración, el embajador de los Estados Unidos en Nicaragua explicó que:

> Los artesanos de Nicaragua son parte de una tradición milenaria de especialización que les llega desde la cultura de campesinos neolíticos. El fabricante de utensilios domésticos, tales como, cestos, ollas y piedras de moler, es un especialista que produce artículos útiles y estéticos para el uso de la comunidad.[166]

En el libro producido a raíz del festival abundan estas descripciones de los artesanos y sus talleres en Nicaragua. Giselle Theberge, presidenta de la Asociación de Damas, los describe como "gente humilde" y a sus productos como artefactos "de uso o de adorno".[167] Los artesanos, siempre anónimos o solo definidos por su labor o mano de obra, ocupan una categoría subordinada a los grandes hombres de gobierno, agricultura e industria, quiénes siempre aparecen singularizados, con su propio nombre y una lista descriptiva de sus trabajos.[168] Si aparecen en las fotografías, la descripción de la imagen lee "artesano en su taller", o si es una mujer, solo se

---

[165] Cullinan, Duke, y Skidmore, *Marketing action plan for Central America and Panama*, 72.

[166] James D. Theberge, embajador de los Estados Unidos en Managua, en: Asociación de Damas de la Embajada de Estados Unidos, *Festival Nacional de Artesanía* (Managua, 1976), 1.

[167] Giselle F. Theberge, presidenta de la Asociación de Damas de los Estados Unidos, Asociación de Damas de la Embajada de Estados Unidos, en *Festival Nacional de Artesanía*, 3–4.

[168] Véase por ejemplo como aparecen los hombres de negocios y la "raza india vigorosa" en: Vidaurre Barrios y DINATUR, *Nicaragua: Guía Turística*, 28–29.

menciona el "taller de artesanía" mientras ella posa en el lado derecho de la foto, sosteniendo una de varias artesanías de su producción.[169]

Aunque algunos turistas como Espy le dedican espacio a artesanos como Ramiro Suazo, fabricador de hamacas con su taller ubicado en Masaya, al final artesanos y artesanías son adheridos como marcadores significantes de la cultura nicaragüense a los elementos que construyen la imagen de Nicaragua como una atracción turística, en añadidura a la naturaleza exuberante.[170] El cuadro se completa con las descripciones que ilustran el encadenamiento de dichos significantes:

> Granada es una de las ciudades antiguas de Nicaragua y una que no se debe dejar de visitar (...) además de sus magníficas iglesias e interesantes calles coloniales estrechas, también se pueden admirar los bellos bordados y muebles de mimbre que fabrican los artesanos del lugar para almorzar o cenar es el Hotel Alhambra. Es una experiencia inolvidable hacer la excursión en lancha sobre las aguas del Lago de Nicaragua para observar las 320 isletas de origen volcánico de incomparable belleza tropical.[171]

En el pasaje anterior, los bordados y muebles de mimbre se adhieren a la ciudad colonial junto con las riquezas del lago y las isletas. Se interpone el Hotel Alhambra como destino de dichas artesanías, utilizadas en función de ser "objetos de uso y adorno", y se ofrece la posibilidad de realizar actividades de recreación, como el paseo en lancha por las isletas. Artesanía, naturaleza, esparcimiento y cultura se colapsan para ofrecer el paquete completo de viaje por Granada. También, la identidad étnica de las personas pasa desapercibida.

Como se ha sugerido al inicio, lo anterior quizá puede explicarse mediante la conjunción de la dominancia de los estudios folklóricos y el discurso nacional del mestizaje en los mismos años que se escriben y representan las narrativas turistas expuestas. La definición marcada por su producción laboral de las poblaciones indígenas e identificadas como "mestizas" ha sido una constante en las narrativas turistas escritas tanto por turistas extranjeros como por nicaragüenses. Lazlo Pataky, por ejemplo, al llegar a una hacienda en el Caribe norte del Caribe nombra al dueño "don Juan González, matagalpino", para luego describir que "estaba acompañado de unos zumitos de la Costa".[172] A su vez, Nicholas Wollaston coincide con Pataky en Managua y el escritor de la guía de viaje utiliza la voz de su anfitrión para expresar sus opiniones parecidas en

---

169 Asociación de Damas de la Embajada de Estados Unidos, *Festival Nacional de Artesanía*, 5 y 8.

170 Espy y Creamer, *Another world*, 133–34.

171 Asociación de Damas de la Embajada de Estados Unidos, *Festival Nacional de Artesanía*, 9. Sin número de página en original, número agregado por el autor.

172 Pataky Frommer, *Nicaragua desconocida*, 7.

cuanto a las razas y el mestizaje. Pataky, en su propio libro hace mención a su opinión sobre cómo los "matrimonios mixtos y el clima embotaron el celo y sofocaron la imaginación de los descendientes de algunas de las personas más enérgicas de la historia [los conquistadores españoles]".[173] En la guía de Wollaston, estas reflexiones raciales se agudizan. Pataky le explica a Wollaston que:

> Hay dos tipos, los ricos y los pobres. Pero ambos son vagos. Es por el mestizaje. ¿Conoces el mestizaje? Es casarse con los indios, ese es el problema. Y con los negros; pero eso es … eso es diferente. No soy racista, ¡pero mira a tu alrededor! ¿Quiénes son los grandes nombres? No son nicaragüenses, aparte de Somoza y es un buen hombre, un hombre de verdad, te caerá bien.[174]

El mestizaje, en todas sus interpretaciones que justifican ya sea la imperiosa virilidad, la emigración o la pereza del nicaragüense, conforma el mosaico de representaciones e ideologías de las que se nutre el turismo y la práctica de viajar por Nicaragua. En el texto de Wollaston, se denota que muchos turistas y extranjeros utilizan el recurso de las razas para explicar o darle sentido a la desigualdad social. Sugestivamente, también parece indicar la necesidad de un orden impuesto dictatorialmente, mediante Somoza, "ese buen hombre".

Mas era en estas personas que residía, según algunos turistas, la experiencia de la Nicaragua "auténtica" que deseaban visitar, fotografiar y quizás conocer en sus viajes por el país, como señala Epstein particularmente. No obstante, esa noción de autenticidad también fue comodificada por la empresa nacional de turismo y puesta en escena para ser consumida mediante la mirada. Al final de los años setenta se evidencia en las guías y narrativas la puesta en escena y la propaganda de las representaciones nacionales del pasado indígena y de la identidad mestiza nicaragüense. El folklor fue puesto en escena junto con los paisajes naturales, como parte del inventario turista que ofrecía las artesanías "típicas" de Nicaragua para imaginados compradores provenientes de Estados Unidos o Europa.

El vestido y traje nacional, caracterizado por la cotona de algodón y el güipil, aunque habían lentamente caído en desuso por parte de las comunidades, aparecen en las guías turísticas vestidas por personas pertenecientes a los recién formados grupos de ballet folklórico nacionales. En las fotos siguientes, se aprecia al Ballet Camilo Zapata, posando frente a las isletas de Granada y el volcán Momotombo, seguido de las fotos tomadas por René Moser al mismo Ballet, en las inmediaciones del Malecón de Managua, detrás del teatro nacional Rubén Darío.[175]

---

173 Wollaston, *Red Rumba: A Journey through the Caribbean and Central America*, 144.

174 Ibid., 145–46.

175 Véase por ejemplo la imagen del pescador junto con bailarines y músicos acompañantes, a las orillas del Lago Xolotlán en: Pons y Moser, *Adorable Nicaragua*, 8.

Por un lado, desde los años cuarenta, las mujeres habían descontinuado la producción de camisas o cotonas tradicionales. En parte porque los precios de las camisas producidas industrialmente eran más baratas. En mayor parte, porque las personas identificadas por su herencia indígena recibían insultos o escarnios por parte de "ladinos", al llevar puestas las ropas mencionadas.[176] Por otro lado, la artesanía, la producción de hamacas o de tejidos todavía tenía un valor especial para los turistas y se les ofrecía en los mercados de Managua o en distintas ciudades o pueblos del país. La gran disyuntiva en este contexto fue precisamente que las comunidades indígenas corrían el peligro de perder sus tierras comunales, si no preservaban los rasgos culturales (vestimenta, comidas, lengua y tradiciones) con las que usualmente habían sido representados o comprendidos por las élites, al mismo tiempo que dichos significantes de su cultura los hacía susceptibles a ser catalogados como incivilizados o pertenecientes a un tiempo premoderno, incivilizado.

En las fotografías de las guías turísticas se colapsan estas vestimentas portadas por bailarines y bailarinas del ballet folklórico que posan al frente del lago Cocibolca y el volcán Momotombo (imagen 9).[177] El cuadro se completa con el posicionamiento de frutas tropicales y algunas artesanías – adornos – añadidas a la escena. En la segunda imagen, también se aprecia el posicionamiento del Enano Cabezón y la Gigantona, parte del folklor nicaragüense.[178]

Las imágenes anteriores ilustran los postulados de MacCannell, sobre la puesta en escena de una atracción turística. Los bailarines, frutas y artesanías son utilizados como significantes de un conglomerado de la identidad nacional mestiza que se superpone a los lagos y volcanes, junto con las actividades de recreación. Los bailarines y bailarinas aparecen sin nombre o sin definición étnica, simplemente son tan auténticos nicaragüenses como el paisaje natural mismo, sus frutas y artesanías. Lo que se empuja detrás del telón es que dichas vestimentas y tradiciones, usualmente proyectadas como una identidad nacional, estaban siendo contestadas y, en algunos casos, costaban la identidad, la tierra y los derechos de las mismas comunidades indígenas de las cuales emanaban las mismas representaciones. También, concuerda con un postulado principal de Urry y Larsen sobre la mirada turista, particularmente en cuanto a la producción de atracciones turistas en países en vías de desarrollo, donde "los empresarios turísticos y la población local se ven seducidos a producir representaciones cada vez más extravagantes para los observadores crédulos, distanciándolos aún más de la población local".[179]

---

[176] Gould, *To die in this way*, 205–6.

[177] Véase además de la imagen 9 otra imagen con integrantes de un ballet folklórico frente a las isletas de Granada en: Dirección Nacional de Turismo, *Nicaragua: Tierra de sol, lagos, y volcanes* (Managua: Publicaciones de la Dirección Nacional de Turismo, 1976), 8.

[178] Sobre esta danza y elemento del folklor nicaragüense véase: Edgardo Buitrago, *Los bailes de la Gigantona y sus derivados de el Enano Cabezón y el Pepito. De la yegüita y el Toro Guaco* (Managua: Departamento de Investigación e Informática Acción Médica Cristiana, 1993).

[179] Urry y Larsen, *The tourist gaze 3.0*, 8.

Imagen 9: Bailarines y gigantona con enano cabezón frente al volcán Momotombo. Fuente: Dirección Nacional de Turismo, Nicaragua: Tierra de sol, lagos, y volcanes (Managua: Publicaciones de la Dirección Nacional de Turismo, 1976), 6.

En el caso de Nicaragua, el turismo es en esta construcción de la atracción una empresa que conglomera la naturaleza, la cultura y la raza en términos de mestizaje como una identidad formulada para incentivar la atracción de turistas e inversores y, con ellos, promover el desarrollo económico del país. Esto crea un "sistema cerrado y autoperpetuado de ilusiones", en palabras de Urry y Larsen.[180] A esta puesta en escena que combina las ilusiones con respecto a los elementos de naturaleza, poblaciones, cultura y razas es lo que se denomina en este estudio,

[180] Op. Cit.

en acuerdo con Deborah Poole, "turismo, visión y raza". Lo que une esta visión con el turismo y la raza es que la mirada en estas circunstancias comodifica, crea un valor intangible de estos elementos en la suposición de que este "producto" es lo que desea ver "el cliente". La nación y la identidad son entonces el "producto" final. La puesta en escena capturada por la fotografía teje un mosaico de representaciones que hilvanan la nación con la empresa de modernidad en términos de raza, historia y naturaleza. Ese era el mundo de imágenes de Nicaragua elaborado para el turismo en función del trinomio, "errar, inventariar y comodificar".

No obstante, el deseo supuesto del cliente es construido bajo preceptos inestables, ambivalentes o ambiguos, porque estos suponen lo que un turista de Estados Unidos y Europa desea ver, para lo cual los textos de conquistadores, viajeros y primeros turistas, fueron los primordiales archivos para documentar y comprender estos deseos desde Nicaragua. Es más ambivalente aún en el plano nacional, tomando en cuenta que la imagen obedece mayormente a las concepciones de las élites letradas sobre las historias de estas poblaciones en cuyos informes, escritos o inventarios, sobre todo para el turismo, no tienen voz.

Las formas documentadas aquí de integrar a las poblaciones al inventario nacional del turismo concuerdan con los postulados de Saldaña – en línea con Spivak. Como se mencionó en la introducción y los capítulos 2, 4 y 5, estas estrategias escriturarias y representacionales demuestran que, a partir del siglo veinte, la nueva forma de "mundializar el tercer mundo" no se preocupa por salvar las almas de los "salvajes", sino por extraer negocio, en "hacer al pre-industrial, industrial, el pródigo en prolífico". En el caso del turismo, se busca "comodificar" al otro, en las representaciones de indígenas y sobre todo de las "poblaciones mestizas", puestas en escena en las guías turísticas. En los mismos años que la desigualdad social incrementó exponencialmente, y con ella la resistencia armada en el país, el somocismo implementó entre 1967 y 1979 todas las medidas posibles para seguir mercadeando a Nicaragua como un paraíso lleno de felicidad, con recursos inagotables y poblaciones pintorescamente dóciles.

Un último punto a cuestionar en estas imágenes es la necesidad misma de poner en escena una imagen auténtica de Nicaragua. Los pescadores al lado de músicos que tocan la marimba es una imagen montada para hablar de lo típico en Nicaragua, no son imágenes capturadas espontáneamente en las calles, o los mercados, haciendas, fincas o cerca de volcanes, ríos y playas. Los preparativos y detalles son decidores de un aspecto típico de la vida nicaragüense que ya no existía tan convencionalmente en los años sesenta y setenta. El pasado idílico de una mezcla sincrética entre lo indígena y español, articula y proyecta la imagen que cristaliza la inserción de un paraíso como Nicaragua en el mercado del turismo mundial, sin perder la esencia de lo que indigenistas, folkloristas e intelectuales en general, junto a clases gobernantes, deseaban preservar en la era moderna de la comunicación, industrialización y turismo.

De lo anterior se puede concluir que, si los turistas buscaban en esos años vivir una experiencia "auténtica" de los países centroamericanos, los centroamericanos parecían estar más preocupados por definir exactamente qué era esa autenticidad. Las imágenes presentan más que un mito de Nicaragua, presentan el artificio de una ilusión que conllevaba las esperanzas y expectativas de sus élites por modernizar Nicaragua sin perder de vista las estructuras de poder políticas, económicas, culturales y raciales. Un artificio que fue desplegado tanto a la población nicaragüense como al mundo, en aras de sustentar la política económica del turismo como una empresa de progreso y desarrollo nacional.

¿Cuajó o fue aceptado este artificio de la ilusión de un pasado paradisíaco nicaragüense? Es un tanto problemático que las imágenes de Nicaragua que recorrieron con mayor reproducción y atención el mundo no fueron las elaboradas en las guías turísticas o publicadas por Somoza y sus agencias estadounidenses en los años setenta. Fueron las imágenes de Susan Meiselas, como el hombre molotov o los indígenas enmascarados de Monimbó construyendo bombas de contacto, las que pusieron a Nicaragua en el centro del mapa mundial.[181] Tenebrosamente, fue el video de la ejecución del periodista Bill Steward, a manos de la GN, la imagen que mayor número de reproducciones tuvo en los Estados Unidos.[182] Las imágenes de Meiselas y periodistas sobre la guerra y represión en Nicaragua eran, al final de cuentas, la representación más auténtica de lo que se vivía en el país.

En resumen de los puntos anteriores, caza y pesca, sumado a las artesanías y despliegues históricos y folklóricos promovidos por el auge indigenista y la consolidación del mito del mestizaje en Nicaragua, terminaron de componer el mosaico de la nación imaginada en clave turista para atraer inversiones, tanto turísticas como industriales y agroexportadoras o extractivas. Una imagen e idea de nación que el somocismo empujó y ofertó hasta sus límites; hasta el fin de su régimen en el país. Ese es el panorama completo que pintan las guías al finalizar los años setenta y presentan el país como "Nicaragua tierra de sol, lagos y volcanes":

> Vista desde cualquier punto, Nicaragua es un escenario natural y espectacular para el cazador, el fotógrafo, el pescador, el artista, el arqueólogo, el alpinista, el anticuario, el geólogo, el naturalista, el poeta y, en general, el turista y todos los amantes de la naturaleza y de las artes. Nicaragua invita al reposo con sus volcanes llenos de histórica

181 Susan Meiselas, *Nicaragua* (San José: Ed. Univ. Centroamericana EDUCA, 1983). El "hombre molotov" fue una de las 100 imágenes icónicas del siglo veinte según el *New York Times*, véase: "How a Photo of a Man Throwing a Molotov Cocktail at a Soldier Became a Symbol of Revolution in Nicaragua", 100 Photographs | The Most Influential Images of All Time, consultado el 23 de mayo de 2021, http://100photos.time.com/photos/susan-meiselas-molotov-man.

182 Stephen Kinzer, *Blood of brothers: life and war in Nicaragua*, 1a ed. (Cambridge: Harvard University, 2007), 167.

> tranquilidad, con sus verdes montañas y azules lagos. Usted puede ser, en Nicaragua, tan aventurero como un caminante o tan despreocupado como un caracol. Nicaragua ofrece al visitante la proverbial y hospitalaria acogida de sus habitantes...la variedad de sus paisajes tropicales...numerosos monumentos históricos, legado de su cultura aborigen... incalculable riqueza arqueológica y el desarrollo de su comercio e industria de grandes proyecciones. Su exuberante naturaleza tropical, sus grandes lagos y sus abundantes lagunas y volcanes, hacen del suelo nicaragüense un bello espectáculo enmarcado en la más fascinante geografía.[183]

La cita anterior puede leerse a la luz de los recientes estudios sobre el mito del mestizaje en Nicaragua. Gould en su estudio argumenta que el mestizaje es una ideología naturalizada dentro de una estructura de poder hegemónica de configuraciones políticas, económicas y raciales. La hegemonía del mestizaje se denota en que, a mediados de los años sesenta y finales de los setenta, estaba fuera de discusión.[184] En sí, la práctica de presentar a artesanos como elementos del folklor – anónimos en una rica historia milenaria – y anonimizar al resto de poblaciones que aparecen en las imágenes, la feminización del paisaje, la centralidad del Pacífico en la identidad nacional –como tierra de lagos y volcanes – y, especialmente, la ausencia de las voces que contradicen o cuestionan estas asunciones, demuestran que la mirada turista en Nicaragua formó parte – y se nutrió discursiva y representacionalmente – de la hegemonía del mito del mestizaje.

La hegemonía de una creencia o de un sistema de valores se naturaliza, hasta el punto que se vuelve un mecanismo mediante el cual se ordena, da sentido y se vive la realidad. En un nivel más profundo, se entreteje en la historia y las vivencias, formando parte de las experiencias de vida entrelazadas por afectos y memorias. Es decir, que el turismo y sus miradas y representaciones de Nicaragua forman parte de la manera en que se cuenta y narra la vida de ciertos sectores del país como una epistemología estructurante de conocimiento sobre el ser nicaragüense. Como se ha propuesto aquí, esa epistemología que ordena la modernidad con tradición, población y naturaleza, se eleva a una categoría ontológica mediante lo que puede denominarse como "atractivismo", en el sentido que el fin primordial es la atracción más que de turistas, sino de inversiones para los proyectos de nación imaginados por las élites para el desarrollo y progreso de la nación nicaragüense.

En los últimos dos acápites anteriores se destacó la forma en que muchos nicaragüenses viajaron como turistas para recorrer y dar cuenta de sus viajes en los años sesenta y setenta, así

183 Dirección Nacional de Turismo, *Nicaragua: Tierra de sol, lagos, y volcanes*, 1 y 2.

184 Gould, *To die in this way*, 203.

como la inclusión de los artefactos culturales y las ciencias folkloristas a los saberes comodificadores del turismo. Sin embargo, a la hora de viajar dentro de su propio país, en la intimidad del archivo familiar, se puede leer el despliegue de la mirada turista sobre el territorio y las poblaciones nacionales. Se lee la mirada turista mediando la historia familiar, en los afectos que entretejen la memoria en el relato personal que formula la identidad, el lugar y el sentido del nicaragüense en su propio país y en el mundo.

Aunque existen una multiplicad de historias sobre este último punto que pueden ser relativizadas, contrapuestas y contradichas, en esta parte final se utiliza el archivo y el relato personal para dejar indicado la forma en que el turismo puede ser llevado a este último grado de compenetración entre lo global, lo regional, lo nacional, lo familiar y, finalmente, lo individual. Si la historia se encarna y se lleva en el tejido social, el álbum familiar abre la ventana para, quizá, apreciar como el ser turista es parte de ese tejido social encarnado mediante afectos de las memorias enmarcadas por la infraestructura y la narrativa turista descritas en este trabajo.

Imagen 10: Lancha de la compañía Bonilla y Pierson que rentaban a los turistas para pescar en el Lago Cocibolca y Río San juan. Fotografía de Carlos Gordillo.

Imagen 11: El Castillo del Río San Juan visto desde el río durante un viaje de pesca. Fotografía de Carlos Gordillo.

Imagen 12: Cadena volcánica perteneciente a la Sierra de los Maribios (Noroeste de Nicaragua), vista desde la Carretera Panamericana. Fotografía de Carlos Gordillo.

Imagen 13: Lago Xolotlán y el volcán Momotombo, atrás aparece la silueta del Concepción, en la isla de Ometepe, vistos desde una lancha. Fotografía de Carlos Gordillo.

Imagen 14: Amigo de Carlos Gordillo acompañado de dos "ayudantes y guías", pescan un tiburón en un muelle cerca de la desembocadura que une el Lago Cocibolca con el Río San Juan. Fotografía de Carlos Gordillo.

El álbum familiar consultado en esta parte final pertenece a la familia Gordillo, oriunda de Granada y también residente en Managua. En el álbum familiar se pueden observar los paseos y vacaciones que la familia tomó entre los años sesenta y setenta. Claudia Gordillo, fotógrafa y curadora en el IHNCA, hija de Carlos Gordillo, cuenta sus memorias sobre los viajes de la familia al lago Cocibolca a pescar y nadar en sus islas. Sus vacaciones de verano traspasan tres décadas, desde los cincuenta hasta principios de los setenta. Tiempo de vacaciones que se alargaba durante dos meses, en cuyos días su padre llevaba siempre una cámara fotográfica, una "Leica Contact alemana, la mejor cámara en el mundo en esos momentos".[185] Carlos Gordillo tomaba fotos en sus viajes, por "hobby", "como había aprendido de su padre".

Las fotografías de Claudia Gordillo y de su padre pasaron a engrosar los álbumes familiares que Claudia completó y ordenó décadas después. Mientras ella pasa las páginas del álbum, las memorias afloran y los detalles de su historia se multiplican. Su relato comienza a unir el terremoto de Managua de 1931 y 1972, recuerda la ferretería de su abuelo y la fábrica de alcohol destilado de su padre. Pasa por las fotos que su padre capturó de los desfiles hípicos de Granada y Managua. Sobre todo, encuentra las fotos de sus días en la playa con su familia y de sus vacaciones en el club social de Las Colinas, en Managua. Los rostros de amigos y amigas de su juventud llevan su relato a las conexiones familiares y los destinos de todas las personas que formaron parte de su vida en los años sesenta y setenta.

En una foto encuentra tractores siendo expuestos en uno de los desfiles hípicos en 1962. "Puede parecer extraño" afirma Claudia Gordillo, "pero en esos años Luis Somoza invirtió en la modernización de la agricultura (...) éramos el granero de Centroamérica", aclara después. Por eso desfilaban los tractores sobre carrozas en las fiestas hípicas. Ella se detiene de súbito y dice: "¡Esta es una foto lindísima!", señalando el "tanque" cerca de una playa en Masachapa. Su padre a caballo, la foto muestra toda la playa y el mar.

Por un lado, en las fotos se aprecia que Carlos Gordillo va lentamente capturando el paisaje, buscando objetos, vistas y panoramas que llaman su atención. Busca los volcanes y los lagos, la fortaleza del Castillo en Río San Juan (imágenes 11, 12 y 13). Por otro lado, se aprecia en las fotos los momentos en que la familia iba de vacaciones a las playas de Masachapa y Cazares circa 1961–1962, cuando en esos tiempos "no había nada". Para llegar a esos lugares o desplazarse entre las playas las familias pagaban los servicios de "guías" o "campesinos", según Claudia Gordillo. Aunque el camino era de "piedras aplanadas", la familia lograba pasar gracias a que podían hacer el viaje en automóvil. La gente alquilaba "enramadas", pequeños ranchos elaborados con palmas, donde pasaban las familias nicaragüenses sus vacaciones, en un "piso de arena". Los mismos espacios que las consultorías de *Compton*, *SRI*, *Tecniberia* o

185 Claudia Gordillo, entrevista con el autor en el IHNCA, 9 agosto 2019. Todas las citas sobre Gordillo y sus fotografías hacen referencia a la entrevista.

URS, señalaban que tenían los elementos para ser atracciones turísticas, pero que necesitaban la infraestructura necesaria para convertir en polos de atracción, en el circuito de playas Masachapa-San Juan del Sur, como se detalló en el capítulo 6.

Nótese aquí la contradición. La familia Gordillo disfrutaba de dos meses de vacaciones en un lugar donde, antes, "no había nada". El punto de referencia entre que no haya nada y haya algo, es la comparación con el presente. Hoy en día hay hoteles, piscinas, bares y una carretera. Sin embargo, esa "nada" estaba llena de arena, enramadas y, claro, de la familia. Es esta construcción mental de enjuciair el pasado-presente utilizando la infraestructura turística lo que puede alertar sobre una naturalización de la mirada o la conciencia turista. La conexión entre un pasado vivido como nada, lleno de gozo, y un presente con todo, empañado de nostalgia.

Las fotografías de Gordillo muestran las vistas usuales del turismo. La imagen 12 muestra los volcanes pertenecientes a la Sierra de los Maribios, vista desde la Carretera Panamericana. Los retazos en los árboles ubicados en la base de la fotografía dan a entender que la foto fue capturada en movimiento, quizá en un automóvil, al transitar por la carretera. Esta es una escena común que viajeros encuentran al entrar a Nicaragua desde Honduras hasta el día de hoy, como la primera imagen que le da la bienvenida al país. Así, Gordillo se concentra en el Momotombo y el Lago Xolotlán, en la imagen 13. El encuadre y la ubicación del fotógrafo es poco usual y contrasta con las imágenes del Momotombo en las guías. Usualmente capturadas desde aviones o desde los miradores, aquí más bien el fotógrafo parece estar en un punto intermedio, flotando en el agua en algún paseo en lancha (imagen 13). Los objetos y paisajes tienen esa sensación en las fotos de Carlos Gordillo, parece que siempre está ubicado debajo o en paridad con las personas, nunca encima o arriba de estas. A veces da la impresión de estar husmeando o ingresando tímidamente a los espacios para capturar algo que se escapa o que se registra sin motivo mayor que decir "estuve ahí" o "yo lo vi".

Claudia Gordillo también afirma que "Nicaragua era un paraíso para ir a cazar", al ver la foto de una jornada de cacería que su padre realizó cerca de una finca de uno de sus amigos. En la fotografía se aprecia las pequeñas tiendas que utilizaban para acampar por un par de días mientras se adentraban en los bosques para buscar venados o tigres. Entre las actividades que realizaba Carlos Gordillo, en sus viajes de vacaciones, era la pesca de tiburones y peces sierra en la desembocadura del lago Cocibolca con el Río San Juan la que realizaba en exclusiva con sus amigos. La marca de la foto en el negativo atestigua que la foto fue revelada en 1954. En una lancha junto con sus amigos de infancia, fueron a una "finca prestada por un amigo o algún conecte" donde luego salían a pescar. Para encontrar su camino y elegir un lugar para pescar, Gordillo y sus amigos fueron llevados a través de los afluentes del río por un "guía" o un "ayudante", quién les indicó donde se tenía identificada la abundancia de los tiburones para la pesca. En su lancha, los amigos viajaron río adentro. El viaje era de "solo hombres", por 3–4 días.

"Ellos pasaban explorando, eran entre exploradores, cazadores y pescadores", recuerda Claudia Gordillo al pasar las fotos. Además de pescar, Carlos Gordillo aprovechaba para tomar fotografías del viaje. Entre las imágenes que capturó, se encuentra el momento en que su amigo pesca un tiburón (imagen 14). El encuadre incluye el muelle rudimentario, el agua, el bosque a la otra orilla y una parte mínima del cielo. El tiburón, jadeando y que se asoma apenas sobre el muellecito, aparece en el centro de la foto. En el extremo izquierdo aparece el amigo de Gordillo, con una caña de pescar, "forcejeando" con el animal. Su cuello venoso y su boca abierta parecen advertir que está gritando una orden, ¿a quién? A la mayoría representada en la foto, a los "ayudantes". Ellos están más cerca del tiburón y parecen estar en comando de sus atributos. Uno jala al tiburón mediante un gancho que incrusta en su boca – lo puede hacer sin mirar – y el otro, al fondo de la foto, con su propia caña de pescar, asiste en el evento. Ambos "ayudantes" trabajan durante las vacaciones de Gordillo y sus amigos. Uno de los "ayudantes" mira directamente a la cámara.

Los "ayudantes" o "guías" entran y salen del relato familiar en su tiempo de ocio, asistiendo al turista en su conquista sobre el reino animal. Los dos pequeños hombres sujetos a una estructura de poder pierden el centro del relato contra el tiburón y, aún cuando son la mayoría y ven a la cámara, y que sin ellos no hubiese pesca del todo, ocupan un rol subordinado a la actividad turística. En esta foto se puede enjuiciar no tanto las tensiones étnicas y de clase en las cuales los nicaragüenses desarrollaron y aprendieron a satisfacer su placer en el tiempo de ocio mediante el turismo, sino la naturalización de las jerarquías. Sería preciso preguntarse por lo que podrían decir esos hombres sin nombre en la foto. Lo mismo se preguntó el escritor nicaragüense Sergio Ramírez durante su vicepresidencia que ocupó en el primer gobierno de la revolución sandinista en los años ochenta. En un ensayo sobre la entrega de los títulos de reforma agraria, Ramírez ve al campesino y se cuestiona a sí mismo porque no tenía idea de lo que pasa en la cabeza de ese "hombrecito", a quién la revolución intentaba "beneficiar".[186] Tan preciso es citar a Ileana Rodríguez cuando afirma sobre la pregunta de Ramírez a sí mismo, al contemplar el abismo que habitaba entre él, el escritor e intelectual, y el "hombrecito" al que comúnmente conocía como campesino. Rodríguez afirma que:

> Las masas populares entran al teatro del Estado brevemente, solo para permanecer silenciosas; tan silenciosas, interceptadas e interpretadas como en el texto liberal, y tan cuestionadas en su silencio. El cuerpo de las masas es opaco, no solo porque no escribe, sino también porque no habla; y no habla porque no confía, porque no sabe cómo hablar, porque siempre habló en lenguas prestadas y extranjeras, porque ya está habituado a

[186] Sergio Ramírez, *Confesión de amor* (Managua: Ediciones Nicarao, 1991).

permanecer en silencio. ¿Por qué no habla el cuerpo de las masas, o por qué solamente el silencio habla a través de su cuerpo?[187]

La foto de Gordillo es testimonio sobre como una parte significativa de la sociedad nicaragüense aprendió a conocer y viajar en su país, a disfrutar de sus paisajes y recursos; sin escapar de las estructuras de poder que las gobernaban y que fueron puestas en marcha como proyecto de modernización durante el somocismo. En estas fotos, las "masas populares" también entran y salen del escenario en silencio. En las fotografías y narrativas de la guía turística, las "masas populares" ocupan el escenario central, aparecen adornadas con indumentarias y artesanías, y son suturadas a los lagos y volcanes. Sonrientes, en pose de baile, esas personas salen de la historia igual que las masas populares, en silencio; un silencio que habla a través de su cuerpo. En el álbum familiar, ocupan un espacio de "ayudante", entre los marcos de poder que habilitaron los viajes donde amigos disfrutaron de su propio país, fortalecieron sus lazos de fraternidad y aprendieron a disfrutar la idea de ser nicaragüenses en un país bello. O, en el caso de las vacaciones, las "masas populares" entran o salen del cuadro en silencio, en los lugares donde se vacacionaron, cuando "no había nada".

Lo que comunica ese silencio es que la vestidura, la pose de las personas y sus recursos son una representación fidedigna de una Nicaragua auténtica que puede ser visitada por el turista internacional y conocida por el turista nacional. Para intelectuales, empresarios y gobernantes, esas personas eran los "verdaderos nicaragüenses" en la tierra de lagos y volcanes; la Nicaragua auténtica. Una Nicaragua auténtica que visitaron las familias del país en sus tiempos de vacaciones y capturaron en fotografías que, recordadas el día de hoy, hablan de un tiempo de la historia del país que vivieron y sufrieron y formó su propia identidad en estos contextos. En las memorias de sus vacaciones, de sus días felices, la familia nicaragüense teje un relato de su lugar e identidad en el mundo y en su país, en el cual se entretejen la naturaleza petrificada en las fotos, los nombres de las personas y sus rostros que se mantienen cerca de los afectos y los silencios y dominancias que hablan de un mundo idílico que era más simple o más fácil de comprender si se le filtra como un mestizaje que produjo "guías", "ayudantes" y campesinos, esos "hombrecitos". Fotografías de viajes que se guardan en el álbum para volver a ver lo lejos que lograron ir dentro de su país padres, amigos, hermanos y madres, así volver a esas imágenes para certificar, en la nostalgia o la añoranza del pasado, lo que fueron, lo que son y lo que podrán ser como nicaragüenses.

En los espacios y lugares habilitados para el turismo nacional e internacional, amigos nicaragüenses se conocieron y conocieron su país, y sus familias leen sus historias en las fotografías

[187] Ileana Rodríguez, "La construcción del pueblo y las masas como subalternos 'Hombrecito' / Hombre nuevo", en *Antología del pensamiento nicaragüense contemporáneo*, 272.

que encuadraron, casi igual a viajeros, científicos, marinos y escritores de guías de turismo, la Nicaragua de sus días. Ciertamente debe existir una historia del turismo narrada por los "guías" o "campesinos", artesanos, "ayudantes" y los sujetos del folklor, cuyos silencios imperan en las guías y narrativas turísticas, pero esa historia todavía queda pendiente.

En septiembre de 1979 se publicó el *Anuario de Turismo*, ahora a cargo de las nuevas autoridades bajo el mandato del FSLN. La joven revolución en esos primeros meses delineaba lo que sería su gobierno de reconstrucción nacional. El turismo formaría parte de esta nueva Nicaragua, mas este anuario mencionado muestra que había un número importante de continuidades que valen la pena mencionar.

La metodología establecida por la misión de CICATUR seguía en pie y se adentraba en todas las áreas de la vida de la Nicaragua revolucionaria. Así, el anuario se expandió más allá de los datos estadísticos y expuso "una breve descripción de la artesanía nicaragüense, instrumentos musicales típicos, lenguas habladas y también los lugares de atracción turística del país".[188] A los volcanes, lagunas, artesanías y demás lugares usuales, se les agregaron en el *Anuario* los espacios que la revolución valoró en su lucha contra el somocismo. Es así que aparece Monimbó por primera vez en una guía turística, el cual es sumado a las atracciones culturales y naturales usuales del departamento de Masaya, al cual pertenece. La cita lee:

> situada al borde de la laguna de Masaya se encuentra la ciudad del mismo nombre, próspero centro artesanal con abundante población indígena concentrada especialmente en Monimbó, poblado prehispánico que ahora es uno de los barrios de la ciudad. Como principal atractivo de este populoso departamento tenemos el Parque Nacional Volcán Masaya, financiado por el Banco Central de Nicaragua bajo su programa de Desarrollo Turístico.[189]

La descripción formula la misma cadena de equivalencias mediante los significantes de paraíso, historia colonial, datos pintorescos de los indígenas y el agregado del parque nacional. Al final del anuario, también se vuelve a utilizar la información para recordar de su fin que acompaña la atracción de turistas, la atracción de inversión. De esta manera, luego de describir la ciudad colonial de León, sus playas y sus volcanes, recuerda que: "A 90 kilómetros al occidente de la ciudad capital, se encuentra la ciudad de León, importante nudo de comunicaciones y básico centro algodonero y ganadero de la República".[190]

---

[188] Oficina Ejecutiva de Encuestas y Censos, *Anuario de Turismo 1978*, 1.

[189] Ibid., 7.

[190] Ibid., 8.

En concordancia con Florence Babb, quien rastrea las formas en que la memoria y la historia de la lucha sandinistas fueron elaboradas como un recurso turístico entre los años ochenta y en los períodos de la historia reciente, lo que este estudio muestra es que la forma de comprender el turismo – sus usos para atraer divisas y las formas de instrumentalizar la naturaleza y las poblaciones – también indican las continuidades entre los tres periodos más marcados de la historia contemporánea nicaragüense – dictadura somocista, revolución sandinista y la historia reciente.[191]

El anuario de 1979 muestra que estas formas de levantar inventarios, de pensar en los recursos naturales, la cultura y las poblaciones como productos para ser mercadeados en aras de atraer turistas e inversiones, pervivió de distintas formas y alcanzó casi todas las esferas de la vida social nicaragüense. Pensado en la larga duración, el *Anuario* citado muestra las continuidades desde las bases puestas en la ocupación de los Marinos, reforzadas por la política del Buen Vecino, la Carretera Panamericana y la Oficina de Asuntos Americanos de Nelson Rockefeller y la Oficina de Viajes de la UP, terminaron consolidando una forma de ver el país y sus recursos mediante una mirada turística, o lo que las oficinas de ONU, ROCAP y SITCA denominaron una "conciencia turística".

En este capítulo, se documentó y se intentó reflexionar sobre la forma en que dicha conciencia se expuso como una necesidad para llevar a cabo un proceso de tecnificación, el cual requirió la participación de funcionarios de gobierno, intelectuales, oficinas regionales y la cooperación de organizaciones internacionales. Tecnificación que habilitó la inversión de grandes cantidades de dinero que acompañaron al programa de industrialización y substitución de importaciones del MCCA patrocinado por ROCAP. De esta manera, y mediante dichos actores, una nueva forma de gubernamentalidad se estableció en estos años, mediante la cual una modernidad no solo fue definida por plantaciones, fábricas o ciudades, sino por hoteles, balnearios, playas, museos, parques nacionales, poblaciones, trajes típicos, folklore y danza, entre otros.

Esta fue una modernidad creada para albergar a los turistas. Si España creó un mundo con rutas marítimas, casas de contrataciones, audiencias y cabildos en la ciudad colonial; la primer gran era de los imperialismos llevaron ferrocarriles e incentivaron las plantaciones de café y banano en Centroamérica junto con las grandes casas comerciales; esta última ola de la modernidad creó un mundo de rutas aéreas, carreteras acompañadas de hoteles y restaurantes, hoteles en las ciudades, ciudades señalizadas en inglés para el turista, y proyectos de conservación de las ciudades coloniales para poder ser visitadas y fotografiadas. Las maravillas naturales y arqueológicas, vistas por Squier, Belt o Stephens, fueron alcanzadas por carreteras

[191] Florence Babb, *The Tourism Encounter: Fashioning Latin American Nations and Histories* (Standford: Standford University Press, 2010).

y transformadas en centros turísticos, para el disfrute de todas las personas. Irónicamente, los aquí denominados "turistsa para la paz", al igual que turistas anteriores, vaticinaban que el país estaba a una "chispa" de una revolución. En sus escritos, notaron que la desigualdad social creciente en el istmo no podía desembocar en un progreso y desarrollo armonioso. También, fueron críticos de los programas y proyectos, así como del apoyo económico, político y militar de los Estados Unidos a las dictaduras. Sin embargo, a los ojos de Anastasio Somoza Debayle, estos eran escritos de propaganda comunista o financiados por el comunismo en los Estados Unidos.

Los lugares elegidos para la visita de estos turistas – lagos, volcanes, ciudades coloniales – al ser resignificados como atracciones turísticas mediante museos, carreteras, balnearios o parques nacionales, se convirtieron en marcadores de progreso y modernidad en Nicaragua. Una Nicaragua distinta a la que encontraron los turistas para la paz. Lo que destaca en este proceso de modernización es que se entremezcló íntimamente con la definición de una nicaraguanidad auténtica, hasta el punto que fue naturalizada. Aunque los proyectos de turismo fueron negociados o contestados por intelectuales y empresarios nicaragüenses, finalmente se sometieron a los intereses de seguridad y orden de la dictadura. Finalmente, la conciencia del turismo en Nicaragua se entremezcló con las bases coloniales, imperiales, raciales y, finalmente, la tradición autoritaria de la sociedad nicaragüense.[192]

[192] Sobre el concepto de tradición autoritaria en Nicaragua véase: Antonio Monte Casablanca y Juan Pablo Gómez, "Autoritarismo, violencia y élites en Nicaragua. Reflexiones sobre la crisis (2018–2019)", *Anuario de Estudios Centroamericanos* 46 (el 15 de mayo de 2020): 1–29.

Conclusiones Generales

En 1852, mientras el Destino Manifiesto y las campañas anexionistas de los Estados Unidos corrían vigorosamente hacia el Oeste y Pacífico del continente americano, a tres años de la llegada de William Walker a Nicaragua, otro pensador estadounidense se planteaba propósitos de viaje y migración radicalmente diferentes. En vez de ver hacia el Oeste y el Pacífico para anexar territorios, él miraba hacia el Caribe para promover migraciones hacia tierras de libertad. Principalmente en la segunda mitad del siglo diecinueve, Frederick Douglas editó numerosos artículos en su periódico, *The Frederick Douglas Paper*, tratando el tema de la "migración afroamericana hacia Latinoamérica y el Caribe". Douglas, y autores como Martin Delaney y James McCune Smith, encontraron en Haití y el Reino de la Mosquitia – en aquél entonces independiente de Nicaragua – algunos de los lugares principales a los cuales la población negra de los Estados Unidos podría migrar en "búsqueda de libertad". Douglas y compañía, según Juliet Hooker, buscaron "espacios políticos alternativos de autogobierno negro", gobierno que definió como "democracia fugitiva". La "fugacidad", explica Hooker, fue "una estrategia de los esclavos escapados, tanto individual como colectivamente, y ha moldeado la forma en que los pensadores negros han entendido algunos de los conceptos claves en el pensamiento político occidental, como la libertad, la justicia, la democracia".[1] Varias personas "fugitivas" encontraron su camino al puerto de San Juan del Norte en Nicaragua – también llamado *Greytown* – como notaron los enviados consulares de los Estados Unidos, quienes vieron con repudio acentuado la libertad con que "blancos, indios, negros, mestizos y sambos" convivían entre sí sin "respeto a las convencionalidades fundadas en la casta".[2]

La estrategia de la "fugacidad" vertebró una estructura de pensamiento sobre el espacio – la forma de desplazamiento en el mismo –, la política, la economía, que contrasta con aquellas esbozadas a lo largo del presente trabajo. La principal preocupación sobre el espacio en la democracia fugitiva era "la creación de espacios autónomos, y a veces clandestinos, donde la agencia política negra podría ser promulgada colectivamente".[3] Walker y Douglas miraban y se relacionaban con el mundo desde marcos espaciales distintos que definían América, sus posibilidades, a raíz de concepciones sobre los componentes de sus espacios de maneras contrastantes. Las epistemes articuladas por significantes en cada uno de estos marcos también distan y se diferencian la una de la otra. Ambas miradas crearon un sentido de Nicaragua, pero también de los estadounidenses en el mundo de maneras distintas. Mientras uno buscó canales

---

1 Juliet Hooker, *Theorizing race in the Americas: Douglass, Sarmiento, Du Bois, and Vasconcelos* (Oxford: Oxford University Press, 2017), 33–34.

2 Bermann, *Under the big stick*, 44.

3 Hooker, *Theorizing race in the Americas*, 34.

interoceánicos, plantaciones, minas y el "mejoramiento de la raza", otro buscaba liberarse de estos sistemas de explotación, tanto económica y política, como ideológicamente.

El turismo es la historia de uno de estos marcos espaciales, cuyos orígenes pueden rastrearse hacia el siglo diecinueve y más allá hacia los informes de conquista y colonización. Empero, es un marco espacial que tuvo prioridad por encima de otros debido a las mismas jerarquías de poder en el contexto internacional que promovieron una forma de viajar, inventariar y tomar posesión. Las jerarquías de poder entre una cultura de viaje y otra son importantes a tomar en cuenta. En este sentido, Sebastian Conrad, en su observación a la teoría de redes, realiza un cuestionamiento similar al resaltar que "los aristócratas europeos en el *Grand Tour* y los esclavos africanos en el *Middle Passage* cruzaron las fronteras políticas y culturales", pero "subsumirlos a ambos bajo 'conexiones' es altamente ideológico. Con frecuencia, la gente que ejercía el poder real del mercado permaneció en su lugar y se benefició de poder enviar a las masas acurrucadas de pobres a través del Atlántico y el Pacífico".[4] Strachan menciona la relevancia de atender a los discursos y literaturas de viaje hacia el Caribe entre los siglos diecisiete y dieciocho con la misma sensibilidad a las estructuras y jerarquías de poder que articularon las narrativas de viaje y los regímenes visuales en esta región. Por ejemplo, el autor menciona que, en 1843, "Henry Highland Garnett hizo un llamamiento a sus hermanos para que recordaran el triunfo de Toussaint-Louverture, se fijaran en el 'aumento de la felicidad y la prosperidad en las Indias Occidentales británicas desde el Acta de Emancipación [en 1834]' y levantaran la bandera de la rebelión". Estos discursos sustentaron la literatura que posicionó al Caribe "como modelo de posibilidad, logro y resistencia de los negros a la dominación europea desde que comenzó la revolución haitiana en 1791".[5]

De la mano con estas formas de teorizar el espacio, la raza, las migraciones y sus configuraciones políticas y económicas a nivel mundial, existe un corpus de literatura de viaje paralelo al que se ha analizado en la presente investigación. En acuerdo con Conrad, este corpus ha sido dejado de lado o subalternizado, al tiempo que compartió el desarrollo de la comprensión del mundo, sus espacios, tiempos y poblaciones, junto con el viaje de investigación, intervención y turismo. El paralelismo entre estas culturas de viaje y culturas de fugacidad se evidencia en el hecho que Delany publicó sus artículos títulados *The Condition, Elevation, Emigration, and Destiny of the Colored People of the United States* paralelamente a su revisión – y la de Douglas mismo – al libro de Squier sobre Nicaragua citado en la introducción y en el primer capítulo. Fue el libro de Squier – o las memorias de Walker – y demás textos de viajeros, Marinos y turistas los que estructuraron los inventarios, las narrativas, representaciones y conceptualizaciones de las culturas de viaje que nutrieron el turismo en este país centroamericano. En suma, el turismo es la historia de una cultura de viaje y mirada imperial.

---

4 Sebastian Conrad, *What Is Global History?* (Princeton: Princeton University Press, 2016), 71.

5 Strachan, *Paradise and Plantation*, 11.

Aquí se han esbozado, en mayor medida, las formas en que el turismo se ha nutrido de culturas de viajes que entrelazan las migraciones y las redes comerciales, enramadas por el imperialismo con la raza y el inventario de recursos naturales, en función de rutas comerciales de extracción de materias primas. El primer capítulo, y la primera parte dedicada a los antecedentes del turismo en general, se concentró en documentar y rastrear justamente las intertextualidades y los saltos de las imágenes, de un medio a otro, que entretejen una larga duración de prácticas escriturarias y representacionales sobre Nicaragua para el turismo. Además, se mostró cómo durante la ocupación, entre 1912 y 1934, se utilizaron estas bases narrativas para comprender, implementar y darle sentido a la influencia de los Estados Unidos en el país y el istmo centroamericano. Mismas bases narrativas que los turistas utilizaron en sus encuentros con la población nicaragüense y la aparente "animosidad" – o resistencia – de esta. El turista en Nicaragua no solo se mueve en los espacios liminales entre el viaje de investigación o colonización, se mueve entre el interventor y fuerza ocupante – filibusteros o Marinos. Dicha especificidad documentada en este trabajo refuerza el postulado de Adler, sobre investigar el turismo siempre en cercanía con las prácticas y culturas anteriores a su respectiva institucionalización y consolidación en un país, comunidad o población determinada.

El tropo del paraíso es el gran término abarcador de estas interconexiones. En la larga duración heurística de este tropo se encadenan las narrativas coloniales, imperiales, de ocupación e intervención en Nicaragua, en conjunto con los proyectos de nación ideados por las élites. Esto va en línea con el postulado de Deckard, ya que la literatura aquí analizada demuestra que "el paraíso comienza como un tropo geográfico que motiva la exploración y colonización europeas, evoluciona hasta convertirse en un mito que justifica el discurso y la praxis imperial, y finalmente se convierte en un motivo irónico".[6] A su vez, los materiales analizados en este estudio demuestran que el tropo del paraíso en Nicaragua es similar al que estudia Strachan en el Caribe. Esto es que:

> En varios periodos de los últimos quinientos años, el paraíso se ha asociado con las nociones de lo primitivo, la inocencia, el salvajismo y la falta de civilización, así como con la ignorancia y la desnudez, la salud y la felicidad, el aislamiento del resto del mundo y de la humanidad, la falta de tiempo, la belleza y la abundancia de la naturaleza, la vida sin trabajo, la libertad absoluta de los seres humanos y su dominio sobre la naturaleza como administradores de Dios en la Tierra, y las conexiones del paraíso con los conceptos de placer salvaje, sol perpetuo y ocio.[7]

---

6 Deckard, *Exploited Edens*, 3.

7 Strachan, *Paradise and Plantation*, 5.

En concordancia con la cita anterior, la marca país de "Nicaragua tierra de lagos y volcanes" ofreció ese lugar idílico, en eterna felicidad y con eterno sol, reinado por un modo de vida natural y salvaje. El gran archivo representacional del paraíso sobre Nicaragua supuso lo que se ha denominado aquí como turismo, visión y raza. Esto es, la confluencia entre el archivo, el dato, la narrativa y la imagen como una epistemología que inventarió los espacios, las naturalezas y las poblaciones para ser comodificados como "vistas" o "atracciones turísticas", las cuales comprendieron un valor particular para la riqueza de la nación. Incluso, aquí se documentó y se argumentó que la empresa de turismo fue desde sus inicios una empresa racial. En el capítulo 3 se documentó las leyes fundacionales de migración y turismo en Nicaragua, en estas el turista fue imaginado por las autoridades nicaragüenses en cercanía con la figura del inmigrante blanco, proveniente de Estados Unidos o Europa, con capital para invertir, especialmente en plantaciones, minas o en el eterno proyecto del canal interoceánico. Como se evidenció en los capítulos 6 y 7, dichas bases raciales del turismo se codificaron como un saber técnico – político-económico –mientras Fanning y las firmas consultoras imaginaron al turista como un hombre blanco de clase media y quizá mayor de 50 años, al que había que atraer mediante campañas promocionales millonarias. En contraste, Gallard Prio, director de turismo de Nicaragua en los años sesenta del siglo veinte, imaginó al turista primero como nicaragüenses en la diáspora que podrían atraer turismo al país al recomendar sus lugares a sus amigos y parientes en Estados Unidos. Pero su visión del turista no fue asimilada por las grandes empresas consultoras y las instituciones regionales de turismo que impartieron los conocimientos técnicos del turismo en el istmo centroamericano, por medio de instituciones como ROCAP, el MCCA y la SITCA. Cabe mencionar, que la idea del migrante como una persona que utiliza su tiempo de ocio para tomar vacaciones en su propio país no era solo ajena a Fanning y las compañías consultoras, es un tema que hasta el día de hoy no cuenta con mayor atención.

Por tanto, la raza y el género son dos elementos del paraíso que se documentan en la larga duración en este estudio. Las estrategias escriturarias del turismo, junto con imágenes de la población, demuestran que la maquinaria representacional y el mundo de imágenes del país se formularon en acuerdo a las estrategias de dominación masculina, estructuradas a su vez por la tradición autoritaria articulada a la autoridad patriarcal del hombre fuerte y militar en Nicaragua. La mujer – su cuerpo, sus vestimentas y las fotografías de esta – fue desplegada acorde a este sistema de poder y jerarquías en las guías de turismo. Tanto en las descripciones feminizadas de la nación como una tierra virgen o una mujer sujeta a los dominios imperiales, la mujer fue desplegada como un elemento de atracción de la posible inmigración blanca y como un elemento del paisaje para ser consumido con la vista. En acuerdo a las escalas raciales, las mujeres no-blancas usualmente habitaron las páginas de las guías de turismo como trabajadoras o como elementos exóticos. El "traje típico", vestido por mujeres, fue un elemento de las guías de turismo que se desarrolló paulatinamente junto a los estudios folkloristas y a la búsqueda de "autenticidad" – mestiza – por parte de las autoridades nicaragüenses encargadas del turismo.

Tanto los funcionarios de las instituciones estadounidenses, funcionarios de la UP o de SITCA, firmas consultoras y las autoridades nicaragüenses, negociaron la representación de Nicaragua sobre el cuerpo de las mujeres. Si, por una parte, Somoza fue desplegado como el agente del progreso y la modernización en Nicaragua como garante de la seguridad y el orden para las inversiones; la mujer, por su parte, fue formulada discursiva y representacionalmente como la guardiana de la tradición y de la autenticidad en el viaje de Nicaragua hacia el progreso. Como madre y belleza natural, su presencia en las guías de turismo incentivó tanto el placer por ver a las mujeres como su transacción como un bien a ser protegido por los hombres de la nación.

En las narrativas escritas por turistas se demuestra que el placer de la mirada turista es, consecuentemente, un placer masculino. En distintas épocas – capítulos 2, 5 y 7 – en este estudio se evidenció que los turistas hombres siempre reservaban un espacio de sus narrativas de viaje para catalogar e inventariar la belleza de las mujeres como parte de los objetos a visitar y disfrutar en el país. Cuando las turistas eran mujeres mismas, la mirada viró del placer hacia la reflexión sobre los espacios, libertades y oportunidades que vivían las mujeres en Nicaragua. También, estas escritoras rompían con las narrativas masculinas, en cuanto no reflejaron o documentaron la "lucha del hombre contra la naturaleza" o contra las dificultades del terreno como una narrativa de conquista masculina. Las mujeres turistas fueron el principal corpus consultado para mostrar como el género forma una parte integral, no circunstancial, en la epistemología del placer y el deseo masculino en el turismo implementado como proyecto de nación en Nicaragua. No se estima que hubo razones biológicas para estas diferencias. Más bien, fueron los espacios, las experiencias societales y las oportunidades de viajar los que pudieron haber determinado sus miradas. Miradas, vale subrayar, que también fueron turistas. Entonces, si el turismo fue una empresa imperial y racial, esta también fue patriarcal.

Más que formular un trazo de continuidades exclusivas, en cada capítulo se tomó en cuenta qué cambia y qué se mantiene de estas bases fundacionales a lo largo de la historia. Uno de los principales aportes y cambios del turismo a la narrativa de viaje, propuesto en estas páginas, es que el viajero turista aglutinó el trinomio de "errar, inventariar y comodificiar", los paisajes, los recursos naturales, la cultura, la historia y las poblaciones para ser vistos por turistas. Dicho trinomio da cuenta de los cambios en los regímenes visuales y espaciales, en los cuales las montañas, los lagos y los volcanes terminaron configurando los grandes polos de atracción pensados para los turistas y su consumo de los lugares mediante la mirada – sus fotografías. La documentación e historización de estos cambios se fundamentó en la metodología principal por rastrear las narrativas de viaje y las infraestructuras que habilitaron los propios viajes. Con esto, la historia del turismo en Nicaragua demuestra los cambios en la mirada turista, en simetría con los conceptos y planteamientos de Adler, Urry y MacCannell, entre otros, sobre cómo se pone en escena una versión auténtica de la nación – mientras se ocultan otros – ensamblada por el placer de la mirada. Sin embargo, dicho placer en la historia de Nicaragua delinea el desarrollo íntimo entre el deseo de viaje y la forma de hacer inteligible y medible al mundo en términos de raza, género y aprovechamiento de los recursos naturales desde un punto de vista libre cambista para dominar la naturaleza y tomar posesión de ella como un bien de mercado.

En esta historia de cambios en narrativas y representaciones, se anotó la mayor influencia que tuvo la Carretera Panamericana, junto con todas sus instituciones, en el desarrollo y consolidación del turismo en Nicaragua, especialmente la UP y su Oficina de Viajes. En el capítulo 4, se relató la historia sobre la Carretera Panamericana y la forma en que se abrió paso por el istmo y, con ella, se construyó un relato de la historia de los países que atravesaba; una historia sobre sus capacidades para gobernarse, sus posibilidades de desarrollo y se jerarquizó el valor de "atractivo turístico" de cada uno de los elementos que comprendían sus geografías. El cambio radical de desplazamiento por el país de Sur a Norte (y viceversa), en vez y Este a Oeste (y viceversa) fue acompañado de nuevas tecnologías para fotografiar y filmar el país. La Ruta del proyecto del canal interoceánico, que dominó los viajes a través de Nicaragua desde el siglo diecinueve, la cual cruzaba el Caribe, la zona central y el Pacífico de Nicaragua, dio paso a una nueva ruta que se concentró únicamente en el Pacífico. Al terminarse la Carretera, en 1963, la región del Pacífico pasó a comprender el total de lo nacional nicaragüense, como la "Tierra de Lagos y Volcanes" que aglutinaba la mayoría de la población y las partes más auténticas de la cultura mestiza nicaragüense. La historia anudada por la Carretera, y elaborada conjuntamente por todas sus instituciones y empresas privadas adheridas, iba acorde a los legados epistemológicos del viaje según viajeros, filibusteros, Marinos y, finalmente, turistas. Al final de los años treinta había dos convenciones formalmente establecidas para representar el país, ambas producidas y reproducidas en un sinnúmero de distintos medios de comunicación, como radio, prensa, libros, revistas, películas, documentales y fotografías. Ambas nutridas genealógicamente por una larga duración de las relaciones entre la Nicaragua independiente y los Estados Unidos. Una fue la perteneciente a la guerra y la ocupación de los Marinos en Nicaragua cono una lucha antiimperialista, singularizada en la gesta de Sandino y en la "reacción" de una parte de la élite católica nicaragüense ante la modernidad y la norteamericanización. La otra, aunque no ausente de la primera, fue aquella del turismo y la inversión, alineada al Panamericanismo que respondía a los intereses del Departamento de Estado e iba entretejida a los efectos provocados por la ocupación de los Marinos, misma que respondía a otro sector particular de las élites nicaragüenses aglutinadas en la estructura de poder liderada por la dictadura somocista.

¿Cuál de estas visiones era la más correcta? En este trabajo, la información recabada sobre el turismo y la inversión, que coexistió paralelamente con la memoria silenciada de Sandino durante 43 años de dictadura, se inclina a pensar que las dos estaban estructuradas por complejos matices factuales, discursivos y representacionales cuya validez y veracidad se sostuvieron gracias a bases sociales y proyectos políticos específicos. Es decir, ambas versiones provenían de ciertas condiciones objetivas. En dependencia de los lugares que la personas visitaran, los visitantes encontraron que no existía una Nicaragua, sino varias; fragmentadas y, a veces, en claro contraste por definir un significado sobre la nación y sus posibilidades. Más que un artificio, la mundialización de Nicaragua fue acorde a los grandes proyectos de la nación por integrarse a los mercados internacionales, con todas sus contradicciones, jerarquías, dominancias, inclusiones y exclusiones.

Semejante a los postulados de Stuart Hall, la cultura es un proceso y un set de prácticas que producen e intercambian significados, "dando o tomando significados", entre las personas de un grupo y sociedad para "darle sentido al mundo".[8] En este trabajo se postuló definir al conjunto de significantes e imágenes en torno al paraíso a favor del turismo como una historia en clave turista. En este relato de la historia, Nicaragua era un paraíso natural, cuyas élites blancas no sabían gobernarse debido a los "antiguos problemas políticos" y no estaban a la altura de la administración eficiente de la población, "racialmente inferior", para aprovechar los recursos naturales. Sin embargo, más que una absoluta imposición imperial, en este estudio se ha mostrado varias veces que una historia en clave turista fue un relato de la historia y un inventario elaborado en constante negociación y cuestionamiento, por parte de los gobiernos centroamericanos, además de las mismas poblaciones con las que turistas entraban en contacto. En esta línea, en acuerdo con Rinke, los contactos entre turistas y nicaragüenses – o huésped y anfitrión – demuestran la infinidad de posibilidades dentro de una estructura de poder imperial, casi al nivel de ser de magnitud caleidoscópicas, siempre en tensión y negociación constantes. Entre dichas variaciones, las tensiones entre turistas y nicaragüenses, sobre todo la animosidad de estos últimos hacia los extranjeros, se pudo interpretar como una forma de contestar y resistir los efectos nocivos de la ocupación, como fue particularmente la violencia desatada contra la población en el tramo final de la ocupación, entre 1928 y 1934. A su vez se evidenció la animosidad debido a la conexión que los nicaragüenses realizaron entre los turistas estadounidense y el apoyo de los Estados Unidos a la GN dirigida por Somoza, principal fuerza represiva en el país durante la dictadura, pero particularmente brutal en los últimos años, de 1972 a 1979.

En el capítulo 5, en acuerdo con lo anterior, se destacó las maneras en que la OIAA y la política del Buen Vecino se propusieron la gran tarea de comprender mejor a los países centroamericanos, en conjunto con las labores de la misma oficina detrás de las distintas actividades y programas puestos en marcha para "sensibilizar" a la población estadounidense, en aras de

[8] Stuart Hall, "Introduction", en *Representation: Cultural Representations and Signifying Practices*, ed. Stuart Hall (London: Sage, 1997), 7.

promover relaciones hemisféricas cordiales, en tiempos de la Segunda Guerra (1939–1945) y, principalmente, a inicios de la Guerra Fría (1954–1989). El turismo formó parte de la política exterior conformada por los ejes de "comercio, viaje y defensa", enunciada por la administración Roosevelt en Estados Unidos. Esto significó la promoción de América Latina como destino turístico para sustituir los destinos de viaje europeos bajo conflicto. A su vez, fue una política que incentivó la necesidad de proteger el área de influencia de los Estados Unidos como estrategia geopolítica para asegurar el flujo de materias primas para la industria de guerra estadounidense. Para Somoza García, dicha política exterior significó el acceso a fondos para construir la Carretera Panamericana, así como sustentar la propaganda a favor de su régimen como un gobierno, sobre todo un presidente, de progreso para la nación. Sumado a esto, la conceptualización del turismo como una parte del comercio exterior, sobre todo como aliciente para la atracción de inversiones, fue una conceptualización que tanto las instituciones y élites nicaragüenses compartieron con los funcionarios e instituciones de los Estados Unidos y el resto de organizaciones dedicadas al turismo.

Sin embargo, en el mismo capítulo se anotó que las autoridades e intelectuales nicaragüenses no fueron actores pasivos. En este proceso, los países centroamericanos participaron activamente en seminarios o conferencias y cuestionaron severamente las representaciones y usos de sus países en libros, revistas, películas, programas de radio y demás medios de comunicación. A esta gran empresa de aprendizaje compartido se le denominó pedagogías subalternas para el turismo, en el sentido que en estos años fueron mayoritariamente países como Nicaragua, sus estudiantes, intelectuales y élites, y la población que entró en contacto con turistas, los que proveyeron gran parte de los insumos para imaginar ese "tour del Buen Vecino". Esos turistas, catalogados aquí como los turistas de la buena vecindad, llegaron a Nicaragua en un momento en que la tensión entre tradición y modernidad se atizaba y se complejizaba. Un logro de este largo proceso de imaginar un tour más amigable fue la distinción de los turistas de los agentes de gobierno o los soldados estadounidenses. Como se detalló en el capítulo 5 y 6, los encuentros entre turistas y la población nicaragüense tendió a diferenciar entre estos nuevos viajeros y los Marinos u ocupantes de antaño.

Fue en el territorio nicaragüense que dichos turistas aprendieron sobre su identidad como estadounidenses, su lugar en el mundo, así como sus privilegios, prerrogativas, responsabilidades y, sobre todo, sus vacíos y exclusiones. En más de una ocasión, como se documentó en el capítulo 5, el encuentro con el paisaje nicaragüense – sus plantaciones, minas, lagos y volcanes, y poblaciones – exigió a los turistas a verse dentro de sí, en un momento de reflexión introspectiva que sacudió sus propios universos simbólicos para dar sentido a la realidad o al orden de las cosas. Un producto de dicha reflexión, se postuló marginalmente aquí, fue la elaboración de una identidad cosmopolita del turista estadounidense como un agente intermediario entre la civilización y la tradición, obedeciendo a que el lugar del turista y escritor de guías de viaje era atraer más turistas para promover el desarrollo económico, político, social – racial – y cultural de Nicaragua. Seguidamente, en el capítulo 7 se demarcó, tras las experiencias del Buen Vecino, la forma en que la política de Kennedy y ALPRO promovieron el viaje de una nueva generación de "turistas para la paz". Al igual que los turistas de la buena vecindad, estaban convencidos de su papel como agentes de modernización y de los efectos positivos de las inversiones que podrían atraer. Su mirada crítica de la dictadura, y del apoyo de los Estados Unidos a esta, fue interpretada por Anastasio Somoza Debayle como parte de una conspiración de propaganda comunista, muy en el tono del mundo bipolar de la Guerra Fría.

En el doble sentido de aprendizaje, las autoridades nicaragüenses, y la dictadura somocista en particular, desarrollaron sus propias nociones del espacio, la naturaleza y los cuerpos para definir la nación imaginada como un producto con su propia marca para insertarse en los mercados de turismo. Ciertamente, en este trabajo se ha constatado el hecho que los orígenes del turismo en Nicaragua, durante el siglo veinte, fue en su mayoría estructurado y puesto en marcha por un régimen autoritario caracterizado por la larga dictadura militar de la familia Somoza. Régimen que funcionó acorde y en relación con organizaciones u organismos regionales e internacionales. A lo largo del trabajo se sostuvo la hipótesis que la imbricación del desarrollo común entre turismo y somocismo en la mayor parte del siglo veinte no fue fortuita. Más bien, se tuvo presente que el turismo, desde sus bases retóricas y representacionales, además de prácticas institucionales, fomentó las bases sociales de la tradición autoritaria en Nicaragua. En vez de ser una empresa apolítica o paralela a la dictadura, el turismo desempeñó un papel estructural en la forma que el somocismo imaginó y organizó el país para atraer inversión extranjera. Con todo, el turismo fue una empresa imperial, racial, patriarcal y dictatorial.

Desde sus inicios, tanto Anastasio Somoza García como sus hijos, Luis y Anastasio Somoza Debayle, utilizaron la historia en clave turista para presentar una imagen favorable del país, tanto para atraer inversiones como para sostener su dominio sobre el aparato político del país. En varias ocasiones se documentó los usos del turismo y sus narrativas en los momentos de crisis o quiebre, como en 1948, 1954 y 1956, 1959 y 1967 o, especialmente, en los años aciagos del somocismo, entre 1972 y 1979. Una de las prácticas usuales de los Somoza fue, por un lado, desplegar la maquinaria representacional para imponer la visión de esa Nicaragua paradisíaca y en progreso, siempre bajo el poder del régimen. Por otro lado, la familia Somoza contrató específicamente a agencias de relaciones públicas, las cuales diseminaron en los medios de comunicación los mismos discursos sobre el paraíso, en favor de la autoridad de los Somoza en el país.

Los fondos habilitados para la Carretera Panamericana especialmente, y para la seguridad contra el comunismo en Centroamérica después, proveyeron recursos financieros sustanciales para sostener el sistema de prebendas y clientelismo estructurado por las prácticas políticas somocistas, además que abrieron oportunidades para el enriquecimiento de la familia en el poder.

Particularmente, la representación de Somoza como un presidente "progresista" o fomentador del "desarrollo" de la nación, se robusteció gracias a la constante propaganda y celebraciones en torno a las aperturas y finalizaciones de las obras relacionadas a la Carretera Panamericana, junto con las obras destinadas al turismo, como fueron los balnearios en Tipitapa, Xiloá o la apertura de hoteles en la ciudad capital.

Por tanto, en este trabajo se argumentó que Somoza satisfizo la búsqueda del turista e inversor por seguridad en Nicaragua. Seguridad ante la animosidad de los pobladores hacia los estadounidenses y seguridad ante la aparente violencia o inestabilidad que se vivía en el país. Un paraíso no podía sufrir ninguna de las dos. Somoza contestó directamente a esta necesidad mediante su control de la Guardia Nacional, pero, al mismo tiempo, al mostrarse como un aliado incondicional de los Estados Unidos en la región. A su vez, el orden en el país era otro indicador del "buen clima para los negocios" en aras de atraer inversión extranjera. No obstante, en este estudio se señalaron los límites de dichas concepciones de seguridad y orden y, más bien, que quizá las mismas obstaculizaron el desarrollo de la empresa del turismo en Nicaragua. Específicamente, en los capítulos 4, 5 y 7 se analizaron las múltiples formas en que el régimen somocista, en distintas épocas, mantuvo un control férreo sobre el tránsito o la entrada y salida de viajeros y turistas al país. Temeroso de la influencia ejercida por la oposición en el exilio o de las invasiones de estos, ninguno de los Somoza que gobernaron el país cedió totalmente ante la presión por liberalizar el tránsito y convertir a Centroamérica en una zona integrada para turistas. Dicha resistencia, se anotó también en el capítulo 6, terminó perjudicando el desarrollo e implementación del turismo en Nicaragua.

Perjudicar al turismo fue un cálculo que respondió, hasta donde muestra la documentación, en la interpretación que tanto el somocismo como las élites empresariales y políticas realizaron del turismo en la mayor parte del siglo veinte. Esto fue el turismo como un apéndice al proyecto primordial de desarrollo, progreso y modernización de la nación: la atracción de capital e inmigración blanca. La guía turística en Nicaragua fue un documento usualmente elaborado con este fin en mente, en el cual no solo se destacaban las vistas y rasgos culturales particulares del país, sino que se le sumaban las tablas con recursos naturales y raciales, en conjunto con el despliegue de mujeres blancas nacionales y hombres empresarios con los cuales, se esperaba, se entablarían negocios del café, la ganadería, la minería, el caucho y, más tarde, la industria de substitución de importaciones. Esta concepción del turismo fue una influencia importante en la elaboración de la infraestructura para albergar al turista y proveerle medios de transporte que lo mantuviesen desconectado y "a salvo" de los "problemas políticos" o la desigualdad que podría molestar su experiencia auténtica de la Nicaragua paradisíaca.

Solamente al final de la dictadura, en los años setenta, se muestra un interés singular por incentivar las inversiones en la "industria turística", definida en estos términos por ALPRO, ROCAP y SITCA. Durante la administración de Anastasio Somoza Debayle, debido a la crisis del petróleo, del MCCA y, sobre todo, al cierre de canales usuales de financiamiento debido a la represión ejercida por su régimen contra la población, el turismo se pensó más allá de la atracción de capital para ser un proyecto mismo de nación para el desarrollo. Consecuentemente, en el capítulo 6 se analizaron las consultorías y estudios llevadas a cabo para integrar a Nicaragua a los nuevos mecanismos de inversiones turísticas, los cuales requirieron atravesar un proceso de tecnificación del turismo. Estos pusieron en contacto a las élites empresariales y gobernantes con firmas e institutos especializados en turismo de los Estados Unidos y de las Naciones Unidas. A este conocimiento técnico impartido en conferencias, seminarios y programas de apoyo, y consultorías, se le denominó como las "pedagogías imperiales del turismo". En contraste a la política del Buen Vecino, oficinas e instituciones especializadas en mercadeo y turismo, junto con instituciones internacionales como la OMT, se dieron a la tarea de "enseñar" a los países centroamericanos cómo se estructuraban las políticas públicas, estadísticas, proyectos y planes de mercadeo del turismo. Como se anotó en el capítulo 7, este esfuerzo llegó a destiempo, ya que tanto Somoza como su régimen no lograrían concretar ninguno de sus planes quinquenales, debido al triunfo de la revolución sandinista.

Una conclusión principal que se extrae de la revisión de las fuentes consultadas es que, si bien el turismo no tuvo una influencia en la economía política en la misma magnitud que el café, el algodón, la ganadería o la minería en Nicaragua, si tuvo un efecto duradero en los imaginarios y discursos identitarios de la nación. El tropo del paraíso se imantó al paisaje mediante la definición del país como una "tierra de lagos y volcanes", como principal marca del país para integrarse a los inventarios y mercados globales del turismo. Con este discurso, se borró la influencia de la dictadura, se jerarquizó a la costa del Pacífico por encima de las otras dos regiones del país y se encadenó particularmente a una concepción del mestizaje que dio prioridad a la ascendencia mesoamericana y española, en exclusión de las raíces africanas de la población nicaragüense. En concordancia con los estudios de Strachan sobre el paraíso y las plantaciones en el Caribe, el imaginado paraíso ya no era solamente "un lugar donde la riqueza puede alcanzarse en forma de dinero (oro) o adquirirse a través de la exportación de productos básicos (azúcar, tabaco y algodón). El sitio es ahora una vista (…) es la mercancía que se vende (…) es ahora tanto un mito como un bien material".[9]

Por tanto, el turismo reforzó los discursos identitarios en torno al mestizaje sobre una Nicaragua racialmente homogénea, e inventarió las particularidades culturales, como bailes, músicas y danzas, pertenecientes al recién inventariado folklor, como bienes comodificados. En los libros de texto sobre la geografía e historia de Nicaragua, dicha mirada turista incentivó a la población nicaragüense a conocer su propio país, en acuerdo a las vistas y elementos elegidos del paisaje y la población para definir la nación. La identidad nacional, en la nueva

[9] Strachan, *Paradise and Plantation*, 112.

ecuación propiciada por los marcos espaciales y los regímenes visuales del turismo, fue un bien más en el inventario de elementos comodificados para el turismo, entrelazando e interviniendo la misma creación de la identidad nicaragüense con el proceso de modernización y desarrollo en clave turista.

Esto último se evidencia, particularmente, en los retazos de la mirada turista utilizados en las visiones, estrategias y epistemologías aplicadas por científicos y funcionarios de gobierno para inventariar y formular los proyectos de turismo en Nicaragua. En este estudio se analizó particularmente las prácticas escriturarias y las metodologías implementadas por Jaime Incer Barquero, entre otros, para realizar un gran inventario de la nación para el turismo y, especialmente, su proyecto para convertir al Volcán Masaya en una reserva natural y atracción turística, en los capítulos 6 y 7, respectivamente. Tanto la internalización de las metodologías de CICATUR como los conceptos de la OMT, el ejemplo de Barquero denota la forma en que el turismo y sus conceptualizaciones formaron una epistemología sobre la historia, la naturaleza, el paisaje y la población para producir sentido de los mismos, en aras de definir las capacidades y los proyectos de desarrollo y progreso de la nación nicaragüense. El caso del Volcán Masaya ilustra la influencia de colonizadores, viajeros y Marinos en la selección de los lugares para el turismo, así como de la primacía de sus epistemologías, por encima de las poblaciones que habitaban el mismo lugar, para definir las posibilidades y usos del volcán para el turismo. El turismo no solo fue a partir de este momento una forma de ver e inventariar el paisaje, fue un proceso gnoseológico con su propia epistemología capaz de formular un sentido y producir su propia realidad fenomenológica del país. El turismo fagocitó la identidad nacional a su historia, sus recursos y su deseo de progreso y desarrollo justificado bajo un orden dictatorial.

Por último, una conclusión principal, expuesta en el capítulo 7, fue la consolidación de una cultura de viaje turista, definida por una mirada o una conciencia turista de las élites nicaragüenses en los años sesenta y setenta del siglo veinte. La gran contradicción en este punto es que Nicaragua fue usualmente catalogada como un país receptor de turistas, cuando su población fue en gran medida una de las principales fuentes de turismo hacia Centroamérica, Estados Unidos y Europa, especialmente en los años setenta. En esta línea, se documentaron las formas en que ciertos sectores de la población nicaragüense, usualmente las clases altas, realizaron sus propios viajes turistas hacia otros países y hacia adentro de su propio país. Los ejemplos demuestran una conciencia turística en su forma de consumir lugares con la vista y en sus prácticas para buscar, y consumir, lugares comodificiados y desplegados en las guías turísticas, en su tiempo de ocio o vacaciones.

En el último apartado, se mostró que la cultura de viaje turística media la historia familiar, la memoria misma de ciertos sectores de la población nicaragüense y sus vacaciones dentro del país. En el viaje turista, familias y amigos tejieron lazos de amistad y fraternidad, y de parentesco entre las personas, pero, sobre todo, entre su sentido de pertenencia a la nación con los espacios, la naturaleza y las poblaciones que los habitaban. Los afectos amarrados en los viajes realizados por ocio o esparcimiento fueron realizados dentro y en concordancia con las jerarquías étnicas, raciales, de género y epistemológicas del turismo que se detallaron a lo largo del estudio. Es decir, la mirada turista formó parte, esencialmente en la segunda mitad del siglo veinte, de la conformación misma del sujeto nicaragüense y su formulación identitaria-afectiva como miembro de una comunidad imaginada en torno a una Nicaragua paradisíaca e infinitamente explotable.

A la aglomeración de todas las características políticas, económicas e ideológicas de la empresa del turismo en Nicaragua se le ha denominado particularmente en este estudio mediante un concepto postulado como "atractivismo". Este concepto, se propone en este estudio, se extrae de las fuentes mismas para dar razón del turismo en el caso particular de Nicaragua. Atractivismo es esencialmente la gubernamentalidad del turismo en Nicaragua durante la mayor parte del siglo veinte aquí documentado. Con esto se refiere a los siguientes elementos. Primero, se basa en los grandes mitos fundacionales de la nación, como fueron el canal interoceánico, la plantación y la hacienda ganadera, en cuanto su implementación dependía de la atracción de capital e inversión, junto con inmigración blanca, para el progreso de la nación. En el trayecto de los años cuarenta a la década de los setenta del siglo veinte, el turismo pasó de ser una política adherida a la atracción de inmigración e inversión a significar una idea concreta de progreso codificada legal e institucionalmente y puesta en práctica mediante inversiones regionales públicas y privadas. Es decir, el turismo se adhirió como parte nodal a la cadena de equivalencias decidora de a la "idea de progreso" en Nicaragua. Progreso imaginado en términos de paisaje, recursos, cultura y poblaciones escenificadas en escalas de raza, género y civilización pertenecientes al tropo del paraíso como un lugar idílico, adaptado a las necesidades del inmigrante o turista identificado, a su vez, como un hombre blanco, mayor de cincuenta años y con posible capital para invertir.

Segundo, es un concepto espacial y temporal, así como racial y de género. En este imaginario del canal y la nación cosmopolita, comodificado después como un paraíso de la tierra de lagos y volcanes, Nicaragua es una nación feminizada ubicada en la periferia del orden imperial, perteneciente a una zona de influencia, así como en un estado primitivo o anterior a la civilización. Debido a la indulgencia, estado de niñez o a las "incapacidades raciales" de su población, Nicaragua, en la concepción atractivista, necesita ofertarse a los mercados internacionales y no sufrir la intervención o apoderamiento de las potencias mundiales.

Tercero, este esquema espacial, temporal, racial y de género es una epistemología productora de conocimiento y sentido. Con atractivismo se intentó formular aquí que el turismo se basa en el trinomio de errar, inventariar y comodificar en concordancia con el trinomio de turismo, visión y raza en la configuración de las "vistas" o "atracciones" turísticas. En base al saber-poder de la larga duración de copias intertextuales entre textos de conquista, exploración y de intervención en Nicaragua, sumado a las imágenes que saltaron de un texto a otro y, la transculturación de archivos imperiales por parte de las élites nicaragüenses, el turismo es naturalizado y su conciencia se establece en Nicaragua mediante los significantes abiertos por los tropos de paraíso, tierra virginal, razas indulgentes, tiempo atrasado a la civilización y ubicada en la periferia dependiente. Esto es, que la atracción de inmigración, capitales y turistas supone la comodificación del país como un producto para venderse en torno a una marca, la cual ordena y da sentido a los espacios, la naturaleza y los cuerpos para ser ofertados en el gran inventario y mercado del turismo internacional.

Atractivismo es también la suma de las influencias teóricas utilizadas a lo largo de esta investigación, fundamentadas por Salvatore, Poole, Saldaña y Rodríguez. Esencialmente, si los años cuarenta y sesenta formularon un placer por la modernidad, este placer se imantó semánticamente a la temporalidad espacial de Nicaragua para atraer inversiones. Por tanto, atractivismo alude al hecho que la misma identidad nacional, una parte de la autenticidad del país, fue despojada de sus jerarquías, exclusiones y represiones constitutivas para mostrar una naturaleza infinita e incorruptible, libre de la política y de las consecuencias medioambientales de la modernización. En otras palabras, atractivismo es la puesta en escena de una autenticidad idílica en clave de paraíso y arcadia, que oculta las tensiones políticas, económicas, laborales, raciales y de género que sostienen el sistema mismo, tanto imperial global como dictatorial en Nicaragua. La gran maquinaria industrial de representaciones, junto con el mundo de imágenes necesario para establecerla, hace alusión a que el atractivismo puede ser pensado como una noción de la forma en que el mundo es medido, inventariado, hecho inteligible y, en acuerdo con Spivak y Saldaña, mundializado para el turismo. Más que "orientalismo" o "extractivismo", el atractivismo hace alusión a la gran maquinaria representacional que formula el sentido del mundo para justificar y, sobre todo, darle placer y deseo al sujeto imperial por conocer y explotar regiones más allá de sus fronteras, en confluencia con el placer de modernidad estimulado por las élites locales nicaragüenses.

Quizá una pregunta que ha circulado los pensamientos del lector de este trabajo ha sido si ¿hay otra manera de viajar que no sea turista? En concordancia con las primeras líneas de esta conclusión, esas otras culturas quizá existen, pero se encuentran subordinadas o subalternizadas a la hegemonía del turismo, según la documentación revisada. La historia del turismo es el relato de una cultura de viaje entre varias culturales de viaje. En este estudio también se ha intentado proveer los insumos para una historia centroamericana y global del turismo, ambas todavía pendientes. Al mismo tiempo, queda todavía pendiente la historia del turismo relatada por las personas subalternizadas, enmudecidas, anonimizadas e inventariadas sin agencia en esta historia de la institucionalización y la naturalización del turismo, a saber: campesinos, obreros, artesanos, indígenas, mujeres, y la población afrodescendiente. Estas personas solo intervinieron en el relato definidos por su etnia o por su trabajo e irrumpen en el escenario como "guías", "ayudantes", "lavanderas", entre otras representaciones que las han despojado de sus saberes. Una gran historia de las poblaciones del turismo sería un tema interesante para abordar en futuros estudios, así como una historia centroamericana del turismo en perspectiva global.

Douglas, y la historia de la fugacidad en el Caribe, empero, revela la existencia de historias sobre culturas de viaje alternas – ¿o subalternas? – cuyas interacciones y narrativas formulan interpretaciones diferentes sobre las formas en que se comprende, se mira y se le da valor a los elementos y personas que conforman el espacio mismo. Douglas presentó estas formas de comprender las capacidades políticas del pensamiento emancipador en ferias mundiales, como la *World's Columbian Exposition* llevada a cabo en Chicago en 1893. La esperanza de Douglas radicaba en esperar que "'los esclavos rebelados' en el Caribe inspirarían a negros libres y esclavizados a 'ejecutar grandes obras de heroísmo'".[10]

La yuxtaposición de Douglas con Walker y los viajeros decimonónicos, comprueba que en América existieron, a lo largo de su historia, una "pluralidad de marcos espaciales competitivos", tanto en el siglo diecinueve como el veinte, pero que el turismo se nutrió particularmente de un marco espacial determinado por las estructuras políticas-económicas imperiales, raciales, patriarcales y dictatoriales de poder.[11] Atractivismo es, pues, la internalización de esta política económica, usualmente las políticas exteriores de ocupación, Buen Vecino o ALPRO, a la política pública de administración del turismo en Nicaragua – lo que Foucault denominaría gubernamentalidad. Es preciso cuestionar, pues, que dicho rastreo se ha dado mayoritariamente a través de archivos y corpus literarios que responden a formas dominantes de mundializar la comprensión del sistema global.

La subalternización de otras formas de viaje y el hecho que todavía sobreviven hasta los tiempos actuales mediante denominaciones como "migración ilegal", dan cuenta de la supervivencia de estructuras de poder global que benefician a ciertas personas en el gran inventario global del turismo. Dick Hoerder es severo al afirmar que las mejoras y la aceleración de los medios de comunicación y transporte han producido que la "globalización a comienzos del siglo XXI" sea "simplemente una adaptación de los patrones de inversión y migración laboral del siglo XIX",

10 Ibid., 43.

11 Matthias Middell y Katja Naumann explican que el "'giro espacial' reconoce la naturaleza construida del espacio, reconoce la simultaneidad de varios marcos espaciales y la centralidad tanto de los actores históricos como de los historiadores al definir los órdenes espaciales". La primera premisa asevera que hay "una pluralidad de marcos espaciales competitivos en un momento dado". La segunda premisa afirma que "las nociones de espacio, así como los marcos espaciales relevantes, han cambiado con el tiempo", y "no se puede postular una entidad espacial única como la dominante para todos los períodos en el pasado": Matthias Middell y Katja Naumann, "Global History and the Spatial Turn: From the Impact of Area Studies to the Study of Critical Junctures of Globalization", *Journal of Global History* 5, núm. 1 (marzo de 2010): 152–55.

ya que con "respecto a la división del trabajo y la riqueza, la variante del racismo de fines del siglo XIX se ha convertido en un *apartheid* global [en el siglo veintiuno]".[12]

Hoy en día solo se puede imaginar las posibles rutas que una cultura de viaje basada en la búsqueda de libertad y la emancipación pudieron haber producido con respecto al turismo. Es peligroso idealizar, pero vale la pena tomar en cuenta que las migraciones hacia Haití o el Reino de la Mosquitia subvierten el "paraíso" proyectado en las formas de tomar posesión e invertir para ganar y extraer grandes fortunas. La cultura de viaje de la fugacidad incentivó el viaje para escapar del mismo sistema creador de riquezas y desigualdades. Solo se puede imaginar abiertamente el mundo fagocitado por estas ideas. Si las exhibiciones mundiales hubiesen seguido la intención de Douglas, y se hubiesen convertido en centros para mostrar y exponer a las naciones como centros de promoción de los derechos económicos, políticos y sociales de la "comunidad humana global", y las naciones hubiesen sido escenificadas como polos de absorción de migrantes, exiliados, esclavos y los desplazados del mundo.

Finalmente, en Nicaragua quizá se cuentan con algunas culturas de viaje decidoras de estas otras formas de incentivar el viaje turista. En los años ochenta, miles de personas denominadas como "internacionalistas" viajaron hacia Nicaragua para apoyar el proyecto revolucionario liderado por el FSLN. Estas personas se adentraron en el país para colaborar con las campañas de alfabetización, las jornadas de salud, los proyectos de cooperativas agrarias, con las colectas de café y algodón, o simplemente para participar en la gran gama de solidaridad internacional que se volcó sobre el país. En cierta usanza de Douglas, los y las internacionalistas viajaron a Nicaragua con el propósito de encontrar una tercera vía a los grandes proyectos e ilusiones por cambiar el mundo de una generación. Más que buscar paraísos, plantaciones, balnearios, lagos o volcanes, hoteles, casinos y demás; estas personas se compenetraron íntimamente con la población nicaragüense para soñar una nueva nación. Dichas personas elaboraron un nuevo concepto de paraíso, cercano a la poesía, etimología y teología de, entre varios, Ernesto Cardenal, cuando afirma:

> Pero el Paraíso no se encuentra en el trópico como creyó Colón, ni en esos "paraísos tropicales" que anuncian las agencias de turismo. Ni en las fuentes de Florida ni en Miami Beach. El Paraíso está en el Calvario. Adán en el paraíso estaba desnudo. La pobreza pues es el estado paradisíaco. Adán era pobre como los animales, como San Francisco de Asís y como Cristo.[13]

12 Dirk Hoerder, *Cultures in contact: world migrations in the second millennium* (Durham: Duke University Press, 2002), 444.

13 Cardenal, *Vida en el amor*, 27.

Vivir en el paraíso de la nueva Nicaragua, imaginado por la revolución, requería más que el placer y el deseo, requería "vivir como los santos", en palabras del poeta Leonel Rugama, y utilizadas por Sergio Ramírez para recordar los días luminosos de la revolución, así como la pérdida de la misma.[14] A pesar de las diferencias anotadas, autores como Christian Helm, en su análisis de la solidaridad alemana con Nicaragua en los años ochenta, encuentra varias simetrías y canales comunicantes entre los "internacionalistas" y lo que el autor denomina "turismo revolucionario".[15] Muchos de los internacionalistas entrevistados por Helm todavía recuerdan con admiración y nostalgia la Nicaragua revolucionaria, tanto por lo que se logró como por lo que se perdió. Mas sus memorias encuadran un placer siempre rodeado de extremos que se mueven en lo que Julio Cortázar escribió sobre el país: "Nicaragua tan violentamente dulce".[16]

Al finalizar el capítulo 7, se anotó las continuidades en las formas de inventariar y comodificar el paisaje, los recursos naturales, la cultura y las poblaciones, entre los anuarios de turismo del sandinismo y las guías anteriores. En sintonía con Saldaña, dichas continuidades son decidoras de la pervivencia de las miradas librecambistas y modernizantes que cruzan el espectro político de las denominadas derechas e izquierdas políticas en América Latina. Documentar y analizar las continuidades y quiebres en la mirada turista entre somocismo y sandinismo es otro gran tema todavía pendiente en la historiografía nicaragüense.

Si bien la mayoría de las investigaciones académicas sobre el turismo en Centroamérica se han concentrado particularmente en los últimos cuarenta años de esta empresa en la región (1980–2020), son pocas las que han cuestionado lo político, las estructuras de poder o las configuraciones del turismo en el istmo en perspectiva de la larga duración. Debido a esto, el trabajo aquí desarrollado constituye un aporte para comenzar a llenar un vacío considerable dentro de la historiografía, tanto de Nicaragua como del istmo centroamericano, en cuanto a las largas duraciones y procesos estructurantes de los conceptos, métodos, proyectos y diferentes formas de pensar e implementar la empresa del turismo en las sociedades y sistemas políticos-económicos centroamericanos. En el caso particular de Nicaragua, los estudios más recientes se especializan en evaluar el impacto del turismo en las poblaciones residentes y colindantes a las reservas naturales o a las playas y balnearios, entre otros.[17]

---

14 Sergio Ramírez, *Adiós muchachos: una memoria de la Revolución Sandinista* (Madrid: Aguilar, 1999), 3.

15 Christian Helm, *Botschafter der Revolution: das transnationale Kommunikationsnetzwerk zwischen der Frente Sandinista de Liberación Nacional und der bundesdeutschen Nicaragua-Solidarität, 1977–1990*, Studien zur internationale Geschichte, Band 39 (Berlin: Walter de Gruyter, 2018), 177–84.

16 Julio Cortázar, *Nicaragua, tan violentamente dulce* (Barcelona: Muchnik, 1984).

17 Carter Hunt, "Passport to Development? Local Perceptions of the Outcomes of Post-Socialist Tourism Policy and Growth in Nicaragua", *Tourism Planning & Development* 8, núm. 3 (agosto de 2011): 265–79.

Los volúmenes compilados por Ernest Cañada, también extraen elementos señalados en la presente trabajo, porque problematizan las nociones de espacio e identidad, además que reflexionan los usos políticos o comerciales de la cultura.[18] Dos trabajos recientes en esta misma línea de reflexión son los de Jennifer Devine y Lena Mortensen. Sus investigaciones le prestan atención a las iniciativas de ecoturismo en las zonas identificadas como "remanentes" de la cultura Maya, entre el norte de Guatemala y el sur de Belice, y la estructuración de Copán como un atractivo turístico, respectivamente. Devine se refiere al espacio comodificado como el producto de una "colonización espacial". Para Devine el ecoturismo implementado en el "corredor Maya" se define como una "industria capitalista", basada en "las prácticas de viajes y esparcimiento de los turistas que integra personas, lugares y recursos en la economía global", prácticas repletas "de ideas normativas sobre qué constituye la naturaleza, quién es un turista ideal y qué tipos de actividades son deseables o permisibles en los espacios turísticos".[19] De igual forma, Mortensen encuentra estructuras de poder semejantes en acción, en lo que se refiere a la comodificación del patrimonio cultural de Honduras en los proyectos recientes ocupados con la inserción de Copán a la "ruta Maya" ideada para el turismo.[20] Finalmente, Esteban Barboza ha publicado recientemente un estudio muy interesante sobre las "playas imaginadas" en Guanacaste Costa Rica, en el cual repasa los imaginarios coloniales que fueron desplegados por las empresas y políticas nacionales de turismo en dicha región del país.[21]

El presente estudio hace más bien referencia a que, las exclusiones e inclusiones, formas de definir la naturaleza, el paisaje y los cuerpos, a favor de una empresa turística, son el producto de una historia sobre la forma en que científicos, intelectuales, funcionarios de gobierno, empresarios y miembros de instituciones regionales e internacionales, aprendieron juntos a formular la cultura de viaje turista en Centroamérica. Historia decidora de las complejas estructuras de poder heredadas de la colonia y de la era temprana de los imperialismos, así como de la historia reciente marcada por el ascenso de las tradiciones autoritarias en el istmo – a excepción

---

18 Ernest Cañada, ed., *Turismo y conflictos socio-ambientales en Centroamérica* (Managua: Enlace, 2010); Ernest Cañada, ed., *Turismo en Centroamérica: un diagnóstico para el debate* (Managua: Enlace, 2013).

19 Jennifer A. Devine, "Colonizing Space and Commodifying Place: Tourism's Violent Geographies", *Journal of Sustainable Tourism* 25, núm. 5 (2017): 635.

20 Lena Mortensen, "Branding Copán: Valuing Cultural Distinction in an Archaeological Tourism Destination", *Journal of Tourism and Cultural Change* 12, núm. 3 (2014): 237–52. Darío Euraque ha investigado la conexión entre el turismo y la formación de la indentidad hondureña en cuanto a la "mayanización de Honduras", véase: Darío A Euraque, "Antropólogos, arqueólogos, imperialismo y la mayanización de Honduras: 1890–1940", *Yaxkin: Órgano de divulgación del Instituto Hondureño de Antropología e Historia* 17 (1998): 85–101.

21 Esteban Barboza, *Las playas imaginadas. Turismo, imaginarios y discurso colonial en Guanacaste* (San José: Editorial Arlequín, 2020).

de Costa Rica. Aunque en este estudio se concluye que la dictadura somocista perjudicó la implementación y desarrollo de la empresa del turismo, otros países con regímenes autoritarios, como Guatemala y El Salvador, no mostraron dinámicas parecidas a las de Nicaragua.

Si la mayoría de los países centroamericanos le han apostado recientemente al turismo como un "pasaporte para salir de la pobreza", todavía queda mucho trabajo por realizar en cuanto a la contextualización y la historización de las formas en que el turismo ha sido implementado en el istmo.[22] Posiblemente en estas historias se encuentran las respuestas para comprender los problemas y falencias de esta empresa en cada uno de los países. A su vez, como se ha señalado aquí, se encuentran las historias sobre cómo las poblaciones centroamericanas no solo aprendieron la "mirada" o la "consciencia turística", sino que se encuentra la forma en que dichas miradas – el tropo del paraíso – se asimilaron a un punto de naturalización, mediante el cual no solo se leyó y comprendió la realidad, sino que se proyectó para generar una empresa de nación cimentada en las estructuras usuales de dominaciones, inclusiones y exclusiones, que continúan reproduciendo sistemas autoritarios y sociedades marcadas por la desigualdad hasta el día de hoy.

[22] Hunt, "Passport to Development?", 265.

Archivos y bibliografías

Archivos

Estados Unidos

Columbus Memorial Library (OEA)

Library of Congress

Postales

—. Library of Congress, Washington, D. C. 20540 USA. "Canal Route--Ometepe Volcano and Lake Nicaragua from Boat Landing, San Jorge, Nicaragua, C. A." Image. Consultado el 26 de febrero de 2020. https://www.loc.gov/item/89715953/.

—. "Gathering Cacao for Chocolate Manufacturing, Nicaragua, C. A." Image. Consultado el 26 de febrero de 2020. https://www.loc.gov/item/89715954/.

—. "Good Friday Celebration, Franciscan Church and Monastery, Granada, Nicaragua, C. A." Image. Consultado el 26 de febrero de 2020. https://www.loc.gov/item/89715952/.

—. "San Carlos and San Juan River, Nicaragua, C. A." Image. Consultado el 26 de febrero de 2020. https://www.loc.gov/item/89715948/.

—. "Steamboat Landing on Beautiful Lake Nicaragua, Granada, Nicaragua, C. A." Image. Consultado el 26 de febrero de 2020. https://www.loc.gov/item/89715959/.

—. "The Breezy Heights of Saratoga, Looking across Apoya Lagoon to Lake Nicaragua, Nic., C. A." Image. Consultado el 26 de febrero de 2020. https://www.loc.gov/item/89715949/.

—. "The Smoking Terror, 'Momotombo,' Volcano, Nicaragua, C. A." Image. Consultado el 3 de mayo de 2018. https://www.loc.gov/item/89715958/.

—. "Using Nature's Own Tub and Washboards on Lake Nicaragua, Granada, C. A." Image. Consultado el 26 de febrero de 2020. https://www.loc.gov/item/89715955/.

National Archives

RG 59: Departamento del Estado

RG 84: Comunicaciones Diplomáticas y Consulares

RG 229: Organización de Asuntos Interamericanos (OIAA)

RG 286: Agencia de los Estados Unidos para el Desarrollo Internacional (AID)

El Salvador

Archivo y biblioteca de la Secretaría de Integración Centroamericana (SICA)

Fondo documental ODECA (CDOC-SICA), Serie no. 6 "ODECA. Secretaría de Turismo"

Nicaragua

Biblioteca del Banco Central Roberto Incer Barquero

Biblioteca Bolaños

Instituto de Historia de Nicaragua y Centroamérica (IHNCA)

- Base de datos siglo XX
- Colección de Postales
- Archivo Familia Somoza
- Colección Novedades
- Memoria Centroamericana

Guías de turismo y narrativas de viaje

Aliprandi, Hermenegildo, y Virgilio Matrini, eds. *Anuario Nicaragüense*. Managua: Tipografía Robelo, 1934.

Amézaga, Xavier. *Nicaragua Monumental*. Managua: Tipografía Nacional, 1937.

Asociación de Damas de la Embajada de Estados Unidos. *Festival Nacional de Artesanía*. Managua, 1976.

Baldwin, Roger S. "Tarrying in Nicaragua. Pleasures and Perils Of The California Trip in 1849." En *Tropical Travel: The Representation of Central America in the 19th Century*, 473–504. San Jose, C.R: Editorial UCR, 2008.

Banco Central de Nicaragua, Departamento de Desarrollo Turístico, y Editora de Publicaciones S.A. *Nicaragua: Guía Turística*. Managua: EDIPSA, 1978.

Batson, Alfred. *Vagabond's Paradise*. Boston: Little, Brown, and Company, 1931.

Belt, Thomas. *The naturalist in Nicaragua*. 2a ed. Chicago: University of Chicago Press, 1985.

Bravo, Carlos A. "A la Costa Atlántica entre las nubes". *El cuaderno del Taller San Lucas*, núm. 4 (1944): 33–40.

Bravo, Jorge. *Breves noticias de la República de Nicaragua: mandadas a publicar de orden del honorable señor ministro de relaciones exteriores Dr. Don Jorge Bravo con el objeto de promover la inmigración extranjera*. Managua: Tipografía Nacional, 1892.

Baus, Ruth. *Who's running this expedition!*. New York: Coward-McCann Inc., 1959.

Caldwell, John C. *Let's Visit Central America*. New York: The John Day Company, 1964.

Capstick, Peter Hathaway. *Last Horizons: Hunting, Fishing & Shooting On Five Continents.* St. Martin's Publishing Group, 1988. https://books.google.de/books?id=qH3aks1JoXEC&pg=PT20&lpg=PT20&dq=alfredo+bequillard+jr.+nicaragua&source=bl&ots=HEEir-Vsnz&sig=ACfU3U0q1qhswUWKN_uOE0Ufwnc8iQeLdg&hl=en&sa=X&ved=2ahUKEwifqdLY9arvAhUCrxoKHR9hDKoQ6AEwC3oECAoQAw#v=onepage&q=alfredo%20bequillard%20jr.%20nicaragua&f=false.

Carr, Archie. *High jungles and low.* Gainesville: University of Florida Press, 1953.

Chamorro de Solorzano, Cecilia. "Diario de un viaje por Europa: Recorrido de una dama nicaragüense después de cuarenta años de ausencia". *Revista Conservadora*, Diciembre de 1966.

Clark, Sydney. *All the best in Central America.* New York: Dodd, Mead & Company, 1958.

Contreras Acosta, Agustin. *Centroamerica vista por un mexicano.* México, 1951.

Coronel Urtecho, José. *Rápido tránsito (al ritmo de Norteamérica).* Managua: Nueva Nicaragua, 1985.

Cortázar, Julio. *Nicaragua, tan violentamente dulce.* Barcelona: Muchnik, 1984.

Crespi, Pachita. *Wings over Central America.* New York: Charles Scribner's Sons, 1947.

Crowther, Samuel. *The Romance and Rise of the American Tropics.* Garden City, NY: Doubleday, Doran & Company, Inc., 1929.

Cuadra, Manolo. *Itinerario de Little Corn Island.* Managua: Editorial Novedades, 1937.

Cuadra, Pablo Antonio. *Hacia la Cruz del Sur: (Manual del navegante hispano).* Buenos Aires: Comisión argentina de publicaciones e intercambio, 1938.

Cunningham, Eugene. *Gypsying through Central America.* New York: EPDutton and Co, 1922.

Davis, Richard Harding. *Three gringos in Venezuela and Central America.* New York: Harper, 1896.

Denny, Harold Norman. *Dollars for bullets: the story of American rule in Nicaragua.* New York: The Dial Press, 1929.

Dirección Nacional de Turismo. *Nicaragua: Tierra de sol, lagos, y volcanes.* Managua: Publicaciones de la Dirección Nacional de Turismo, 1976.

Donaldson, Lois. *Pictured Geography of Nicaragua in Story and Pictures.* Chicago: Albert Whitman and Company, 1943.

Elman, Richard. Cocktails at Somoza's: a reporter's sketchbook of events in revolutionary Nicaragua. Cambridge: Apple-wood books, 1981

Elliott, Lilian Elwyn. *Central America: New Paths in Ancient Lands.* London: Methuen & Co. LTD, 1924.

Epstein, Jack. *Along the Gringo Trail: A Budget Travel Guide to Latin America.* Berkeley: And/Or Press, 1977.

Espy, Hilda Cole, y Lex Creamer. *Another world: Central America.* New York: Viking Press, 1970.

Facinelli Graziosi, H. *Guía ilustrada de Nicaragua.* Milan: Oficina poligráfica romana, 1898.

Fanning, Branwell. "Central America forms tourism association-prepares for rapid tourist increase". *ASTA Travel News*, noviembre de 1967.

Fiallos Gil, Mariano. *Crónicas de viaje (de Nueva Orleans al Cercano Oriente).* León: Cuadernos Universitarios, 1964.

Filio, Carlos. *Tierras de Centroamérica.* México, D.F.: Ediciones Coli, 1946.

Ford, Norman D. *The Fiesta Lands: Through Mexico and Central America on a shoestring*. 6a ed. New York: Harian Publications, 1953.

Frances Carpenter. *Caribbean Lands: Mexico, Central America and the West Indies*. New York: American Book Co, 1950.

Franck, Harry Alverson, y Herbert C. Lanks. *The Pan American highway: from the Rio Grande to the Canal Zone*. New York, London: D. Appleton-Century Company, 1942.

Gaudet, William G. "Central American Tourism". *Latin American Report Newsletter*, julio de 1967.

Guerrero, José de la Luz. *Guía de turismo*. Managua: Ferrocarril del Pacífico de Nicaragua, 1934.

—, ed. *Guía general de turismo*. Managua: Ferrocarril del Pacífico de Nicaragua, 1936.

—. *Guía ilustrada de turismo de Granada*. Managua: Ferrocarril del Pacífico de Nicaragua, 1934.

Gómez Naranjo, Pedro Alejandro. *Faro de cinco luces; perfiles de Centro America*. Bucaramanga: Imprenta del Departamento, 1950.

Hancock, Ralph. *The Rainbow Republics: Central America*. New York: Coward-McCann Inc., 1947.

Hidalgo, Luis Felipe. *Estrella del norte*. México: PAX, s/f.

Instituto de Fomento Nacional. *Nicaragua: tierra de lagos y volcanes*. Managua: INFONAC, 1961.

—. *Investor Guide*. Managua: INFONAC, 1970.

Kelly, Henry B., y Fortuno E. Jerace. *Facilidades a los turistas en la Carretera Interamericana: Informe sobre necesidades actuales y potencialidades futuras, con recomendaciones sobre la acción que hay que desarrollar*. México: Centro Regional de Ayuda Técnica Administración de Cooperación Internacional, 1961.

Kendall, John S. *A Midsummer Trip to Nicaragua*. New Orleans: Picayune, 1905.

Lamb, Dana. *Enchanted Vagabonds*. New York: Harper & Brothers Publishers, 1938.

Lumen, Enrique. *Entre Lagos y Volcanes: Realidad centroamericana y venezolana*. San Salvador – México D.f.: Editorial B. Costa-Amic, S. de R.L., 1949.

Manning, Charles T., y Isaac A. Manning. *Coffee Growing in Matagalpa*. San Francisco, 1896.

Marañon, Luis. *Centroamérica paso a paso*. Madrid: Editorial Prensa Española, 1968.

Marden, Luis. "A Land of Lakes and Volcanoes". *National Geographic*, agosto de 1944.

Markun, Patricia Maloney. *The First Book of Central America and Panama*. New York: Watts, 1972.

Martin, James W. "The United Fruit Company's Tourist Business and the Creation of the 'Golden Caribbean', 1899-1940". *Journal of Historical Research in Marketing* 8, núm. 2 (el 16 de mayo de 2016): 238–62.

Martin, Lawrence, y Sylvia Martin. *The Standard Guide to Mexico and the Caribbean*. New York: Funk & Wagnalls, 1956.

Meléndez, Daniel S. *Guía General de Nicaragua*. San Salvador: Tipografía La Unión, 1905.

Mestas, Alberto de. *El Salvador: País de Lagos y Volcanes*. Madrid: Ediciones Cultura Hispánica, 1950.

Morales, Jorge. *Nicaragua: Guía Oficial de Turismo*. Managua: Dirección Nacional de Turismo, 1968.

Morrow Wilson, Charles. *Central America Challenge and Opportunity*. New York: Henry Holt and Company, 1941.

Niederlein, Gustav. *The state of Nicaragua of the Greater Republic of Central America*. Philadelphia: The Philadelphia Commercial Museum, 1898.

Organization of American States. *Tourism in the Americas: road to a better life*. Washington, D. C.: OAS Department of Information and Public Affairs, 1973.

Palmer, Charles. "Nicaragua". En *Latin American Republics: Mexico, Central America and the West Indies*, editado por Earl Parker Hanson, Charlotte Leeper Hanson, y Mary C. Mahoney, 3a ed. Vol. 1. The New World Guides. New York: Duell, Sloan and Pearce, 1950.

Palmer, Frederick. *Central America and its problems: an account of a journey from the Rio Grande to Panama, with introd. chapters on Mexico and her relations to her neighbours*. London: Laurie, 1910.

Pan American Union. *Documentary Material for the Good Neighbor Tour: An imaginary visit to the republics of Latin America*. Vol. 1. Introductory program – source material. Washington, D. C.: Pan American Union, 1943.

—. *Motoring in Central America and Panama; a compilation of information on the Pan American Highway from the Mexico-Guatemala border to the border between Panama and Colombia*. Washington, D. C.: Pan American Union, 1961.

—. *Managua*. Washington, D. C.: Pan American union, 1945.

—. *Nicaragua*. American Nation Series 14. Washington, D. C.: Pan American Union, 1927.

—. *Nicaragua*. Vol. 284. Bulletin 67. Washington, D. C.: Pan American Union, 1933.

—. *Nicaragua*. American Nation Series 14. Washington, D. C.: Pan American Union, 1935.

—. *Nicaragua: General Descriptive Data*. Washington, D. C.: Pan American Union, 1921.

—. *Report on the Activities of the Pan American Union*. Washington, D. C.: Pan American Union, 1928.

—. *The Pan American Highway System: A compilation of the Official Data on the Present Status of the Pan American Highway System in the Latin American Republics*. Editado por Elizabeth Hastings. Washington, D. C.: Travel Division of the Pan American Union, 1947.

—. *The Pan American Highway System*. 2a ed. Washington, D. C.: General Secretariat, Organization of American States, 1964.

—. *Visit Nicaragua*. Washington, D. C.: Travel Division of the Pan American Union, 1947.

Parker Hanson, Earl, Charlotte Leeper Hanson, y Mary C. Mahoney. *Latin American Republics: Mexico, Central America and the West Indies*. 3a ed. Vol. 1. The New World Guides. New York: Duell, Sloan and Pearce, 1950.

Pataky Frommer, László. *Nicaragua desconocida*. 2a ed. Managua: Ed. Universal, 1957.

Payne, Etta. *Land-Yachting to Central America: A Trailer's-Eye View of Our Nearest Latin Neighbors*. New York: Greenwich Book Publishers, Inc., 1960.

Pérez, Ángel María, y Ernesto Barahona López, eds. *Guía general ilustrada de Nicaragua*. Managua: Talleres Gráficos Pérez, 1940.

Pons, Raymond, y René Moser. *Adorable Nicaragua*. Boulogne: Pr. des Ed. Delroisse, 1976.

Powell, Alexander. *Aerial Odyssey: Cuba, Haiti, Dominican Republic, Porto Rico, Virgin Islands, the Lesser Antilles, Trinidad, the Guianas, Venezuela, Colombia, Panama, Costa Rica, Nicaragua, Salvador, Honduras, Guatemala and Mexico*. New York: Macmillan, 1936.

Reid, William A. *Seeing the Latin Republics of North America.* Editado por Pan American Union. Washington, D. C.: Pan American Union, 1935.

Rivas Barreto, Oscar, y GURISA, eds. *León Turístico: Órgano propulsor del turismo nacional.* 1. León, 1976.

—, eds. *León Turístico: Órgano propulsor del turismo nacional.* 2. León, 1977.

—, eds. *León Turístico: Órgano propulsor del turismo nacional.* Recordando Semana Santa 77 4. León, 1977.

Rizo, José. *Manual del guía de turistas: República de Nicaragua.* Managua: SITCA, 1971.

Rodman, Selden. *The Road to Panamá.* New York: Hawthorn Books, 1966.

Rothery, Agnes. *Central America Roundabout.* New York: Dodd, Mead and Company, 1944.

Ruhl, Arthur. *The Central Americans: adventures and impressions between Mexico and Panama.* New York: Scribner, 1928.

S. A., *Nicaragua, tierra de los lagos.* Managua: Secretaría de Información y Prensa de la Presidencia de la República, 1958.

Sapia, Raúl, ed. Guía de Nicaragua: Profesional, industrial, comercial, turística y agrícola. Buenos Aires: River Plate Tourist Publishing Co., 1940.

Squier, Ephraim George. *Nicaragua; its people, scenery, monuments, resources, condition, and proposed canal.* New York: AMS Press, [1852] 1973.

Schoedler, Lillian. *Lillian Schoedler Collection 1916–1963 1922–1963.* Marlborough, England: Adam Matthew Digital, 2009. https://go.openathens.net/redirector/tulane.edu?url=http://www.travelwriting.amdigital.co.uk/Search/PopularSearches.aspx.

Shaw Erskine, Gladys. *Little Pepito of Central America.* New York: Grosset & Dunlap, 1941.

Stephens, John Lloyd. *Incidents of Travel in Central America Chiapas and Yucatan.* Vol. 2. 2 vols. New York: Dover, [1843] 1969.

Stephens, Roger. *Down That Pan American Highway.* New York: Author, 1948.

Sultan, Florence. "Snakes, Bandits, Boredom". *The Military Engineer* 23, núm. 128 (marzo de 1931): 148–51.

Talley, B. B. "From Corinto to San Juan del Norte". *The Military Engineer* 22, núm. 124 (agosto de 1930): 348–50.

Thompson, Wallace. *Rainbow countries of Central America.* 2a ed. New York: Dutton, 1927.

Travel Division of the Pan American Union. *Holidays and Festivals in Central America and Panama.* Washington, D. C.: Pan American Union, 1943.

Tweedy, Maureen. *This is Nicaragua.* Ipswich: East Anglian Magazine, 1953.

Unión Panamericana. *Nicaragua.* Serie sobre Naciones Americanas 15. Washington, D. C.: Unión Panamericana, 1935.

Vidaurre Barrios, Noel, y DINATUR, eds. *Nicaragua: Guía Turística.* Managua: Dirección Nacional de Turismo, 1967.

Wallström, Tord. *A Wayfarer in Central America.* New York: Roy Publishers, 1955.

Wright, Hamilton M. *El Salvador of the Magic Table Lands*. Editado por Pan American Union. Washington, D. C.: Government printing office, 1918.

—. *Nicaragua: Land of Enchanted Vistas*. Editado por Pan American Union. Washington, D. C.: Government Printing Office, 1918.

—. *Through the marvelous highlands of Guatemala* ... Editado por Pan American Union. Washington: Government Printing Office, 1917.

Wollaston, Nicholas. *Red Rumba: A Journey through the Caribbean and Central America*. London: Hodder & Stoughton, 1962.

Revistas y periódicos

Estados Unidos

La Prensa (San Antonio, Texas)

Los Angeles Times

The New York Times

The Washington Post

Nicaragua

El Eco de Managua

La Gaceta Diario Oficial

La Noticia

La Nueva Prensa

La Prensa

Novedades

Revista Conservadora del Pensamiento Centroamericano

Libros, artículos académicos, revistas y sitios web

Acuña Ortega, Víctor H. *Centroamérica: filibusteros, estados, imperios y memorias*. Primera edición. Colección Nueva biblioteca patria, volumen no. 1. San José: Editorial Costa Rica, 2014.

—. "Los viajeros y la Historia Económica de Centroamérica 1821–1850". *Boletín de Fuentes para la Historia Económica de México*, núm. 6 (Enero-Abril de 1992): 25–29.

Acuña, Victor Hugo, y Marvin Herrera Araya, eds. *Historia del istmo centroamericano.* Vol. 2. 2 vols. San José: CECC, 2000.

Adler, Judith. "Origins of sightseeing". *Annals of Tourism Research,* núm. 16 (1989): 7–29.

—. "Travel as Performed Art". *American Journal of Sociology* 94, núm. 6 (mayo de 1989): 1366–91.

Agudelo Builes, Irene. *Contramemorias: Discursos e imágenes sobre/desde La Contra, Nicaragua 1979–1989.* Managua: IHNCA-UCA, 2017.

Alemán, Miguel. "Conciencia Turística". *Revista Conservadora,*Agosto de 1965.

Alvarenga Venutolo, Patricia, Mauricio Menjívar Ochoa, y María Esther Montanaro Mena. *Miradas tramposas: visiones antropológicas de viajeros por Centroamérica y México, siglos XIX y XX.* Primera edición. Ciudad Universitaria Rodrigo Facio, Costa Rica: Editorial UCR, 2018.

Alvarez Lejarza, Emilio. "El problema del Indio en Nicaragua". *Nicaragua Indígena,* 1969.

Amador, Carlos Fonseca. "Nicaragua Hora Cero". En *Antología del Pensamiento Nicaragüense,* editado por Juan Pablo Gómez y Camilo Antillón Najlis. Buenos Aires: CLACSO, 2016.

Antillón, Camilo. "'La plaga de la centralización': concentración de población y primacía urbana en Nicaragua (1870–1950)". *Revista de Historia IHNCA-UCA,* Segundo Semestre de 2013.

Arellano, Eduardo ed. *Nicaragua de océano a océano: cinco semblanzas de Squier.* Serie Viajeros, no. 7. Managua: Colección Cultural de Centro América, 2005.

Arce Solórzano, Mario, Catalina Ruiz Muñoz, y Jimmy Membreño Rivera. *Nicaragua, un destino turístico: breve historia del turismo y ecoturismo nicaragüense: 1936 - 2003.* Managua: Ed. Centro de Investigaciones Turísticas Nicaragüenses (CINTUR), 2004.

Babb, Florence. The Tourism Encounter: Fashioning Latin American Nations and Histories. Standford: Standford University Press, 2010.

Barahona, Miguel. "Literatura de viajes para la Honduras decimonónica: Visiones, invenciones e intervenciones. Representaciones, alteridad y contexto colonialista en exploraciones y aventuras en Honduras". *Revista Ciencia y Tecnología,* núm. 14 (2015): 99–114.

—. "A propósito del viaje. Analogía y subjetividad en Exploraciones y Aventuras en Honduras de William Vincent Wells". *Istmo: Revista virtual de estudios literarios y culturales centroamericanos,* febrero de 2007. http://istmo.denison.edu/n14/articulos/viaje.html.

Baranowski, Shelley, Christopher Endy, Waleed Hazbun, Stephanie Malia Hom, Gordon Pirie, Trevor Simmons, y Eric G.E. Zuelow. "Tourism and Empire". *Journal of Tourism History* 7, núm. 1–2 (el 4 de mayo de 2015): 100–130.

Baranowski, Shelley, y Ellen Furlough, eds. *Being elsewhere: tourism, consumer culture, and identity in modern Europe and North America.* Ann Arbor: University of Michigan Press, 2001.

Barberena Pérez, Alejandro. "Las isletas", *Revista Conservadora,* Abril de 1964.

Barnhart, Terry A. *Ephraim George Squier and the development of American anthropology.* Critical studies in the history of anthropology. Lincoln: University of Nebraska Press, 2005.

Batres, Alejandra. "The Experience of the Guatemalan United Fruit Company Workers, 1944–1954: Why Did They Fail?" *Texas Papers on Latin America,* núm. 1 (1995). http://lanic.utexas.edu/project/etext/llilas/tpla/9501.html.

Beals, Carleton. *Banana Gold.* Traducido por Luciano Cuadra. Colección Cuarto aniversario. Managua: Ed. Nueva Nicaragua, 1983.

Belausteguigoitia, Ramón. *Con Sandino en Nicaragua: la hora de la paz.* 2a ed. Biblioteca popular sandinista. Managua: Nueva Nicaragua, 1985.

Belli Montiel, Claudia. *Thomas Belt: biografía somera y sus observaciones en Nicaragua sobre el maravilloso mundo natural.* Ciencias para jóvenes. Managua: Amerrisque, 2003.

Bendaña, Alejandro. *Buenas al pleito: mujeres en la rebelión de Sandino.* Managua: Anamá Ediciones, 2018.

—. *Sandino: patria y libertad.* Managua, Nicaragua: Anamá Ediciones, 2016.

Berger, Dina. *The development of Mexico's tourism industry: pyramids by day, martinis by night.* 1st ed. New York: Palgrave Macmillan, 2006.

Berger, Dina, y Andrew Grant Wood, eds. *Holiday in Mexico: Critical Reflections on Tourism and Tourist Encounters.* Durham, N.C: Duke University Press, 2010.

Bermann, Karl. *Under the big stick: Nicaragua and the United States since 1848.* Boston: South End Press, 1986.

Blondet, Hugo, y José Xavier Martini. *Estudio sobre la oportunidad de desarrollo del sector turismo en Nicaragua.* Editado por División de Desarrollo Turístico OEA y Lucila Oliver. Washington, D. C.: Organización de Estados Americanos, 1974.

Blunt, Alison. *Travel, gender, and imperialism: Mary Kingsley and West Africa.* Mappings. New York: Guilford Press, 1994.

Bodenheimer, Susanne, Xabier Gorostiaga, y Edelberto Torres-Rivas. *Inversión Extranjera Directa en Centroamérica.* San José: EDUCA, 1981.

Boling, Becky. "The Trope of Nature in Latin American Literature: Some Examples". *Studies in 20th & 21st Century Literature* 30, núm. 2 (el 1 de junio de 2006). https://doi.org/10.4148/2334-4415.1632.

Bolívar Juárez, Orient. "Sinopsis histórica del Ferrocarril de Nicaragua". En *El Ferrocarril de Nicaragua: Historia y Liquidación*, 3–100. Managua: Comisión de Liquidación del Ferrocarril en Nicaragua, 1997.

Booth, Rodrigo. "Turismo y representación del paisaje. La invención del sur de Chile en la mirada de la Guía del Veraneante (1932–1962)". *Nuevo Mundo Mundos Nuevos*, 2008. http://nuevomundo.revues.org/25062.

Breezer, Anne. "Women and 'adventure Travel' Tourism". *New Formations*, núm. 21 (1993): 119–30.

Breinig, Helmbrecht. "The Interdiscursive Creation of Transdifference: Gendered Perceptions of Latin America in U. S. Literature". En *Hybrid Americas: Contacts, Contrasts, and Confluences in New World Literatures and Cultures*, editado por Josef Raab y Martin Butler, 2013–2228. Inter-American perspectives = Perspectivas interamericanas. Tempe: LIT ; Bilingual Press/Editorial Bilingüe, 2008.

Brendon, Piers. *Thomas Cook: 150 years of popular tourism.* Michigan: Secker & Warburg, 1991.

Brodhead, Michael J. "'A Wet, Nasty Job': Army Engineers and the Nicaragua Canal Survey of 1929–193". *Federal History* 1, núm. 5 (2013): 15–34.

Bryce, Murray D. "Realidades del Mercado Común". *Revista Conservadora*, junio de 1967.

Buitrago, Edgardo. *Los bailes de la Gigantona y sus derivados de el Enano Cabezón y el Pepito. De la yegüita y el Toro Guaco.* Managua: Departamento de Investigación e Informática Acción Médica Cristiana, 1993.

Bulmer Thomas, Víctor. *La Economía política de Centroamérica desde 1920.* San José: BCIE-UCA, 1989.

Burns, E. Bradford. *Patriarch and Folk: The Emergence of Nicaragua, 1798–1858*. United States: Harvard University Press., 1991.

Cañada, Ernest, ed. *Turismo en Centroamérica: un diagnóstico para el debate*. Managua: Enlace, 2013.

—, ed. *Turismo y conflictos socio-ambientales en Centroamérica*. Managua: Enlace, 2010.

Capanegra, César. "Historia Del Turismo. Turismo y Desarrollo Según Las Naciones Unidas (1947–1963)". Presentado en 5to Congreso Latinoamericano de Investigación Turística, Sao Pablo, 2012. https://www.academia.edu/3034919/Historia_del_Turismo_Turismo_y_desarrollo_seg%C3%BAn_las_Naciones_Unidas_1947_1963_.

Capra, Frank. *Flight*. Comedy. Columbia Pictures, 1929.

Cardenal Argüello, Salvador. *Nicaragua: música y canto*. Managua: Radio Güegüense, 1997.

Cardenal, Ernesto. *El estrecho dudoso*. México: Editorial Nueva Imagen, 1982.

—. *Vida en el amor*. Salamanca: Sígueme, 1979.

Cardenal, Rodolfo. *Manual de historia de Centroamérica*. San Salvador: Ed. Univ. Centroamericana José Simeón Cañas, 1996.

Cardenas Tabares, Fabio. *Asesoramiento al Gobierno de Nicaragua en Materia de Estadísticas e Investigaciones Turísticas*. Managua: Dirección Nacional de Turismo, 1974.

Cardoso, Ciro Flamarion Santana, y Héctor Pérez Brignoli. *Historia económica de América Latina*. Vol. 2. 2 vols. Barcelona: Crítica, 1979.

Carey-Webb, Jessica. "Gendered Politics of Empire: The Female *Explorateur* and Natural Histories of the Amazon Basin 1899–1901". *Gender, Place & Culture* 24, núm. 4 (el 3 de abril de 2017): 465–81.

Carr, Barry. "Pioneering Transnational Solidarity in the Americas: The Movement in Support of Augusto C. Sandino 1927–1934". *Journal of Iberian and Latin American Research* 20, núm. 2 (el 4 de mayo de 2014): 141–52.

Carranza Valdés, Julio. *Mercado Común Centroamericano: Un caso de integración dependiente*. Habana: Centro de Estudios sobre América, 1981.

Castillo Rivas, Donald. *Acumulación de capital y empresas transnacionales en Centroamérica*. México: Siglo Veintiuno Editores, 1980.

CEPAL. *Estudio económico de América Latina 1967*. Nueva York: Naciones Unidas, 1968.

—. *Informe del Comité de Cooperación Económica del Istmo Centroamericano: 14 de diciembre de 1960 a 29 de enero de 1963*. México: ONU, 1963.

Chamorro Cardenal, Pedro Joaquín. *Estirpe sangrienta: los Somoza*. México: Patria y Libertad, 1957.

Christian, Shirley. *Nicaragua: Revolution in the family*. New York: Random House, 1985.

Clark, George Bransfield. *With the Old Corps in Nicaragua*. Novato: Presidio Press, 2001.

Clark, Paul Coe. *The United States and Somoza, 1933–1956: a revisionist look*. Westport, CT: Praeger, 1992.

Clavero Alvarez, Francisco. "La artesanía nicaragüense: un llamado de atención". *Revista Conservadora*, diciembre de 1968.

Clifford, James. *Routes: travel and translation in the late twentieth century*. Cambridge, Mass: Harvard University Press, 1997.

Coates, Peter A. *Nature: western attitudes since ancient times.* Berkeley: University of California Press, 1998.

Cohen, Colleen Ballerino. "Marketing Paradise, Making Nation". *Annals of Tourism Research* 22, núm. 2 (1995): 404–21.

Cohen, Erik. "Authenticity and Commoditization in Tourism". *Annals of Tourism Research* 15, núm. 3 (1988): 371–86.

—. "The Sociology of tourism. Approaches, issues and findings". En *The Sociology of Tourism. Theoretical and Empirical Investigations*, editado por Yiorgos Apostolopoulos, Stella Leivadi, y Andrew Yiannakis, 51–71. London: Routledge, 2002.

—. "The Tourist Guide: The Origins, Structure and Dynamics of a Role". *Annals of Tourism Research* 12 (1985): 5–29.

Coles, Tim, y Dallen J. Timothy, eds. *Tourism, diasporas, and space.* Contemporary geographies of leisure, tourism, and mobility 6. London: Routledge, 2004.

Compton Advertising Inc., Economic and Market Development Division. *Marketing action plan for the development of tourism in Central America.* San Francisco, 1969.

Conrad, Sebastian. *What Is Global History?* Princeton: Princeton University Press, 2016.

Cortés, María Lourdes. *La pantalla rota: cien años de cine en Centroamérica.* La Habana: Fondo Editorial Casa de las Américas, 2007.

Cramer, Gisela, y Ursula Prutsch, eds. *¡Américas unidas! Nelson A. Rockefeller's Office of Inter-American Affairs (1940–46).* Madrid; Orlando: Iberoamericana Vervuert, 2012.

—. "Nelson A. Rockefeller's Office of Inter -American Affairs and the Quest for Pan-American Unity: An Introductory Essay". En *¡Américas unidas! Nelson A. Rockefeller's Office of Inter-American Affairs (1940–46).*, editado por Gisela Cramer y Ursula Prutsch, 15–52. Madrid; Frankfurt: Iberoamericana Vervuert, 2012.

Cuadra, Pablo Antonio. "La herencia del indio en el nicaragüense". Editado por Eudoro Solís. *Nicaragua Indígena* II, núm. 2 (octubre de 1954): 10–18.

—. *Torres de Dios.* San José: Libro Libre, 1986.

Cuadra, Pablo Antonio, y Francisco Pérez Estrada. *Muestrario del folklore nicaragüense.* 9, Ciencias Humanas. Managua: Banco de América, 1978.

Cullinan, Terrence, Keith E. Duke, y Sarita Skidmore. *Marketing action plan for Central America and Panama.* Menlo Park: Stanford Research Institute, 1976.

Crane, Hart. "Voyages II | Academy of American Poets". Consultado el 9 de octubre de 2019. https://poets.org/poem/voyages-ii.

Cruz Sequeira, Arturo J. *La república conservadora de Nicaragua: 1858–1893.* Colección cultural de Centroamérica: Serie Tesis doctorales. Managua: Fundación Vida, 2003.

Cuadra Pasos, Carlos. *Obras Completas.* Vol. II. 4. Managua: Banco de América, 1977.

Darrah, William Culp. *The World of Stereographs.* Gettysburg: Darrah, 1977.

Deckard, Sharae G. "Exploited Edens: Paradise Discourse in Colonial and Postcolonial Literature". University of Warwick, 2007.

De Grazia, Victoria. *Irresistible Empire: America's Advance through Twentieth-Century Europe.* Cambridge: Belknap Press of Harvard University Press, 2006.

Delgado, Enrique. "El Banco Centroamericano en la Integración". *Revista Conservadora*, mayo de 1965.

Devine, Jennifer A. "Colonizing Space and Commodifying Place: Tourism's Violent Geographies". *Journal of Sustainable Tourism* 25, núm. 5 (2017): 634–50.

Donning, Irving. *Informe Pro* Fomento de Turismo hecho a petición del Sr. Alejandro Gallard Prío. Director General de turismo de Nicaragua.* Managua, 1968.

Dore, Elizabeth. *Mitos de modernidad: tierra, peonaje y patriarcado en Granada, Nicaragua.* Traducido por Frances Kinloch Tijerino. Managua: IHNCA-UCA, 2008.

Dosal, Paul J. "Natural Disaster, Political Earthquake". En *Aftershocks: Earthquakes and Popular Politics in Latin America*, editado por Jürgen Buchenau y Lyman L. Johnson, 129–55. Albuquerque: University of New Mexico Press, 2009.

Earle, Edward W, Howard Saul Becker, Thomas W Southall, y Harvey Green. *Points of View, the Stereograph in America: A Cultural History.* Rochester: Visual Studies Workshop Press, 1979.

Ellsworth, Clayton S. "Clio and the Camera". *The Mississippi Valley Historical Review* 31, núm. 4 (marzo de 1945): 579–84.

Esgueva Gómez, Antonio. *Elecciones, reelecciones y conflictos en Nicaragua (1821–1963).* Vol. 2. 2 vols. Managua: IHNCA-UCA, 2011.

—. "Lo que dice y no dice la nota Knox". IHNCA-UCA, 2007. Biblioteca CLACSO. http://biblioteca.clacso.edu.ar/Nicaragua/ihnca-uca/20120808030206/esgueva1.pdf.

Euraque, Darío A. "Antropólogos, arqueólogos, imperialismo y la mayanización de Honduras: 1890-1940". *Yaxkin: Órgano de divulgación del Instituto Hondureño de Antropología e Historia* 17 (1998): 85–101.

Fagg, John Edwin. *Pan Americanism.* Florida: Robert E. Krieger Publishing, 1982.

Fernández Guardia, Ricardo. *Costa Rica en el siglo XIX: antología de viajeros.* 5a ed. San José: Editorial Universidad Centroamericana, 1985.

Ferrero Blanco, María Dolores. *La Nicaragua de los Somoza, 1936–1979.* Managua: IHNCA-UCA, 2010.

—. "Las relaciones Interdependientes de los Somoza de Nicaragua con EE.UU (1936–1979)". *HISPANIA NOVA Revista de Historia Contemporánea*, 2012. http://hispanianova.rediris.es.

—. "Violencia y represión en el ocaso de los Somoza: las condiciones carcelarias de los presos políticos". *Historia crítica*, núm. 39 (2009): 154–78.

Folkman Jr., David I. *La ruta de Nicaragua: el tránsito a través de Nicaragua.* Managua: Fondo de promoción cultural del Banco de América, 1976.

Foucault, Michel. *El orden del discurso.* Últimos Fábula 126. Barcelona: Fábula Tusquets, 1999.

—. *Las palabras y las cosas: una arqueología de las ciencias humanas.* Traducido por Elsa Cecilia Frost. Buenos Aires: Siglo Veintiuno Editores Argentina, 2005.

—. *Seguridad, territorio, población: curso en el Collège de France (1977–1978).* Traducido por Horacio Pons. México, D.F.; Buenos Aires: Fondo de Cultura Económica, 2018.

Frederick, Bonnie, y Susan H. McLeod, eds. *Women and the Journey: The Female Travel Experience.* Pullman: Washington State University Press, 1993.

Gaitán Morales, Karly. *A la conquista de un sueño: historia del cine en Nicaragua*. Managua: FUCINE, 2015.

—. "Cuatro documentales referentes a los hechos sangrientos de abril de 1954 en Nicaragua". *Casi Literal*, el 14 de abril de 2019. https://casiliteral.com/la-ventana-discreta/cuatro-documentales-referentes-a-los-hechos-sangrientos-de-abril-de-1954-en-nicaragua/.

—. "La primera cineasta de Nicaragua". *(CASI) LITERAL* (blog), el 29 de octubre de 2018.

Gallard Prío, Alejandro. "Cartas de Nicaragua". *El periódico del turismo*, el 12 de junio de 2020. https://www.nuestroturismo.com/columnistas/204-alejandro-jose-gallard-prio.

—. "Turismo internacional como industria". *Revista Conservadora*, Diciembre de 1968.

Gambone, Michael D. *Eisenhower, Somoza, and the Cold War in Nicaragua, 1953–1961*. Westport: Praeger, 1997.

García Canclini, Néstor. *Culturas híbridas: estrategias para entrar y salir de la modernidad*. Los Noventa 50. México, D.F: Grijalbo: Consejo Nacional para la Cultura y las Artes, 1990.

García de Polavieja, Ignacio Dueñas. "Revolución e iglesia en Nicaragua a través del relato de la vida de Fernando Cardenal". *Trocadero*, núm. 21–22 (2010 de 2009): 247–64.

Gobat, Michel. *Confronting the American dream: Nicaragua under U. S. imperial rule*. American encounters : global interactions. Durham: Duke Univ. Press, 2005.

—. "'Contra el espíritu burgués': la élite nicaragüense ante la amenaza de la modernidad, 1918–1929". *Revista de Historia*, núm. 13 (I semestre de 1999): 17–34.

—. *Empire by invitation: William Walker and Manifest Destiny in Central America*. Cambridge: Harvard University Press, 2018.

—. "La vida cotidiana en Granada, Nicaragua, durante el régimen filibustero de William Walker (1855–57)". En *Filibusterismo y Destino Manifiesto en las Américas*, editado por Víctor H. Acuña Ortega, 105–18. Alajuela: Museo Histórico Cultural Juan Santamaría, 2010.

Goetzmann, William H. *Army exploration in the American West, 1903–1863*. New Haven: Yale University Press, 1960.

Goldwert, Marvin. *The Constabulary in the Dominican Republic and Nicaragua: Progeny and Legacy of United States Intervention*. Gainesville: University of Florida Press, 1962.

Gómez, Juan Pablo. *Autoridad, cuerpo, nación: batallas culturales en Nicaragua (1930–1943)*. Managua: IHNCA-UCA, 2015.

—. "Waikna, adventures on the mosquito shore, de G. E. Squier (1855)". *Carátula: Revista Cultural Centroamericana*, marzo de 2014. http://www.caratula.net/ediciones/58/critica-jpgomez.php.

Gould, Jeffrey L. *To die in this way: Nicaraguan Indians and the Myth of Mestizaje 1880–1965*. Latin America Otherwise: Languages, Empires, Nations. Durham and London: Duke University Press, 1998.

—. "'Por su persistencia y pericia': las relaciones laborales en el ingenio San Antonio, Nicaragua (1912-1936)". *Anuario de Estudios Centroamericanos* 13, núm. 1 (1987): 25–42.

—. "'¡Vana Ilusión!' The Highlands Indians and the Myth of Nicaragua Mestiza, 1880–1925". *Hispanic American Historical Review* 73, núm. 3 (1993): 393–429.

—. "El café, el trabajo y la comunidad indígena de Matagalpa, 1880–1925". En *Tierra, café y sociedad*, editado por Héctor Pérez Brignoli y Mario Samper, 279–376. San José: FLACSO-Costa Rica, 1994.

Greenberg, Amy S. *Manifest manhood and the Antebellum American empire*. Cambridge: Cambridge University Press, 2005.

Grunwald, Joseph, Miguel S. Wionczek, y Martin Carnoy. *La integración económica Latinoamericana y la política de Estados Unidos*. México: Centro de Estudios Monetarios Latinoamericanos, 1973.

Hale, Charles. "Globalization and Americanization in Historical Perspective. The Case of Mexico". En *Localismo y Globalización. Aportes para una historia de los intelectuales en Iberoamérica*, editado por Mariano Plotkin y Ricardo González Leandri, 117–32. Madrid: Consejo Superior de Investigaciones Científicas Instituto de Historia, 2000.

Halftermeyer, Gratus. *Managua a través de la historia 1846–1946*. León: Editorial Hospicio San juan de Dios, s/f.

Hall, Amy Cox. *Framing a Lost City: Science, Photography, and the Making of Machu Picchu*. Austin: University of Texas Press, 2017.

—. "Latin America as Laboratory: The Camera and the Yale Peruvian Expeditions". En *Beyond Imported Magic: Essays on Science, Technology, and Society in Latin America*, editado por Eden Medina, Ivan da Costa Marques, y Christina Holmes, 245–66. Cambridge: The MIT Press, 2004.

Hall, Stuart. "Introduction". En *Representation: Cultural Representations and Signifying Practices*, editado por Stuart Hall, 1–12. London: Sage, 1997.

Hart, Justin. *Empire of ideas: the origins of public diplomacy and the transformation of U. S. foreign policy*. Oxford: Oxford University Press, 2013.

Haulot, Arthur. "The energy crisis. Optimism or pessimism?" *World Travel*, marzo de 1974.

Hazbun, Waleed. *Beaches, ruins, resorts: the politics of tourism in the Arab world*. Minneapolis: University of Minnesota Press, 2008.

Helm, Christian. *Botschafter der Revolution: das transnationale Kommunikationsnetzwerk zwischen der Frente Sandinista de Liberación Nacional und der bundesdeutschen Nicaragua-Solidarität, 1977–1990*. Studien zur internationale Geschichte, Band 39. Berlin: Walter de Gruyter, 2018.

Heredia, Edmundo A. *La guerra de los congresos: el Pan-Hispanismo contra el Panamericanismo*. Cuadernos de historia 73. Córdoba: Junta Provincial de Historia, 2007.

Hernández, Francisco J. "La América Central, la Carretera Interamericana y el Turismo". *Revista Conservadora*, Agosto de 1965.

Herrera C., Miguel Angel. *Bongos, bogas, vapores y marinos: historia de los "marineros" en el río San Juan; 1849 - 1855*. Managua: Centro Nicaragüense de Escritores, 1999.

—. "Nacionalismo e Historiografía. Nicaragua, 1850–1889". *Revista de Historia IHNCA-UCA*, núm. 2 (1992): 27–39.

Hibbert, Christopher. *The Grand Tour*. London: Methuen, 1987.

Hoerder, Dirk. *Cultures in contact: world migrations in the second millennium*. Durham: Duke University Press, 2002.

Hoganson, Kristin L. *Consumers' imperium: the global production of American domesticity, 1865 - 1920*. Chapel Hill: University of North Carolina Press, 2007.

Hollinshead, Keith. "Surveillance of the worlds of tourism: Foucault and the eye-of-power". *Tourism Management* 20 (1999): 7–23.

Hume, David L. *Tourism art and souvenirs: the material culture of tourism.* Routledge advances in tourism 32. New York: Routledge, Taylor & Francis Group, 2014.

Hunt, Carter. "Passport to Development? Local Perceptions of the Outcomes of Post-Socialist Tourism Policy and Growth in Nicaragua". *Tourism Planning & Development* 8, núm. 3 (agosto de 2011): 265–79.

Hunter, F Robert. "Tourism and Empire: The Thomas Cook & Son Enterprise on the Nile, 1868–1914". *Middle Eastern Studies* 40, núm. 5 (septiembre de 2004): 28–54.

Incer Barquero, Jaime. *Nicaragua, viajes, rutas y encuentros, 1502–1838: historia de las exploraciones y descubrimientos, antes de ser Estado independiente, con observaciones sobre su geografía, etnia y naturaleza.* Colección V centenario. San José: Libro Libre, 1990.

Incer Barquero, Jaime, y Claudio Gutiérrez Huete, eds. *Plan maestro para el establecimiento y manejo del área del volcán Masaya como parque.* Managua: UCA, BCN y ONC, 1975.

Incer Barquero, Jaime, Claudio Gutiérrez Huete, y Franco Peñalba C. *Reconocimiento preliminar de los sitios con potencial turístico en las regiones del pacífico, centro y norte de Nicaragua.* Managua, 1977.

Johnson, Lemuel A. "Inventions of Paradise: The Caribbean and the Utopian Bent". *Afro-Hispanic Review* 10, núm. 2 (mayo de 1991): 3–15.

Joseph, Gilbert M. "Toward a New Cultural History of U. S.-Latin American Relations". En *Close Encounters of Empire: Writing the cultural history of U. S.-Latin Amwerican Relations,* 3–46. Durham: Duke University Press, 1998.

Kamman, William. *A search for stability: United States diplomacy toward Nicaragua, 1925–1933.* International studies of the Committee on International Relations. Notre Dame: Notre Dame University Press, 1968.

Kaplan, Caren. *Questions of travel: postmodern discourses of displacement.* Durham: Duke University Press, 1996.

Keasbey, Lindley Miller. *The Nicaragua Canal and the Monroe Doctrine: A Political History of Isthmus Transit, with Special Reference to the Nicaragua Canal Project and the Attitude of the United States Government Thereto.* Creative Media Partners, LLC, 2018.

Kinloch Tijerino, Frances. *El imaginario del canal y la nación cosmopolita: Nicaragua, siglo XIX.* 1a ed. Managua: IHNCA-UCA, 2015.

— "El primer encuentro con los filibusteros en Nicaragua: antecedentes y contexto". En *Simposio Internacional Filibusterismo y Destino Manifiesto en las Américas,* editado por Víctor H. Acuña Ortega, 21–40. Alajuela: Museo Histórico Cultural Juan Santamaría, 2007.

—. *Historia de Nicaragua.* 4a ed. Managua: IHNCA-UCA, 2012.

Kinzer, Stephen. *Blood of brothers: life and war in Nicaragua.* Cambridge: Harvard University, 2007.

König, Hans-Joachim, y Stefan Rinke. "Between 'Moral Conquest' and Global Integration: North Americanization in Latin America?" En *North Americanization of Latin America? Culture, Gender, and Nation in the Americas,* editado por Hans-Joachim König y Stefan Rinke, 1–18. Historamericana 16. Stuttgart: Hans-Dieter Heinz, 2004.

Kramer, Paul A. "Power and Connection: Imperial Histories of the United States in the World". *The American Historical Review* 116, núm. 5 (diciembre de 2011): 1348–91.

LaFeber, Walter. *Inevitable Revolutions: The United States in Central America.* New York, London: W.W. Norton & Company, 1983.

Langley, Lester D. *The United States and the Caribbean, 1900–1970*. Athens: University of Georgia Press, 1980.

Laupsa, Christian. "Encountering Nicaragua. United States Marines Occupying Nicaragua 1927–1933". MA Thesis in History, University of Oslo, 2011.

Lea, John P. *Tourism and development in the Third World*. Routledge introductions to development. New York: Routledge, 1988.

Lee Klein, Kerwin. *Frontiers of Historical Imagination: Narrating the European Conquest of Native America, 1890–1990*. Berkeley: University of California Press, 1997.

Leonard, Thomas M. *Central America and the United States: the search for stability*. Athens: University of Georgia Press, 1991.

—. "The OIAA in Central America: The Coordination Committees at Work". En *¡Américas unidas! Nelson A. Rockefeller's Office of Inter-American Affairs (1940–46)*, editado por Gisela Cramer y Ursula Prutsch, 283–312. Madrid; Frankfurt: Iberoamericana Vervuert, 2012.

Levenstein, Harvey A. *We'll always have Paris: American tourists in France since 1930*. Chicago: University of Chicago Press, 2004.

Lévy, Paul. *Notas geográficas y económicas sobre la república de Nicaragua*. Editado por Jaime Incer Barquero. Managua: Fondo de Promoción Cultural del Banco de América, [1873]1976.

López, Ana M. "Early Cinea and Modernity in Latin America". Cinema Journal 40, núm. 1 (Otoño de 2000): 48–78.

Macaulay, Neill Webster. *The sandino affair*. Chicago: Quadrangle Books, 1967.

MacCannell, Dean. "Reconstructed Ethnicity Tourism and Cultural Identity in Third World Communities". *Annals of Tourism Research* 11, núm. 3 (enero de 1984): 375–91.

—. *The tourist: a new theory of the leisure class*. Berkeley: University of California Press, 1999.

Mackenbach, Werner. "De notas que uno ha copiado de otro… Nicaragua a mediados del siglo XIX, vista por dos viajeros alemanes". En *Memoria: política, cultura y sociedad en Centroamérica, siglos XVIII-XX*, editado por Margarita Vannini y Frances Kinloch Tijerino, 151–63. Managua: IHNCA-UCA, 1998.

—. "Entre Imperial Eyes e 'Información Fidedigna'. Reflexiones Sobre La Representación de América Central En Textos de Viajeros Alemanes". *Revista de Historia*, núm. 73 (el 31 de marzo de 2016): 61–89.

Mackenzie, John M. "Empires of Travel: British Guide Books and Cultural Imperialism in the 19th and 20th Centuries". En *Histories of Tourism: Representation, Identity and Conflict*, 19–38. Tourism and Cultural Change. Clevedon; Buffalo: Channel View Publications, 2005.

McNeill, John Robert. *Something new under the sun: an environmental history of the twentieth-century world*. London: Penguin Books, 2001.

Magee, Vernon E. "Contra las guerrillas de Sandino en Nicaragua nació un conjunto aéreo terrestre del cuerpo de Marinos de los Estados Unidos". *Revista Conservadora*, Agosto de 1970.

Mahoney, James. *The legacies of liberalism: path dependence and political regimes in Central America*. Baltimore: Johns Hopkins University Press, 2001.

"M.M.P.C". *American Cinematographer*, mayo de 1944.

Marine Corps Schools. *The Nicaraguan canal, a study in American diplomatic history from the beginning of Trans-Istmian canal discussions to 1926*. Vermont: Quantica, 1930.

McBride, Joseph. *Frank Capra: The Catastrophe of Success*. New York: Simon & Schuster, 1993.

Meiselas, Susan. *Nicaragua*. San José: Editorial Universidad Centroamericana EDUCA, 1983.

Mejía Sánchez, Ernesto. *La mujer nicaragüense en los cronistas viajeros*. Cuadernos del Taller San Lucas. Granada: Talleres Salesianos, 1942.

Melton, Jeffrey Alan. *Mark Twain, travel books, and tourism: the tide of a great popular movement*. Studies in American literary realism and naturalism. Tuscaloosa: University of Alabama Press, 2002.

Merrill, Dennis. *Negotiating paradise: U. S. tourism and empire in twentieth-century Latin America*. Chapel Hill: University of North Carolina Press, 2009.

Mignolo, Walter. "colonialidad: la cara oculta de la modernidad". *Cosmópolis: el trasfondo de la Modernidad*, 2001.

Millett, Allan. *Semper Fidelis: The History of the United States Marine Corps*. New York: The Free Press, 1991.

Millett, Richard. *Guardianes de la Dinastia: Historia de la Guardia Nacional de Nicaragua, Creada Por Estados Unidos, Y de la Familia Somoza*. San José: Editorial Universitaria Centroamericana, 1979.

Mills, Sara. *Discourses of difference: an analysis of women's travel writing and colonialism*. London: Routledge, 1991.

Ministerio de Economía, Industria y Comercio. *Memoria de labores 1969–1976*. Vol. 1: Informe General. Managua, 1976.

—. *Memoria del Ministerio de Economía, Industria y Comercio 1967–1968*. Managua, 1969.

—. *Términos de referencia o bases del concurso para el estudio de factibilidad del proyecto de desarrollo turístico de San Juan del Sur y puntos de circuito Granada - Managua - Masachapa - Y Corn Island*. Managua, 1974.

Minks, Amanda. "Auralidad e interculturalidad en la Vanguardia nicaragüense". *TRANS, Música, sonido y cultura en Centroamérica*, núm. 24 (2020).

—. "Reading Nicaraguan Folklore Through Inter-American Indigenismo, 1940–1970". *Latin American and Caribbean Etchnic Studies* 9, núm. 3 (2014): 197–221.

Monte Casablanca, Antonio. *Paisaje/Sujeto/Nación: Turismo e Inversión en Nicaragua (1892–1940)*. Managua: IHNCA-UCA, 2017.

—. "Patrimonialismo y clientelismo del régimen somocista en la implementación del Mercado Común Centroamericano en Nicaragua (1960–1972)". *Revista de Historia IHNCA-UCA*, núm. 29 (I Semestre de 2013): 37–58.

—. "Viejas/nuevas formas de poder: Luis Somoza y la transición de la dictadura." *Revista de Historia IHNCA-UCA*, Segundo semestre de 2013.

Montenegro Baena, Larry. "Navy Jazz Band: la arqueología del Jazz en Bluefields". Blog. *Larry Montenegro Baena* (blog), el 1 de febrero de 2017. http://montenegrobaena.blogspot.com/2017/02/navy-jazz-band-la-arqueologia-del-jazz.html.

—. "Volcán Blue: la fábula colonial del lagovolcanocentrismo". Consultado el 27 de octubre de 2020. http://montenegrobaena.blogspot.com/2017/05/volcan-blue-la-fabula-colonial-del.html.

Montiel Argüello, Alejandro. "Chatfield y Nicaragua: 1834–1852". *Revista del pensamiento centroamericano* 29, núm. 143 (1972): 26–41.

Morley, Morris H. *Washington, Somoza, and the Sandinistas: State and regime in U. S. policy toward Nicaragua, 1969 - 1981*. Cambridge: Cambridge University Press, 1994.

Mortensen, Lena. "Branding Copán: Valuing Cultural Distinction in an Archaeological Tourism Destination". *Journal of Tourism and Cultural Change* 12, núm. 3 (2014): 237–52.

Munro, Dana Gardner. *The United States and the Caribbean Republics 1921–1933*. Princeton: Princeton University Press, 1974.

Myerscough, John. "'The Recent History of the Use of Leisure Time'". En *Leisure, Research and Policy*, 3–16. Edinburgh: Scottish Academic Press, 1974.

Newton, Wesley Phillips. *The Perilous Sky. U. S. Aviation Diplomacy and Latin America 1919–1931*. Coral Gables: University of Miami Press, 1978.

Niederlein, Gustavo. "Nicaragua en la última década del siglo antepasado (Presentación y Notas de Róger Norori)". Editado por Róger Norori. *Revista de la Academia de Geografía e Historia de Nicaragua* 75 (junio de 2014): 205–24.

Oficina Ejecutiva de Encuestas y Censos. *Anuario de Turismo 1976*. Convenio Banco Central de Nicaragua-Ministerio de Economía, Industria y Comercio. Managua: Banco Central de Nicaragua, 1977.

—. *Anuario de Turismo 1978*. Managua: Oficina Ejecutiva de Encuestas y Censos, 1979.

—. *Estadísticas de Turismo de Nicaragua 1974*. Convenio Banco Central de Nicaragua-Ministerio de Economía, Industria y Comercio. Managua: Banco Central de Nicaragua, 1975.

—. *Primera encuesta de Turismo: Septiembre-Diciembre 1974*. Convenio Banco Central de Nicaragua-Ministerio de Economía, Industria y Comercio. Managua: Banco Central de Nicaragua, 1975.

Olivas Zuniga, Francisco José, ed. *Nicaragua, legislación y estudios turísticos (incluye leyes, decretos, reformas, convenios y estudios de desarrollo turístico a nivel nacional y regional*. Managua: Dirección Nacional de Turismo, 1978.

Orden Miracle, Ernesto la. "Cómo ve a Nicaragua el Embajador de España", *Revista Conservadora*, diciembre de 1968.

Ortega Saavedra, Humberto. *50 años de lucha sandinista*. La Habana: Ed. De Ciencias Sociales, 1980.

Osterhammel, Jürgen. *The Transformation of the World: A Global History of the Nineteenth Century*. Princeton: Princeton University Press, 2014.

Pack, Sasha D. *Tourism and dictatorship: Europe's peaceful invasion of Franco's Spain*. New York: Palgrave Macmillan, 2006.

Paige, Jeffery M. *Coffee and power: revolution and the rise of democracy in Central America*. Cambridge: Harvard University Press, 1997.

Panosso, Alexandre, y Marcelino Castillo, eds. *Turismo: perspectiva crítica: textos reunidos*. Assis: Triunfal Gráfica e Editora, 2016.

Panosso Netto, Alexandre, y Luiz Gonzaga Godoi Trigo, eds. *Tourism in Latin America: Cases of Success*. Aufl. 2015. Cham: Springer International Publishing, 2015.

Pasos, Joaquín. *Breve Suma*. Editado por Roberto Carlos Pérez y Oscar Estrada. Estados Unidos: Casasola, 2019.

—. "Cook Voyages". *The Solipsta* (blog), el 23 de diciembre de 2016. https://thesolipsta.wordpress.com/2016/12/23/cook-voyages-joaquin-pasos/.

—. *Poemas de un joven*. Editado por Ernesto Cardenal. Tezontle. México: Fondo de Cultura Económica, 1962.

Pérez Brignoli, Héctor. *Breve historia de Centroamérica*. Tercera edición, Ampliada. El libro de bolsillo. Madrid: Alianza Editorial, 2018.

—. "Crecimiento agroexportador y regímenes políticos en Centroamérica: Un ensayo de historia comparada". En *Tierra, café y sociedad: ensayos sobre la historia agraria centroamericana*, editado por Héctor Pérez Brignoli y Mario Samper, 25–54. San José: FLACSO-Costa Rica, 1994.

—. *De la posguerra a la crisis*. Vol. V. VII vols. Historia General de Centroamérica. Madrid: Ediciones Siruela, 2000.

—. *Historia global de América Latina: del siglo XXI a la Independencia*. Madrid: Alianza Editorial, 2018.

—. "Las plantaciones bananeras como archipiélagos globales: visiones desde América Latina y el Caribe". En *Worldwide - Archipiélagos de la globalización: A Trans Area Symposium*, editado por Ottmar Ette y Gesine Müller, 293–308. Madrid: Iberoamericana, 2012.

Pérez Brignoli, Héctor, y Yolanda Baires Martínez. "Growth and Crisis in the Central American Economies". *Journal of Latin American Studies* 15, núm. 2 (noviembre de 1983): 365–98.

Pérez Montfort, Ricardo. "'Down Mexico Way': Stereotypes and American Tourism in Mexico from 1920 to 1940". En *North Americanization of Latin America? Culture, Gender, and Nation in the Americas*, editado por Hans-Joachim König y Stefan Rinke, 231–52. Historamericana 16. Stuttgart: Hans-Dieter Heinz, 2004.

Piglia, Melina. "The Awakening of Tourism: The Origins of Tourism Policy in Argentina, 1930–1943". *Journal of Tourism History* 3, núm. 1 (abril de 2011): 57–74.

PNUMA, CEPAL, y OEA. *Plan de acción del programa ambiental del Caribe: El turismo y el medio ambiente en la Región del Gran Caribe, un estudio general*. Caracas: ONU, 1979.

Poole, Deborah. "Landscape and the imperial Subject: U. S. Images of the Andes, 1859–1930". En *Close Encounters of Empire: Writing the Cultural History of U. S.-Latin American Relations*, editado por Gilbert M. Joseph, Catherine C. LeGrand, y Ricardo D. Salvatore, 107–38. Durham and London: Duke University Press, 1998.

—. *Vision, raza y modernidad: una economía visual del mundo andino de imágenes*. Traducido por Maruja Martinez. Lima: Sur Casa de Estudios del Socialismo, 2000.

Pratt, Mary Louise. *Imperial eyes: travel writing and transculturation*. Londo: Routledge, 1992.

Prebisch, Raúl. "El programa de la integración, ponencia presentada en la CEPAL". *Revista de Integración Centroamericana*, núm. 6 (1972): 99–100.

Pudney, John. *The Thomas Cook Story*. Stuttgart: Tauchnitz, 1953.

Quezada, Jaime. "Gabriela Mistral a través de su obra". En *Gabriela Mistral: Poesía y prosa*, editado por Jaime Quezada. Santiago de Chile: Fundacion Biblioteca Ayacuch, 1993.

Quijano, Aníbal. "Colonialidad del poder, eurocentrismo y América Latina". En *La colonialidad del saber: eurocentrismo y ciencias sociales. Perspectivas Latinoamericanas*, editado por Edgardo Lander. Buenos Aires: CLACSO, 2000. http://bibliotecavirtual.clacso.org.ar/ar/libros/lander/quijano.rtf.

Ramírez, Sergio. *Adiós muchachos: una memoria de la Revolución Sandinista*. Madrid: Aguilar, 1999.

—. *Confesión de amor*. Colección Nuestra América. Managua: Ediciones Nicarao, 1991.

Restrepo Tamayo, John Fernando, y Kevin Alexander Jaramillo Castrillón. "Del poder y la Gubernamentalidad en Michel Foucault". *Derecho global. Estudios sobre derecho y justicia* 4, núm. 10 (2018): 77–99.

Rinke, Stefan. "Imagining the Yankee: Stereotypes, Representations, and Realities in Chile". En *Hybrid Americas: Contacts, Contrasts, and Confluences in New World Literatures and Cultures*, editado por Josef Raab y Martin Butler, 145–60. Inter-American perspectives = Perspectivas interamericanas. Tempe: LIT ; Bilingual Press/Editorial Bilingüe, 2008.

—. *América Latina y Estados Unidos: una historia entre espacios desde la época colonial hasta hoy*. Ambos mundos. México, D.F.: Madrid: El Colegio de México; Marcial Pons Historia, 2015.

Ritchie, Lyell H., William R. Fothergill, Robert R. Oliver, y Madison E. Wulfing. *A regional Study of Tourist Development in Central America*. Porter International Company. Washington, D. C.: Alianza para el Progreso, 1965.

Robleto, Hernán. "Los estrangulados". *Nicaragua, revista mensual*, abril de 1935.

—. *Sangre en el Trópico: la novela de la intervención yanqui en Nicaragua*. Madrid: Ed. Cenit, 1930.

Rodríguez González, Salvador. *El Golfo de Fonseca y el tratado Bryan-Chamorro celebrado entre los Estados Unidos de Norte América y Nicaragua*. San Salvador: Imprensa Nacional, 1917.

Rodríguez, Ileana. "Constitución de archivos naturales y culturales: Sensibilidades científicas e ideológicas". *Istmo: Revista virtual de estudios literarios y culturales centroamericanos*, núm. 14 (2007). http://istmo.denison.edu/n14/articulos/constitucion.html.

—. *Hombres de empresa, saber y poder en Centroamérica: identidades regionales, modernidades periféricas*. Memoria, cultura, ciudadanía. Managua, Nicaragua: IHNCA UCA, 2011.

—. "La construcción del pueblo y las masas como subalternos 'Hombrecito' / Hombre nuevo". En *Antología del pensamiento nicaragüense contemporáneo*, editado por Juan Pablo Gómez y Camilo Antillón Najlis, 269–84. Buenos Aires: CLACSO, 2016.

—. *Primer inventario del invasor*. Managua: Editorial Nueva Nicaragua, 1984.

—. *Transatlantic topographies: islands, highlands, jungles*. Cultural studies of the Americas, v. 17. Minneapolis: University of Minnesota Press, 2004.

Rodríguez, Mario. *A Palmerstonian diplomat in Central America: Frederick Chatfield, Esq*. Tucson: University of Arizona Press, 1964.

Román, José. *Maldito país*. Managua: Amerrisque, 2007.

Roorda, Eric Paul. "The Cult of the Airplane among U. S. Military Men and Dominicans during the U. S. Occupation and the Trujillo Regime". En *Close Encounters of Empire: Writing the Cultural History of U. S.-Latin American Relations*, editado por Gilbert M. Joseph, Catherine C. LeGrand, y Ricardo D. Salvatore, 269–310. Durham and London: Duke University Press, 1998.

Rosenberg, Emily S. "Turning to Culture". En *Clore Encounters of Empire: Writing the Cultural History of U. S.-Latin American Relations*, editado por Gilbert M. Joseph, Catherine C. LeGrand, y Ricardo D. Salvatore, 497–514. Durham and London: Duke University Press, 1998.

Ruiz Herrero, Miguel. "Nicaragua, paraíso de cazadores". *Revista Conservadora*, septiembre de 1963.

Ryan, Chris, ed. *Battlefield Tourism: History, Place and Interpretation*. Advances in Tourism Research. Amsterdam: Elsevier, 2007.

S. A. "Central America Combats Marketing Inertia". *The Travel Agent-Travel Marketing*, el 29 de abril de 1968.

S. A., "Pan American first air mail: Miami to Nicaragua, May 21, 1929: Pan American World Airways Records". Consultado el 27 de febrero de 2020. http://merrick.library.miami.edu/cdm/ref/collection/asm0341/id/123408.

S. A., "Santa María de Ostuma". En *Wikipedia*, el 12 de diciembre de 2020. https://en.wikipedia.org/w/index.php?title=Santa_Mar%C3%Ada_de_Ostuma&oldid=993878872.

Saldaña-Portillo, María Josefina. *The revolutionary imagination in the Americas and the age of development*. Durham: Duke University Press, 2003.

Salisbury, Richard V. *Anti-Imperialism and international competition in Central America: 1920–1929*. Wilmington: SR Scholarly Resources Books, 1989.

Salvatore, Ricardo D. "Libraries and the Legibility of Hispanic America: Early Latin American Collections in the United States". En *Hybrid Americas: Contacts, Contrasts, and Confluences in New World Literatures and Cultures*, editado por Josef Raab y Martin Butler, 191–212. Inter-American perspectives = Perspectivas interamericanas. Tempe: LIT; Bilingual Press/Editorial Bilingüe, 2008.

—. "The Enterprise of Knowledge: Representational Machines of Informal Empire". En *Close Encounters of Empire: Writing The Cultural History of U. S.-Latin American Relations*, editado por Gilbert M. Joseph, Catherine C. LeGrand, y Ricardo D. Salvatore, 69–106. Durham and London: Duke University Press, 1998.

Sancho, Mario. *Costa Rica, Suiza centroamericana*. San José, 1935.

Sanjinés, Javier. *Rescoldos del pasado. Conflictos culturales en sociedades poscoloniales*. La Paz: PIEB, 2009.

Scarzanella, Eugenia. "Las bellezas naturales y la nación: Los parques nacionales en Argentina en la Primera mitad del siglo XX". *European Review of Latin American and Caribbean Studies*, núm. 73 (octubre de 2002): 5–21.

Schlesinger, Stephen, y Stephen Kinzer. *Bitter Fruit: The untold sotry of the American coup in Guatemala*. New York: Anchor Books, 1984.

Schoultz, Lars. *Beneath the United States: a history of U. S. policy toward Latin America*. Cambridge: Harvard Univ. Press, 1998.

—. *Human Rights and United States Policy toward Latin America*. New Jersey: Princeton University Press, 1981

Schramm, Christina. "'Colocando América en el mundo' – miradas y narraciones. El ejemplo de Wilhelm Marr: Viaje a Centroamérica". *Istmo: Revista virtual de estudios literarios y culturales centroamericanos*, núm. 14 (2007). http://istmo.denison.edu/n14/articulos/colocando.html.

Schroeder, Michael. "Horse Thieves to Rebels to Dogs: Political Gang Violence and the State in the Western Segovias, Nicaragua, in the Time of Sandino". *Journal of Latin American Studies* 28, núm. 2 (mayo de 1996): 383–434.

—. "'Los malditos pájaros de hierro': la guerra aérea en Nicaragua durante la Rebelión de Sandino". *Revista de la Academia de Geografía e Historia de Nicaragua* 75 (2014): 137–205.

—. "The Sandino Rebellion Revisited: Civil War, Impearialism, Popular Nationalism, and State Formation Muddied Up Together in the Segovias of Nicaragua, 1926–1934". En *Close Encounters of Empire: Writing the Cultural History of U. S.-Latin American Relations*, editado por Gilbert M. Joseph, Catherine C. LeGrand, y Ricardo D. Salvatore, 208–68. Duke University Press, 1998.

—. *To Defend Our Nation's Honor: Toward a Social and Cultural History of the Sandino Rebellion in Nicaragua, 1927–1934*. University of Michigan., 1993.

Schwartz, Rosalie. *Pleasure Island: Tourism and Temptation in Cuba*. Lincoln: University of Nebraska Press, 1997.

Scroggs, William O. *Filibusters and Financers: The Story of William Walker and His Associates*. New York: Macmillan, 1916.

Selser, Gregorio. *Cronología de las intervenciones extranjeras en América Latina: 1899–1945*. México: UNAM, 1994.

—. "El pre-sandino: Benjamin F. Zeledón". *Casa de las Amércias* 20, núm. 117 (1979): 57–61.

—. *La restauración conservadora y la gesta de Benjamín Zeledón: Nicaragua-USA, 1909–1916*. Managua: Aldilà Editor, 2001.

Semmens, Kristin. "'Travel in Merry Germany': Tourism in the Third Reich". En *Histories of Tourism: Representation, Identity and Conflict*, editado por John K. Walton, 144–61. Clevedon; Buffalo: Channel View Publications, 2005.

Skwiot, Christine. *The purposes of paradise: U. S. tourism and empire in Cuba and Hawai'i*. Philadelphia: University of Pennsylvania Press, 2010.

Slotkin, Richard. *Regeneration through violence: the mythology of the American frontier, 1600–1860*. Norman: University of Oklahoma Press, 2000.

Smith, Harold Frederick. *American travellers abroad: a bibliography of accounts published before 1900*. 2nd ed. Lanham, Md: Scarecrow Press, 1999.

Solís, Eudoro, ed. *Nicaragua Indígena*. Vol. II. Segunda Época 1. Managua: Instituto Indigenista Nacional, 1954.

—, ed. *Nicaragua Indígena*. Vol. II. Segunda Época 3. Managua: Instituto Indigenista Nacional, 1954.

—, ed. *Nicaragua Indígena*. Vol. II. Segunda Época 7. Managua: Instituto Indigenista Nacional, 1955.

—, ed. *Nicaragua Indígena*. Segunda Época 13–14. Managua, 1957.

Soto-Quirós, Ronald. "Viajeros, traducciones y autoelogios: el interés por los relatos de extranjeros, Costa Rica, 1871–1944". *Asociación para el Fomento de los Estudios Históricos en Centroamérica*, 2013. http://www.afehc-historia-centroamericana.org/?action=fi_aff&id=3503.

Spivak, Gayatri. "Three Women's Texts and a Critique of Imperialism". *Critical Inquiry*, "Race," Writing and Difference, 12, núm. 1 (Autumn de 1985): 243–61.

Stepan, Nancy Leys. *Picturing Tropical Nature*. Londres: Reaktion Books, 2001.

Stern, Steve J. "The Decentered Center and the Expansionist Periphery: The Paradoxes of Foreign-Local Encounter". En *Close Encounters of Empire: Writing the Cultural History of U. S.-Latin American Relations*, editado por Gilbert M. Joseph, Catherine C. LeGrand, y Ricardo Donato Salvatore, 47–68. Durham and London: Duke University Press, 1998.

Steves, Vernon R. "Política de industrialización". *Revista Conservadora*, junio de 1965.

Stewart, Andrew Y. "Poached Modernity: Parks, People and Politics in Nicaragua 1975–2000". Doctoral Thesis, Rutgers, The State University of New Jersey, 2001.

Strachan, Ian G. *Paradise and plantation: tourism and culture in the anglophone Caribbean*. New World studies. Charlottesville: University of Virginia Press, 2002.

Sutton, Horace. *Travelers, the American tourist from stagecoach to space shuttle.* New York: Morrow, 1980.

Swain, Margaret B. "Gender in tourism". *Annals of Tourism Research* 2, núm. 22 (1995): 247–66.

Teglia, María. "América en el Diario de Cristóbal Colón: ¿utopía o paraíso?" En *El viaje en la literatura hispanoamericana*, editado por Sonia Mattalia, Pilar Celma, y Pilar Alonso, 235–40. Frankfurt a. M., Madrid: Vervuert Verlagsgesellschaft, 2008.

Tellez, Dora María, José Ángel Buitrago, y Ninoska Maya Vega, eds. *El café de Nicaragua.* Managua: IHNCA-UCA, 2013.

Teplitz, Benjamin I. "The political and economic foundations of modernization in Nicaragua: The administration of José Santos Zelaya 1893–1909". Doctoral Thesis, Howard University, 1981.

Todorov, Tzvetan. *The Conquest of America: The Question of the Other.* Traducido por Richard Howard. First HarperPerennial ed. New York: HarperPerennial, 1992.

Torres, María Dolores G. *Visión de Nicaragua y Centroamérica en el legado de Walter Lehmann: el archivo fotográfico de sus viajes: 1907–1909.* Managua: IHNCA, UCA, 2009.

Torres-Rivas, Edelberto. *Interpretación del desarrollo social centroamericano.* 12a ed. San José: FLACSO, 1989.

—. *Revoluciones sin cambios revolucionarios: ensayos sobre la crisis en Centroamérica.* Guatemala: F&G Editores, 2011.

Travel Division of the Pan American Union. "Report of the Activities of the Travel Division of the Pan American Union for the Period January 1 - December 31, 1935". Pan American Union, 1935. Columbus Memorial Library.

Torrez Lazo, Agustín. *La Saga de los Somoza: historia de un magnicidio.* Quinta. Managua: Hispamer, 2009.

United Nations World Tourism Organization. *Tourist Departures and Main Destinations 1975–1977 (Contains Papers in English, French and Spanish).* World Tourism Organization, 1978. https://www.e-unwto.org/doi/book/10.18111/9789284409945.

Urry, John. *Consuming places.* International library of sociology. London: Routledge, 1995.

Urry, John, y Jonas Larsen. *The tourist gaze 3.0.* 3a ed. Theory, culture & society. Los Angeles: SAGE, 2011.

URS Corporation, Maxwell Stamp Associates Limited, y Consultora Latinoamericana Limitada. *Lake Nicaragua Hotel: Feasibility Study.* Vol. I y II, II vols. California - London, 1968.

Van der Post, JanGeert. *El largo y sinuoso camino: Razones por las que no ha sido construido el canal de Nicaragua.* Managua: IHNCA-UCA, 2014.

Van Vleck, Jenifer. *Empire of the air: aviation and the American ascendancy.* Cambridge, Massachusetts: Harvard University Press, 2013.

Vargas, Juan Carlos. *Tropical travel: the representation of Central America in the nineteenth century; facsimiles of illustrated texts (1854–1895).* San Jose, C.R: Ed. UCR, 2008.

Varisco, Christina, Daniela Castellucci, María Graciela González, María Julia Muñoz, Noelia Padilla, Lucía Campoliete, y Graciela Benseny. "El relevamiento turístico: De CICATUR a la planificación participativa". Presentado en VI Congreso Latinoamericano de Investigación Turística, Neuquén, 2014.

Veblen, Thorstein. *The Theory of the Leisure Class.* Waiheke Island: Floating Press, 2009. http://public.eblib.com/choice/publicfullrecord.aspx?p=441290.

Viceministerio de Planificación Urbana. *Análisis de la región metropolitana y lineamientos para su desarrollo: Recreación y turismo.* Sesiones de trabajo interdisciplinario. Managua, 1976.

Vijil Tardon, Camilo. "El imperativo de la autenticidad cultural". *Revista Conservadora*, diciembre de 1968.

Walter, Knut. *El régimen de Anastasio Somoza, 1936–1956.* Instituto de Historia de Nicaragua y Centroamérica, 2004.

Walton, John K. "Prospects in tourism history: Evolution, state of play and future developments". *Tourism Management*, núm. 30 (2009): 783–93.

—. "Railways and Resort Development in Victorian England: The Case of Silloth". *Northern History* 15, núm. 1 (1979): 191–209.

Weidman, Jeffrey. *Artists in Ohio, 1787–1900: a biographical dictionary.* Editado por Mary Sayre Haverstock, Jeannette Mahoney Vance, y Brian L. Meggitt. Kent, Ohio: Kent State University Press, 2000.

Wheelock, Jaime. "Imperialismo y Dictadura: Fracaso del Nacionalismo Burgués". En *Antología del pensamiento crítico nicaragüense contemporáneo*, editado por Juan Pablo Gómez y Camilo Antillón, 57–98. Colección Antologías del Pensamiento Social Latinoamericano y Caribeño. Libro digital: CLACSO, 2016.

Wheelock, Jaime, y Luis Carrión. *El Desarrollo Económico y Social de Nicaragua*. Managua: DEPEP, 1981.

Whisnant, David E. *Rascally signs in sacred places: the politics of culture in Nicaragua.* Chapel Hill: University of North Carolina Press, 1995.

"William Snyder, A.SC., photographing the newly-risen volcano". *American Cinematographer*, julio de 1944.

Williams, Stephen, ed. *Tourism: critical concepts in the social sciences.* London; New York: Routledge, 2004.

Wilson, Andrew. "Somoza's Mad Men". Blog. *Andrew W. Wilson* (blog), el 12 de noviembre de 2014. https://andrewwilson84.wordpress.com/tag/max-rogel-inc/.

Withey, Lynne. *Grand Tours and Cook's Tours: A History of Leisure Travel, 1750 to 1915*. London: Aurum Press, 1998.

Wolfe, Justin. *The Everyday Nation State: Community and ethnicity in Nineteenth-Century Nicaragua.* Lincoln and London: The University of Nebraska Press, 2007.

—. "'Those that live by the work of their hands: Labour, Ethnicity and Nation-State Formation in Nicaragua, 1850–1900'". *Journal of Latin American Studies*, febrero de 2004.

Wünderich, Volker. "La unificación nacional que dejó una nación dividida. El gobierno del Presidente Zelaya y la 'reincorporación' de la Mosquitia a Nicaragua en 1894". *Revista de Historia*, núm. 34 (julio de 1996): 9–44.

—. *Sandino, una biografía política*. Managua: IHNCA, UCA, 2009.

Zavala Urtecho, Joaquín. "La pesca en Nicaragua". *Revista Conservadora*, Abril de 1967.

Zimmermann, Matilde. *Sandinista: Carlos Fonseca and the Nicaraguan revolution.* Durham: Duke University Press, 2000.

FSC
www.fsc.org
MIX
Papier | Fördert gute Waldnutzung
FSC® C083411

Kolibri 360 GmbH
Ferdinand-Jühlke-Straße 7
99095 Erfurt, Deutschland
produktsicherheit@kolibri360.de